EVA SCHOBEL

ALBERT DRACH

Eva Schobel

ALBERT DRACH

EIN WÜTENDER WEISER

Residenz Verlag

FÜR MEINEN MANN

Der Verlag dankt der Oesterreichischen Nationalbank für ihre Unterstützung des Projekts.

Gedruckt mit Förderung des Landes Niederösterreich, des Magistrats der Stadt Wien, des Bundesministeriums für Bildung, Wissenschaft und Kultur in Wien sowie mit freundlicher Unterstützung von Mödling Kultur.

niederösterreich kultur .KUNST bundeskanzleramt mödling KULTUR

www.residenzverlag.at

Gestaltung, Produktion: typic®/wolf
Herstellung: Franz Hanns
Druck und Bindung: Wiener Verlag, Himberg
Printed in Austria
ISBN 3-7017-1314-6

INHALT

Prolog 9

ERSTER TEIL 1902–1938

1. Herkunft 27
2. Das Kind und der Tod 37
3. Nur an den Rändern berühren sich die Menschen 47
4. Herr, ich glaub Dir nicht, daß Leid erlöst 65
5. Außer Konkurrenz 89
6. Das große Hurenlied 105
7. Die Zwischenzeit I (1930–1938) 121
8. Zwischenzeit II 153

ZWEITER TEIL 1938–1946

1. Beginn der Emigration 187
2. Weiterfahrt 197
3. Verfolgung light 207
4. Verfolgung pur 249
5. Dieser Zug wird nie kommen 277
6. Denn jetzt ist ein ernster Fall 311
7. Ich bin nicht mehr ich 337

DRITTER TEIL 1945–1995

1. Zögernde Rückkehr 383
2. Fremd bin ich ausgezogen, fremd zieh ich wieder ein 417
3. Latenzzeit, Entdeckung, Vergessen 443

Epilog 483

ANHANG

Anmerkungen 499
Bibliographie 527
Register der Personen 551
Bildnachweis 557
Dank 559

PROLOG

DER GEISTERGEHER

Jeder hat etwas, woran er hängt. Bei mir sind es die Vögel einerseits und die Pilze anderseits. Aber die Pilze esse ich und die Vögel nicht. Ich esse keinen Vogel.[1]

Im Herbst 1992 brechen ein Mann und seine Frau in aller Herrgottsfrüh zum Pilzesammeln in den Wienerwald, rund um ihren Wohnort Mödling, auf. Wie alle passionierten Pilzsucher kennen sie die mehr oder weniger geheimen Plätze, an denen man nur fündig wird, wenn man vor der kundigen Konkurrenz eintrifft. Der Mann ist ein Kenner der Materie: In den weit zurückliegenden, aber prägenden Zeiten des Exils, als er in den französischen Meeralpen vor den nationalsozialistischen Verfolgern Schutz suchte, waren die Pilze sein (völlig unzureichendes) Hauptnahrungsmittel. Damals war es kein Problem für ihn, einen Herrenpilz von einem Gallenröhrling, einen Champignon von einem Knollenblätterpilz zu unterscheiden.

Nun, in seinem 90. Lebensjahr, hat er seinem Alter gemäß Sehschwierigkeiten. Auch sein Hörvermögen hat nachgelassen, er ist aber nach wie vor gut zu Fuß. Seine 30 Jahre jüngere Gattin bahnt ihm den Weg, prüft die Pilze, läßt ihn selten aus den Augen. Schließlich entfernt sie sich ein paar Schritte von ihm, nicht ohne ihn zuvor aufzufordern, stehen zu bleiben und auf sie zu warten.

Als sie, um einige Pilze reicher, zu der Stelle zurückkommt, an der sie ihn verlassen hat, ist er verschwunden. Sie ruft nach ihm, sucht das Waldstück ab, eilt schließlich zurück zum Auto und fährt heim, um Hilfe zu holen. Da wartet ihr Gatte bereits mit triumphierendem Lächeln. Einfach an Ort und Stelle stehen bleiben habe er weder wollen noch können. Er habe ihr zur folgen versucht, aber nur den Weg zur Autobahn gefunden.

Man muß sich das vorstellen: Auf der Autobahn marschiert der greise Albert Drach gegen die Fahrtrichtung – ein Geistergeher im Morgengrauen – bis ihn eine Funkstreife sichtet und Halt macht. Nach seiner Identität befragt, erklärt er den Beamten, daß man seinen Namen in jedem Lexikon finden könne, so man der deutschen Sprache und des Lesens mächtig sei (eine Fähigkeit, die er nur wenigen Zeitgenossen zutraut). Er vergißt nicht zu erwähnen, daß er für sein literarisches Werk erst kürzlich den Georg-Büchner-Preis der deutschen Akademie für Sprache und Dichtung erhalten hat. Den Beamten sagt das wenig – sie sind zufrieden, seine Adresse zu erfahren, und bringen ihn nach Hause.

Albert Drach ist sein Leben lang tüchtig gegangen. Ohne Rücksicht auf seine jeweiligen Begleiter, die hochschwangere Frau, später die hochschwangere Tochter, setzt er forsch einen Fuß vor den anderen, egal ob es in der Ebene voran, einen Hügel oder Berg hinauf oder bergab geht. »Eines Tages werde ich meinen Weg gehen und ich werde ihn behaupten und behalten«, notiert er angesichts der Verfolgung, der er und seinesgleichen ausgesetzt sind, in ein voluminöses Schreibheft. In diesem Heft findet sich auch die Urfassung seines 1942 entstandenen *Goggelbuchs*.

Drach hält sich zu dieser Zeit im nominell freien Südfrankreich auf, das unter dem Regime Marschall Pétains allerdings mit den Nazis kollaboriert. Er steht vor der Deportation in das Lager Rives Altes, aus dem binnen kurzem fast alle seine Leidensgenossen an die Deutschen ausgeliefert werden. Drach wird mit richtigen Dokumenten, die er der Lagerleitung gegenüber auf listige Weise falsch interpretiert, seine Entlassung erreichen. Davon später mehr.

»Ich glaube nicht, daß er Angst hatte«, sagt der heute 85jährige Franki Morini, ein jüngerer Freund aus Emigrationstagen. Marassino heißt er in Drachs Überlebensbericht *Unsentimentale Reise* – ein recht ambivalent beschriebener Landsmann. Lange nach Drachs Tod finde ich Morinis New Yorker Adresse in der nachgelassenen Korrespondenz. Ich versuche mit ihm Kontakt aufzunehmen, bekomme aber meinen an ihn gerichteten Brief zurück, die Adresse stimmt offenbar nicht mehr. Anläßlich eines New York-Aufenthaltes schlage ich im örtlichen Telephonbuch nach. Siehe da, es gibt ihn noch – für mich allerdings vorläufig nur als Stimme auf dem Anrufbeantworter. Nach einem Dutzend Versuchen ihn persönlich zu erreichen, gebe ich vorläufig auf. Als ich es, wieder in Österreich zurück, ein letztes Mal versuche, hebt er tatsächlich ab

Drach am 1. Nov. 1978 mit einem Steinpilz aus Sulz vor seinem Garten

und sagt, daß er ohnehin eine Wohnung in Wien hat – er reist demnächst an und ist zu einem Gespräch bereit.

Morini ist ein Mann mit einer abenteuerlichen Lebensgeschichte. Schon in den frühen dreißiger Jahren ist der gebürtige Wiener nach Frankreich ausgewandert. Im Krieg hat er für das Intelligence Service gearbeitet, in französischen Sammellagern trifft er nicht nur Drach, sondern auch Paul Wittgenstein, den Thomas Bernhard später in *Wittgensteins Neffe* verewigen wird. Die Freundschaft zu Wittgenstein hält bis an dessen Lebensende. Was Drach betrifft, so hat ihn Morini in den letzten Jahrzehnten aus den Augen verloren. Aus den Augen, aber nicht aus dem Sinn, sagt er. Kein Streit, aber irgendwann einmal hat sich die Korrespondenz ihrer beiden Leben aufgehört. Brieflich in Kontakt waren sie sporadisch aber nachweislich bis 1964.

Das ist das Jahr, in dem Drachs ein Vierteljahrhundert davor in Nizza verfaßter Roman *Das große Protokoll gegen Zwetschkenbaum* endlich veröffentlicht wird. Am 6.3. schreibt Drach an Morini in New York: »Wie abenteuerlich meine Flucht war, habe ich (...) in einem Buch in entsprechender Form geschildert, welches vermutlich als vierter Band meiner Gesamtausgabe in drei Jahren erscheinen wird. Der erste Band meiner Werke erscheint heuer, hat aber mit dieser Reise nichts zu tun.«[2]

Die *Unsentimentale Reise*, die Drach hier als vierten Band einer geplanten Gesamtausgabe ankündigt, wird Franki Morini nie lesen. Manches, was sein Freund darin geschrieben hat, dürfte ihn eher wundern. *Kucku*, Drachs alter ego in diesem Bericht, wähnt Marassino in relativer Sicherheit – als kleiner Schieber wird er schon irgendwie durchkommen. In Wahrheit ist Morini nicht nur als Jude, wie Drach selbst, sondern auch als Widerstandskämpfer gefährdet.

Tatsächlich haben sich die Wege von Drach und Morini schon getrennt, bevor die Lage der Emigranten in Frankreich wirklich dramatisch wurde. Zwar waren sie gemeinsam in Le Carré bei Antibes und Les Milles bei Aix en Provence interniert, aber in einer Phase, als diese Form der Anhaltung in Sammellagern noch nicht lebensgefährlich war. Systematisch ausgeliefert wurde erst ab Sommer 1942. Von da an beteiligte sich das Vichy-Regime als Zulieferer aktiv an Hitlers Endlösung.

Unsentimentale Reise. Ein Bericht, von Drach nach seinen schriftlichen Angaben unmittelbar nach der überstandenen Gefahr, in den Jahren 1945 bis 1947 verfaßt. In Gesprächen hat er eingeräumt, wesentlich länger daran gearbeitet zu haben. De facto hat er dieses Buch wohl erst kurz vor der ersten Drucklegung 1967 beendet. Das erklärt auch die souverän distanzierte Form, die naiv-zynische Haltung, die er in der Rolle des Peter Kucku nicht zuletzt gegen sich selbst einnimmt.

»Er war ein schüchterner, höflicher Mann«, sagt Monsieur Bareli, sein ehemaliger Nachbar im 1500 Meter über dem Meeresspiegel gelegenen Valdeblore. Ihn lerne ich auf den Spuren der *Unsentimentalen Reise* 1996 kennen. Bareli steht in seinem kleinen Gemüsegarten, gleich neben Drachs ehemaliger Unterkunft – der Ex-Bürgermeister des Ortes, seinerseits Sohn des Amtsinhabers während Drachs Exilzeit, hat ihn mir vorgestellt. Die Erinnerung des Nachbarn an den zurückhaltenden und wohl auch mit gutem Grund vorsichtigen Emigranten läuft Drachs Selbstdarstellung in der Figur des provokant widerständigen Peter Kucku extrem zuwider. In Valdeblore, das in Drachs Buch *Caminflour* heißt, würde man sich über manches, was der Autor über jene Zeit geschrieben hat, vermutlich ebenfalls wundern. Nicht, daß er Böses oder auf Grund der aktuellen Gespräche Falsifizierbares über den Ort und seine Bewohner geschrieben hätte. In seinem Klima, in seiner Vegetation, hat er sich fast wie daheim gefühlt. Daß es eine französische Übersetzung seiner *Unsentimentalen Reise* gibt (*Voyage non sentimental*, Paris 1988) erwähne ich vorsichtshalber trotzdem nicht. Drachs Emigrationsbericht ist kein autobiographischer Text, vielmehr handelt es sich um eine literarisch-ästhetische Inszenierung auf der Basis von real Erlebtem. Die signifikante Differenz von Dichtung und Wahrheit mag Literaturwissenschaftlern klar sein. Zufällige Nachbarn, zeitweilige Weggefährten oder lesende Normalverbraucher, die nach der wahren Geschichte verlangen, könnte sie immerhin befremden. Für Albert Drach war seine Dichtung jene Wahrheit, die hinter der Wirklichkeit, den oberflächlich erkennbaren Fakten, verborgen bleibt.

Belegbar ist jedenfalls, daß Drach in Valdeblore, einem Ort von sechs- bis siebenhundert Seelen, zwei bis drei Autostunden nördlich von Menton, überlebt, und daß sich die Commune nachweislich für ihn und seine lebenswichtige Aufenthaltsgenehmigung eingesetzt hat. Ist es wahr, daß Kucku, wie Drach in der *Unsentimentalen Reise* schreibt, nur deshalb nicht denunziert wurde, weil die Nazis zum Zeitpunkt seines Eintreffens kein nennenswertes Kopfgeld mehr für ausgelieferte Juden zahlten? Weil sich also seine Auslieferung an die Deutschen einfach nicht mehr lohnte? Drach hat das jedenfalls für nicht unwahrscheinlich gehalten.

Vieles muß in der Grenzzone zwischen Fakten und Fiktion offen bleiben, manches ist belegbar. Der Bürgermeister bestätigt, daß der schöne Gendarm, der Kucku von Anfang an verdächtig ist, tatsächlich ein Kollaborateur war. Vielleicht ist es auch wirklich *und* wahr, daß der im Prinzip zurückhaltende Albert Drach zum aggressiven Peter Kucku werden konnte, wenn er Angriff für die beste Verteidigung hielt. Eines Nachts zum Beispiel, als er auf seinem gefährlichen Rückweg vom mittleren Ortsteil La Roche (wo er gemeinsam mit dem germanophilen Schriftsteller Germon/*Lebleu* seine Pilze zubereitete) in den unteren Ortsteil La Bolline (wo er wohnte), von einem deutschen Besatzer angehalten wurde. Er habe – so Drach im Gespräch – dem Soldaten gedroht, ihn bei der Kommandantur anzuzeigen, wenn er ihn nicht augenblicklich durchlasse. Eine Drohung, der sein poetisches Ich Kucku mit seinem spitzen Regenschirm Nachdruck verleiht.

Vielleicht ist es auch zutreffend, daß er während der nächtlichen Ausgangssperre aufbrach, um doch noch einen besonders schönen Pilz zu holen, den er untertags fahrlässigerweise stehen gelassen hatte. Es ist übrigens ein grandioser Weg, den der Emigrant unter Lebensgefahr immer wieder gegangen ist. Am Wildbach entlang, mitten durch den Mischwald an der französisch-italienischen Grenze. Sei er diesen Weg bei Tag gegangen, so habe er die Schönheit der Landschaft, den Durchblick auf die Gipfel der Alpen, die exquisiten Lichteinfälle, trotz oder sogar wegen der extremen Widrigkeit der Umstände sehr bewußt genossen.

Ein Gedicht aus den Emigrationszeiten, geschrieben 1944 in Nizza:

Laßt uns Wege gehn,
Die nirgends hinführen,
Durch Gestrüpp, das nicht rückt,
Nacht, die nicht nachgibt.
Gegen Wellen und Wände
Wider Wirbel und Winde,
Umklammert von Angst
Mit dem Tod im Boot,
Über Wüsten, die blühn,
Wenn dein Blut sie versucht.
Das Ziel, das uns hinzieht,
Verweht mit den Wolken,
Das Licht, das uns lockte,
Im Grauen gings aus.
Der Traum, der uns täuschte,
Verrann wie der Tau.
Laßt uns Wege gehen,
Die nirgends hinführen,
Weil es die sind,
Die ankommen können.[3]

Wo ein Wille ist, ist auch ein Weg, sagt der Volksmund. Drachs Weg war – da konnte kommen, was wollte – sein unbedingter Wille zu überleben und zu schreiben. Dieser Zusammenhang ist sehr eng, das von widerspenstiger, widerständiger Energie gespeiste Schreiben wird zum Überlebensmittel. »Ich weiß nicht ob ich überhaupt die Begabung für eine Kunst hatte«, notiert der Autor in seinem späten autobiographischen Text *Blinde Kuh*, »aber ich hatte Talent zum Überleben. Das Dichten hinwiederum war mir nur Mittel zum Zweck und keineswegs Selbstzweck.«[4] Trotz der Notwendigkeit, im Brotberuf Anwalt zu werden, trotz der allzu realistischen Aussicht, in Hitlers Gaskammern zu sterben, trotz der minimalen Chance, sein vor und in der Emigration verfaßtes Werk jemals zu veröffentlichen, trotz des schwierigen Existenzkampfes nach seiner Rückkehr, trotz der (in Zählung des Autors sechzehn) Ablehnungsschreiben von Verlagen, seinen Roman *Das große Protokoll gegen Zwetschkenbaum* betreffend, hatte Albert Drach primär seine nicht existenz-, aber essenzerhaltende Literatur im Kopf. Sie hat seinen Lebensrhythmus mit Rücksichtslosigkeit gegen sich selbst und andere bestimmt, sie hat ihn in Bewegung gesetzt und gehalten.

Ein alter, halb blinder Mann auf der Autobahn – nicht nur verkehrsvorschriftswidrig und sich selbst gefährdend unterwegs, sondern noch dazu gegen die Fahrtrichtung. Die anfangs evozierte Szene trifft etwas von Drachs Wesen. Gegen die Fahrtrichtung marschiert er viele Jahre seines Lebens aus Prinzip und Leidenschaft. Als Anwalt, der (sehr zum Befremden der juristischen Kollegen), nicht umhin kann, auf seine Autorität als Autor zu verweisen, vor allem aber als Schriftsteller, der dezidiert eine literarische Ausdrucksform abseits der jeweils reüssierenden Moden sucht.

Drach hat so manisch geschrieben wie er gegangen ist, den Weg als Ziel, immer ein Gesamtopus vor Augen. Einen Weg, der gegen alle Widerstände gegangen, ein

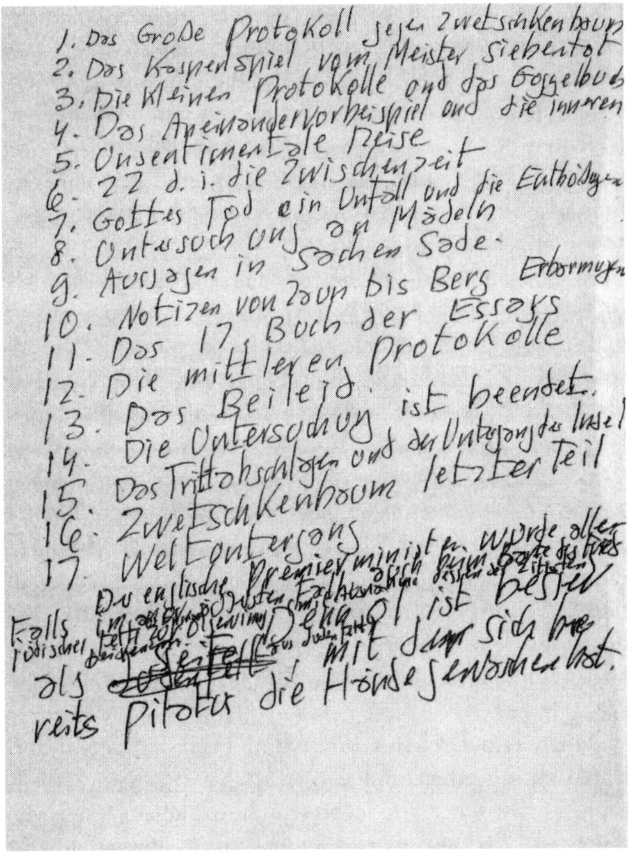

1. Das Große Protokoll gegen Zwetschkenbaum
2. Das Kasperlspiel vom Meister Siebentot
3. Die kleinen Protokolle und das Goggelbuch
4. Das Aneinandervorbeispiel und die inneren
5. Unsentimentale Reise
6. ZZ d. i. die Zwischenzeit
7. Gottes Tod ein Unfall und die Entblößungen
8. Untersuchung an Mädeln
9. Aussagen in Sachen Sade. Erbarmungen
10. Notizen von Zaun bis Berg
11. Das 17. Buch der Essays
12. Die mittleren Protokolle
13. Das Beileid. ist beendet.
14. Die Untersuchung und der Untergang der Insel
15. Das Trittohrschlagen und [illegible] letzter Teil
16. Zwetschkenbaum
17. Weltuntergang

[illegible]

Eine von Albert Drachs zahlreichen Werklisten.
Enthalten in einem Heft mit dem Manuskript
zu »Untersuchung an Mädeln«, um 1964

Werk, das, wenn auch lange Zeit alles anderes als zufriedenstellend wahrgenommen, immer weiter geschrieben werden mußte. Ein Werk, in dem die Existenz des Menschen als eine den Naturgesetzen und gesellschaftlichen Mächten ausgelieferte, letztlich chancenlose gedeutet wird. Und doch und erst recht setzt er dieser conditio humana sein Schreiben entgegen, einen revoltierenden, schöpferisch-humanen Akt.

In seinen als »Protokolle« definierten Prosatexten ist er immer mit denjenigen, gegen die er methodisch kalt anschreibt. Durch scheinobjektive, aber tendenziöse Protokollierung, durch vielstimmige Denunziation in dieser als Protokoll codierten Sprache, die deren Opfer nicht verstehen, soll für den Leser die Wahrheit hinter der Wirklichkeit sichtbar werden. Stil, schreibt Jean Améry, könne ein Instrument sein, aber auch wesenhafter Teil des eigenen Wesens. Dem Wesen Drachs war der Protokollstil immanent, der Protokollstil war, wie er selbst konstatierte, die ihm gemäße, natürliche Ausdrucksform – und doch ist es ein *style in progress*, den der Schriftsteller im Lauf von Jahrzehnten zum Erkenntnisinstrument geschliffen hat.

Albert Drach konnte und wollte bis zuletzt nicht aufhören zu schreiben und zu gehen. Als sich sein Sehvermögen drastisch verschlechtert, schließt er mit 81 Jahren seine Anwaltskanzlei, verkündet, daß er nun nicht nur taub, sondern auch blind sei, schreibt, liest und geht aber unermüdlich weiter. Nach einem ersten Oberschenkelhalsbruch remobilisiert er seine Kräfte, kommt wieder auf die Beine, kann sich aber als zutiefst autonomer Mensch nicht damit abfinden, in den kleinsten Dingen des Alltags auf seine Umgebung angewiesen zu sein. Irgendwo stehen oder sitzen zu bleiben, zu warten bis er abgeholt, an der Hand geführt, gestützt wird – das konnte man von einem wie ihm nicht verlangen.

Es scheint, als habe er mit Bedacht und System jede Einsicht in die von ihm als unzumutbar empfundene Abhängigkeit verweigert. Seine Frau, die ihn damals Tag und Nacht umsorgt, seine beiden Kinder, die ihn jeden Tag besuchen, sind heute noch der Ansicht, daß er seinen hundertsten Geburtstag hätte erleben können, denn sein Geist war wach und beflügelt vom späten Erfolg. Sein zweiter Sturz, sein zweiter Oberschenkelhalsbruch waren auch Folge seiner Renitenz. Die Operation übersteht er zwar, die darauf folgende Bettlägrigkeit und die daraus resultierende Lungenentzündung jedoch nicht – er stirbt am 11. März 1995 im Mödlinger Drach-Hof.

Ich lernte Drach im Frühjahr 1988 kennen. Der Germanist André Fischer, Dissertant an der Universität Konstanz, hatte im August 1987 in der *Süddeutschen Zeitung* einen bezüglich Drach bahnbrechenden Artikel publiziert. »Die Eintracht des Vergessens. Der Fall Albert Drach oder die Schnellebigkeit des Literaturbetriebs«.[5] Den Hanser-Verlag, bei dem Fischer als Volontär arbeitete, hatte er schon früher und offenbar beharrlich genug auf Drach aufmerksam gemacht – man setzte eine editorische Tat und ließ die *Unsentimentale Reise* neu erscheinen.

Ein Gespräch zu führen, einen Artikel über den so spät wieder entdeckten Autor zu schreiben, das ist mein bescheidenes Vorhaben. Drach Albert, Dr., steht im Telephonbuch für Niederösterreich Süd und Ost. »Wann kommen Sie?« ruft Drach, infolge seiner Schwerhörigkeit übertrieben lautstark, ins Telephon. Und dann – eher bestimmt, bestimmend als fragend: »morgen?!«

»Besser in einer Woche«, schreie ich zurück – alle Bücher außer dem gerade veröffentlichten sind vergriffen, ich muß sie erst auftreiben und lesen. Eine Woche reicht nicht für die zwischen 1964 und 1972 bei Langen Müller und Claassen erschienene Werkausgabe. In einem zweiten Telefonat schütze ich eine schwere Verkühlung vor, ersuche noch einmal um Aufschub. Nach einer weiteren Woche fühle ich mich ausreichend präpariert.

»Wann kommen Sie wieder?« fragt Drach am Ende meines ersten Besuchs. Er hat Journalistenbesuche nie als lästig empfunden, die Gelegenheit, sein Leben und Werk in einer Mischform aus Monolog und Dialog retrospektiv zu reflektieren, immer genossen. Bis zu seinem Tod komme ich regelmäßig alle zwei Wochen, wenn ich nicht gerade verreist bin. Länger zu verreisen ist ihm gegenüber nicht opportun – ich bin, pflegt er dann beispielsweise bei meiner Rückkunft zu bemerken, 89 Jahre, 7 Monate und 17 Tage alt, es ist ein Wunder, daß ich überhaupt noch lebe, ich könnte schon längst gestorben sein.

In völlig unrealistischer Einschätzung des event-orientierten Literaturbetriebs hat es Albert Drach nie verstanden, daß Journalisten, die ihn zum Beispiel anläßlich des ihm überraschenderweise zugesprochenen Büchner-Preises aufgesucht und ihre Story, ihr Radio- oder Fernsehporträt als rasch erlegte Beute mitgenommen hatten, nicht über den Anlaßfall hinaus zu ihm Kontakt hielten. Hatte er sie unbewußt beleidigt, hatte ihnen das von seiner Frau zubereitete Essen nicht geschmeckt, auf das er sich – Gerty Drach ist eine exquisite Köchin – tagtäglich freute? Hatte der ausgezeichnete Wein aus dem Burgenland nicht gemundet, hatte der Papagei zu großen Krach geschlagen? Oder hatte wieder einmal sein Hauptfeind, der Literaturpapst Marcel Reich-Ranicki, der die Entscheidung der Darmstädter Jury für Drach als Unglück bezeichnete, ohne sein Werk wirklich zu kennen (tatsächlich argumentierte Ranicki nicht gegen die literarische Qualität dieses Werks, sondern monierte die Tatsache, daß es – weithin unbekannt – den für den Preis ursprünglich obligaten Kriterien, eine bestimmende Rolle innerhalb der deutschsprachigen Gegenwartsliteratur zu spielen, nicht entspreche), seinen Einfluß geltend gemacht?[6]

Drach hat die Treue von Menschen geschätzt und sie mit dankbarer Zuwendung beantwortet. Die Treue von Ernestine Schlant, von Anna Zaschke, von Edwin Hartl, Hans-Heinz Hahnl, Hans Heinrich, Reinhard Schulte, André und Ursula Fischer, Matthias Settele, Wendelin Schmidt-Dengler, Peter Huemer, Tatjana Michaelis, Michael Krüger, einigen, hier ungerechterweise nicht Erwähnten, und vor allem – wenn auch seinem patriarchalisch-sperrigen Wesen gemäß erst spät eingestanden – die seiner Frau. Wer für den Autor Drach war, der mußte das verläßlich, das heißt in regelmäßigen Abständen, unter Beweis stellen. Wer das nicht tat, der war gegen ihn: eine durch seine Lebensgeschichte und die beharrlich »resistierende Rezeption«[7] nur zu begründete Paranoia, die – er war ein wütender und schwieriger Mensch – erst recht ihren Teil zu gewissen Problemen der Drach-Wahrnehmung beigetragen haben mag.

Ich habe ihn allerdings als großmütigen, freundlichen, kommunikationsbereiten und selbstkritischen Menschen erlebt. Als einen Mann, der genau zu unterscheiden wußte, ob er für ein öffentliches Interview wieder einmal seine ebenso provokanten wie nach und nach erwarteten Sätze zelebrierte (er sei der größte aller lebenden deutschsprachigen Schriftsteller, er sei der einzige, der einen deutschsprachigen Roman zu schreiben verstünde) oder ob er – frei von der Leber weg, in der vertrauten Situation des kontinuierlichen Gesprächs – über die Erfolge und Mißerfolge seiner privaten und öffentlichen Existenz räsonierte. »Wann beginnen wir mit dem Interview?« fragte er meistens schon beim einleitenden Kaffee und Kuchen, bevor ich mein Mikrophon in Position gebracht hatte, ein Mikrophon, das dann die gesamte Zeit meiner Anwesenheit lief und außer den Gesprächen auch die akustische Atmosphäre im Drach-Hof dokumentierte. So vor allem die unterschiedlichen Ausdrucksweisen der zahlreichen Vögel, der zwitschernden Kanarien und Wellensittiche, besonders aber den in der Stimmlage Frau Drachs redenden Beo und den exzessiv am Gitter seines Käfigs rüttelnden Papagei – Vögel, die Drach wahrscheinlich fast so liebte wie sich selbst, in Reminiszenz an seinen Vater, der zwar nie welche gekauft, sie aber angelockt, gefüttert und gezähmt hatte.

Die Materiallage für die Abfassung dieser Biographie war einerseits ausgezeichnet. Mehr als 150 Stunden Tonaufzeichnungen sowie sämtliche Texte und Dokumente, die im Drach-Hof aufbewahrt wurden, inklusive des juristischen Nachlasses, standen zur Verfügung. Das sind Bedingungen, von denen andere Biographen nur träumen können. Es war mir noch möglich, gemeinsam mit Albert Drach Teile seiner Manuskripte zu sichten, Entstehungsabläufe und Daten zu klären. Von ihm und seiner Familie wurde mir ohne Einschränkung alles zur Verfügung gestellt, was an relevanten Materialien vorhanden war. Kein Vorbehalt hinsichtlich privater Notizen, keine Einschränkung in irgendeiner Hinsicht. Solches Vertrauen verpflichtet – dies ist vom Grundimpetus her eine mit Sympathie geschriebene Biographie, eine Biographie, die ironische Distanz zum Objekt der Beschreibung nicht ausschließt. Ich habe Drach als einen Menschen kennengelernt, dem Selbstironie durchaus nicht fremd war.

Die Schwierigkeiten beim Schreiben dieser Biographie ergaben sich also nicht aus Einschränkungen oder Rücksichten, sondern aus den gravierenden Lücken, die durch die Zeitläufte und Drachs Lebensumstände entstanden waren. Einiges ist von besorgten Verwandten vernichtet worden (zum Beispiel die Urfassung des für Drachs Selbstverständnis als Autor und im Werkzusammenhang bedeutenden *Kasperlspiels vom Meister Siebentot*, das als Anti-Hitler-Stück konzipiert war), manches bei nahestehenden Personen Verwahrte ist verloren gegangen (zum Beispiel eine Fortsetzung des *Großen Protokolls gegen Zwetschkenbaum*). Anderes ist dem Autor selbst, der in den Jahren der Resonanzlosigkeit zwar emsig schrieb, seine Texte aber nicht gewissenhaft sortierte, durcheinander geraten. Der Nachlaß bestand einerseits aus wohlgeordneten Texten, andererseits aber aus chaotischen Textkonvoluten, in denen oft jedes Blatt einem anderen Werk zuzuschreiben war.

Dazu kommt die Vernichtung des jüdischen Erbes im

an Deutschland angeschlossenen Österreich. Die Sterbedaten und der letzte Aufenthaltsort von Drachs Mutter etwa lassen sich problemlos recherchieren. Aber stimmt es auch, daß sein Vater, ein in Tradition seiner Vorfahren ritenfeindlicher Mensch, der sich dem deutschen Kulturgut verbunden fühlte, trotzdem eine Zeitlang als Vorsitzender der jüdischen Gemeinde in Mödling fungiert hat? Synagoge und Gemeinde wurden zerstört, genauere Daten waren nur durch langwierige Recherchen zu bekommen.

In diesem Fall treffen Drachs Angaben nachweislich zu, aber nicht in jedem von ihm behaupteten Fall war eine Verifizierung möglich. Was als unverifizierbare Behauptung trotzdem von Interesse scheint, ist als Behauptung stehengeblieben. Eine Biographie darf nicht Dichtung und kann nicht Wahrheit sein. Sie ist eine subjektive Annäherung an letztere, die Zweifelsfälle als solche dokumentiert.

ERSTER TEIL
1902–1938

Der Sohn

1. HERKUNFT

FAMILIEN-MYTHOS, -LEGENDE, -ANEKDOTE

Nein, es gibt keinen Hinweis darauf, daß Bram Stoker je in Transsylvanien war. Nach allem, was man darüber weiß, hat er seinen 1897 erschienen Roman *Dracula* auf Basis einschlägiger Quellen[1] und inspiriert von einem Treffen mit dem ungarischen Orientalisten Hermann (Armenius) Vambery verfaßt, ohne die romantisch zerklüftete Karpatenlandschaft, die er so suggestiv beschreibt, je betreten zu haben. Trotzdem habe sich, so Drach, in seiner Familie, die vorerst in Siebenbürgen ansässig gewesen sei und in der Generation seiner Urgroßeltern väterlicherseits nachweislich in der Bukowina lebte, hartnäckig das Gerücht von Mister Stokers Besuch gehalten. Einem von Drachs Vorfahren (einem offenbar wohlsituierten Guts-, wenn nicht sogar Schloßbesitzer) sei der recherchierende Schriftsteller, kaum habe er den Mund aufgetan, so sehr auf die Nerven gegangen, daß er ihn, unter Mißachtung der in der Region üblichen Gastfreundschaft, nicht über die Schwelle gelassen habe.

Aus Rache habe der englische Autor seinen Vampir dann Dracula getauft. Ein Name, der auf rumänisch tatsächlich Drache bedeutet. Seine Vorfahren, so Drach, hätten diese Namensgleichheit nicht ignorieren können, sich diffamiert gefühlt und einen aussichtslosen Ehrenbeleidigungsprozeß gegen den Autor des Weltbestsellers geführt. Da dieser Prozeß auch viel Geld verschlungen habe, seien sie gezwungen gewesen, von Siebenbürgen, wo sie infolge Verschuldung ihre Güter verloren hatten, in die Bukowina zu ziehen – eine wild-bewegende Geschichte.

Der grausame, wegen des Pfählens seiner Feinde berüchtigte Fürst Vlad Teples, der von der Forschung als Dracula-Vorbild ausgemacht wurde, konnte sich vor Albert Drach nie als der wahre Dracula legitimieren. Die Zurückführung des Dracula-Namens auf ihn sei vielleicht eine Schutzbehauptung des Prozeßgegners. Wahrscheinlich habe sich die Geschichtsschreibung des siegreichen Geschichtenschreibers durchgesetzt. Albert Drach war auch in eigener Sache immer für die Unterlegenen.

Im Ernst war er von der Legende, die über seinen Vater auf ihn gekommen sein muß, natürlich nicht restlos überzeugt. Aber die Geschichte bereitete ihm sichtlich Vergnügen. Sie beinhaltete ein Identifikationsangebot mit querulantischen und prozeßfreudigen Vorfahren. Schon deshalb erzählte er sie gern, und zwar keineswegs nur der Biographin.[2]

Nicht ganz so kurios, aber bezüglich seiner Wertschätzung nicht weniger charakteristisch ist eine andere Überlieferung, die laut Drach in seiner Familie kursierte. Es ist die Geschichte der Herkunft aus mehr oder minder königlichem Geblüt. Daß jüdische Familien ihre Wurzeln in der von Generation zu Generation tradierten Erzähltradition direkt auf König David zurückführen, kommt vor – man kann das etwa auch bei Edgar Hilsenrath (*Jossel Wassermanns Heimkehr*) oder Primo Levi (in seiner Autobiographie *Das periodische System*) nachlesen. Aber das Tradionsbewußtsein von Drachs Vorfahren bestand, so Drach, in einer signifikanten Abweichung innerhalb dieser Tradition. Die von ihrem (endlich) schreibenden Nachfahren zitierten Vorfahren wollten – folgen wir dieser Fährte zur Charakterisierung unseres Autors wohlgemerkt arbeitshypothetisch – dezidiert die Nachfahren Adonias sein. Jenes rebellischen Sohns Davids also, der seinen Machtanspruch gegen den Vater und gegen den aus der Verbindung zwischen ihm und der intriganten

Bathseba stammenden Salomon geltend machte, indem er sich mit Abisag von Sunam, der jungen Geliebten des Königs, ins Bett legte, was einem unverhüllten Thronanspruch gleichkam. Anders als dem greisen König war es ihm auch ein leichtes, das Mädchen zu schwängern, was seine Ermordung im Auftrag des Halbbruders Salomon zur Folge hatte (Buch der Könige, 1-2/25, ergänzt durch A.D.). Abisag aber floh bis ans Ende der Welt – von Israel aus gesehen war das damals die Iberische Halbinsel mit dem hebräischen Namen »Sepharad« – und wurde dort zur Urmutter der Sephardim.

Im Lauf der Jahrtausende vereinigten sich wohl noch weitere Wellen jüdische Zuwanderer mit jener ersten. Die Familie Drach, das war Ehrensache, mußte im zweifachen Sinn des Worts unter den allerersten gewesen sein. Allgemein bekannt ist, daß sich die Sephardim zwischen dem achten und dem zwölften Jahrhundert unter der islamischen Herrschaft in Spanien einer ungewöhnlichen Akzeptanz erfreuten. So auch die Drachs – der Name, so ihr später in Mödling bei Wien schreibender und fabulierender Sproß, sei katalanisch, geschrieben mit »ch«, gesprochen als »k«. Wahrscheinlich lebten die Drachs, solange man sie in Frieden ließ, in Katalanien und Aragon, unmittelbar vor ihrer Vertreibung haben sie sich in Saragossa aufgehalten.

Durch die christliche Reconquista wurde das Goldene Zeitalter jüdisch-islamischer Symbiose beendet. Doch konnten sich jüdische Gemeinden bis auf weiteres »im Spanien der drei Religionen« halten. Unter zunehmendem Druck entschlossen sich aber immer mehr Juden, der Verfolgung oder Vertreibung durch Konversion zu entgehen. Allein im Jahr 1492, als die definitive Vertreibung aller Juden aus den spanischen Ländern angeordnet wurde, konvertieren von Mai bis Juli ca. 150000 Juden.[3] Diese Conversos – Leute, die ihre Stellungen als Ärzte, Bankiers und Juristen vorerst behalten konnten und zur unverzichtbaren Intelligenz des Landes gehörten, waren der geistlichen Behörde allerdings besonders verdächtig. In eigens dazu eingerichteten Tribunalen versuchte man ihnen heimlich aufrechterhaltenen Irrglauben nachzuweisen und ahndete dieses Delikt mit Maßnahmen, die von der völligen Vernichtung der zivilen Existenz bis zur Verbrennung auf dem Scheiterhaufen reichten.[4] Einer seiner Vorfahren, so Drach, habe es als Converso oder Maranne sogar zum Bischof gebracht. Als jedoch sein subkutanes Judentum publik geworden sei, habe die Inquisition ihres Amtes gewaltet.

Angesichts des auf ihn wartenden Scheiterhaufens habe jener falsche Bischof heroisch die zur Abmilderung des Urteils in den Tod durch das Schwert erwartete Reue verweigert. »Et etiam crucem prendit, et dum ille mihi (!) preveniat, inquit, in ignem trans misit.« Das zitiert Drach in seinem unveröffentlichten Text *Blinde Kuh*, in Gesprächen pflegte er für seine des Lateinischen womöglich unkundigen Zuhörer zu übersetzen: »Und er nahm das Kreuz, sprach, er (offenbar Christus) soll mir vorangehen, und warf es ins Feuer«.

Inwieweit solche Geschichten im Bereich des Familienmythos oder auch im Bereich von Drachs höchstpersönlichem Mythos anzusiedeln sind, soll hier nicht beurteilt werden. Für die Verbrennung des Ahnen gibt Drach sogar eine genaue Jahreszahl an – 1386. »Er hatte den Namen Albertus Drach angenommen«, notiert er. »Mehr weiß ich heute nicht mehr von dem Relikt, das ich in einem alten Schreibheft vorfand.«[5]

Urkundlich nachweisbar sind die Drachs jedenfalls erst in der Bukowina.[6] Das schließt eine sephardische oder marannische Herkunft allerdings nicht aus. Über das osmanische Reich, das zu Zeiten der höchst katholischen Repressalien in Spanien ein Exempel praktisch geübter Toleranz war, mögen sie ebenso nach Osteuropa gekommen sein, wie etwa die Vorfahren Elias Canettis. »Man nennt Ferdinand einen weisen König, ihn, der seine Länder beraubt, um meine zu bereichern!« soll Sultan

Bayazid II. zu seinem Oberrabbiner Mose Caspali gesagt und ihm im Jahr 1492 die Aufnahme iberischer Flüchtlinge ausdrücklich aufgetragen haben.

Zweimal hat Albert Drach gemeinsam mit seinem Vater dessen Geburtsort Dorna Watra in der Bukowina (damals Teil der Österreich-Ungarischen Monarchie, heute Rumänien) besucht – beide Male als Kind. Dort will er den bis zu Adonia zurückreichenden Stammbaum gesehen haben, dort hat man ihm vom Großvater erzählt, der damals schon tot war. Ein beeindruckender Mann – auch ihm haftet noch etwas vom Mythos an, aber die Details der von ihm erzählten Geschichten werden schon konkreter: Alba Drach, ein Großbauer, den jüdischen Landarbeitern suspekt als einer, der sich nicht an die mosaischen Regeln hielt, den christlichen verhaßt als sie beherrschender Jude.

Die Juden taten ihn in den Bann, weil er den Sabbat nicht hielt, worauf er sie samt und sonders entließ. So sahen sie sich genötigt, den Bann wieder aufzuheben, worauf er sie samt und sonders wieder einstellte. Die christlichen Untergebenen hingegen mauschelten ihrem jüdischen Arbeitgeber hinterher. Bis es dem einmal zu bunt wurde und er die Schädel zweier Bauern gegeneinanderschlug, daß es krachte, zur (beim Erzählen dieser Szene immer wieder deutlichen Freude) des zornmütigen Enkels.[7]

Eine Geschichte, die auch Heimito von Doderer gefallen hätte. Mit dem Drach jedoch ebenso wenig in Verbindung gebracht werden wollte wie mit anderen Kollegen. Von seinen Berührungsängsten und den Aggressionen, die man sich zuziehen konnte, wenn man ihn in die Nähe anderer Autoren rückte, wird noch die Rede sein. Da der eine der beiden Bauern eine große Beule, der andere aber einen Schädelbasisbruch davontrug, soll Großvater Alba dann ausnahmsweise doch zum Gott seiner Väter gebetet und viel gezahlt haben.

Sonst war er der Erde viel mehr als dem Himmel verbunden. Als er nicht mehr auf eigenen Füßen stehen konnte, freute ihn das Leben nicht mehr. »Gott wird helfen«, sagte sein Sohn Adolf, Regimentsarzt, der den alten Vater nach Wien holte und im Heeresspital persönlich betreute. »Wenn die Natur nicht helfen kann, dann kann es auch Gott nicht«, sagte Alba Drach und starb.

Bevor es ans Sterben ging, war er zweimal verheiratet und Vater, nicht gerade eines großen Volks, aber doch einiger Kinder. Der zweiten Ehe, die er erst im Alter von sechzig einging, entsprossen noch mindestens vier davon. Die junge Frau, mit der er sie zeugte, Lea Sperling, war Rabbinerstochter, ein angesichts seiner sonst distanzierten Haltung der Religion gegenüber nicht uninteressantes Detail.

Er holte sie übrigens aus Brody in Galizien, einem Ort, der in der literarischen Welt später als Geburtsort Josef Roths bekannt wurde. Angeblich war es Lea, die ihren Mann dazu brachte, jüdische Landarbeiter einzustellen, darunter wahrscheinlich auch jene, die ihn dann in den Bann taten. Lea war jedenfalls anscheinend eine Frau, die mitreden wollte und ihre eigene Stimme in den patriarchalischen Haushalt einbrachte. Auch kulturell-bürgerliche Ambitionen dürften ihr nicht fremd gewesen zu sein; vielleicht war sie auch einfach musikalisch und hatte Lust auf Hauskonzerte. Eines Tages stand neben dem ohnehin schon vorhandenen Klavier ein zweiter von ihr angeschaffter Flügel im großbäuerlichen Wohnzimmer. Das soll Alba Drach dazu veranlaßt haben, eine Kuh in diesen Raum zu treiben, zur Klarstellung der Tatsache, daß die Familie bäuerlich war und blieb.

Albas und Leas Kinder zog es trotzdem weg von der Scholle. Man ist wohlhabend, man kann es sich leisten, Söhne an die Universität zu schicken. Nicht nur Adolf, der nachmalige Regimentsarzt, darf studieren, sondern auch Wilhelm. Drachs späterer Vater studiert vorerst an der Universität Czernowitz Mathematik und Philosophie.

In seiner Charakteristik dieser beiden hebt Albert Drach die für ihn identitätstiftenden Familieneigenschaften noch einmal hervor: Die Konsequenz in der Verteidigung des eigenen Wesens und die Streitbarkeit. Beiden Eigenschaften werden wir in seiner persönlichen Geschichte zahllose Male begegnen. Manchmal in anachronistischer Reinheit, manchmal in skurriler Verzerrung.

Onkel Adolf habe das unmoralische Angebot, sich aus Karrieregründen taufen zu lassen, glatt ausgeschlagen. »Es müßte nur ein wenig Wasser über Ihren Kopf«, so habe Kaiser Franz Josef zu seinem Untertanen gesprochen. »Und wenn Sie die ganze Donau über meinen Kopf gießen«, habe der Onkel geantwortet, »ich werde niemals Christ.«[8] Ein würdiger Nachfahre des marannischen Bischofs also, auch in der von seinem Neffen behaupteten Ausdrucksweise.

Wilhelm, seinen Vater, charakterisiert Drach zuallererst als Duellanten. Wobei es sich bei den sogenannten Duellen um Mensuren handelt. Für einen jungen Mann seiner Abkunft eine bemerkenswerte Leidenschaft. In Drachs Darstellung scheint bei den studentischen Verbindungen, in denen er sich geschlagen hat, kein Vorbehalt gegen jüdische Kommilitonen zu existieren. Zuerst schlägt sich sein Vater in Czernowitz. Dann, von dort angeblich just wegen eines den Rahmen akademischen Anstands sprengenden Duells verwiesen, schlägt er sich gleich in Wien. Höhepunkt dieser legendären Auseinandersetzungen ist ein sogenannter Ehrengang mit einem Prinzen Thurn und Taxis. Den verletzt der rabiate Zweikämpfer schwer, immerhin ist der adelige Kollege fair genug, erst ein Jahr nach der sportlichen Auseinandersetzung zu sterben, also nicht nachweislich an den Duellfolgen.

Hat das der Vater dem Sohn erzählt? Jedenfalls erzählt es der Sohn vom Vater. Darüber hinaus erzählte er, daß Wilhelm Drach seine goldene Uhr versetzt habe, um dem Schwerverletzten wenigstens eine Art finanzieller Entschädigung zukommen zu lassen. Und daß so viel, wenn schon nicht ererbte, so naturgegebene Ritterlichkeit sogar dem Ritter von Schönerer imponiert habe. Schon eine eigenartige Gesellschaft, in der Vater Wilhelm angeblich Bestätigung findet.

Herrn von Schönerer kennt man zwar als rabiaten Judenhasser, von dem sich später Hitler inspiriert fühlte. Den Kommilitonen Wilhelm aber scheint er, nimmt man Albert Drachs diesbezügliche Erzählung ernst, entweder trotzdem geschätzt oder nicht für einen Juden gehalten zu haben. Vor lauter Wertschätzung habe er im Zusammenhang mit der Thurn-und-Taxis-Tragödie sogar einen Brief an Vater Drach geschrieben. Des Inhalts, daß dieser seine Uhr hätte behalten können, da ihm er, Schönerer, mit Vergnügen aus der Misere geholfen hätte.

Was in dieser Erzählung jedenfalls Spuren hinterlassen hat, ist die Neigung des alten Drach zum deutschnationalen Milieu; dessen prinzipielle Wertschätzung auch sein Sohn nie ganz aufgibt. Den Brief Schönerers, der vom Vater auf ihn gekommen sei, will er 1938 in die Emigration mitgenommen haben, mit der Idee, daß er ihm unter Umständen noch nützlich sein könnte. Zwischen wechselnden Privatadressen und Internierungslagern sei dieses Dokument allerdings verloren gegangen.

Was die mütterliche Herkunft betrifft, so mangelt es auch hier nicht an bunten Reminiszenzen, doch scheint die späte Heirat zwischen der Kaufmannstochter Jenny und Wilhelm, der sich nach einigen Jahren als Gymnasiallehrer schließlich als Bankbeamter etabliert, so etwas wie einen Klassenkonflikt in die Familie gebracht zu haben. Die Vorfahren der Mutter – Pater mit Namen – stammen, wie die Vorfahren Mahlers und Freuds, aus Mähren, aschkenasische Juden, die allerdings schon mindestens eine Generation vor den Drachs in Wien ansässig waren. Eine gut integrierte und nicht schlecht situierte Meidlinger Kaufmannsfamilie, die allerlei Lebensmittel, vor allem Mehl und Hülsenfrüchte vertreibt. Über das Mehl rümpfen die sephardischen Brüder und Schwestern Wilhelms angeblich die Nase, sie sprechen vom Geruch der Mehlsäcke, der an den aschkenasischen Verwandten hafte, nur der Generalstabsarzt Adolf soll Alberts Mutter vorbehaltlos akzeptiert und die attraktive, stolze Frau, sogar ein wenig verehrt haben.

Auch in religiösen Belangen sind der väterliche und der mütterliche Familienzweig alles andere als d'accord. Die aschkenasische Seite legt eindeutig mehr Wert auf die Einhaltung des mosaischen Gesetzes. Es soll eine Tante mütterlicherseits gewesen sein, die darauf bestanden hat, daß der kleine Albert dem Ritus entsprechend beschnitten wird. Eine Tatsache, die ihn später, im Auslieferungslager Rives Altes, in schwere Bedrängnis bringt.

Andererseits scheint sich der mütterliche Familienzweig dem Wiener Milieu eher angeschmiegt zu haben als der väterliche. Ein Menschenalter früher in Wien angekommen, hat er sich sprachlich fast zu perfekt assimiliert. Drachs Mutter spricht die Sprache Meidlings, somit einen Urwiener Dialekt. Damit wird sie einiges zum Wortschatz ihres Sohns beitragen – der Schriftsteller Drach erweist sich, obwohl er nie im Dialekt schreibt, in manchen Passagen seines Werks als sehr vertraut mit dem Wiener Jargon.

In diesem Zusammenhang eine Bemerkung zu Drachs Sprache. Er sprach wie ein Buch, das heißt, wie eins seiner Bücher. Ob er schon als Kind oder junger Mann so gesprochen hat, wissen wir nicht, darüber gibt es keine Dokumente. Vielleicht hängt ein gewisser Tonfall, ein Brustton demonstrativer Überzeugung, auch mit seinem Beruf als Anwalt zusammen. Manche haben diese Sprache als ärgerlich gestelzt empfunden, andere als auf eine höhere Art witzig, speziell als er ein gewisses Alter erreicht hatte. Die Interviews, die er nach Erhalt des Büchner-Preises oder anläßlich seines neunzigsten Geburtstags für den Rundfunk gegeben hat, sind gute Beispiele dafür. Auch auf den Tonbändern, die ich mit ihm aufgenommen habe, verfällt er immer wieder in einen Vortragston, der an die Aufnahmen von Schauspielern aus der Zwischenkriegszeit erinnert. In den letzten Monaten und Wochen seines Lebens ist er jedoch – zur Überraschung und wohl auch zum Befremden mancher Besucher an seinem Krankenbett – oft unvermittelt in den Meidlinger Argot geraten.

2. DAS KIND UND DER TOD

Abschied vom Mond

Man stirbt nur einmal
Und dann ist man tot.
Man sagt nicht: einmal ist keinmal.
Sonst ist man ein Idiot.

Man sagt überhaupt nichts,
Weil man auch nicht kann.
Man weiß nichts, man glaubt nichts.
Man ist ein toter Mann.

Und wenn man eine Frau ist,
Dann ist das nicht weiter genant,
Weil es ganz dasselbe genau ist:
Denn der Tod ist ungalant

Man kann sich nicht mehr erheben,
Um den Mond zu sehn in den Höhn.
Man stirbt nur einmal im Leben,
Und das ist schön.[1]

Albert Drach wurde am 17.2.1902 in Wien geboren, er selbst zog es allerdings vor, zu sagen, daß er scheintot ins Leben geprügelt wurde. Ein Geburtsmythos, der ihm immer wieder zum Trost gereichte, denn wer schon einmal – und sei es nur zum Schein – im Totenreich gewesen war, der hatte die Lizenz zu leben. Vielleicht ist es ja das beste, gar nicht geboren zu werden, aber einmal auf dieser Welt angekommen, war es – in Drachs Abwandlung der griechisch-stoischen Haltung, die für diesen Fall möglichst bald zu sterben empfahl – das zweitbeste, möglichst lange, am besten ewig, zu verweilen. Tatsächlich ist Drachs Kindheit und Jugend von ängstigenden und schockierenden Todeserfahrungen geprägt.

Todesangst ist vielleicht extreme Verlustangst. Die früheste Erinnerung Alberts betrifft den Verlust eines an der Schnur über dem Bett baumelnden Schokoladetiers. Der kleine Bub hat es nie übers Herz gebracht, die süße, für ihn beseelte Materie zu essen. Aber eines Tages zerbricht diese Süßigkeit, und das Kind weint über die Zerbrechlichkeit der Dinge.

Albert Drach hat diese Erinnerung einmal im mütterlichen Haus in Wien Meidling angesiedelt. Für diesen Fall handelt es sich wahrscheinlich um keine unmittelbare Erinnerung, sondern um eine durch spätere Erzählungen der Eltern vermittelte. Ein anderes Mal fühlt er den Schmerz des frühen Verlusts als immerhin bereits dreijähriges Kind. Da wohnt er mit seinen Eltern schon in der nahe am Stadtpark gelegenen Traungasse im dritten Wiener Bezirk.[2]

Eine zweite Erinnerung, diesmal eine an wirklichen, wenn auch von den Erwachsenen nicht ernst genommenen Tod, steht vermutlich mit dem ersten Besuch des Kindes bei der in Dorna Watra verbliebenen Verwandtschaft in Zusammenhang. In der Bistritz, die durch den Ort fließt, ersäuft ein Onkel Moritz eine Handvoll junger Mäuse. Wenigstens hat Albert zu denen keine persönliche Beziehung. Anders ist das mit seiner Lieblingsente, dem ersten Vogel, den er liebt, und den ihm die prosaische Mutter dann eines Tages zur Mahlzeit vorsetzt.[3]

Eine Zeitlang verweigert Albert überhaupt jeden Fleischgenuß, bis man ihm weismacht, daß das Fleisch exklusiv für seine Familie auf Bäumen wächst. Diese

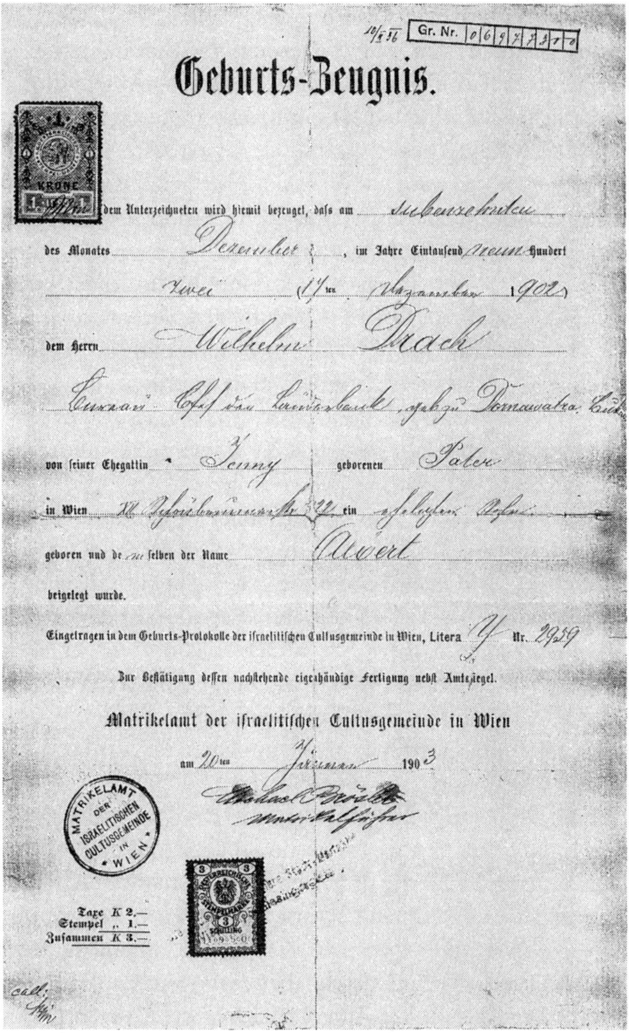

10/V 56 Gr. Nr. 0 6 9 7 7 8 7 0

Geburts-Zeugnis.

1 KRONE

Wien dem Unterzeichneten wird hiemit bezeuget, daß am siebenzehnten

des Monates Dezember, im Jahre Eintausend neun Hundert

zwei (17ten Dezember 1902)

dem Herrn Wilhelm Drach

Bureau Chef der Länderbank, geb. zu Dornawatra Bukowina

von seiner Ehegattin Jenny geborenen Pater

in Wien XII Schönbrunnerstr. 22 ein ehelicher Sohn

geboren und demselben der Name Albert

beigelegt wurde.

Eingetragen in dem Geburts-Protokolle der israelitischen Cultusgemeinde in Wien, Litera Y Nr. 2959

Zur Bestätigung dessen nachstehende eigenhändige Fertigung nebst Amtssiegel.

Matrikelamt der israelitischen Cultusgemeinde in Wien

am 20ten Jänner 1903

Michael Brüll
Matrikelführer

MATRIKELAMT DER ISRAELITISCHEN CULTUSGEMEINDE IN WIEN

3 SCHILLING

Taxe K 2.—
Stempel „ 1.—
Zusammen K 3.—

Bäume waren – die Mutter nahm ihn manchmal zum Einkauf mit – die Haken in der nahe der Wohnung gelegenen Markthalle, von denen die Fleischstücke der geschlachteten Tiere herabhingen. Die kindliche Fantasie ist gläubig – auch der Volksschüler hängt noch der häretischen Lehre vom vegetarischen Fleisch an. Als er das Geheimnis allerdings in seiner Klasse preisgibt, führt das zu boshaftem Gelächter der Mitschüler und bleibt eine nachhaltige Blamage, die seine durch die mütterliche Überbesorgtheit ohnehin geförderte Außenseiterrolle zementiert.[4]

»Du sollst nicht falsches Zeugnis geben gegen deinen Nächsten«, erziehungspragmatisch übersetzt in »Du sollst nicht lügen« – das siebente alttestamentarische Gebot war ihm zu Hause sozusagen als das erste und wichtigste eingeschärft worden. Zur Vermittlung dieses Grundsatzes ließ die Mutter keine Gelegenheit aus, so etwa das Überqueren einer Brücke bei Lunz, wo die Familie öfter auf Sommerfrische war, anläßlich eines Ausflugs in den benachbarten Ort Kasten. Die Brücke führte über die Ybbs und war, erinnert sich Drach, gesäumt von Heiligenfiguren. »Denn auf der Brücke steht ein Stein/ und wer jemals hat gelogen, der fällt hinein«, reimte die Mutter, poetisch wenig überzeugend, aber ethisch überzeugt. Die Mutter war damals nicht ins Wasser gefallen. Obwohl sie es mit der Wahrheit offenbar alles andere als genau nahm. Sie hatte ihren kleinen Sohn, mit äußerst peinlichen Konsequenzen für ihn selbst, belogen.[5] Was hat das im kindlichen Gemüt zur Folge?

Noch der alte Mann rekapitulierte – seine eigenen Schuldgefühle abwägend – die gewisse innere Distanz, die ein Verrat wie dieser bei ihm ausgelöst hat. Eine Distanz, die mitgeschwungen haben mag, als er die Mutter 1938 im nationalsozialistischen Feindesland zurückließ.

Auch der Tod von Menschen läßt sich nicht aus den kindlichen Erfahrungen ausblenden. Da ist Alberts tuberkulöse Freundin Jenny Juch, mit der er in paradiesischen Vor-Zeiten bloßfüßig durch einen munteren Bachlauf wandert. Sie sind ein schönes Paar, das findet auch die alte Frau, die aus einer noch älteren Hütte tritt. Vielleicht eine Hexe? Albert kennt Märchen gut genug, um so etwas in Erwägung zu ziehen. Sie wären ein schönes Paar, modifiziert die Alte, auch in Hinblick auf später. Wenn nicht eins von ihnen frühzeitig stirbt. Albert widersteht der Versuchung, den angebotenen Kuchen zu essen, seine Mutter hat ihm eingeschärft, nichts von fremden und somit grundsätzlich verdächtigen Leuten anzunehmen. Jenny teilt seine Vorbehalte nicht, läßt sich den Kuchen schmekken. Ein paar Wochen später ist sie tot, und man zeigt sie ihm, ganz weiß gekleidet, auf ihrer kleinen Bahre. Tuberkulose, heißt es; daran sterben damals noch viele. Aber Albert wird den Verdacht mit dem Hexenkuchen nicht los.[6]

»Susi walle in dem Frieden«,[7] dichtet er zum Abschied – wer weiß, warum er Jenny – übrigens ist das auch der Vorname seiner Mutter – in »Susi« umbenennt. Mehr als der erste Satz ist ihm von diesem Nekrolog später nicht mehr erinnerlich. Aber auch das Haus der mutmaßlichen Hexe hat er durch Poesie zu bannen versucht. »Es steht ein Haus an einer Wand / an einen Felsen angebannt«, diese Zeilen sollen dem mit dem Vater befreundeten Librettisten Löhner-Beda gefallen haben, er findet sie originell.[8]

An einem anderen Tod wird sich Albert ein paar Jahre später eine gewisse Schuld geben. Ein Schulfreund, Sprößling der Mautner-Markhof-Familie, bittet ihn brieflich um einen raschen Besuch, da ein vom ihm angebetetes Mädchen seine Liebe nicht erwidert. Albert kann nicht reagieren, brütet gerade seinen zu jener Zeit noch lebensgefährlichen Scharlach aus, eine Krankheit, die er körperlich übersteht und geistig mit Lektüre überbrückt. Der liebeskranke Freund aber nimmt sich das Leben.[9]

Unter allen diesen Todeserfahrungen gibt es aber die eine entscheidende, auf die Drach praktisch immer zu sprechen kommt, wenn er erklären will, warum er Schriftsteller geworden ist. Etwa fünfeinhalb Jahre ist er alt, als er mit ansehen muß, wie eine aufgeschwemmte, bereits von Fischen angeknabberte Wasserleiche aus dem Lunzer See geborgen wird. In einer seiner schönsten autobiographischen Arbeiten, der erst 1981 geschriebenen Erzählung *Lunz*, erinnert er sich an das erschreckende Ereignis und seine Wirkung wie folgt:

Das Gesicht des Toten war übermäßig dick, die Nase fehlte, und auch an den Lippen waren Stücke angeblich von Karpfen abgefressen. In den Augenhöhlen schien überdies keine Pupille mehr zu stecken. Man sprach davon, daß der Ertrunkene, bevor er vierzehn Tage im Wasser gelegen, betrunken gewesen sei. Als die Leute, die ihn auf den Leiterwagen geworfen hatten, bemerkten, daß ein Kind, nämlich ich, den Vorgang gesehen, schleuderten sie einen Jutesack über das wenig anziehende Gesicht des ertrunkenen Betrunkenen. Ich aber hatte genug gesehen, um nicht mehr sterben zu wollen. Mitzi Hansmann allerdings wußte kein Mittel gegen den Tod. Meine Mutter hinwiederum wollte mich glauben machen, daß ich, weil ich bei der Geburt scheintot gewesen, nicht mehr sterben müsse. Aber da ich schon wußte, daß Schein und Sein nicht dasselbe sind, ließ ich es diesmal bei ihrer Aufklärung nicht bewenden. Mein Vater nun, der knapp vor seiner Abreise stand, ließ mich noch wissen, daß Helden und Künstler unsterblich seien.[10]

Vage Aussichten, an die sich der Sohn allerdings wie an ein konkretes Versprechen klammert. Der Vater mag vielleicht gehofft haben, die Perspektive eines ruhmreichen Lebens würde das von der Mutter verweichlichte Kind ein wenig auf Trab bringen. Der Bub aber merkt bald, daß er weder zum Feldherrn oder König noch zum Bildhauer oder Komponisten taugt. Er entscheidet sich für die vom Vater etwas weniger geschätzte Schriftstellerei. Die ist allerdings in voralphabethischen Lebensphasen noch alles andere als leicht realisierbar. Deshalb redet sich der

Fünf- bis Sechsjährige ein, seine eigene Geheimschrift kreiert zu haben. Über die verfügt er souverän, Hauptsache, *er* weiß, was geschrieben steht. Beispielsweise auf dem mit seinem Privatcode bemalten schönen Kleid der noch schöneren, um sieben Jahre älteren Halbschwester aus Vaters erster Ehe.[11]

Eine kindliche Liebeserklärung? – Geliebt hat Drach diese Schwester, davon wird noch die Rede sein. Sie verkennt allerdings die Intention, ist wenig erbaut über das Zerstörungswerk an ihrem Eigentum. Sie schätzt das beschriebene Kleid nicht als wertvollen Autographen. Aber sie ist auch nicht einfach böse, sondern versucht – verständig und reif wie sie ist – dem jüngeren Bruder den Unsinn mit der Unsterblichkeit auszureden, ihn über den kleinen, aber feinen Unterschied zwischen wirklichem Überleben und Weiterleben im Gedenken der Nachwelt aufzuklären.[12]

Albert mit seiner Mutter und der Halbschwester Alma. Einziges Kindheitsfoto. Gedenkstätte, Drach-Hof, Mödling

Eine allzu realistische Sicht der Dinge, die nichts gegen die grausige Vorstellung der Wasserleiche und das dadurch ausgelöste Streben nach Unsterblichkeit ausrichtet. Seiner Intelligenz zum Trotz, versucht der Bruder just bei seiner eigenen Auffassung der Dinge zu bleiben. Erst recht mittels Schreiben – das Kritzeln in der Geheimschrift ist wohl auch ein Beschwörungsversuch. Vielleicht war es damals, daß er beschlossen hat, die evidente Wirklichkeit nicht mehr für die substantielle Wahrheit zu halten?

Die Eltern kommen auf eine gute Idee und schenken ihm einen Setzkasten.[13] Mit dessen Hilfe erlernt er das Alphabet, bevor er in die Schule kommt. Schreiben heißt, durch die eigene Schöpfung gegen den Leben und Tod umfassenden Schöpfungsplan zu opponieren. Schreiben heißt, zumindest auf dem Papier Dinge phantasieren zu dürfen, die in Familie und Gesellschaft verboten sind. Schreiben ist Überlebensakt und Tabubruch. In einem seiner frühesten Stücke, *Atlantis*[14], das er immer wieder überarbeiten wird, ohne es letztlich in den von ihm selbst erstellten Drach-Kanon aufzunehmen, stilisiert er sich zum unsterblichen König des legendären Eilands. »Mir hat geträumt, daß ich sterben werde, sobald ich es vollendet habe«, erzählt noch der Neunzigjährige. So läßt er das Totentuch, an dem er webt, das Totenbuch, an dem er schreibt, vorsichtshalber unvollendet.

In den frühen Fassungen heißt die literarische Inkarnation ihres Schöpfers *Auterpundel*, was so viel bedeuten soll (auter/potere) wie der Selbstgeschaffene (»der sich selbst gelegt hat«).[15] Dieser Auterpundel, später Abardo oder Abirdis, lebt ewig und kreist immerdar um seine überflutete Insel – ein nicht allzu entfernter Verwandter des ewigen Juden oder des fliegenden Holländers als Dauerschwimmer. Das Wasser, in das Albert selbst einmal gefallen ist und aus dem ihn seine Bonne, Mitzi Hansmann, retten mußte, das Wasser, das die toten Mäuse und die Wasserleiche zu verantworten hat, kann Abardo nicht töten, er kann ihm aber auch nicht entkommen. Eine schöne Vorstellung? Schön war zumindest die Idee der Geschwisterliebe, die dieses frühe und späte Werk grundiert, auch davon wird noch die Rede sein.

Drachs lebenslang beibehaltene Auffassung vom nur in sich selbst begründeten Schöpfungsakt, seine geradezu grimmige Ablehnung intertextueller Bezüge, die man zwischen seinem Werk und irgendwelchen anderen Werken herstellen wollte, die trotzige Weigerung, sein Œuvre in irgendeine Tradition oder Schule einordnen zu lassen, kann u. a. vor der Folie seiner fixen Unsterblichkeitsidee verstanden werden. Schöpfung aus dem Nichts. Sonst ist keine Schöpfung. Was er schöpft, kommt aus ihm. »Meine Kraft geht nur von mir aus, wenn man mich einreihen will, so ist man ein Gauner (...)«, notiert er am 22. 10. 71 nachts unter der Titel *Bausteine und Einfälle* in eines seiner orangen A5-Hefte. Das ist sechs Jahre, nachdem er den von ihm angestrebten Prozeß gegen den Kritiker Paul Kruntorad gewonnen hat, der die Drachsche Ironie und die Art der Namensgebung im »kleinen Protokoll« *Amtshandlung gegen einen Unsterblichen*[16] (der Unsterbliche, gegen den amtsgehandelt wird, ist kein Geringerer als Arthur Rimbaud) mit der von Herzmanovsky-Orlando verglichen hatte.

Tatsächlich steht Kruntorads Interpretation im Zusammenhang mit einer Reihe literaturkritischer Fehleinschätzungen, die seit Erscheinen des Romans *Das große Protokoll gegen Zwetschkenbaum* durchs Feuilleton geistern.[17] Drachs Literatursprache, sein Protokollstil, wird darin als skurriler Kanzleistil mißverstanden und verharmlost. Eine Fehleinschätzung also auch von Kruntorad – aber ein ehrenrühriger Plagiatsvorwurf und somit ein einklagbares Delikt? Für Drach handelt es sich um einen Anschlag auf seine Integrität als Person und Schriftsteller, auf sein kraft eigener Kreativität nach Unsterblichkeit verlangendes Wesen.

Das Widerständige in seiner Gegen-Schöpfung galt es zu erkennen und das Einzigartige in seiner ästhetischen

Konstruktion, was für ihn fast dasselbe war. Hat er sich in selbstbewußten Stunden als Genie gefühlt, über das die Inspiration gekommen ist? Das weniger. Seine schöpferische Kraft ging ja von niemand anderem als ihm selbst aus. Sie konnte deshalb auch von nirgendwoher auf ihn kommen. Vor allem aber pflegen Genies, allen voran die besonders genialen wie Rimbaud, zu früh mit dem Schreiben aufzuhören und – gemessen an der Ewigkeit – zu früh zu sterben. Drach aber will leben, um fast jeden Preis, auch um den, nicht rechtzeitig, also zu seinen Lebzeiten, als Genie erkannt zu werden.

»Als ich allerdings einsah, daß mich mein Vater nur getäuscht hatte«, schreibt er in bezug auf die falschen väterlichen Unsterblichkeitsversprechungen, »da wollte ich wenigstens das Ende meines Daseins möglichst lang hinauszögern und wenn ich Gefahren aufsuchte, was ich häufig tat, die Probe darauf einsetzen, daß ich sie immerhin bestand und daß, wenn ich überhaupt zu etwas talentiert war, dieses Talent darin bestand, unter allen Gegebenheiten mit dem Leben davon zu kommen. Und in der Tat, ich hatte reichlich Gelegenheit mein Leben zu verlieren (...) Insgeheim mochte mir dabei die zeitweilige Annahme beigestanden sein, ich sei in Wirklichkeit nicht der, der ich bin, sondern der letzte König von Atlantis (...) Somit gottähnlich oder -gleich. (...)«[18] Zwei Seiten weiter in *Blinde Kuh* heißt es: » Soweit mich Gott überhaupt etwas anging und von meiner Person verschieden war, konnte ich ihn nur als Störenfried sehen und nicht vom Teufel unterscheiden«.[19]

3. NUR AN DEN RÄNDERN BERÜHREN SICH DIE MENSCHEN

KINDHEIT, JUGEND UND LITERARISCHE ANFÄNGE

Vom sportlichen Vater hat Albert, ein schreibender Stubenhocker mit erheblichen Haltungsschäden, nicht die Statur, wohl aber den zwingenden Anspruch, etwas darzustellen. Bei seinen frühen Schreibversuchen erhält er tatkräftige väterliche Unterstützung, der erste Gedichtband *Kinder der Träume*, der 1919 bei Amalthea erscheint, wird vom Vater mitfinanziert. Eine Wiedergutmachung für zugefügtes Unrecht allerdings – der Sohn hat ohne böse Absicht einen Versöhnungsbeischlaf seiner häufig zerstrittenen Eltern gestört und ist vom Vater verprügelt worden. Die in dem doch schon nicht mehr ganz kindlichem Alter erlittene Schmach kommt der Poesie zugute.[1]

Zum Erscheinungstermin des Bändchens ist Drach immerhin fast siebzehn. In diesem reifen Alter distanziert er sich seiner Erinnerung nach schon von den darin enthaltenen Knabenversen. Nur zwei Zeilen, die seine Jugendliebe Hedda beeindrucken, läßt er bis zu seinem Lebensende gelten: »Ich will das Himmlische sehen, mit meinen irdischen Augen«.[2]

Die pragmatische Mutter, alles andere als eine Frohnatur, hat wenig über für romantische Flausen und künstlerische Ambitionen. Das Geld, das der Gatte in die erste poetische Publikation ihres Sohnes investiert, hätte sie lieber in eine prosaische Zahnregulierung gesteckt. Die Anforderungsprofile der Eltern sind konträr und evozieren eine ambivalente Situation. In *Martyrium eines*

Unheiligen, einem frühen autobiographischen Text, beschreibt sie der Autor wie folgt:

»Und da ihn die Mutter vor der Welt bewahren wollte, der Vater hinwiederum wünschte, daß er in ebendieser etwas gelte, wurde ihm einerseits gestattet allein zu sein, so viel er wollte, damit er anderseits Gelegenheit haben sollte, solche Werke zu schaffen, von denen einmal entsprechende Wirkung auf die von ihm gemiedenen Außenstehenden erzielt werde«.[3]

Nur der Mutter gehören zu dürfen, aber der Welt gefallen zu wollen, diese Konstellation provoziert ein Dilemma, dem erst recht am ehesten durch Schreiben beizukommen ist. Es ist die einzige Tätigkeit, in der sich die widersprechenden väterlichen und mütterlichen Ansprüche ausbalancieren lassen. Daß die Bücherschränke der Eltern übervoll sind, gibt bei den eigenen literarischen Projekten Rückhalt. Wenngleich die literarischen Vorlieben von Vater und Mutter stark divergieren.

Die Lieblingsdichter des Vaters sind Seume und Platen, die der Mutter Freiligrath, Geibel und Heyse. Die Lektüre der Mutter wird vom Sohn als sentimental-modisch eingestuft, in der väterlichen Bibliothek findet er hingegen vieles, was sein Geist begehrt, von Shakespeare über Nestroy bis zu Ibsen. Bereits mit zehn Jahren liest er den »Vater der deutschen Kurzgeschichte«, Johann Peter Hebel, sein Leben lang wird er nicht müde zu wiederholen, daß die deutschen Schriftsteller seines Erachtens zwar keinen Roman, sehr wohl aber hervorragende Kurzgeschichten zustande gebracht hätten. Auch der politisch engagierte Georg Herwegh hat es ihm angetan. »Alle Räder stehen still, wenn dein starker Arm es will« – Drach ist ein Sohn aus bürgerlichem Haus mit einem Hang zum unerreichbaren Adel, aber dieser proletarisch bewußte Satz beeindruckt ihn nachhaltig.

Schon mit zwölf Jahren entdeckt Albert gemeinsam mit seinem Freund Robert Blochbauer den Dichter Christian Dietrich Grabbe.[4] Dies trotz oder wegen ausdrück-

Der Vater Wilhelm Drach. Ölgemälde. Gedenkstätte, Drach-Hof, Mödling

Die Mutter Jenny Drach. Gedenkstätte, Drach-Hof, Mödling

licher Warnung des Deutschlehrers, der diese Lektüre zumindest für verfrüht hält. An der Schwelle zur Pubertät wird die Lektüre Grabbes zum Sturm- und-Drang-Erlebnis. Zumindest der Imagination öffnet sie die Tür zum geheimnisvollen Raum der Sexualität.

Dem Anastasius, so heißt Drachs anderes Ich im kleinen Protokoll *Martyrium eines Unheiligen*, war zwar aufgefallen, daß sich der Oberkörper weiblicher Wesen vom Oberkörper männlicher Wesen unterschied, das erklärte ihm die Anziehung, die das weibliche Geschlecht auf das männliche ausübte, aber noch keineswegs ausreichend. Um auch über die unterschiedliche Beschaffenheit der Unterkörper Aufschluß zu erlangen, schlug er vergebens bei den Klassikern nach. Erst Grabbe gab Auskunft und schuf eine, wenn auch ambivalent wirkende, Perspektive. »Das war ein Dichter, der hinausschrie wie es mit allem war, der mußte es wissen und sagte auch, was er wußte«.[5]

In vorgerückter Abendstunde sitzen Albert und Robert an dem von Otto Wagner regulierten Wienfluß unterhalb des Stadtparks und widmen sich der Lektüre von Grabbes *Herzog von Gothland*:

»Was macht dein hübsches Nachtgeschirr?« und »Wenn ihr pissen wollt, steht sie auch zu Diensten«. »Wo sie vorbeigeht, springen die Hosenknöpfe los.« »Oh, nimmt sie ihn in die Arme, so nimmt sie ihn auch zwischen die Beine.« Das war stark, das mußte wahr sein.[6]

In den frühen dreißiger Jahren wird Drach dem Dichter Grabbe sein *Satyrspiel vom Zwerge Christian* widmen. Vorläufig fließt die beim so kleinen wie großen Kollegen verbalisierte sexuelle Energie bei seinem pubertierenden Bewunderer in die Figur von Abardis. Auf seinem Eiland Atlantis liebt dieser seine eigene Schwester sittenwidrig. Die Tochter des benachbarten Königs wird vergewaltigt und geschwängert, deren Bruder entmannt.

Ganz anders die Gedichte, die in den *Kindern der Träume* gesammelt werden. Schon vorher erscheinen sie ab und zu im *Wiener Journal*. Dies zwar nicht, wie Drach als alter Mann behaupten wird, ab seinem zwölften, wohl aber ab seinem fünfzehnten Jahr.[7] Und zwar – auf diese Feststellung legt er noch mit neunzig Wert – ohne Altersangabe. Sie sind konventionell romantisch, eine wohlanständige Sublimationsleistung. Nach Erscheinen des Gedichtbandes wird immerhin ein junges Mädchen darauf reagieren. Hedda Zinner will nämlich Schauspielerin werden. Bei ihrem ersten, öffentlichen Auftreten trägt sie Drachs Lyrik im Wiener Frauenclub vor.

Rotes Haar, blasse Haut – so könnte das von Heine besungene Henkerstöchterchen, das rote Sefchen, ausgesehen haben. Aber Hedda Zinner war die Tochter einer Vortragskünstlerin und eines todkranken Vaters.[8] Im Frauenclub spricht Hedda natürlich auch Alberts irdisch/überirdischen Lieblingsvers. »Ich will das Himmlische sehen mit meinen irdischen Augen« – ihre lebendigen Augen reflektieren seine unsterblichen Worte, und er nennt sie Eos. Gern würde er sie auf einen sommerlichen Ausflug einladen, aber die Realisierung dieses seiner Tendenz nach unfrommen Wunsches erweist sich als schwierig. Der Vater bewacht die minderjährige Tochter mit durch die Krankheit noch geschärften Argusaugen. Erst im tiefsten Winter, ausgerechnet am 17. 12., ausgerechnet zu Alberts 17. Geburtstag, kommt unverhofft die frappant unsentimentale Nachricht: »Lieber Albert, mein guter Pappi ist tod. Nun können wir unsren Ausflug doch machen.«[9]

Dummerweise geht dann auf diesen Ausflug Ernst Grosz mit, ein Freund, der – weniger romantisch gehemmt als Albert – schneller und besser bei Eos ankommt als dieser. Auch später haben andere das Rennen gemacht, Hedda Zinners berühmtester Freund ist Bertolt Brecht, schließlich hat sie aber dessen Kontrahenten Fritz Erpenbeck geheiratet. Möglich, daß über sie, die später in der DDR zu einer vielgelesenen Autorin wird, Drachs 1922 bis 1926 entstandenes *Passionsspiel* an B.B. gekommen ist. Die direkt ans Publikum gerichteten Songs, davon war Drach felsenfest überzeugt, haben Brecht bei seiner Arbeit an *Mahagonny* inspiriert.

Die siebzigjährige Frau Zinner, die ich 1990 in ihrem Ostberliner Haus besuche, will das nicht ausschließen. Das *Passionsspiel* hat ihr Drach möglicherweise zukommen lassen – aber hat sie es wirklich an Brecht weitergegeben? Einen Grund, das ausdrücklich zu dementieren, sieht sie jedenfalls nicht. Im übrigen erinnert sie sich wesentlich konkreter an seinen damaligen Konkurrenten Grosz, mit dem sie tatsächlich eine Weile zusammen war.[10]

Soweit das Leben. Die Literatur ist etwas anderes. Daß die »Einlagen« (definitionsgemäß Nummern, Adressen an das Publikum[11]) in Brechts epischem Theater tatsächlich auf Drach zurückgehen, läßt sich somit nicht nachweisen. Direkt ans Publikum gerichtete, fallweise die Handlung kommentierende Songs hätte Brecht beispielsweise auch bei Nestroy finden können. Daß er sich ohne große Skrupel da und dort bedient hat, ist jedenfalls bekannt.

Interessanterweise hat der originalitätsbesessene Drach nie einen Plagiatsvorwurf gegen den großen Kollegen erhoben. Er hielt dessen Stücke fast neidlos für besser als seine eigenen. 1929 sieht er die *Dreigroschenoper* und ist restlos begeistert. Es handelt sich allerdings nicht um die »Skandalaufführung« von Graz, die von Demonstranten gestört wurde, sondern um eine Inszenierung des Raimundtheaters, in der u. a. Harald Paulsen und Raoul Aslan zu sehen sind.[12]

Aber zurück in Alberts späte Kindheit und Pubertät. Wie können wir uns den Heranwachsenden vorstellen, was bewegt ihn, was ficht ihn an? – Als der erste Weltkrieg ausbricht, zählt er noch keine zwölf Jahre, will aber schon klug genug gewesen sein, das Ultimatum Österreich-Ungarns an Serbien für einen folgenschweren Irrtum gehalten zu haben. Anders als sein Vater, der dieses Ultimatum als Demonstration der Entschlossenheit für letzten Endes kriegsvermeidend hält, meint er, daß kein noch so kleines Land einen Staatsbürger an ein anderes Land ausliefern wird, es sei denn, dieses Land hätte überhaupt keine Verbündeten.

Der Vater reagiert barsch auf die politische Einschätzung des Sohns, dessen Meinung zähle überhaupt nicht. Aber der weitere Verlauf der Ereignisse, der Dominoeffekt, der in den Krieg führt, gibt dem vorlauten Kind leider recht. Was den Vater betrifft, so ist seine Hoffnung auf eine diplomatische Lösung der Spannungen zwischen Österreich und Serbien die einzige politische Fehleinschätzung, die dem Sohn in Erinnerung geblieben ist. Den Aufstieg Hitlers und Stalins habe er früh und illusionslos vorausgesehen.[13]

Den Kriegsanfang erlebt die Familie nach der Heimkehr von einem Urlaubsaufenthalt in Heringsdorf (West-

Hedda Zinner, um 1920

pommern). Dort ist Albert, durch Einfluß und Vermittlung eines drei Jahre älteren Knaben, eher versehentlich in die altdeutsch-paramilitärische Jugendorganisation »Jungsturm« gelangt. Der für so etwas anfällige Vater ist damit aber nicht unzufrieden. Wieder daheim schickt er den Sohn zur Pfadfindergruppe »Daun«, dort fällt Drach, wie schon beim Jungsturm, einerseits durch seine Ungeschicklichkeit beim Knüpfen von Knoten auf, anderseits durch seine Ausdauer beim Marschieren.

Auf dem Erziehungsweg ist das immerhin ein Etappensieg für den Vater, dem die körperliche Ertüchtigung Alberts am Herzen liegt. Die Mutter hat ihr Söhnchen sogar vom schulischen Turnunterricht befreien lassen, um ihm Unfälle zu ersparen. In der nach Maria Theresias Heeresreformator benannten Pfadfindergruppe geht es den Zeiten entsprechend paramilitärisch zu. Zum Glück ist Drach mit seinen 12 Jahren noch viel zu jung, um in den Krieg ziehen zu müssen. Zwei seiner Vettern aber sterben auf dem sogenannten Feld der Ehre. Einer davon ist der Lieblingsneffe der Mutter, ein zwei Meter langer Fähnrich. Bei Jaroslavice in Galizien reitet er als gut sichtbares Ziel in die letzte Reiterschlacht der Weltgeschichte voraus und fällt als einer der ersten. 1938, als Drach einen aberwitzigen Vorstoß ins Gestapoquartier von Mödling unternimmt, um seine konfiszierte Schreibmaschine zurückzufordern, wird er zur Stützung seines Anspruchs auf respektvolle Behandlung den heroischen Tod dieses Vetters ins Treffen führen.[14]

Konkreten Niederschlag in Drachs literarischer Produktion findet der Erste Weltkrieg allerdings weder im juvenilen noch im reiferen Werk. In den Jahren seines frühen Schreibens ist Drach zu poetisch und symbolistisch, um sich auf so etwas einzulassen, später verdrängen nur allzu konkrete Erfahrungen aus dem Umfeld des Zweiten Weltkriegs allfällige Reminiszenzen an die Jahre 1914 bis 1918. Was in Erinnerung bleibt, ist *Atlantis*, ein erstaunlich haltbares Hirngespinst. Folgen wir Drachs

Selbstdarstellung, so versucht seine Atlantis-Phantasie nach und nach auch Grenzüberschreitungen in die Realität.

Körperlich in Form, wie er durch das anhaltende Pfadfinder-Training erstmals in seinem Leben ist, geht er daran, seine Insel im Stadtpark zu »realisieren«. Dabei kommt ihm kurioserweise die mit einem Mal prekäre finanzielle Situation der Familie entgegen. Der Vater hat sich verspekuliert, bei den Brüdern der Mutter Geld geliehen, um Aktien des Krainer Kohlenbergwerks Trifail anzukaufen. Die Aktien fallen in den Keller, die Brüder fordern – vermutlich nicht ganz unbeeinflußt von ihrer Schwester Jenny, die für leichtsinnige Börsengeschäfte nichts übrig hat – von einem Tag auf den anderen ihr Geld zurück. Natürlich steigen die Trifail-Aktien bald nach dem Verkauf in gigantische Höhen. Die Glücksfee ist zynisch. Die finanzielle Lage der Familie wird immer bedenklicher. Früher hatte man andere Sorgen, zum Beispiel die Beaufsichtigung des Sohns. Jetzt gibt die Verlagerung der Sorge dem bisher Überbehüteten eine noch nie gekannte Freiheit.[15]

Einer Gruppe von Gleichaltrigen versucht er die Vorstellung von seinem Phantasiereich zu vermitteln. Mehr oder minder akzeptieren sie das als Rahmen ihrer Spiele. Im wesentlichen steckt man Reviere ab und erschreckt Liebespaare auf den Bänken. Es gibt aber auch Konkurrenzkämpfe und Pannen, da er von den anderen zwar als Ideenspender, nicht aber als uneingeschränkter Herrscher von Atlantis akzeptiert wird. Niemand außer ihm selbst ahnt etwas von seiner Unsterblichkeit. Immerhin wird aus dem notorischen Stubenhocker nach und nach ein konkurrenzfähiger Raufbold. Strategischer Mittelpunkt seines Reichs ist das auch heute noch existente Wetterhäuschen, das jedoch nicht nur von Alberts Generalstab belagert, sondern auch von älteren Damen frequentiert wird. Diese »Wetterhausgreisinnen«, wie er sie nennt, fühlen sich durch das Treiben der pubertären Bande belästigt – da kommt eine junge, attraktive Frau, ganz in Schwarz, vorbei und stellt Albert zur Rede.[16]

Wo endet die Wirklichkeit, wo beginnt der Traum? Albert gibt sich als König von Atlantis, aber auch als heranwachsender Schriftsteller zu erkennen. Die Dame in Schwarz findet zumindest letzteres nicht nur komisch. Das hat seinen Grund: sie ist mit einem bereits etablierten Schriftsteller verheiratet.

Hedwig, die Gattin des innerhalb einer relativ kurzen und damals noch nicht weit zurückliegenden Zeitspanne als Lyriker (»Gedichte«, 1909), Erzähler (»Novellen und Legenden«, 1910) und Romancier (»Der Schatten des Todes«, ebenfalls 1910) bekannt gewordenen Autors Felix Braun: Kann sie wirklich ein wie immer geartetes Interesse an dem verrückten Buben aus dem Stadtpark gehabt haben? Als alter Mann hat Drach ein Interesse daran, das durchblicken zu lassen. Natürlich interessiert sie sich zu allererst für seine literarische Produktion, er soll ihr etwas vorlesen, sie vereinbaren ein Treffen, das weder durch Wetterhausgreisinnen noch durch schlechte Komparsen des Atlantisspiels gestört werden darf.

Nebenbei soll der Treffpunkt möglichst außerhalb des Bereichs liegen, in dem man zufällig die Mutter treffen könnte. Der Türkenschanzpark scheint da weit sicherer als der Stadtpark. Frau Braun könnte Albert mit ihrem Mann bekannt machen, der mit Rilke und Hofmannsthal befreundet ist; Anton Wildgans und Stephan Zweig kennt sie auch. Aber alles zu seiner Zeit.

Zuerst soll oder will er ihr vorlesen, also auf in den Türkenschanzpark! Aber was liest er am besten? In seiner Erinnerung ist er gerade 13 und trifft eine seiner zahlreichen, bis ans Lebensende reflektierten Fehlentscheidungen. Er scheut sich, aus dem rabiat-inzestuösen *Atlantis*-Stück vorzulesen, vielleicht ist es neben den Spielen im Stadtpark auf dem Papier doch noch nicht entsprechend gediehen. Stattdessen wählt er ein in seiner späteren Einschätzung extrem kindisches Werk mit dem Titel *Wittig der Held*.

Frau Braun trägt Seidenstrümpfe, hört sich die schier endlos dauernde Privatlesung geduldig an, zieht aber gegen den kühler werdenden Abend einen Mantel über die enge Bluse. Und bringt den Vorleser schließlich mit dem Taxi nach Hause. Von seinem literarischen Talent scheint sie nicht überzeugt, sollte sie andere Talente in ihm für erweckbar gehalten haben, so war seine allzu eifrige Vertiefung in sein Manuskript vielleicht kontraproduktiv. Da es mit diesem Treffen sein Bewenden hat, wird auch nichts aus den von ihr in Aussicht gestellten Kontakten mit Literaturgrößen.[17]

Vielleicht hat diese Begegnung jedoch ihre Nachwirkungen. In Drachs symbolistischen Drama *Amoretta* mag sie gewisse Spuren hinterlassen haben. Dieses Werk ist zwar Frau Marianne Brandt ehrfurchtsvoll zugeeignet – merkwürdig genug, denn die ist eine königlich preußische Kammersängerin außer Dienst. Aber vielleicht dient der Name dieser reiferen Dame, die Drachs Schwester Gesangsstunden gegeben hat, hier nur zur Verschlüsselung – im Gespräch hat Drach das nur mehr sehr vage erinnerte Stück mit der beeindruckenden Erscheinung von Frau Braun in Zusammenhang gebracht.[18]

Nur an den Rändern berühren sich die Menschen – das ist der entscheidende, der an Welterkenntnis und Sinnbildlichkeit über das Alter des Jungautors hinausreichende Satz in diesem Drama. Daß Drach das talentierte Frühwerk lange Zeit so gut wie vergessen hat (in seinen Papieren, in denen er seine Werke immer wieder penibel auflistet, gibt es keinen Hinweis darauf, an einer einzigen Stelle in *Blinde Kuh* wird ein Stück mit dem ursprünglichen Titel *Ich* erwähnt) mag daran liegen, daß Einflüsse, die für sein späteres Selbstbewußtsein als Autor einfach nicht sein durften, hier noch allzu offensichtlich sind.[19] Goethe mit Werther und Faust, Maeterlinck, Hofmannsthal und Nietzsche haben zweifellos Pate gestanden. Dazu kommt der allzu kenntlich überzeichnete, familiäre Hintergrund, vor dem die Grundbefindlichkeit des Heranwachsenden vielleicht deutlicher wird, als dem Herangewachsenen lieb war.

Da ist ein offenbar komplett mißverstandener Sohn, der sich des Delikts schuldig gemacht hat, gegen die Eltern, denen sein Wesen fremd ist, zu opponieren. Da ist eine bevorzugte und jedenfalls vom Vater (»Du liebes Mauserl«[20]) vorbehaltlos geliebte Schwester. Daß der mißratene Sohn und unglückliche Bruder *Ich* heißt, ist vielleicht schon per se sein Verbrechen. Er hat aber diesen Namen nicht gewählt, sondern auf Grund seines demonstrativen Individualismus als recht eigenartigen Spitznamen bekommen.

Ich darf im Familienkosmos nicht sein. Ungeachtet der Tatsache, daß das elterliche Paar keineswegs harmoniert – gegenseitig schieben sich Vater und Mutter die Schuld am mißratenen Sohn zu –, einigt man sich schon in der ersten Szene des ersten Aktes darauf, ihn in eine Erziehungsanstalt zu stecken. Die Rückkehr aus dem Alptraum in die Arme (oder Fänge) der Mutter bleibt zumindest ambivalent – schließlich ist Amoretta, die changierend als andere Mutter, Schwester, Geliebte, Tochter, vor allem aber als sein Werk auftritt, für das allein es sich zu leben lohnt, das ihn vielleicht unsterblich gemacht hätte, auf der Strecke geblieben. Seinem Vater hat Albert dieses Stück zum Unterschied von *Atlantis* nie zu lesen gegeben.

Es sind extrem widersprüchliche Umstände, mit denen der Heranwachsende zu kämpfen hat, das macht *Amoretta* retrospektiv überdeutlich. Umstände, die – anders als der Tod – nicht naturgegeben, sondern gesellschaftlich-familiär bedingt sind. Sicherlich hat sich Albert der attraktiven Halbschwester Alma gegenüber zurückgesetzt gefühlt. Ihre Attraktivität jedoch wirkt auch und besonders auf ihn – noch im Alter und lange nach ihrem

Tod wird er sie ohne jeden ironischen Vorbehalt »die schönste Frau der Welt« nennen. Die Bevorzugung der Schwester, die der jüngere Bruder von einem reifen Standpunkt aus als gerecht zu empfinden versucht (schließlich hat seine Halbschwester keine richtige Mutter und ist insofern bedauernswert), belastet auch die Mutter, ihre Stiefmutter. Jenny Drach muß in aussichtsloser Konkurrenz zu ihrer Vorgängerin, der ersten Frau ihres Gatten, gelebt haben. Amalie Drach, geborene Pyrker, ein Phantom: im Haushalt der Drachs in Form einer Marmorstatue gegenwärtig. Angeblich modelliert von Victor Tilgner, der damals als der beste Porträtbildhauer Europas galt.

Zwar erzählt man den Kindern, es handle sich um ein Porträt der Kaiserin Elisabeth. Aber anläßlich eines familiären Streitfalls kommt die Wahrheit ans Licht. Amalie Pyrker, die große, romantische Liebe des Vaters, Katholikin – sechs Jahre lang hatten die beiden nicht wirklich zusammenkommen können. Endlich willigte ihre Familie in die unzulässige Verbindung ein, und diese Familie war eine bedeutende Familie. Einer von Amalie Pyrkers Vorfahren war kein geringerer als der berühmte Bischof Johann Ladislaw Pyrker, Zeitgenosse und Freund Grillparzers wie Schuberts, Abt im Stift Lilienfeld, Patriarch von Venedig, Bischof von Erlau. Er ließ das Stift Lilienfeld nach dem verheerenden Brand von 1810 wieder aufbauen, finanzierte die Errichtung der »Badeanstalt Hofgastein«. Ein angesehener Dichter war er zu allem Überfluß auch noch – Franz Schubert hatte immerhin zwei seiner Gedichte vertont.[21]

Eine Herkunft, die Amalia Pyrker bei aller Liebe nicht einfach abschütteln konnte. Außerdem erlaubte die damalige Gesetzeslage keine Heirat zwischen Christen und Juden oder Konfessionslosen. Juden aber durften Konfessionslose heiraten. So trat sie, um wenigstens eine Staatstrauung möglich zu machen, aus der katholischen Glaubensgemeinschaft aus, um allerdings sofort nach der Heirat am 17.8. 1895 wieder einzutreten.[22]

Eine vielversprechende Komponistin soll die junge Frau gewesen sein, die nach einer Auskunft ihrer Enkelin Eleonore Gartenberg[23] sogar in Paris gastiert hat; Emile Zola war im Konzert. Ihm – den sie als Schriftsteller, aber auch auf Grund seines Engagements in der Dreyfußaffäre geschätzt haben soll, widmete sie eines ihrer Werke. Das unscheinbare Dankeskärtchen Zolas, heute im Nachlaß Albert Drachs, gehörte zum Familienschatz. Das Kuvert, in dem dieses Kärtchen steckte, ist allerdings verschwunden, der kleine Albert hatte es auf die Marke abgesehen.

Darin war er ganz der Sohn seines Vaters, der ihn auf das Markensammeln gebracht hatte: Es sei eine wundervolle Möglichkeit, etwas über die Geographie der Welt, die Menschen, die Geschichte zu erfahren; gleichzeitig seien Briefmarken eine Wertanlage. Noch in der Emigration hilft Albert der Verkauf der einen oder anderen Marke aus seiner Sammlung.

Der Vater hatte also grundsätzlich Verständnis für diese Leidenschaft; die Marke auf dem Kuvert mit dem berühmten Absender jedoch war eine verbotene Marke: Die einzige Marke, die Albert nicht hätte nehmen dürfen. Die Tracht Prügel in Folge dieses Vergehens hat Drach, erinnert er sich, von allen Schlägen, die er von seinem Erziehungsberechtigten empfangen hat, als die ungerechtesten empfunden.

Vielleicht ein Grund, sich von da an noch stärker der Mutter zuzuwenden, die ohnehin, mit dem Schatten der Vorgängerin kämpfend, Zuwendung brauchte.

Amalie war noch im Jahr der Trauung gestorben, an Kindbettfieber, ausgerechnet zu Weihnachten, 16 Tage nach der Geburt ihrer Tochter.

Gestorben, und trotzdem, gerade deswegen, unsterblich, bleibend jung und schön in der Erinnerung des Vaters. Kein unsterbliches Werk hatte sie schaffen können, aber eine Tochter hatte sie geboren. Die wiederum an sie erinnerte – diese Amalie war unschlagbar.

Die zweite Ehe war Wilhelm Drach aus pragmatischen Gründen eingegangen, er brauchte eine Mutter für die kleine Tochter. Gewiß hat sich Jenny redlich um dieses Kind aus seiner ersten Ehe bemüht. Doch liegt auf der Hand, daß sie für ihren Mann nur zweite Wahl ist. So konzentriert sie sich mit entschlossen-okkupierender Liebe auf ihren Sohn.

Der weiß fürs erste nicht, daß seine Mutter nicht auch die Mutter seiner Schwester ist. Aber eines Tages – Alma ist mit ihren vierzehn Jahren gerade in der Renitenzphase der beginnenden Pubertät – kommt es zum Eklat. »Du bist überhaupt nicht meine Mutter«, sagt sie, und spricht der zweiten Frau ihres Vaters damit jede legitime Erziehungsautorität ab. Der Vater schlägt sich auf die Seite seiner Tochter, und damit – so muß Jenny Drach das empfunden haben – erst recht auf die Seite seiner unvergessenen Nummer eins. Es ist zum Verzweifeln. Der damals in etwa siebenjährige Albert beginnt zu begreifen. Er muß begreifen, wie sehr seine Mutter ihn braucht. Sie klärt ihn über den wahren Sachverhalt auf und nennt ihn »ihren

Dankeskärtchen Emile Zolas an Drachs Vater, der ihm eine Komposition seiner ersten Frau geschickt hat

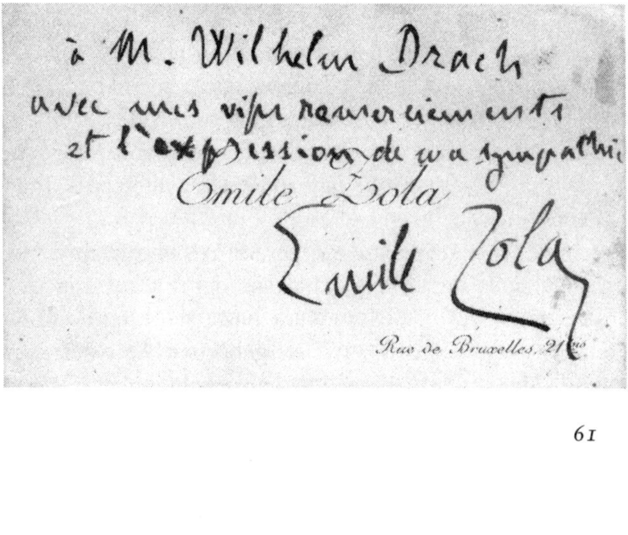
à M. Wilhelm Drach
avec mes vifs remerciements
et l'expression de ma sympathie
Emile Zola
Emile Zola
Rue de Bruxelles, 21bis

Einzigen«. Sie nimmt ihn mit zu den Brüdern und Schwestern nach Meidling, bei denen sie sich ausweint.[24]

Und dann der Rückweg vom 12. in den 3. Bezirk, der ihm in böser Erinnerung bleibt. Was konnte die Frau schon anderes tun, als wieder zu ihrem Mann zurückzukehren? Sparsam wie sie ist, will sie zu Fuß gehen, und das Kind muß mit. Der später so gehfreudige Sohn streikt, möchte in dieser aufgeladenen Stimmung nicht durch die Gegend geschleppt werden, und bezieht nun Prügel von der Mutter.[25]

Ein von beiden Elternteilen geprügeltes Kind? Eher weniger geprügelt als andere Kinder dieser Generation. Aber in diesen Relationen wird Albert nicht gedacht haben. Aus der gefühlsmäßigen Konfusion zwischen der spröden und verzweifelt gewalttätigen Mutter und dem im Grunde gutmütigen, aber jähzornigem Vater neigt er sich der dritten und ohnehin attraktivsten Person in seiner familiären Umgebung zu: der Schwester.

Der Schwester, mit der er viele Jahre im selben Zimmer schläft, der Schwester, von der er schließlich durch eine spanische Wand getrennt wird, der Schwester, die nach und nach mehr und mehr zur reichen Tante Regine in Baden ausweicht. Der Schwester, die in familiären Konfliktfällen für ihn Partei ergreift, die, anders als die gehemmte Mutter, zärtlich mit ihm umgeht. Der Schwester, die er selbst gern wäre – schön wie sie ist, geliebt wie sie ist. Als diese Schwester allerdings heiratsfähig wird und sich – um dem elterlichen Haushalt möglichst rasch und definitiv den Rücken kehren zu können – in die Ehe mit Alexander Gartenberg stürzt, einem reichen Mann von – so sieht es der noch mit neunzig eifersüchtige Albert – ärmlicher Intelligenz, da verpaßt er ihr glatt eine Ohrfeige und hofft, daß sie – eitel wie sie ist – mit ihrer häßlich geschwollenen Backe erst gar nicht zur Hochzeit geht.

Die Hochzeit findet trotzdem statt, am 30. April 1918, da ist Drach sechzehn. Im Grandhotel Bristol, standesgemäß, Alexander Gartenbergs Familie besitzt Ölquellen in Polen. Angeblich versetzt der Gatte alsbald die Hochzeitsgeschenke, die er Alma macht, einen Hermelinmantel und zahlreiche Schmuckstücke, weil er bei Pferdewetten und Kartenspielen das Geld seiner Familie schon fast verjubelt hat. Worauf man ihn (behauptet Drach, der es vielleicht gern so gehabt hätte) beschränkt entmündigt.[26]

Eleonore Gartenberg, Almas und Alexanders Tochter, sieht das naturgemäß anders. Immerhin, sagt sie, war auch in den mageren Jahren des Zweiten Weltkriegs, in denen die Gartenbergs ihr polnischen Besitzungen verloren hatten, noch genug Geld vorhanden, um den nachträglich gegen ihren Vater polemisierenden Albert in der französischen Emigration zu unterstützen. Schlecht und recht vielleicht, aber immerhin. Ohne die Zuwendungen ihrer Eltern, denen die Flucht nach Marokko gelungen war, hätte er wohl kaum überleben können.

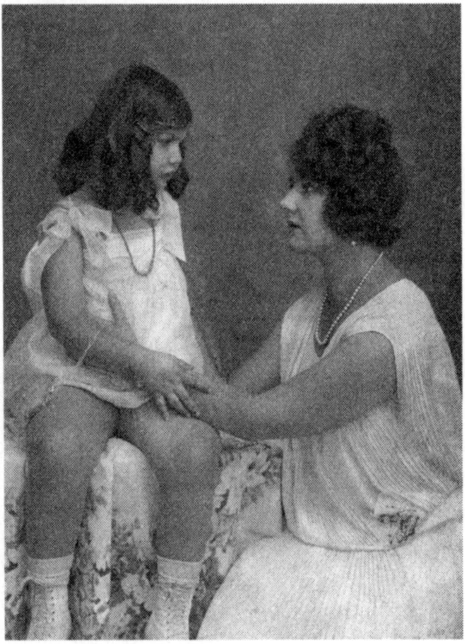

Alma Gartenberg mit Tochter Lorle, um 1922

4. HERR, ICH GLAUB DIR NICHT, DASS LEID ERLÖST

DER KAMPF MIT DEM ENGEL

Seit 1913 besucht Albert Drach das Akademische Gymnasium in Wien, eine humanistische Eliteschule, in der Latein und Griechisch selbstverständlich zum Lehrplan gehören – ohne besondere Komplikationen, er ist ein guter Schüler. Viele jüdische, aber auch nichtjüdische Kollegen werden hier umfassend gebildet und darauf vorbereitet, dereinst eine entscheidende Rolle in der Gesellschaft zu spielen. »Judenhaß auf Abstammungsgrundlage war bei den Lehrern gewiß vorhanden, wirkte sich aber eher in allgemeinen Äußerungen denn in Ausfällen gegen jüdische Schüler aus«, schreibt Drach im späten Rückblick der *Blinden Kuh*.[1] Professor Aigner, Deutschlehrer in der Dritten Klasse, reimt: »Gut jodeln kann der Steiermärker/ im Jüdeln ist der Meier stärker«. Der Geschichtsprofessor äußert: »Im Jahre soundsoviel wurden die Juden aus Tirol ausgewiesen, aber zehn Jahre später waren sie schon wieder da«. Der Religionslehrer Dr. Redisch gibt im mosaischen Religionsunterricht den neureichen Jüdinnen, die nach seinem Dafürhalten in den Wiener Kaffeehäusern mit ihrem Schmuck protzen, die Schuld am Antisemitismus. Der Schüler Drach hat ohnehin ein reserviertes Verhältnis ihm gegenüber, da er den nach seiner Auffassung »regierungsunfähigen, grausamen« Salomon als großen, weisen Herrscher gepriesen,[2] Adonia hingegen, den vom Familienmythos zum Stammvater erhobenen, auf Nachfrage für vollkommen uninteressant erklärt hat. Insgesamt geht es im Akademischen Gymnasium nach heutigen Maßstäben bestimmt nicht politisch korrekt zu, aber der Gymnasiast empfindet, trotz seines feinen Sensoriums für jede Art der Zurücksetzung, offenbar keine deutliche Diskriminierung.[3]

Auch mit den dezidiert deutschnationalen Lehrern kommt er gut aus. Ihn interessiert die Geschichte der Deutschen, die – auf dem Bewußtseinsbildungsweg von der Postromantik zum Pränazismus – mit der Schlacht im Teutoburger Wald beginnt. Er sieht sich und die Herkunft seiner Familie – samt Adonia in ihrem Ur-Anfang – anscheinend nicht im deutlichen Widerspruch zur teutonischen Mythenbildung. Schließlich werden gerade in seiner Familie diverse Widersprüche vereinigt.

Ein gewisses Außenseitertum haftet ihm allerdings nach wie vor durch seine Eigenbrötelei wie seinen Hang zu Poesie und Gerechtigkeit an. In der Unterstufe trägt er seinem Freund Ernst Jahoda den Nekrolog auf Susi/Jenny Juch vor. Der kontert mit einer gewaltigen Ballade, die Albert spontan mißfällt. Als er dieses Mißfallen öffentlich äußert, muß er sich vom Deutschlehrer belehren lassen, daß es sich um Schillers »Handschuh« handelt.[4]

Man mag diese Erinnerung wie manche andere für eher anekdotisch halten. In Hinblick auf Drachs spätere Haltung als Autor ist sie allerdings nicht uninteressant. Was ihm an Schiller, auch wenn er seine Position dem für den Gymnasiallehrer sakrosankten Dichter gegenüber später etwas differenziert, gegen den Strich geht, ist das Pathos des damals für besonders deutsch gehaltenen Klassikers. Sein eigenes Pathos wird er durch Ironie, Sarkasmus und eine Methode zu bewältigen versuchen, die er, nicht ohne sekundäres Pathos, als die einzig richtige bezeichnet: den vor allem Distanz zum als Objekt beschriebenen Subjekt schaffenden Protokollstil.

Daß er bei der Maturafeier im Jahre 1921 einen Lehrer ohrfeigte, mag auch eine Anekdote sein. Bei Drachs Temperament, das sich bis ins hohe Alter in diversen Wutausbrüchen Luft macht, ist ihre Auffassung als Wie-

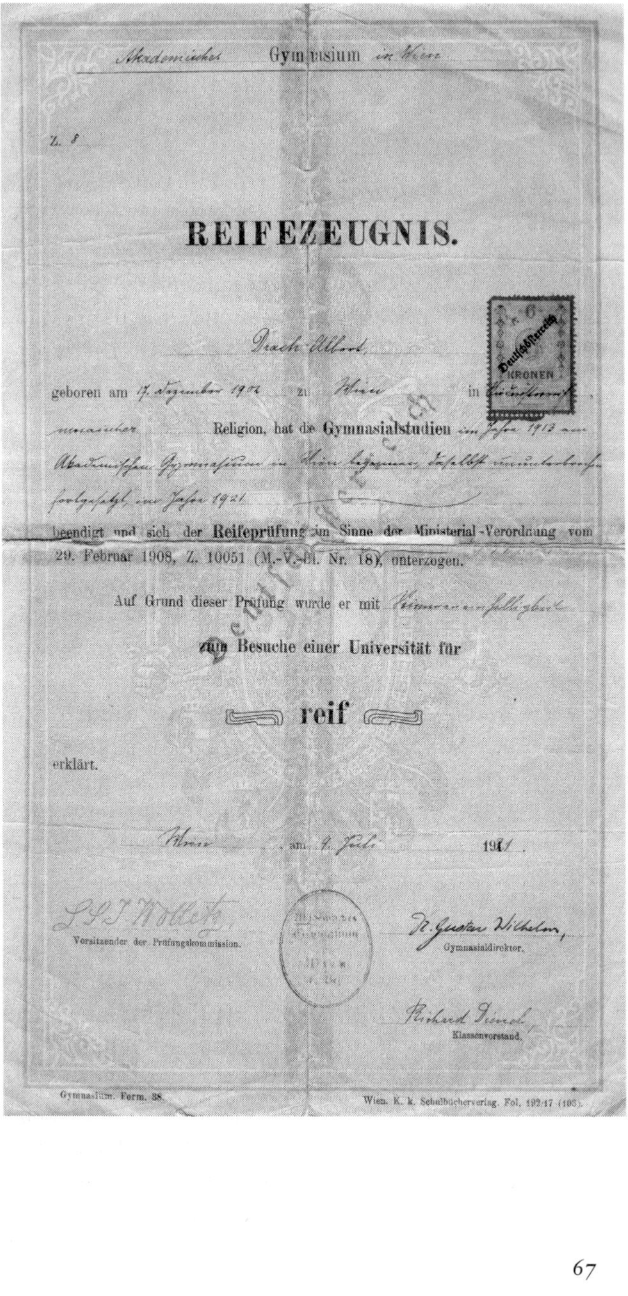
Akademisches Gymnasium in Wien

Z. 8

REIFEZEUGNIS.

Deutschösterreich 6 Kronen

Drach Albert

geboren am 17. Dezember 1902 zu Wien in Niederösterreich, mosaischer Religion, hat die Gymnasialstudien im Jahre 1913 am Akademischen Gymnasium in Wien begonnen, daselbst ununterbrochen fortgesetzt, im Jahre 1921 beendigt und sich der Reifeprüfung im Sinne der Ministerial-Verordnung vom 29. Februar 1908, Z. 10051 (M.-V.-Bl. Nr. 18), unterzogen.

Auf Grund dieser Prüfung wurde er mit Stimmeneinhelligkeit zum Besuche einer Universität für

reif

erklärt.

Wien, am 9. Juli 1921.

Vorsitzender der Prüfungskommission.

Akademisches Gymnasium Wien I. Bez.

Dr. Gustav Wilhelm
Gymnasialdirektor.

Klassenvorstand.

Gymnasium. Form. 38. Wien. K. k. Schulbücherverlag. Fol. 192/17 (105).

dergabe purer, nicht bloß wunschgeträumter Realität jedoch nicht ganz abwegig. Die Ohrfeige wird auch begründet: er hält den Lehrer für einen mörderischen Erbschleicher. Gut, daß er sein Reifezeugnis, das den Weg zu Universität öffnet, schon in der Tasche hat.[5]

Sein Interesse gilt der Literatur, der Philosophie und der Geschichte, er hat aber auch in den naturwissenschaftlichen Fächern keine Probleme. Seine Nichte Eleonore Gartenberg erinnert sich an die Nachhilfestunden, die er ihr in allen Fächern, also auch in Mathematik, gab. Sie hebt die Klarheit hervor, mit der er die diffizilsten Fragestellungen zu lösen und »trottelsicher« zu erklären vermochte. Hier ist er Sohn seines Vaters, der ein begeisterter Physik- und Mathematiklehrer war, bevor er, seiner Familie zuliebe, den besser dotierten Job als Beamter der Länderbank annahm.

Drach scheint also durchaus Talent zum naturwissenschaftlich-logischen Denken mit auf den Weg bekommen zu haben. Doch sein Erkenntnisdrang geht in eine andere Richtung. Abgesehen von Literatur und Philosophie hat er auch Religion im vor allem fantasiebegabten Kopf. Und zwar in weit größerem Ausmaß, als das seine späteren Statements zu religiösen Fragen vermuten lassen, in denen er seine Befassung mit allen ihm zugänglichen Glaubensarten als rein wissenschaftlich darstellt.[6]

Bei der Bearbeitung des Nachlasses ist mir sowohl in den frühen Aufzeichnungen als auch im Spätwerk ein nachhaltig-lebendiges Interesse für religiöse Fragen aufgefallen, das zu Drachs (nicht nur in unseren Gesprächen hervorgekehrter) distanzierter Haltung in deutlichem Widerspruch steht. Zwar hält er es, mit Stendhal, angesichts der Schöpfung für die einzige Entschuldigung Gottes, daß dieser überhaupt nicht existiert,[7] doch reflektiert er die Folgen dieses Mangels sowie das Fehlen eines tröstlichen Surrogats für Mensch und Menschheit, anders als Marx, mit einem gewissen Bedauern und spannt den geistigen Bogen von der menschlichen Unbehaustheit gottloser vergangener Jahrhunderte bis zum Heraufkommen Hitlers:

Daß Glaube viel mit Märchen zu hat, entspringt dem Bedürfnis der Völker, ein Gebiet zu bereisen, in dem sie gegen alle Voraussicht und alle Zwänge eine wichtige Spalte zum Eintritt eines Glücksgefühls suchen. Daran kann auch die Marx'sche Verflachungstheorie nichts ändern. Dort wo sie in möglichst großem Maße verwirklicht ist und die Türen zum Märchen bei Strafe verboten bleiben, haben die Armen keinen Anspruch auf Seligkeit. Aber auch dort, wo dürre Philosophen, zu denen ich Kants Werk nicht zähle, sowohl Wunder, als auch Sichwundern außer acht lassen, gibt es keinen Pfad aus der Allmacht des Alltags (...)

Wenn der Amerikaner Edgar Poe, der die Literatur seines Landes begann, vom Dämon der Selbstzerstörung spricht, der den Menschen zum Abgrund und zur Vernichtung hinzieht, so ist hier ein Symptom gegeben, das in Wirklichkeit der äußersten Unzufriedenheit mit sich selbst und seinem Schicksal entspricht.

Das stürzt in Kriege, die niemandem nützen, in Fußballschlachten unter den Zuschauern, das hat zu jener Entgeistigung geführt, die im Hitlerschen Kaspertum ihren Höhepunkt fand (...)[8]

Das schreibt der etwa 80-jährige Autor in *Blinde Kuh*. Was den um 6 Jahrzehnte jüngeren Mann am Anfang seines Studiums betrifft, so konzentriert sich sein Interesse speziell auf die Relation zwischen Judentum und Christentum. Bemerkenswert für jemanden, der sich – seiner Selbstdarstellung zufolge – eher nicht als Jude begreifen wollte. Allem Anschein nach dürfte ihn die unklare religiöse Situation zu Hause, die Tatsache, daß seine geliebte Schwester in einen anderen Religionsunterricht ging als er, doch tiefer beeindruckt haben, als er später wahrhaben wollte.

Sein Judentum ist ihm in Dorna Watra zum ersten Mal bewußt geworden. Einer später festgehaltenen Erinnerung nach begegnet er, gemeinsam mit einem Sohn des Gutsverwalters, seinem Onkel Joseph, der von einem durch lange Schläfenlocken auffallenden Mann begleitet wird. Sagt Albert: »Da kommt der Onkel mit seinem Juden.« Fragt der Sohn des Gutsverwalters: »Schön, aber wer ist der Jude und wer der Onkel?«

Das klingt wie ein jüdischer Witz, aber Drach muß sein Judentum, ob er will oder nicht, ernst nehmen. »Da wußte ich nun genau, daß ich nie aufhören würde, ein Jude zu sein, und daß ich mich damit abfinden müsse«.[9]

Vermutlich stammt diese Erinnerung aus dem Fundus der zweiten Reise nach Dorna Watra. Das war im Vorkriegsjahr 1913. Anläßlich dieser Reise versucht Drachs Vater – diese Erinnerung paßt neben die vorangegangene – dem Zehnjährigen seinen religiösen Standpunkt klarzumachen. Auf dem Rückweg kommt man in Czernowitz bei einer Schwester des Vaters vorbei, die sich ihrer Heirat mit einem Nichtjuden wegen taufen hat lassen und deshalb von Großvater Alba kurzerhand verstoßen worden ist.[10]

Der Vater hat nicht viel übrig für die in diesem Punkt traditionalistische Strenge des in kultischen Fragen sonst gar nicht so starren Großvaters. Diplomatisch erklärt er, daß seines Erachtens kein gravierender Unterschied zwischen Judentum und Christentum bestünde. Daß er eine ähnliche Liebes- und Ehegeschichte von der anderen Seite her kennt, damit argumentiert er dem Sohn gegenüber wahrscheinlich nicht. Aber bei dem Glauben, den man nun einmal hat, resümiert er, solle man auch bleiben.

Zu Hause in Wien werden die Feste beider Religionen gefeiert, dieser Brauch wird nicht als Widerspruch empfunden. Irgendwann erhält Albert zu den »jüdischen Weihnachten« (wahrscheinlich meint Drach das im Dezember gefeierte Lichterfest Channuka) eine silberne Menora. Einen achtarmigen Leuchter also, der ihm über die

Nazizeit hinaus erhalten bleibt. Daß die Plünderer den ideellen Wert der Menora nicht zu schätzen wissen, überrascht wenig, daß sie den Metallwert nicht schätzen, ist eigenartig, gehört aber zu den Inkonsequenzen, die auch im Zusammenhang scheinbar perfekt organisierter Barbarei gerade in Drachs Biographie immer wieder auftauchen.[11]

Gott sei Dank, würde jemand sagen, der an Gott glaubt – manchmal sind diese Inkonsequenzen, wie sich zeigen wird, lebenserhaltend. Man kann sie natürlich auch als glückliche Zufälle auffassen. Zuweilen hat Drach diesen Zufällen, so scheint es, mit Chuzpe nachgeholfen. Hilf dir selbst, so hilft dir Gott – auf seine sarkastische und manchmal grimmige Weise ist er vor allem diesem Grundsatz gefolgt.

Zurück zu den Festen. Außer zu Channuka wird Albert zu den jüdischen Feiertagen kaum mit Geschenken bedacht. Doch läßt man ihn zu den christlichen Weihnachten, die der Schwester wegen gefeiert werden, ebenfalls nicht leer ausgehen. Es soll auch vorgekommen sein, daß seine jüdische Mutter mit der katholischen Tochter in die katholische Kirche ging. Umgekehrt kann sich Drachs getaufte Nichte Eleonore Gartenberg daran erinnern, als Kind mit ihrer katholischen Mutter des öfteren in der Synagoge in Mödling gewesen zu sein.

Dorthin ging Alma vielleicht auch der Kuriosität wegen. Fungierte doch Wilhelm Drach in den Jahren 1929 und 1930 als Kultuspräsident.[12] Albert Drach ist die Zeit, in der sein in religiösen Belangen alles andere als bewanderter Vater der Kultusgemeinde vorstand, in lebendiger Erinnerung geblieben. Da Wilhelm des Hebräischen nicht mächtig war und die Thora, gut sichtbar für die Gemeinde, verkehrt herum hielt, mußte er in dieser Funktion, in die man ihn seines hohen Ansehens wegen hineingelobt hatte, bald wieder abgelöst werden.

Die Drachs – eine auf Grund der Gegebenheiten in religiösen Belangen flexible Familie also. Man lebte ganz gut mit diesbezüglichen Widersprüchen, indem man sie erst gar nicht als solche empfand. Glaubensfragen scheinen hier weder ein Tabu noch ein abendfüllendes Thema gewesen zu sein. Den Sohn Albert aber, ziehen wir seine schriftliche Hinterlassenschaft in Betracht, müssen sie intensiv beschäftigt haben.

Erhalten ist sein *Antichrist*, ein Stück um den jüdischen Freiheitshelden Bar Kochba, das Drachs eigener Datierung zufolge um 1919 entstanden sein dürfte. Das setzt eine gewisse Befassung mit jüdischer und christlicher Geschichte voraus, denn Bar Kochba, der »Sternensohn«, der 135 nach Christus, also 55 Jahre nach der Zerstörung Jerusalems, noch einmal einen Aufstand gegen die Römer wagte, dürfte in Rückprojektion auch das Bild der Urchristen von Jesus mitgeprägt haben.[13] Ebenfalls erhalten ist Drachs Drama *Christus*, das er allerdings schon 1920 durch einen eigenen Kommentar verworfen hat: »Dieser Niederschrift liegt die dritte Fassung des Stückes zugrunde mit einigen Änderungen in der Form. Lunz. N.Ö.« Urteil am Schluß: »Erklärungen zum Stück. Kritik. 23. Sept. 20, für unnotwendig gefunden.«

Antichrist – Christus: diese Themen haben ihn nie wirklich losgelassen. 1976 entsteht auf Basis jener frühen Anläufe *Das Spiel vom Menschensohn*. Er wird es vorübergehend in den Plan einer Werkausgabe aufnehmen, kommt aber wieder von der Idee der Publikation gerade dieses Stücks ab. Werkgeschichtlich interessant ist es nicht zuletzt deshalb, weil Drach darin dem vom Versucher oder Teufel hochnotpeinlich ins Verhör genommenen Menschensohn denselben Satz in den Mund legt, den auch der Hausierer aus dem autobiographischem Roman *Z.Z. – das ist die Zwischenzeit*, spricht: »Ich bin gekommen, um dazusein«.[14] Ein eigenartiger Anklang an Gottes Selbstdefinition in Moses 2/3, 14: »Ich bin, der ich bin« oder (je nach Übersetzung) »Ich werde sein, der ich sein werde«. »Ich bin gekommen, um dazusein« – so einfach wie verstörend. Ein Satz, der wie ein Echo aus ar-

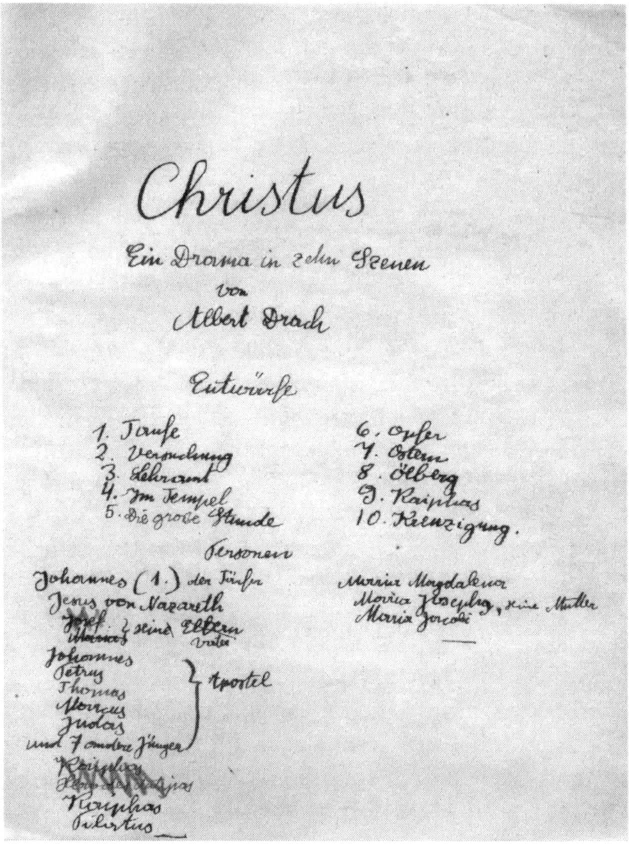
Christus

Ein Drama in zehn Szenen

von

Albert Drach

Entwürfe

1. Taufe
2. Versuchung
3. Lehramt
4. Im Tempel
5. Die große Stunde
6. Opfer
7. Ostern
8. Ölberg
9. Kaiphas
10. Kreuzigung.

Personen

Johannes (1.) der Täufer
Jesus von Nazareth
seine Eltern
Johannes
Petrus
Thomas
Markus
Judas
und 7 andere Jünger
Apostel
Kaiphas
Pilatus

Maria Magdalena
seine Mutter

Erstes Blatt aus dem Heft zu Drachs verworfenem Christus-Stück aus dem Jahr 1920. *Siehe S. 75* chaischen Zeiten klingt, aber ein weiter wirkendes Echo im Kopf verursacht.

Im Zusammenhang mit Drachs *Menschensohn* liegt natürlich auch die Assoziation mit gewissen Gedankengängen Dostojewskijs nahe. Etwa denen, die in den *Brüdern Karamasow* zwischen Iwan und dem Teufel, zwischen dem Großinquisitor und Christus artikuliert werden. Drachs *Menschensohn*: Ein Schattenriß und Projektionsangebot für seine Befrager, seien sie nun der Versucher oder der Teufel, die Hure oder die Braut, die alte Frau oder die Mutter, der Priester oder die (personifizierte) Kirche. Auch der Staat tritt persönlich auf, die linken Jünger (die frappant den vom Jahr 1968 Bewegten ähneln) und natürlich die Revolution.

Zur Erkenntnis fähig ist letztlich nur der ungläubige, linke Schächer, dem Christus den Satz »Ich bin der, für den du mich hältst«, mit in den Tod gibt. Der Tod des Menschensohns bringt keine Erlösung, obwohl dieser nach seiner Ermordung von den Mördern (!) zum Auferstandenen verklärt wird. Sein Opfer befreit nichts und niemanden von Schuld, bringt also auch keine Erlösung, sondern nur neue Schuldzuweisungen, die das von den Christen für den Tod Jesu (als wäre der nicht selbst Jude gewesen) verantwortlich gemachte jüdische Volk zum Opfer machen. Diese Gedanken hat Drach wohlgemerkt schon vor der systematischen Vernichtung von Juden durch die Nationalsozialisten angedacht.[15]

Seine frühe Beschäftigung mit der jüdisch/christlichen Materie thematisiert das Leid und stellt die Erlösung der Menschheit durch das Opfer Christi in Frage. Viele von Drachs frühen dramatischen Versuchen sind vom ihm selbst so bezeichnete »Leidensspiele«. Das einzige, das er auf die Dauer akzeptieren wird, nennt er *Passionsspiel von der Lüge und Lächerlichkeit* (Erstdatierung: 1922). Im 5. Bild springt ein gewisser Adam Wunsch in seiner geträumten Rolle als linker Schächer vom Kreuz und spricht: »Herr ich glaube dir nicht, daß Leid erlöst«.[16]

Einerseits eine Szene wie aus einem Monty-Python-Film. Anderseits wird hier ein Grund-Satz verkündet: Drachs niemals revidiertes Credo (oder Anti-Credo) expressis verbis: Dem Leiden wird seine erlösende Funktion abgesprochen.[17]

Hat es sich mit der sogenannten Erlösung durch Christus exemplarisch ausgelitten? Eben nicht, denn die Welt – und mit ihr auch Drach und die Seinen – erwartet noch übergenug Unglück, Ungerechtigkeit und Leid. Wie schon zuvor dem Schöpfungsplan, der Leid und Tod impliziert, verweigert er erst recht dem Erlösungsplan seine Zustimmung. Hiermit stellt Drach das Fundament christlichen Denkens in Frage.

In den ersten Werken seiner schriftstellerischen Reifezeit – *Das Kasperlspiel vom Meister Siebentot* (etwa 1935) und *Das große Protokoll gegen Zwetschkenbaum* (Erstfassung, laut wiederholter Auskunft A.D., vermut-

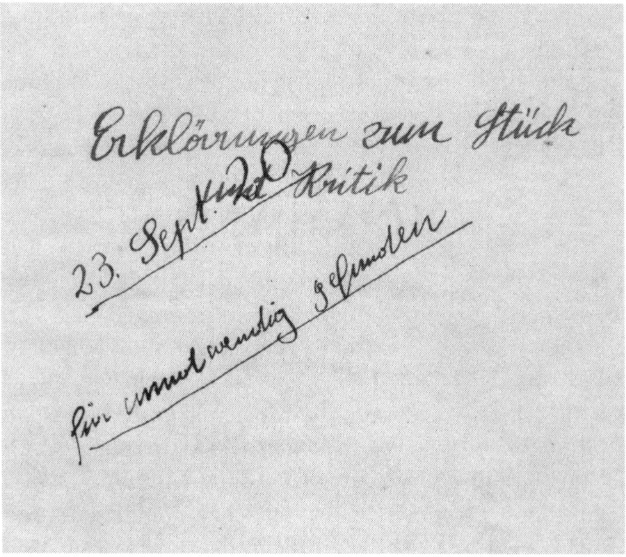

lich im ersten Emigrationsjahr, also 1939), in seinem, aus der mittleren Schaffensphase stammenden Hörspiel *A und K* (in der von Drach erstellten Werkliste datiert mit 1967, in Skizzen notiert aber schon um 1964), schließlich in seinem früh begonnenen und spät vollendeten Essay *Zur Lösung der Antisemitenfrage* (einschlägige Tagebuchaufzeichnungen bereits 1946, in der Werkliste als vollendet angegeben aber erst 1971) wird diese Thematik ständig wiederkehren. In der *Blinden Kuh*, deren Untertitel *Eine Zusammenfassung* in aller Nüchternheit das Programm eines Lebensüberblicks andeutet, merkt der schwer sehbehinderte über Achtzigjährige an, daß die Auseinandersetzung des Achtzehn- bis Zweiundzwanzigjährigen mit religiösen Fragen noch von der Vorstellung eines »Kampfs mit dem Engel« ausgeht. Eine Vorstellung, die (...) »hinwiederum voraussetzt, daß ein Gott für möglich gehalten wird. Daß es ein lieber Gott ist, wird niemand annehmen, der für Pflanzen und Tiere etwas übrig hat und die Gesetze, an die sich die Menschen klammern (...) für etwas hält, das man jeweils so ändern könnte, daß sie für die einen so gut und böse wären als für die Allgemeinheit«.[18]

Kampf mit dem Engel. Hierbei handelt es sich offenbar um eine Anspielung auf Moses 1. 25/25–30. Vor seiner Rückkehr ins Land seines Vaters Isaak und seines von ihm um das Erstgeburtsrecht betrogenen Bruders Esau ringt Jakob an der Furt Jabbok mit einem mächtigen Gegner. Es ist Nacht, und der Gegner ist nicht erkennbar, aber präsent. Eine solche Präsenz ist für den wirklich erwachsenen Drach nicht mehr gegeben.

Dokumentiert ist diese Entwicklung u. a. in den Versen aus dem Zyklus *Entblößungen*, geschrieben in den frühen zwanziger Jahren. »Ich seh dich, Herr, verschollen im Gedränge«, heißt es im Abschnitt *Entblößung beim Entgöttern*, »Ich seh dich, Herr, verloren ganz im Raum«; das Gedicht heißt bezeichnenderweise *Traum der Erlösung*.[19] In der *Entblößung durch Zähneblecken* nimmt die poetische Reflexion kynisch nihilistische Züge an. Die für Drach selbst gültige Metamorphose seiner Auseinandersetzung zwischen göttlich und teuflisch, gut und böse, moralisch und amoralisch wird in seinem *Satansspiel vom Göttlichen Marquis* gelingen (Urfassung aus den Jahren 1926 und 1927), aber da hat er sich längst von einer traditionellen Gottesvorstellung verabschiedet.

Als Mann mit literarischen, philosophischen und religiösen Interessen also können wir uns den jungen Albert Drach im Übergang von der Gymnasial- zur Universitätszeit vorstellen. Den jungen Albert Drach, pendelnd zwischen Wien und Mödling, wo Vater Wilhelm 1917 ein Haus mit dem schönen christlichen Namen Marienhof erwirbt. Ein Anwesen, das der Sohn später als seine eigentliche Heimat bezeichnet. Neben der deutschen Sprache, versteht sich, aber die kann ihm, zum Unterschied vom Drach-Hof, wie er den Besitz nach seiner Rückkehr aus der Emigration in den Jahren 1947/48 trotzig nennen wird, keiner streitig machen.

Der Drach-Hof in Mödling, Hauptstraße 44.
Seit 1995 Drach-Gedenkstätte

Der Oberstufengymnasiast Albert ist vom Kauf des Anwesens vorerst gar nicht begeistert. Er hält nichts vom Umzug in die Provinzstadt, der seinen Schulweg unzumutbar verlängert, den Kontakt zu seinen wenigen Freunden behindert und die ihm zum Bedürfnis gewordenen Theaterbesuche erschwert. In gewisser Hinsicht hat er sich die Unannehmlichkeit, als die er den Ortswechsel empfindet, allerdings selbst zuzuschreiben. Nach einem Familienausflug will er den Heimweg partout nicht mit der billigen, aber langsamen Dampftramway antreten, der nachgiebige Vater entscheidet dem Sohn zuliebe für die Heimreise mit der flotteren Südbahn, auf dem Weg zum Mödlinger Bahnhof kommt die Familie an einem zum Verkauf angebotenen Haus in der Hauptstraße 44 vorbei:

Das Haus an sich hatte eine lange hufeisenförmige Form mit einem äußerst schadhaften Dach. Der Kaufpreis erschien unangemessen hoch. Aber der Garten bezauberte uns. Er zerfiel und zerfällt noch immer in zwei Teile, die durch eine Fliederhecke getrennt waren und noch sind. Im vordersten Garten waren zahlreiche kleine Wege mit Rosenhecken, der hintere Teil war mit einer großen Allee begonnen, in der zunächst Kastanienbäume, dahinter uralte Nußbäume standen. Überall waren Lusthäuser, acht an der Zahl. Ganz hinten stand ein großes Glashaus mit einem großen Gemüsegarten. Am Ende dieses Abteils stand ein Feigenbaum (...) Damals (...) war meine Mutter von dem Garten so sehr bezaubert, daß mein Vater das schadhafte Dach übersah und am Folgetag den Verkauf abschloß. Als er sich dann ein paar Tage später bei dem Greißler gegenüber erkundigte, was es mit dem Haus für eine Beschaffenheit habe, sagte man ihm dort, das Objekt sei nicht mehr verkäuflich, ein Narr aus Wien habe es erstanden.[20]

Ein Narr aus Wien. Mit Drach Senior geht in dieser Phase eine Veränderung vor. Eine neue Unternehmungslust erfaßt ihn, man könnte sie auch Leichtsinn nennen. Die volle Bezahlung des Kaufpreises ist erst möglich durch den Verkauf eines Grundstücks in Rumänien sowie eine Tantieme von der Bank. Diese Tantieme sei eine Kompensation dafür gewesen, daß man den verdienten Beamten bei der Neubestellung des Direktorenpostens übergangen habe. Drachs Erinnerung nach wird auch eine Kriegsanleihe investiert.[21] Zwar klingt es eigenartig, daß diese Anleihe vor der absehbaren Niederlage der Mittelmächte noch profitabel zur Auszahlung gekommen sein soll, aber der Vater hat vielleicht trotz allem noch wirksame Verbindungen. Jedenfalls wird das Haus in Mödling erworben. Der Beschluß zu diesem Kauf ist vermutlich die einzig ›unvernünftige‹ Entscheidung, die von der realistischen Mutter nicht nur seufzend mitgetragen, sondern, der Anbaufläche im Garten wegen, sogar freudig unterstützt wird.

Der Charakterwandel ihres Gatten gibt ihr trotzdem zu denken. War er bis dahin ein gewissenhafter, Überstunden nicht abgeneigter Bankbeamter, so bleibt er seinem Dienst nun immer häufiger fern. Gleichzeitig entwickelt er sich zum unberechenbaren Philanthropen, der imstande ist, bedürftigen Menschen der neuen Umgebung nicht nur mit Rat, sondern auch mit Tat zur Seite zu stehen. Seine Frau fürchtet, er werde noch seinen letzten Mantel herschenken.[22]

Nach einer Übergangsphase, in der Albert, so unversehens mit für einen Jugendlichen seines Alters aufregender Freiheit beschenkt, noch in der Wiener Wohnung haust, muß er den Eltern, die den Marienhof schließlich adaptiert haben, nachziehen. Immerhin erwartet ihn in Mödling ein eigenes Zimmer. Drach hebt das in der *Blinden Kuh* besonders hervor. Man muß daraus schließen, daß er bis zu diesem Zeitpunkt keinen Raum zum ungestörten Lesen und Schreiben zur Verfügung hatte.[23]

Was das Lesen anlangt, so rekapituliert der Autor, der immer wieder vorgibt, kaum etwas gelesen zu haben, um Einfluß-Forschern keine Anhaltspunkte zu bieten, in diesem Zusammenhang eine schon in seiner Gymnasialzeit sehr umfassende Lektüre. Ein Mensch in seinem Widerspruch; manchmal ist der Widerspruch unauflösbar. Zur schönen Literatur, die der angebliche Nichtleser verschlingt, zu den Theaterstücken, die er sieht (seit seinem dreizehnten Lebensjahr geht er, durch seinen Vater mit einem Abonnement beschenkt, regelmäßig ins Burgtheater) und nachliest, kommen unter dem Einfluß der Freunde Ernst Groß und Paul Serwischer, die ihn vom Gymnasium auf die Universität begleiten, noch die Philosophen Decartes, Hume und vor allem Kant. Dessen Satz vom kategorischen Imperativ will er geradezu inhaliert haben.[24]

Wenn jeder einzelne so handelte, als ob von seiner persönlichen Verantwortung das Weltgeschehen abhinge, was wäre das für eine Welt! Kants praktische Vernunft weist schon dem jungen Drach einen Ausweg aus dem geistigen Gefängnis des alttestamentarischen Vergeltungsprinzips. Die zivilisatorische Leistung in Ehren, daß für ein ausgestochenes Auge nur ein anderes Auge, für einen ausgeschlagenen Zahn nur ein anderer ausgeschlagener Zahn als Vergeltung verlangt werden soll, nicht weniger aber auch nicht mehr: Von der Gesetzgebung des Moses bis zu jener der Aufklärung scheint es doch einen Fortschritt der Selbstverantwortung zu geben. Er habe an niemandem Rache genommen, betont Albert Drach viele Jahre später in der Erinnerung an seine Rückkehr nach Österreich. Alle, die ihn darum ersucht haben, habe er damals prompt denazifiziert. Kants Ethik markiert für ihn aber wohlgemerkt auch eine Alternative zum neutestamentarischen Anspruch auf selbstverleugnende Nächstenliebe. Nach empfangenen Schlägen auch noch die andere Backe hinzuhalten, kam schon für den jungen Drach, der, wie erwähnt, im Gegenteil eine vielleicht ererbte Neigung zum Austeilen von Backenstreichen hatte, nicht in Frage.

Zurück zur Literatur. Das ab 1919 bezogene Zimmer in Mödling wird nicht zur einsamen Lektüreinsel. Die obengenannten Freunde lassen Albert nicht im Stich. Sie finden sich trotz des relativ weiten Anmarschwegs weiterhin ein.

Drachs liebster Gesprächspartner in Sachen Literatur gehört allerdings einer anderen Generation an. Anton Wildgans ist vorerst ein Gast der Eltern. Der Besuch ergibt sich. Der berühmte Mann (nicht nur Autor, sondern in den Jahren 1921 und 22 auch Burgtheaterdirektor) wohnt in Mödling. Vater Drach und Wildgans begegnen sich. Sie ziehen voreinander den Hut. Irgendwann erfolgt eine höfliche Einladung.

Drach-Hof innen. Zeichnung von Anton Wildgans, Drach-Gedenkstätte

Endlich! mag der Jungdichter Drach damals gedacht haben, nachdem die Kontaktherstellung durch Frau Braun nicht geklappt hatte. Da ist er, Wildgans, ein leibhaftiger Schriftsteller! Der kompetente Mann, der einen Blick auf seine Texte werfen wird.

Tatsächlich scheinen auch Alberts Eltern diesen Hintergedanken zu hegen. Der Sohn schreibt. Also bitte. Das soll nun einer beurteilen, der etwas davon versteht. Drach setzt den Beginn des Bekanntschaft mit 1917 an, das wäre bereits das Jahr des Hauskaufs. Den Beginn der Freundschaft datiert er mit 1919.[25]

Anton Wildgans scheint sich bei den Drachs wohlgefühlt zu haben. Davon zeugt ein Aquarell, das er ihnen zu Weihnachten 1923 verehrt hat. Samt einem idyllischen Gedicht, ohne besonderen Kunstanspruch, wie er betont. Tatsächlich kann es nicht schaden, das zu erwähnen.

Hat der Sturm auch im Kamin gewinselt,
war auch Winter, als ich dies gepinselt,
Haus und Garten, wo (zu) alle (n) Stunden
Ich liebend Blick und gütig Wort gefunden
[…]
Mag auch dies und jenes nicht ganz stimmen,
möge es die Hausfrau nicht ergrimmen,
[…]
Fehlen auch die Gänse und die Hennen,
werdet euer Haus ihr doch erkennen
[…]

Er kam offensichtlich nicht zum Dichten, sondern zum Plaudern. Immerhin hat er sich zwischendurch Zeit genommen, wohlwollende Blicke auf Drachs juveniles Œuvre zu werfen. Sein Urteil darüber ist so positiv wie differenziert: Der junge Dichter Drach sei zweifellos begabt, aber seinen literarischen Arbeiten fehle noch der Stoff des erlebten Lebens – er möge also im Brotberuf Richter werden, da bekäme er die menschlichen Erfahrungen ins Amt geliefert und habe genug Zeit zum Schreiben.

Leider dokumentiert die ausschließlich im Wildgans-Nachlaß erhaltene Korrespondenz aus den Jahren 1919 und 1920 zwischen Drachs Vater Wilhelm und Anton Wildgans nichts von diesen kollegialen Ratschlägen. In den überlieferten Briefen schreibt Wilhelm Drach an den verehrten Meister Wildgans in Bank- und Glückwunschangelegenheiten, Albert fügt ein paar nichtssagende Zeilen hinzu. Aufschlußreicher ist da schon ein Brief Albert Drachs an Antons Witwe Lilly, den er am 27.9.1946, etwas mehr als einen Monat vor seiner ersten Rückkehr in die Heimat, aus Nizza abschickt:

Was mich selbst anlangt, so glaube ich, daß mir das lebendige Leben nicht mehr fehlt, dessen Abgang Ihr Mann bei den Erzeugnissen des Fünfzehnjährigen feststellte, die er

Drach-Hof, innen, heute

nichtsdestoweniger als eigen und echt gelten ließ. Aber trotz dem Beinahezuviel des Geschehenen und Ertragenen hat sich an der Struktur meines Wesens kaum mehr etwas geändert. Nur daß ich zur Tätigkeit gedrängt dem Fliegerleutnant im Kirbisch vielleicht etwas ähnlicher wurde, dessen Urbild gewesen zu sein seinerzeit viel zu viel der Ehre für mich war.[26]

»Ja, das bin ich«, sagt Drach am 9. 1. 1992 im Gespräch mit Peter Huemer, der ihn auf seine literarische Rolle in Wildgans' Werk anspricht.[27] *Kirbisch*, ein Hexameter-Epos, das manchmal mit Goethes *Hermann und Dorothea* verglichen wurde. Wildgans zeichnet die angeblich von Drach inspirierte Figur als tatkräftigen, rational und künstlerisch begabten Burschen. Allerdings schreibt der Fliegerleutnant nicht, sondern spielt Klavier.

Aber der Held der Gesellschaft, das war ein Leutnant bei Fliegern, Noch ein Knabe beinah', mit einem zum Lächeln erstarrten Zug um den Schüchternen Mund und die melancholischen Augen.

Aber es hatte dies Kind mit seinen nervösen, morbiden Händen, die mehr zum Liebkosen von Harfensaiten und Rosen Denn an der Kurbel taugten verruchter Maschinengewehre, Etliche Gegner bereits im Nahkampf der Lüfte erledigt.[28]

Mit der Kurbel verruchter Maschinengewehre kamen Drachs Hände zum Glück nie in Berührung. Allerdings konnte er auch nicht Klavier spielen. Eine gewisse Feinnervigkeit mag dem Dichter des *Kirbisch* immerhin aufgefallen sein. Und das erstarrte Lächeln angesichts des prominenten Gastes, demgegenüber eine gewisse Schüchternheit vorerst nicht ganz leicht zu überwinden gewesen sein mag, kann man sich vorstellen.

Nach und nach scheint Wildgans die Texte des jungen Mannes wirklich geschätzt zu haben. Laut Drach hat der prominente Freund, als den er ihn bald bezeichnen darf, eines Tages noch ein weiteres (und weiter führendes) Urteil über seine Texte gesprochen. Drachs Mutter ersucht ihn, dem Sohn die künstlerischen Flausen doch besser auszutreiben. Das werde er (so zitiert ihn Drach) bestimmt nicht tun, denn der junge Mann könne schon jetzt mehr als er.

Trotz all der Ehre hat Albert Drach den Schriftsteller Anton Wildgans später nur mäßig geschätzt. Dessen eigentliche Leistung sieht er, egozentrisch wie er ist, in der Förderung seines eigenen Talents. Und wirft ihm posthum vor, daß er nie den Wildgans-Preis bekommen hat. Aber dafür war der zu seiner Zeit gewiß recht einflußreiche Mann nicht mehr zuständig.[29]

Albert Drach, um 1922

Sicher ist, daß Wildgans die Akzeptanz von Alberts literarischen Ambitionen in seiner zumindest mütterlicherseits skeptischen Familie entscheidend gefördert hat. Andererseits favorisiert er eine ›vernünftige‹ Lösung. Wer weiß, ob man vom Schreiben leben kann – nicht jeder wird dadurch Burgtheaterdirektor. Der junge Mann muß unabhängig von seinen schriftstellerischen Ambitionen existenzfähig werden.

Ein weiser Rat, eine erfreuliche Perspektive für den schriftstellernden Maturanten, der viel lieber Literatur und Philosophie als die Rechte studiert hätte? Jedenfalls eine praktikable und von der Familie akzeptierte Lösung, die ihm die Möglichkeit läßt, sein Studium als hinhaltendes Manöver zu betreiben. Vielleicht gelingt ihm ja dereinst ein ähnlicher Coup wie Goethe. Allerdings wird er, anders als dieser (und etwas abweichend vom Vorschlag des väterlichen Freundes), eben nicht Richter, sondern Anwalt.

Warum er, die juristische Ausbildung hinter sich, in letzter Minute den Schwenk vom Richter zum Anwalt macht? Vielleicht weil der wahrhaftige Schriftsteller, der er werden will, sein Studium lang vergebens gehofft hat, daß ihm die bürgerliche Tätigkeit auf Grund eines literarische Durchbruchs doch noch erspart bleiben wird. Und weil er in dieser Grundverfassung keine weiteren Kompromisse machen mag. Seine Kompromißlosigkeit, so stellt es Drach dar, führt dazu, daß der Präsident der Richtervereinigung, ein gewisser Schrom, aus Rachsucht gegen die Aufnahme des jungen Juristen in den Richterdienst interveniert, und zwar trotz vorzüglicher Beschreibungen der anderen Kollegen des Fachs.

Im gerichtlichen Vorbereitungsdienst habe er sich nämlich geweigert, Protokolle (sic) nach Schroms Diktat zu schreiben. Protokolle, die seines Erachtens der Sachlage nicht entsprachen. Außerdem habe er bei anderen Vorsitzenden oder Vorgesetzten das Privilegium gehabt, solche Protokolle selbst zu formulieren und zu verantworten.

Wenn es um den Protokollstil ging, wollte er sich offensichtlich schon damals nichts dreinreden lassen.[30]

Bis zu seinem Lebensende hat der Autor Drach mit seiner juristischen Existenz gehadert. Nie wurde er müde, zu betonen, daß ihm die Juristerei Last, die Schreiberei aber Bestimmung war. »Die mir auferlegte Befassung mit dem Rechtswesen änderte zunächst an meiner Lebensführung wenig und noch weniger an meinem Schrifttum. Dieses setzte sich mit Rechtsproblemen auseinander und mein Stil entwickelte sich unabhängig von diesen bürgerlichen Auflagen.«[31]

Dieses Dementi steht einerseits unter dem Eindruck des unausrottbaren Mißverständnisses, daß er als Autor, dessen juristische Beschäftigung anläßlich der Publikation v.a. des *Zwetschkenbaum*, der *Kleinen Protokolle* und der *Untersuchung an Mädeln* vom Feuilleton häufig hervorgehoben wurde, eine Art Amtsdeutsch schreibe – eine recht oberflächliche und die Dimension seiner großen Texte nicht wahrnehmende Sicht. Andererseits konstatiert sein Statement sehr wohl eine Auseinandersetzung mit Rechtsproblemen, die eine gewisse Rückwirkung auf seinen Stil gehabt haben mag. Wildgans jedenfalls war überzeugt davon, daß er durch die Juristerei die nötige Deutlichkeit der Form erreichen könnte.[32] Der Schriftsteller Drach, Meister des Protokolls, zu dem er im Lauf der Jahre heranreifen wird, ist nicht ohne die Folie seiner juristischen Erfahrungen denkbar.

5. AUSSER KONKURRENZ

DAS SATANSSPIEL VOM GÖTTLICHEN MARQUIS

Drachs Texte sprechen seit seinem Eintritt in den juristischen Diskurs nach und nach eine neue Sprache, in der die juristischen Codes zunehmend inkorporiert werden. Am Anfang aber steht eine ebenso schlichte wie beklemmende Einsicht in den status quo: »Die Gesetze sind gegen diejenigen, die nicht dabei waren, als sie gemacht wurden«.[1] Also spricht der Marquis de Sade im 3. Akt des *Satansspiels vom Göttlichen Marquis*. Ort der jede Legitimation einer gesetzesmäßigen Ordnung relativierenden Erkenntnis: die Bastille, in der Sade, gemeinsam mit anderen Adeligen, gefangen gehalten wird. Zeit: Der Vorabend des Sturms auf die Bastille, Juli 1789.

Mit der Niederschrift des Sade-Dramas beginnt Albert Drach während des gerichtlichen Vorbereitungsdienstes (sein Studium hat er im Februar 1926, zwei Monate nach seinem 23. Geburtstag, abgeschlossen). Ort der Schreibtischtat: ein Verhandlungssaal des Bezirksgerichts Wien 1. Die Gesetze sind also für diejenigen, die dabei waren, als sie gemacht wurden, könnte man das De Sade in den Mund gelegte Diktum variieren. Oder: Die Sprache ist gegen diejenigen, die eine andere Sprache sprechen. Das Leben ist gegen diejenigen, die anders leben wollen oder müssen als die Mehrheit. Schließlich: Das Protokoll ist gegen diejenigen, die es zwar unterschreiben, aber seine Sprache nicht verstehen.

Es ist interessant, daß Drachs dem Bösewicht Sade gewidmeter dramatischer Geniestreich parallel zu seinen *Kleinen Protokollen* entsteht, zuallererst etwa zeitgleich zum ersten Prosastück, dem *Großen Hurenlied* (1926/27), das um einiges später zwischen 1940 und 1947 in *Protokoll betreffend Marie* und schließlich (1965) in *Vermerk einer Hurenwerdung* umbenannt werden wird. Hier – im Stück – der mächtige, aus ureigenem Impetus imponierend sittenwidrige Marquis, dort – im Prosatext – ein ganz armes Mädchen, dem durch seine soziale Notlage und die Skrupellosigkeit der Umwelt kein anderer Weg bleibt als der in die Prostitution. Was sich zwischen diesen beiden Polen erstmals auftut, ist das manchmal fast verstörende Potential in Drachs Denken.

Der Marquis de Sade, so wie man ihn sich vorstellt, hätte das Mädchen Marie vermutlich für seine sexuellen Zwecke mißbraucht. Vielleicht hätte das auch der von den Surrealisten beschworene Marquis getan und den Mißbrauch zum poetischen Akt erklärt. Der feinsinnige Zyniker, der im ersten Akt des Drach-Stücks sein grausames Spiel mit der namenlosen Dame treibt, die ausgerechnet von ihm Mildtätigkeit erwartet, wäre zweifellos auch dazu imstande. Und trotzdem entpuppt sich Drachs Sade im weiteren Handlungsverlauf beinahe als Gerechter, der mit der Konsequenz eines Michael Kohlhaas gegen die widersinnig heuchlerische Moral seiner Zeit Sturm läuft.

Wie kommt der Jungautor Mitte der zwanziger Jahre auf den Marquis? – Er habe, sagt Drach, über einen Mann schreiben wollen, den das Böse nicht zu irgendeinem Zweck, sondern um seiner selbst willen interessiert hat.[2] Von den Surrealisten wird Sade just damals zum Ahnherrn ihrer Bewegung stilisiert – »Sade ist surrealistisch im Sadismus«, schreibt André Breton im *Ersten Manifest* von 1924, und Paul Eluard spricht in der Nummer 8 von *La Revolution surrealiste* (Dezember 1926) davon, daß Sade »sein Genie mit dem eines ganzen Volkes vergleichen« konnte, »das vor Stärke und Freiheit delirierte.« Doch könnte Drach das Manifest und das surrealistische Organ bestenfalls indirekt aus Zeitungsartikeln gekannt haben – einigermaßen französisch lernte er erst in der Emigration.

Was Sade-Übersetzungen betrifft, so erscheinen bereits »ab 1904 (...) in schneller Abfolge die ersten deutschsprachigen Ausgaben von *Justine oder die Leiden der Tugend*, gefolgt von *Juliette oder die Wonnen des Lasters*, 1907 die Übersetzung der *Philosophie im Boudoir*, 1909 *Die 120 Tage von Sodom*«.[3] Drach ist nach seinen eigenen Auskünften allerdings nicht eine einzige dieser Übersetzungen vorgelegen. Auch die Beiträge Karl Hauers in der Fackel, die Karl Kraus dazu animierten, seiner Freundin Berthe Maria Denk die Juliette-Lektüre anzuempfehlen, scheint er nicht gekannt zu haben.[4] Von ihm selbst als Quelle angegeben ist lediglich die als Sittengeschichte des 18. Jahrhunderts getarnte Sade-Biographie *Der Marquis de Sade und seine Zeit*, die der Nervenarzt Iwan Bloch unter dem Pseudonym Eugen Dühren herausgebracht hat.[5]

Dieses Buch leiht ihm ausgerechnet Anton Wildgans, heutzutage als Lesebuch- und Gedenkstagsdichter vielleicht doch etwas zu bieder eingeschätzt. Sades *Justine* und *Juliette* kommen also fürs erste über Iwan Blochs Vermittlung auf Drach. Im Grunde ist es Sades dort exemplifizierte Philosophie, daß das Gute leiden muß, während es dem Bösen wohlergeht, die Drach nun am Urheber dieser These, d.h. an Sade persönlich, demonstriert. So wie Drachs Gott kein ganz und gar lieber ist, so ist Drachs Teufel auch kein widerspruchslos böser.

Sade, der in seinen Schriften den aus Lust begangenen Mord zu legitimieren versucht, weigert sich in Drachs Drama als Protagonist der Französischen Revolution, die ihm vorübergehend die Freiheit und sogar eine machtvolle Position als Vorsitzender der Section Les Piques bringt, Menschen der Guillotine auszuliefern. Im vierten und letzten Akt quält er zwei Konterrevolutionäre und sogenannte Republikflüchtlinge zwar nach allen Regeln der psychischen Grausamkeit, läßt sie aber schließlich laufen.

Prompt ereilt ihn der Fluch der guten Tat, und er wird selbst zum Tode verurteilt. Bevor man ihm den finalen Prozeß macht, hat der Bürger Marquis gerade noch Zeit, das Ende von *Juliette* zu notieren, er schließt die Tür hinter den geretteten Bittstellern und schreibt in Erwartung der Dinge, die da kommen werden:

Juliette sagte zu Justine: »Ich habe alle Wonnen des Lasters durchkostet und alle Verbrechen der Welt mit Lust begangen und bin glücklich geworden! Was hat dir deine Güte und Frömmigkeit genützt? Sie brachte Dir nur Unglück und Schande! Gehe doch einmal hinaus auf das Feld und frage die Macht, die die Welt beherrscht, ob sie mit dir zufrieden ist!«

Und sofort schlug auf dem Felde der Blitz die tugendhafte Justine. Da triumphierte die lasterhafte Juliette: »Die Natur hat gesprochen«.[6]

Gegen Justine urteilt die Natur, gegen Sade das Revolutionsgericht. Bevor es sein Urteil fällt, gönnt der Autor dem Marquis aber noch einen wortreichen, starken Abgang.

PRÄSIDENT: *Bürger Sade, Ihre früheren Verdienste um die Revolution stehen nicht unter Anklage. Sie sind angeklagt als ein Gemäßigter und als Verräter des Vaterlandes.*

BÜRGER SADE: *Hohes Tribunal, Geschworene der Republik! Ich habe keine Verdienste um Ihre Revolution! Mir machte die Vernichtung Freude, weil sie mir vollkommener erschien als eine Schöpfung. Doch hasse ich den Mord, der ohne Leidenschaft geschieht. Die Revolution hat Durst, und ich gab ihr das Blut ihrer Feinde zu trinken. Sie sollten sich daran berauschen und schöne, heroische Träume haben. Sie aber tranken den Wein wie Wasser und blieben nüchtern dabei. Es widerstrebte mir, Maschinen mit Menschen zu füttern.*

PRÄSIDENT: *Bekennen Sie sich schuldig?*

BÜRGER SADE: *Ich bekenne mich schuldig, gelebt zu*

haben, aber ich bedaure es nicht. Ich war so lange der Teufel, als es entsetzlich schien, böse zu sein. Ich wurde dafür belohnt, und das langweilte mich zuletzt. Ich beschloß eine gute Handlung zu tun, als dies entsetzlich war. Man wird mich dafür bestrafen, und ich halte das nicht für falsch. Man darf verschiedene Körper anziehen und seine Seele verdecken oder entlarven. Man muß sich aber immer desselben Lächelns bedienen, auf dieselbe Art weinen und kleiden, sonst ärgert man die Zeitgenossen. Die Geschichte wird mich verschweigen und sie tut gut daran. Als ich Geschichte machte, dachte ich an mich selbst und nicht an die Nachwelt.[7]

Der Vollstreckung des Todesurteils entgeht der historische Sade durch den glücklicherweise zuvor eintretenden Tod Robespierres unter der Guillotine. In seiner Eigenschaft als Sekretär der Piken (jener von Sansculotten dominierten Sektion, aus der auch Robespierre kam), hat er tatsächlich seine Schwiegereltern, denen er die Schuld an seiner jahrelangen, durch kein Gerichtsverfahren gedeckten Einkerkerung gab, von einer Hinrichtungsliste gestrichen. Das steht schon bei Iwan Bloch und wird von der neueren Sade-Forschung bestätigt. Genau diese Tatsache wird Drach in seinem späten Essay *In Sachen de Sade. Nach dessen urschriftlichen Texten und denen seiner Kontaktpersonen* (1974)[8] herausgreifen.

Aus tiefster Überzeugung, daß jedenfalls der Staat nicht morden darf, rettet der Marquis unter Einsatz seines eigenen Lebens nicht irgend jemanden, sondern seine größten Feinde. Just die Schwiegereltern, denen er seine jahrelange Einkerkerung verdankt. Allerdings sieht Jean Jacques Pauvert, Sade-Herausgeber seit 1948, diesen heroisch-humanen Akt in seiner Sade-Biographie eher pragmatisch. Denn niemand anderer als eben die verhaßten Schwiegereltern kam für die materiellen Bedürfnisse ihrer Tochter, Madame Sade, und die aus der Verbindung mit dem Marquis stammenden Kinder auf.[9]

Drach ging es, als er sein *Satansspiel* schrieb, nicht primär um die Historie oder gar die Psychologie seines Helden. Beide dienen – soweit es die dramatischen Zwecke erlauben – nur als Raster für die Verbreitung von Sades alle Werte entwertende Philosophie. Sade in seiner Macht ist ein göttlicher Teufel, denn Gott ist – Drach wird in seinen Essays, Grundstoffen und Bruchstücken ein Leben lang darüber reflektieren –, wenn er überhaupt ist, eine Tautologie. Gott ist derjenige, der er ist, d. h. ebenso gut wie böse oder auch weder das eine noch das andere.

Auf keinen Fall will er Gott als moralische Instanz gelten lassen. Sade in seiner Ohnmacht ist ein gefallener Engel, ein Mensch in der Revolte. Einer, der gegen die moralische Weltordnung angetreten ist, ein Naturapostel der Grausamkeit. Ein Anti-Rousseau, dem man angesichts der naturgemäß brutalen Schöpfung, in der das eine nur überleben kann, indem es das andere frißt, nicht mit Moral kommen darf. Alles, was ist, legitimiert sich dadurch, daß es existiert. Das Gute und das Böse sind erst durch die Moral in die Welt gekommen, die je nach Interessenlage, je nach der Möglichkeit die jeweiligen Interessen durchzusetzen, das eine als positiv, das andere aber als negativ definiert. (Moral das ist, wenn man moralisch ist, heißt es in Büchners *Woyzeck*.[10]) Sades Philosophie in der Auslegung Drachs ist nicht anti-, sondern amoralisch.

Gäbe es keine Moral, so gäbe es vielleicht den Lustmord, die individuelle Grenzüberschreitung gegen das Wohl von Mitmenschen und die individuelle Rache. Aber es gäbe keinen staatlich organisierten Mord, keinen staatlich organisierten Krieg, keine weltumspannenden Rachefeldzüge. Wer es fassen kann, der fasse es – fraglich, bis zu welcher Konsequenz Albert Drach dieser Gedanken selbst Herr geworden ist. Belegt ist, daß er lebenslang mit seinem Sade gerungen hat, immer in Versuchung, ihn – bei aller postulierten Amoral – moralisch zu rehabilitieren.

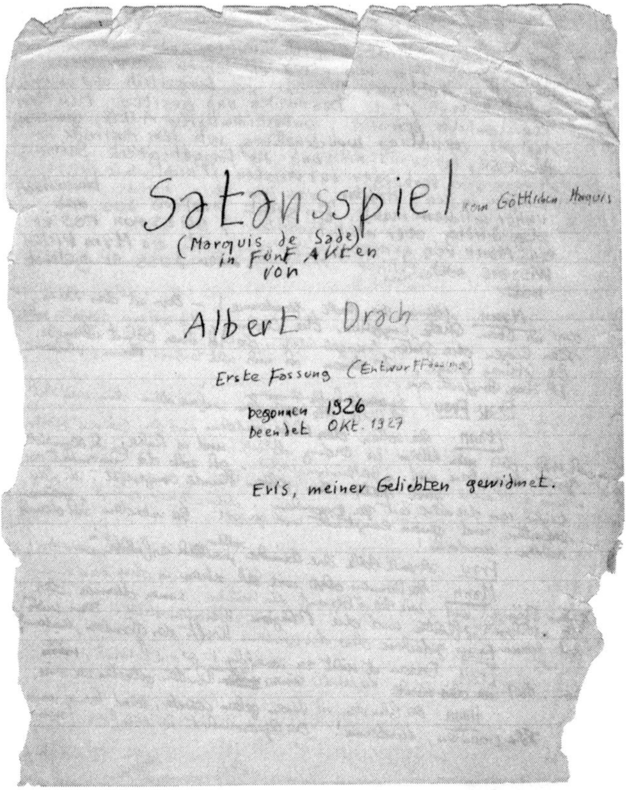

Titelseite im Heft mit dem »Satansspiel vom Göttlichen Marquis«, 1926/1927

Das *Satansspiel vom göttlichen Marquis* faßt Drach als sein schriftstellerisches Gesellenstück auf. Er erhofft, ja erwartet davon seinen literarischen Durchbruch. Im Nachlaß ist die Urfassung des Stücks erhalten, die auf der letzten Seite stehende Zueignung lautet: *Ehris meiner Geliebten gewidmet.* Daß Drach diese Geliebte sowohl in Aufzeichnungen als auch in Gesprächen zur Nachfahrin des Marquis de Sade erklärt, ist wohl ebenso im Kontext der für ihn typischen Mythenbildung zu sehen wie die Behauptung, daß sie ihm beinahe ein Duell eingebrockt hätte – von ihren zahlreichen Geliebten habe sie ausgerechnet ihn dem offenbar rabiat eifersüchtigen Ehemann namhaft gemacht.[11]

Das *Satansspiel* gehört zu den wenigen von Drachs Werken, deren Urfassung er durch die Jahre der Verfolgung und Flucht retten konnte. Wie alle seine Texte hat er auch dieses Stück mehrmals überarbeitet. Während der Emigrationszeit verlegt er etwa den 3. Akt, der ursprünglich vor der Bastille spielt, in die Bastille. Abgesehen vom grundlegend veränderten 3. Akt ist es verblüffend, wie nahe die (offenbar in einem Schwung geschriebenen) erhaltenen Passagen der Urfassung von 1926/27 dem 1965 im Dramenband der *Gesammelten Werke* veröffentlichten Text sind.[12]

Drach schickt das *Satansspiel* auf Anraten Arnold Zweigs, zu dem sein Vater, ein Mann von zumindest in diesem Punkt überraschenden Beziehungen, Kontakt herstellt, 1928 an Hans Henny Jahnn. Der ist in diesem Jahr Vertrauensmann des Kleist-Preis-Stiftungskomitees. Ein kühner Versuch – schließlich ist der Kleist-Preis, der seit dem Jahr 1912 vergeben wird, eine der begehrtesten literarischen Auszeichnungen für jüngere Autoren. Unter den Preisträgern bis zum Jahr 1927 sind Walter Hasenclever, Bertolt Brecht, Wilhelm Lehmann, Robert Musil, Ernst Barlach, Carl Zuckmayer, Alexander Lernet-Holenia, Alfred Neumann und Hans Henny Jahnn selbst.[13]

Sehr geehrter Herr!
Arnold Zweig, der an meinen literarischen Arbeiten werktätiges Interesse nimmt, hat mir den Rat gegeben, Ihnen in Ihrer Eigenschaft als Preisrichter des diesjährigen Kleistpreises mein Satansspiel »Marquis de Sade« umgehend zu überreichen. Indem ich dieses meinem Schreiben beilege, versage ich es mir, mich Ihnen anders als durch mein Werk zu empfehlen, zumal ich der Überzeugung bin, daß für Sie doch nur sachliche Gründe entscheidend sein werden.

In vorzüglicher Hochachtung
Ihr ergebener
Albert Drach

Mödling 7.4.28[14]

Ziemlich selbstbewußte und knappe Worte. Sie stammen allerdings von Anton Wildgans, der seinem jungen Freund bei der Abfassung des Einreichungsschreibens zur Hand geht. Den Brief finde ich im Juni 1990 in der Staats- und Universitätsbibliothek Carl von Ossietzky in Hamburg, auch ein lediglich mit I.A. (in Abwesenheit) gezeichnetes Antwortschreiben vom 18.4. liegt bei. Darin wird der Empfang des *Marquis de Sade* bestätigt (der Titel des Stücks wurde, auf Anraten Wildgans' für die Einreichung ausgenüchtert), darüber hinaus wird Drach dazu aufgefordert, einen kurzgefaßten Lebenslauf und »ein weiteres Manuskript irgend welcher Art« nachzuliefern.

Nicht erhalten ist leider jener persönliche Brief Hans Henny Jahnns auf dem Briefpapier der von ihm gegründeten Ugrino-Bauloge, in dem er dem Einreicher postwendend den Kleist-Preis zugesichert haben soll. Beharrlich hat Drach davon gesprochen – nicht nur mir gegenüber, sondern in zahlreichen Interviews besonders nach der späten Genugtuung durch den Büchner-Preis. Sein Stück sei schon »ganz außer Konkurrenz«, das war die Formulierung, an die er sich erinnerte. »Mein Brief hat den Kleistpreis gewonnen« – mit diesen ironischen Worten habe Anton Wildgans die frohe Botschaft quittiert.[15]

Das Original dieses Briefs hat Drach, erzählt er, in die Emigration mitgenommen. Dort sei es mit anderen Papieren verloren gegangen. Im Nachlaß Jahnns ist keine Kopie zu finden. Da jedoch bei Heraufkommen Hitlers vorsichtshalber viele Papiere der Ugrino-Bauloge vernichtet wurden, wäre das kein Beweis gegen die ursprünglich Existenz einer solchen Kopie.

Vielleicht hat es aber auch nie eine beim Absender verbliebene Kopie des Schreibens gegeben. Wie Drach es wiedergibt, dürfte dieses nicht sehr ausführlich gewesen sein. Und doch ein persönliches Schreiben. An einen jungen Kollegen, dessen Einsendung Jahnn auf besondere Weise beeindruckt haben könnte. Ulrich Bitz, Mitherausgeber der historisch-kritischen Hamburger Ausgabe, hält es für durchaus wahrscheinlich, daß Jahnn eine große Affinität zum De Sade-Thema empfunden habe.[16]

Wie wahr! Hat er doch mit seinem Stück *Pastor Ephraim Magnus*, auf Grund dessen ihm der Kleist-Preis des Jahres 1920 zugesprochen wurde, einen Skandal ausgelöst. Das »preisgekrönte Erotomanendrama« bezeichnet der Kritiker Edgar Gross im *Literarischen Echo* vom 15. Mai 1921 als »masochistisch-sadistisches Produkt eines sich genial gerierenden, in Wahrheit von schwächlicher Perversität gebannten unschöpferischen Geistes«.[17] In der *Weltbühne* vom 16. Juni desselben Jahres reagiert Julius Bab noch empörter. Für ihn ist das extrem expressionistische Stück »Negation alles Sinns«, es gehöre in den Giftschrank der Menschheit und dürfe nur in Zeiten größter Gefahr hervorgeholt werden – als Warnung vor den Abgründen, in die der Mensch geraten könne.[18]

Tatsache ist, daß Jakob Magnus, Bruder des titelgebenden Protagonisten, an dem sich damals die Geister scheiden, in zweifacher Hinsicht als Nachfahre des Marquis

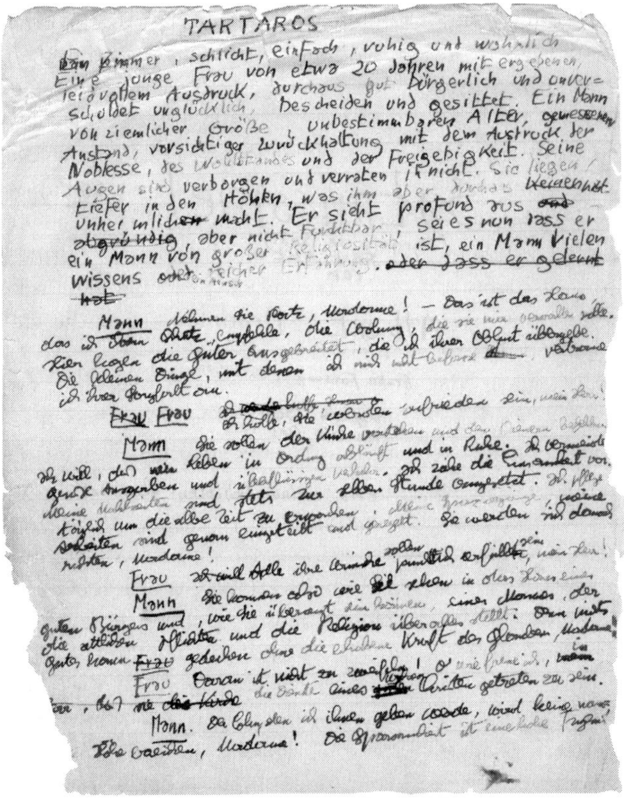
TARTAROS

Ein Zimmer, schlicht, einfach, ruhig und wohnlich. Eine junge Frau von etwa 20 Jahren mit ergebenem, leidvollem Ausdruck, durchaus gut bürgerlich und unverschuldet unglücklich, bescheiden und gesittet. Ein Mann von ziemlicher Größe, unbestimmbaren Alters, gewesener Anstand, vorsichtiger Zurückhaltung mit dem Ausdruck der Noblesse, des Wohlstandes und der Freigebigkeit. Seine Augen sind verborgen und verraten [illegible] nicht. Sie liegen tiefer in den Höhlen, was ihm aber [illegible] Er sieht profund aus [illegible] seies nun dass er [illegible] ein Mann von großer [illegible] ist, ein Mann vielen Wissens [illegible]

Mann [illegible] Madame! – Das ist das [illegible]

Frau [illegible]

Mann [illegible]

Frau [illegible]

Mann [illegible] Madame!

Erste Seite des ersten Akts von Drachs »Satansspiel«

bezeichnet werden kann. Er begeht einen wüsten Lustmord und spricht anschließend in einer philosophisch anarchistischen Brandrede dem Gericht die Kompetenz ab, über einen wie ihn zu urteilen. »Die Sektion oder richtiger das Beschauen der Leiche mußte das Ergebnis in sich schließen«, urteilt der als Zeuge aussagende Arzt, »daß Henry de Sade nicht gerade erschöpfend in seiner mißleiteten Sinnlichkeit war.«[19] »Ihr Staat«, wirft der Angeklagte dem Gericht vor, »ist ein Muster an durchtriebener Bestialität«[20] ... »Sie haben die Gewalt. Wir führen den Krieg; Sie haben viele Kanonen, ich habe leere Hände, weil ich nicht Menschen grundlos morden mag.«[21]

Affinitäten noch und noch. Tatsächlich muß die Versuchung für Hans Henny Jahnn, dem jungen Kollegen den Preis zuzusprechen, groß gewesen sein.

Der Vergabemodus des Preises hätte das im Prinzip auch ermöglicht. Der Kleist-Preis wurde nicht von einer Jury verliehen, sondern durch Einzelpersönlichkeiten, die entweder die Auszeichnung schon erhalten hatten oder von der Stiftung beauftragt waren, sie einem Schriftsteller ihrer Wahl zu übertragen. Trotzdem: hat Jahnn dem ihm bis dahin völlig unbekannten Drach tatsächlich den Kleistpreis zugesichert?

Dagegen spricht, daß zum Zeitpunkt der Korrespondenz die Einreichungsfrist für das Jahr 1928 noch nicht einmal abgeschlossen war.[22] Allerdings soll auch Oskar Loerke im Jahr 1920 Jahnn als Preisträger bereits vor Beendigung der Einreichungsfrist vorgesehen und anschließend durchgesetzt haben.[23] Dagegen spricht weiters, daß Drach und sein Werk weder in Jahnns Rechtfertigung zum Kleist-Preis für die letztendliche Preisträgerin Anna Seghers noch in den ehrenvollen Erwähnungen berücksichtigt werden.[24] Dafür spricht die in ihrer Wiedergabe durch Drach recht realistisch klingende Reaktion von Wildgans und die Tatsache, daß Drach sehr genaue Vorstellungen davon hatte, wer die Vergabe des Preises an ihn letztlich verhindert hat:

Nämlich das Preiskomitee, allen voran sein Leiter Hanns Martin Elster, der befunden haben soll, daß ein Sadist nicht als Preisträger in Frage käme.[25] Vielleicht müßte man diesem Statement das Wörtchen *noch* hinzufügen: Daß noch ein Sadist, wie das konservativere Gemüter wahrscheinlich aufgefaßt hätten, den Kleist-Preis bekam, das zu verhindern mag der Stiftung womöglich wirklich ein Anliegen gewesen sein. Wie ihm Elsters Diktum zu Ohren gekommen sei, konnte Drach ein Menschenalter später aber beim besten Willen nicht mehr sagen.

Hanns Martin Elster ist jedenfalls ein Mann, der sich in der Folge auf sehr häßliche und rücksichtslose Weise in die Annalen der Kleist-Gesellschaft einträgt. Als Vorstandsmitglied und Kassier in den Jahren 1933 bis 1934 sorgt er mit beispielloser Brutalität dafür, daß die jüdischen Vorstandsmitglieder – unter ihnen auch der Gründer der Stiftung, Fritz Engel – ihre Funktionen zurücklegen müssen. Nicht einmal ein vorheriger Beschluß der Generalversammlung wird abgewartet. Für das Jahr 1934 verzeichnet Kürschners Deutscher Taschenkalender nur mehr Hanns Martin Elster und Hanns Johst, den Präsidenten der Reichsschrifttumskammer, der 1949 in einem Entnazifizierungsverfahren schwer belastet wird, als Vorstandsmitglieder der Kleist-Preis-Stiftung, Johst war der Schriftführer, Elster fungierte weiterhin als Kassier – in dieser Funktion dürfte er zu allem Überfluß das Vereinsvermögen unterschlagen haben.[26]

Was aber hat es mit dem Brief Jahnns an Drach, der darin angeblich gegebenen Zusicherung des Preises und der letztendlichen Enttäuschung dieser Erwartung tatsächlich auf sich? These: Jahnn hat Drach in Nachvollziehung der doch sehr eigenartigen Praxis Loerkes den Preis vorweg zugesichert, dann aber Bedenken angesichts der Provokation bekommen, als die diese Wahl zweifellos aufgefaßt worden wäre, und wollte den Skandal um sein eigenes Stück nicht in Erinnerung bringen und potenzieren.

»Jahnns Einstellung zu Pastor Ephraim Magnus«, schreibt sein Biograph Thomas Freeman, »blieb zeitlebens ambivalent« ... »Manchmal meinte er, es hätte nicht veröffentlicht werden dürfen, weil es seiner Laufbahn als Orgelbauer geschadet habe« (...)« Dann wieder fand er, es enthielte wichtige Passagen, die er bei Vorträgen über sein Werk weiterhin zitierte.[27]

Vielleicht hat er deshalb ein weiteres Stück haben wollen. Er hätte dem Bruder im Geist gern den Kleist-Preis zukommen lassen, aber – nach einer auf die erste Reaktion folgenden Phase des Durchatmens und Nachdenkens – doch nicht für ein De Sade-Stück. Drach schickt sein *Passionsspiel* und den *Dreizack*, eine Sammlung von Gedichten (der Eingang ist im Nachlaß Jahnns in einer den Kleist-Preis 1928 betreffenden Mappe verzeichnet) und wartet auf seine große Stunde. Die kommt aber nicht. »Der Kleist-Preis für das Jahr 1928«, schreibt *Die Literatur*, Berlin, im Februar 1929, ist von dem Vertrauensmann Hans Henny Jahnn an Anna Seghers in Berlin für die beiden Novellen ›Aufstand der Fischer von St. Barbara‹ und ›Grubetsch‹ verliehen worden«.[28]

Mit in der engeren Auswahl war laut Jahnns Rechtfertigungsbericht auch Marie Luise Fleißer. Ehrenvoll erwähnt werden Peter Martin Lampel, Hermann Kesten, Hans Reiser, Boris Silber, Wolfang Weyrauch, Ernst Glaeser und Peter Werder. Von einem Albert Drach ist nicht die Rede. Ohne De Sade scheint Drach für Jahnn nur halb so interessant gewesenzu sein.[29]

Die Frage ist, inwieweit Drach diese Zusammenhänge begreift. Eigentlich schwer vorstellbar, daß hier nichts als Naivität herrscht. Daß er dem Kleist-Preis-Vertrauensmann Jahnn rein zufällig ein De Sade-Drama schickt. Daß er dessen Stück *Pastor Ephraim Magnus* nicht gekannt hat. Zumindest vom Hörensagen oder durch Kritiken. *Die Weltbühne*, in der Loerke eine Woche nach Babs Attacke (am 23. Juni 1921) zur Verteidigung Jahnns antritt,[30] könnte er durchaus gelesen haben. Drach ist auf diesbezügliche Fragen nicht eingegangen. Doch würde ich eine Inspiration in Richtung Sade auf diesem Umweg nicht ganz ausschließen.

Mit der Enttäuschung, die ihm um den Jahreswechsel 1928/29 widerfährt, wird sich Drach jedenfalls sein Leben lang nicht abfinden. Man hat ihm den ihm bereits zugesprochenen Kleist-Preis für das Jahr 1928 nicht verliehen – diese Feststellung wird er sechzig Jahre später, stolz auf den Büchner-Preis, aber dennoch nie ganz mit der Welt der Literaturbetriebs versöhnt, in keinem Interview auslassen. Manchmal sucht er allerdings doch Rationalisierungen, warum es damals schief gegangen ist. Etwa indem er behauptet, als zweites Manuskript auf Anraten seines Vaters das »kindische« Werk *Atlantis* geschickt zu haben.

Vielleicht verwechselt er da etwas. Sechzig Jahre sind eine lange Zeit. In einem Brief, den er, sobald er aus der Zeitung von der Preisverleihung an Anna Seghers erfahren hat, an Hans Henny Jahnn schickt, weiß er jedenfalls noch besser, welche Texte er geschickt hat:

Sehr geehrter Herr!
Mödling, 17.1.28
Da der Kleistpreis, wie mir aus Zeitungsberichten bekannt wurde, etwa von einem Monat bereits zur Verteilung gelangt ist, bitte ich Sie die Rücksendung des Ihnen in Ihrer Eigenschaft als Preisrichter überreichten Manuskripts »Marquis de Sade« und der auf Ihr Schreiben vom 18. April 28 weiter eingesandten Schriften »Passionsspiel« und »Der Dreizack« zu veranlassen.

Indem ich Ihnen hiefür schon im voraus bestens danke, zeichne ich mit dem Ausdruck meiner vorzüglichen Hochachtung.[31]

Die Zeit scheint 1928 stehen geblieben zu sein. Drach hat sein Anfang 1929 abgesandtes Schreiben irrtümlich um ein Jahr rückdatiert. Trotzdem gibt er noch nicht auf und bringt seinen Sade bei dem damals in Berlin ansässigen Bühnenverlag *Drei Masken* unter, der das Drama 1929 als bedeutende Neuerscheinung ankündigt.[32]

Da das Verlagshaus 1945 einem Brand zum Opfer fällt, läßt sich nicht einmal mehr eruieren, ob das Sade-Stück als Buch oder als Bühnenmanuskript herausgekommen ist. Sicher ist, daß das Drama nicht zur Aufführung gelangt. Wildgans verspricht – nach Drachs Worten in der Annahme, daß er nie mehr Burgtheaterdirektor wird – eine Aufführung im Falle einer zweiten Burgtheaterdirektion. Daß diese zweite Burgtheaterdirektion (ab Juli 1930) sehr wohl zustande kommt, die Aufführung von Drachs Sade aber nicht, wird zu einer erheblichen Entfremdung zwischen Drach und Wildgans führen.

6. DAS GROSSE HURENLIED

DIE KLEINEN PROTOKOLLE

»In diesem Augenblick ist es noch nicht gewiß, ob der zugunsten des nachstehend niedergelegten Werks verbrauchte Fleiß ideelle bzw. materielle Früchte tragen wird oder nicht. Möglicherweise geht meine Drachensaat nicht auf, sondern unter«.[1] Diese Zeilen, die Albert Drach am 31.7.1929 notiert, finden sich in seinem Nachlaß und können vielleicht als indirekter Reflex auf die noch frische, große Enttäuschung gelesen werden.

Sie stehen in der eigenhändigen literarischen Einführung zu den sogenannten *Kleinen Protokollen*, dem prosaepischen Parallel-Unternehmen zum Sade-Drama. Damals heißen diese zwar noch recht pathetisch *Bildnisse der Erfolglosen, ein Wiener Lied aus unserer Zeit*, doch klärt der Autor sehr nüchtern seine Erzählposition. Der Form nach, schreibt er im letzten resümierenden Absatz des Vorworts, gehöre sein Werk der Gattung der Novellen an: »Die epische Breite habe ich mich bemüht durch epische Kürze zu ersetzen. Damit alles Lyrische und Dramatische ausgeschaltet werde, hielt ich es für angebracht, auf Farbenführung und Dialog zu verzichten. Im Interesse der Objektivität ist von mir die protokollarische Darstellung gewählt worden.«[2]

Hier ist das in bezug auf Drachs Prosa so häufig strapazierte Wort *Protokoll* zum ersten Mal nachweisbar. Es scheint, als wolle sich der Autor eine objektive Instanz der Wahrheitsfindung schaffen, die ästhetische Überzeugungskraft hat. Diese Instanz könnte das glasklare Protokoll sein, das in den frühen, seinem schriftstellernden Freund und Ansprechpartner Werner Riemerschmid gewidmeten Überlegungen allerdings mit den tradierten literarischen Formen konform geht. Die gilt es zu erfüllen, nicht zu zerschlagen.

Sich als Avantgardist zu fühlen, fällt Drach damals noch nicht ein. Auf diese Idee wird er erst 1968 kommen, nachdem ihn das *Literary Supplement* der *Times* überraschenderweise als solchen gewürdigt hat.[3] Bis dahin ist es noch lang. Die Jahreszahl 1968 klingt Ende der zwanziger Jahre utopisch. Vermutlich wäre es ihm aber auch schon in den Zeiten seiner frühen Stilfindung nicht recht gewesen, für einen konservativen Autor gehalten zu werden.

Er wollte es richtig machen, und richtig hieß für ihn, in der erzählenden Prosa Kommentar, Interpretation, inneren Monolog, Gattungsüberschreitung, kurz alles, was den »modernen« Roman kennzeichnet, zu vermeiden. Vorerst übt er allerdings noch auf der Kurzstrecke der Novelle – der große Roman muß noch ein Jahrzehnt warten. Und doch ist diese Arbeits- und Lebensphase wahrscheinlich entscheidend für seine künftige Roman-Auffassung. Daß der gegenwärtige Roman, jedenfalls aus deutscher Feder, kein Roman sei, daß vor allem die Innenperspektive und die psychologisierende Einfühlung in den Protagonisten im »richtigen« Roman nichts zu suchen haben, dieses Urteil fällt er, im Zivilberuf zwar Anwalt und nicht Richter, aus der streng aufgefaßten Arbeit an der Kurzgeschichte heraus, die, so sein Verdikt, im Gegensatz zum Roman die Domäne deutschsprachiger Schriftsteller ist, spätestens seit Johann Peter Hebel.

»Hast Du wieder an Deinen kleinen Protokollen geschrieben?« soll Wildgans, am Drachschen Domizil in der Mödlinger Hauptstraße vorbeiflanierend, routinemäßig hinaufgerufen haben. Und: »Wann liest Du mir wieder aus der Erzählung vor, in der so viel gevögelt wird?« Das Interesse des väterlichen Autorenfreundes scheint nicht ganz so streng und formorientiert gewesen zu sein.[4] Aber es war ein Ansporn zum Weitermachen.

Die erste komplett erhaltene Typoskript-Fassung von Drachs *Kleinen Protokollen* findet ihren Weg ins Haus Wildgans und überlebt dort die Zeit des Nationalsozialismus. Irgendwann nach Drachs Rückkehr aus der Emigration legt Ilse Wildgans, Schwiegertochter und Nachlaß-Verwalterin des Mentors, die blaue Mappe mit den ersten fünf Erzählungen auf Drachs Schreibtisch in der Anwaltskanzlei. Ein großer Augenblick. Leider konnte weder im Gespräch mit dem Autor noch mit Frau Wildgans rekonstruiert werden, wann genau das war. Somit bleibt unklar, ob Drach die frühen Fassungen als Basis der späteren Rekonstruktion verwenden konnte, ebensowenig war zu eruieren, ob der ursprüngliche sentimentale Titel erst in den fünfziger Jahren oder bereits 1929 durchgestrichen und sehr sachlich durch *Die kleinen Protokolle 1–5. Fassung 1927/28* ersetzt wurde.

Jedenfalls kommt dem aus der Emigration zurückgekehrten Autor, einem Mann, der nicht zuletzt aus Trotz überlebt hat und dann mit trotziger Konsequenz daran geht, an etwas anzuknüpfen, das 1938 abgerissen war, im Leben und im Schreiben, die unerwartete Heimkehr dieser Manuskripte gerade recht. In ihnen kann er nachlesen, warum und zu welchem Ende er schon damals, Ende der zwanziger und Anfang der dreißiger Jahre, die protokollarische Darstellung wählen wollte. Novellen hat er im Sinn, so kann er sein dramatisches Talent vielleicht in Prosa umsetzen. Der traditionellen Form will er mit einer innovativen Methode gerecht werden.

Der Begriff Protokoll wird im Zusammenhang der *Kleinen Protokolle* noch deutlich anders gebraucht als später im Zusammenhang der späteren *Großen Protokolle*. Es sind noch keine *Protokolle gegen Zwetschkenbaum*, gegen die *Mädel* oder auch gegen sich selbst, die Drach da schreibt. Der Absolvent der Rechte sieht das Protokoll noch ohne entscheidende Abweichung von der

Funktion, die ihm bei Gericht zugeschrieben wird, als der Objektivität dienliche wertungsfreie Aufnahme oder Beschreibung von Tatbeständen. Wie anders liest sich das in dem um 1982 verfaßten Text *UND*, in dem ein Richter des Obersten Gerichtshofes mit dem sprechenden Namen Huntzinger seine Vorliebe fürs Protokoll erklärt:

(...) dadurch wären sowohl die Rechtssuchenden als auch die Zeugen und was sonst noch vor Gericht erscheine, gebunden, auch wenn sie nicht das gemeint, was sie zum Ausdruck gebracht hätten. Mitunter könne der Richter auch entsprechend nachhelfen, wenn das, was aus ihnen hervorsprudele, für seine Entscheidung nicht reiche. Und schließlich schlinge sich ihr Wort und was sonst noch geschwätzt werde, wie ein Strick um ihren Hals, aus dem sie nicht mehr herauskönnten.[5]

Das kann als Kommentar zu den *Großen Protokollen* gelesen werden, die Drach in seinen Romanen realisieren wird – das erste Mal zu Beginn seines französischen Exils, im *Großen Protokoll gegen Zwetschkenbaum*. Zu diesen Protokoll-Romanen schreibt Günter Kaindlstorfer in einer Hommage zum 90. Geburtstag des Autors: »Im bitterbösen Kosmos seiner epischen Anklageschriften gibt es kein Subjekt. Der Mensch ist dunklen, dubiosen und vor allem durch und durch banalen Kräften unterworfen, von denen er keine Kenntnis hat, deren Motive er nicht versteht und von denen er nur eines mit Sicherheit und völlig zu Recht annehmen kann: daß sie sein Schlechtestes wollen.«[6]

Hier wäre einzuschränken, daß das große Protokoll zwar zum übermächtigen Gegner des Subjekts wird, daß diesem Subjekt alles, wodurch es sich in der Gesellschaft konstituiert, genommen wird, aber daß es nackt, bloß und unterworfen wie es ist, trotzdem seine innere Essenz bewahrt. »(...) Zur Sache (gab) er einstweilen nichts anderes an, als daß er die Zwetschken nicht gestohlen habe.« So heißt es am Schluß des in dieser Hinsicht exemplarischen Zwetschkenbaum-Romans. Dem Protokollanten bleibt nichts anderes übrig, als diesen Satz vorschriftsgemäß zu protokollieren und somit aktenkundig zu machen.

Ähnlich das Finale der *Untersuchung an Mädeln*, als die Beschuldigten am Ende des Prozesses die Möglichkeit zur Stellungnahme erhalten: »Dann kam das Wort an Stella Blumentrost. Sie erhob sich, sagte ›Ich‹ – und setzte sich wieder.«[7] »Ich«, das ist nicht viel, aber Albert Drach kommt es darauf an, dieses »Ich« gegen das Protokoll bestehen zu lassen.

Dieser einerseits subjekt-vernichtende, anderseits subjekt-erhaltende (im Untergang rebellierende) Impuls ist in

Inhaltsverzeichnis für geplanten Band, der Drachs erstes kleines und erstes großes Protokoll enthalten sollte, mit Vorschlag für Umschlagszeichnung, um 1946/47

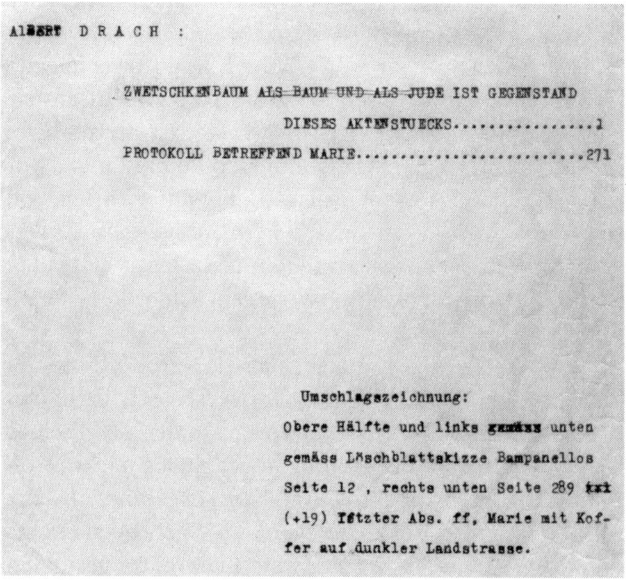

ALBERT DRACH :

ZWETSCHKENBAUM ~~ALS BAUM UND ALS~~ JUDE IST GEGENSTAND
DIESES AKTENSTUECKS..................1
PROTOKOLL BETREFFEND MARIE............................271

Umschlagszeichnung:
Obere Hälfte und links ~~gemäss~~ unten
gemäss Löschblattskizze Bampanellos
Seite 12 , rechts unten Seite 289 ~~txt~~
(+19) letzter Abs. ff, Marie mit Kof-
fer auf dunkler Landstrasse.

den *Kleinen Protokollen* generell noch kaum erkennbar. Um die Gattungsbezeichnung in Relation zu den großen Protokollen überhaupt zu legitimieren, hat der Autor seine frühe, durchaus divergente Drachensaat zur späteren Publikation in ungemütliche, nichtbeteiligte und sogar wohlwollende Protokolle unterteilt. Wohlwollende Protokolle wird es später definitionsgemäß nicht mehr geben, auch von Nichtbeteiligung kann nicht die Rede sein, allenfalls von zynischer Ignoranz. Die seine späteren Protokolle konstituierende protokollarische Unterwerfung und das ohnmächtige Aufbegehren der Opfer gegen einen unmenschlichen Apparat von Worten findet beispielsweise im *Großen Hurenlied / Vermerk einer Hurenwerdung* noch nicht statt.

Das Mädchen Marie hat die Möglichkeit, seine Geschichte selbst zu erzählen, der Protokollant ist eine Art freundlicher Beichtvater, der Maries Bekenntnisse auf den Gehalt an Wahrheit überprüft, sinngemäß richtigstellt, ergänzt und kürzt, alsdann getreulich zu Papier bringt.[8] Sinngemäß und getreulich, das ist so ungefähr das Gegenteil dessen, was Drachs spätere Protokolle im Schilde führen. Jene sind ein Versuch, den Autor als Demiurgen seiner Schöpfung ex negativo wieder ins Spiel zu bringen – indem er das Protokoll in seiner Scheinobjektivität kenntlich macht, gibt er indirekt zu verstehen, was davon zu halten ist. Der Anspruch im ersten kleinen Protokoll hat diese Dimension noch nicht, hier werden noch keine Gegenpositionen beim Leser beabsichtigt, hier wird dem Leben sein ebenso geradliniger wie naturalistischer Lauf gelassen:

Sie trug den heiligsten und häufigsten Namen: Marie. Ihr Elternhaus stand in Wien und in den sogenannten »entern Gründen«, wie man die Bezirke des Elends und der Verderbnis heißt, und den Inhalt ihres Elternhauses bildeten Zimmer, dumpf, ebenerdig und feucht, und eine Kammer ohne Fenster, die auch Küche war. Ihr Vater hatte eine dicke, rote Nase und große Hände ohne Schwielen; weit öfter faßte er den Bierkrug um den Bauch als die Maschine beim Griff. Die Mutter bestand aus spitzigen Knochen und einem immer schwangeren Leib. Dreizehn Kinder hatte sie geboren, die alle am Leben blieben zu Ehren der Unglückszahl. Neun waren im Hause, die ältesten vier in der Fremde. Marie war die zehnte Frucht der erfolgreichen Ehe und wuchs auf in ihrer Eltern Obhut.[9]

So steht es in der Fassung von 1926/27, so steht es fast wörtlich auch in der 1965 publizierten. *Das große Hurenlied/Protokoll betreffend Marie/Vermerk einer Hurenwerdung* ist einer der wenigen Texte, die Drach zwar in die Emigration mitgenommen, aber, abgesehen vom Titel, kaum verändert hat. Noch in Frankreich plant er die gemeinsame Publikation seines ersten kleinen und seines ersten großen Protokolls. Zwetschkenbaum und die Hure zwischen zwei Buchdeckeln – eine Kombination, die Ähnlichkeit und Unähnlichkeit zweier durch ein Jahrzehnt getrennter, für je eine Schaffensphase repräsentativer Arbeiten deutlich gemacht hätte.

Die Unähnlichkeit besteht in der unterschiedlichen Anwendung der Protokollführung. Die Ähnlichkeit jedoch besteht im identischen Grundbefund der Welt. Die Schöpfung ist abgrundtief ungerecht und ihrem Wesen nach heillos. Es gibt keinen Sinn, mit dem sich geschichtliche Abläufe (und somit auch der Ablauf von Geschichten) erklären läßt.

Wichtig ist Drach in seiner *eigenhändigen Einführung* der Hinweis, daß es sich um wahre und somit böse Geschichten handelt. Das verbindet, bei aller unterschiedlichen Methodik, die kleinen mit den großen Protokollen. Bis in die Schulbücher des mittleren 20. Jahrhunderts hinein besteht das Bestreben, die Wahrheit, den Ansprüchen der Klassiker gemäß, als eine letzten Endes gute und schöne darzustellen. Nichts davon ist bei unserem Autor, der – als Antipode Schillers – definitiv nicht an die Erziehbarkeit des Menschengeschlechts glaubt, zu finden, und das wohlgemerkt schon vor 1938: Also bevor er, ins Exil gedrängt, seine höchst persönlichen katastrophalen Erfahrungen mit jenen macht, die ihm und seinesgleichen an Geld und Gut, Leib und Leben wollen. »Irgend etwas quält mich sehr« – sagt der nach fünf Jahren Klausur 2001 wieder aus einem buddhistischen Kloster aufgetauchte Leonard Cohen, ein im Rest des Interviews gelassen ironisch wirkender Mensch.[10] Vielleicht ist es nicht falsch, für Albert Drach ein ähnliches Lebensgefühl anzunehmen, das er allerdings – anders als der Barde in seinen Texten – eher aggressiv als melancholisch verbalisiert.

»Aus meinen Mißerfolgen in wirklichkeitsbezogenem Verhalten und dem Zorn erstlich über mich selbst, dann aber auch über jene, die mir Fallen legten, ist beinahe meine gesamte dichterische Ausdrucksform zu verstehen«, notiert er in *Blinde Kuh* und schlägt einen Gedankenbogen zu seinen Protagonisten, für die es aus dem Geschichtspessimismus ihres Schöpfers kein Entkommen gibt. »Wenn mir die Armen und Entrechteten besonders nahe standen, so geschah das nicht aus parteipolitischen Gesichtspunkten, denn ich war mir früh bewußt, daß jede Revolution in ihrem Gefolge die Gegenbewegung herausforderte, so daß es an der Spitze zu einem Rollentausch, in Österreich zu einem Farbenwechsel kam und nur die Opfer (...) jeweiliger Neubesetzung bedurften.«[11] Da ist ein böser Bruch im Grundgerüst der Welt, den keine Pädagogik, keine Teleologie, keine Weltvernunft, kein Prinzip Hoffnung je wird kitten können.

Nun sagt Nietzsche, zweifellos ein Menschenkenner, daß sich jede Philosophie aus der physischen und psychischen Grundbefindlichkeit ihres Erfinders erklären läßt. Und aus seiner persönlichen Geschichte, wäre wohl zu ergänzen. Die wiederum auf Physis und Psyche zurückwirkt. Resultiert Drachs abgrundtiefe Skepsis gegen jede Art der positiven Veränderbarkeit auch aus seiner mehr als ein Menschenalter währenden Erfolglosigkeit als Schriftsteller?

Fest steht jedenfalls, daß sein Erfolg in den sechziger und (nach der zwischenzeitlich wieder einsetzenden Flaute) in den achtziger Jahren nichts an dieser Haltung geändert hat. Vielleicht sind diese Erfolge einfach zu spät gekommen. Sisyphos wälzt seinen Stein zum wer weiß wievielten Mal Richtung Gipfel, beinah ist er schon oben, aber seine Erfahrung macht ihn illusionslos. Anders als bei Camus darf man ihn sich bei Drach nicht als glücklichen Menschen vorstellen.

Den metaphysisch grundierten Protest hat Drach im *Satansspiel*, den sozial grundierten in den *Kleinen Protokollen* formuliert, der *Zwetschkenbaum* wird beide Komponenten vereinen.

Wahre und böse Geschichten will Drach also schreiben. Wahr heißt für ihn anno 1929, als er seine eigenhändige Einführung verfaßt, allerdings nicht zuletzt, daß er sich auf einen persönlichen Erfahrungshintergrund beruft. Niemand soll sagen, er habe diese Geschichten erfunden, nein, da war wirklich ein minderjähriges Mädchen aus den »entern Gründen«, das er mit ungefähr 18, kurz vor seiner Maturareise – schon um nicht straffällig zu werden – eines Abends versetzt hat. Worauf es leider weniger skrupulösen Männern in die Hände gefallen ist.[12]

Da war eine attraktive und kluge Frau, sie könnte zum Beispiel Alma heißen, wie Drachs Schwester. In der 1929 entstandenen *Apotheose der Langeweile* nennt sie der Autor allerdings Anna Margarethe. Eine Frau, die einen mondänen Salon hält, eine Frau, die mit einem inferioren Mann verheiratet und von einer so wohlhabenden wie hohlen Gesellschaft umgeben ist, in der sie zunehmend verödet. Ein ganz anderer Ton wird hier angeschlagen als im *Großen Hurenlied*, und die folgende Passage zeigt sehr deutlich Drachs hingebungsvoll-hinterhältige Beschreibungskunst.

So sehr harmonisch die hiermit eingeführte Frau in leiblicher Beziehung war, so disharmonisch verhielt sie sich in allen anderen Belangen. Verstehend und anpassend schmiegte sie sich zwar in das Sentiment der sie Umgebenden, so daß sie für verfeinert und raffiniert gehalten werden konnte. Doch war sie nicht weniger die Beute eigener Launen, welche auch durch die Lederhaut schwerer Verletzbarer und sonst Verständnisloser als Nadeln und Pfeile ihren Weg fanden, häufiger aber statt in fremde Opfer sich in sie selbst in Gestalt von Dornen und Widerhaken bohrten, soweit sie nicht dem Zweck peinigender Selbsttäuschung Vorschub leisteten. So war sie zwar gütig und ungestüm nach Art der Kinder, aber auch von der zynischen Resignation einer alten Dame, die des Lebens große Dinge im kleinen Format als Schattenbilder an sich vorbeigleiten ließ und die Zeit nur nutzte, um sie totzuschlagen oder durch unfruchtbare und auch unvollständige Selbstbetrachtung zu entwerten.

So ging ihr schöner, schlanker Leib zwecklos durch diese Welt, und ihre großen märchenhaften Augen spiegelten kein kosmisches Ereignis leuchtend wider, sondern nur farblose Vorgänge der Gesellschaft, in der die Göttin der Langeweile alle Personen und Objekte mumifiziert.[13]

Ein Protokoll, oder doch eher die luzid beschriebene Beobachtung des luxuriösen Leidens an einer materiell so sorgenfreien wie geistig stupiden und emotional verarmten Existenz, in der sich kein tieferer Grund findet, dieses Leben als sinnvoll zu empfinden? Literarische Vorbilder – insofern man bei Drach von solchen sprechen darf – könnten Effi Briest oder Madame Bovary gewesen sein, zwei Frauen, die sich, von Fontane und Flaubert exemplarisch in die literarische Welt gesetzt, ebenfalls auf tödliche Weise langweilen. Drachs Anna Margarethe laboriert allerdings nicht am Verhaltenskodex des Bürgertums, sondern an den oberflächlich-zerstreuten Verhaltensritualen der in den späten zwanziger Jahren aktuellen Spaßgesellschaft, der privilegierten Klasse des abgestiegenen Geburts- und aufgestiegenen Geldadels, in der ihre Seele keinen Ort findet. Im Grunde ein Ambiente wie im zweiten Akt des *Satansspiels*, in dem sich anzüglich konversierende Figuren amüsieren, bis der verkleidete Gastgeber, kein anderer als der Marquis persönlich, die ganze plappernde Gesellschaft mit seinen Bonbons vergiftet. Gravierende Differenz: In der *Apotheose der Langeweile* fehlt so ein unbestechlich Böser von Format.

In Anna Margarethens Salon verkehrten die Gentlemen von Ruf sowie die offiziellen Repräsentanten der Kunst samt den legitim dazugehörigen Damen, soweit solche vorhanden waren. Es war dort kein Treffpunkt der zivilisierten Welt, wie sehr auch der Rahmen den gestellten Anforderungen entsprochen haben würde. Aber Anna Margarethen wurde eine sogenannte Seele nachgesagt, welche sich bekanntlich bei Durchführung organisatorischer Experimente als unbedingt störend und hinderlich erweist. Weil sie indessen geistreich und auch schön war und trotzdem allgemein gefiel, ausgenommen den Frauen, die sie beneideten, kamen die Gentlemen gerne zu ihr und suchten sich – jeder auf seine Art – in ihre Gunst zu setzen. Anna Margarethe hinwiederum sündigte gerne in Worten, welche zwar nicht grobdeutlich, aber ironisch und nicht minder treffsicher auf Umwegen dem Ziel zusteuerten.

Allein zu Ausführungsgesten kam es nie, sei es, weil sie aus Trägheit dem ungeliebten und auch nicht liebenswerten Gatten treu blieb, sei es, weil der noch unerschienen verharrte, den sie für würdig gehalten hätte, mit ihm das Gesetz des guten Rufs und der Langeweile zu durchbrechen, oder sei es aus anderen Gründen.[14]

Er kann auf Dauer nicht ausbleiben, der schwer kontrollierbar verliebte Affekt der Frau mit potentiellem Tiefgang. Der Affekt einem gewissen José Pollack d'Avignon gegenüber, einem Gentleman und Casanova, der besser weiß, was Damen wünschen, als diese Damen selbst. Sodaß ihm »zwei Gräfinnen, ein Dutzend Baroninnen und mannigfache Exemplare geringerer edler Geburt« willig in eines seiner drei Absteigquartiere folgen. Und sich dort, »in der von ihnen erwarteten Weise«, schreibt Drach, »verhalten.«

Nicht so Anna Margarethe, der er anläßlich eines Balles, auf dem er uneingeladen erscheint, den Hof macht. Eines Balles, von dem er unverrichteter Dinge wieder abziehen muß. Doch gerade ihre züchtige Zurückhaltung und sein ungewohnt kavaliersmäßiger Rückzug bewirken, daß er, aus ihrer physischen Nähe verschwunden, vor ihrem geistigen Auge auftaucht wie ein erlösender Prinz.

Sein plötzliches Erscheinen und Verschwinden, seine Fortbewegung und Haltung, der Ärger und die Erregung, die er allgemein ausgelöst hatte, das alles wirkte nachträglich viel stärker als im richtigen Augenblick. Und als Anna Margarethe am Morgen nach dem Balle erwachte, beschäftigte sie sich entweder aus Gründlichkeit oder aus Mangel an sonstigen Betätigungsfeldern noch weiter mit dem Gedanken an ihn, so daß es nicht verwunderlich ist, daß sie José bereits um die Mittagszeit zu lieben begann, was dieser offenbar vorausgesehen hatte und daher um die geeignete Zeit am Nachmittag anrief.[15]

Es kommt, wie es kommen muß, und José – der vom Autor übrigens unübertrefflich abstoßend beschrieben wird (er »war von hohem Wuchs und hatte jene Mischung aus Schlank und Voll, welche unter günstigen Bedingungen der Leichnam eines schmächtigen Schneiders gewinnt, sofern derselbe nur lang genug im Wasser liegt«[16]), entfaltet seine unwiderstehliche Depotwirkung auf die in geistiger und erotischer Hinsicht lebensgefährlich unterversorgte Dame. Es passiert nicht wirklich viel und doch genug, um Anna Margarethe in einem heillosen Zustand der Zerrüttung zurückzulassen, zumal er, wie jeder richtige Verführer, an die Liebe zu seiner Angebeteten glaubt und ihr diese Liebe auch suggeriert, wenngleich nur einen Abend lang. 20 Veronal verfehlen, »dank ärztlicher Unkunst«,[17] ihre Wirkung, Anna Margarethe überlebt den Anschlag auf ihre weibliche Integrität, allerdings ohne jemals ihre Identität zu finden.

Es ist ein zynisches Werk, das Drach hier geschaffen hat, haarscharf an der von ihm beobachteten Wirklichkeit entlangschreibend. Ein Balanceakt, von dem er sehr viel später nichts mehr wissen will. 1992 hat er noch einmal Gelegenheit, seine *Kleinen Protokolle* für eine Neuausgabe zu ordnen – sie erscheinen 1994 posthum unter dem Titel *Ironie vom Glück*. Doch die *Apotheose der Langeweile* fehlt ebenso wie das *Martyrium eines Unheiligen*, sein autobiographisches Meisterstück aus dem Jahr 1926. Schon richtig, weder das eine noch das andere entspricht seinem späteren Protokollbegriff, aber das trifft auf ihre jeweils eigene Art auf alle frühen Kurzprotokolle zu. Was den späten Drach stört, als er die Auswahl letzter Hand trifft, ist – darüber gibt er noch kurz vor seinem Tode Auskunft – das merkliche Sentiment, das in diesen beiden Geschichten mitschwingt. Die allzu wahren, das heißt die persönlich empfundenen Tragödien erscheinen ihm aus dem Abstand der Jahrzehnte nicht mehr gültig. Wie Gustave Flaubert, der die unbedarfte Annahme, bei seiner Madame Bovary müsse es sich um eine reale Gestalt handeln, brüsk zurückweist,[18] will auch Drach, der Meister des Protokolls, wenigstens nachträglich allen einfühlenden Interpretationen (schon gar solchen, die seine eigene Person in diese Interpretation integrieren) vorbeugen – auch seine Kunst will kalt sein.

Tatsächlich kommt es im Textzusammenhang nicht im geringsten darauf an, ob Emma, ob Marie, Anna Margarethe oder Zwetschkenbaum reale Vorbilder haben. Sie sind in ihrer literarischen Inkarnation ohnehin viel lebendigere Figuren als viele Lebendige. Aber die Autorenintention darf, ja muß vom biographischen Aspekt her interessieren. Und diese Intention hat durchaus mit dem persönlichen Erfahrungshintergrund, dem Raster der Wahrnehmung, dem Willen zur Wirkung und der Identifikationsfähigkeit des Autors mit seinen jeweiligen Figuren zu tun.[19]

Was den von Drach bewunderten Flaubert betrifft, so zeugen dessen widersprüchlichen Äußerungen, die kalkulierte Distanziertheit seines Stils und die emotionale Verbundenheit mit seinen Figuren betreffend, von den zwei Seelen in der Brust wohl nicht nur dieses Schriftsteller-Giganten. Einer, der einerseits kein Mitgefühl gehabt haben oder auslösen wollte, hat sich andererseits – davon geben seine Briefe an die Geliebte Louise Colet beredtes Zeugnis – auf radikalste Weise mit seinen Figuren identifiziert, bis zum im schöpferischen Wachtraum hyperrealen Nach-Erleben des Ehebruchs und des Selbstmords seiner Heldin, Madame Bovary. Weil der Ehebruch schöner ist, sei hier ausführlich aus einer darauf bezogenen Briefpassage zitiert.

(Croisset), Nacht zum Freitag, 2 Uhr
(23. Dezember 1853)
Ich muß Dich wohl lieben, daß ich Dir heute Abend schreibe, denn ich bin völlig fertig. Seit 2 Uhr Nachmittag schreibe ich an der Bovary (ungefähr 25 Minuten für das Diner ausgenommen). Ich bin bei ihrer Vögelei, in vollem Schwange, mittendrin. Man schwitzt und hat eine zugeschnürte Kehle. Das ist einer der seltenen Tage meines Lebens, den ich ganz und gar in der Illusion verbracht habe, von morgens bis abends. Als ich vorhin das Wort Nervenanfall schrieb, war ich so in Fahrt, ich habe so laut gebrüllt, ich habe so tief gefühlt, was meine kleine Frau empfand, daß ich selbst Angst hatte, einen zu bekommen. […] Mir geht es wie einem, der zuviel gefickt hat (verzeih den Ausdruck), das heißt ich bin in völlig rauschhafter Ermattung.

[...] Ob das gut wird? Ich habe keine Ahnung [...] Wie dem auch sei, gut oder schlecht, das Schreiben ist eine köstliche Angelegenheit! Nicht mehr man selber sein, sondern kreisen in der ganzen Schöpfung, von der man spricht. Heute zum Beispiel bin ich, als Mann und Frau, Liebhaber und Mätresse zugleich, ausgeritten in einen Wald, an einem Herbstnachmittag, unter gelben Blättern, und ich war die Pferde, die Blätter, der Wind, die Worte, die sie sich sagten, und die rote Sonne, die ihnen fast die von Liebe trunkenen Lider schloß.[20]

Was Drach betrifft, so sollte man von ihm vielleicht nicht mehr Konsequenz verlangen als von seinem großen Kollegen. Alles unterliegt im Rückblick der faktischen Fiktion des Protokolls, das dem Autor distanzierte Zeugenschaft abverlangt. Und trotzdem hat der Autor in seinen letzten Jahren, quasi zur Selbstvergewisserung, die wahren Gestalten hinter den Romanfiguren seines Zwetschkenbaum in ein Heft notiert. Und dennoch hat er sich schreibend auch in seine fiktionalen Figuren hinein gelebt.

Schade jedenfalls, daß von seinen ursprünglichen *Kleinen Protokollen* außer dem *Vermerk einer Hurenwerdung* nur *Die Ironie vom Glück* und *Die reichen Armen im Geiste* zugänglich sind.[21] Ein nichtbeteiligtes und ein wohlwollendes Exemplar der Gattung, die allerdings beide etwas zu konstruiert wirken. Bleibt noch das so ungemütliche wie geniale Protokoll-Werk *Amtshandlung gegen einen Unsterblichen*, das die Abschiebung des unerwünschten Ausländers Rimbaud aus der ordentlichen Stadt Wien zum Thema hat. Doch dieser Text – sowohl von der Idee als auch von der sarkastisch dichten Realisierung ein kleiner, feiner Höhepunkt in Drachs Werk entsteht erst 1959.

Vielleicht könnten sich Flaubert und Drach auf ein Programm einigen, das von der Literatur eine Wirkung verlangt, die, bei aller Sachlichkeit, nicht ohne den leidenschaftlichen Willen zur Wahrheit möglich ist. Wirkliche Literatur, heißt es bei Kafka, erkenne man daran, daß sie nicht nur wohl- sondern auch wehtue. In einem Buch sollte nicht der Faustschlag stecken, der uns betäubt, sondern jener, der uns weckt. »Ein Buch muß die Axt sein für das gefrorene Meer in uns.«[22]

7. DIE ZWISCHENZEIT I (1930–1938)

ICH BIN GEKOMMEN, UM DAZUSEIN

Auf dem besonders flachen Lager gegen die Terrasse, über welche Singvögel aus symbolischen oder aus Gründen der Gewöhnung herangeflogen kamen, wobei nur drei oder vier gewissermaßen als Abgesandte, möglicherweise auch wegen größerer Kühnheit aus eigenem Antrieb ins Zimmer flatterten, lag der einschlägige Tote im Beisein seines Sohnes noch nicht aufgebahrt, sondern erst in jenem Zustand, in dem die Haut und die Nägel zu sterben begannen, was ein Knistern verursachte, als ob sich die ausglühende Leiche solche Verständigungsmöglichkeit vorbehalten hätte.[1]

Am 18. 5. 1935 stirbt Drachs Vater im Alter von 76 Jahren. Ein Mann, der sich von allen Bankgeschäften verabschiedet hat, der keiner Trifailaktie mehr eine Träne nachweint, ein wundersam alt, weise und wohltätig gewordener Mensch, der, wie der Sohn schreibt, in seiner letzten Lebenszeit merkwürdig herumgegangen ist, dem die Duelle oder Mensuren der Jugend nicht einmal mehr von Ferne anzusehen sind.[2] Von einem Erholungsaufenthalt irgendwo in Niederösterreich noch schwächer zurückkehrend, als er aufgebrochen ist, legt sich Wilhelm Drach ins Bett, wird von Tag zu Tag gelber und sagt, nun beginne sein bitteres Alter; acht Tage später stirbt er.[3] Vorher muß er noch mitanhören, wie am Haus vorbeigehende, laut diskutierende Passanten die Rechtsanwaltkanzlei, die Albert vor kurzem als siebzehnte am Ort eröffnet hat, als tot bezeichnen. Als es ihm noch etwas besser ging, hat er dem Filius, der nicht viel unternimmt, um die Kanzlei in Schwung zu bringen, seine diesbezügliche Sorge mitgeteilt, jetzt hat er nicht mehr die Kraft dazu. In einem Zustand, in dem er »nach Ansicht der Ärzte bereits hätte bewußtlos sein sollen«, zeigt er nur mehr auf eine neue Krawatte des Sohns und bezeichnet sie als wunderhübsch. Das sind seine letzten überlieferten Worte.[4]

Halb Mödling gibt dem ebenso jüdischen wie österreichischen Verstorbenen, der sich – wie viele seiner Herkunft – selbstverständlich dem deutschen Kulturkreis zugehörig gefühlt hat, das letzte Geleit. Das hat nicht nur Albert Drach erzählt, daran erinnert sich auch seine Nichte Eleonore Gartenberg, die zum Zeitpunkt des Todes ihres Großvaters gerade sechzehn war. Eine Art Staatsbegräbnis in der Kleinstadt; nationale Mitbürger – solche die im geheimen schon Nazis sind, und solche, die es noch werden sollen – sind dabei, obwohl es sich um eine Bestattung auf dem jüdischen Teil des Friedhofs handelt. Drach hat auch in diesem Zusammenhang niemals darauf vergessen, die Akzeptanz seiner Familie im deutschnationalen Milieu hervorzuheben. Aber man schreibt eben noch das Jahr 1935. Wozu die an die Macht gekommen »Herrenmenschen« ihren jüdischen Mitbürgern gegenüber fähig sind, wird sich erst ein paar Jahre später zeigen. »Einige von ihnen«, schreibt Albert Drach in seinem autobiographischen Roman *Z.Z. das ist die Zwischenzeit*, der Mitte der sechziger Jahre entsteht, über einen Teil der Trauergäste, »und gerade solche, welche des nunmehrigen Leichnams vorheriges Dasein zu glorifizieren beitrugen, hatten in viel späterer Zeit andere Aufgaben zu erfüllen, die etwa mit der Einäscherung des Judentempels begannen und mit der von dessen fallweisen Besuchern endigen sollten, nachdem dieselben rechtzeitig vorher in die horizontale Dauerlage gebracht waren.«[5] – Sehr viel später? – Offenbar erscheint dem

Autor die manifeste Zeit der Repressalien, der Vertreibung und Verfolgung, gemessen an der Latenzzeit davor, qualitativ so stark von dieser verschieden, daß er sie auch quantitativ deutlicher von ihr distanziert, als es dem tatsächlichen Zeitabstand (bis zu Hitlers Einmarsch in Österreich sind es noch knappe drei Jahre) entspricht.

Im Jahr 1935 jedenfalls wohnen nichtjüdische Bürger und Honoratioren einer Kleinstadt einem Begräbnis nach mosaischem Ritual noch bei. Anders als bei christlichen Beerdigungen, bemerkt Drach, würde dabei traditionellerweise nicht der Sünden des Verstorbenen gedacht, sondern seiner Verdienste. Der Rabbiner läßt das Wort »Zadik« auf dem Grabstein des eher unfrommen Toten eingravieren – immerhin hatte der es zu Lebzeiten zum Präsidenten der Mödlinger Kultusgemeinde gebracht. »Zadik« ist im Chassidismus die Bezeichnung für einen zweifelsfrei frommen, vom Geist Gottes berührten Menschen, einen jener Gerechten, von denen es nur eine begrenzte, aber zum Erhalt der Welt aufgrund der Vorsehungsökonomie jeweils gerade ausreichende Anzahl auf Erden gibt.[6] Der Sohn empfindet einen Abgang an Güte, der, so Drach, »dauernd zu werden verspricht«.[7]

Mitte Mai 1859 ist Wilhelm Drach in Dorna Watra, Rumänien, zur Welt gekommen, Mitte Mai 1935 hat er sich in Mödling, Österreich, wieder aus dieser Welt verabschiedet. Albert sieht die verschlossene Trauer der Witwe, die fassungslose Gefaßtheit der Schwester, und empfindet eine von der Mutter auf ihn übergegangene emotionale Blockade, die es ihm weder erlaubt, sich selbst, noch jemand anderen zu trösten. Da nimmt die Tochter des Toten den Bruder bei der Hand und führt ihn hinaus in den blühenden Garten des Drach-Hofs. Einen Garten, in dem in diesem Mai alles noch viel üppiger sprießt als in den vorangegangenen Jahren, denn die Mutter war in den letzten Monaten durch die Betreuung des kranken Gatten okkupiert:

Mangels noch anhaltender gehöriger Pflege durch die früher gärtnerisch beflissene Gattin, jetzt richtiger Witwe, beziehungsweise Mutter und Stiefmutter, war hier die Fliederhecke auch über den Weg gewachsen, so daß sie den Garten in zwei ungleiche Teile auseinanderhielt. Aber im Winkel vor dieser Büschenscheide wuchsen die Blüten so üppig und frisch, daß ihre zarten und fülligen Farbschattierungen und leisen Duftmelodien den deutlichsten Kontrast zu dem eben erlebten Tod darstellten. Da schien es der Tochter und Halbschwester nicht mehr statthaft, gar nichts angesichts des vorhandenen Wunders zu sagen. Aber das, was sie zu erklären nötig fand, gehörte nicht unbedingt ganz zu dem empfangenen Eindruck. Ihr Ausspruch nämlich lautete: »Jetzt ist unsere Jugend zu Ende.«[8]

Zwei späte Jugendliche, ist hier anzumerken. Dreißig ist der Bruder im Roman der Zwischenzeit, seine Schwester drei Jahre älter. De facto war Albert beim Tode des Vaters schon zweiunddreißig und Alma bereits neununddreißig Jahre alt. Zwei überlang behütete (im Falle des Sohns auch materiell erhaltene) Kinder. Was kann der unversehens in die Rolle des Familienernährers geratene Albert jetzt tun? Wo soll er von einem auf den anderen Tag Klienten hernehmen, um die schmale Witwenpension der Mutter aufzubessern? Wie kann es in den immer bedrohlicher werdenden Zeiten ohne die beruhigende Präsenz des Vaters weitergehen? Was ist Trauer und was ist Angst vor einem selbstbestimmten Leben?

Im Nachlaß von Anton Wildgans befindet sich neben der Todesanzeige vom 18.5.1935 und der Mitteilung der Begräbnisfeier für den 22.5.1935 um 15 Uhr auf dem Mödlinger Friedhof ein (vielleicht mit der Parte geschicktes) Gedicht Albert Drachs, das wohl der unmittelbarste Reflex auf den Verlust ist:

ALS NOCH MEIN VATER WAR,
Sonne im weißen Haar, Augen voll Glück und Mut,
Herz und Hand jung und gut,
Strahlte sein Geist im Haus,
trieb alles Unrecht aus
Und alles Leid.

Nun, weil er nicht mehr ist,
liegt unser Garten trist,
Sind Haus und Hof verwaist,
Ohne des Hellen Geist,
Doch leis und unerkannt
Ruht darauf des Vaters Hand
In Ewigkeit«[9]

Selten hat Drach so etwas Zartes und bis zu einem gewissen Grad Hilfloses geschrieben, die Schutzfunktion des Verstorbenen für Haus und Hof (und wohl auch den vom einen Tag auf den anderen ungeborgenen Sohn) beschwörend. Es gibt eine Sonettfassung dieses Gedichts, die Drach zwar in seinen Exil-Zyklus *Erbarmungen* eingereiht, aber nachträglich ebenfalls mit dem Todesjahr seines Vaters, 1935, datiert hat.

VATER

Als noch mein Vater auf der Welt gewesen
Lag helle Sonne in den weißen Haaren.
Aus seinen Händen, die gesegnet waren,
ist mancher trostreich aus der Not genesen

Mensch, Tier und Pflanze waren ihm erlesen.
Die Liebe, die er selbst erst spät erfahren,
Er gab sie ohne Zögern oder sparen
Im stillen Dienst und nicht mit lauten Thesen.

Er kam im Mai und ging im Mai zurück
Und unter Blumen ist er tief begraben.
Sein Tod war schmerzlich, doch sein Leben Glück.

Er hat es aufgeteilt mit seinen Gaben.
Vielleicht war er vom Göttlichen ein Stück,
Das an das Ganze wir verloren haben.[10]

Nach seiner Rückkehr aus dem Exil läßt Albert Drach einen Satz aus diesem Gedicht in den Grabstein eingravieren, der sich gut mit der Aura des Wortes »Zadik« verträgt: »Sein Tod war schmerzlich, doch sein Leben Glück«. Eine Balance zwischen Leben und Tod wird zumindest auf dem Friedhof hergestellt. Das Glück des Lebens scheint den Schmerz des Todes doch aufzuwiegen.

Der Schriftsteller Drach konnte und mußte, aus der Distanz der Exiljahre, offenbar auch anders. Was den schmerzlichen Tod des Vaters und die – bis zur Pietätlosigkeit inadäquate – Reaktion des Sohns darauf betrifft, so evoziert er in seinem Roman *Z.Z. das ist die Zwischenzeit* beides mit prosaischer Schonungslosigkeit. Hier scheint dieses in der späteren Literaturkritik allzu sehr in Mode gekommene Wort ausnahmsweise gerechtfertigt – die prosaische Schonungslosigkeit steht in krassem Widerspruch zur lyrischen Trauerarbeit. Als ihn einer der Ärzte, die den Vater vergebens behandelt haben, von seinem Toten wegholt – ein ruthenischer Doktor mit gebleckten Goldzähnen, dem eine Gutmütigkeit ins Gesicht geschrieben steht, die er mit dem greisen Vater, aber nicht mit der verbissen trauernden Mutter teilt –, kommen dem Sohn folgende Gedanken:

Mag sein, daß diese werdende Väterlichkeit den noch nicht gewordenen Sohn anzog, obwohl der Arzt keineswegs gekommen war, um ihn zur Sanftmut zu bekehren, sondern vielleicht mehr zu kleineren Unsittlichkeiten zu verführen, die nichts mit dem Toten zu tun hatten, ja im

Gegenteil dessen Nichtgedenken beschleunigen sollten. Auf dem Weg, den er mit seinem Abholer zurücklegte, hatte der Sohn allerdings immer noch das Klistier im Sinn, das seinem Vater das Sterben, wenn schon nicht schmerzlicher gemacht, so doch verscheußlicht hatte, und er sah den Blick des Dahinfahrenden auf das Gefäß, welches oberhalb seines Körpers aufgehängt war, hilflos gerichtet, aus dem in seinen Körper derbster Stoff zur Bewirkung der Entleerung gebracht werden sollte und doch nichts anderes erzielt werden konnte, als die Seele im Sturzflug durch die Arschbacken fortzureißen.[11]

Ein literarischer Gewaltakt, diese an Drastik kaum zu überbietende Exhibition unschönen Ablebens. Gewiß nicht die erste und nicht die letzte Darstellung einer am väterlichen Sterbebett mit allen ambivalenten Implikationen reflektierten Vater-Sohn-Beziehung. Aber, wie Jürgen Manthey feststellt, eine einzigartige. Man werde, sagt er am 23.6.1989 in seiner Rede auf Albert Drach im Prunksaal der Österreichischen Nationalbibliothek, »vergebens nach Vergleichbarem suchen für eine derartige literarische Verlustanzeige, die mit dem Tod des eigenen Vaters den Beginn einer epochalen Schutzlosigkeit ankündigt.«

1935 bis 1938, das ist die Zwischenzeit von der Ermordung des Kanzlers Dollfuß bis zum Einmarsch Hitlers, und einige wahnwitzige Monate darüber hinaus. Drach wird das an Deutschland angeschlossene Österreich erst im letztmöglichen Moment verlassen. Es ist die Zeit, in der er sukzessive begreifen muß, daß Juden immer weniger danach gefragt werden, ob und inwieweit sie sich als Österreicher oder Deutsche fühlen. Er und seine Familie, mögen sie traditioneller Weise noch so deutschnational gedacht und empfunden haben, genießen da à la longue keinen Ausnahmestatus.

1933, zu Anfang dieser Periode, setzen allerdings viele Juden Österreichs, wohl auch Alberts Eltern, ihre Hoffnungen in den austrofaschistischen Ständestaat. Was bleibt ihnen anderes übrig – deutschnational zu sein wird für sie unter den gegebenen Umständen immer problematischer. Die österreichische Sozialdemokratie liegt seit dem Februar 1934 auf dem Boden und käme, wenn schon nicht wegen des Standesbewußtseins der Familie, so wegen der von ihr befürchteten eigentümerfeindlichen Mietenpolitik kaum als Alternative in Frage. Was Albert Drach selbst betrifft, so wird er sich später in Werken und (Interview-)Worten eine Äquidistanz zu Sozialdemokraten und Austrofaschisten zuschreiben.

In *Z.Z.* erinnert er sich dieser Zwischenzeit zwar radikal subjektiv, doch versucht er die Subjektivität seiner Erinnerung gleichzeitig zu objektivieren. Statt der ersten Person wird die dritte verwendet; der sich erinnert, heißt der Sohn. So vom Ich distanziert wird er dem protokollarischen Verfahren unterworfen.

Dieses Protokoll gegen sich selbst, wie es Drach nennt, fällt nicht weniger gnadenlos aus als die Protokolle gegen andere. »Es ist paradox«, schreibt Bernhard Fetz, »je monströser die Schuld der Mitmenschen, der politischen Repräsentanten wird, desto verbissener beharrt der Sohn auf seinem individuellem Versagen«.[12] Dieses individuelle Versagen betrifft vor allem die Lebensuntüchtigkeit und Liebesunfähigkeit eines mehr als dreißigjährigen Möchtegern-Casanovas und Möchtegern-Schriftstellers, eines beschämend unfertigen Menschen, der zum Zeitpunkt des Todesfalls noch immer nicht aus seine retardierenden Sohnschaft heraus gefunden hat.

Dieser ewige Sohn ist kein würdiger Trauender, kein Familienerhalter, auf den die Mutter bauen, kein Tröster, auf den sie setzen kann, kein Liebender, der mit seinen eigenen Gefühlen geschweige denn mit denen der Geliebten umzugehen weiß. Er ist kein Anwalt, der Klienten vertritt, kein Schriftsteller, dessen Werke gedruckt werden, und kein Jude, der bereit wäre, die ihm und seinesgleichen drohende Gefahr illusionslos zu realisieren. Alles, was dieser Sohn tut und versäumt, steht im Zeichen der Konstellation zwischen seiner sohnhaften Verfassung, die es ihm nicht erlaubt, eine überzeugende bürgerliche oder künstlerische Existenz aufzubauen, und den erbarmungslosen Zeiten, die ihm alle Versuche, in der einen oder anderen Richtung etwas Konsequentes zu unternehmen, ohnehin immer sinnloser erscheinen lassen. Der Roman *Z.Z. das ist die Zwischenzeit* gewinnt seine exemplarische Brisanz aus der Diskrepanz von banaler Alltags- und bedrohlicher Geschichtserfahrung.

Drei knappe Jahre sind es noch vom Tod des Vaters bis zum Einmarsch Hitlers. In einer vermutlich 1974 von Drach selbst erstellten Zeittafel notiert er für das Jahr 1935: »Tod des Vaters. Nötigung, Geld zu verdienen«.[13] Daß er dieses Geld nun definitiv durch seine Tätigkeit als Anwalt beschaffen muß, der er nie hat werden wollen, auf Wunsch seiner Eltern aber schließlich geworden ist,

Grab der Eltern auf dem jüdischen Friedhof in Mödling

geht ihm nach wie vor gegen den Strich. In *Z.Z.* schreibt er über die Gedankengänge des Sohns:

Er wäre selbst anderen Dingen zugeneigt gewesen, wenngleich er nunmehr kaum hätte sagen können, um welche Dinge es sich dabei gehandelt hätte. Er liebte besonders die Meditation, das ist die Nachdenkungsart, bei der man nicht beschäftigt ist. Da er letzteres auch jetzt ohnehin kaum war, schien er durch die Kanzleianwesenheit unbehindert. Allein, es war anscheinend bereits der Rahmen, den er ablehnte. Einen Rundgang in freier Luft hätte er unbedingt vorgezogen.[14]

Anderen Dingen zugeneigt – die literarischen Ambitionen werden hier sehr heruntergespielt. In einem Interview aus dem Jahre 1990 fragt Gerald Schmickl Drach, warum die schriftstellerische Passion in diesem denn doch weitgehend autobiographischen Roman nur am Rande vorkäme. Die Antwort Drachs: Er habe ein Protokoll gegen sich selbst verfassen wollen, in dem er sich alles vorwerfe, was man ihm vorwerfen könne. Aber daß er nicht schreiben könne, das habe er sich beim besten oder schlechtesten Willen nicht vorwerfen wollen.[15]

Bei aller Abneigung gegen die ungesunde Beschäftigung nimmt seine Anwaltskarriere jedoch einen unerwarteten Aufschwung. Die Kanzlei füllt sich von einem Tag auf den andern mit Klienten. Der Mutter ist es zwar nur mit Mühe gelungen, die auf sexuelle Abenteuer fixierte Aufmerksamkeit des Sohns wenigstens fallweise auf seine Berufspflichten zu lenken. Doch schon der erste größere Fall, dessen er sich in Gottes Namen annimmt, bringt unerwartete Publicity.

Die Regierung Schuschnigg plant eine Besteuerung, die Hauseigentümer und Mieter gleichermaßen belasten würde. Auf der in Mödling einberufenen Versammlung der traditionell eher als Kontrahenten aufeinander treffenden Parteien, die nun plötzlich in einem Boot sitzen,

Albert Drach im Garten, 1935

erscheint der Anwalt Drach zwar nur unwillig, aber da er nun einmal dort ist, meldet er sich, gedrängt von der Mutter, doch zu Wort. Der Sohn in *Z.Z.* ist gemäß seiner eigenen Selbsterkenntnis schlecht präpariert, schließlich ist er in Gedanken noch immer oder schon wieder bei einem Mädchen, das er vergebens zu verführen versucht hat und mit dem er in Anschluß an die Versammlung sein nächstes Rendezvous hat. Im juristischen Detail weiß er überhaupt nicht, worum es geht, doch spricht er sich als einziger kämpferisch gegen diese neue Abgabe aus, gegen die weder der Anwalt der Mietervereinigung noch derjenige der Mieter zu intervenieren wagt.

Und obgleich /.../ der Sohn überhaupt nicht darauf vorbereitet war, etwas Sachliches kundzutun, suchte er doch auf oberflächliche Art in das Innere des ganzen zu gelangen, indem er es an verschiedenen Seiten betastete und einen Gemeinplatz um den anderen im Erörterungswege fallen ließ, und zwar so, daß er das Fallengelassene schneller noch vergaß als die ungeeigneten Worte, die er zu einer Liebesanbahnung mit dem Wundermädchen zwecklos verwendet hatte. Und als er diesmal zum Ende gelangte, bezeichnete ein Herr den Inhalt seines Vorbringens als Unsinn, während die anderen seinen Ausführungen beipflichteten und applaudierten.[16]

Diesen Sohn interessiert nun vor allem der Name des Mannes, der seine Ausführungen für Unsinn gehalten hat. Obwohl oder gerade weil er dem Einwand innerlich zustimmt, möchte er ihn klagen. Indes kürt der Großteil der Versammelten Drach zum juristischen Vertreter im Kampf gegen die neue steuerliche Belastung. Den merkwürdigen »Unsinnsprozeß« in eigener Sache wird er verlieren, aber in seinem Kampf gegen die neue Abgabe ist er auf verschlungenen Wegen erfolgreich.

Gemeinsam mit einer Abordnung von Hauseigentümern und Mietern wird er beim Justizminister Hammerstein Ecquort vorstellig. Dieser fühlt sich als Schriftsteller, im Gespräch mit ihm darf auch der Sohn sich zu literarischen Ambitionen bekennen.[17] So wird das Einvernehmen auf einer Ebene hergestellt, die mit dem vorliegenden Fall überhaupt nichts zu tun hat. Drach und der Minister, der seine neueste Publikation dezent auf dem Schreibtisch liegen hat, parlieren über Literatur, während das Häuflein der Abgesandten sich vom Anwalt nicht vertreten, sondern geprellt fühlt.

Der Erfolg jedoch ist vorerst ein durchschlagender. Die neue Abgabenverordnung tritt wegen eines Formfehlers nicht in Kraft. Zwar wird sie unter anderem Namen, ohne Formfehler und mit dem ursprünglich beabsichtigten Effekt kurz darauf doch eingeführt; zu diesem Zeitpunkt aber hat der Anwalt Drach seine guten Rezensionen in der Lokalpresse schon gehabt. Er ist nun ein bekannter Mödlinger Anwalt mit Klienten. Auch eine Sekretärin kann und muß er sich jetzt leisten. Wenn das sein Vater noch hätte erleben dürfen! »Nunmehr«, notiert der gleichnamige Schriftsteller ungefähr vierzig Jahre später in seiner Zeittafel, »wird die Kanzlei Dr. Drachs eine der größten am Ort, obwohl er die Arbeit in ihr verabscheut«.[18]

Seine juristischen Fälle hat Drach nicht nur im Roman über die Zwischenzeit, sondern auch in den großen, unveröffentlichten autobiographischen Schriften immer wieder Revue passieren lassen. *Meine Gesammelten Mißerfolge. Als Versager unter Schweinehunden* heißt eine späte, mit fünfundachtzig begonnene Retrospektive.[19] In diesem vitalen Alterswerk konzentriert sich der Autor in eher launiger Art auf die Geschichte seiner literarischen, erotischen und juristischen Niederlagen. Als Ursachen dafür konstatiert er einerseits ein grundsätzliches, geradezu wesensmäßig angelegtes Versagen (das ja auch dem Sohn im Text der *Zwischenzeit* zugeschrieben wird), andererseits – mit geradezu genüßlichem Sarkasmus – die Bosheit und Niedertracht der Umwelt.

Das von Drach behauptete Scheitern auf der Gesamtstrecke zumindest seiner juristischen *tour de force* wird aber immer wieder von Etappensiegen unterbrochen. Tatsächlich gewinnt er in Anschluß an den so spektakulären wie kurzfristigen Erfolg in Zusammenhang mit der Schuschnigg-Abgabe noch einige Prozesse. Unter anderem den gegen eine Quacksalberin, die von einem Arzt verklagt worden ist.[20] Bei der Überführung der Mörderin Martha Marek, die mit einem in Mitteleuropa oder zumindest in Mödling noch unbekannten Gift aus Südamerika nach und nach sämtliche ihrer Ehemänner sowie eine Wahl- (und Erb-)tante ums Leben gebracht hat, spielt er eine zwar nicht ganz legale, aber effektive Rolle, die in *Z.Z.* (ohne namentliche Nennung der Täterin) ausführlich dargestellt wird.[21] »Viel später erst«, schreibt er über den Sohn, »als der gute Hitler die böse schöne Mörderin köpfen ließ, tat ihm sein Beitrag zu Aufdeckung leid. Immerhin wurde schon früher der von ihm informierte Richter dieser Begegnung und ihrer Folgen halber dienstlich befördert.«[22]

Von nachhaltiger Brisanz für ihn selbst ist allerdings ein Verfahren, in dem Drach einen nationalen Klienten, Herrn von Kundrath, vertritt, der mit seinem Vater befreundet war. Es handelt sich um den Großvater des Mädchens Erika, mit dem der alte Drach seinen Sohn gern verheiratet hätte. Erika Schloßbauer, die sich nach dem Einmarsch Hitlers als BDM-Führerin insofern verdient machen wird, als sie dem von spontan ausbrechendem Volksempfinden Bedrohten in dieser Funktion wahrscheinlich das Leben rettet, kommt für ihn aber weder als Ehe- noch als Sexualpartnerin in Frage. Sie hat eine Stimme, die der Sohn bei aller Sympathie nicht erträgt, und sportliche Waden, die ihn abstoßen.[23]

Was den von Drach vertretenen Großvater anlangt, so hat der die Gemeinde Mödling wegen der Verschwendung von Geldern geklagt. Drach weist, um diesen Vorwurf zu untermauern, auf eigene Faust noch weitere

Mißbräuche nach.[24] Damit schafft er sich unter den politischen Machthabern seiner Heimatgemeinde nur wenige Freunde, zumal er den Prozeß gewinnt. Solche Siege sind in der historischen Situation der mittleren Dreißigerjahre schlechte Investitionen in die Zukunft.

Tempora mutantur. Und zwar rasch. Noch im März 1938 fordert die aufgrund Drachs juristischer Konsequenz verurteilte Quacksalberin ihr Geld zurück. Und zwar mit der Begründung, daß sie den Prozeß unter den nunmehr veränderten Bedingungen gewiß gewonnen hätte. Der nach Drachs Einschätzung trotz nie verhohlener deutschnationaler Einstellung integre Präsident der Richtervereinigung rät ihm, dieser Forderung nachzugeben, da man unter den gegebenen Umständen in einem Fall wie dem seinen erst einschreiten könne, wenn er ermordet sei.[25] Als Drach sich trotzdem weigert, zu zahlen, wird er von einem mit der Salbenmischerin bekannten Hausmeister, gegen den er ebenfalls erfolgreich prozessiert hat, überfallen und durch Faustschläge an den Augen verletzt.

Mit der Bitte, den Gewalttäter anzuzeigen, wendet er sich an seinen Kollegen und Freund Otto Peznek. Er selbst hätte keine Chance mehr, mit einer derartigen Anzeige durchzudringen. Doch auch Otto, der später immerhin den Mut haben wird, den Juden Drach zur Verabschiedung auf den Wiener Südbahnhof zu begleiten, will sich den schlagkräftigen Hausmeister lieber nicht zum Feind machen. »Er lehnte ab«, schreibt Drach in seinen *Gesammelten Mißerfolgen*, »obwohl er abstammungsmäßig einwandfrei war. Er sagte: ›Sonst haut er mich genauso.‹«[26] Drach wird übrigens seinen Jahrzehnte später auftretenden Verlust an Sehvermögen unter anderem auf den Anschlag des Hausmeisters zurückführen.[27]

Was unter »normalen« Umständen ordinäre Bosheit wäre, wird im Aufwind des nationalsozialistischen Umbruchs zum Terror. Drachs Hund wird überfahren. Drach ist davon überzeugt, daß dies vorsätzlich geschehen ist; die Tat eines weiteren Prozeßgegners oder eines von jenem Beauftragten. Einfach über die Straße zu gehen, könnte allmählich auch für den Herrn des Hundes gefährlich werden.

Am folgenschwersten dünkt ihn aber der juristische Sieg über die Stadträte. Als er sich Ende 1938 in Paris um den Status eines politisch Verfolgten bemühen wird, scheint ihm ein ebenfalls emigrierter Anwalt just jener Honoratioren hinter der Ablehnung des Ansuchens zu stecken. Der »heimattreue Schweinehund«, heißt es in den *Mißerfolgen*, habe den Antrag durch die Behauptung unterminiert, daß er, Drach, seine Heimatgemeinde in Vertretung von Kommunisten und Nazis angegriffen habe.[28] Somit könne er sich jetzt nicht als von den inzwischen an die Macht Gekommenen politisch Verfolgter ausgeben. Jedenfalls, so steht es sachlicher in der *Blinden Kuh*, war es nach dieser Denunziation mit seiner Chance auf die permanente Aufenthaltsbewilligung vorbei. Nur als politisch, nicht als rassisch Verfolgter hat man in der für die Emigranten enger werdenden Situation darauf Aussicht.[29]

Was ist Dichtung, was ist Wahrheit, was ist Einbildung, was Paranoia? Mag sein, daß Drach manches, was damals nur zufällig passiert ist, auf gezielte Verfolgung zurückgeführt hat. Schließlich, so heißt es in den *Mißerfolgen*, hat er den Hund durch einen Pfiff von der einen zur anderen Straßenseite gerufen, ohne den Lastwagen zu sehen, der im Anrollen war. Die gezielte Körperverletzung durch den Hausmeister allerdings kann kaum als Zufall oder Versehen gedeutet werden.

Schikanen und zum Teil lebensgefährdende Gewalt gegen Juden und politische Gegner der Nationalsozialisten sind in Österreich übrigens keineswegs erst mit dem Einmarsch Hitlers anzusetzen. Man rufe sich diesbezüglich nur die Ermordung Hugo Bettauers in Erinnerung, eine vom fast straffrei davongekommenen Täter, Otto

Rothstock, sowohl politisch als auch rassistisch begründete Bluttat, die bereits 1925 begangen wurde.

»Es wird sich ein Rothstock finden«, soll danach zur beliebten Redewendung antisemitisch und antirepublikanisch Gesinnter geworden sein. Drach datiert den Beginn der unkontrollierten Übergriffe und Ausschreitungen in seiner *Zwischenzeit* mit der Ermordung des Kanzlers Dollfuß:

Und in der Tat saß man ansonsten irgendwie auf explosivem Material, wenn auch die Anhänger des Führers sich in der Zeit nach dem Kanzlermord damit begnügten, Aborte zu beschmieren oder in die Luft zu sprengen, sofern eine geworfene Bombe nicht einen Juden zu zerfetzen oder ein Schuß einen linken Politiker zu erledigen hatte. Daneben hielten sich die Justiz und die Verwaltung immer mehr Herren für den Eventualfall bereit, die Auffanglager für unentwegte Parteigänger verfehlten ihre Wirkung der Erziehung, wenn nicht überhaupt Wächter und Bewachte gemeinsame Sache machten.[30]

Folgt man Drachs Darstellung in der *Zwischenzeit* und seinen anderen autobiographischen Schriften, so reagiert er äußerst ambivalent auf die sich bedrohlich zuspitzende Situation. Einerseits ignoriert er die Lage, wenn es darum ginge, konsequente Schritte zu seiner Ausreise und der seiner Mutter zu setzen, hat besseres zu tun als sich um einen zur rechten Zeit vielleicht noch »organisierbaren« Ariernachweis oder um Visa zu kümmern. Andererseits aber hält er – wenn er wirklich persönlich belangt wird – Angriff für die beste Verteidigung und sammelt seine Energien, um zurückzuschlagen. In die Opferrolle möchte er keineswegs geraten.

Einer attraktiven Zufallsbekanntschaft, Slowenin in aparten Lederhosen, mit der er anläßlich eines Urlaubs 1936 oder 1937 einen Berggipfel in den Hohen Tauern besteigt, einer Frau, die er früher nicht gekannt hat und die er später nicht wiedersehen wird, der er im Moment der zufälligen Begegnung aber imponieren will, verkündet er – das erwähnt er sowohl in *Z.Z.* als auch in den *Gesammelten Mißerfolgen*[31], daß er Hitler ermorden werde. Müßig danach zu fragen, ob das wahr ist, es steht jedenfalls geschrieben und darf zitiert und interpretiert werden:

Er sagte ihr, wobei er, was er vorbrachte, mit einem Mal empfand und sich mit Stolz dazu bekannte, obwohl er nicht wußte, wie er nächsten Tags zu seinem behaupteten Vorhaben stehen würde, seiner Meinung nach würde Hitler kommen, kein Alliierter und auch nicht der Italiener werde das verhindern.

Die üble Schicht seines Volkes, nämlich so ziemlich alles, was da sei, werde sofort neuen Herren zujubeln. Die Juden würden umkommen und nichts tun, um es zu vermeiden, und niemand würde helfen. Er selber aber wolle Hitler umbringen. Er fühle die Kraft dazu und die Sendung in sich, er werde den Augenblick und die Gelegenheit dazu herausfinden. Das sei vielleicht gerade das, was er überhaupt auf dieser Welt zu tun habe, denn er sehe in diesem Unhold keine Persönlichkeit, nur eine Personifikation aller Gemeinplätze, die in dem Wortschatz der Halbgebildeten vorhanden und aus diesem ins Volk gelangt seien.[32]

Zweifellos eine Passage, der die nachträgliche, auf Grund der bereits bekannten historischen Ereignisse gegebene Interpretation stark anzumerken ist. Drach, der Autor, relativiert allerdings die entschlossene Rede des Sohns, stellt dar, wie sich nicht nur die Worte beim Reden einstellen, sondern auch die sie begleitende Empfindung. Der Sohn suggeriert sich selbst, daß er die Wahrheit spricht, daß er Manns genug ist, Hitler zu erledigen. In dieser Situation hat er leicht groß reden – der Frau, der er dieses Versprechen gibt, wird er kaum wieder begegnen. Sie gibt ihm trotzdem den wohlmeinenden Rat, sich damit zu begnügen, Hitler zu überleben.[33]

Es folgt eine politisch zutreffende Analyse, die Mitte der dreißiger Jahre noch den Charakter einer Prophezeiung hat, tatsächlich aber retrospektiv, Jahrzehnte nach den Ereignissen niedergeschrieben wurde. Weder das faschistische Italien noch die Westmächte haben Hitler vorerst aufgehalten, Millionen von Juden wurden ermordet, ohne sich zu wehren (die Frage, inwiefern sie sich hätten wehren können, wird nicht erörtert) und ohne Hilfe zu bekommen. Aufzuhalten wäre der Lauf der Geschichte – so sieht es Drach – wohl nur durch den Tyrannenmord gewesen. Aber hätte dieser Tyrannenmord das millionenfache Unheil abwenden können? Sind Tyrannen, in denen sich die Ressentiments ihres Volkes bündeln, nicht austauschbar, sucht sich dieses Volk nicht einen andern, wenn der eine nicht mehr da ist? Drach meint, nein: »Es war nicht anzunehmen, daß bei Zusammenbruch des einen schon vorhandenen Exemplars der Personifikation so rasch ein anderes an dessen Stelle treten könnte.«[34]

Hier ist er übrigens einer Meinung mit Günther Anders (*Die Antiquiertheit des Menschen*), einem im politischen Spektrum weit links von ihm positionierten Denker.

Schon 1935 setzt Drach die Arbeit an der ersten Fassung seines so interessanten wie umstrittenen *Kasperlspiels vom Meister Siebentot* an, das er als Anti-Hitlerstück konzipiert. Das auslösende Moment liegt damals auch schon zwei Jahre zurück – 1933, als Hitler in Deutschland an die Macht kommt, ist Drach, kurz vor seiner Rechtsanwaltsprüfung, mit Otto Peznek nach Italien gereist. Auf Capri findet er in der Bibliothek von Waldemar Bonsels (Verfasser von *Die Biene Maja und ihre Abenteuer*) ein diesem persönlich gewidmetes Exemplar von *Mein Kampf*. Es handelt sich um die unredigierte Originalfassung aus dem Jahr 1925, in der, so Drach, Rudolf Hess noch nicht die ärgsten Ungereimtheiten beseitigt hat.[35] Drach hält dieses Werk für unüberbietbar dumm. Nichts als ein Sammelsurium von bei Liebenfels, Schönerer, Wagner, Houston Stewart Chamberlain und Gobineau aufgelesenen Gedankenschutt: paranoide Ideen, denen noch der Mief von Hitlers Wiener Existenz anhaftet, allerdings ins Irrwitzige übersteigert. Im Gegensatz zu seinem Freund Otto erscheinen ihm das Buch und sein Autor (zu diesem Zeitpunkt immerhin schon Deutscher Reichskanzler) aber gerade deshalb gefährlich.

Drach hat – wie André Fischer feststellt – »kein historisches, sondern ein anthropologisches Erklärungsmodell«.[36] Denkt er an Hitler in der Nacht, so erscheint ihm dieser nicht als Büttel der Bourgeoisie, als Konsequenz des Kapitalismus, sondern als inkarnierte Gemeinheit, die er in seiner Darstellung greifbar machen will. Er sucht einen Namen für seine konzipierte Figur. Dieser Name, schreibt er in *Z.Z.*, »mußte über die Gestalt hinausragen, sie aufheben und in ihrer Hohlheit ausweisen.«[37]

Ein Kasperl namens Siebentot also. Ein Wurstel aus dem Inventar des Wiener Volkstheaters, der traditionellerweise allerdings die Funktion hatte, mittels derbem Mutterwitz und volkstümlichem Humor, dem Schwarzweißschema der naiven Fabel folgend, dem Guten zum Durchbruch zu verhelfen. Drach kehrt dieses Prinzip um: Sein Kasperl – eine leb- und wesenlose Strohpuppe – wird, kraft der Wort- und Blutspenden seiner Umgebung, das nach und nach alles beherrschende Böse verkörpern. Das Böse, auf das das Dumme, wenn man es unbeherrscht grassieren läßt, hinausläuft.[38] »Siebentot« – der Name ist inspiriert vom tapferen Schneiderlein aus Grimms Märchen, das sich brüstet, sieben auf einen Streich getötet zu haben, ohne dazu zu sagen, daß es sich bei diesen Feinden um Fliegen gehandelt hat – diesem Siebentot ist der durchschlagende Erfolg eines Aufschneiders und Hochstaplers sicher.

Er braucht keine ›Spin Doktoren‹, die sich ein Werbe- und Vermarktungskonzept für ihn ausdenken. Ihm genügt es, ein offenes Ohr für die Stimmen zu haben, die er auf der Straße und am Wirtshaustisch zu hören bekommt. Stimmen, die er, aufgeladen mit ihrer negativen Energie, offenen Mauls zur Potenz verstärkt wiedergibt. Ein wahrhaft völkischer Lautsprecher – der Schaubudenbesitzer, der seinen vorerst noch recht schweigsamen Wurstel auf die Menschheit losläßt (schließlich muß der erst mit gesprochenen Worten gespeist werden), preist ihn auf folgende Weise an:

SCHAUBUDENBESITZER: Oh, der wird noch mehr Worte machen, als ihr alle zusammengenommen, ob ihr ihn hören wollt oder nicht, und ihr werdet ihm auch nichts anschaffen, aber er euch. Und noch dazu wird er euch eure eigenen Worte zurücksagen. Und wo ihr euch selbst nicht habt glauben können, werdet Ihr ihm glauben.[39]

Albert Drach 1933, kurz vor seiner Rechtsanwaltsprüfung, auf Capri. Im Hintergrund sein Studienkollege Otto Peznek

Jeder Satz, der gesprochen wird, jede Phrase, die gedroschen wird, drischt der immer rabiater werdende Kasperl doppelt und dreifach zurück.

Er braucht den Inhalt nicht zu begreifen, es genügt, daß er ihn aggressiv konkretisiert. An seiner Seite eine Frau aus Fleisch und Blut, die jungfräuliche Tänzerin Amanda. Diese Amanda verliebt sich unglücklich in den liebesunfähigen und impotenten Wurstel, trägt, liebenswert, wie sie potentiell wäre, unbefriedigt wie sie de facto ist, an Siebentots Seite noch zu seiner Bösartigkeit bei. In Kasperl kanalisiert sich die diffuse Dummheit schließlich zu zielgerichteter Bosheit. Das Volk hat einen Führer, zieht in den Krieg und sucht ein Opfer, auf das sich seine Wut entladen läßt.

Die Grundidee ist bestechend und enthält im Kern Drachs einzige Theorie zur Entstehung von Faschismus und Nationalsozialismus. Kein historisch-politisches Erklärungsmuster – nein, es ist die ganz normale Dummheit der Durchschnittsmenschen, die, gebündelt in einen Popanz, zur tödlichen Bösartigkeit mutiert. Dabei interessiert ihn nicht so sehr das Verhalten der z. B. von Canetti analysierten Massen, nicht der rauschhafte Verlust von Individualität dicht gedrängter Menschen auf großen Plätzen. Ihm genügt schon eine kleine Menge an typisierten Durchschnittsbürgern für die personelle Ausstattung des Kasperlspiels: Korporal, Feldwebel, Lehrer, Schuster, Hure und Zuhälter – sie verschmelzen nicht zu einer Einheit, sondern leben die ihnen eigene, ihrem Typus entsprechende Bosheit aus, die sie auf den »Führer« projizieren.

Was die Realisierung des Stücks betrifft, das zwei größere Aufführungen erlebt – 1967 in Darmstadt und 1994 im Wiener Volkstheater – so war Drach trotz zahlreicher Überarbeitungsversuche nie wirklich damit zufrieden. Es gehört zu jenen Werken, die ihn – als im doppelten Wortsinn noch immer nicht perfekt betrachtet – bis ins hohe Alter beschäftigen. Die Fassung von 1935 bleibt bei der Emigration in Österreich und wird von besorgten Verwandten vernichtet. In Frankreich macht er sich gleich 1938/1939 an eine Rekonstruktion und erntet bei einer Privatlesung in der Wohnung des prominenten Malers Bram van Velde, den er zufällig kennengelernt hat, einen spektakulären Mißerfolg.[40] Die erste erhaltene handschriftliche Fassung datiert aus den Jahren 1945–1947, wurde noch in Nizza begonnen und möglicherweise auf die erste Fahrt zurück in die Heimat mitgenommen. Auf dem Titelblatt der ersten erhaltenen Typoskriptfassung aus dem Jahr 1955 notiert er Entstehungszeitraum und -orte »Das Kasperlspiel vom Meister Siebentot (La Farce du Maitre Sept a-la-Fois) eine Verkleidung in acht Bildern. 1935–1955 (Mödling–Lunz–Paris–Nice–Bad Gastein–Lunz–Nice-Mödling).«

1988, als für den Träger des Georg-Büchner-Preises die Aufführung seiner Stücke wieder in den Bereich des Möglichen gerückt ist, macht er sich noch einmal an die Überarbeitung bestimmter Szenen. Das Problem, mit dem er sich aus der historischen Distanz herumschlägt, ist die Darstellung der Vernichtung der Juden, bzw. die Opferrolle des jüdischen Volkes.[41]

Insgesamt krankt das Kasperlspiel an einer gewissen formalen Inkonsequenz. Streng genommen reproduziert und potenziert der darin dargestellte Kasperl nicht nur vorgefertigte Phrasen, sondern entwickelt sie sprachspielerisch weiter, führt alsbald auch Worte und Sätze im Mund, die ihm nicht durch das Volk zugetragen werden.

Querverbindungen lassen sich sowohl zu Jarrys *Ubu Roi* als auch zu Handkes *Kaspar* herstellen. »Denn ich wollte Kasperletheater machen«, sagt Jarry in einem Brief an den Direktor des Theatre de l'Œuvre, Lugné-Poe, »Herr Ubu ist ein gemeiner Mensch, deshalb ähnelt er uns allen«, schreibt er in seinen Notizen zur Aufführung. Vorgeführt werden soll, »was MÖGLICH IST mit jemandem ... wie jemand durch Sprache zum Sprechen gebracht werden kann«, heißt es in den Anmerkungen

Handkes. Doch scheinen beide Stücke auf ihre spezifische Art konsequenter, Jarrys provokanter Wurf als längst vor Drach ins Böse gewendetes Kasperlspiel, Handkes Etüde als exemplarisches Sprachspiel.[42]

Was Drachs gelegentlich erhobenen Plagiatvorwurf gegen Handke anlangt, so kann der, bei Lektüre beider Stücke, nicht wirklich ernst genommen werden. Allerdings ist eine Inspiration Handkes durch das 1967 in Darmstadt aufgeführte *Kasperlspiel* nicht ganz auszuschließen. Der *Kaspar* entsteht, zeitlich tatsächlich recht nah, 1968. Es könnte sich um die Inspiration durch eine Theaterkritik gehandelt haben, die auf Drachs Ansatz der Sprachfütterung der anfangs sprachlosen Marionette zurückgeht.

Was Drachs *Siebentot* betrifft, so stellt sich die Frage, ob die Darstellung Hitlers als Kasperl, die Hervorkehrung seiner angeblichen Dummheit, nicht auch eine unzulässige Verharmlosung impliziert. Eine Frage, die sich übrigens auch Charly Chaplin in bezug auf seinen berühmten Film *Der große Diktator* (gedreht 1940) und Bertolt Brecht im *Arturo Ui* (geschrieben 1941) stellen lassen mußten. Konrad Paul Liessmann hat beim Drach-Symposium in Wien (1992) bezweifelt, daß das satirische nestroyanische Sprachinventar und das Verfahren der Imitation wirklich taugliche Mittel seien, um den Schrekken des Faschismus künstlerisch darzustellen. Kurt Neumann hat dem entgegengehalten, daß das im *Kasperlspiel* durchgeführte Prinzip der strategischen Wiederholung genau auf den Moment abzielt, in dem sich Sprache in physische Gewalt umwandelt – eine These, die auf die Aktualität des Stücks im Zeitalter der Wirklichkeit stiftenden, totalitären Mediengewalt verweist.[43]

1935, als Drach sich an der ersten Fassung seines *Siebentot* versucht, verkehrt er vorübergehend in einer Mödlinger Autorengruppe, die sich »Insel« nennt und zu der – so die Diktion Drachs – »nationale« Autoren wie der Lyriker Lenz Grabner (in *Z.Z.* der Greißlerdichter genannt) und Hanns Schopper gehören.[44] »National« – dieses Wort wird vom Autor in bezug auf die Zeit vor 1938 durchaus widersprüchlich verwendet. Zum einen meint er damit noch immer die Deutschnationalen, mit denen sein Vater gute Beziehungen pflegte und von denen dementsprechend auch der Sohn eine anhaltend gute Meinung hat. Zum anderen bezeichnet er damit jedoch bereits jene Mitbürger, die geheime Nazis sind und sich anschicken, ihn und seinesgleichen als Bürger zweiter Klasse und in weiterer Konsequenz als Untermenschen zu verfolgen.

Spricht er vom Dichterkreis der »Insel«, so schwingt bereits diese Bedeutung des Wortes mit. Daß es ihn nicht lang in so einer Runde hält, nimmt eigentlich nicht wunder. Allerdings zieht er sich vor seinem Ausscheiden aus dem von ihm als »provinziell« abqualifizierten Zirkel noch eine »national eingestellte« Geliebte zu, die ihm länger erhalten bleibt. Daß er ausgerechnet ihr von einem Anti-Hitler-Stück erzählt oder zumindest Andeutungen über die Existenz eines solchen macht, ist zweifellos unvorsichtig.[45]

Besonders unvorsichtig ist es angesichts der Art, in der er sie behandelt. In *Z.Z.* beschreibt er den lieblosen, sexuell geradezu rabiaten Umgang mit ihr. Von Peter Huemer in einem Interview darauf angesprochen, verweist der Achtzigjährige darauf, daß sich das Protokoll in diesem Buch natürlich auch und vor allem gegen ihn selbst richtet.[46] Den Fünfunddreißigjährigen wird die Art, wie er die »knorrige Jungfrau« oder das »alte Mädchen« (so seine wenig charmanten Bezeichnungen für sie) erniedrigt, in nicht unerhebliche Bedrängnis bringen.

Privates und Politisches wirken zusammen. Als er die Verlobte des mit ihm befreundeten Augenarztes Dr. Thieberger kennenlernt, die bald darauf in den Akten des Mödlinger Standesamts als dessen Gattin aufscheint, ist ihm die nationale Geliebte zunehmend zuwider. Zwar ist er der attraktiven Frau gegenüber vorerst eher schüchtern, bleibt ihrem Gatten gegenüber loyal, aber nicht lange. Die ungeliebte Geliebte goutiert das ebensowenig wie Drachs wachsame Mutter.

Das Verhältnis verschlechtert sich auch durch Interventionsversuche des eifersüchtigen Grabner, wobei die Eifersucht in diesem Fall auch die unter Autorenkollegen zu sein scheint. Über Vermittlung Riemerschmids werden Ende 1937 ein paar Gedichte von Drach im Rundfunk gelesen. Mit einem Vorwurf, der dem immer unverhohlener an die Oberfläche drängenden Ungeist der Zeit entspricht (sexuelle Abhängigkeit von einem Juden), versucht Grabner, die Frau, wie es Drach nennt, zur Ordnung, das heißt in seinen Einflußbereich zurückzurufen, und Drach, der sich inzwischen ausdrücklich von seinem Dichterkreis distanziert hat, womöglich zu schaden.

Drach vermutet, daß das Auftauchen zweier Herren kurz nach dem Einmarsch der Nazis etwas mit diesen Beziehungen zu tun hat. Grabner hat einen Bruder bei der SA.[47] Sie durchsuchen Wohnung und Kanzlei. Drach ist überzeugt, das sie sein Anti-Hitler-Stück suchen. »Die Sendlinge fanden das Stück zwar auf, hielten es in den Händen, erkannten es aber nicht als solches, weil die Anzeigerin den Titel vergessen hatte«, heißt es in den *Gesammelten Mißerfolgen*.[48]

Hier ist von SA-Leuten die Rede, in der *Blinden Kuh* etwas ungenauer von einer Nazikommission. In *Z.Z.* spricht Drach von zwei Herren von der Staatspolizei, Vater und Sohn. Im zweiten Teil der *Blinden Kuh*[49] spricht er von untersuchenden Organen in Zivil. Im Gespräch mit mir hat er seiner Unsicherheit darüber Ausdruck verliehen, ob es sich tatsächlich um Vertreter irgendeiner organisierten Naziorganisation gehandelt habe oder um Wichtigtuer, Mitläufer, aggressive Nutznießer der inferioren Position, in die ihre jüdischen Mitbürger von einem Tag auf den anderen geraten waren.

Jedenfalls halten sie das Stück in den Händen, ohne es als das möglicherweise gesuchte Anti-Hitler-Stück zu erkennen. Hitler als Kasperl – das übersteigt denn doch ihre Vorstellungsgabe. So deutet es Drach: »Dagegen interessierten sie sich sehr für ein Versgefüge aus dem Jahr 1922 (…)« Das Gedicht heißt *Gott an seinen Propheten* und scheint die unerwünschten Besucher endgültig zu überfordern.[50]

(…) Verse des Sohnes, in denen Gott seinem Propheten alles erdenkliche Unheil für ihn und sein Volk verhieß, um auf diese Weise den Weg der Betroffenen zu ebnen. Solche Verse erregten nach Titel und Inhalt den Verdacht staatsgefährlicher Umtriebe, doch mußte dieser durch die Lektüre zerstreut worden sein. Vielmehr zeigten sich die beiden Herren sichtlich beeindruckt, so daß der eine von ihnen, der einen Sack trug und offenbar Requisitionen überflüssiger Wertgegenstände vorhatte, gerührt aus dem hanfenen Umhang eine Biedermeieruhr zog, welche er bereits beim Sohne beschlagnahmt hatte, doch wußte er nicht mehr, an welcher Stelle von dessen Behausung, und bat den Durchsuchten, ihm anzugeben, wo er das irrtümlich zur Mitnahme vorgesehene Objekt wieder zur Aufstellung bringen sollte.[51]

Das ist eines der glänzendsten Beispiele für Drachs Sarkasmus; die Szene könnte sowohl Kafka eingefallen sein als auch Charly Chaplin oder den Marx Brothers. »Sie fanden«, heißt es in den *Gesammelten Mißerfolgen* trockener, »(…) ein Gedicht, das sie durch seinen Titel herausforderte. Das lasen sie auch und verstanden es halb, nämlich insoweit, als den Juden ein schlimmes Schicksal angekündigt wurde.«[52]

Die Juden und ihr Schicksal: Ob er will oder nicht, gerät Drach in seinen Sog.

Auch wenn er vorerst nichts damit zu tun haben mag: Im Roman der *Zwischenzeit* kündigt es sich vielleicht schon durch eine sehr unvermittelt aus der manchmal recht ermüdenden Darlegung seichter Verhältnisse herausragende Szene an, durch das Auftauchen jenes Hausierers, von dessen Erscheinen in Zusammenhang mit Drachs Haltung zur Religion bereits kurz die Rede war.

Vorerst ist von einem »Agenten« zu lesen, der, ein jüdischer Flüchtling aus dem »Reich« ins noch existierende Österreich, einmal bessere Zeiten erlebt hat.

Er sei, behauptet er, selbst einmal Rechtsanwalt gewesen. Der Sohn ist trotzdem nicht gewillt, ihm etwas abzukaufen, er brauche keine Bleistifte oder sonstigen Schreibwaren, sagt er, unangenehm berührt vom distanzlos »reichsdeutschen« Auftreten des Hausierers. Als ihm der Abgewiesene ankündigt, »daß er in naher Zukunft vielleicht in die gleiche Lage geraten und dann die Dinge richtig zu würdigen lernen würde«, weist er dem Propheten, wie er diesen Mann noch mit zynischem Spott nennt, die Tür.

Während aber jener ging, stand bereits ein völlig anderer Agent auf der Treppe, der offenbar die Absicht hatte, dem Sohn eine allerdings nicht ersichtliche Ware anzubieten. Wahrscheinlich, weil er den Hinauswurf des anderen miterlebte, zeigte er wenig Neigung, einem gleichen Schicksale entgegenzugehen. Er entfernte sich aber noch nicht, sondern blieb auf jenem Treppenabsatz, auf welchem er gerade angelangt war, als der andere an ihm vorbeistrebte.

Dieser Neuankömmling hatte die typischen Züge eines Ostjuden, aber eines solchen, der auf dauernder Wanderung war und hinter dem niemand stand, der sich seiner angenommen hätte. Der Erschienene hatte überdies etwas Besonderes an sich, das nicht allein durch Zaudern, offensichtliche Einsamkeit, Nirgendszugehörigkeit und Gebeugtheit zu umschreiben war.

Der Sohn hatte vielmehr einen Augenblick lang das Gefühl, als stünde eine geheimnisvolle Gestalt vor ihm, die sich des Äußeren eines kleinen und krummen ost-

jüdischen Hausierers bediente, um ihn an Dinge zu erinnern, die er längst vergessen hatte, und nicht erst gerade beim Hinauswurf seines ehemaligen reichsdeutschen Kollegen.[53]

Der Sohn ist frappiert, bemüht sich um diesen Mann, wie schon lange um niemanden, versucht ihn zum Eintritt zu bewegen, was allerdings einer Art Geisterbeschwörung gleichkommt. Der Besucher tritt nur zögernd ein, will sich nicht setzen, nicht reden, nichts verkaufen, verlangt nach keiner Rechtsauskunft und nach keiner milden Gabe.[54] »Nunmehr sehr bestimmt um den Grund seines Kommens befragt, erklärte er plötzlich ohne auszuweichen: ›Ich bin gekommen, um dazusein.‹«[55] Als der Agent wieder weg ist, immerhin mit der Ankündigung, daß er das nächste Mal Waren mitbringen werde, hat ihn die Kanzlistin nicht gesehen, und der Sohn muß alleine mit dem Phänomen fertig werden.

Ein Epiphanie-Erlebnis, könnte man sagen. Nun gehören Epiphanien, darauf weist etwa Richard Reichensperger in einer Rezension von Handkes Roman *Der Bilderverlust* hin, seit Joyce zum Repertoire der literarischen Moderne.[56] Und tatsächlich gibt es ja Interpreten, die Drach gerade in diese Tradition einzureihen versuchen. Zu beachten ist allerdings, daß Drach den Epiphaniebegriff hier in seiner ganz ursprünglichen Bedeutung sinnfällig macht.

Der seltsame Besuch gibt dem Sohn aus der *Zwischenzeit* zu denken. Er hat einen Mann gesehen, der ihn nur aufgesucht hat, um dazusein. Einen Mann, der offenbar nur von ihm selbst zur Kenntnis genommen worden ist. »Und er schämte sich«, heißt es, »daß er den Gedanken nicht los wurde, es könne Gott gewesen sein.«[57]

Epiphanie in der ursprünglichen Bedeutung des Wortes ist die Erscheinung einer Gottheit. Daß diese Gottheit vorerst unerkannt oder unerkennbar daherkommt, entspricht uralten Vorstellungen. Sowohl die drei Gäste, die

Abraham die erstaunliche Altersfruchtbarkeit seiner Sara verkünden, als auch die zwei, die in der griechischen Sage bei Philemon und Baucis vorbeikommen, sind auf den ersten Blick einfache Wanderer. Volkstümliche Legenden aus der christlichen Überlieferung erzählen vom herbergsuchenden Herrgott, der unversehens an die Tür klopfen mag, und natürlich greift besonders der Chassidismus in Polen, als die letzte Phase der jüdischen Mystik, wie ihn Gershom Scholem nennt, auf solche Bilder zurück.[58] Dabei wird sowohl unmittelbar bildhaft als auch die Bild-Bedeutung bereits interpretierend verfahren. »Was bedeutet das, wenn die Leute sagen: Die Wahrheit geht über die ganze Welt?« wird der Baalschem, der seinerseits schon legendär gewordene Stifter der Bewegung, in den von Martin Buber gesammelten Erzählungen der Chassidim gefragt. »Es bedeutet«, antwortet der Weise, »daß sie von Ort zu Ort verstoßen wird und weiterwandern muß.«[59]

Der Kabbalist Abraham Abulafia, der im dreizehnten Jahrhundert in Spanien gelebt hat, schreibt übrigens vom sogenannten Schaddaj, der demjenigen, der sich um Seins- und Gotteserkenntnis bemüht, gelegentlich in Gestalt eines Jünglings oder auch eines Greises gegenüber tritt. Eine Konfrontation, bei welcher der Mensch von seiner Verwandtschaft mit Gott erfährt, weil die Erscheinung, auch wenn sie als dem jeweiligen Menschen gegenüberstehend und mit ihm sprechend erfahren wird, »doch auf irgendeine Weise mit ihm identisch« ist.[60] C.G. Jung würde in diesem Zusammenhang von einer Begegnung mit dem Archetypus des Kindes oder des weisen Alten sprechen. Diese jedenfalls frappierende Begegnung ist es unter anderem, die Drach noch vor seiner Emigration dazu veranlaßt, den Mödlinger Rabbiner Schweiger aufzusuchen, um sich mit den jüdischen Riten und Gebräuchen, von denen er bis dahin herzlich wenig weiß, etwas vertraut zu machen. Der Rabbiner informiert den späten Schüler so gründlich, wie es in der verbleibenden Zeit noch möglich ist. In der *Zwischenzeit* lädt er den Sohn auch zum nächsten Fest ein. Der kann es, trotz aller Animation zu spirituelleren Verhaltensweisen, nicht lassen, sich in die »blonde, vollschlanke, blauäugige, sehr junge Rabbinerstochter« zu verlieben. »(...) so daß die Tänze mit der Siebzehnjährigen sein jüdisches Weltbild ergänzten, wenn nicht überhaupt ausmachten, nach welchem einem einigen Gotte das All angeschmiegt war, bis es dieser im Innersten durchdrang.«[61]

Als Drach am 25. Oktober 1938 aus dem zur Ostmark verkommenen Österreich flieht, läßt er zwar sein *Kasperlspiel* zurück, hat aber einen großen Roman im Kopf. Darin geht es um einen chassidischen Ostjuden namens Zwetschkenbaum, der, unter einem gleichnamigen Baum sitzend, wegen angeblichen Zwetschkendiebstahls verhaftet wird. Urbild für diesen Zwetschkenbaum ist jener seltsame Hausierer ohne Waren. Gott oder der ewige Jude, vielleicht sind das nur zwei Erscheinungsweisen ein und desselben.

Das nächste Mal, hat er angekündigt, werde er seine Waren mitbringen. Vielleicht sollte man den Begriff Ware in diesem Zusammenhang nicht zu eng verstehen. Der spirituelle Funke, der Impuls zu einem Buch ist ein Geschenk.

Den Rabbiner Schweiger wird Drach nach seiner Rückkehr nach Österreich 1947/48 nicht mehr sehen – nach Minsk deportiert, ist er umgekommen oder ermordet worden; seine Kinder, wohl auch die junge blonde Tänzerin, konnten nach Amerika fliehen und dort überleben.[62]

8. ZWISCHENZEIT II

2. FEBRUAR 1938 BIS 25. OKTOBER 1938

Aber während der Sohn noch zu nichts sich aufraffte und niemand sonst etwas tat, um die Falle zu öffnen, war der Tag bald gekommen, an dem der schulmeisterliche Kanzler nach Berchtesgaden berufen wurde, die Lektion des Führers erhielt und aus dem Untergrund sich die kommenden Recken sammelten, erfolgreiche Sprenger öffentlicher Bedürfnisanstalten, Bombenleger vor jüdischen Juwelierläden, freigesprochene Mörder israelitischer Groschenschreiber, Kumpane der Mörder des Vorgängers dessen, der zu lang war, um sich nach dem Schatten seines verzwergten Regierungsvorgängers zu bücken.[1]

Als dann der Montag kam und ein Agent erschien, diesmal kein jüdischer, bei dem das Aufdruckpapier für die Kanzlei zu bestellen war, das auszugehen drohte, fragte der den Sohn, ob er denn wirklich noch Quantitäten der bisher besorgten Art zu brauchen glaubte, einige seiner »Artgenossen« hätten die Nachbestellung verweigert, der vielleicht Eingeweihteste von ihnen sei mit all dem, was er noch schnell habe versilbern können, in die Schweiz gereist. Aber der Sohn wollte dem Agenten das nicht glauben, was er selber bereits wußte.[2]

Noch Anfang 1938 scheint sich der Sohn aus dem Roman der *Zwischenzeit*, wohl aber auch Albert Drach selbst, wider besseres (nachträglich immer wieder formuliertes) Wissen, den bedrohlichen Umständen zum Trotz, aufs

Bleiben einzurichten. Noch Ende 1937 hat er seine arme Mutter, die gerade auf eine schwere Operation warten mußte, gezwungen, innerhalb des Drach-Hofs umzuziehen. Bis dahin hat er tatsächlich mit ihr zusammen gewohnt – nun schickt er sie in eine von ihm freiprozessierte Wohnung, unter demselben Dach, aber immerhin. Den Wunsch des Mittdreißigers nach wenigstens dieser Separatheit kann man verstehen, zumindest in der Distanz eines versperrbaren Domizils will er sein eigenes Leben führen, allerdings wird der emotionale und materielle Aufwand nicht mehr wirklich lohnen.

Drach ignoriert den uneigennützigen Einwand des nichtjüdischen Agenten, der ihm nicht mehr Papier für seine Anwaltskanzlei verkaufen will, als er voraussichtlich noch wird verwenden können, auf sehr österreichische Art: es wird alles irgendwie vorbeigehen. Aber Schuschnigg läßt sich am 12. Februar 1938 im Berghof auf dem Obersalzberg von Hitler in die Enge treiben. Am 15. Februar setzt er den Nationalsozialisten Seyss-Inquart zum Innenminister ein. Von da an sind Drachs Tage in Mödling gezählt, auch wenn er das nicht wahrhaben will – letzten Endes kann er Gott danken, daß es nur die Tage in Mödling sind.

Die große Geschichte – die kleine Geschichte. Der Sohn aus der *Zwischenzeit*, der nicht an Emigration und Flucht denken will, sucht in der Flucht vor der aktuellen Wirklichkeit seine Zuflucht in der Familientradition. Der imponierende Großvater väterlicherseits erscheint vor seinem geistigen Auge, und der Vater, dem das Nationale im deutschtümlichen Sinn bis ins späte Alter ein ebensolches Anliegen blieb, wie dem Großvater dessen trotzig hervorgekehrte Gottlosigkeit. Auch im Wiener Vorstadthaus, das die Familie der Mutter seit mehr als einem Jahrhundert bewohnte und um das sogar die Straßenbahn der Linie 8 einen respektvollen Bogen machen mußte, versucht er gedanklich noch einmal Wurzeln zu schlagen.[3] Alles, was seine Vorfahren vollbracht haben, erscheint ihm als mit der Heimat in Verbindung stehendes »Verdienst«, dem er aus seinem eigenen Leben nicht wirklich etwas hinzufügen kann.[4]

Ist das nun Regression, eine aus dem neunzehnten Jahrhundert überkommene Denk- und Empfindungsweise, die ihn in dieser Situation des bevorstehenden Abbruchs, Aufbruchs, einholt? – Karl Kraus macht sich schon rund zwanzig Jahre vorher über solche Anwandlungen lustig. »– Wos hom denn Sö fürs Votterland geleisteet? Legitimiern S' Ihna!« läßt er einen Schwerbetrunkenen in der Badnerbahn lallen.[5] Die Anwandlungen des Sohns in Z.Z. sind vielleicht auch ein letzter Versuch, sich einer Rückverbindung zu versichern – zu einer Zeit, die demnächst endgültig vorbei sein wird, zu einem Land, das es dann bis auf weiteres nicht mehr geben wird.

Albert Drach ein Jahr vor seiner Emigration, 1937

Den Abend des 11. März 1938 verbringt Albert Drach bei einem Cousin und dessen frisch angetrauter Frau in Wien, man möchte die neue Wohnung einweihen.[6] Auch dieser Verwandte hat schon etwas für das Vaterland geleistet: Anders als Albert, war er gerade alt genug, sechzehn, um sich im Ersten Weltkrieg freiwillig an die Front zu melden. Er hat Glück gehabt, ist Leutnant geworden und hat die Schlächterei ohne schlimme Verwundung überstanden. Nun – zwei Jahrzehnte nach Kriegsende – arbeitet er in guter Position als aussichtsreicher Vertreter für ein faszinierendes neues technisches Gerät, den Radioapparat, und schmiedet Zukunftspläne. Ein gewisser Wohlstand scheint in greifbare Nähe gerückt, in absehbarer Zeit will man Kinder haben, die nächsten zwanzig Jahre liegen wie ein offenes Familienalbum vor ihm. Dann schaltet man das Radio ein, es muß am Abend um 19 Uhr 50 gewesen sein, und hört die klagende Stimme des Bundeskanzlers:

»Dieser war gerade im Begriff, abzudanken und das ganze Land widerstandslos Adolf Hitler zu übergeben«,[7] schreibt Drach in der *Zwischenzeit*, die für ihn und seine Verwandten zur Endzeit zu werden droht.

Von einer Sekunde auf die andere brechen für die Gastgeber alle Illusionen in sich zusammen, vor allem aber die Idee, hier noch eine Art Heimat zu haben. Der Cousin sieht ganz realistisch, was kommen wird, zuerst der Verlust seiner Stelle, dann der Verlust der ehelichen Wohnung, die Verfolgung auf offener Straße, schließlich der Verlust des Lebens. Während er sich völlig entmutigt äußert, weint seine frisch angetraute Frau in ihre Schürze. Alle beide werden – wie viele Verwandte Drachs – unter Hitler umkommen.

Der Sohn aus der *Zwischenzeit* hat keine konkreten Zukunftspläne, vielleicht macht ihn das unangreifbarer als die beiden Eheleute. Irgendwann wollte er Schriftsteller werden, das will er wohl immer noch, aber diese Beschäftigung ist weder an bestimmte Orte noch an sentimentale Beziehungen gebunden. Er stellt sich vermutlich noch immer nicht vor, daß er das Land verlassen muß, in dem man seine Sprache spricht, er hängt sogar in trotziger Pflichterfüllung an seinen vorläufig letzten juristischen Fällen, obwohl er den Anwaltsberuf angeblich haßt. Die unter seinen freundlichen Gastgebern ausgebrochene Verzweiflung berührt ihn vor allem unangenehm bis peinlich. Flüchten oder standhalten? – Ihm steht der Sinn nach Flucht. Bevor er geht, versucht er die beiden zwar noch zu trösten. Aber er tröstet gegen besseres oder böseres Wissen; innerlich hat er schon beschlossen, daß er den Kontakt zu seinem Cousin und dessen Frau in Hinkunft meiden will, aus Berührungsangst mit jenen, die sich schon vorweg als Opfer fühlen.[8]

Es ist dies eine in Drachs Werk *Zwischenzeit* bislang noch nicht entsprechend beachtete Schlüsselszene. Natürlich darf man den Sohn im Roman nicht voll und ganz mit dem Autor identifizieren, und doch werden ihm in der hier evozierten Situation Gedanken zugeschrieben, die, zum Verwechseln ähnlich, dem Autor durch den Kopf gehen. Gedanken, die sich dieser in späteren Gesprächen und Interviews immer wieder selbst zuschreiben wird. Er distanziert sich innerlich von seinen Leidensgenossen – eine Haltung, die sich in der Emigration, bei Berührung mit den Opfern, unter die er mit durchaus ungewissem Ausgang seiner Geschichte geraten ist, noch verstärken wird.

Was seinen Cousin betrifft, einen Mann, der viel Energie dafür aufgewendet hatte, für alle privaten Eventualitäten der nächsten Jahrzehnte vorzusorgen, so behauptet Drach in seinen *Gesammelten Mißerfolgen*, daß dieser alsbald samt seiner Frau deportiert wurde und nicht mehr zurückkam. Während er selbst, der sich in diesem Text zum Versager stilisiert, praktisch gar keine Lebensplanung hatte, auf gar nichts gefaßt war und nach und nach alles, was er besaß, verlor, aber sein Leben – »zwecks bleibender Erinnerung« – behalten konnte.[9] In *Z.Z.* stellt

Drach den Tod seiner nahen Verwandten etwas anders dar – der Cousin habe verzweifelt über die unerträgliche Situation und die Erniedrigungen auf den Wiener Straßen Selbstmord begangen, seine Frau sei später deportiert und vergast worden. Am Abend des 11. März beginnt jedenfalls das Leben auf Abruf: »Damals, das ist in der vorgeschilderten Zwischenzeit«, schreibt Drach, »durfte der Sohn noch von Lebenden Abschied nehmen.«[10]

Zwecks bleibender Erinnerung – diese Worte definieren die Aufgabe, die er sich für sein weiteres Leben stellt. Zwecks bleibender Erinnerung – diese Worte wird er letzten Endes als Rechtfertigung für sein Überleben auffassen. Drachs immer wieder aufs neue versuchte autobiographische Arbeit, seine Besessenheit von Details, seine Neigung, auch in Gesprächen und Interviews wieder und wieder zu rekapitulieren, was geschehen ist, all das ist, denke ich, auch so zu verstehen. In immer neuen Anläufen versucht er, diese Erinnerung festzuhalten.

Der Rückweg von den Todgeweihten nach Hause gestaltet sich für ihn vorerst undramatisch. Am Bahnhofsplatz in Mödling begegnet ihm allerdings – das vermerkt er in Autobiographie wie Roman – ein besonders gut aufgelegter junger Motorradfahrer (so bezeichnet in Z.Z.; in den unveröffentlichten autobiographischen Schriften nennt Drach auch den Namen dieses ehemaligen Prozeßgegners). Ein Rowdy, gegen den er bereits drei Schadenersatzklagen wegen fahrlässiger Verletzung von Fußgängern beim Motorradfahren durchgebracht hat. Nun lacht ihm der Mann ins Gesicht und grüßt ihn mit »Heil Hitler, Herr Doktor!«[11]

»Das war noch ein zarter Zuruf angesichts der so plötzlich veränderten Sachlage, die den Rufer alsbald schnell nach oben, den Beschrieenen aber in die untersten Tiefen bringen sollte. Aber vielleicht war es auch bloß eine Andeutung dessen, was sich schnell ereignen würde (...)«[12] Im Drach-Hof ist die besorgte Mutter noch wachgeblieben und macht den vernünftigen Vorschlag, sofort die

Koffer zu packen und abzureisen, am besten in die Schweiz, aber ihr Sohn kann sich nicht zum Aufbruch entschließen. Wie des öfteren, wenn er nicht recht weiter weiß, flüchtet er in den Schlaf.[13]

Am Morgen des 12. März wirft er einen Blick aus dem Fenster und sieht am Haus schräg vis-à-vis die erste Hakenkreuzfahne. Der Einmarsch deutscher Truppen nach Österreich hat begonnen. Drach dreht den bei seinem Cousin günstig erstandenen Radioempfänger auf:

Die Hörprobe in bezug auf den Rundfunk ergab die akustische Wirklichkeit ungewohnter, gräßlicher Töne, an denen das Gräßlichste, ja Gespenstische eben das schien, daß sie gar nicht neu waren, sondern frisch aus ältesten Gräbern geschaufelt, verfaulte Goldschnittreime gegen die Zeit, mobilisiert aus den letzten Jahrhunderten totaler Unkunst (...)[14]

Derart akustisch vorgewarnt, tritt Albert Drach auf die Straße und möchte es genau wissen. Wie werden die näheren und entfernteren Bekannten in der Kleinstadt – im Grunde kennt hier ja jeder jeden – nun auf ihn reagieren? Als erste begegnet ihm die gute Freundin Berta – sie und ihr Mann, der Schriftsteller Werner Riemerschmid, gehören seit Jahren zu seinen engsten Freunden. Berta Riemerschmid, in *Z.Z.* ihres mächtig imponierenden, germanischen Aussehens wegen nur die »Walküre« genannt (ihr Gatte, aufgrund eines etwas exotischen Einschlags, der »Plattchinese«) trägt bereits gut sichtbar ihr Hakenkreuz. Das hindert sie indes nicht daran, den Freund betont herzlich zu umarmen und zu küssen. Er verzichtet darauf, ihren Kuß zu erwidern. »Die Herausforderung der Öffentlichkeit, die mit der heldischen Geste der Frau beabsichtigt war, blieb übrigens aus. Die Vorübergehenden hatten sich noch nicht gehörig umgestellt, zumindest nicht gegen die ortsansässigen Juden, oder diesen einen, der für alle abgeküßt wurde«, schreibt Drach in *Z.Z.*[15]

Was nicht war, konnte jedoch noch werden. Schon um 5 Uhr früh dieses 12. März, an dem Drach seinen ersten, sondierenden Rundgang macht, hat die SS, repräsentiert durch Himmler und Heydrich, ihre Hand auf Österreich gelegt. Am Nachmittag überschreitet Hitler unter Glockengeläut bei Braunau die Grenze. Vier Stunden später zieht er, vorbei an blumengeschmückten Dörfern und hunderttausenden dicht gedrängter Menschen, in Linz ein.[16] Noch dort läßt er, unter dem Eindruck des begeisterten Empfangs, am 13. März das »Gesetz über die Wiedervereinigung Österreichs mit dem Deutschen Reich« ausarbeiten. Am 14. März ist er in Wien, am 15. wird er von Hunderttausenden auf dem Heldenplatz bejubelt.

In der zweiten Märzhälfte 1938 begehen zahlreiche Persönlichkeiten des politischen und kulturellen Lebens Selbstmord. Einer der ersten ist der Schriftsteller und Kulturphilosoph Egon Friedell, der schon am 16., aus Angst vor der Verhaftung durch die Gestapo, aus dem Fenster seiner Wohnung springt. Drach erwähnt diesen Selbstmord in seiner *Zwischenzeit* sehr lapidar.[17] In einer ersten Verhaftungswelle werden vor allem ehemalige Regierungsmitglieder, Kommunisten und exponierte Juden festgenommen, unter ihnen auch der mit Drach verwandte Generalmajor Sommer.

Sommer, im ersten Weltkrieg vielfach ausgezeichnet, hatte 1932 den »Bund jüdischer Frontsoldaten« gegründet.[18] Er sei, so Drach, als Legitimistenführer vom Kronprätendenten (also dem unter dem Eindruck der dramatischen Entwicklung aktiv gewordenen Otto von Habsburg) allzu offen zum Widerstand aufgefordert worden. Allerdings seien Depeschen von Hitlerleuten abgefangen worden, bevor sie ihn überhaupt erreichten.[19] Vermutlich seiner militärischen Verdienste wegen wird Generalmajor Sommer vorerst wieder freigelassen, aber bald darauf mit seiner Frau nach Theresienstadt deportiert. Am 1. April erfolgt der erste Transport von Österreichern nach Dachau.

Was Albert Drach anlangt, so bleiben ihm vom Einmarsch Hitlers am 12. März bis zur Schließung seiner Kanzlei am 27. April 1938 gerade sechs Wochen. Eine kurze Zeitspanne, und doch mehr, als zu erwarten war. Die *Österreichische Volkszeitung* berichtet schon am 15.3. von einer Verfügung des Justizministers, derzufolge alle jüdischen (und halbjüdischen) Richter und Staatsanwälte ihres Amtes zu entheben, Anwälte und Notare mit einer Berufssperre zu belegen seien.

Folgt man Drachs Rückblick in *Z.Z.* und seinen autobiographischen Schriften, so weigert er sich ganz einfach, in die Defensive zu gehen. Die in ihrer Gefährlichkeit unterschiedlich einzuschätzenden Angriffe auf den zum Freiwild erklärten jüdischen Mitbürger erfolgen auf psychischer und physischer Ebene. Daß ihn gute Bekannte von einem Tag auf den anderen ignorieren, ist zwar kränkend, aber keine unmittelbare Bedrohung. Daß von drei hübschen Schwestern, mit denen er eben noch Eislaufen war, überhaupt nur mehr eine mit ihm spricht, und zwar, um ihm mitzuteilen, daß sie den Kontakt leider abbrechen müsse – »es handle sich dabei nicht um eine Mißachtung seiner Person, aber doch um eine gewisse Reaktion gegen das Judentum, dem er ja leider angehöre« –, empfindet er trotzdem als Tiefschlag, der nur schwer wegzustecken ist.[20]

Außerdem sind da gezielten Racheakte, die dem Anwalt gelten, und die zwar unspezifische, aber umso unberechenbarere Judenhetze. Immerhin wird diejenige der drei Schwestern, die den Kontakt zu ihm wenigstens ordnungsgemäß abgebrochen hat, freundlicherweise noch etwas für ihn tun. Durch ihren Verlobten läßt sie Drach eine Warnung zukommen, als er an einem der nächsten Tage seine Schwester in Wien besucht. Wenn nicht unbedingt nötig, solle er an diesem Abend besser nicht mehr nach Mödling zurückkehren.

Drach läßt sich das nicht zweimal sagen. Er übernachtet ohnehin gern bei der Schwester, die mit ihrem Mann nach Polen abreisen will, um sich um die dortigen Besitzungen zu kümmern. So entgeht er einem ersten gezielten Anschlag auf die Mödlinger Juden. Laut Drach ist die Attacke vom Motorradfahrer organisiert gewesen und hat im besonderen ihn zum Ziel gehabt. Während man ihn nicht findet, werden andere »ortsansässige Semiten«, derer man habhaft wird, auf einem blutigen Fleischerwagen von Mödling nach Wien transportiert. Dort steht dann allerdings kein Transportwagen für die weitere Deportation bereit. Die Koordination zwischen dem spontanen Ausbruch von Volksgewalt und ihrer der neuen Ordnung gemäßen Organisation funktioniert offenbar noch nicht so perfekt wie später. Also muß der Wagen samt Insassen wieder die Rückfahrt antreten, auf der die Mädchen unter den Drangsalierten zum Gaudium des Mobs immerhin in einen kalten Teich geworfen werden. Da sie schwimmen können, werden sie ihr Leben vorläufig retten.[21]

Eines dieser Mädchen wird am nächsten Tag in Drachs Anwaltskanzlei vorstellig, wo er sich tapfer wieder eingefunden hat. Er verspricht, bei der zuständigen Stelle Klage zu führen, und wird in diesem Vorhaben auch von der aufrechten BDM-Führerin Erika bestärkt. Die freut sich einerseits über den enthusiastischen Empfang Hitlers, versichert Drach anderseits, daß er sich durch grundsätzlich mutiges Verhalten gewisse Freunde geschaffen habe.[22] Die unkontrollierten Ausschreitungen gegen Juden, die im nichtdeutschen Ausland einen verheerenden Eindruck machen, entsprechen zwar der nationalsozialistischen Ideologie, sind aber nicht durchgehend im Interesse der Gesamtpartei, gehen dem einen oder anderen Nationalsozialisten vielleicht sogar gegen den Strich.

Sich auf diese wenigen, sollte es sie wirklich gegeben haben, zu verlassen, wirkt in der sich zuspitzenden Situation mehr als fragwürdig. Auch Drachs Schwager und seine Schwester gehen allerdings davon aus, »daß eine schnelle Änderung der Lage im Bereich des Wahrscheinlichen liege«,[23] packen nur das Notwendigste und lassen ihre Wiener Wohnung möbliert zurück. Die Mutter, offenbar mit mehr Gespür für die Dimension der Gefahr, fragt den Sohn wiederholt, ob er wirklich ernsthaft glaube, sich in Mödling halten zu können. »Aber sei es, daß sein Forschungsdrang geweckt war, daß er abwarten wollte, bis sich die Massen zur Entfernung anschickten oder ein Platzwechsel überhaupt gesperrt wurde, er beharrte wider besseres Wissen auf der schlechten Stelle, an der er stand.«[24]

Drachs beharrliches Ausharren erscheint von Tag zu Tag weltfremder. Immer noch scheint er zu glauben, daß er im Grunde unangreifbar sei und einen Sonderstatus genieße. Und das, obwohl er, seit er *Mein Kampf* in den Händen gehalten hat, nur das Schlechteste von Hitler erwartet. Und – sollte er das Buch wirklich gelesen haben – wissen müßte, daß der sogenannte Führer zu allererst den Juden den Krieg zu erklären beabsichtigt.

Hält man die Geschichte mit den Nazis, die nach seinem Anti-Hitler-Stück gesucht haben, nicht nur für einen schlechten Scherz, so muß man – bei allem Respekt vor dem Autor und Zeitzeugen – sagen, daß er dabei mehr Glück als Verstand gehabt hat. Was die Hilfe von Freunden wie den Riemerschmids betrifft, so kann er nicht im Ernst darauf hoffen. Sie empfangen ihn zwar nach wie vor, stellen ihre Anpassung an das Regime als durch äußere Umstände bedingt dar – schließlich gelte es eine Familie zu ernähren –, aber im Ernstfall würden sie wohl kaum einen Finger für ihn rühren.[25] Daß ihm manche, die ihm nicht gerade aus dem Weg gehen, versichern, ihn nach wie vor zu schätzen, obwohl er rassisch nicht »homogen« sei, kann einen Mann von seiner Intelligenz und Sensibilität nicht wirklich beruhigt haben.

Warum also kümmert er sich unter so entwürdigenden wie gefährlichen Umständen nicht schleunigst darum, sich und seiner Mutter die Ausreise zu ermöglichen? Eine

Frage, die er sich später selbst immer wieder stellen wird, ohne eine plausible Antwort zu finden. Viele Juden des Landes können nicht fliehen, weil sie dazu zu arm sind; viele, die eine Möglichkeit zur Ausreise hätten, zögern zu lange. Viele Juden, die fliehen, gehen in die falschen Länder, wo sie erst recht wieder von ihren Mördern eingeholt werden.[26]

Drachs trotziger Umgang mit der existenz- und lebensgefährdenden Realität beinhaltet einen guten Schuß Realitätsverweigerung. Zu seiner Strategie als Anwalt, dem seine Klienten abhanden kommen, gehört, sich auf die gängige Rechtslage zu berufen.[27] Oder auf das, was er nach wie vor dafür hält. Welcher aufrechte Nationalsozialist – daß ein sonst so skeptischer Mensch wie er gerade in diesem Zusammenhang so idealistische Vorstellungen hat, mutet höchst eigenartig an – wird sich schon einen Rechtsbruch oder auch nur unkorrektes Verhalten vorwerfen lassen wollen?

Gleich zweimal wird er – folgt man seinen Texten und seinen mündlichen Auskünften über die diesen Texten zugrundeliegende Erlebniswirklichkeit – aus eigener Initiative im Gestapo-Quartier von Mödling vorstellig, einem Ort, an dem andere Juden wohl kaum freiwillig erschienen wären. Beim ersten Mal verlangt er seine Schreibmaschine zurück, die im Auftrag der örtlichen Parteileitung durch ein Polizeiorgan konfisziert wurde. Er beruft sich dabei auf die militärischen Verdienste seiner Vorfahren und Verwandten, sowie auf seine eigenen Prozesse in Vertretung deutschblütiger Männer, und bekommt das geforderte Schreibgerät tatsächlich wieder ausgehändigt. Womöglich – so mutmaßt er – weil man ihm auf Grund seines ebenso prompten wie entschlossenen Auftretens gute Beziehungen zutraut.[28] Beim zweiten Mal beschwert er sich über die Anbringung eines gelben Plakats unter seinem Anwaltsschild, das seine Kanzlei als »nichtarisches Büro« brandmarkt. Zwar machen ihn die durch den Brustton seiner Empörung halb entwaffneten

Gestapo-Männer darauf aufmerksam, daß sich er und seine Rassegenossen wegen ihrer sittlichen Verkommenheit in einem berechtigten Zustand völliger Rechtlosigkeit befänden, der eloquente Anwalt aber (wiederholt auf diese Geschichte angesprochen, wollte sich Drach auf keinen Fall von seiner Literaturfigur unterscheiden lassen), dieser eloquente Anwalt kontert, daß die behauptete »Rechtlosigkeit einer öffentlichen Anordnung bedürfe, wie auch die Verkommenheit einer einwandfreien allgemeinen Feststellung. Da es aber an beiden fehle, verlange er, was den Gesetzen entspreche, und werde nicht eher davon abstehen, als bis er einen Bescheid erhalte, der eine Begründung im Sinne geltenden Rechts enthalte.«[29]

Nun dürfte die einschlägige, jedem Recht Hohn sprechende Verordnung zwar schon seit dem 15. März in Kraft gewesen sein; jüdische Anwälte wurden schließlich mit Berufsverbot belegt. Aber das hatte sich vielleicht noch nicht flächendeckend herumgesprochen. Die Gestapo-Männer – Drach erinnert sich ihrer pauschal als schwarz gekleideter Angehöriger der SS – beschäftigt vor allem die Frage, wie man den illegitimen Besuch des Juden Drach in ihren heiligen Hallen legitimieren könne. Sie erlauben ihm, das diskriminierende Schild wieder abzumontieren, vorausgesetzt, sein Beispiel würde nicht Schule machen. Zum Schutz vor Nachahmungstätern lassen sie ein Schild vor ihrem Quartier anbringen, auf dem geschrieben steht, daß Juden der Eintritt verboten sei, ausgenommen Dr. Albert Drach.[30]

Don Quijote oder Eulenspiegel, das ist hier die Frage. Beide Modelle funktionieren durch den Überraschungseffekt einer den erwarteten Verhaltsweisen extrem widersprechenden Performance. In Don Quijotes Fall siegt die romantische Naivität, in jenem Eulenspiegels die schalkhafte Frechheit. Welchem der beiden literarischen Typen der Sohn (oder Drach) in diesen Szenen näher steht, ist schwer zu sagen. Wirklichkeit oder Wahrheit, beides oder keins von beiden? Es gibt keine Zeugen mehr, die Drachs aberwitzige Aktionen und Teilerfolge im Kampf gegen die nationalsozialistischen Herrscher belegen könnten. Gut belegt ist allerdings die umfassende Verfolgung der Juden in Mödling. Über manche von ihnen gibt es detaillierte Aufzeichnungen: Der letzte nachweisbare Aufenthaltsort des Rabbiners Schweiger etwa war eine Wiener Sammeladresse in zweiten Bezirk, Ferdinandstraße 31/25. Von dort wurde er am 5. Oktober 1942 nach Minsk deportiert, wo sich seine Spur verliert.[31] Die Stadt Mödling hatte 1934 insgesamt 18730 Einwohner, davon waren gerade 302 Juden.[32] Schon ab Anfang 1936 gab es – das mag mit den Nürnberger Gesetzen vom 15.9.1935 zusammenhängen – im Matrikelbuch »Über die bei der Israelitischen Kultusgemeinde Mödling vorkommenden Geburtsfälle« keine weiteren Eintragungen mehr. Man weiß nicht, ob das eine allgemeine Maßnahme war, um die Neugeborenen zu schützen, oder ob die Eltern vorsichtshalber nicht mehr bereit waren, ihre Kinder eintragen zu lassen. Die letzte Eintragung lautet auf Harry Tauber und ist vom 28. Dez. 1935. Am 27. Mai 1942 taucht dieser Harry Tauber auf einer Deportationsliste nach Minsk auf, da war er gerade sieben Jahre alt.[33] Von den Juden Mödlings sind nach 1945 nicht mehr als etwa eine Handvoll zurückgekehrt.[34]

Einige davon werden es vorgezogen haben, im Ausland zu bleiben; der überwiegende Teil ist umgekommen. Zu den wenigen Rückkehrern wird Albert Drach gehören, der diese Entscheidung zur Rückkehr aber erst nach und nach trifft. So schwer er sich entschließen kann, wegzugehen, so schwer kann er sich später für die Rückkehr entscheiden.

Letzten Endes ausschlaggebend war dann wohl sein Wunsch, sich als Schriftsteller ohne Portefeuille wenigstens den vielleicht überlebenswichtigen Umraum der deutschen Sprache zu erhalten und das Mödlinger Haus zurückzubekommen, das ihm spätestens in der Ferne zur Heimat geworden war. 1948 sperrt er seine Anwaltskanzlei wieder auf, die er zehn Jahre zuvor zusperren mußte. Den alten Drach-Hof nach und nach wieder in Besitz nehmend, durch sein ungebeugtes Auftreten an sich und die Seinen erinnernd, wird er seiner neubau- und verdrängungsbeflissenen Umgebung gleich wieder zum Ärgernis.

Doch zurück in das Jahr 1938. Im April wird die politische Wirklichkeit Drach in doppelter Weise einholen. Einerseits machen sich nationalsozialistische Parteigänger mit der üblichen Konsequenz daran, das Mödlinger Haus zu enteignen; gleichzeitig wird er – wie alle anderen Juden – nun doch zunehmend zum vom nationalsozialistischen Pöbel verfolgten Freiwild.

Die Mutter hat noch die listige Idee, zur Abwehr der drohenden Schikanen ein Heereskommando in das Haus aufzunehmen. Drachs *Blinder Kuh* zufolge versteht man sich prächtig mit dem kommandierenden Oberst und verbringt viel gemeinsame Zeit im Garten, wo man unbelauscht über Hitler herzieht. Nützen wird das aber nichts. Ein aus Albanien zurückgekehrter Nationalsozialist übernimmt die kommissarische Verwaltung der Hauses. Er streift, entweder zu seinen eigenen Gunsten oder denen der Parteikasse, die Mietzinse ein.[35] Drach versucht sich in gewohnter Manier zu wehren, beschwert sich bei der Parteileitung in Wien und engagiert zwei ihm bekannte nationalsozialistische (!) Anwälte.[36] Aber mit so provokant zivilisierten Methoden läßt sich der barbarische Wahnsinn nicht mehr bannen.

Am 26. April wird der aus dem Justizpalast in Wien zurückkehrende Anwalt Drach von einer Menschenmenge vor seinem Haus erwartet. Die folgende Szene, die zur Schließung seiner Kanzlei am folgenden Tag führen wird, hat er in der *Zwischenzeit*, in den *Mißerfolgen*, in der *Blinden Kuh* und in unzähligen Gesprächen immer wieder rekapituliert.[37] Die so hochkomische wie zynische Darstellung in *Z.Z.* macht Drachs auch in der *Unsentimentalen Reise* praktiziertes literarisches Prinzip deutlich. Das Ungeheuerliche wird durch eine Erzählweise unterlaufen, die – gemessen am tragischen Gegenstand – als Regel- und Tabubruch empfunden werden kann und von manchen Rezensenten auch so aufgefaßt wurde.[38] Doch liegt bei Drach keineswegs der gemeinhin angenommene und anerkannte Konnex zwischen Tragischem und Komischem vor. Wolfgang Preisendanz weist das in seinen Humor-Studien, André Fischer in seinem Aufsatz über die zynisch-unschuldige Inszenierung der *Unsentimentalen Reise* nach.[39] Daß Tragisches und Komisches sozusagen zwei Seiten ein- und derselben Medaille seien, mit dieser wenig überraschenden Einsicht ließe es sich bequem weiter lesen und leben. Was in Drachs Texten vorliegt, ist aber im Gegensatz dazu die geistige und sprachliche Verweigerung jeglichen Einverständnisses mit den ungeheuerlichen Ereignissen, die Festschreibung des Faktums, daß man eben nicht damit leben kann, aber trotzdem damit leben muß, ohne eine vernünftige Erklärung zu finden.

Am 26. April 1938 gelingt es dem Anwalt Albert Drach trotz der Menschenmenge, die den Eingang zum Mödlinger Haus verstellt, vorerst in seine Wohnung zu kommen. Er versucht, Ruhe zu bewahren, und setzt sich zum verspäteten Mittagessen. Die Ansammlung vor dem Haus macht sich aber nicht nur von draußen bemerkbar. Bis zur Wohnungstür dringt man schon vor und betätigt stürmisch die Klingel.

In der *Zwischenzeit* beschreibt Drach den anschließenden Sturm auf sein Haus wie folgt:

Obwohl nun ein Teil der etwa einhundertfünfzig Wartenden erst vor dem Haus tobte, während ein anderer Teil bereits im Hof und vor der Wohnungstür Lärm machte, war nicht anzunehmen, daß diese Personen sich mit den bisherigen gelinden Äußerungen ihres Daseins und ihres Unmuts zufriedengeben, sondern daß zumindest einzelne von ihnen, nötigenfalls mit Gewalt, in die Wohnung ein-

dringen würden. Daher hatte sich der Sohn zunächst in das fensterlose Badezimmer begeben, dessen Schnalle von außen verstellt worden war, so daß die Tapetentüre, die dahin führte, nicht sofort als solche erkennbar war. In diesem Schlupfwinkel glaubte er sich vorläufig vor der Menge in Sicherheit, wobei er seiner Mutter die Gelassenheit zutraute, beziehungsweise die Gefahr auflud, mit den voraussichtlichen Eindringlingen zu einem Verhandlungsergebnis, nämlich dem ihres Abzuges, zu gelangen.

In ebendieses Badezimmer hatte der Sohn außerdem das Dessert aus dem Speiseraum mitgenommen, ein aus purer Schokolade von der Mutter liebevoll zubereitetes Festessen, das doch die Verdauung nicht sonderlich behindern sollte.[40]

Eine Stunde lang sitzt der Sohn derart in seinem Verschlag. Drach, immer noch mit dem Dessert beschäftigt, das er nun sogar als »eine Art Lieblingsspeise« bezeichnet, weist darauf hin, daß er »angesichts des zu gewärtigenden Geschehens« dessen ganze Süße kaum auskosten werde. Dann stürmt eine Vorhut der Horde die Wohnung, allerdings den Umweg über die Terrasse nehmend, so daß weder Türen noch Fenster eingeschlagen werden müssen, was – wie der Autor schreibt – »ihrer Aktion den Rahmen der Legalität wahren sollte.«[41]

Der längere Anmarschweg, den sie sich auf diese Weise selbst bereitet hatten, der Gang durch die Leere, die sich wie das Grab des schon dahingegangenen Vaters und das künftige der Mutter ausnahm, dämpfte um ein weniges die Angriffslust der herzhaftesten fünfunddreißig, welche sich zu diesem Gange entschlossen hatte, allen voran als Anführer der Schneider- und der Schlossergeselle, rechts und links flankiert von dem SA-Mann, Bruder des Greißlerdichters, bereits damals achtundzwanzigmal vorbestraft, hauptsächlich allerdings wegen Diebstahls, nur zweimal wegen Gewaltverbrechens (...)[42]

Der Sohn erkennt also einige der ehrenwerten Gesellen, in den unveröffentlichten Texten nennt er auch ihre Namen.[43] Er späht durchs Schlüsselloch des Badezimmers und sieht vorwiegend den Schlossermeister, der sich breitbeinig vor seiner Mutter aufpflanzt. Auch glaubt er zu bemerken, daß der SA-Mann ins Zimmer des Hausmädchens vorgedrungen ist. Da wird ihm klar, »daß sich die Eindringlinge wahrscheinlich mit Sachbeute und nur formaler Bedrohung der Mutter, aber vollständiger Inanspruchnahme des Dienstmädchens begnügen und auf seine Auffindung möglicherweise verzichten würden.«[44]

In diesem Moment fühlt sich der Sohn »als früherer Ehrenmann« verpflichtet, einzugreifen, und das Interesse der Eindringlinge vor allem von dem bedrängten Hausmädchen abzulenken:

Daher öffnete er alsbald die Badezimmertüre, obwohl er in diesem Raume gar nicht vermutet wurde und er der Form halber in den Schubladen der Kommode, in denen er schwerlich Unterkunft hätte finden können, gesucht worden war. Sein Erscheinen unterbrach notwendigerweise die weitere verbale Bedrohung der Mutter, aber auch die schon nicht mehr bloß verbale der Hausgehilfin, die sonst zwangsweise der Gefügigmachung anheimgefallen wäre. Ein wenig aus der Fassung gebracht, standen nun Schlossergeselle und Schneidergehilfe ihm gegenüber und fragten ihn zögernd, warum er sich bisher dem Zugriff entzogen und nicht gemeldet habe.[45]

Es muß wohl angemerkt werden, daß dieses ungemütliche Protokoll der häuslichen Szene, die in dieser Ausführlichkeit nur in Drachs Roman und nicht in seinen unveröffentlichten Texten vorkommt, doch höchstwahrscheinlich vor allem Literatur ist. Literatur allerdings, die den bei Musil erwähnten Möglichkeitssinn auf einen ebenso skurrilen wie schrecklichen Punkt bringt. Dergleichen ist passiert und hätte jederzeit passieren können.

Auch »passieren« ist übrigens ein Wort, dessen in Musils *Mann ohne Eigenschaften* reflektierter Sinn in diesem Zusammenhang noch einmal und anders zu überdenken ist – Ironie als Wesen der Welt- und Literaturerklärung greift hier zu kurz, hier geht nichts einfach vorbei.

Was nun folgt, hat Drach sowohl im Roman als auch in der Autobiographie verarbeitet: im Beisein seiner Mutter, die den Sohn nicht im Stich lassen will und in seiner Erinnerung das Auftreten einer Königin hat, wird er auf die Straße eskortiert. Er soll, so will es der Mob, ein gegenüberliegendes Lokal mit dem Worten »Nur ein Schwein kauft bei Juden ein« beschmieren. Dem Sohn wird eine Leiter aufgeladen, und er erinnert sich an vorbeiflanierende Frauenstimmen, die gegen diese Art der Behandlung protestieren.

In diesem Zusammenhang erhebt sich die Frage, ob es in der Bevölkerung auch Proteste gegen die offene Verfolgung der Juden gegeben hat. Drach sagt dazu in Gesprächen und Texten eindeutig ja. Doch die flüchtigen Gegenstimmen helfen nichts. Ohne Eile steigt der Sohn auf die Leiter und braucht fast allen auf dem Geschäftsschild vorhandenen Platz, um das Wort »Nur« zu malen.

Weil nun aber bereits das erste »N« vom Sohne so groß ausgeführt wurde, daß zu besorgen stand, er werde nicht den ganzen Satz hinbringen, ordnete der Schneider eine kleinere Schreibweise an, worauf das »u« so winzig ausfiel, daß es mit bloßem Auge kaum mehr auszunehmen war. Als daraufhin der Schlosser auch diese Schriftart beanstandete, erklärte der Sohn, möglicherweise nicht ohne Beziehung im Tonfall auf den herrschenden Zeitgenossen, welcher derlei Metier aus früherer Ausübung beherrschte, daß er seinerseits eben kein gelernter Anstreicher sei, daher die einschlägigen Maßstäbe anzuwenden nicht in der Lage sei.[46]

Müßig zu fragen, was damals wirklich geschah, inwiefern die Anspielung auf den Maler und Anstreicher Hitler tatsächlich gewagt oder der Szene, gewissermaßen als Wunschdenken in einer Situation wie dieser, als Exempel widerspenstigen Verhaltens hinzugefügt wurde. Wieder muß man an Eulenspiegel denken, natürlich auch an Hašeks *Schweijk*, literarische Figuren, denen solche Äußerungen entsprechen würden. Schwer zu beurteilen, ob nun Brecht, der vom Anstreicher Hitler dichtet, oder simpel im Untergrund kursierende Witze vom Tapezierer als Führer Drach dazu inspiriert haben. Was der drangsalierte Anwalt Drach damals tatsächlich gesagt, was er wirklich auf das Geschäftsschild des Lederhändlers[47] geschrieben hat, ist nicht mehr recherchierbar, fest steht, daß der Autor stets auf der Faktizität der beschriebenen Ereignisse bestanden, und der von Jürgen Manthey in seiner Rezension von *Z.Z.* durchaus nicht abwertend geäußerten Vermutung, es handle sich um eine Anekdote, heftig widersprochen hat.[48]

Fest steht, nebenbei erwähnt, auch, daß spätestens hier die Behauptung, Drach schreibe in *Z.Z.* nichts anderes als ein Protokoll *gegen* sich selbst, von ihm selbst widerlegt wird. Ein derart couragiertes Verhalten könnte auch vom böswilligsten Ankläger nicht gegen den Sohn gewendet werden. Die realen Nationalsozialisten, die den Sohn und/oder Drach damals bedrohen, haben allerdings ein etwas anderes Rechtsverständnis. Der Vorwurf der Führerbeleidigung hätte ohne weiteres ausgereicht, den Beschuldigten der Gestapo zu übergeben.

Niemand erhebt ihn. Auch kommt vorerst niemand auf die Idee, die durchaus zu erwartende, rabiate Selbstjustiz zu üben. Schlosser und Schneider aus der *Zwischenzeit* (sie könnten auch aus dem *Kasperlspiel* stammen) wollen zwar mit der örtlichen Parteileitung telefonieren, dies aber nur, um anzufragen, was angesichts solchen Verhaltens des für seine Renitenz ohnehin bekannten jüdischen Advokaten zu geschehen habe. Da dort zur Mittagszeit aber nur das mit dem Sohn befreundete BDM-Mädchen und ein Drach wohlgesonnener Ingenieur zugegen sind, wird die sofortige Freilassung des untalentierten Schildermalers angeordnet. Es trifft sich, daß von einem anderen Trupp ohnehin gerade der Facharzt im Ärztekittel herbeigebracht wird. Der muß das Werk fortsetzen, während man den Sohn ziehen läßt.[49]

Am 26. April wurde Albert Drach auf die Leiter gezwungen, am 27. April schließt er seine Anwaltskanzlei. Er verbindet diesen Akt mit einem deutlichen Protest: durch seine Behandlung würde der gesamte Anwaltsstand verunglimpft. Zwei Beamten gegenüber, die er für alte Sozialdemokraten hält, nimmt er sich mit Kritik an Partei und »Führer« kein Blatt vor den Mund. Auf die Frage, wie lange der Spuk seiner Ansicht nach dauern werde, sagt er »Fünf Jahre, wenn die Alliierten klug sein sollten, sonst sieben«. Aber die ehemaligen Genossen sind mittlerweile braune Parteigänger und zeigen ihn bei der politischen Behörde an. Wieder einmal hat Drach unwahrscheinliches Glück. Ein ihm wohlgesonnener Kanzleiangestellter, der die Absenz seines Chefs ausnützt, händigt ihm das Original der Anzeige zur Stellungnahme aus und läßt anschließend alle mit dem Fall zusammenhängenden Papiere verschwinden.[50]

Nun endlich – es muß schon Mai 1938 sein – wird Albert Drach aktiv. Er fährt nach Berlin, mit der Idee, sich mit dem französischen Botschafter André François-Poncet in Verbindung zu setzen. Den Vorwand für die Kontaktaufnahme liefert das Bankinstitut, über das Drachs Mutter ihre Pension bezieht. Da es eine große französische Filiale hat, stellt sich in Zeiten wie diesen die Frage, ob sie ihr Geld – wohl auch im Falle einer Emigration nach Frankreich – nicht von dort beziehen könne.[51]

Der Botschafter steht zwar am Vorabend seiner Versetzung nach Rom, aber der Anwalt aus Wien bekommt noch einen Termin. Drachs Schilderungen seiner Vorsprachen (oder der Vorsprachen seiner literarischen Doppelgänger) bei hohen Herren der Politik folgen immer einem ähnlichen Muster. Er rechnet kaum damit, empfangen zu werden, stellt sich auf eine kurze Redezeit ein, nimmt nicht an, daß er Gehör findet. Dann aber wollen ihn die hochrangigen Politiker oder Diplomaten gar nicht mehr gehen lassen.

In Wien hat er mit dem Justizminister Hammerstein Equord über Literatur parliert, mit François-Poncet redet er frei von der Leber weg über die politische Situation in dem an Deutschland angeschlossenen Österreich. Als nach zehn Minuten der vorbestellte Anruf der Sekretärin kommt, um den Botschafter zu einem dringenden Termin zu rufen, möchte der das Gespräch mit seinem aufgeweckten Besucher fortsetzen. So vergehen, laut Drach, drei Stunden. Allerdings hat auch François-Poncet einiges zu sagen. Zum einen weiß er über noch viel ärgere Ausschreitungen gegen Juden zu berichten, als die, von denen Drach erzählt, zum andern teilt er ihm als erfahrener Diplomat seine Einschätzung der politischen Lage mit. Hitler werde im Herbst das Sudetenland verlangen, aber noch nicht entsprechend gerüstet sein. Die Westmächte würden in diesem Punkt nicht nachgeben, was den Sturz des »Führers« zur Folge haben werde.

Als der Anwalt aus Wien das Büro in der französischen Botschaft zu Berlin verläßt, weist ihn François-Poncet noch darauf hin, daß ihr Gespräch unter vier Augen offiziell nicht stattgefunden habe. Wenn der Besucher sich unvorsichtigerweise einfallen lassen sollte, die privaten Worte publik zu machen, hätte der Diplomat selbstverständlich nichts gesagt, ihn, den Besucher aber, schicke man dann ins Gefängnis.

Fatalerweise fühlt sich Albert Drach nun erst recht bestärkt, noch in Österreich zu bleiben, einem Land, das es nach großdeutscher Lesart gar nicht mehr gibt. Für den Fall, daß die optimistische Voraussage nicht zutreffen sollte und Hitlers Expansionsdrang unaufhaltsam sei, hat ihm der Botschafter allerdings ein Empfehlungsschreiben mitgegeben, das er dem französischen Generalkonsul in Wien vorlegen solle, und zwar nur dem. Dazu müsse er schleunigst französisch lernen – der Botschafter ist ein alle Eventualitäten bedenkender Mann. Deutsch spreche nur der Vizekonsul, von einer Vorsprache bei diesem müsse er abraten.[52]

Nach seiner Rückkunft hat Albert Drach aber Dringenderes zu tun als die Sprache seines bevorzugten Exillandes zu büffeln. Die Probleme um das Mödlinger Haus verschärfen sich. Das Heereskommando beansprucht weitere Räume, was der Familie Drach durchaus recht ist, man hofft so einen ehemals christlich-sozialen, nun jedoch stramm nationalsozialistischen Ingenieur loszuwerden. Der erweist sich aber als durchsetzungsfähiger als das Militär, da er – so Drach in der *Blinden Kuh* – mit dem ebenfalls zuerst dem Ständestaat, nun aber den neuen Machthabern anhängenden Vizebürgermeister befreundet ist.[53] Der Ingenieur beansprucht nun seinerseits die Räume des Heereskommandos, ein Zimmer aus Drachs ehemaliger Kanzlei und drei seiner Wohnräume. Allen Begehrlichkeiten wird stattgegeben. Nach dem Krieg soll just dieser von Drach namentlich genannte Mann Sachverständiger in Rechtssachen bezüglich Schadenersatzforderungen der jüdischen Rückkehrer geworden sein.[54] Auf einer Meldeliste des Drach-Hofs kann sein Name allerdings nicht nachgewiesen werden, da dieses vielleicht in vieler Hinsicht aufschlußreiche Dokument laut Auskunft der Mödlinger Gemeinde nebst anderen Papieren aus der Zeit von 1938 bis 1945 bei einem Brand des Gemeindeamts bedauerlicherweise vernichtet wurde.[55]

1938 versucht man die gutwillige Abtretung der Räumlichkeiten laut Drach übrigens noch durch ein Ehrenwort des Vizebürgermeisters zu erreichen, der verspricht, daß der verbliebene Wohnraum der Familie unangetastet bleiben würde. Kaum ist das Versprechen gegeben, wird es auch schon wieder gebrochen. Ein ehemaliger Kellner erhebt Anspruch auf den Rest des Wohnungsteils von Albert Drach, er steht gut mit der Parteileitung. Als Drach nun gemeinsam mit seiner noch einmal aus Polen zurückgekehrten Schwester zum Bürgermeister geht, um das Ehrenwort des Vizebürgermeisters einzufordern, meint der, daß sein Stellvertreter ein Versprechen, das er als Bürgermeister gegeben habe, als Parteigenosse eben nicht halten könne. Drach kontert, er habe nicht gewußt, daß ein nationalsozialistisches Ehrenwort zwei Seiten habe.

Hat er sich in seiner Wut tatsächlich so unerschrocken und treffend geäußert? Auszuschließen ist das nicht – Drachs pathetische Schlagfertigkeit wird von manchen, die in späteren Jahren mit ihm zu tun gehabt haben, bezeugt. Im Jahr 1938 könnte sie allerdings unabsehbare Folgen haben. Seine Schwester packt ihn an der Hand, führt ihn aus dem Büro des Bürgermeisters und bestimmt, daß er aus Sicherheitsgründen ab sofort zu ihr nach Wien ziehen soll.[56]

In zwei aktenkundigen Fällen ist Drachs widerständige Haltung jedenfalls belegbar. Im ersten handelt sich um die Einreichung des Vermögensverzeichnisses, zu der Anmeldepflichtige jüdischer Herkunft schon bald nach dem Anschluß Österreichs ans Deutsche Reich (Stand vom 27. April 1938) verpflichtet sind. »Ich bin Jude«, heißt es da im Vordruck, »deutscher« (Drach modifiziert: deutsch-österreichischer) »Staatsangehörigkeit.« In seiner Erklärung ist nichts vom devoten Ton, die etwa seine Verwandten in diesem Zusammenhang für angebracht halten.[57]

Im Beiblatt merkt er an, daß von einem eigentlichen Betriebsvermögen am 27. IV. 1938 nicht mehr die Rede sein könne, da aufgrund eines an diesem Tag gefaßten Entschlusses bereits am 28. IV. 1938 auf die Ausübung der Rechtsanwaltschaft verzichtet wurde. Bezüglich seiner Außenstände listet er uneinbringliche und nur im

Prinzip einbringliche auf, bei letzteren handelt es sich um »Forderungen an Klienten, die zahlungsfähig wären, aber ihre Zahlungen nicht leisten und von mir unter den gegebenen Verhältnissen auch nicht gerichtlich belangt werden können«. Unter den gegebenen Verhältnissen. In Klammern stellt er auf lapidare Weise klar, was das bedeutet. Er sei von Seiten früherer Prozeßgegner mit unberechtigten Rückforderungen angegangen und auch auf der Straße überfallen worden. Er sei nicht geneigt, sich weiteren Gefahren von Seiten seiner früheren Klienten auszusetzen.

Drach weist auch darauf hin, daß seine juristische Bibliothek 80 Reichsmark wert sei. Aber nur »unter der Voraussetzung, daß die Gesetze und Kommentare noch brauchbar sein werden.« Im Grunde konstatiert er damit, daß die Nationalsozialisten durch die von ihnen gebilligten Übergriffe und die durch sie verantwortete Gesetzgebung selbst daran schuld seien, wenn bei ihm nichts mehr zu holen wäre. Was den Wert der Bibliothek betrifft, so vergleiche man damit den Preis des Visums nach Frankreich, das ihm schließlich über die Gestapo angeboten wird: sage und schreibe 2500 Reichsmark.

Ein anderes Dokument, datiert mit 19. Oktober 1938, das nach seiner Rückkunft im wiedererstehenden Österreich beim Sturm auf das »Braune Haus« in Mödling gefunden und von Freund Otto Peznek überbracht wurde, belegt auf eindrucksvolle Weise Drachs ebenso raffinierten wie vergeblichen Kampf gegen den Verlust seines Hauses und die grassierende denunziatorische Gemeinheit.

Es handelt sich um einen Bericht des Ortsgruppenleiters, der auf einen bereits vorangegangenen Bericht vom 14. des Monats bezug nimmt. Der neuerliche Bericht sei »veranlaßt durch die Quertreibereien des Juden Drach, der es versteht, sämtliche ihm zur Verfügung stehende Mittel auszunützen, um die von der Kreisleitung bestellte kommissarische Verwaltung seines Hauses Mödling,

Hauptstraße 44, unmöglich zu machen.« Drach habe (was das betrifft, ist seine Provokation offenbar besonders erfolgreich) unter »Inanspruchnahme nationalsozialistischer Einrichtungen und zum Schluß sogar mit Zuhilfenahme von Rechtsanwälten, die Abberufung des Pg. Rumboldt betrieben.«

Parteigenosse Rumboldt (vermutlich der in *Z.Z.* erwähnte, aus Albanien zurückgekehrte Nationalsozialist) soll endlich als nicht nur provisorischer, sondern endgültiger kommissarischer Verwalter des Hauses bestellt werden. Rumboldts Drach belastende Angaben seien, heißt es in dem Schriftstück, durch Angaben des im Hause Drach lebenden Hausmeisters zu erhärten, denen zu Folge Drach in Mödling nicht nur als kommunistischer Hetzer bekannt sei, sondern »fortwährend seine Rassegenossen in großer Zahl« empfange »und mit ihnen allem Anscheine nach Besprechungen« abhalte. Besonders hingewiesen wird auf den Umstand, daß im Hause Drach eine Heeresdienststelle, und zwar die Wehrmeldestelle untergebracht ist. Eine »Überwachung des Juden in Form eines kommissarischen Verwalters« scheint dem Unterzeichner auch »aus militärischen Gründen angebracht (...).«

Die Besitzansprüche auf das Mödlinger Haus verteidigt Drach also bis zum letzten Moment mit Zähnen und Klauen. Doch leben er und seine Mutter spätestens ab August in der Wohnung der Gartenbergs in Wien. Der Schwester ist es gelungen, den Bruder wenigstens aus dem Schußfeld der unmittelbar auf ihn gezielten Mödlinger Aggressionen zu ziehen. In Wien genießt man, jedenfalls im Vergleich zur Kleinstadt Mödling, eine gewisse Anonymität. Zwar ist es hier bereits im März zu besonders rabiaten Ausschreitungen gegen Juden gekommen; Manifestationen »gesunden Volksempfindens«, die sogar den nationalsozialistischen Führern in Berlin gewisse Sorgen machen. Schließlich legt aber selbst der *Völkische Beobachter* Wert auf die Feststellung, daß Deutschland ein Rechtsstaat sei, verlangt die nationalsozialistischen No-

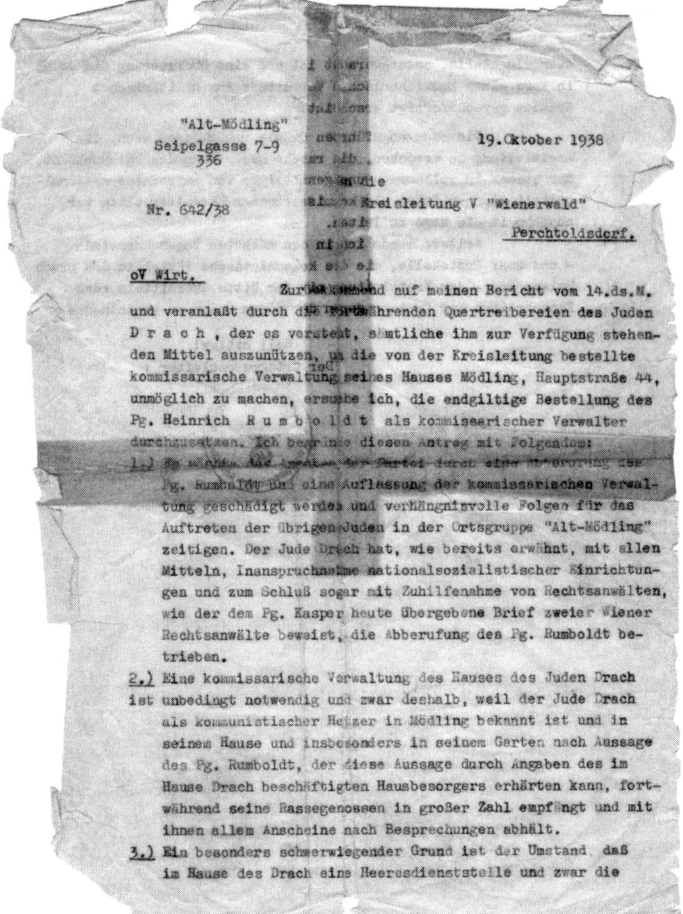

"Alt-Mödling"
Seipelgasse 7-9
336

19.Oktober 1938

Nr. 642/38

An die
Kreisleitung V "Wienerwald"
Perchtoldsdorf.

oV Wirt.

Zurückkommend auf meinen Bericht vom 14.ds.M. und veranlaßt durch die fortwährenden Quertreibereien des Juden D r a c h , der es versteht, sämtliche ihm zur Verfügung stehenden Mittel auszunützen, um die von der Kreisleitung bestellte kommissarische Verwaltung seines Hauses Mödling, Hauptstraße 44, unmöglich zu machen, ersuche ich, die endgiltige Bestellung des Pg. Heinrich R u m b o l d t als kommissarischer Verwalter durchzusetzen. Ich begründe diesen Antrag mit Folgendem:

1.) Es möchte das [illegible] der Partei durch eine [illegible] des Pg. Rumboldt und eine Auflassung der kommissarischen Verwaltung geschädigt werden und verhängnisvolle Folgen für das Auftreten der übrigen Juden in der Ortsgruppe "Alt-Mödling" zeitigen. Der Jude Drach hat, wie bereits erwähnt, mit allen Mitteln, Inanspruchnahme nationalsozialistischer Einrichtungen und zum Schluß sogar mit Zuhilfenahme von Rechtsanwälten, wie der dem Pg. Kasper heute übergebene Brief zweier Wiener Rechtsanwälte beweist, die Abberufung des Pg. Rumboldt betrieben.

2.) Eine kommissarische Verwaltung des Hauses des Juden Drach ist unbedingt notwendig und zwar deshalb, weil der Jude Drach als kommunistischer Hetzer in Mödling bekannt ist und in seinem Hause und insbesonders in seinem Garten nach Aussage des Pg. Rumboldt, der diese Aussage durch Angaben des im Hause Drach beschäftigten Hausbesorgers erhärten kann, fortwährend seine Rassegenossen in großer Zahl empfängt und mit ihnen allem Anscheine nach Besprechungen abhält.

3.) Ein besonders schwerwiegender Grund ist der Umstand, daß im Hause des Drach eine Heeresdienststelle und zwar die

Schreiben des Ortsgruppenleiters an die Kreisleitung »Wienerwald«, das Drachs Denunziation durch den Hausmeister und seinen vergeblichen Kampf um das Mödlinger Haus belegt. Ergangen sechs Tage vor seiner Emigration

menklatur eine ordnungsgemäße Enteignung im Interesse des Staates und nicht eine unkontrollierte Aneignung wildgewordener Untertanen.[58] Die Reichskristallnacht ist noch nicht da, die Judensterne als für jeden Passanten sichtbares Diskriminierungssymbol werden erst später eingeführt, unter der Voraussetzung vorsichtigen Auftretens sind Leute wie die Drachs und die Gartenbergs nicht ohne weiteres als Juden erkennbar.

Seinem Naturell widersprechend scheint sich Drach in dieser heiklen Phase vorsichtig verhalten zu haben. Er denkt jetzt immerhin schon an Ausreise, aber um mit heiler Haut davonzukommen, braucht er ein Visum. François-Poncets Rat folgend ist er auf der französischen Botschaft vorstellig geworden, gerät aber, des Französischen noch in keiner Weise mächtig, prompt an den Vizekonsul. Dieser Baron Hulot ist überraschend freundlich und stellt ihm ein Visum binnen Monatsfrist in Aussicht, als Drach aber nach vier Wochen wieder bei ihm auftaucht, hat sich die Freundlichkeit aufgehört, der Vizekonsul erinnert sich nicht an sein Versprechen und wirft sogar des Empfehlungsschreiben François-Poncets in den Papierkorb.[59]

François-Poncet selbst ist zu diesem Zeitpunkt schon in Rom und kehrt 1940 in den französischen Nationalrat zurück. 1943 wird er von den Deutschen deportiert und bis 1945 festgehalten. Trotzdem wird er sich als französischer Hochkommissar in der Bundesrepublik Deutschland und später als Botschafter in Bonn besonders für die französisch-deutsche Aussöhnung einsetzen. Über seine Berliner Zeit von 1931 bis 1938 wird er ein Erinnerungsbuch schreiben.[60]

Was seine Einschätzung der politischen Lage von 1938 betrifft, auf die sich Drach allzu sehr verlassen hat, so hat er leider nicht Recht behalten. Am 23. September 1938 verlangt Hitler bei einem Treffen mit dem englischen Außenminister Chamberlain ultimativ die Gebietsübergabe des sudetendeutschen Teils der Tschechoslowakei.

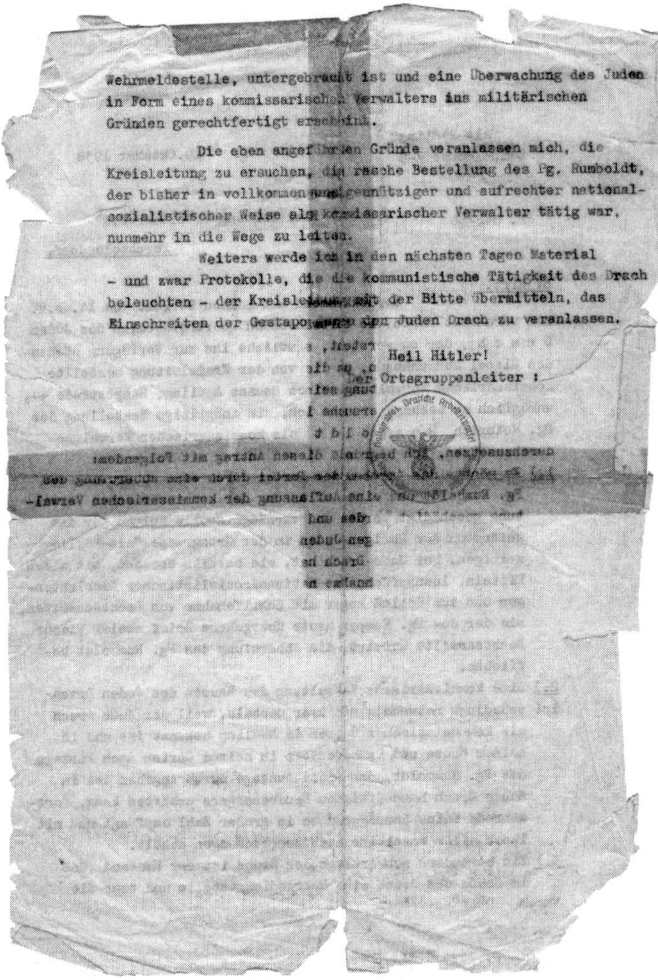

Wehrmeldestelle, untergebracht ist und eine Überwachung des Juden in Form eines kommissarischen Verwalters ins militärischen Gründen gerechtfertigt erscheint.

Die eben angeführten Gründe veranlassen mich, die Kreisleitung zu ersuchen, die rasche Bestellung des Pg. Rumboldt, der bisher in vollkommen uneigennütziger und aufrechter nationalsozialistischer Weise als kommissarischer Verwalter tätig war, nunmehr in die Wege zu leiten.

Weiters werde ich in den nächsten Tagen Material – und zwar Protokolle, die die kommunistische Tätigkeit des Drach beleuchten – der Kreisleitung mit der Bitte übermitteln, das Einschreiten der Gestapo gegen den Juden Drach zu veranlassen.

Heil Hitler!

Der Ortsgruppenleiter :

Am 26. September beteuert er, daß nach der Erledigung der Sudentenfrage durch das Deutsche Reich keine territorialen Forderungen mehr gestellt würden, anläßlich der Münchner Konferenz am 29. September stimmen Mussolini, Chamberlain und Daladier der Übergabe der Sudetendeutschen Gebiete bis 10. Oktober zu, aber schon am 1. Oktober marschieren deutsche Truppen in die sudetendeutschen Gebiete ein.

Nun wird es eng für Drach. Baron Hulot läßt ihm durch einen Gestapomann ein Visum um 2500 RM anbieten. François-Poncet hat schon gewußt, warum er ihn vor diesem Mann gewarnt hat. Ein Sohn Viktor Adlers wird übrigens die viel weiter reichende Kollaboration Hulots mit der geheimen Staatspolizei nachweisen.[61] Drach kann oder will sich dieses Visum nicht leisten. Mit tätiger und finanzieller Unterstützung seiner Schwester ergattert er immerhin ein Durchreisevisum für Jugoslawien. Um es zu bekommen, muß er allerdings ein Visum sowie den Fahrschein oder die Schiffskarte in ein anderes Land vorweisen. Bei der afrikanischen Botschaft der Republik Liberia ist so ein Paket am billigsten zu kriegen. Nach Jugoslawien sind übrigens Facharzt und Facharztgattin vorausgereist, das ist immerhin eine Perspektive, dort wird man sich bald wieder sehen.

Das letzte gemeinsame Abendessen nehmen Drach, seine Mutter und seine Schwester in der gediegenen Gastwirtschaft »Zum grünen Anker« ein, die sich rassistischen Auflagen verweigert. Die Mutter und der Sohn sind sehr schweigsam, die Schwester gegen ihre sonstigen Gepflogenheiten übertrieben munter drauflos plaudernd.[62] Sie schlägt der Stiefmutter vor, mit ihr und ihrem Gatten in das Land zu emigrieren, in dem Alexander Gartenberg, zumindest dem Grundbuch nach, zu Hause ist. Durch die Heirat mit ihm ist übrigens auch Alma selbst polnische Staatsbürgerin – also auf nach Polen.

Abgesehen davon, daß Jenny Drach überhaupt nicht nach Polen will, zeugt Almas Vorschlag – falls er ernst gemeint war und sich Albert richtig erinnert – von einer schier unglaublichen politischen Naivität. Nicht nur, daß das deutsche Reich schon 1938 verstärkten Druck auf Polen ausübt – so wird beispielsweise die Angliederung Danzigs verlangt – zeigt auch das offizielle Polen in dieser Situation nicht die geringste Neigung, Juden aus Deutschland aufzunehmen. Es hat sogar ein unverhohlenes Interesse daran, seine eigenen jüdischen Staatsbürger loszuwerden. Bereits im März 1938 hat die polnische Regierung zehntausenden Polen im Ausland, darunter fünfzigtausend Juden in Deutschland, die polnische Staatsbürgerschaft entzogen, um ihre Repatriierung zu verhindern.[63]

Anfang Oktober 1938 muß das Auswärtige Amt des Dritten Reichs bei einer Zählung feststellen, daß der Anschluß Österreichs die Vertreibung der Juden aus Deutschland mehr als wettgemacht hat. Ist seit dem Amtsantritt Hitlers 1933 die Zahl der jüdischen Staatsbürger von 520 000 auf 350 000 gesunken, so sind durch die Einverleibung Österreichs 190 000 Juden hinzugekommen. Zehn Prozent aller Juden im deutschen Machtbereich sind polnischer Nationalität. Am 6. Oktober 1938, also fast drei Wochen vor Alberts Abreise, erläßt die polnische Regierung eine Verordnung, die den Inhabern polnischer Pässe nach dem 29. Oktober den Grenzübertritt verwehrt, sofern sie nicht einen amtlichen Prüfungsvermerk erhalten haben.[64] Auch wenn die Gartenbergs als Besitzer von Ölquellen vermutlich über einen derartigen Amtsvermerk verfügen – wie könnten sie Jenny Drach, die ja gar keine polnische Staatsbürgerin ist, einfach mitnehmen?

Unabhängig davon, daß die Möglichkeit einer Ausreise nach Polen für Frau Drach de facto nicht bestand, hätte sie wohl selbst dann nicht in das Land ihres Schwiegersohns und ihrer Stieftochter gewollt, wenn es sich um die neutrale Schweiz gehandelt hätte. Sie will – wohin auch immer – mit ihrem Sohn gehen oder zumindest von ihm dorthin nachgeholt werden. Dieser Sohn aber hat beschlossen, sie zurückzulassen. Einerseits aus der realitätsfremden Idee heraus, durch die mütterliche Präsenz die Besitzrechte auf das Mödlinger Haus weiterhin aufrechtzuerhalten, anderseits aus einem Konglomerat von Gründen, über die er sich später immer wieder klar zu werden versucht.

Ein Jahrzehnt nach seiner Flucht, als Albert Drach nicht zuletzt deshalb nach Österreich zurückkehrt, um seine Ansprüche auf das Haus in Mödling geltend zu machen, das zuerst von den Nationalsozialisten, dann von den russischen Besatzern konfisziert wurde – nachdem er selbst die Jahre der Verfolgung und der Drach-Hof den Krieg überstanden hat, wird er jedenfalls vor sich selbst die Fiktion aufrechterhalten, daß dieses Haus von seiner Mutter unter Einsatz ihres eigenen Lebens gerettet worden ist. Tatsächlich gibt es 1938 nichts mehr zu retten. Schon am 11. November 1938, also nicht einmal einen Monat nach Drachs Ausreise, wird die letzte Wohnung, die den Eigentümern des gesamten Anwesens in Mödling noch verblieben war, mit allen darin befindlichen Wert- und sonstigen Sachen, von der SA versiegelt. Jenny Drach darf ihren Fuß nicht mehr über die Schwelle des Hauses setzen, das nicht zuletzt mit ihrem Geld erworben worden war.

Sie muß in die Heinestraße 40/II/12a im zweiten Bezirk umziehen, immerhin kein Massenquartier, sondern eine Wohnung, die ihr, wie anderen auf die Straße gesetzten Juden, vermutlich von der Israelitischen Kultusgemeinde zugewiesen wird;[65] 1939 wird die Heine-Straße von den Nationalsozialisten in Schönerer-Straße umbenannt.

»Vielleicht erkennen wir einander nur richtig in einem Licht von Abschied«. Das schreibt Ilse Aichinger in ihrem Text *Die Vögel beginnen zu singen, wenn es noch finster ist.*[66] In diesem Licht hat Albert seine vergeblich um das Haus kämpfende und zu Recht um ihren Sohn bangende Mutter im Moment des Scheidens sicher nicht gesehen. Der Versuch, sie und in Beziehung zu ihr sich selbst zu erkennen, erfolgt erst im sehr viel späteren Rückblick.

ZWEITER TEIL
1938–1946

Der Emigrant

1. BEGINN DER EMIGRATION

SPLIT

Am 25. Oktober 1938 begleiteten mich meine Mutter, meine Schwester Clementine und mein Freund Dr. Pries zum Bahnhof. Ich erinnere mich mit Schaudern der Umarmung der Mutter, die ich nicht mehr sehen sollte. Und die dies auch richtig voraussagte. Mein Freund Dr. Pries wagte es, bis zum letzten Augenblick bei mir zu bleiben und trug meinen schweren Koffer bis zum Gepäckswaggon.[1]

Der wahrhaft gute Freund trug noch auf seinem Rücken den schwersten, mit Büchern angefüllten Koffer des Sohnes zum Gepäckswagen, als sich kein Träger fand, der dies besorgt haben würde. Das leichteste Gepäck nahm der Kontrolleur in Empfang. Während die mit der aufgegebenen Bagage Beschäftigten abwesend waren, umarmte die Mutter, einer plötzlichen Eingebung folgend, kurzfristig den Sohn, während die Tochter wegsah. Dabei erklärte ihm erstere ungeachtet bisheriger Beherrschung, daß sie ihn kaum wiedersehen werde. Der Sohn ahnte zwar, daß sie die Wahrheit sprach, widersetzte sich aber dem ungewohnten Kuß, als wäre er durch diesen in seiner Männlichkeit verletzt. Daß er an dem Schicksal der Zurückgelassenen irgendeinen Anteil nehme, dafür fand sich kein Zeichen in seinen Gebärden und Mienen, geschweige dann, daß er ein solches Mitgefühl selbst durch Worte geoffenbart oder auch nur vorgetäuscht hätte.[2]

Auf dem Wiener Südbahnhof allerdings war seine kranke Mutter zurückgeblieben. Sie, sonst nie zu besonderer Zärtlichkeit aufgelegt, war ihm noch gewaltsam um den Hals gefallen, wie um das ganze Gewicht der Verantwortung für ihre Preisgabe auf ihn zu laden, und hatte erklärt, daß sie einander nie mehr wiedersehen würden.[3]

Albert Drach hat den Abschied von der Mutter und den Beginn seiner Emigration immer wieder beschrieben. Am unterkühlt-prägnantesten in der *Unsentimentalen Reise*, die Schuldgefühle des Sohns ausführlich reflektierend in *Z.Z. Das ist die Zwischenzeit*, den emotionalen Druck der Mutter auf den Sohn thematisierend in dem unveröffentlichten Text *Aus*, der um 1982 entstanden ist. Auch die späte Autobiographie *Blinde Kuh* enthält die Szene der Trennung, erzählt, was davor und was danach geschah.[4]

Literarisch-ästhetisch gebändigt hat er die Darstellung seines Abschieds und des Überlebens in der Emigration am überzeugendsten im veröffentlichten Werk. Was aber den historisch-persönlichen Hintergrund der Fluchtbewegung betrifft, die teils zufälligen, teils mit Geschick herbeigeführten Bedingungen des Überlebens, die wahren Daten und die richtigen Namen, so sind die unveröffentlichten Nachlaßtexte eine Fundgrube für Biographen, Historiker und Sozialwissenschaftler.[5] Hier rekonstruiert Drach seine neun Jahre andauernde Odyssee ohne Rücksicht auf gestalterische Gesichtspunkte, läßt der Erinnerung ihren assoziierenden, manchmal redundanten Lauf. Hier versucht er fast bis zum Ende seiner Tage, sich des physischen und psychischen Überlebenskampfes zu vergewissern, immer noch auf der Suche nach einer Lebensberechtigung und einer Identität, die ihm von den zu »Herrenmenschen« mutierten Verfolgern abgesprochen worden war.

Schreiben hat für Drach immer schon Überleben geheißen, wir erinnern uns an die als Überlebensimpuls permanent heraufbeschworene Wasserleiche. Nun aber, in und nach der unmittelbaren Todesgefahr, bekommt der schöpferische Akt eine neue Qualität. Er ist sowohl reduziert als auch auf eben dieses Wesentliche konzentriert. Allerdings hat Überleben (in einer ersten Schicht) mit Leben nur mehr wenig zu tun – es heißt vor allem, gegen die hochprozentige Wahrscheinlichkeit, nicht gestorben zu sein, und mit der Tatsache des eigenen Überlebens irgendwie umgehen zu müssen.

Mit der Drachs ursprünglichen Angaben gemäß schon 1946/47 geschriebenen *Unsentimentalen Reise*, einem der wenigen Werke der Exilliteratur, in dem – wie André Fischer schreibt – die Mischung aus historischer Fundierung und artistischer Verarbeitung gelungen ist, war der Versuch, dieses Überleben durch seine schriftstellerische Darstellung anzunehmen, zu akzeptieren, offenbar noch lang nicht abgeschlossen.[6] Nicht nur, daß er – in späteren Interviews eingestanden und durch im Nachlaß erhaltenen Typoskripte belegbar – tatsächlich viel länger an diesem Text gearbeitet und ihn erst unmittelbar vor dem Erscheinen fertiggestellt hat. Auch nach der Publikation des Berichts, 1966, legt er das Thema nicht ad acta, im Zuge seiner groß angelegten autobiographischen Versuche packt er es immer wieder von neuem an.

Warum ist es neben allem, was er sonst schreibt, immer wieder sein Leben und Überleben, das er in unterschiedlichen Formen rekapituliert, immer wieder die Verfolgung, die auch in den zeitlich ganz anders situierten Texten immer wieder thematisiert wird? Bei kontinuierlicher Lektüre seines veröffentlichten und unveröffentlichten Werks gewinnt man den Eindruck, daß die geglückte ästhetische Verarbeitung in der *Unsentimentalen Reise* keineswegs mit persönlicher Bewältigung gleichzusetzen ist. Wann, wie und wo immer Drach auf seine Verfolgung zu sprechen kommt, niemals hat er es für möglich oder anstrebenswert gehalten, die infame Gefährdung von Leib und Leben, den ebenso barbarisch brutal wie penibel bürokratisch in Angriff genommenen Zerstörungsversuch jeder dem Menschen sonst als selbstverständlich zugestandenen Existenzgrundlage zu »bewältigen«. Gegen niemanden hat er in diesem Zusammenhang schärfer polemisiert als gegen die Sinnsucher unter den überlebenden Opfern, etwa den österreichischen Psychiater und Gründer der Logotherapie und Existenzanalyse Viktor Frankl.[7] Dem Mord und dem Leiden einen auch nur individuellen Sinn zu geben, das war für Drach unentschuldbare Dummheit oder hinterhältiger Verrat.

Da war seiner Ansicht nach nichts, was man guten Gewissens hätte bewältigen können. Da war vor allem auch nichts, was das eigene Davonkommen dem millionenfachen Sterben gegenüber gerechtfertigt hätte. Die jungen, Horah[8] tanzenden Menschen im Auslieferungslager Rives Altes, unter ihnen die blühende sechzehnjährige Lisbeth, die er fast noch verführt hätte, bevor er sich darauf besinnt, eine so gut wie Tote nicht zu mißbrauchen, der »posthume Vater« Stiglitz, der wohl vergebens darauf hofft, einmal für sein eben erst gezeugtes Kind sorgen zu können, ja selbst der eitle Dr. Honigmann, der glaubt, mit fragwürdigen Atouts in seinem Blatt doch noch durchzukommen – alle diese Todeskandidaten werden ihm nachträglich in gewisser Weise überlebenswürdiger erscheinen als er selbst.[9]

Und doch will er unbedingt überleben und hat, wie er in der *Unsentimentalen Reise* schreibt, nie die Absicht, das ihm zugedachte letale Ziel zu erreichen. Als er aber definitiv überlebt hat, weiß er – wie viele andere, die mit knapper Not ihre Haut haben retten können – nicht mehr, warum und zu welchem Ende.[10] »Ich war so verändert«, pflegte noch der Neunzigjährige zu sagen, und haderte mit einer in der Emigration manifest gewordenen seelischen Verhärtung. Einer Verhärtung, die ihm schließlich sogar die geliebte Schwester entfremdet hatte – davon wird noch die Rede sein.

Jedenfalls scheint es – Drach hat das immer wieder so gedeutet –, als ob der seelische Rückzug aus persönlichen Bindungen, der rücksichtslose Alleingang, eine Bedingung seines Überlebens und des daraus resultierenden Schuldgefühls gewesen wären. Dieser Rückzug beginnt mit dem zu Beginn des Kapitels in drei verschiedenen Versionen zitierten Abschied von der Mutter. All die Ungeheuerlichkeiten, die auf Drach und seinesgleichen zukommen, stehen am 25. Oktober 1938, als er am Südbahnhof in den Zug steigt, noch etwas vage am Horizont. Sein Bedauern, ein Land zu verlassen, in dem er offenbar nicht mehr erwünscht ist, hält sich in Grenzen.

Am Abend nach dem letzten gemeinsamen Restaurantbesuch, es ist der 25. Oktober, gerade zwei Wochen vor der »Reichskristallnacht«, wird der Sohn, Bruder, Freund, von Mutter, Schwester und dem treuen Otto Peznek auf den Wiener Südbahnhof begleitet.[11] Er hat die den Juden für die Ausreise genehmigten dreißig Reichsmark in der Tasche und einen deutschen Paß mit dem verfänglichen Judenstempel. Angeblich hat man ihm sogar noch freigestellt, ob er dieses »J« wirklich in seinen Paß gestempelt haben möchte. Aber er, der korrekte Anwalt Drach, habe die diesbezügliche Frage für eine Falle gehalten.

Um was für eine Falle hätte es sich von seiten der nationalsozialistischen Behörde denn handeln können? Was wäre passiert, wenn Drach ohne dieses »J« ausgereist wäre? Den Nationalsozialisten war es damals Ende 1938 bis zum Ende des ersten Kriegsjahrs nach dem Einmarsch in Polen am 1.9.1939 mehr als genehm, wenn die Juden ihre Heimat unter Zurücklassung ihres Vermögens verließen. Man wollte sie, mit oder ohne »J«, bestimmt nicht aufhalten. (Die sogenannte »Endlösung der Judenfrage« wurde erst auf der Wannseekonferenz am 20.1.1942 beschlossen.)

Daß es im Jahr 1938 für Menschen jüdischer Herkunft unproblematisch war, aus ihrer ans Deutsche Reich angeschlossenen Heimat Österreich auszureisen, soll hier natürlich nicht behauptet werden. In Wien war es auf Grund des besonders brutalen Vorgehens gegen Juden nach den Einmarsch Hitlers zu einem regelrechten Auswanderungsstau gekommen, zu dessen Bewältigung der Reichskommissar Bürckel am 26. August 1938 eine »Zentralstelle für die jüdische Auswanderung« ins Leben gerufen hatte.[12] Daß es in dieser Zentralstelle – im ehemaligen Palais der Rothschild-Bank in der Prinz-Eugen-Straße – des öfteren zu extremen Demütigungen der Ausreisewilligen gekommen ist, die sich etwa selbst als Betrüger oder Gauner bezichtigen mußten, um ohne gröbere Mißhandlungen endlich zu ihren Formularen zu kommen, ist dokumentiert. Aber die mit aller unverschämten Effizienz um Geld und Gut gebrachten ehemaligen Mitbürger wegen bürokratischer Formfehler im Land behalten, das wollten die von Österreichern zu Ostmärkern mutierten Landsleute in den ersten Monaten nach dem Anschluß noch kaum.

Der Mann, der Drach fragte, ob er ihm wirklich das »J« in den Paß stempeln sollte, könnte ein relativ wohlmeinender Mensch gewesen sein. Aber Drach traut ihm nicht. Und wem ist in Zeiten wie jenen schon zu trauen?

Er entscheidet sich also für das »J« – er ist Jude –, er kommt noch nicht auf die Idee, das zu verleugnen. Später wird er erfahren, daß ausgerechnet die »humane« Schweiz diese Kennzeichnung verlangt hat – auch im Land der freiheitsliebenden Eidgenossen sind jüdische Flüchtlinge unwillkommen.

Drach hat ein Durchreisevisum für Jugoslawien, er hat die teure, von der Schwester finanzierte Schiffskarte nach Liberia, er hat seine Vermögenserklärung hinterlassen. Er ist also – in der Terminologie derer, die ihn und seinesgleichen loswerden wollen – ein »ordnungsgemäß Ausgewanderter«.[13] Seine politisch nicht sehr weitblickende, aber praktisch-beherzte Schwester hat dennoch flankierende Maßnahmen ergriffen. Für alle Fälle hat sie den

Zugbegleiter großzügig bestochen, damit ihr Bruder sein vorläufiges Ziel möglichst unbehelligt und ungefährdet erreicht, darüber hinaus ist es ihr gelungen, eine nicht unerhebliche Summe Geldes nach Split zu transferieren.

Nach dem seinerseits forciert unsentimentalen Abschied steigt Drach in den Schlafwagen, läßt sich vom Rhythmus des durch die Nacht fahrenden Zuges narkotisieren und fährt ins Ungewisse. Ohne Zweifel sieht er in dem erzwungenen Ortswechsel auch ein Befreiung, vielleicht eine Fügung. Die Anwaltskanzlei läßt er gerne zurück, an der Mutter hängt er mit Schuldgefühlen, die ihn belasten und somit von ihr distanzieren. Die Aussicht, nun endlich, wenn auch unter Umständen, deren Traurigkeit er vorläufig nicht realisieren will, von mütterlichen Obhut befreit leben, lieben und vor allem schreiben zu können, erscheint ihm durchaus attraktiv.

Die neue Freiheit droht allerdings schon beim Umsteigen in Zagreb ihr vorzeitiges Ende zu finden. Der Zollwachebeamte inspiziert Drachs Paß, entdeckt das hineingestempelte »J« und verweist darauf, daß Juden die Weiterfahrt untersagt sei – sie hätten sich ausnahmslos in Zagreb zu sammeln. Drach erkennt den Ernst der Lage, versucht zu streiten, aber als der Beamte seinen Paß nicht mehr herausrückt, springt er ohne das kompromittierende Dokument in den abfahrenden Zug nach Split. Dank initiativ- zupackender Mitreisender kann er dabei sogar die zwei Koffer mitnehmen.[14]

In Split wird er von der Facharztgattin und ihrem Gatten vom Bahnhof abgeholt und in ein Quartier gebracht, das sie für ihn organisiert haben. Ein geräumiges Zimmer in einem Haus, das, wie Drach, historisch gebildet, bemerkt, aus den Zeiten des Diokletian stammte könnte. Nun befindet er sich zwar in vorläufiger Sicherheit, aber ohne erforderliches Ausweisdokument. Die folgenden Tage vergehen mit dem Versuch, sich ein solches sowie Geld für die Weiterreise zu beschaffen.

Die vorsorgende Schwester hat ihm Adressen einflußreicher Leute mitgegeben, die er in diesen Angelegenheiten heimsucht. Es trifft sich, daß ein Honoratiorenehepaar, das ihn freundlich empfängt, einen bei der lokalen Polizei einflußreichen Sohn und dieser wieder eine aparte Gattin hat. In *Z.Z.* nennt sie Drach die schöne Montenegrinerin und kann nicht umhin, die erotische Spannung zu beschwören, die sich unweigerlich zwischen ihm und ihr ergibt. Doch gehört sie zu der Kategorie Frauen, bei denen er sich bei aller simplen sexuellen Zielstrebigkeit, deren er sich sonst brüstet, etwas zurückhält; außerdem ist sein Begehren im wesentlichen auf die Facharztgattin konzentriert. Insgesamt treibt das Finale des *Zwischenzeit*-Romans den tragikomischen Zynismus, der sich durch das ganze Buch zieht, auf die Spitze. Während die Mutter daheim eine Vorladung von der Kreisparteileitung erhält und dort Drohungen und Beschimpfungen über sich ergehen lassen muß, weil sie keine Auskunft über den Verbleib des Sohns gibt – eine Szene, die sie ihm in einem Brief schildert, den er, da sie ihn nicht abzuschicken wagt, erst nach seiner Rückkehr aus der Emigration in einem der wenigen im Haus verbliebenen Möbelstücke auffindet –, versucht dieser endlich mit der Facharztgattin ins Bett zu kommen.[15] Ein immer noch ungestilltes Bedürfnis, dessen Befriedigung er sich jedoch auch nicht völlig ungehemmt widmet. Hat er doch das Verbot der Mutter im Hinterkopf, sich mit einer verheirateten Frau einzulassen, und ihre absurde Drohung, daß ausgerechnet das ihren Tod herbeiführen würde. Zwischendurch verschafft ihm der Mann der schönen Montenegrinerin einen Termin bei der Polizei. Dort bekommt er seinen Paß und die Aufenthaltsbewilligung bis zum Ablauf des Sichtvermerks, allerdings entlockt ihm der Kommissar dafür den Namen der Leute, die seine Unterbringung vorbereitet haben. Man sucht und findet den Akt des Facharztes, man stellt fest, daß dieser es verabsäumt hat, die Aufenthaltsgenehmigung für sich und seine Frau zeitgerecht zu verlängern.[16] So wird der Sohn hier schon dem Namen gerecht, den ihm Drach im Emigrationsbericht *Unsentimentale Reise* geben wird: er hat für die Leute, die ihn im weitesten Sinn des Wortes in ihr Nest aufnehmen, etwas von einem Kuckuck.

Eine völlige Entflechtung der hier literarisch pointierten Geschichte von den unveröffentlichten autobiographischen Berichten ist kaum möglich. Mit unerheblichen Abweichungen erzählen sie dasselbe. Auch Drachs mündliche Erzählungen sind immer wieder auf diese Schiene geraten. Fest steht, daß Drachs in Split neu ausgestellter Sichtvermerk für Jugoslawien ein Monat Gültigkeit hatte.

Folgen wir seiner Darstellung auf den letzten Seiten der *Zwischenzeit*, so müssen der Facharzt und seine Gattin noch vor ihm aus Jugoslawien ausreisen. Doch kommt es unmittelbar vor der Abreise der Blondine und ihres Gatten nach Amerika endlich zum Liebesakt. Skurril genug: während der ungehorsame Sohn und die Facharztgattin es im Doppelbett treiben, rasiert sich der Gatte, der eigentlich in dieses Bett gehört, im Badezimmer. Eine Szene, die in Woody Allens Film *Was Sie schon immer über Sex wissen wollten* passen würde:

Allerdings war von dem Bette aus, in das sich beide zugleich begaben, mit einem Fuß die Tür zuzuhalten, bis auf einen Spalt, durch den man mit dem Facharzt während der Hingabe und Hinnahme, das heißt seiner durch keine sonstige Enthaltungsmaßnahme beschränkten Hörnung, Konversation pflegen konnte, damit er glaubte, daß das Letzte nicht geschehe, bei dem man wenig oder nichts zu sprechen pflegt. Beide hatten sicher niemals unter so ungünstigen Bedingungen einen vollkommenen Genuß erlebt, den sie sich mit Leichtigkeit schon früher und viel bequemer hätten verschaffen können.

Auf dem Weg nach Hause begegnete der Sohn der Montenegrinerin, die sich erbötig machte, ihm beim

Generalkonsul für Frankreich im Bedarfsfalle ein Visum zu verschaffen, das nur sie und niemand sonst erlangen könne, denn der Generalkonsul sei ein geschworener Feind aller Emigranten. Der Sohn nahm ihren Vorschlag an, auch die Einladung für einen der nächsten Tage.[17]

2. WEITERFAHRT

TRIEST—PARIS

Der erste Schweinehund, der mir in der Fremde begegnete, war ich selber. Ich war zwar immer ein Versager gewesen und hatte nie die geringste Anlage zu etwas Schlimmeren. Auch habe ich immer eine Seele gehabt, als andere sehr gut ohne eine solche auskamen. Nur eines Nachts ist sie von mir gegangen, ganz unbemerkt. Es hat sie niemand gestohlen, sie war von selber davongegangen nach nirgendshin und ist auch nie gefunden worden.[1]

Mit Ablaufdatum des Durchreisevisums muß Albert Drach Kroatien am 25. November 1938 verlassen. Um die ordnungsgemäße Ausreise sicherzustellen, wird er durch einen auf der Plattform seines Waggons postierten Gendarm von Split nach Triest eskortiert. Man will offenbar verhindern, daß er noch im Lande aussteigt und untertaucht.[2] In der altösterreichischen Hafenstadt bleiben ihm einige Stunden Zeit, bevor er in den Zug Richtung Paris umsteigen kann.

Diese Stunden verbringt er mit seinen beiden Koffern, die er lieber nicht am Bahnhof deponieren will, auf der Piazza dell'Unita d'Italia. Und er hat Gelegenheit, zu rekapitulieren. Seine bisherige Lebensspanne umfaßt die letzten Jahre der Monarchie, den Ersten Weltkrieg, die Erste Republik und den Anschluß Österreichs ans Deutsche Reich. In Triest, wie vordem in Split, befindet er sich immer noch auf mehr oder minder vertrautem Boden. Immer noch. Es ist die letzte Station in einem Bereich, den man weitläufig, historisch, als Heimat bezeichnet könnte.

In bis dahin nicht erlebter Evidenz wird ihm seine Vergangenheit und seine nunmehrige Verlassenheit bewußt; letztere wird als irreversibel erlebt. Diese Evidenz vermitteln einige Sätze in jenem Teil seiner Selbstdarstellung, den er *Aus* genannt hat. Sie schlägt eine Brücke von der *Zwischenzeit* bis zur *Unsentimentalen Reise*.[3]

Aus ist kein mit den beiden anderen Büchern vergleichbar durchgearbeitetes Werk. Es enthält aber Stellen von mitreißender Klarheit, in denen Drachs damalige Befindlichkeit zum Ausdruck kommt. In Triest steht er auf diesem Platz, der gegen das Meer hin offen ist, die Statuen des Brunnens vor dem landseitig gelegenen Palazzo Communale stellen die vier Kontinente dar. Aber es ist ihm – so sein Empfinden –, nicht möglich, sich von diesem Platz zu lösen, sicher, er wird noch am selben Tag in den Zug nach Paris steigen, aber was er bis dahin ist und einmal war, wird auf diesem Platz zurückbleiben.[4]

Fast alle Figuren in *Aus* tragen, anders als in der *Unsentimentalen Reise*, ihre realen Namen. Der Protagonist aber, in der dritten Person aus einer gewissen Distanz gesehen, bekommt einen bezeichnenden Decknamen: Anselm Igel. Vielleicht fühlt sich mancher an den verstörten Studenten Anselm aus E.T.A. Hoffmanns *Goldnem Topf* erinnert. »Es muß dem Herrn Anselmus« heißt es dort »doch was Besonderes begegnet sein.«

Die Befindlichkeit zweier durch unvorhersehbare Ereignisse vor den Kopf gestoßener Menschen läßt sich vielleicht vergleichen. Der Anselm des romantischen Dichters Hoffmann wirft auf dem Markt zu Dresden versehentlich einen Obstkorb um und wird von der Marktfrau verflucht. »Ja renne nur, renne nur zu, Satanskind – ins Kristall bald dein Fall – ins Kristall.« Ein Fluch, der Eingeschlossenheit und Abgeschlossenheit, mit einem Wort Isolation, zu signalisieren scheint und vor dem dem Studenten Anselmus mit Recht graut.

Ist es wirklich rationaler, was dem Flüchtling Albert/Anselm widerfährt? Auf den ersten Seiten von *Aus* reflektiert Drach die persönliche Geschichte, die ihn an diesen Punkt gebracht hat, und die allgemeine Geschichte, die ihm hier bewußt wird. Von Friedrich dem Streitbaren, seit dessen Tagen Triest österreichisch war und der zum Unwillen eines Teils der Bevölkerung jüdische Beamte beschäftigt hat, reichen seine Assoziationen bis zu Italo Svevo (Ettore Schmitz), Sohn eines Deutschen und einer Triestiner Jüdin, wie es heißt. Seinem Anselm, stellt er fest, ist auf der Piazza nichts von alldem bewußt, aber alles gegenwärtig.

Anselm Igel dachte das alles nicht, möglicherweise dachte er nichts. Aber die Bilder, die sich aus ihm, über ihm entfalteten, dachten für ihn, und so mußte er schließlich nicht bloß der Stadt, sondern des Lebens innewerden, das ihn zwischen Split und Paris hierhergeführt, damit er seine Zeit des Wartens an einem Ort und Platz verbringe, wo so viel Vergangenheit in Weg und Wand versteinert liegt.[5]

In Drachs Selbstverständnis ist der Name Anselm übrigens nicht von Hoffmann, sondern von Matthias Claudius inspiriert:

Der Wandsbecker Bote (...) zitiert den lateinischen Satz: Asmus omnia sua secum portat, was besagen soll, daß Anselm alles Seine mit sich trägt. Es kann der Name Anselm auch in diesem Zusammenhang für einen jungen Menschen gelten, der, namenlos geblieben oder geworden, zwei Koffer mit sich trägt und mit diesem Rest seiner Habe auf dem großen Platz von Triest eingetroffen ist. Allerdings muß gesagt werden, daß zu der gegebenen Zeit, nämlich im November 1938, zwar seine Deutschsprachigkeit feststeht, aber nach dem damals geltenden Gesetz seine Zugehörigkeit zum deutschen Volk ausdrücklich bestritten wird.[6]

»Immerhin«, schreibt Drach, »war aber für ihn noch vorläufig kein neuer Name amtlich bestimmt worden.« Eine Anspielung auf eine spätere Praxis der Nazis, die Menschen jüdischer Abkunft – amtlich – je nach Geschlecht den Vornamen Israel oder Sarah verpaßten? Der Zuname Igel erscheint insofern signifikant, als Drach damit seine renitente (um im Bild zu bleiben: stachelige) Beschaffenheit nicht auf die aktuelle Verfolgungssituation, sondern auf seine grundsätzliche Isolation zurückführt. Eine psychische, ja geradezu physische Beschaffenheit, die ihn von vornherein auch aus dem Empfinden einer Art von Schicksalsgemeinschaft mit anderen Vertriebenen ausschließt.

Müßte ihm außerdem noch ein Zuname verliehen werden, so könnte dieser seine geringe Anpassungsfähigkeit und Widerborstigkeit enthalten, welche die Wanderschaft, auf die er sich begeben hat, einigermaßen von der Masse sonstiger Ausgestoßener unterscheidet. Sein Widerwillen nämlich, sich irgendwem anzugleichen und anzuhängen, der schon lange vor seiner Unerwünschtheit bestanden hat, die auch nicht auf diese Eigenschaft zurückzuführen war, läßt ihn von den Kreaturen gleicher amtlicher Beschaffenheit unterstellten Merkmale des Aufdrängens, Eindringens, Hineinwucherns unberührt, zumal seine Abwehrstellung sich gegen jedermann richtet und jede Anschmiegung irgendwelcher Art vorweg ausschließt.[7]

Mit diesem igelhaft gepanzerten Naturell wird Drach auf seiner Flucht vor den nationalsozialistischen Mördern und ihren Komplizen zwar Bekanntschaften schließen, ansatzweise Freundschaften erleben, den einen oder anderen Menschen schätzen, manchem helfen und manchen enttäuschen, den oder jenen in der Gefahr zurücklassen, während er wieder einmal seinen Kopf aus der Schlinge zieht. Niemals aber wird er sich mit anderen organisieren und Solidarität unter den Emigranten suchen. Im Grunde erscheint im jede persönliche Bindung als unzumutbare Verpflichtung und potentielle Gefahr, die er intuitiv zu vermeiden sucht. Nur allein ist er stark und vor allem flexibel genug, um seinen augenblicklichen Eingebungen zu folgen, die sein Leben retten sollen. Auch das, was er bisher für seine Identität gehalten hat, wird er verlieren müssen, um sein Leben behalten zu können. Er nimmt seine zwei Koffer und steigt in den Zug nach Frankreich:

Als der Montblanc durchschritten war, wurde die Vergangenheit gestoppt und trat nichts Erinnerliches ein, weil er in Wahrheit auf dem großen Platz in Triest zurückgeblieben war, und dort wo die Wirklichkeit an die Stelle der Wahrheit tritt, die letztere am Ende doch die Oberhand gewinnt.[8]

26. November 1938: In Paris wird Drach am Bahnhof von seinen Verwandten abgeholt, die er bereits von einem sondierenden Besuch im Vorjahr kennt. Vorerst ist er zu Gast bei seinem Onkel Rodolphe Lebel, einem ehemaligen Boulogner Friedensrichter, der in der Rue Bilancourt wohnt. Dort hat sich allerdings schon sein Cousin Anton Sommer einquartiert, der noch rechtzeitig aus Deutschland fliehen konnte, während dessen Eltern (sein Vater ist der bereits erwähnte Generalmajor Sommer) nach Theresienstadt deportiert wurden. Ein anderer Cousin, der ebenfalls bei jenem gastfreundlichen Onkel speist, ist Lucien Goldmann, geboren 1913 in Bukarest, Sohn einer Schwester von Drachs Vater, der an der Sorbonne studiert.

Die Auseinandersetzungen des späteren Philosophen und Literatursoziologen mit dem bürgerlichen Onkel bekommt Drach aufgrund seiner immer noch mangelnden Französischkenntnisse nur sehr lückenhaft mit. Allerdings glaubt er zu verstehen, daß dieser Cousin »ultralinke« Ansichten vertritt, für die er selbst nicht viel übrig hat. Drach will – seinen bürgerlichen Attitüden zum

Trotz – am ehesten ein vogelfreier Anarchist[9] sein. Als solcher wendet er sich lieber dem Cousin Anton zu.

Mit diesem teilt er schließlich ein zwar kaltes, aber vom Onkel bezahltes Zimmer in der Nähe des Bois de Boulogne. Einen gewissen Rückzug des Vetters vom Tisch des Onkels, für den in der *Unsentimentalen Reise* läppische Gründe angegeben werden, macht er »aus Solidarität« mit. Tatsächlich merkt er einen deutlichen Unterschied zum Vorjahr, in dem er vorbehaltlos als Gast behandelt wurde. Nun, da er sich zum Dauergast entwickeln könnte, fühlt er, bei allem prinzipiellen Entgegenkommen, er eine gewisse Reserviertheit.

In diesem Zusammenhang ist von wenig Geld und gelegentlichem Hunger die Rede. Dann jedoch trifft eine größere Summe Geldes ein. Der Schwester ist es vor ihrer zweiten Abreise nach Polen noch gelungen, einen Teil von Alberts Markensammlung zu veräußern und Schmuck außer Landes zu bringen. Mit dem Erlös aus diesem Verkauf schafft es Drach sogar, sich durch gelegentliche Ausflüge ins Pariser Nachtleben von der Frage abzulenken, die ihm – bei aller Tendenz zu ihrer Verdrängung – auf der Seele liegt: Wie kann er der in der nunmehr Ostmark genannten Heimat zurückgeblieben Mutter helfen?

Am 7.11.1938 – da war Albert Drach noch in Split – hatte Herschel Grünspan in der deutschen Botschaft zu Paris ein Attentat auf den Legationssekretär Ernst von Rath verübt – die Folgen sind bekannt. Am 9.11. kam es zum von Hitler und Goebbels unterstützten reichsweiten Massenpogrom, der sogenannten Reichskristallnacht, in der auch die Mödlinger Synagoge zerstört wurde. Drach weiß, daß seine Mutter in einer verzweifelten Situation ist, in ihren Briefen bittet sie den Sohn inständig, sie endlich aus Nazi-Deutschland herauszuholen. – Er aber, der selbst ohne dauerhafte Aufenthalts- und demzufolge auch ohne Arbeitsbewilligung ist, hat keine Ahnung, wie er das bewerkstelligen könnte.[10]

Als er versucht, am Konsulat von Liberia auch ein

Visum für seine Mutter zu bekommen, stellt sich heraus, daß sein eigenes Visum nicht gültig ist.[11] Es hat die Funktion erfüllt, ihm die Durchreise durch Jugoslawien zu ermöglichen, aber nun ist es wertlos. Bei dem französischen Filiale der Länderbank, bei dem er die Bedingung der Möglichkeit der Pensionsauszahlung an die Mutter zu klären versucht, lernt er den Schriftsteller (und ehemaligen Staatssekretär der Schuschnigg-Regierung) Guido Zernatto kennen. Der verspricht ihm, sich für seine Einstufung als politischer Flüchtling zu verwenden, womit die Chance auf permanente Aufenthalts- und Arbeitsbewilligung immerhin größer wäre. Aber für seine Mutter erreicht Drach nichts.

Deren Briefe werden indessen immer merkwürdiger. »Was macht mein Bräutigam?« schreibt die sonst so verhemmte und zurückhaltende Frau, »ich sehne mich nach ihm.«[12] Der Bräutigam, von dem sie so zärtlich schreibt, ist der verwitwete Onkel. In einer Scheinheirat mit dem alten Friedensrichter sieht sie die einzige Chance, doch noch nach Frankreich zu kommen.

Albert konfrontiert den Verwandten auf denkbar undiplomatische Art mit diesem Anliegen. Er sucht nicht etwa ein diskretes Gespräch, in dem er die aussichtslose Lage seiner Mutter darstellt, nein, er bringt die Idee vor der versammelten Verwandtschaft am Mittagstisch aufs Tapet. Der etwa Siebzigjährige versteht das offenbar als ernsthaften Antrag, errötet und trägt das Bild von Jenny Drach in sein Schlafzimmer. Die anwesenden Verwandten fürchten vor allem um ihr Erbe. Es wird nie wieder über dieses Thema gesprochen.[13]

Auch in eigener Sache hat Drach nun kein Glück mehr. Während es Anton, dem Sohn des legitimistischen Generals, gelingt, den kurz in Paris weilenden Otto von Habsburg zu einer Intervention zu veranlassen, die ihm einen Posten als Kolonialarzt im französischen Staatsdienst verschafft, bekommt er die abschlägige Antwort auf sein Ansuchen um Anerkennung als politisch Verfolgter. Sein

Fürsprecher Zernatto ist beim »österreichischen Komitee«, wie es Drach in der *Unsentimentalen Reise* nennt, auf Ablehnung gestoßen.[14] Wahrscheinlich handelt es sich dabei um die Zentralvereinigung österreichischer Emigranten (Fedération des Emigrés provenant de l'Autriche). Von Drachs Vermutung, daß ein ehemaliger Prozeßgegner – inzwischen auch Emigrant – seine Qualifikation als Regimegegner in Frage gestellt haben könnte, war schon die Rede.[15] Als »rassisch Verfolgter«, als der er von nun an gilt, hat er nun jedenfalls keine Chance mehr auf eine dauernde Aufenthaltsgenehmigung, kein Recht auf Arbeit, und kein Recht auf die Wahl seines Aufenthaltsorts.

Zu diesem subjektiven Mißerfolg wird objektiv die Verschärfung der französischen Asyl- und Einwanderungsgesetze beigetragen haben. Hatte sich der Sozialreformer Léon Blum, der am 17. März gerade noch einmal drei Wochen an die Regierung kam, trotz tiefgreifender innenpolitischen Konflikte bemüht, einen, so gut es ging, exilantenfreundlichen Kurs zu fahren, so betreibt sein dem rechten Flügel der Radikalsozialisten angehörende Nachfolger Edouard Daladier (ab 8. April 1938) eine äußerst rigide Ausländerpolitik. Sein Kabinett toleriert die Annexion Österreichs – Daladier ist, nicht zu vergessen, einer der Unterzeichner des Münchner Abkommens vom 29. September dieses Jahres. Schon unter Blum war die bürgerliche Verwaltungspraxis weit weniger ausländerfreundlich gewesen als die noch von den Ideen der Volksfront bestimmte Regierungspolitik, unter Daladier jedoch, nach dem Anschluß Österreichs und erst recht nach der »Reichskristallnacht« (ein geradezu zynisch erscheinender Reflex, der sich aber aus der Angst vor der nunmehr noch größeren Zahl von Exilwerbern erklären läßt), neigt der Regierungskurs dazu, die bisher geübte Verwaltungspraxis noch zu verschärfen.[16]

Trotzdem hat es die Pariser Fremdenpolizei nicht gerade eilig, Drach auszuweisen. In der *Unsentimentalen*

Reise behauptet er sogar, sie sei ihm gewogen gewesen. Die letztendliche Verschlechterung dieser guten Beziehung führt er auf eine Intervention eines Verwandten zurück. Der Schwiegersohn des Onkels, der das Gewicht seiner Persönlichkeit in die Waagschale zu werfen versucht, meint es zwar gut, reizt aber, indem er der Zivilbehörde mit seinen militärischen Verdiensten zu imponieren versucht, offenbar einen blank liegenden Nerv.

Damals mußte ich den Riß, der in Frankreich zwischen Zivil und Militär bestand, zum ersten Mal am eigenen Leibe spüren. Man machte mich darauf aufmerksam, daß ich infolge der überheblichen Einmengung meines Fürsprechers nun aus dem Departement fortmüsse, in dem man mich sonst belassen haben würde, obwohl ich kein ordnungsgemäßes Papier für den Aufenthalt hatte.[17]

Obwohl das im Gesetz nicht vorgesehen ist, will man ihn das Departement, in das man ihn abschiebt, freundlicherweise wählen lassen. Der Onkel rät ihm zu Saint-Brieux in der Bretagne, der Schwiegersohn zu Nizza, Drach kann sich nicht entscheiden. Wie Anselm Igel steht er im Grunde genommen noch immer auf dem großen Platz in Triest. Da verbindet man – hübsche Einfälle hat die französische Polizei selbst in so häßlichen Zeiten – einem Mädchen auf der Polizei die Augen.[18] Fortuna soll den Ort, an dem Drach demnächst landen wird, blind auf der Landkarte finden. Beim ersten Versuch erwischt sie Paris, beim zweiten Nizza – als Drach alias Kucku dort ankommt, ist gerade Karneval.[19]

3. VERFOLGUNG LIGHT

DIE TRÜGERISCHE LEICHTIGKEIT DES EXILS UND DAS GROSSE PROTOKOLL GEGEN ZWETSCHKENBAUM

In Wahrheit allerdings war Anselm Igel offenbar auf dem großen Platz In Triest zurückgeblieben, mit aufgestellten Stacheln gegen die Außenwelt, mit Zaudern und Zagen und Unschlüssigkeit nach Innen, sodaß ein Hund, falls er ihn forttrüge und ins Wasser würfe, das nicht sein Element war, die Panzerung auflösen und deren wehrlosen Inhalt dem Zerbeißen hätte zuführen können. Nur gut, daß bislang dieser Hund noch nicht zur Stelle war.[1]

Dank der Vorsorge meiner Schwester konnte ich in Nice so ziemlich unbehelligt bleiben, bis der Krieg ausbrach. In dieser Epoche war mein Glück bei Frauen und Mädchen unvorstellbar groß, aber wieder wie auch vorher /…/ in Österreich machte ich von ihm nur den geringsten Gebrauch.[2]

Und wie ich die Wohnungstür öffnete, stand sie davor und fiel mir in die Arme. Der vollkommene Genuß dieser Nacht und die Zeit, die danach kam, war eine der schönsten, die ich an der Azurküste verbrachte. Wir waren immer beisammen, Tag und Nacht und verbrachten die Zeit, die für uns keinen Anfang und kein Ende mehr hatte, in meinem damals noch schönen Wohnraum, an den Stränden zwischen Monte Carlo und Cannes, oder auf Touren mit dem kleineren diskreteren Wagen, in dem sie in der ersten Nacht zu mir gekommen war.[3]

Ein Autor, drei Darstellungen, die sein frühes Exil in Nizza äußerst widersprüchlich charakterisieren. Anselm Igel, Protagonist des Textes *Aus*, steht so gepanzert wie gefährdet noch immer auf dem großen Platz in Triest und denkt in dieser Situation dezidiert nicht an sexuelle Abenteuer. Der Versager aus den *Mißerfolgen* kann, wie schon der Sohn aus der *Zwischenzeit*, nicht adäquat auf die herausfordernde Zugeneigtheit attraktiver Frauen reagieren, rekapituliert, wie er ihnen aus Versagen entsagen mußte, als ob es in der Emigration keine anderen Probleme gäbe. Ausgerechnet der im Prinzip zynisch gewordene Peter Kucku aus der *Unsentimentalen Reise* gerät in der Erinnerung an seine Geliebte, von der noch die Rede sein wird, ins naive Schwärmen. Vielleicht just deshalb, weil diese frühe Phase der Emigration in der Retrospektive aus einem späteren, Abschnitt, in dem sein Leben extrem gefährdet, sein Überleben radikal in Frage gestellt erscheint, geradezu obszön leicht wirkt.

Tatsächlich scheint Albert Drach in Nizza, unter Verdrängung aller Gedanken an seine in Wien zurückgelassene Mutter, vorerst aufzuleben. In dem halben Jahr, das ihm von Ende Februar 1939 bis zur Kriegserklärung Großbritanniens und Frankreichs an das Deutsche Reich am 3.9.1939 bleiben – ein Akt, der den Status der Emigranten von einem Tag auf den anderen drastisch verschlechtern wird –, genießt er den Aufenthalt an der Cote d'Azur in vollen Zügen. Frei von jedweden Verpflichtungen und dem letzthin doch einschränkenden Gefühl, den Pariser Verwandten zur Last zu fallen, gibt er sich dem Klima und der Atmosphäre hin. Ein Flair, das nicht nur von Adeligen und Reichen, sondern auch von Künstlern und Intellektuellen geprägt ist. Stendhal, Dumas, Maupassant, Nietzsche und Paganini haben sich seit Mitte des 19. Jahrhunderts in Nizza aufgehalten. Im 20. Jahrhundert, und vor allem seit der Machtergreifung Hitlers, wächst in der auf drei Hügeln gelegenen Vorstadt Cagnes-sur-Mer die Künstlerkolonie deutschsprachiger Emigranten. Einige der dort Ansässigen, wie den Maler Bram van Velde und den Sänger Joseph Schmidt, wird Drach kennenlernen. Bis zum September 1939 erlebt Drach die unbeschwerteste Zeit nicht nur seines Exils, sondern vielleicht seines Lebens.

Über Drachs Wohnsitze in der Emigration wissen wir ganz gut Bescheid. Nach 1945 hat er eine Liste aller seiner Domizile einschließlich seiner Adressen in Frankreich

Liste von Drachs Domizilen in Frankreich. Konzipiert als Beilage zum Einbürgerungsansuchen, um 1945

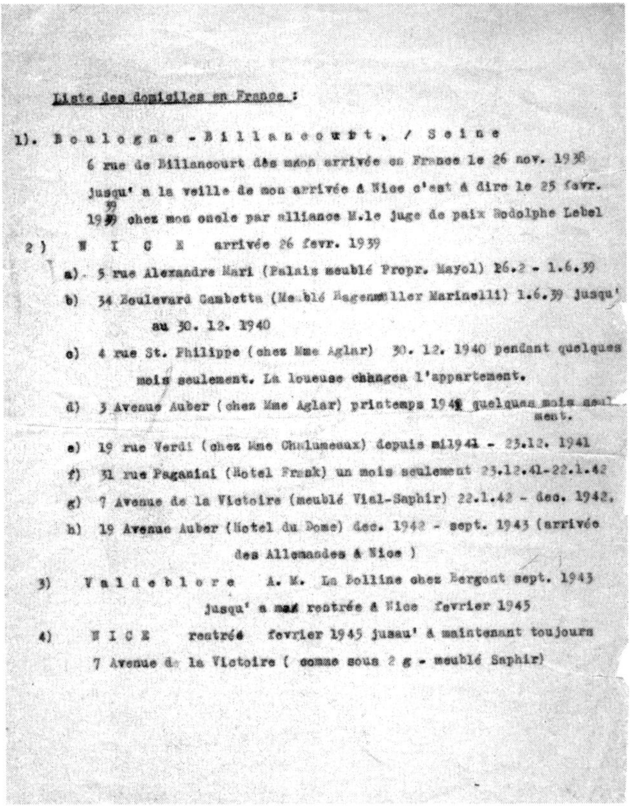

Liste des domiciles en France :

1). B o u l o g n e - B i l l a n c o u r t . / S e i n e

6 rue de Billancourt dès mon arrivée en France le 26 nov. 1938

jusqu' a la veille de mon arrivée à Nice c'est à dire le 25 fevr. 1939 chez mon oncle par alliance M. le juge de paix Rodolphe Lebel

2) N I C E arrivée 26 fevr. 1939

a) 5 rue Alexandre Mari (Palais meublé Propr. Mayol) 26.2 - 1.6.39

b) 34 Boulevard Gambetta (Meublé Hagenmüller Marinelli) 1.6.39 jusqu' au 30. 12. 1940

c) 4 rue St. Philippe (chez Mme Aglar) 30. 12. 1940 pendant quelques mois seulement. La loueuse changea l'appartement.

d) 3 Avenue Auber (chez Mme Aglar) printemps 1941 quelques mois seulement.

e) 19 rue Verdi (chez Mme Chalumeaux) depuis mi1941 - 23.12. 1941

f) 31 rue Paganini (Hotel Frank) un mois seulement 23.12.41-22.1.42

g) 7 Avenue de la Victoire (meublé Vial-Saphir) 22.1.42 - dec. 1942.

h) 19 Avenue Auber (Hotel du Dome) dec. 1942 - sept. 1943 (arrivée des Allemandes à Nice)

3) V a l d e b l o r e A. M. La Bolline chez Bergont sept. 1943 jusqu' a ma rentrée à Nice fevrier 1945

4) N I C E rentrée fevrier 1945 jusqu' à maintenant toujours 7 Avenue de la Victoire (comme sous 2 g - meublé Saphir)

erstellt, die im Nachlaß erhalten ist. Der ebenfalls durch ein Dokument belegte Grund: Er wollte – noch keineswegs zur Rückkehr nach Österreich entschlossen – um seine Naturalisierung ansuchen. Nicht vermerkt sind auf dieser Liste allerdings seine zahlreichen Internierungen.

Was nun den ersten Wohnsitz in Nizza betrifft, so handelt es sich um ein nobles Zimmer in einem Altstadtpalais, Rue Alexandre Mari Nr. 5. Er bezieht es auf Vermittlung der Pariser Verwandten am 26. Februar 1939 und kann es sich immerhin drei Monate leisten. Am 1.6.1939 übersiedelt er allerdings bereits in ein etwas kostengünstigeres Quartier am Boulevard Gambetta Nr. 34. Immer noch gehobenen Ansprüchen gerecht, wird es von Frau Hagenmüller, einer Elsässerin, geführt, der Boulevard Gambetta mündet direkt in die berühmte Promenade des Anglais, dort lustwandelt man am Meer.

Dieses *meublé* hat ihm ein Freund von Friedrich Wildgans, der ebenfalls nach Frankreich emigrierte Autor Gustav Hermann empfohlen. In seinem Roman *Das große Protokoll gegen Zwetschkenbaum* wird ihn Drach als den sympathisch verrückten Schriftsteller Emmerich Emanuel Dappel verewigen.[4] Bei der Elsässerin bleibt Drach bis zum 30. Dezember 1940 gemeldet. Der nur auf dem Papier kontinuierliche Aufenthalt wird aber mit fortschreitender politischer Entwicklung immer häufiger durch Abwesenheiten in Internierungslagern unterbrochen.

Vorerst bewohnt der Autor ein helles, großes, ihm äußerst genehmes Zimmer, in dem es sich gut leben und vor allem schreiben läßt. Aber schon bei seiner Rückkunft aus dem ersten Lager Fort Carrés bei Antibes im September 1939 ist dieses Zimmer vergeben, und Drach muß in einen kleineren Raum umziehen – so wird es ihm nach jeder weiteren Rückkunft aus den Internierungslagern ergehen. Vorerst sind diese Internierungslager noch Registrier- und Sammelstellen für Ausländer. Erst im Zuge der Entwicklung vom Hitler-Stalin-Pakt (August 1939) über die Kriegserklärung Frankreichs und Englands an Deutschland (September 1939), den Vorstoß der deutschen Wehrmacht in Frankreich (Mai 1940) bis zum Waffenstillstand und der Etablierung Regierung Petain (Ende Juni 1940) werden sie trotz nomineller Souveränität Vichy-Frankreichs schließlich zu Auslieferungslagern an die Deutschen.

Am Ende wird Drach bei Frau Hagenmüller überhaupt keine Unterkunft mehr finden. Bei seinem Einzug im Juni 1939 ahnt er das alles noch nicht. Die neue Wohnstatt erscheint ihm schon durch die Nähe zum Meer, in das er in der wärmeren Jahreszeit tagtäglich hinausschwimmt, ideal. Mit ihm schwimmt häufig eine sportliche russische Emigrantin, deren sich der Kucku aus der *Unsentimentalen Reise* als der perfekten Geliebten erinnert.

Albert mit Manja Iavorska in Aspermont, Frühsommer 1939

Sie ist verheiratet, hat im Nobelort Juan les Pins bei Antibes einen Ehemann und drei Kinder deponiert. Darüber hinaus aber hat sie anscheinend jede Freiheit und viel Geld. Ihr voller Name, Maria Iavorska, läßt sich nur mehr aus Drachs Eintragungen in ein Fotoalbum rekonstruieren, das in seiner endgültigen Fassung wahrscheinlich aus den frühen sechziger Jahren stammt. Ein Foto zeigt Manja, wie Drach sie üblicherweise nennt, in der Mitte ihrer Kinder und zweier nicht näher definierter Frauen. Ein zweites Bild zeigt ihn und sie im frühen Sommer 1939 in Aspermont, einem 13 km nördlich von Nizza gelegenen, sehenswürdigen Ort. Er steht lässig gegrätscht auf einem kleinen Platz, sie lehnt ein paar Meter von ihm entfernt recht keß an einer mittelalterlichen Mauer. Zweifellos ist diese Manja eine attraktive Frau. Aber doch nicht so einschüchternd schön wie andere, von Drach und seinem jeweiligen literarischen alter ego idealisierte und gefürchtete Frauen und Mädchen.

Zur Darstellung von Drachs vor dem eigenen Erlebnishintergrund inszenierten Frauenbeziehungen in seinen mehr oder weniger autobiographischen Texten ist viel geschrieben worden.[5] Häufig (und wohl nicht zufällig meist von Männern) wurden sie als donjuanistische Erfolgsgeschichten rezipiert; Drach bzw. sein unverkennbares »alter ego« als »rabiater Verführer« (Kaindelstorfer) oder als »Provinzcasanova« (Egyptian). Für K.H. Kramberg ist er gar ein Kannibale unter Vegetariern; eine Einschätzung, die sich allerdings nicht nur auf das Verhalten des Sohns in der *Zwischenzeit*, sondern auf Drachs deftige Zeichnung sexueller Kontakte insgesamt bezieht.

Es stimmt schon, in der Selbstdarstellung als junger und verkannter Dichter, der nach Liebschaften sucht, zeigt der Autor selten die von den Frauen erwünschte Sensibilität und kommt bei einigen von ihnen trotzdem ans Ziel. Aber zu welchem Ziel kommt er bei näherer Betrachtung? »Nur an den Rändern berühren sich die Menschen«, hat der etwa Sechzehnjährige geschrieben.

»Meine Gesammelten Mißerfolge. Als Versager unter Schweinehunden«, übertitelt der Achtzigjährige späte autobiographische Aufzeichnungen.

Tatsächlich erzählt Drach in seinen veröffentlichten und unveröffentlichten autobiographischen Schriften, was die Beziehung zu Mädchen und Frauen angeht, vor allem Geschichten des Scheiterns. Zwar ist nach plump donjuanistischer Auffassung jede Eroberung ein Erfolg, und bis zu einem gewissen Grad entspricht der im Grunde noch nach den Männlichkeits-Prinzipien des 19. Jahrhunderts sozialisierte Schriftsteller durchaus diesem Klischee. Die Zähmung des nur mäßig widerspenstigen alten Mädchens aus der *Zwischenzeit* wird in obsessiv obszöner Weise beschrieben und bei aller impliziter Selbstkritik als Sieg verbucht. Anderseits ist und bleibt da aber ein wesentliches und auch als wesentlich empfundenes Manko. Mit den

Die »russische Prinzessin« Manja mit Familienangehörigen. Dritte von links

Frauen, die ihm als »wahre Wunder« erscheinen, kommen die dem Autor zum Verwechseln ähnlichen Figuren kaum wirklich zusammen. Oder – wie in der Beziehung zur Facharztgattin – nur in skurrilen Ausnahmesituationen. Liebe soll für Drach etwas mit Erkenntnis im biblischen Sinn zu tun haben. Aber die Schönen, auch wenn sie ihm noch so zugeneigt sind, bleiben unerkennbar, da er sich permanent selbst im Weg steht.

Wenn Alexis Sorbas Recht haben sollte und es eine unverzeihliche Sünde ist, das sexuelle Angebot einer gut aussehenden Frau auszuschlagen, so haben sich Drachs Ich-Figuren oft genug versündigt. Wobei die vom Autor auch im späten Lebensrückblick immer wieder thematisierte Hemmung, die sowohl mit mütterlichen Verboten wie einer libidinösen Bindung an die Halbschwester zu tun haben mag, in der Verfolgungszeit der Emigration extrem zunimmt. Im Zuge des forschreitenden Identitätsverlusts, der in dem Satz »Ich bin nicht mehr Ich«[6] gipfeln wird, kann jedenfalls der Peter Kucku der *Unsentimentalen Reise* keine emotionalen Bindungen mehr eingehen, weder zu seinen Schicksalsgenossen noch zu jenen, die sein Schicksal nicht teilen.[7]

Aber soweit ist es noch nicht – in der Frühzeit von Nizza, in der sich die Persönlichkeit des Exilanten illusionär konsolidiert, gibt es für Drach und die ihm nahestehenden literarischen Figuren noch keine dramatischen Brüche im Beziehungsleben. Das heißt, das Beziehungsleben an der Côte d'Azur bleibt, wie es schon in Mödling und Wien war. Peter Kucku hat auch hierin die Nachfolge des Sohns aus der *Zwischenzeit* angetreten, der eher bei den Frauen »zweiter Wahl« sein Glück versucht. Zwischen den Frauen »erster Wahl« und ihm ist eine unsichtbare Barriere.

Häufig sind sie verboten jung, kinderlos und suggerieren eine natürliche Unschuld. Eine Unschuld, die in der ökonomischen Zwangslage der Emigration womöglich von den eigenen Eltern auf den Strich geführt wird. Mädchen, die aus einem ganz anderen Milieu stammen als Marie, deren *Hurenwerdung* der Autor in seinem ersten kleinen Protokoll beschrieben hat. Die Vorstellung, daß diese frischen, klugen, von oben bis unten anziehenden Wesen gezwungen sein könnten, sich zu verkaufen, um in der Ausnahmesituation des Exils etwas zum Familienunterhalt beizutragen, geht Drach (wir wollen hier arbeitshypothetisch das fiktive mit dem realen Ich identifizieren) wider die edle Natur und hemmt seine eigenen Ambitionen. Gerne wäre er gleichzeitig Beschützer und Liebhaber, aber die beiden Rollen erscheinen ihm letztlich unvereinbar. Diese als Personen nicht austauschbaren, aber in der literarischen Gestaltung durch ihren verhinderten Eroberer vergleichbaren Mädchen sind zwar halb bis ganz und gar entschlossen, mit einem wie ihm zumindest eine Nacht zu verbringen. Doch nutzen sie eigenartigerweise den geringsten Vorwand, um diese Entschlossenheit zu revidieren. Wobei er ihnen gewisse Vorwände dafür selbst liefert und – in einem literarisch besonders skurril dargestellten Fall – sogar selbst ins Bett legt.

In der *Unsentimentalen Reise* zieht sich eine gewisse Irma, dem Protagonisten im Prinzip zugeneigt, unter Hinweis auf ihre nahende Mutter fluchtartig zurück, als Kucku vor dem endlich in der Luft liegenden Akt noch die auf dem Bett liegende *Sittengeschichte* von Magnus Hirschfeld in Sicherheit zu bringen versucht.[8] Eine komische Szene, der vom Autor allerdings umgehend eine zynisch-tragische Tiefendimension gegeben wird. »Nun kann sie [die Mutter] nicht mehr kommen«, konstatiert Kucku, als er Irma nach seiner Entlassung aus dem Auslieferungs-Lager Rives Altes besucht und sich bei dieser Gelegenheit an den mißglückten Annäherungsversuch erinnert. »Die Deutschen«, konstatiert er lakonisch, »haben sie vergast.«[9]

Manchmal sind es auch erwachsene, überaus aufregende, ein wenig abgebrühte Frauen von Freunden, die mehr Furcht als Lust einflößen. Zu ihnen gehört eine

Dame mit dem interessanten Namen Jeanne Moreau, wohlgemerkt nicht die nachmals berühmte (und kurz mit Peter Handke liierte) Schauspielerin, sondern die gleichnamige Verlobte und spätere Frau des Emigrationsfreunds Franki Morini. Auch sie hat Drach in sein Fotoalbum aufgenommen, in der *Unsentimentalen Reise* heißt sie nur leicht variiert Jeanne Varien. In anderen Texten heißt sie so, wie sie von ihrem Mann und ihren Freunden genannt wurde: Genia.

Kucku verbringt viel Zeit mit ihr, tröstet sie auf solide Hausfreundesart über die Abwesenheit ihres Gatten hinweg, der entweder im Gefängnis sitzt oder im Untergrund gegen Hitler-Deutschland arbeitet. Drach unternimmt – folgt man seinen Texten – allerhand für seinen Freund und ihren Mann, opfert beispielsweise eine wertvolle noch von der Mutter übersandte Dollfuß-Marke, um Marassino/Morini mit Bestechungsgeldern freizubekommen. Als sich die Jeanne der *Unsentimentalen Reise* aber erkenntlich zeigen oder auch nur die Gelegenheit zu einem längst fälligen Abenteuer nützen will, stellt er sich dumm: »Ich habe oft an mir festgestellt, daß ich besonders schüchtern werde, wenn eine Frau sehr schön ist, selbst wenn ich mir vorstellen könnte, daß sie sich mit mir einlassen will«, heißt es in der *Unsentimentalen Reise*, »vielleicht habe ich insgeheim Angst, etwas anzunehmen, was mir nicht zukommt, oder es schlägt die Schönheit des Anblicks die Triebhaftigkeit des Geschlechtsorgans in die Flucht«.[10] Jeanne Varien erscheint Kucku distanzeinflößend vollkommen, im übrigen wollen ihm ihre »madonnenhaften Gesichtszüge« nicht zu ihrem übermütig-anzüglichem Verhalten passen.[11]

Mit der reifen Russin Manja ergeben sich derartige Komplikationen nicht.[12] Obwohl sie sich als russische Prinzessin ausgibt, erscheint sie ihm nicht als »Ehrfrucht einflößendes Wunder«, sondern als pragmatische Ehebrecherin. Das hat – bei seiner Bewußtseins- und mutmaßlichen Unterbewußtseinslage – gewisse Vorteile. Ihr stolzes

Wesen fordert seine Männlichkeit heraus, gegen die Anziehungskraft ihres Körpers hat er keine Vorbehalte, daß ihm ihr Gesicht unverhältnismäßig alt scheint,[13] darüber läßt sich in gewissen Situationen vielleicht hinwegsehen. Ihre scharfen Sorgenfalten führt er auf die Ermordung ihres Vaters durch die Bolschewiken zurück, die sie erleben mußte, als sie noch ein Kind war.[14] Als russische Nationalistin, dieses Eindrucks kann sich Drach nicht erwehren, hat sie trotzdem etwas für Stalin übrig. Die Deutschen haßt sie ebenso wie die Juden, Drach/Kucku zu lieben ist für sie gleich ein doppelter Tabubruch, sieht sie doch in ihm – Österreich ist Makulatur – Judentum und Deutschtum vereinigt. Vielleicht liebt sie ihn auch, weil er sich, in Nizza angekommen, endlich als Schriftsteller outet, Dostojewski und Tolstoj sind tot, die Muse

Jeanne Moreau (auch Genia), verehelichte Morini, um 1940

eines solchen Schriftsteller-Monuments wäre sie gern gewesen, aber aus ihrem bislang unbekannten Liebhaber könnte durch ihre inspirierende Nähe ja vielleicht noch etwas werden.

Wie man sieht, eine sowohl praktische als auch romantische Beziehung. Schier endlose Tage und Nächte will der Kucku der *Unsentimentalen Reise* mit seiner *princesse russe* verbracht haben. Was Drach betrifft, hat er seinen eigenen Angaben zufolge damals allerdings auch intensiv geschrieben. Dafür muß sich also in der von der Literatur wahrscheinlich doch etwas abweichenden Realität noch Zeit finden. Vom Fenster des großen schönen Zimmers am Boulevard Gambetta sieht er auf der gegenüberliegenden Straßenseite ein leerstehendes Gebäude. Dort hat der legendäre Frauenmörder Henri Landrú angeblich die letzte seiner Frauen umgebracht.[15] Das erinnert Drach an seinen literarischen Versuch, einen Mörder noch weit größerer Potentialität als blutrünstigen Kasperl darzustellen.[16] Da er das *Kasperlspiel* nicht nach Frankreich mitgenommen hat, möchte er sich demnächst an die Rekonstruktion machen.

Zuerst nimmt er sich aber noch einmal das *Satansspiel* vor. Auslöser ist ein interessanter Fund, den er bei einem Bouquinisten der Altstadt macht. 1929 wurde in der Librairie de France in Paris die von De Sades Gutsverwalter Gaufridy gesammelte, durch den Juristen Paul Bourdin herausgegebene *Correspondence inédite du Marquis de Sade, de ses proches et de ses familiers* publiziert. Anhand dieser Lektüre erscheint Drach der Marquis de Sade noch physiognomischer, er möchte ihn dementsprechend noch ausführlicher zu Wort kommen lassen und macht sich an eine grundsätzliche Umgestaltung des Dritten Aktes.[17] In der Urfassung kommt De Sade bezüglich des Revolutionsausbruchs am 14. Juli 1789 bloß die Rolle zu, die vor der Festung versammelte Menge als anonyme Stimme zum Sturm gegen die Bastille aufzuwie-

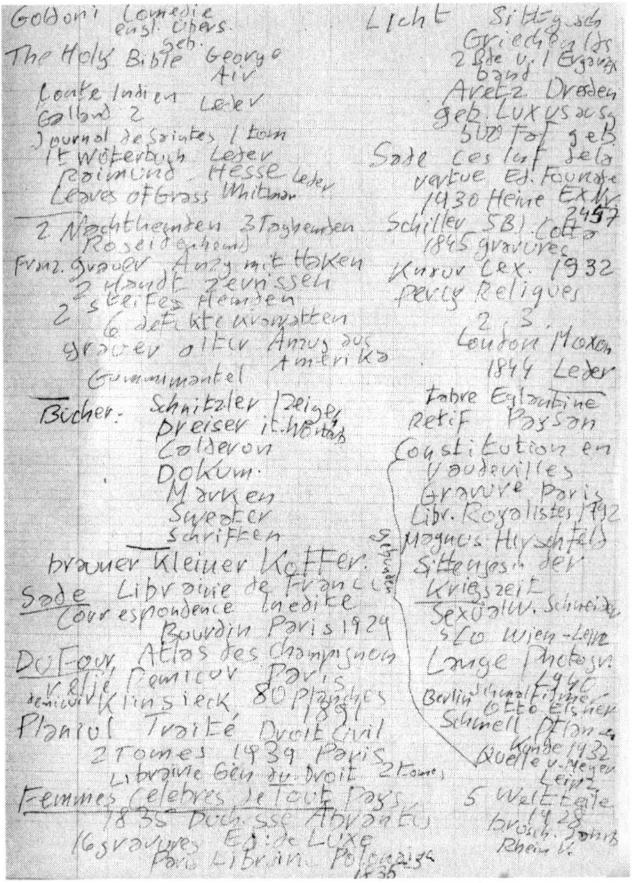

Bücherliste Albert Drachs, im Heft mit dem Manuskript des »Kasperlspiels.« Erstellt kurz vor seiner ersten Rückreise nach Österreich, 1947. Enthält die »Correspondence Inedite« De Sades, die 1924 erschienen ist

geln, die in ihm einen vermeintlichen Gefangenen aus dem Volk befreit. Das könnte, findet Drach nun, als Verhöhnung der Grande Nation und ihres revolutionären Elans mißverstanden werden, einer Nation, deren Gastrecht er nun immerhin genießt. In der neuen Fassung wird die Irreführung der Massen nicht deren Dummheit, sondern der durchtriebenen Raffinesse des Marquis und einer Komplizin zugeschrieben. Der Dritte Akt spielt jetzt in der Bastille, der Marquis de Sade erhält die Möglichkeit, seine zynische Philosophie mit seinen Mitgefangenen, seinen Todfeinden und besonders mit einer Freundin zu vertiefen.

Er bekommt nämlich Besuch von der Comtesse Launay. Anne Prospère Montreuil de Launay ist die jüngere und hübschere Schwester der Madame de Sade – ihrem klösterlichen Gelübde zum Trotz soll sie tatsächlich auch Geliebte des Marquis gewesen sein.[18] Wie der Zufall so spielt, ist ihr Familienname identisch mit dem des Marquis de Launay, seines Zeichens Gouverneur der Bastille. Als dieser nun auftritt und das verbotene tete à tete durch nichts Geringeres als die Verkündigung des vom König bestätigten Todesurteils stört, das noch dazu schon in drei Stunden vollstreckt werden soll, nützt die Comtesse die Namensgleichheit, um als vermeintliche Tochter des verhaßten Gouverneurs die Aggressionen des Volks auf sich zu lenken, provoziert damit den Sturm auf die Bastille und rettet nebenbei Sades Leben.[19] Drachs Sade tut nun das, was sowohl Iwan Bloch wie auch die neuere Sade-Forschung vom realen Sade behauptet. Durch einen Trichter, mit dessen Hilfe er sonst Schmutzwasser in den Abfluß zu leiten pflegt, brüllt er Anschuldigungen gegen den Gouverneur in die Rue de Saint-Antoine hinaus. Eine diesbezügliche Eintragung findet sich im Repertorium der Bastillefestung schon mit dem Datum vom 2. Juli 1789: »Der Comte De Sade hat wiederholt aus seinem Fenster geschrieen, die Gefangenen in der Bastille würden erwürgt, und man solle sie befreien kommen«.[20] In Drachs

Drama tut er das auch am glorreichen 14. Juli. Tatsächlich war De Sade zu diesem Zeitpunkt auf Grund seines aufwieglerischen Verhaltens gar nicht mehr in der Bastille. Gouverneur de Launay hat schon am 2. Juli ein dringendes Ersuchen an den Staatsminister Monsieur Villedeuil gerichtet. »Die ganze Wachmannschaft«, heißt es darin abschließend, »wäre Ihnen unendlich dankbar, wenn sie verfügen wollten, daß Herr De Sade unverzüglich an einen anderen Ort gebracht wird«.[21] Bereits am 4. Juli überstellt man De Sade zu seinem großen Unmut in das Irrenhaus Charenton. Die Erstürmung der Bastille hat er also nicht unmittelbar miterlebt. Hier übertrifft Drachs Stück in seiner endgültigen Fassung die Wirklichkeit. Vom Standpunkt der dramatischen Wirkung ist die Überarbeitung des Dritten Aktes perfekt geglückt.

Drachs Emigrationsfreund Franki Morini

Im Gegensatz zum *Satansspiel* bekommt Drach das *Kasperlspiel* in Nizza nicht recht in den Griff. Da es sich um keine bloße Überarbeitung, sondern um einen Rekonstruktionsversuch handelt, ist die Versuchung, das Stück von der Basis her zu ändern, größer. Auf diesem Weg aber verheddert sich der Autor in unvereinbaren Konzeptionen. Diese Konzeptionen hängen mit den widersprüchlichen Eindrücken zusammen, die in dieser Phase auf ihn einwirken.

Gewiß inspirierend ist einerseits der Karneval von Nizza. Hier sieht Drach, wie er später betont, zum erste Mal in seinem Leben exaltiertes Volk auf der Straße. Die euphorische Begrüßung Hitlers durch seine österreichischen Landsleute hat er ja nicht unmittelbar miterlebt. Im übrigen ist klar, daß die freie Ausgelassenheit auf dem Boulevard des Anglais eine andere Qualität hat als die manipulierte Hysterie auf dem Heldenplatz. Den Karneval erlebt Drach in Begleitung der jungen Frau, die er in der *Unsentimentalen Reise* Irma nennt. Er verliert sie aber aus den Augen, als er einen Blumenstrauß aufhebt, den ihm eine auf einem Wagen tanzende Maharani zuwirft.[22] Das Bild dieser Maharani soll nach Drachs Auskunft in die Figur der Amanda eingeflossen sein. Die wird allerdings auf keinem Wagen tanzen, sondern auf einer Trommel. Gerade die dramatische Vision der Amanda aber wird durch einen anderen Einfluß irritiert. Am Strand, wo er schon Franki Morini kennengelernt hat, macht Drach die Bekanntschaft des Sängers Joseph Schmidt.

In der Hoffnung auf eine Aufführung in prominenter Besetzung entzieht Drach nun der Amanda die ihr ursprünglich zugedachten Lieder. Eine männliche Rolle für Joseph Schmidt muß her. Das Stück gerät dadurch mehr und mehr aus den Fugen.[23]

Wie tragischerweise illusorisch die Idee ist, eine Uraufführung des *Kasperlspiels* mit Joseph Schmidt zustande zu bringen, mag ein kurzer Exkurs belegen. Schmidt, der kleine Sänger mit der großen Stimme, wurde in den späten zwanziger und frühen dreißiger Jahren als »jüdischer Caruso« gefeiert. 1904 in der Bukowina geboren, begann er seine so kurze wie sagenhafte Karriere als Kantor in der Synagoge zu Cernowitz. Nach Berlin übersiedelt, wurde er 1929 durch eine über das Radio übertragene Arie aus Meyerbeers Oper *L'Africaine* über Nacht berühmt. 1933, noch im Jahr von Hitlers Machtergreifung, ist er der Star des Kinohits *Ein Lied geht um die Welt*. Darin wird – poetisch geschönt – die Geschichte seines Lebens erzählt. Ein unscheinbarer Mann mit einer nichtsdestoweniger grandiosen Tenorstimme hat wegen seiner Kleinwüchsigkeit weder eine Chance bei Frauen noch auf eine Opernkarriere. Zum Happy-End singt er sich aber mit einem alle Welt rührenden Lied in die Herzen der Menschen.

Beim Happy-End bleibt es jedoch nicht – zwar soll der kleinwüchsige Joseph Goebbels bei der Premiere besonders laut applaudiert haben, aber das ändert nichts daran, daß Schmidt noch 1933 von Berlin nach Wien emigrieren muß. Als ihn die Nationalsozialisten auch dort einholen, flieht er weiter nach Belgien, auch dort von den Deutschen eingeholt, entkommt er vorläufig nach Südfrankreich. Wie elend der berühmte Mann schließlich zugrunde geht, und zwar ausgerechnet in der neutralen Schweiz, darauf werden wir noch zurückkommen.[24]

In Drachs autobiographischen Texten gewinnt Joseph Schmidt nur relativ wenig Kontur. Das gilt für die Zeichnung zwar nicht aller, aber doch vieler Kontaktpersonen aus der Exilzeit. Man mag fragen, inwieweit es sich hier um eine narzißtische Grundhaltung, einen Reflex auf die identitätsvernichtende Verfolgungserfahrung oder auch um literarisches Kalkül handelt. Was Joseph Schmidt betrifft, so scheint er Drach tatsächlich vor allem in bezug auf die Rolle zu interessieren, die er in seinem Stück respektive für sein Stück spielen könnte. Überlegungen über die vielleicht doch nicht ganz so bühnenwirksame

Körpergröße Schmidts oder seine doch wesentlich sängerische, nicht schauspielerische Begabung wirken auf der Basis des Wissens um die weitere Entwicklung vielleicht kaltschnäuziger als sie sind. Womöglich gibt Drach dem armen Schmidt sogar ein wenig die Schuld daran, daß der Rekonstruktionsversuch des *Kasperlspiels* gescheitert ist. Er ist sich des Stücks in der neuen Fassung nicht sicher. Und es kommt nicht an. Einer privaten Lesung aus dem Stück, die in der Wohnung des Malers Bram van Velde stattfindet, erinnert er sich auf fast traumatische Weise.[25] Immer wieder kommt er in späteren das Exil oder das Stück betreffenden Gesprächen auf diese eine, seinem Gefühl nach katastrophal schlecht aufgenommene Lesung zurück. Erst als er, Mitte der achtziger Jahre durch den Büchner-Preis geehrt, endlich seiner späten Anerkennung sicher sein kann, schafft er es, einigermaßen launig von dieser Niederlage zu erzählen. Bei Bram van Velde habe ihm einzig Frau Thiele, eine freundliche Dame, die er in seinen Texten häufig die Halbchinesin oder auch die Eurasierin nennt, applaudiert. Weil seine Versuche, endlich Schriftsteller zu werden, auch in Nizza zu scheitern drohen, muß er die ablehnende Reaktion des kleinen erlesenen Publikums gerade auf sein Anti-Hitler-Stück als desaströs empfunden haben.

Franki Morini erinnert sich noch heute mit Ironie und Mitleid an jene vergeblichen Versuche, mit Lesungen in privaten Zirkeln zu reüssieren. Im Grunde, deutet er an, war es ziemlich unerheblich, was sein Freund da vorlas. Die Zuhörer fühlten sich eher zwangsbeglückt, manchen ging er schlicht auf die Nerven. Die tiefe Verzweiflung Drachs, seine explosive Ruppigkeit, seine in dieser Phase sich mehrenden Wutanfälle haben für Morini vor allem diese Ursache. Drach habe ja damals, interpretiert er, nicht nur ohne Aussicht auf Erfolg, sondern faktisch ohne jede Resonanz, also in einer Art von geistiger Isolation gelebt. »Er war ungeheuer intelligent und belesen, er wollte als Künstler wahrgenommen werden. Er hat

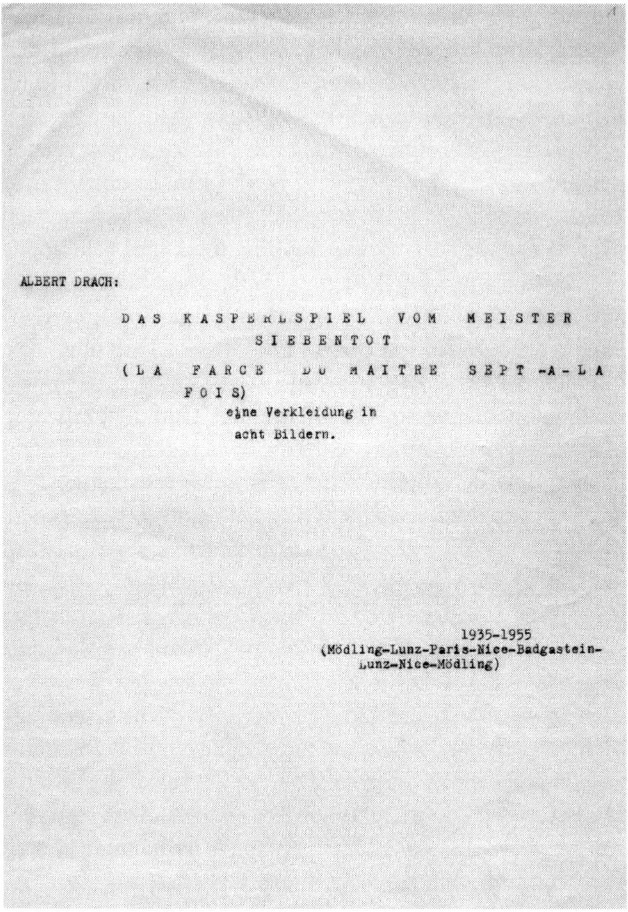

ALBERT DRACH:

D A S   K A S P E R L S P I E L   V O M   M E I S T E R
S I E B E N T O T
(L A   F A R C E   D U   M A I T R E   S E P T - A - L A
F O I S)
eine Verkleidung in
acht Bildern.

1935-1955
(Mödling-Lunz-Paris-Nice-Badgastein-
Lunz-Nice-Mödling)

Deutsch/französisches Titelblatt zum »Kasperlspiel vom Meister Siebentot«

darum gebeten, vorlesen zu dürfen, aber wer hat sich schon dafür interessiert? Die meisten Leute waren nicht auf seinem geistigen Niveau und jeder hatte diese alltäglichen, lebenswichtigen Sorgen.«[26]

Die hatte Albert Drach sicherlich auch – davon zeugen der autobiographische Text *Aus*, der Emigrationsbericht *Unsentimentale Reise* sowie sein spätes Tagebuch aus den Jahren 1946/47/48. Darin dokumentiert und reflektiert: die Reduktion einer komplexen Persönlichkeit auf die simple Grundfunktion, zu leben und irgendwie zu überleben. Wenn es jedoch etwas gibt, das ihm Leib und Seele in einem fremden Land, in einer aussichtslosen Situation, zusammenhält, so ist es das Schreiben. Und die Hoffnung auf literarischen Durchbruch, die er sich geradezu trotzig macht, obwohl sie immer unrealistischer erscheint.

Man muß sich vergegenwärtigen, daß Drach, anders als berühmte Kollegen wie Feuchtwanger oder Werfel, in der Emigration nicht auf den Bonus zählen kann, ein bekannter Schriftsteller zu sein. Weder in Paris noch in Nizza fühlt er sich als einer von ihnen, niemals verkehrt er in den einschlägigen Emigrantenzirkeln. Vielleicht hätte er dort ja Aufnahme gefunden, aber er versucht es erst gar nicht, empfindet als gelernter Einzelgänger keine Affinität zu Gruppen und Organisationen. Mit Ausnahme Walter Hasenclevers, den er anläßlich der gemeinsamen Internierung in Les Milles ins Herz schließen wird, fühlt er sich von renommierten Kollegen nicht angezogen.

Er haßt Lion Feuchtwanger, den er ebenfalls in Les Milles kennenlernt, er hält nichts von Stefan Zweig und Franz Werfel. Laut Morini mag er damals nicht einmal den später so geschätzten Heinrich Heine, den großen Vorläufer der deutschsprachigen Emigranten. Zu als kleiner Eingeschätzten hat er sporadische Kontakte, etwa zu Guido Zernatto, bevor dieser in die U.S.A. weiterreist, und zu Gustav Hermann, der es als Schriftsteller nie zu etwas bringen wird. Frithjof Kühn, der sich als ehemaliger Sekretär Ossietzkys vorstellt, wird eine Zeitlang bei ihm wohnen.

An Malern kennt er den schon erwähnten Bram van Velde, später auch Dawringhausen. Er macht die Bekanntschaft des Komponisten Richard Fall, Bruder des schon verstorbenen und berühmteren Leo Fall. Richard vertont immerhin ein paar von Drachs Gedichten. Und dann ist da eben Joseph Schmidt; der einzige wirklich Prominente.

Was die Schmidt auf den Leib geschriebene Version des *Kasperlspiels* betrifft, die der Autor wahrscheinlich *La Farce du Maitre Sept-a-la-Fois* genannt hat,[27] so ist sie leider verschollen und wird vermutlich nicht mehr auftauchen. Möglicherweise hat sie Schmidt, der sein Leben trotz seiner Prominenz nicht retten kann, auf seinen letzten Fluchtversuch mitgenommen. Vergebens bemüht sich der schwer herzkranke Mann, der noch Mitte der dreißiger Jahre Triumphe in der Carnegie-Hall gefeiert hat, ein

Mappe mit korrigiertem Titel zum »Zwetschkenbaum«-Roman

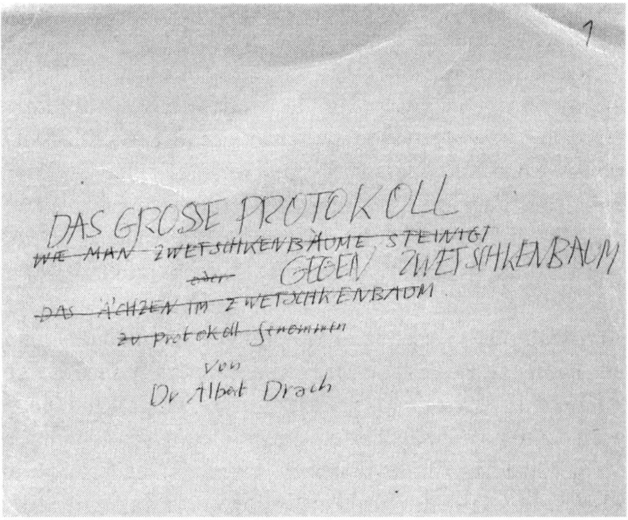

Visum nach Amerika zu bekommen. Nach einer anderen Version hätte er dieses Visum zwar erhalten sollen, doch sei es jemand anderem in die Hände gefallen, der nicht gezögert habe, damit auszureisen. So oder so ist Schmidts Emigrantenschicksal von besonders absurder Tragik. 1942, als das Vichy-Regime die Auslieferung von Juden systematisch in Angriff nimmt, flieht er – vielleicht nicht zuletzt unter dem Eindruck von Drachs Verhaftung, die unter seinen Bekannten in Cagnes sur Mer für große Unruhe sorgt – in die Schweiz.[28] Er hält sich für gerettet, wird aber dort im Flüchtlingslager Gyrenbad interniert. Als er beim Ausheben von Gräben einen ersten Herzanfall erleidet, schreibt man ihn als angeblichen Simulanten, der sich vor der Arbeit drücken will, vorzeitig gesund – im November 1942 stirbt er mit gerade 38 an einer zweiten Herzattacke.[29]

Da ist Albert Drach, der beinahe an die Deutschen ausgeliefert worden wäre, schon wieder aus dem Lager Rives Altes entlassen. Er lebt bis zur Ankunft der Deutschen im September 1943 erneut in Nizza. Es ist unklar, ob er schon damals oder erst viel später vom Tod Joseph Schmidts erfahren hat. In der *Blinden Kuh* erwähnt er diesen Tod auf höchst lapidare Weise.[30]

Werfen die mörderischen Zeiten von 1942–1945, auf die hier vorgegriffen wurde, in den trügerisch-harmloseren von 1939 ihre Schatten schon voraus? Von den Gefahren, die noch auf ihn und seinesgleichen warten, macht sich Drach damals wahrscheinlich keine realistische Vorstellung. Für das Thema der Verfolgung hat er allerdings ein feines Sensorium. Etwas davon hat er schließlich schon vor seiner Emigration in der Phase der *Zwischenzeit* am eigenen Leib und vor allem an der eigenen Seele zu spüren bekommen, der Reflex darauf ist da, auch wenn er das, was ihn aus dieser Vergangenheit in naher Zukunft einholen könnte, vorläufig noch nicht so recht wahrnehmen mag.

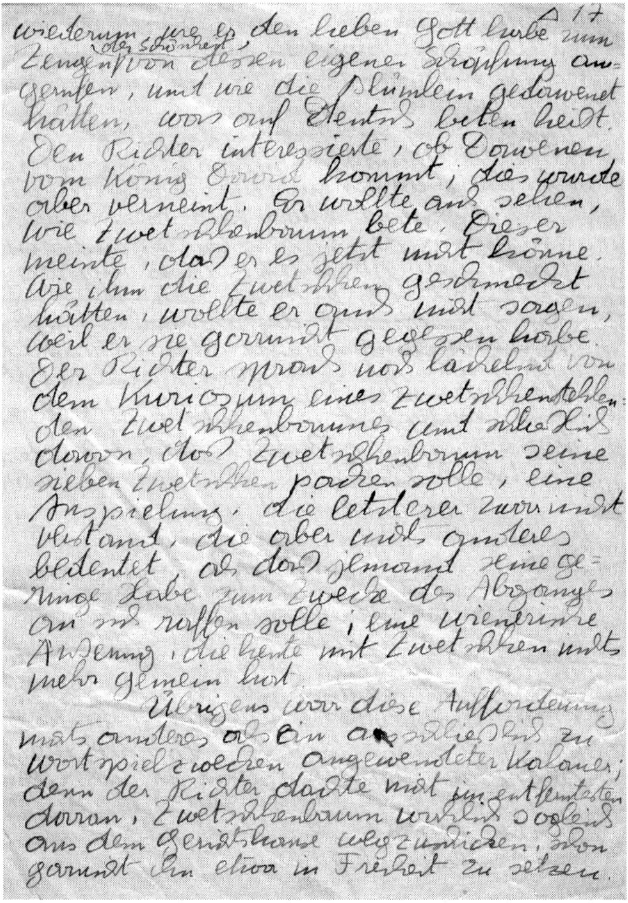

17

wiederum, wie es den lieben Gott habe zum Zeugen der Schönheit von dessen eigener Schöpfung angerufen, und wie die Blümlein gedawenet hätten, was auf Deutsch beten heißt. Den Richter interessierte, ob Dawenen vom König David kommt; das wurde aber verneint. Er wollte auch sehen, wie Zwetschkenbaum bete. Dieser meinte, daß er es jetzt nicht könne. Wie ihm die Zwetschken geschmeckt hätten, wollte er auch nicht sagen, weil er sie garnicht gegessen habe. Der Richter sprach noch lächelnd von dem Kuriosum eines zwetschkenstehlenden Zwetschkenbaumes und schließlich davon, daß Zwetschkenbaum seine sieben Zwetschken packen solle, eine Anspielung, die letzterer zwar nicht verstand, die aber nichts anderes bedeutet, als daß jemand seine geringe Habe zum Zwecke des Abganges an sich raffen solle, eine wienerische Äußerung, die heute mit Zwetschken nichts mehr gemein hat.

Übrigens war diese Aufforderung nichts anderes als ein ausschließlich zu Wortspielzwecken angewendeter Kalauer; denn der Richter dachte nicht im entferntesten daran, Zwetschkenbaum wirklich sogleich aus dem Gerichtshause wegzuschicken, schon garnicht ihn etwa in Freiheit zu setzen.

Eines der wenigen erhaltenen Blätter von der Fortsetzung des »Zwetschkenbaum«-Romans

Den Roman, den Drach im schönen großen Zimmer der Frau Hagenmüller konsequent zu Papier bringt, kann man den größten literarischen Wurf seiner Exilzeit nennen, obwohl er erst ein Vierteljahrhundert später seine Leser finden wird. Gern würde er dieses Buch auf französisch schreiben, aber seine Sprachkenntnisse lassen noch immer zu wünschen übrig. Das liegt vor allem daran, daß er mit seiner Hauptbezugsperson, der russischen Freundin Manja, englisch spricht. Trotzdem sucht und findet er im Lexikon einen französischen (und programmatischen) Titel: *Le procés verbal.*[31]

Die Versuche, seinem bisher größten literarischen Kind einen deutschen Namen zu geben, fallen vorerst bei weitem weniger prägnant aus. *Zwetschkenbaum als Baum und als Jude ist Gegenstand dieses Aktenstücks*, heißt es auf einer seiner frühen, kommentierenden Werklisten, die im selben Heft steht, wie das 1942 verfaßte *Goggelbuch*. Auf dem Deckblatt zum ersten, erhalten gebliebenen *Zwetschkenbaum*-Typoskript, auf dem auch das *Protokoll betreffend Marie* vermerkt ist, hat Drach die Bezeichnung als Baum und als Jude gestrichen.[32] Der ursprüngliche Titel des zweiten erhalten gebliebenen Typoskripts, das möglicherweise bereits die Vorlage zur Druckfassung war, mutet hingegen wieder weniger konzis an: *Wie man Zwetschkenbäume steinigt oder das Aechzen im Zwetschkenbaum zu Protokoll genommen von Dr. Albert Drach.* Durch einen handschriftlichen Strich hat Drach diesen bombastischen Satz schließlich verworfen und durch *Das Große Protokoll gegen Zwetschkenbaum. Nice, 1939* ersetzt.

Alle dieser Titel zeugen vom Schwanken des Autors zwischen Pathos und Sachlichkeit, verschnörkelten Formulierungen und stilistischer Prägnanz. Alle diese Titel sind aber auch signifikant für seine Intentionen. *Le procés verbal* kommt dem endgültigen deutschen Titel *Das große Protokoll gegen Zwetschkenbaum* sicher am nächsten. Beide Titel signalisieren, daß sich Gewalt und

Macht vor allem verbal manifestieren, die Sprache schlägt zu, der Prozeß, der dem Protagonisten gemacht wird, ist zu allererst ein Verbalakt.

Zwetschkenbaum als Baum und Jude ist Gegenstand dieses Aktenstücks – dieser Titel zielt einerseits auf die von Amts wegen vollzogene Entpersönlichung des Delinquenten und verweist andererseits auf die schicksalhafte Verbindung der Person zum Baum. Nach diesem Baum benannt ist sie vorerst weniger aus Gründen der Namensmagie, sondern eher deshalb, weil dieser Name jüdisch klingt. Der Mensch wird als Jude definiert – gilt also in gewissen Geistes- oder Ungeisteszusammenhängen beinahe nicht als Mensch. *Wie man Zwetschkenbäume steinigt oder das Ächzen im Zwetschkenbaum* identifiziert den Menschen ebenfalls mit dem Baum und macht unmißverständlich seine Opferrolle klar.

Im letztendlich gewählten Titel *Das große Protokoll gegen Zwetschkenbaum* kulminieren alle diese Bedeutungsmöglichkeiten. Dies ganz besonders, wenn man Drachs Protokollbegriff mitdenkt. Das Protokoll, wird er nicht müde zu sagen, protokolliert ausnahmslos *gegen* den Menschen, ob es sich nun um ein Polizeiprotokoll, die scheinobjektivierende Rede in den Amtsstuben, den Tratsch der Nachbarn, den Zufall oder, zusammenfassend, die Wirklichkeit, handelt. Die Wahrheit Zwetschkenbaums widerspricht der Wirklichkeit, mit der er konfrontiert wird.

In dem sehr zweifelhaften Schatten eines sogenannten Zwetschkenbaumes saß ein Mann, der hieß auch Zwetschkenbaum, aber er war es nicht. Diese Familienbezeichnung gibt nämlich allerdings einen guten Namen für die damit gemeinte Pflanze mit verholztem Stengel oder Stamm ab. Denn sie ist gebräuchlich für Gewächse solcher Art, welche hinwiederum nützlich und beliebt sind. Dagegen hält man erwähnten Namen für schlecht, wenn er einen Menschen betrifft, und der Verruf, in dem er steht, hat seine Begründung nicht darin, daß einmal ein großer philosophischer Dichter behauptet hat, vieles im Menschen sei noch Pflanze oder Gespenst; sondern vielmehr ist man zu einer absprechenden Ansicht deshalb gelangt, weil die Benennung besagten Vegetationsteiles auch noch häufig von einer Species Kreatur (Gattung Lebewesen) für sich in Anspruch genommen wird, die man gemeinhin Juden nennt. Und so ist es auch kein Zufall, daß es einmal einen Juden namens Zwetschkenbaum gab, von dem hier die Rede ist.[33]

Kein Zufall? – Das glauben auch diejenigen, die Schmul Leib Zwetschkenbaum einen Roman lang das Leben schwer machen. Nomen est omen – wenn einer so heißt, dann wird das schon etwas zu bedeuten haben. Anders als Marie im *Protokoll einer Hurenwerdung* wird Zwetschkenbaum nicht in erster Linie durch milieubedingte Umstände wie (die in beiden Fällen gegebene) Armut determiniert. Determiniert wird Zwetschkenbaum durch sein Judentum.

»Schmul Leib Zwetschkenbaum, 24 Jahre alt, mosaisch, ledig, von Beruf Talmudschüler, ohne festen Wohnsitz« wird, unter einem Zwetschkenbaum sitzend, wegen des dringenden Verdachts verhaftet, Zwetschken gestohlen zu haben. Die Indizien: Er heißt Zwetschkenbaum, er lagert unter einem Zwetschkenbaum, »er ist sichtlich hüftenkrumm, weil er einmal irgendwo gefallen sei (Anmerkung: vielleicht von einem fremdem Obstbaum)«.[34] Was gibt es gegen eine derartige Beweislast von seiten des mit ihr Belasteten zu sagen? Vor allem, wenn dieser Belastete die Sprache nicht versteht, in der die Amtshandelnden, angefangen vom Ortsgendarmen Johann Schöberl[35] bis zum Richter Xaver Bampanello von Kladeritsch[36] sprechen?

Daß er die Sprache nicht versteht, deutet nicht nur an, daß die Deutschkenntnisse des herumgetriebenen Ostjuden offenbar dürftig sind. Es bedeutet, daß er vor seinem kulturellen Hintergrund nicht begreifen kann (oder nicht begreifen mag), was man von ihm will. »Wer nicht hören will, muß fühlen«, sagt der Volksmund. Darüber, ob Zwetschkenbaum nicht hören kann oder will, dementsprechend auch nicht zweckdienlich antworten kann oder will, gibt es divergierende Auffassungen.

Anläßlich des Drach-Symposiums in Wien 1992 hat Konrad Paul Liessmann der Figur des Zwetschkenbaum eine bis zu einem gewissen Grad selbstverschuldete und provokante Dummheit zugeschrieben, aus der sich schließen lasse, daß es keineswegs die Absicht des Autors war, seinen Protagonisten als reines Opferlamm darzustellen. Durch seine aufreizende Art, eine angemessene Kommunikation zu verweigern, sei Zwetschkenbaum sehr wohl mitverantwortlich für das, was ihm von Amts wegen zugefügt wird. Dem hat Edith Saurer entgegengehalten, daß Zwetschkenbaum als Chassid, dessen Tun zutiefst von religiösen Vorstellungen und Vorschriften geprägt ist, tatsächlich von einer anderen Welt ist als diejenigen, die ihn zum Untersuchungsgegenstand degradieren.[37] Dieser Diskurs ist bereits im Roman grundgelegt.

Zwetschkenbaums Gutachter, Ärzte, Anwälte und Richter sind sich durchaus uneinig darüber, was von seinem Geisteszustand zu halten ist.[38] Je nach eigener Interessenslage und Gemütsverfassung halten sie ihn – mehr oder weniger gut- oder böswillig – eher für diebisch, renitent, dumm, ver-rückt oder auch religiös ent-rückt. Wobei sich selbst die wohlwollendsten Einschätzungen meist fatal auf den Delinquenten auswirken. Denn diejenigen, denen Zwetschkenbaum Rede und Antwort stehen muß, sind seiner Sprache, die vom Chassidismus geprägt ist, schließlich auch nicht mächtig, deuten die aus seinem Lebenszusammenhang stammenden Zeichen innerhalb ihres Verständnishorizonts.

Innerhalb dieses Verständnishorizonts spricht ein mittelloser Ostjude einen nach Tonfall, Wort- und Satzstellung karikaturhaften Jargon, der wenig mit Jiddisch zu tun hat, der Volkssprache der nicht assimilierten aschkenasischen Juden, umso mehr aber mit »Jüdeln«, einer dem sich überlegen dünkenden Nichtjuden schmierig und lächerlich vorkommenden Mauschelsprache. Der Leser »hört« Zwetschkenbaum nicht im Originalton, sondern nur in der verzerrten Wiedergabe des Protokolls. Innerhalb dieses Verständnishorizonts gibt es weder bei den Christen noch bei den assimilierten West-Juden, mit denen der Ost-Jude konfrontiert wird, eine Religion, die das Leben bestimmt. Innerhalb dieses Verständnishorizonts gibt es nur eine den frommen Zwetschkenbaum befremdende und erschreckende Profanität.

Er habe auch gar nicht daran gedacht, daß er gerade auf einen Zwetschkenbaum gestoßen sei und das Gewächs noch nicht in dieser Richtung hin untersucht. Er sei vielmehr bloß in dem recht zweifelhaften Schatten des Baumes gesessen und habe in einem der für Ortsansässige unverständlichen Bücher gelesen. Sodann habe er den großen Gott zum Zeugen angerufen, wie schön diese Welt sei, auch dabei nicht im entferntesten an den Zwetschkenbaum gedacht, unter dem er saß. Er habe schließlich die Bibel hebräisch zitiert und einen hebräischen Autor mit singender Stimme aufgesagt, welch letzterer bekannt gibt, daß die Blumen das jüdische Halbfünfuhrnachmittagsgebet mit allem rituellem Wackeln und Schütteln verrichten.[39]

Wie erwähnt hat sich Drach vor seiner Ausreise – angeregt durch den Besuch des in Z.Z. literarisch verewigten Hausierers – beim Mödlinger Rabbiner Dr. Albert Schweiger über jüdische Riten und den Chassidismus informiert. Nun, in Nizza, besucht ihn ein weitschichtig mit ihm verwandter Vetter, der schon früher aus Rußland nach Frankreich emigrierte Simon Baron Konstantinowski. Dieser – ein Mann, der das Ostjudentum aus nächster Nachbarschaft kennt – ist der erste, dem er aus seinem

Zwetschkenbaum vorliest. Der Baron – nach Drachs Einschätzung ein Zyniker, dessen Urteil er eigentlich fürchtet – ist von dem Gehörten begeistert und macht nur kleine Korrekturvorschläge, etwa abweichende Gewohnheiten und Gebräuche der Juden im ruthenischen Teil Galiziens betreffend.[40]

Der Mödlinger Rabbiner also und der Kiewer Vetter; über weitere Quellen will Albert Drach in der Emigration nicht verfügt haben. Nicht etwa Martin Buber, dessen Buch »Die Erzählungen der Chassidim« zwar tatsächlich erst 1949 erschienen ist, zu dem es allerdings publizierte Vorarbeiten aus den Jahren 1921 und 1924, und den Sammelband »Die chassidischen Bücher« immerhin schon 1928 gibt.[41] Kaum ist der Zwetschkenbaum-Roman endlich erschienen, verwehrt sich Drach (in einem mit 17. Februar 1965 datierten Brief an seinen ersten Verleger Joachim Schondorff) gegen die Unterstellung eines etwa von dort her kommenden Einflusses – natürlich habe er Martin Buber erst nach Fertigstellung des Zwetschkenbaum gelesen.

Der Erfolg des Chassidismus, der in der ersten Hälfte des 18. Jahrhunderts als volkstümlich-religiöse Bewegung in Osteuropa entstanden ist, verdankt sich unter anderem zwei Grundbedingungen. Zum einen eröffnet er vor allem den armen, von Pogromen betroffenen Volksschichten die Möglichkeit, ihr Judentum unabhängig von der religiösen Elite der Thora-Gelehrten zu leben.

Halten es doch die Chassidim weniger mit der traditionellen Auslegung der fünf Bücher Mose und der darin enthaltenen Gesetze als mit dem Talmud und der Kabbala, auf die gestützt gottbegeisterte Zaddikim auch unkonventionelle Wege zu Gott zeigen, der von jedem Einzelnen in jedem Aspekt des Lebens gesucht und gefunden werden kann. Zum andern aber gestattet diese mystisch-pantheistische Grundhaltung eine religiöse Entgrenzung durch exaltierten Tanz und ekstatische Verzückung – nichtchassidische Rabbis sollen anfangs nicht wenig entsetzt gewesen sein, als ihre chassidischen Brüder damit begannen, beim Gebet in der Synagoge Purzelbäume zu schlagen.[42]

Zwetschkenbaum manifestiert seinen chassidischen Enthusiasmus nicht nur durch rituelles Wackeln, sondern auch durch begeistertes Rütteln des gleichnamigen Obstbaums. Es sei denn, man glaubt, daß sich der Baum infolge von Stimmungsübertragung ohne physische Berührung schüttelt. Zwetschkenbaum will die herabfallenden Früchte nicht als Zwetschken, sondern als »lachende Flügeltiere« gesehen haben.[43] Eine Interpretation, die er später allerdings auf einen Hörfehler (Spätzche für Spatz, statt Zwetschke)[44] zurückführt.

Nicht ganz abwegig, daß dem Ortsgendarmen, der die chassidischen Zusammenhänge nicht kennt, dieses Gebaren seltsam erscheint. Durchaus begreiflich, daß sich die Befrager fragen, ob Zwetschkenbaum tatsächlich außerstande sei, eine Zwetschke zu erkennen. Aber muß man ihn deshalb gleich verhaften und in Gewahrsam nehmen? »Die Gesetze sind gegen diejenigen gemacht, die nicht dabei waren, als sie gemacht wurden« – so der Marquis de Sade –; Zwetschkenbaum war ganz bestimmt nicht dabei. Er stammt aus Ostgalizien, ist vor den russischen Pogromen geflohen und hat zum Zeitpunkt seiner Verhaftung »6 Heller, einen Binkel, enthaltend zwei schmutzige Hemden, ein paar zerrissene Strümpfe und einige mit hebräischen Lettern geschriebene Bücher«[45] bei sich. Er ist auf Grund seiner ostjüdischen Herkunft, seiner unübersehbaren Armut und des Fehlens von Ausweispapieren ein verdächtiges Subjekt par excellence.

Auf die Frage ob er Hunger habe, antwortete der Verdächtige ausweichend, doch konnte aus dem Aussehen und der Höhe der Barschaft des Angezeigten sein Leugnen widerlegt werden. Aus einer Anzahl am Tatort frisch ausgespuckter Kerne ergibt sich, daß hier jüngst ein Zwetschkenessen in nicht unbeträchtlichem Umfange stattgefunden haben müsse. Zwetschkenbaum stellt dennoch den Zwetschkendiebstahl mit vielen, nur zur Hälfte verständlichen Worten und lebhaften Gebärden in Abrede. Der Genannte wurde dem Bezirksgericht wegen Vagabundage- und Diebstahlsverdacht überstellt.[46]

Mit dieser Amtshandlung beginnt Zwetschkenbaums ebenso unaufhaltsamer wie bizarrer, von schwer durchschaubaren Kräften gelenkter Leidensweg. Vom Gefängnis bringt man ihn in die Irrenanstalt, wo er vom mitleidigen Anstaltsarzt Dr. Vorderauer zum Dank für seine prophetischen Reden und zum Trost für erlittene Unbill mit der Nymphomanin Sarah Windmühl verheiratet wird, eine unkonventionelle Idee, die dem Arzt prompt seine Stellung kostet. Zu der Unbill gehört u.a. eine lebensgefährliche Stichverletzung, die dem unglücklichen Schmul von einem Messerstecher zugefügt wurde. Nach der rettenden Operation durch einen Meisterchirurgen kommt Zwetschkenbaum in der Krankenabteilung zwischen dem Schriftsteller Emmerich Emanuel Dappel und dem Anwalt Dr. Franz Eduard Schimaschek zu liegen. Dappel, ein harmloser Narr, legt Wert auf die Feststellung, die bei ihm diagnostizierte Paralyse nur simuliert zu haben, um im Irrenhaus für ein in Entstehung begriffenes Buch zu recherchieren. Der genial-schizoide Dr. Schimaschek hingegen protzt ungeniert mit dem Grund seiner Anhaltung. Er fühlt sich als Mann mit intaktem Triebleben, das er auch den zufällig seinen Weg kreuzenden Frauen, seien es sexuell unterversorgte Nonnen im Zug oder dienende Krankenschwestern der Irrenanstalt, nicht vorenthalten will. Zwetschkenbaum interessiert das alles nur mäßig oder überhaupt nicht, doch als Schimaschek seine Potenz mit der Pflegerin Unterreiter demonstrieren will, und zwar ausgerechnet in Schmuls Bett, kommt es zur Katastrophe.

Als (...) der sittenlose Rechtsanwalt und die protestierend Hingegebene immer weitere Teile des Bettes Zwetschkenbaums für sich in Anspruch nahm, so daß derselbe nicht einmal als Knäuel noch neben ihm bestehen konnte, sprang er vom Lager herab und richtete sich plötzlich groß auf, als ob er zu einem alttestamentarischen Propheten würde, wobei er sich zu einer wegwerfenden Geste entschloß und die Worte »Soll verbrennen!« murmelte.[47]

Zwetschkenbaum flieht aus der Anstalt, und tatsächlich, kaum ist er im Freien, geht das Gebäude in Flammen auf. Seine Flucht führt ihn, wie könnte es anders sein, erst recht wieder zu dem Baum, der sein Schicksal ist. In der Früh wird er, wie gehabt, vom Ortsgendarm verhaftet, der nicht weiß, was er tut. Die Anklage lautet diesmal nicht auf Obstdiebstahl, sondern auf Brandlegung. Nicht nur die Irrenanstalt, auch eine Scheune und ein Teil des Hinteroderschen Anwesens, auf dem Zwetschkenbaums Zwetschkenbaum seinen Flüchen zum Trotz nach wie vor wächst und gedeiht, ist über Nacht abgebrannt. Schon sind wir auf Seite 70 des Romans, aber Schmul wird noch viel erleben und erleiden. Animiert vom freundlichen jüdischen Richter Schönbein, legt er frohgemut ein falsches Geständnis ab, ist vielleicht selbst der Meinung, das Feuer durch seinen umfrommen Wunsch entfacht zu haben. Neuerlich Gefängnis, neuerlich Irrenanstalt, und bei allem, was ihm von außen zugemutet wird, der Rückzug in ein visionäres Traumleben, in dem der Chassid beharrlich seinen richtigen Weg sucht.

Dieser Weg kann für ihn weder der des Zionismus sein, den sein Bruder Ezechiel gegangen ist, noch jener der skrupellosen Anpassung, für den sich sein anderer Bruder und Hauptkontrahent Salomon unter Verleugnung des Judentums entschieden hat. Es ist und bleibt der religiöse Weg des freudigen Dienens und – wenn es sein muß – auch Leidens, der ihm seine Identität garantiert. »Wenn Schmul nicht ein seinem Bruder vergleichbares Opfer der

Identität bringt«, schreibt Jürgen Egyptien über die brüderlichen Antagonisten, von denen der eine auf die Rolle des Abel, der andere auf die Rolle des Kain fixiert ist, »wird er selbst zum Opfer seiner Identität.«[48] Paradoxerweise droht Zwetschkenbaum seine Identität gerade deshalb zu verlieren, weil er sie um jeden Preis behalten will.

Eine erstaunliche Wende im Leben Zwetschkenbaums wird von diesem falsch interpretiert. Man entläßt ihn aus dem Gefängnis, wo er seine Mitgefangenen durch prophetische Reden beeindruckt hat, bringt ihn zurück ins Irrenhaus, hält ihn dort wie einen seltenen Vogel im goldenen Käfig und berücksichtigt bei seiner Verköstigung sogar die jüdischen Speisegebote. Schließlich setzt man ihn auf halbfreien Fuß, bringt ihn auf dem Lande bei der Familie Druckmann unter, wo er nicht mehr so königlich, aber immerhin ausreichend versorgt wird. Doch Schmul wird zwar satt, aber nicht froh. In ihm keimt der durchaus unbegründete Verdacht, daß das Geld, mit dem er erhalten wird, von seinem gerissenen Bruder Salomon stammt, der – das hat er im Traum gesehen – seine jüdische Identität mit der nichtjüdischen seines im Ersten Weltkrieg gefallenen Neffen Grzezinsky vertauscht hat. Bei dem Versuch, die Wahrheit herauszufinden, tappt er in die Falle, zerstört das komplizierte Netz zu seiner Rettung, das u.a. der wahre Brandstifter Dappel und der raffinierte Irre Schimaschek unter Einbeziehung des Versicherungsbetrügers Hinteroder und des wohltätigen Richters Schönbein gesponnen haben. So gerät er auf verschlungenen Wegen in die Gesellschaft seiner alten Zellengenossen Himbeer und Stengel, die ihn – von Sarah Windmühl ist er bereits geschieden – mit der Prostituierten Gisi Schönwald verheiraten und, seine grenzenlose Einfalt schamlos ausnützend, als Hehler mißbrauchen. Hier, auf den letzten Seiten des Romans, wird Zwetschkenbaum auf der Flucht vor dem Bösen erstmals straffällig, wenn auch nicht unbedingt schuldig. Ihm bleibt nur mehr der Weg zu seinem Baum und in sich selbst:

Er dachte übrigens nur und sprach nichts, weder zum Baum noch zu sich selbst, noch zu Gott. Warum sei er immer geflohen? Der zum Bleiben bestimmt ist, dürfe nicht fliehen. Der Gesuchte wurde vor dem abgebrannten Teile des Anwesens, genannt Hinterroder, vom Ortsgendarmen Johann Schöberl erkannt, wegen Flucht- und Verdunklungsgefahr festgenommen und dem Bezirksgericht überstellt.[49]

Hier schließt sich der Kreis. Im Bezirksgericht wartet der Richter Baron Dr. Xaver Bampanello von Kladeritsch und der junge Protokollführer, dem der Auftrag erteilt wird, »den Beschuldigten gehörig zu befragen, alles nach Tunlichkeit zu Protokoll aufzuklären und zu belichten, und dann, wenn nötig, das Ganze zu überschreiben: »Das große Protokoll gegen Zwetschkenbaum«.[50]

Vehement hat sich Drach gegen jene Rezeption der sechziger Jahre verwahrt, die seinen Helden gerne mit dem Hiob des Alten Testaments, mit dem ewig wandernden Juden Ahasver oder auch mit Hašeks bravem Soldaten Schweijk in Verbindung bringt. Hiob komme nicht in Betracht, weil der mit seinem Gott ob des erlittenem Unrechts hadert, während Zwetschkenbaum versucht, sein Leiden freudig zu ertragen. Ahasver sei keine verwandte Gestalt, weil es dem Chassiden Zwetschkenbaum nie eingefallen wäre, seinem Gott die Rast zu verweigern. Schwejk schließlich sei ein selbständig gewordener Sancho Pansa, der auch aus noch so irrationalem Verhalten Vorteile ziehe, zum Beispiel den, nicht am Krieg teilnehmen zu müssen. Zwetschkenbaum hingegen, erläutert Drach 1989 in einem ausführlichem Gespräch[51], könne aus nichts Gewinn ziehen, weil ihm die Zusammenhänge, die zu einem realen Ergebnis führen könnten, völlig fremd seien.

Er ist das Abbild jenes Hausierers, der 1936/37 hier war und gesagt hat, ich bin gekommen, um da zu sein. Zwetschkenbaum ist so in Gott gesenkt, daß Reales nicht für ihn existiert. Er ist sich seines Lebensollens nur insofern bewußt, als er die moralische Instanz in sich und über sich findet. Diese moralische Instanz ist mit den tatsächlichen Erscheinungsformen des Lebens ständig im Widerspruch. Dazu kommt noch sein Schicksal, das ihn, verbunden mit der Namensgebung, an den Baum heftet. Seine Existenz ist von allem Anfang an eine erfolglose, weil absolute Moral, wenn sie verwirklicht werden könnte, die absolute Negation ist. Da er ein Chasside ist, glaubt er, daß sein Dasein zur Freude gereicht, die er auch in seinem unendlichen Leiden zu finden glaubt. So versucht er, es allen Menschen recht zu machen, um dem Bösen zu entrinnen.

Auch wenn ein literarischer Text bekanntlich nicht nur das ist, was ein Autor in ihm intendiert hat, fällt es, diese Worte im Ohr, nicht leicht, sich den Interpretationen der achtziger und neunziger Jahre anzuschließen, die Zwetschkenbaum – und in der Folge auch Drachs anderen Helden – ihre Opferrolle abzusprechen versuchen.[52] Es scheint auch nicht sehr plausibel, Drachs Werk jener »attraktiv-bösen« Literatur zuzuordnen, von der K.H. Bohrer spricht,[53] wenngleich das Böse in seinem Œuvre eine große Rolle spielt. Richtig aber ist, daß es bei Drach keinen dieses Böse erklärenden und im Guten aufgehobenen Sinnzusammenhang gibt. Ebenso richtig ist, daß der Autor niemals das Stereotyp des guten Juden entwickelt, das diesen auf die Opferrolle fixiert.[54] Richtig ist ferner, daß in Drachs Texten »eine Sicht- und Beschreibungsweise von Juden vorzufinden ist, die nicht im Sinne einer dichotomischen Gut-Böse-Moral der einen oder anderen Seite zugeschlagen werden kann«.[55] Zutreffend ist auch, daß Drach nicht in gnostischer Helldunkelpolarität denkt und schreibt und mit dem Protokollstil eine literarische Methode gefunden hat, der Versuchung zur identifikatorischen Parteinahme für seine Figuren zu entgehen. Die Identifikation mit Drachs Figuren funktioniert, wenn überhaupt, gebrochen durch die kalkulierte Pseudoobjektivität seines Protokolls. Seine Methode geht mit dem Wunsch einher, den traditionellen Roman neu zu kreieren, dem noch der Anspruch auf die Darstellung der gesamten gesellschaftlichen Wirklichkeit immanent war. Im Sinne von Georg Lucácz wäre Drach[56] kein Beschreiber von individuellen Befindlichkeiten, sondern ein Erzähler, der komplexe Realitätszusammenhänge in ihrer Totalität widerspiegeln möchte. Gerade auf diesem paradoxen Weg erfährt man dann allerdings sehr viel über das Innenleben seiner Helden.

In einem der zweiten Typoskriptfassung des *Zwetschkenbaum* beigefügten Anhang namens *Wurmfortsatz* versucht Drach sein ästhetisches Romankonzept zu entwickeln:

Wie die epische Kunst zu schreiben sei, das zu entscheiden, hat sich die Mode der Literaturgeschichte vorbehalten, welche aufzeigt, warum und auf welche Weise sich der Stil vom Epos über die Prosaerzählung und Tagebuchblättersammlung zur Sezierung der minütlichen und sekündlichen Gegenwärtigkeiten auf deren Atomgehalt und darüber Atomzertrümmerung gestaltet hat. Aber hiedurch ist zur Antwort wenig gewonnen, wenn nicht gleichzeitig entschieden wird, woher das ganze gesehen wird und wann woher das ganze gesehen werden kann. Denn der einzige Gegenspieler des Helden ist der, der ihn schreibt.[57]

Das große Protokoll gegen Zwetschkenbaum ist der erste umfangreichere Text Drachs, der seiner eigenen Protokoll-Definition gerecht wird. Die in dieser Definition immer wieder hervorgehobene Außenperspektive ist dennoch weder hier noch in den anderen als große Protokolle definierten Texten[58] durchgehalten. Zum Protokollbegriff insgesamt wird später noch einiges zu sagen sein. Auch auf die Frage der Opferrolle werden wir in bezug auf Drachs zweites, großes, nicht-autobiographisches Protokoll, *Untersuchung an Mädeln*, noch zurückkommen.

Was den *Zwetschkenbaum* betrifft, so läßt sich die Opferrolle der Titelfigur jedenfalls nicht weginterpretieren. Zwetschkenbaum ist und bleibt Opfer, auch wenn er in einem erzwungenem Assimilationsprozeß vorübergehend einen Teil seiner Identität verliert; selbst wenn er in der schlechten Gesellschaft von Hehlern schließlich selbst zum Hehler wird. Das alles ändert nichts daran, daß er – so seine letzten Worte im Roman – die Zwetschken nicht gestohlen hat.

Ein anscheinend läppischer Vorwurf, dieser Zwetschkendiebstahl, aber zweckdienlich als Vorwand. Zwetschkenbaum ist als Jude geboren, doch darüber hinaus wird er zum Juden gemacht. Der Jud ist schuld, die Juden sind schuld – solche Parolen verbinden die Hetzhorden von der Antike über das Mittelalter bis in die Gegenwart. Als Opfer sind die Juden das bewährteste Modell.

Die Auffassung von Zwetschkenbaum als Opfer mit über seine subjektive Existenz hinausweisendem Symbolcharakter läßt sich noch weiter erhärten, wenn man auf die zwei handschriftlich erhaltenen Blätter zurückgreift, die von der Fortsetzung des *Großen Protokolls* erhalten geblieben sind. Taucht doch in diesem Fragment Ruth wieder auf, die einzige Frau, die den keuschen Schmul wegen ihrer natürlichen Anmut und ihres offenen Naturells nicht nur »an den Rändern«, sondern mitten in der Seele berührt hat. Der erste Teil des Romans spielt noch in der Monarchie, die allerdings bereits ihrem Zusammenbruch entgegentreibt, gegen Ende der ersten Weltkriegs ist Ruth Druckmann nicht mehr als 16 Jahre alt. Nun aber, auf den zwei losen Blättern aus dem zweiten Teil, sind 20 Jahre vergangen, Ruth ist eine verheiratete Frau, Österreich hat aufgehört zu existieren, Großdeutschland ist entstanden.

Drach schreibt: »Also hatte die judenfeindliche Partei, die im Reiche herrschte, auch Österreich zur Gänze erobert. Schmul hatte eine hysterische Angst um Ruth, er wollte sie durchaus nicht zu ihrem Manne heimkehren lassen, aber diese bestand darauf.« Und einige Zeilen weiter: »Ein telephonischer Anruf in den Morgenstunden bei Ruths Mann ergab, daß dieser verhaftet worden war, ohne daß man wußte wohin er gebracht worden sei. Somit hatte man also mit der Festnahme von Juden in solideren Stellungen begonnen (...)«[59]

Wir kennen den verlorenen Text nicht, Drach selbst hat sich fast vierzig Jahre nach seiner Abfassung nur vage daran erinnert. So viel aber wird klar, daß er nicht nur die besondere Verfolgungsgeschichte Zwetschkenbaums, sondern auch die allgemeine der Juden weiterzuschreiben versucht hat. Am Ende sei sein Protagonist schließlich durch den Strang ermordet worden, so Drach im Gespräch, 1989, anläßlich der Neuausgabe des *Zwetschkenbaum*-Romans; von den Gaskammern habe er erst auf seinem Transport ins Auslieferungslager Rives Altes erfahren.

Hochinteressant ist im Zusammenhang dieser Überlegungen auch der Schluß des erhalten gebliebenen Romans, den Drach nach eigenen Angaben nicht 1939/40, sondern erst später geschrieben hat, um den ersten Teil des Textes von der Fortsetzung zu trennen und publikationsfähig zu machen. Möglicher Zeitraum dieser Ergänzung: die Jahre 1946/47. Nach Kriegsende, vorläufig noch in Frankreich, erstellt Drach eine Typoskriptfassung, die er in der Folge verschiedenen Verlagen anbietet.[60]

Es wird nun unmittelbar aus der Perspektive des Gerichtspraktikanten erzählt, der *Das große Protokoll gegen Zwetschkenbaum* verfassen soll. Vor dem Bezirksgericht kommt es zu einem kurzen Zusammentreffen der Brüder Zwetschkenbaum, doch sie scheinen einander nicht zu erkennen. Der Finanzmann Grzezinsky, der nebenbei mit dem Richter Bampanello verschwägert ist, wird vom vorlauten Protokollführer gefragt, was man sich unter so einem Finanzmann denn konkret vorzustellen habe. Er bleibt die Antwort nicht schuldig. In einem zynischen Bekenntnis ohnegleichen analysiert und propagiert er die Rettung des Kapitalismus durch den Antisemitismus:

Man ändere die Bedeutung eines Wortes am besten durch Begriffsspaltung.

Man lasse die Menge bei der Meinung, daß Kapital, Finanz und dergleichen etwas schandbar Schlechtes seien, doch scheide man den heimischen Unternehmer langsam aus dem Rahmen der Bezeichnung aus, dieser werde wieder Mensch wie die sonstigen auch, nur etwas höher auf der Leiter, auf die jeder andere ebenfalls bei einiger Anstrengung und Eignung steigen könne (...) Im Begriff zurück bleibe das fremde, anonyme, also anrüchige internationale Kapital, dessen Inhaber der Masse fremd sei. Freilich wolle diese etwas Bildhaftes, Greifbares vorgesetzt bekommen (...) Da die Masse nur grobe Farben sieht und man ihr daher schon einen süßlichen Gott und einen ekligen Teufel eingegeben habe, empfehle es sich natürlich auch, das anonyme Kapital sichtbar zu machen, indem man, was sich dahinter verstecke, hervorziehe, nämlich den häßlichen Juden, den dicken Juden, der Geld hat, mit der Begründung, daß er es denen aus dem Volke entzogen habe, die es nicht besitzen, den dünnen Juden, dessen Hinterlist schon eine Anwartschaft auf Geld sei, und der es jenen aus dem Volk entziehen wolle, die es noch besitzen.[61]

Ein auswegloses System, in dem der dicke oder dünne, der schöne oder häßliche, der arme oder reiche Jude in einer unauflöslichen Doublebind-Situation steckt. Wie immer er sein mag, was immer er tut oder unterläßt, es wird gegen ihn gewendet. Es sei denn, er kann sich, wie Josef von Grzezinsky, von seinem Judentum trennen, die

Opfer- mit der Täterrolle tauschen. Ohne Umschweife gibt er sich als Nationalsozialist zu erkennen.

Er hat sich den Umweg der Konversion zum Christentum erspart. Wenn einer wie er schon ein Kreuz trägt, dann gleich eins mit Haken. Ein Kreuz mit Widerhaken, kraft derer die Gegner zerfleischt werden: »Denn es sei bekömmlicher, zu kreuzigen als gekreuzigt zu werden«.[62]

Vom Protokollführer gefragt, was er gerade gegen Juden habe, gibt er an, nichts gegen sie zu haben:

Aber hier handle es sich nicht darum, ob der Arzt das Meerschweinchen hasse, an dem er Vivisektion betreibe, sondern nur, ob dieses sich zur Probe im Heilverfahren eigne. Seit geraumer Zeit, schon mit geringfügigen Unterbrechungen seit der Arche Noahs, sei das Vorhandensein, die Reinerhaltung und abgesonderte Aufzucht der Juden durch deren besondre Eignung zum schwarzen Mann für die Völker gerechtfertig gewesen. (...) Nun gelte es diesmal, da alle andere Moral bereits überschwemmt und vermorscht sei, die einzig widerstandfähige zu heben und zu retten, dazu bedürfe es der Lenkung des schleusenlos gewordenen Stroms in ein festes Bett. Einmal das raffende vom schaffenden Kapital geschieden, würde sich die Menge mit der Zerreißung des Juden begnügen, den christlichen Nutzen aber unberührt lassen.[63]

Eine politische Analyse in weitgehender Übereinstimmung mit dem marxistischen Erklärungsmodell, das den Erfolg des Nationalsozialismus auf die Umlenkung der antikapitalistischen Gefühle der Bevölkerung gegen die Juden zurückführt. (Hier trifft André Fischers Diktum, wonach Drach grundsätzlich kein historisches Erklärungsmodell anbietet, ausnahmsweise nicht zu.)[64] Niemals sonst, weder in der *Unsentimentalen Reise* noch in seinem Essay *Die Lösung der Antisemitenfrage*, der in den letzten Emigrationsjahren begonnen wurde, hat der Autor so explizit politisch argumentiert.[65] Eine Tatsache, die in der Rezeption des *Zwetschkenbaum*-Romans einfach ignoriert wird.

1948 versucht der kommunistische Kulturstadtrat Viktor Matejka – einer der wenigen österreichischen Politiker, die sich aktiv für die Rückkehr jüdischer Künstler und Wissenschaftler einsetzen – Drachs Roman-Erstling beim Ullstein-Verlag unterzubringen.[66] Könnte es in diesem Zusammenhang zu Gesprächen gekommen sein, die den neu geschriebenen Schluß des Romans beeinflußt haben? Weder Drach noch Matejka haben dergleichen erwähnt, auch in der Korrespondenz gibt es keine Hinweise. Interessant ist jedenfalls der Titel, unter dem Drach sein Werk damals anbietet: *Zwetschkenbaum contra Zwetschkenbaum*. Das könnte auf einen Identitätskampf in Zwetschkenbaum schließen lassen, dem eine Anpassung abverlangt wird, zu der er nicht fähig und/oder willens ist. Noch plausibler erscheint allerdings die Annahme, daß Drach bei der Wahl dieses Titels an die Kontrahenten Schmul Leib und Salomon Zwetschkenbaum gedacht hat. Zwei Brüder, die in ihrer Rolle als Opfer auf der einen und als Täter auf der anderen Seite gar nicht gegensätzlicher sein könnten. Bleiben wir bei der Annahme, daß der Schluß des Romans, in dem die Gegnerschaft zwischen Schmul und Salomon radikaler als zuvor akzentuiert wurde, 1946/47 entstanden ist, so wäre es nicht abwegig, daß sich Drach im Zuge seiner Abfassung für den Titel *Zwetschkenbaum gegen Zwetschkenbaum* entschieden hat.

Daß Drach seinem reinen jüdischen Toren einen monströsen jüdischen Mörder entgegensetzt, der noch dazu sein Bruder ist, hat bislang erstaunlich wenig Beachtung gefunden.[67] *Das große Protokoll gegen Zwetschkenbaum* ist mit Sicherheit einer der frühesten Texte, in dem die Möglichkeit einer jüdischen Täterschaft oder Mittäterschaft bei der Judenvernichtung thematisiert wird. Dennoch unterscheidet sich sein Ansatz grundlegend von jenem, in dem die Opfer als Täter dargestellt werden.

Einem Ansatz, der in der Literatur der neunziger Jahre, etwa bei bei Tišma und Kertesz mit gebührender Nüchternheit demonstriert, zu einem manchmal doch recht fragwürdigen Enthusiasmus der Rezeption geführt hat.[68]

Drach stellt die Möglichkeit des unkorrumpierten Opfers nicht grundsätzlich in Frage. Bei ihm existieren beide, der Gute und der Böse. Ende der sechziger Jahre, als ihm klar wird, daß die Fortsetzung seines Romans unwiederbringlich verloren ist, schreibt er ein ergänzendes Hörspiel unter dem Titel *Stimmen nach Natur und zu Protokoll.* Darin treffen sich die Brüder Zwetschkenbaum im Vernichtungslager wieder, der eine, nach wie vor unter falschem Namen, als hohes Tier der Nazi-Hierarchie, der andere als voraussichtlich der Vernichtung geweihter Lagerinsasse. Das Lager wird aber befreit, bevor alle jüdischen Häftlinge der sogenannten Endlösung zugeführt sind. Und Josef von Grzezinsky verwandelt sich im Handumdrehen in den Widerstandskämpfer Salomon Zwetschkenbaum. Von seinem Bruder nicht denunziert, lebt er unangefochten weiter, wie der durch ein Zeichen auf der Stirn geschützte Brudermörder Kain. Vom Sade-Drama über den Zwetschkenbaum-Roman bis zum Hörspiel *A und K*[69] hat Drach immer wieder Varianten überlegt, in denen die gerechte, aber in ihrer nie endenden Nachwirkung schlechte Wirklichkeit der Rache zugunsten vielleicht doch möglichen Friedens ausbleibt.

4. VERFOLGUNG PUR

DIE SAMMELLAGER FORTE CARRÉ UND LES MILLES/I

Meine Mutter habe ich nicht sterben gesehen. Ich habe sie bloß ermordet. Ich habe sie zurückgelassen unter Hitlerschurken- und banden in dem Land, das einmal meine Heimat war. ICH HABE MEINE MUTTER UNTER DEN MORDKNECHTEN ZURÜCKGELASSEN, WEIL ICH ERWACHSEN WERDEN WOLLTE. ICH WUSSTE, SOLANGE ICH LEBE UND SIE MIT MIR IST, WÜRDE SIE MIR IMMER SAGEN, WAS RICHTIG IST UND WAS UNRICHTIG, UND ICH HÄTTE NUR DIE WAHL, EIN GEHORSAMES KIND ZU SEIN. ICH WUSSTE DAMALS ABER NOCH NICHT – ABER ICH WEISS ES JETZT, DASS ICH AUCH DADURCH NICHT ERWACHSEN WURDE, DASS ICH MEINE MUTTER PREISGEGEBEN HABE UND VERLOR; ICH WURDE NUR AUF DIESE WEISE EIN MUTTERLOSES WAISENKIND, DAS SEHR HÄUFIG NICHT VERSTEHT, WAS RICHTIG UND WAS UNRICHTIG IST. *Ich habe ihre Schreie nicht gehört, als sie starb. Ich wollte auch ihre mütterlichen Worte nicht hören, als sie noch lebte. Sie hat mich gelehrt, meinen Vater als etwas Großes zu ehren. Sie versorgte alles, liebte ihren Dienst und lebte und starb in seinem Schatten, obwohl sie nach Haltung und Ausdruck eine Königin war.*[1]

Meine Mutter habe ich nicht sterben sehen. Ich habe sie bloß ermordet. Ich habe sie zurückgelassen unter Hitlerschurken und -banden in dem Land, das einmal meine Heimat war, FÜR DESSEN VOLK ICH NUR MEHR DIE TIEFSTE VERACHTUNG AUFBRINGE, WIE JETZT IN DIESEM

Augenblick für mich selbst, der ich auch diesem Volk angehöre, wenn ich auch ausserdem ein Jude bin. *Ich habe ihre Schreie nicht gehört, als sie starb. Ich wollte auch ihre mütterlichen Worte nicht hören, als sie noch lebte. Sie hat mich gelehrt, meinen Vater als etwas Großes zu ehren. Sie versorgte alles, liebte ihren Dienst und lebte und starb in seinem Schatten, obgleich sie in Haltung und Ausdruck eine Königin war.*[2] (Hervorh. E. S.)

Am 28.Oktober 1939 stirbt Albert Drachs Mutter im Spital der Israelitischen Kultusgemeinde zu Wien nach einer weiteren Gallenoperation an Herzversagen, sie ist 64 Jahre alt.[3] Gerade zwölf Monate ist es her, daß der Sohn sie in der Heimat zurückgelassen hat. Die exakten Daten zeigen, daß die Mutter die Trennung vom Sohn um ein Jahr und drei Tage überlebt hat.[4]

Albert Drach hat diesen Tod und das für ihn damit verbundene Schuldgefühl immer wieder rekapituliert. Die Abweichungen in den oben zitierten, teilweise identischen Text-Passagen sind in diesem Zusammenhang besonders interessant. Die chronologisch früher entstandene, aber später publizierte Fassung stammt aus einem Kapitel, das ursprünglich Bestandteil der *Unsentimentalen Reise* war. Auf Grund von Überschneidungen mit dem Roman *Z.Z. das ist die Zwischenzeit* (vor allem in den den Tod des Vaters betreffenden Passagen) wurde es aber wieder herausgenommen und nur in homöopathischen Dosen in den Emigrationsbericht eingearbeitet.

Das ganze Kapitel erscheint 1968 in Manfred Frankes Anthologie *Erlebte Zeit*. Schon zuvor hat es der Deutschlandfunk in der gleichnamigen Reihe gesendet.[5] Das in der *Unsentimentalen Reise* fehlende Eingeständnis, wonach die Mutter vom Sohn im wesentlichen zurückgelassen wurde, weil der endlich ein selbstbestimmtes, erwachsenes Leben beginnen wollte, scheint der Wahrheit recht nahe zu kommen. Welch ein Preis für die in jedem Entwicklungsprozeß unabdingbare Emanzipation vom

Elternhaus, die in den Zeiten der Barbarei zur Schuld wird![6]

Der letzte Brief der Mutter trifft auf diversen Umwegen über die Schweiz in Nizza ein. Da sie in der Heimat um ihres Sohnes willen schikaniert wird – ein ortsansässiger Nationalsozialist, dem der Anwalt Drach seine Karriere als Gauleiter von Niederdonau vermasselt hat, lädt sie wiederholt vor, um Alberts Adresse im Ausland zu erfahren –, wagt sie es nicht mehr, direkt Post an Albert zu schicken.[7] Anselm Igel alias Albert Drach, der den auf durchsichtigem Papier geschriebenen, zweimal von der Zensur gestempelten Brief erhält, weiß ihn zu deuten.[8] Herr Meineid – wie der betreffende Herr zwischen Mutter und Sohn genannt wird – macht Jenny Drach nach Kräften das Leben schwer.

Trotzdem glaubt Anselm/Albert nicht, daß Meineids Arm bis nach Frankreich reicht. Anderseits – man kann in der damaligen Situation nicht wissen, warum wer auf Grund welcher Denunziationen womöglich schon demnächst in den mysteriösen Auslieferungslisten aufscheint.[9] Drachs Mutter hat eine nur sehr ungefähre Vorstellungen vom Exilleben ihres Sohns, aber sie versucht, ihn unter keinen Umständen zu gefährden. Die Vorstellungen, die sie sich von diesem Leben fern der Heimat in ihrer mütterlichen Obsorge macht, nötigen ihr allerdings fast ein Übermaß an Beherrschung ab.

»Sie habe den Brief einer Frau erhalten, welche drei Kinder habe und mit ihm verlobt sei. Sie wünsche ihm viel Glück, sie hoffe, daß ihm nichts zustoße. Sie selbst sei etwas matt, werde aber gut gepflegt.«[10] Die eigenwillige Manja, so Drach, hatte sich offenbar in einem unbeobachteten Augenblick (vielleicht während eines seiner Aufenthalte im Internierungslager) der mütterlichen Adresse bemächtigt – die Ankündigung der zwischen ihm und ihr ins Auge gefaßten Verehelichung muß seine Mutter, die den Sohn, wenn überhaupt, so bestimmt nicht mit einer bereits verheirateten Frau liiert wissen wollte, tief getroffen haben.

Auch die Todesnachricht erhält Albert Drach auf Umwegen. Offenbar hatten nicht einmal die Verwandten in Wien seine aktuelle Adresse. Also schreiben sie an Kontaktpersonen. Einerseits geht Post an die Eurasierin Frau Thiele, anderseits an die vorgebliche Verlobte und russische Prinzessin Manja.

Frau Thiele versucht Drach die Nachricht möglichst schonend beizubringen. Sie stellt den Tod der Mutter als unausweichliche Folge einer Krankheit dar, die nichts mit der Vernachlässigung durch den Sohn zu tun habe und durch keine persönliche Zuwendung aufzuhalten gewesen wäre. Die Mutter sei in ihren letzten Tagen nicht allein und verlassen gewesen, sondern im Kreis der restlichen Familie betreut worden. Ihre Beerdigung habe standesgemäß im Beisein der Witwe von Anton Wildgans und eines befreundeten Arztes stattgefunden.

Eine ganz andere Nachricht empfängt Drach über Manja. Hatte die russische Prinzessin andere Quellen, hat sie dieselben Informationen anders interpretiert, hat sie auf die höflichen Beschönigungen der Ostasiatin verzichtet? Sie betont jedenfalls die entsetzlichen Qualen, unter denen die Mutter gestorben sei, bis zuletzt in der vergeblichen Hoffnung, daß sie ihr Sohn noch aus Wien weghole.[11] Anscheinend hat ihr Albert Drach eher geglaubt als Frau Thiele.

In der *Unsentimentalen Reise* heißt es: »Wie ein gezielter Peitschenschlag saß jedes Wort, das sie schrieb; die Brutalität der Mitteilung war vollständig. Sie bemühte sich auch nicht, irgend etwas Tröstliches einzufügen. Es wäre ohnehin Lüge gewesen.«[12] Obwohl sie noch eine gewisse Zeit in Kontakt bleiben werden, ist die Beziehung zu Manja damit so gut wie am Ende:

Aus diesem Brief wußte ich bereits, daß es für uns keine Heirat geben durfte und daß wir nicht zusammengehörten. Ich erfaßte das Maß meiner Schuld am Tode meiner Mutter auch ohne sie. Es bedurfte der kleinen Steine nicht, die sie auf diesen Felsen legte. Doch sah ich hinter den Steinen die Spenderin und sie gefiel mir nicht.[13]

Auffallend, wie bei Drach der Tod der Mutter und der Tod der Liebe miteinander verbunden werden. Mit dem Satz »Da wußte er plötzlich, daß er seine Mutter ermordet hatte, wenngleich er im Zeitpunkt geirrt haben konnte«,[14] endet der *Roman der Zwischenzeit*, in dem Drach die Phase vor seiner Vertreibung beschrieben hat. Auslöser dieses merkwürdigen Bekenntnisses ist dort die von der Mutter verbotene sexuelle Interaktion mit der Facharztgattin. Eine massive, ohne psychoanalytisches Interpretationsschema kaum verstehbare Selbstbeschuldigung, deren Kuriosität durch die im Gespräch wiederholte Feststellung Drachs, daß er von der Psychoanalyse wenig halte, nicht geringer wird.[15]

Nun, auf *voyage insentimental* in einem nach und nach bedrohlicher werdenden Land, wird die Nachricht vom realen Tod der Mutter gewissermaßen nachgeliefert. Mit vor dem zeitgeschichtlichen Hintergrund sonderbar anmutender Beharrlichkeit sucht der Autor die Schuld an diesem Tod in seiner Übertretung des mütterlichen Gebots: Du sollst keinen intimen Umgang mit verheirateten Frauen wie deiner Mutter haben. Aber hat er seine Mutter nur um eines freien Liebeslebens willen verlassen, oder nicht auch und vor allem weil sie seiner Entwicklung zum Schriftsteller im Weg stand?

Die Hiobsbotschaft von ihrem Tod ereilt Drach, folgen wir seinen schriftlichen und mündlichen Darstellungen, just in dem Moment, als er (im Oktober 1939) den ersten Teil des *Zwetschkenbaum*-Romans beendet hat. Aus der Masse des vorhandenen Materials sei der Text von Juni bis Oktober 1939 unter seinen Händen entstanden.[16] Drei Monate habe er intensiv daran gearbeitet. Die Zeit seiner ersten beiden, relativ kurzen Lagerinternierungen muß hiervon wohl abgezogen werden. Die Angabe widerspricht der Notiz im Heft des *Goggelbuchs*, derzufolge

Das große Protokoll gegen Zwetschkenbaum 1940 vollendet wurde. Auf Grund der zeitlichen Nähe zur Abfassung des Textes ist dies wahrscheinlich das realitätsnähere Datum. Wie sich gezeigt hat, neigt der Autor zur dramaturgisch effektvollen Gestaltung der Abläufe seines Schriftstellerlebens. Datierungen werden immer wieder der Funktion untergeordnet, einen plausiblen oder interessanten Konnex zwischen Werk, Leben und historischen Ereignissen herzustellen.

Was könnte aber die von Drach hergestellte Verbindung zwischen den beiden Terminen (hier der Tod der Mutter, dort der Abschluß der Romans) für einen lebensgeschichtlichen Mehrwert bringen? Ist die Initiation als Schriftsteller – schließlich wird *Das große Protokoll* jenes Werk sein, mit dem Drach ein Vierteljahrhundert später seinen literarischen Durchbruch erlebt – vielleicht erst außerhalb des mütterlich hemmenden Einflußbereiches möglich? Man muß diesen Gedanken nicht überstrapazieren, aber er ist vielleicht nicht ganz abwegig. Den Widerspruch zwischen der bergend-okkupanten Mutter und der inspirierenden Muse hat Drach schließlich schon im Frühwerk *Amoretta* thematisiert.

Mit dem endgültigen Verlust der Mutter beginnt der unwiderruflich bittere Ernst des Exils, die irreversible *Unsentimentale Reise*. In der Perspektive des Buchs liegt alles, was bis dahin geschehen ist, im Schatten dessen, was noch kommt. Vor ihrem Tod hat die Mutter dem Sohn noch ein enorm wichtiges Dokument organisiert. Einen Heimatschein, auf dem in der Rubrik des religiösen Bekenntnisses für »Israelitische Kultusgemeinde« nur die Abkürzung »IKG« eingetragen ist. Der Sohn, nicht nur von Berufs wegen, sondern schon vom Naturell her ein Überredungstalent, wird dieses Kürzel zu interpretieren wissen. Mit entsprechender Chuzpe entschlüsselt und übersetzt er es den französischen Behörden gegenüber mit »im katholischen Glauben«, das rettet ihm wahrscheinlich das Leben.

Höchstwahrscheinlich hat ihm die Mutter gerade dieses Dokument nicht direkt zukommen lassen. Wir wissen nicht sicher, wann und durch wen er es schließlich erhalten hat. Möglicherweise durch seine Schwester, die Anfang 1940 für einige Tage in Nizza auftaucht. Noch vor diesem kurzen Wiedersehen wird Drach jedoch von der ersten Internierungswelle erfaßt.

Bereits am 3. September 1939, nach der Kriegserklärung Großbritanniens und Frankreichs an das Deutsche Reich, werden deutsche Männer von 17 bis 58 und schließlich bis 65 Jahren in Sammellager eingewiesen. Und zwar ohne Unterschied, ob sie vor den Nationalsozialisten geflohen sind oder mit ihnen kollaborieren.[17] Auch Albert Drach ist von dieser durch Plakatierung auf Straßen und Plätzen bekannt gegebenen Maßnahme betroffen. Was ist im traditionellen Exilland Frankreich, in dem sich die Situation der Ausländer allerdings bereits nach dem Münchner Abkommen deutlich verschlechtert hat, geschehen?

Wie kommt es zu diesem aggressiv-unfreundlichen Akt, der die Schraube der Repressalien gegen die zu einem hohen Prozentsatz vor Hitler geflohenen Exilanten um einige weitere Windungen anzieht? Es gibt zahlreiche historische Studien zu dieser Frage, restlos geklärt ist sie nicht.[18] Als gesichert gilt, daß die Exilanten nach der Kriegserklärung Großbritanniens und Frankreichs an das Deutsche Reich im offiziellen Sprachgebrauch der Regierung als Kriegsfeinde galten. Eine Sprachregelung, die sich auch in Teilen der Bevölkerung durchsetzte. In einem äußerst vage gehaltenem Runderlaß vom 17. September 1939 wird festgelegt, daß alle als gefährlich angesehenen Personen zu inhaftieren sind, auch wenn sie keine strafbare Handlung begangen haben. In einem aufschlußreichen Aufsatz über die damalige Situation schreibt die Historikerin Barbara Vormeier: »Diese Maßnahmen hätten juristisch gesehen eines Gerichtsspruches bedurft. In dieser Periode des Chaos und der Verwirrung erließ die Daladier-Regierung Dekrete, die die erfolgten Willkürmaßnahmen a posteriori rechtlich konsolidierten und die Macht der Exekutive noch verstärkten.«[19]

Die kommunistische Partei ist nach dem Hitler-Stalin-Pakt vom 23. August 1939 verboten; ihre Führer sind verhaftet. Ihre sowjetischen Schirmherren sind unversehens Verbündete Nazideutschlands. Auch die gemäßigte Linke, nach den Volksfronterfahrungen immer noch fundamental linker Neigungen verdächtigt, sieht sich dadurch in der Defensive. Die rechte Regierung Daladier regiert unter Ausschluß des Parlaments mit Notverordnungen, sie ist der extremen Rechten aber immer noch nicht rechts genug.

Zwar sieht man Deutschland einerseits als den existenzbedrohenden Kriegsfeind, anderseits aber hegt man uneingestandene Sympathien für ein Regime, das den Marxismus in ganz Europa auslöschen will, wenngleich es in diesem historischen Moment ein Bündnis mit dem ideologischen Feind geschlossen hat. Die Exilanten können in dieser Lage einfach nicht richtig liegen.

Vielleicht ist es nicht falsch, hier von einer Art *double-bind*-Situation zu sprechen. Entweder sind sie Freunde Deutschlands und somit Feinde Frankreichs. Sind sie jedoch Feinde Deutschlands, so sind sie deshalb noch nicht Frankreichs Freunde. Jedenfalls nicht Freunde des labilen Frankreich am Vorabend des Zweiten Weltkriegs.

Frankreich steckt in einer tiefen Wirtschaftskrise, die Arbeitslosigkeit und die Unsicherheit der Menschen nehmen täglich zu. Die französische Republik, meint die mit der deutschen Emigration in Frankreich befaßte Historikerin und Germanistin Doris Obschernitzki, hat in ihrer letzten Phase sehr große Ähnlichkeit mit der deutschen Republik vor der Machtergreifung der Nationalsozialisten. In dieser politischen Lage »mußten die deutschen und österreichischen Flüchtlinge zu unangenehmen Mahnern werden. Sie waren rassisch und/oder politisch Verfolgte, Gegner des Nationalsozialismus und galten so der französischen Rechten als Linke, erklärte Gegner eines möglichen politischen Partners. So versteht man die Uneindeutigkeit in der Behandlung der Menschen.«[20]

Heißt das polemisch zugespitzt, daß man Menschen zu feindlichen Ausländern erklärte, weil sie vor dem Deutschen Reich, d.h. dem Kriegsgegner Frankreichs, geflohen waren, mit dem man im rechten Geist sympathisierte? Empfand man jene Ausländer, die tatsächlich mit Hitlerdeutschland im Bunde waren, in Wahrheit als Verbündete? Es gab wohl zwei (in der konfusen Situation nicht immer leicht unterscheidbare) Positionen und zwei Möglichkeiten: Die Deutschen und Exösterreicher konnten Linke sein, denen die Rechtsregierung wegen ihrer womöglich destabilisierenden Gesinnung mißtraute. Sie konnten aber auch Hitlersympathisanten sein, Angehörige einer immer wieder beschworenen fünften Kolonne, deren Agententätigkeit das in Restbeständen demokratische und jedenfalls patriotische Frankreich wahrscheinlich überschätzte.

Hans-Albert Walter schreibt in seinem Standardwerk über die »Deutsche Exilliteratur« unter Berufung auf die offiziöse deutsche Publikation »Handwörterbuch des Grenz- und Auslandsdeutschtums«, daß es unter den 1937 in Frankreich lebenden Deutschen und Österreichern gerade 3000 nominelle Nationalsozialisten und nicht einmal 150 ›echte‹ Nazis gab. Eine Anzahl, die – auch wenn sie sich bis 1939 noch gesteigert haben mag – kaum dazu ausreicht, die Repressalien gegen *alle* zu rechtfertigen.[21] Die Ursache für die erste, überstürzte Internierungswelle sieht auch er in der überraschenden weltpolitischen Wende des deutsch-sowjetischen Nichtangriffspaktes.[22] Für die Regierung Daladier gerieten alle Ausländer und somit auch die Exilanten in ein doppeltes Zwielicht – über Nacht waren sie verdächtig, womöglich nicht nur rot, sondern auch braun zu sein.

So absurd das klingt: Die (zahlreichen) Exilanten, die

vor Hitler geflohen, vielleicht strategisch auf Stalin gehofft haben, rücken für Frankreichs veröffentlichte Meinung wieder in die Nähe der Nazis. Die (wenigen) Nationalsozialisten unter den Ausländern aber geraten in dieser Sicht in die Nähe der Kommunisten; eine *quantité negligéable*, deren Situation in unserem Zusammenhang nicht zur Debatte steht. Was die aus politischen und/oder rassischen Gründen Verfolgten betrifft, so ist die Idee ihrer Komplizenschaft mit den Nazis jedenfalls ein schlechter Scherz. Sollten sie tatsächlich Hoffnungen in Stalin als Gegner Hitlers gesetzt haben, so werden diese durch den Pakt zynisch enttäuscht. An ihrer schon aus simplem Überlebenswillen gegebenen Ablehnung der Nazis ändert er nichts.[23] Und was die Spione betrifft, die es wohl auch gegeben haben wird: Albert Drach merkt richtig an, daß die in der Regel wohl über bessere Ausweispapiere verfügten als die echten Flüchtlinge.[24]

Die erste Internierungsmaßnahme der französischen Regierung im September 1939 gibt nicht nur wegen ihrer zweifelhaften politischen Begründung, sondern auch wegen ihrer überstürzt-dilettantischen Durchführung Rätsel auf. Eine schlecht organisierte, überhastete Aktion. Dafür sprechen neben Drachs Berichten unter anderem auch die Aufzeichnungen des Autors Alfred Kantorowicz. 1946 aus den USA zuerst nach Ostberlin zurückgekehrt, 1957 in die Bundesrepublik übersiedelt, ist er der deutschen Nachkriegsgesellschaft als Herausgeber der Werke Heinrich Manns und als Erforscher der Exilliteratur ein Begriff geworden. Schon 1933 aus Deutschland nach Frankreich emigriert, nahm er von 1936 bis 1938 mit den »Internationalen Brigaden« am Spanischen Bürgerkrieg teil und lebte anschließend wieder in Frankreich. Als Bewohner des Departements Var hatte er sich 1939 in Toulon zu melden. Nichts und niemand war dort für die Aufnahme zu internierender Ausländer gerüstet. Dabei handelt es sich bei Toulon um einen Kriegshafen mit wichtigen militärischen Anlagen.[25]

Wir konnten zunächst gehen und kommen, tun und lassen, was und wie wir wollten – die französischen Beamten, die sich hin und wieder sehen ließen, schienen fast verlegen und wußten nicht recht, was sie mit uns anfangen sollten. Die Österreicher, die sich irrtümlicher Weise schon zwei Tage vorher gestellt hatten, erzählten eine komische Geschichte. Man hatte sie zuvorkommend in einer Schule in Toulon untergebracht. Am nächsten Tag war ein Oberst gekommen, der sie verwundert gefragt hatte, wer sie seien und was sie wollten.[26]

In Zusammenhang mit Drach noch relevanter sind die Erinnerungen des liberalen Journalisten Franz Schoenberner, wie er selbst Bewohner des Departement Alpes Maritime. Als korrekt pünktlicher Deutscher meldet sich Schoenberner als erster im »centre de rassemblement Fort Carré« in Antibes – es ist der 4. September 1939 –, findet dort aber nur einen schnarchenden Wachposten vor. Aufgeweckt, ersucht ihn der Mann höflich, am nächsten Tag so gegen 11 Uhr Vormittag wieder zu kommen. Er hatte »noch nie etwas von einem ›camp de rassemblement‹ oder von irgendwelchen deutschen Emigranten gehört, die sich hier melden sollten«.[27]

Was Drach selbst anlangt, so legt er absolut keinen Wert darauf, schnell und gehorsam im für ihn zuständigen Sammelzentrum zu erscheinen. Anfangs erwägt er, der Aufforderung, sich dort einzufinden, erst gar nicht erst Folge zu leisten.[28] Ihm ist zu Ohren gekommen, daß der österreichische Tortenerzeuger Pischinger und der österreichische Spielwarenfabrikant Piatnik, beide in Alpes Maritimes lebend, beabsichtigen, den Meldeaufruf der Regierung zu ignorieren.[29] Beide Industrielle, die keine Nazisympathisanten sind, haben allerdings den unschätzbaren Vorteil, schon lange im Lande, wohlhabend und – antizipiert man die Entwicklung der kommenden Jahre – vor allem keine Juden zu sein. Wie andere Emigranten auch, versucht Drach/ Kucku – sich zum französischen Heer zu melden. Nicht unbedingt zum Kampf mit der Waffe, aber eventuell für Hilfsdienste.[30] Hier will er – in der Hoffnung, der Internierung doch noch zu entgehen – blitzartig reagiert haben. Aber Fräulein Felice von der Fremdenpolizei quittiert das in der *Unsentimentalen Reise* bestenfalls ironisch: »Pierre Coucou, der erste, der freiwillig kommt.«[31]

Schließlich läßt sich Drach von Morini überreden, dem Aufruf zur Sammlung doch nachzukommen. Was hätte er ohne längerfristige Aufenthaltsgenehmigung für eine Chance, auf freien Fuß zu bleiben? Unter Umgehung der lokalen Sammelstellen, von denen Großtransporte organisiert werden, steigen also Franki, der Autor Gustav Hermann und er in den Bus nach Antibes. Die lokalen Sammelstellen, von denen Großtransporte organisiert werden, umgehen sie lieber, auch wenn sie folglich auf eigene Kosten reisen müssen. Hermann hat einen seiner zahlreichen, halbherzigen Selbstmordversuche hinter sich, die von seiner lebenslustigen ungarischen Frau schon längst nicht mehr ernstgenommen werden.[32] Ausgerechnet er sorgt sich nun um den morgigen Tag. Sogar für drei Tage: Zum Unterschied von seinen Mitreisenden nimmt er die Anordnung ernst, Proviant für diese Zeitspanne mitzubringen. Er packt sich, wie Drach bemerkt, noch frisch dampfendes Brot in einen Korb. Im Lager angekommen, erweist sich diese Vorsorge als richtig; Vertrauensseligkeit und Naivität hingegen, wie sich gleich zeigt, schon in der auch nur ansatzweisen Internierungssituation als falsch. Drach und Morini, ihrerseits ohne Nahrungsmittel, aber hungrig, haben keine Skrupel, den Freund zu berauben. 50 Jahre später wird Drach auf eine Umfrage der Presse zum Thema »Haben Sie je gestohlen?« spontan mit »nein« antworten, aber nach einem Moment der Besinnung korrigieren, daß er damals, in Fort Carré, das Brot seines Mitgefangenen gegessen hat.[33]

Fort Carré in Cap d'Antibes ist – wie alle anderen in Frankreich von einem Tag auf den anderen eröffneten

Lager – ein befremdlicher Ort. Es gehört zur Kategorie von Sammelstätten für »ruhige Elemente«, in denen sogenannte Durchschnittsemigranten- und Exilanten festgesetzt wurden.[34] Menschen, denen keine Verfehlungen vorgeworfen wurden, deren freies Umherschweifen man aber für alle Fälle unterbinden wollte. Solche Menschen, die die Nacht zuvor noch in einem normalen Quartier verbracht haben, finden sich nun am 5. September 1939 in einem in keiner Weise für die Versorgung großer Massen eingerichtetem Sportstadion wieder, in dem es gerade zwei Wasserhähne und eine einzige Latrine gibt.[35]

In Drachs *Unsentimentaler Reise* wird Fort Carré vermutlich aus textökonomischen Gründen nur sehr kurz erwähnt. Es werden noch andere, lebensbedrohlichere Lager kommen, auf die es sich zu konzentrieren gilt, dieses erste so unzumutbare wie harmlose Sportstadion nennt er nicht einmal beim Namen. In seinen späten autobiographischen Texten wie der *Blinden Kuh* und dem *Aus* zeigt sich aber, daß ihm das Gelände der ersten Internierung sehr wohl präsent geblieben ist.

Die deutschsprachigen Flüchtlinge, untermischt von deutschsprachigen Einwanderern, wurden in der großen Sportarena nebst der alten Burg Antibes untergebracht. Sie sollten auf den Zuschauertribünen nächtigen, hatten aber auch das Recht, sich auf dem Sportplatz aufzuhalten, der umzäunt und bewacht war. Außer den Tribünen befand sich noch ein runder, ebenfalls seitlich freier Pavillon, der offenbar der Unterbringung einer Musikkapelle diente (...) Auf den Tribünen saßen die Versammelten dicht gedrängt. Die Tribünen waren nach vorne und den Seiten offen, hatten allerdings ein Dach. Es war schwierig noch einen Sitzplatz zu ergattern, so viele Versammelte kamen von allen Orten der Azurküste.[36]

Drach ergattert jedenfalls keinen akzeptablen Schlafplatz mehr und friert – die Nächte an der Côte d'Azur können im September schon relativ kalt werden. Um sich nicht zu verkühlen, verläßt er die Tribüne, dreht seine Runden in der verlassenen Sportarena und betrachtet schließlich den »urgewaltigen Sonnenaufgang«. So selten der Autor Natur beschrieben hat, so oft hat ihn ihre Schönheit getröstet.[37] Die Schönheit des Sonnenaufgangs – unspezifisch-urgewaltig – fasziniert ihn gerade in der häßlichen Situation der Lagerhaft. Sie beeindruckt ihn dermaßen, daß er sie auch dem seines Brotes beraubten Gustav Hermann nicht vorenthalten will. So weckt er den hungrigen Mann – ist das nun Zynismus oder Unschuld? Angesichts der tristen Lage kann Hermann dem Naturschauspiel nichts abgewinnen, erinnert sich und Drach hingegen an den Mundraub. In den darauf ausbrechenden Streit mischt sich auf seiten Drachs ein Mann ein, der sich als Frithjof Kühn von der Ostseeinsel Rügen und darüber hinaus als ehemaliger Sekretär Carl von Ossietzkys vorstellt.[38]

Drach wird sich sein Leben lang nicht sicher sein, ob er dem Mann die Beziehung zu Ossietzky glauben soll oder ob es sich um einen simplen Schnorrer handelt. Auf Anfrage der Autorin teilt Gerhard Kraiker, Leiter der Forschungsstelle des Archivs Ossietzky/Tucholsky an der Universität Oldenburg mit, daß weder dieser noch sonst ein Sekretär Ossietzkys bekannt ist.[39] Carl von Ossietzky jedenfalls, der im Jahr 1936 den Friedensnobelpreis nicht persönlich entgegennehmen konnte, weil er wegen angeblichem »Landesverrats« inhaftiert war und im Mai 1938 in deutscher Lagerhaft starb, war unter den Intellektuellen in der Emigration eine Zelebrität. Kein dem politisch linken Spektrum zugehöriger Emigrant, der halbwegs bei Kasse war, konnte einem vorgeblichen Mitarbeiter des so tragisch ums Leben gekommenen Nobelpreisträgers unterstützende Solidarität verweigern. Nun fühlt sich Drach zwar keinem linksintellektuellem Spektrum zugehörig, aber mit Frithjof Kühn wird er trotzdem gewisse Beziehungen pflegen. Vielleicht ganz einfach, weil er im Streit für ihn Partei ergriffen hat. Jedenfalls fühlt er sich diesem Kühn noch eher verbunden als so manchem anderen.

Relativ bald nach der Ankunft in Fort Carré werden einige der Inhaftierten wieder entlassen. Nach Drachs Darstellung zuallererst die Privilegierten, die über Nacht Platz im relativ komfortablen Musik-Pavillon gefunden haben.

Im großen und ganzen kommt diesen Entlassenen wahrscheinlich ein Dekret vom 8. September 1939 zugute, das auf ziemlich großzügige Weise Freistellung wegen Haftunfähigkeit vorsieht.[40] Auch Franki Morini, der, gewitzt wie er ist, ein ärztliches Attest in der Tasche hat, das ihm Magengeschwüre bescheinigt, ist nach ein paar Tagen wieder auf freiem Fuß.

Drach, der kein einschlägiges Leiden nachweisen kann, beschließt, eines vorzutäuschen. Seinen eigenen Darstellungen zufolge hat er immerhin genug Geld, um bei einem Händler, der sich neben dem Prominenten-Pavillon niederläßt, alkoholische Getränke »der verschiedensten Art«[41] oder zumindest »eine Flasche Wein«[42] zu erstehen. Am frühen Morgen trinkt er eine Bouteille auf nüchternen Magen. Der gewünschte Effekt einer vorzeigbaren Gallenkolik tritt prompt ein.

Eine erstaunlich simple Methode, die Drach auch später noch anwenden wird. Durch einen Offizier oder – in der anderen Version – durch eine dafür zuständige Kommission wird er für lagerunfähig erklärt.[43] Ob man den Alkohol nicht gerochen hat, nicht riechen wollte oder ob auch Alkoholismus ein Entlassungsgrund war, bleibe dahingestellt. Wahrscheinlich war man in dieser Phase auch froh, fürs erste eine gewisse Anzahl von Personen zu beaufsichtigender und vor allem zu versorgender Personen wieder loszuwerden.

Daß Drach ein guter Simulant mit einer gewissen Fähigkeit zur abrufbaren Hypochondrie ist, muß allerdings nicht bezweifelt werden. Fast bewegungsunfähig sei er nach jener Gallenkolik gewesen. Das kommt nicht nur ihm, sondern auch einem anderem zugute: Da man ihn offenbar allein für transportunfähig hält, darf ihn der als sein Schatten auftretende Frithjof Kühn begleiten.

Also zurück nach Nizza, wo das gute Zimmer in der Pension der Elsässerin inzwischen besetzt ist. Ein weniger gutes muß Drach für einige Wochen noch dazu mit Kühn teilen, der die Miete für seine eigene Bleibe nicht bezahlt hat. Diesen Mann wird man offenbar nicht so rasch wieder los. Freiheit auf verringertem, geteiltem Raum also – außerdem ist festzuhalten, daß jede Entlassung aufgrund des oben erwähnten Dekrets nur eine Freisetzung auf Widerruf bedeutet.[44]

Manche werden entlassen, andere nicht. Mehr, als man später glaubt, scheint damals schlicht und einfach von Zufällen abzuhängen. Zu den weniger Glücklichen oder Geschickten gehört der arme Gustav Hermann, der vorläufig in Fort Carré bleibt. Eine Möglichkeit, freizukommen, ist die Verpflichtung zur Fremdenlegion, von der er letzten Endes Gebrauch macht.

Schließlich sickert die Nachricht durch, daß Fort Carré als Lager aufgelassen und die nach wie vor Inhaftierten früher oder später in ein geeigneteres Lager überstellt werden sollen. Für den gesamtem XV. Militärbezirk, zu dem auch das Departement Alpes Maritimes mit Nizza gehört, soll das Les Milles werden, eine ehemalige Ziegelei bei Aix en Provence. Offenbar ist etwas im Gange, die provisorisch Entlassenen können sich auch nicht sicher fühlen.

Drachs Darstellungen dieser Emigrationsphase weichen in der *Unsentimentalen Reise* und den unveröffentlichten Texten signifikant voneinander ab. Im publizierten Emigrationsbericht läßt er seinen ersten Les Milles-Aufenthalt vollkommen unerwähnt. Die dramaturgischen Gründe sind nachvollziehbar: In dem bei aller relativen Authentizität doch auch bewußt literarisch verarbeiteten

Geschehen, dessen Zuspitzung verdeutlicht werden soll, bremst die Wiederholung. Erst 1940 droht Les Milles zur lebensgefährlichen Falle zu werden.

Zwischen den Kurzaufenthalt in Fort Carré und den ersten Aufenthalt in Les Milles ist der Vortrag von Paul Valéry zu datieren, den Drach im Universitätszentrum von Nizza hört. Er wird von Frithjof Kühn dorthin mitgenommen, der also immerhin literarische Interessen zu haben scheint.

Erstaunlich, daß Drach diesen Vortrag lediglich in seinem autobiographischen Text *Aus* rekapituliert. Es ist also genaugenommen Anselm Igel, der den Ausführungen Valérys lauscht:

Er saß mit seinem Mitnehmer in der vordersten Reihe vor dem vortragendem Autor und, da dieser sehr deutlich und langsam sprach, konnte er viel von dem erfassen, was er dem beschränkten Kreis seiner Zuhörer vermittelte. Zu seinem großen Erstaunen versuchte der große Dichter, aus dem Gerüst der deutschen Sprache und deren Grammatik abzuleiten, daß schon aus diesen Gegebenheiten ersichtlich sei, man würde sich niemals an ein gegebenes Wort halten. Er verwies dabei unter anderem darauf, daß bei den romanischen Sprachen, insbesondere beim Französischen, die Bildung der Konjugation für die Zukunft im Wort inbegriffen sei, im Englischen hinwiederum ein Sollen und Wollen zum Ausdruck komme, während die Deutschen das Wort »werden«, französisch »devenir« für das Futurum reservierten, welches nichts anderes bedeute, als daß sie eine Umbildung ihres bisherigen Verhaltens in Aussicht nähmen, die natürlich jederzeit widerrufen werden könne.[45]

Noch erstaunlicher, daß sich der Autor nach all den Jahrzehnten (1983) so detailliert an Valérys Ausführungen erinnert. Ausführungen, denen er allerdings weder als Person noch als Jurist zustimmt, und schon gar nicht als

Schriftsteller. Bei seinen literarischen Bemühungen geht es ihm immer auch um die Wahrhaftigkeit des Worts. Daß diese Wahrhaftigkeit in der deutschen Sprache sozusagen strukturell gar nicht möglich, ein gegebenes Wort sprachimmanent ungültig sein soll, kann er nicht akzeptieren.

Nicht auszuschließen, daß der Vortrag des von Drach durchaus bewunderten »Professors der Poesie«, für den an der Academie Française ein eigener Poetik-Lehrstuhl errichtet worden ist, an Passagen aus dessen *Cahiers* oder dem berühmtem Aphorismenwerk *Tel quel* anklingt. In Drachs Mödlinger Bibliothek befindet sich jedenfalls noch heute die zweibändige Gallimard-Ausgabe aus den Jahren 1941 und 1943, die könnte dem Gedächtnis zumindest etwas nachgeholfen haben.[46] Daß dem französischen Poeten das Deutsche in der historischen Situation des Zweiten Weltkriegs als zutiefst fragwürdige Sprache erscheint, daß er als interdisziplinärer Denker diese Sprache vielleicht sogar in einem gewissen Zusammenhang mit der Politik des Deutschen Reichs sieht – Politik präformiert in der Sprache –, diese Auffassung verbindet ihn möglicherweise mit den Ansätzen einer sprachkritischen Avantgarde in Österreich und Deutschland, die sich nach 1945 formieren wird.[47]

Was Albert Drach betrifft, so hat er sich manisch mit der möglichen Wirkung der Sprache befaßt, die Bedeutungsmöglichkeiten dieser Sprache ausgelotet. Drastisch hat er dargestellt, was es heißen kann, die herrschende Sprache nicht zu sprechen, nicht zu verstehen und ihr gerade deshalb ausgeliefert zu sein. Mit der französischen Sprache konnte er nie mehr als kokettieren, aber zur deutschen hat er eine tiefe Beziehung. Diese Beziehung mag nicht immer nur Liebe, sondern manchmal auch Haß gewesen sein, aber er hat der deutschen Sprache niemals ihre sinnstiftende Wirkung abgesprochen. Er hat nie bezweifelt, daß ein Wort ein Wort ist, ein Satz ein Satz, ein Subjekt ein Subjekt und ein Prädikat ein Prädikat. Man hat ihn, nachdem man ihn noch vorerst einer traditionellen bis – ein schweres Mißverständnis! – kauzig-nostalgischen Literatur zuordnen wollte, wegen der spät, aber doch wahrgenommen Radikalität seines Bemühens als Avantgardisten zu interpretieren versucht. Dem konnte er selbst einiges abgewinnen, bedeutete es doch eine zweifellos höhere Wertschätzung durch die jüngere Literaturwissenschaft. Doch läßt sich sein Werk letzten Endes nicht eingemeinden: Mit der experimentell-sprachkritischen Avantgarde, wie sie im Nachkriegsösterreich zuerst durch die Wiener Gruppe repräsentiert wurde, hat er nichts (oder nur wenig) zu tun.[48]

Ebenfalls über Kühns Vermittlung macht Drach vor seiner zweiten Internierung noch Bekanntschaft mit der angesehenen Familie Pons. Genaugenommen mit den Damen Pons, der Familienvater ist bereits verstorben. Mutter und Tochter – die Mutter, aus dem Baskenland stammend, heißt in Drachs autobiographischen Auf-

Das ehemalige Internierungslager und Ziegelwerk Les Milles bei Aix en Provence, aufgenommen 1996

zeichnungen meist die Baskin.[49] Drach ist mit seinem ersten Auftritt im Hause Pons zwar alles andere als zufrieden, hat den Eindruck, die Sympathie der Tochter nicht eindeutig genug erwidert zu haben, freut sich aber, mit den beiden Frauen zwei gegen Hitler eingeschworene Menschen kennengelernt zu haben, mit denen man obendrein gebildet über Literatur parlieren kann.

Sein Französisch ist damals immer noch nicht großartig. Er sucht und findet jedoch originelle Umschreibungen für das, was er sagen will, erwischt öfter altertümelnde Wörter, was die Baskin und ihre Tochter zumindest amüsiert. Kultivierte Verhältnisse: Die Tochter ist nebenbei mit dem Schriftsteller, Kriegsdienstverweigerer und Pazifisten Jean Giono befreundet, von dem sie sich allerdings abwenden wird, als er, nicht lang darauf, eine ideologische Kehrtwendung Richtung Vichy-Regime vollzieht. Außerdem kennt sie angeblich das leibhaftige Modell für die weibliche Zentral-Figur aus Henry de Montherlants soeben (1939) fertiggestellten Romanzyklus »Erbarmen mit den Frauen«.

Simone de Beauvoir wird diesen Roman für exemplarisch frauenfeindlich halten, Arnold Zweig wird ihn zu den bedeutendsten Romanen des Abendlandes zählen. Drach muß sich nicht entscheiden, kennt weder den Roman noch den zukünftigen Diskurs. Vielleicht hat er, als er den Namen Montherlant hört, die vage Hoffnung, daß die beiden literaturbeflissenen Damen einen nutzbringenden Kontakt herstellen könnten. Aber dazu dürften die guten Beziehungen nicht gereicht haben.[50]

Und doch stellen die Baskin und ihre Tochter einen sehr wesentlichen literarischen Kontakt her. Zur Lektüre empfehlen sie Kafkas *Prozeß* in der Übersetzung von André Gide – für Drach eine unerwartete Offenbarung. Über seinen alten Freund Paul Serwischer etwa ist er schon früher auf Kafka aufmerksam gemacht worden, hat aber die Urteile über seine literarische Bedeutung mit Skepsis zur Kenntnis genommen. Im Grunde teilt er recht unreflektiert die Meinung von Karl Kraus, daß von deutsch-jüdischer Literatur im großen und ganzen nicht viel zu halten sei. So simpel und unverblümt steht es in *Blinde Kuh*.[51] Nur mit Heine will er (insofern widerspricht diese Sequenz Franki Morini, der Gegenteiliges in Erinnerung hat) immer schon eine Ausnahme gemacht haben. Ausgehend von Kraus' ebenso berühmtem wie umstrittenem Satz, daß ihm zu Hitler nichts einfalle – ein Satz, nebenbei bemerkt, den Drach immer isoliert-wörtlich genommen hat, obwohl er anderseits sehr wohl wissen mußte, daß Kraus die Entwicklung der nationalsozialistischen Bewegung seit den frühen zwanziger Jahren mit aller satirischen Schärfe seines Blicks beobachtete –, schlägt er einen etwas kühnen Bogen zu der Frage, wie es der in Sachen Hitler einfallslose, in Sachen Heine irrende Kritiker denn mit Kafka gehalten hätte: »Ob Kraus zu Kafka etwas gesagt hat, weiß ich nicht. Hätte er dies getan, wäre es sicher nicht viel richtiger gewesen als das Urteil über Heine. Denn wenn auch Kafka sich kaum über Hitler ausließ, wie dies Heine vorausahnend getan hatte, so wußte er besser als Kraus, daß das Läuten an einer Tür schon den Untergang vieler Menschen zur Folge haben konnte.«[52] In der absurd unsicheren, exemplarisch gefährdeten Situation, in der sich Drach Ende 1939 befindet, ist er hoch empfänglich für Kafkas Visionen.

Zwar ist die Anspielung auf den Beginn des *Prozeß*-Romans etwas ungenau, ist es doch dort der Protagonist K. selbst, der läutet, und zwar, um sein Frühstück zu bekommen, was allerdings ein Klopfen an der Tür (offenbar der Zimmertür in einer Pension) und das Auftreten eines Unbekannten zur Folge hat – aber man kann sich eine ähnliche Szene durchaus bei Frau Hagenmüller vorstellen. Tatsächlich läutet oder klopft es dort nach Drachs Rückkehr von den Damen Pons zu unerwarteter Stunde. Ein Militärarzt tritt ein, der den krankheitshalber Entlassenen auf seine Lagerfähigkeit testen soll. In der zweiten

Oktoberwoche 1939 hat die französische Regierung den Erlaß vom September zurückgenommen.[53]

Es trifft sich, daß Drach im Bett liegt – er ist ein hervorragender Simulant und schafft es, den Arzt beinahe von seiner Krankheit wie von seiner Harmlosigkeit zu überzeugen. In der Wende, die dann plötzlich eintritt, bekommt die Situation aber tatsächlich etwas Kafkaeskes. Jedenfalls in der *Blinden Kuh*, in der sie Drach evoziert. Er hält es noch für nötig, ein ministerielles Empfehlungsschreiben ins Spiel zu bringen. Etwas unklar, welches Ministerium es ausgestellt haben soll, jedenfalls handelt es sich um ein Schreiben, das ihm die famose Manja Iavorska beschafft hat; wie erinnerlich eine Frau mit Verbindungen. Drach sollte mit solchen Schreiben eher vorsichtig sein. Schließlich hat er in Paris erlebt, daß eine militärische Empfehlung bei den zivilen Behörden gerade das Gegenteil des erwünschten Effekts erzielt. Beim Militär reagiert man, wenn wir Drachs Beschreibung hier für Realität nehmen, genauso auf zivile Empfehlungen. Das Papier soll seine Harmlosigkeit beweisen, der Militärarzt schließt daraus das Gegenteil: dieser Mann hat zu gute Verbindungen, um harmlos zu sein.

Eine nicht ganz harmlose Gallen- oder Lebererkrankung will er immerhin auch nicht ausschließen. Also weist er Drach nicht gleich nach Les Milles ein, aber in das dem Lager zunächst liegende Krankenhaus in Aix en Provence.[54] Dort hält man eine zivile Behandlung der Krankheit jedoch offenbar nicht für angebracht. Nach einigen Tagen wird der Patient in die Infirmerie des Lagers überstellt.

Letzteres war nun in einem burgähnlichem Gebäude in dem Orte Les Milles untergebracht. Es bestand aus drei Haupttrakten und einem schmaleren jüngeren Zubau. Die Hauptteile waren nicht mit Kalk beworfen, der Zubau ein kleines Gebäude, das nicht zu den altertümlichen Strukturen der übrigen Steinbildungen paßte.

Immerhin standen in diesem nur ebenerdigen Häuschen die Betten jener Personen, die wegen vorübergehender Leiden nicht geeignet waren, sofort in das Hauptgebäude zu übersiedeln, wo man nur auf Stroh lag und etliche Flüchtlinge und schon länger ansässige deutsche Sprachangehörige sowie frühere Österreicher untergebracht waren.[55]

Zwar hat Drach eine Einlieferung in dieses Lager um jeden Preis vermeiden wollen. Trotzdem hat er es, wie sich zeigt, vorläufig noch relativ gut getroffen. Die Infirmerie ist ein vom unmittelbaren Lagerleben doch etwas abgeschirmter Bereich. Mit der öden Realität des Lagers kommt er vorläufig nur mittelbar in Berührung.

Der Jurist Heinz Lunau, der wegen seiner Auseinandersetzung mit der nationalsozialistischen Rechtssprechung aus Deutschland hat fliehen müssen, beschreibt diese Realität am 8. November 1939 in einem Brief an seine Frau wie folgt:

Du möchtest wissen, was wir den ganzen Tag machen? Aufstehen um 6 Uhr 30; wir sind in Gruppen zu ca. 25 Mann eingeteilt; zwei von ihnen holen Kaffee und Brot; nachher versuchen wir, uns zu waschen. Gegen 8 Uhr erstes Sammeln; dabei bleiben wir in Reihen aufgestellt und warten auf die Formierung der Arbeitsdienste. Unsere Arbeitsgruppe schält jeden Morgen Unmengen von Kartoffeln (wenn ich zurückkomme, werde ich Meister in dieser Kunst sein!) – das dauert ungefähr eine bis eineinhalb Stunden. – Danach haben wir eine Stunde frei – da kann man sich die Füße waschen, vorausgesetzt, daß man das Glück hat, ein wenig Wasser zu ergattern! Gegen 11 Uhr zweiter Appell, in Dreierreihen stehen und auf Essen wartend, das drei aus jeder Gruppe holen gehen. Dann versuchen wir das Geschirr zu waschen, es fehlt an Wasser – und wenn es welches gibt, dann ist es schwer das fettige Geschirr mit kaltem Wasser zu waschen!

Danach Freizeit bis 2 Uhr, wir sprechen mit Freunden, spielen Karten oder setzen uns in die Sonne. Um zwei Uhr neuerlicher Appell; zu diesem Zeitpunkt werden uns Berichte und diverse Anordnungen zum Lagerleben vorgelesen! – Das dauert bis 3 Uhr, und danach sind wir bis Viertel vor 5 frei, das heißt, wir dürfen uns irgendwo hinsetzen oder einige Schritte in einem mit Stacheldraht umgrenzten Karree machen ...[56]

Bei einer Beschreibung der Verhältnisse in Les Milles darf wohl Lion Feuchtwangers Darstellung aus *Der Teufel in Frankreich* nicht fehlen. Zum Unterschied von der des Juristen ist sie von literarischem Gestaltungswillen geformt. Die Darstellung der demoralisierenden Unsinnigkeit der verordneten Arbeit wird vielleicht eine Spur zu sinnfällig. Vor allem muß angemerkt werden, daß er nicht die Verhältnisse von 1939, sondern die von 1940 beschreibt.

In einem Ziegelbau waren wir untergebracht, und die Ziegel waren das Merkmal dieser Zeit. Ziegelmauern, durch Stacheldraht gesichert, schlossen unsere Höfe von der schönen, grünen Landschaft draußen ab, zerbröckelnde Ziegel waren überall gestapelt, sie dienten uns als Sitze und als Tische, auch dazu das Strohlager des einen von dem des andern abzutrennen. Ziegelstaub füllte unsere Lungen, entzündete unsere Augen. Lattengestelle für die Ziegel liefen die Wände und Säle entlang und nahmen uns noch mehr weg von dem spärlichen Raum und dem spärlichen Licht, und wenn uns kalt war, dann mochte wohl der eine oder andere von uns hineinkriechen in einen der leeren, großen Öfen, die zur Herstellung der Ziegel bestimmt gewesen waren, und sich wärmen an den Assoziationen des Wortes Ofen. Wir mußten die Ziegel herumtragen, bald stapelten wir sie hier, bald dort. In Schubkarren fuhren wir sie herum, und dann, unter dem Kommando eines Sergeanten, warfen wir sie von Hand zu

Hand und schichteten sie in bestimmter Ordnung. Die Arbeit war nicht eben schwer. Das Ärgerliche, Empörende daran war ihre vollkommene Sinnlosigkeit; denn sie war uns nicht aufgetragen zu einem vernünftigen Zweck, man wollte uns lediglich beschäftigen. Wir wußten, wir würden morgen oder übermorgen oder spätestens am dritten Tag die schön errichteten Ziegelstapel wieder zerstören und anderswo neu aufbauen müssen.[57]

Keine unzumutbare Schwerarbeit also, keine besondere Bösartigkeit des Wachpersonals, auch 1940 noch nicht. Aber – je nachdem, ob wir uns eher an Lunau oder an Feuchtwanger orientieren wollen, etwas zwischen enervierender Eintönigkeit und Beschäftigungstherapie, die mit dem fragwürdigen Humor von Militärs und Justizwachebeamten verordnet wird. Jedenfalls ein extremer Bruch mit der zivilen Form von Existenz, und alles unter hygienisch bedenklichen Verhältnissen.

Davon bleibt Drach, unter anderen Simulanten, Protektionskindern und Rekonvaleszenten auf der Bettenstation, im Herbst 1939 vorläufig verschont. Man lebt vergleichsweise komfortabel, schläft immerhin im Bett. Man wird – falls Drachs Darstellung zutrifft – besser ernährt als die restlichen Internierten, partizipiert an der Versorgung des Wachpersonals. Doris Obschernitzki bezweifelt das zwar, nach ihren Informationen sei die Küche für Infirmerie und Lager dieselbe gewesen, und sie als gut zu bezeichnen, sei purer Euphemismus,[58] aber Drach legt, wie öfter, Wert auf die Erwähnung ihm angeblich zugestandener oder von ihm listig erreichter Besserstellung.

Nach zehn Tagen wird der Platz auf der Krankenstation allerdings knapp. Drach stellt sich darauf ein, ins normale Lager zu übersiedeln. Bei einem ersten Rundgang versucht er zu erkunden, ob vielleicht auch jemand von seinen Freunden und Bekannten hier ist. Er trifft weder Franki Morini noch Gustav Hermann oder Frithjof Kühn, statt dessen aber den Regimentsarzt, der ihn fragt, was er hier überhaupt noch verloren hat. Schließlich – so der Arzt – habe er schon längst ein Entlassungspapier für ihn ausgestellt.[59] Eine neuerliche, abrupte Wendung also, diesmal zum vorläufig Besseren, auch sie kafkaesk. Die Entscheidungen der Behörden sind nicht durchschaubar. Wie sich herausstellt, ist mit dem Drach zugedachten, aber manipulierten Schein jemand anderer frei gekommen, doch wird nun auch er umgehend entlassen.

Drach läßt sich das nicht zweimal sagen. Er ist noch einmal davongekommen.

Warum man ihn ohne weitere Umstände auf freien Fuß setzt, bleibt eine der auch vom heutigen Forschungsniveau aus kaum zu klärenden Fragen. Eine freundliche Willkürentscheidung der lokalen Instanz? Die Kriterien für eine Freilassung, nach denen die mehrere Ministerien umfassenden Sichtungskommission vorging, erfüllt der Häftling Drach jedenfalls keineswegs.

Die Entscheidungen dieser Kommission basieren auf einem Runderlaß vom 17. September 1939, den das französische Innenministerium »in Absprache mit dem Kriegs- und Verteidigungsministerium« erstellt hat. Demnach sind »aus dem deutschen Reich stammende Ausländer« freizulassen, die eine Ehefrau oder Kinder französischer Staatszugehörigkeit haben. Ausländer, von denen keine Gefahr für den französischen Staat ausgeht, sind dem Amt für ausländische Arbeitskräfte zur Verfügung zu stellen. »Es sei denn, sie üben bereits einen Beruf aus, der für die Volkswirtschaft von Interesse ist.«[60] Auch Alter (über 49), Krankheit, der Status als politisch Verfolgter, die tschechische Staatsbürgerschaft, die Verpflichtung zur Fremdenlegion sowie die Protektion äußerst einflußreicher Personen kommen als Entlassungsgründe in Frage. Und wohl auch herausragende Prominenz wie im Falle Feuchtwanger. Dessen erste Internierung in Les Milles beginnt am 23. September 1939 und endet bereits vier Tage später. Insgesamt fünf Fürsprachen langen für ihn bei der Interministeriellen Sichtungskommission ein.

Erfreulich für Feuchtwanger, dennoch muß man sich vergegenwärtigen, auf wie dünnem Boden selbst Berühmtheiten wie er stehen: Ein Mann, der bei seiner Ankunft in Frankreich vom Präsidenten der Republik empfangen worden ist. Wie lang wird dieser dünne Boden noch tragen? Schon deutet sich an, wie auch Berühmtheit ihre Schutzfunktion verliert. Das erste Schreiben zugunsten Feuchtwangers stammt von keinem Geringeren als Jean Giraudoux, der seit August 1939 das Generalkommissariat für Information leitet. Trotz seiner eindeutig antinazistischen Haltung ist der Kollege grundsätzlich kein Befürworter der jüdischen Einwanderung aus Deutschland und Osteuropa. Das Schreiben richtet sich an den Präfekten der Bouches-Du-Rhone. Die Formulierungen, in denen sich Giroudoux für den wahrscheinlich berühmtesten Internierten einsetzt, den Frankreich damals hat, sind geradezu peinlich gewunden. Er schreibt zum Beispiel, daß Feuchtwanger »nicht unwürdig« scheint, mit einer gewissen Rücksichtname behandelt zu werden: »Würden Sie bitte den militärischen Stellen gegenüber intervenieren, damit man dem Betroffenen, im *Rahmen des Möglichen, wenn keine Einwände bestehen*, alle Erleichterungen zukommen zu läßt, *die mit der den Umständen angemessenen Vorsicht vereinbar sind.*« (Hervorh. E.S). Nicht einmal die Freilassung des Internierten wird in diesem Schreiben gefordert. Daß das Schreiben im übrigen mit dem 15. Oktober 1939 datiert ist und somit erst mehr als zwei Wochen nach Feuchtwangers vorläufiger Entlassung in die Freiheit eintrifft, verdient auch angemerkt zu werden.[61]

Bei Alfred Kantorowicz, der sich in seinen autobiographischen Aufzeichnungen *Exil in Frankreich* ebenfalls an seine Internierung in Les Milles erinnert, dauert es gerade fünf Tage, bis er wieder auf freiem Fuß ist.[62] Der Entlassungsgrund ist ihm klar: Er kann außer seinem Flüchtlingspaß auch die Ausbürgerungsurkunde des *Reichsanzeigers* vorweisen.[63] Wie Feuchtwanger ist er ein auf

Grund seiner politischen Verfolgung anerkannter Flüchtling. Wenigstens vorläufig, vor Anbruch des Vichy-Regimes, ein unschätzbares Atout.[64]

Aber was ist mit Drach? Welche Atouts hat er? Niemand kennt ihn als Schriftsteller, da er so gut wie nichts veröffentlicht hat. Er ist nicht als politisch verfolgter Flüchtling anerkannt, und er hat – das mysteriöse Ministerschreiben beiseite gelassen – jedenfalls keine ernst zu nehmende Protektion. Man muß davon ausgehen, daß der Boden, auf dem einer wie er steht, noch etwas dünner ist.

Ist er sich dessen bewußt? Oder resultiert das Glück, das er hat, auch daraus, daß er die Gefahr, in der er schwebt, verdrängt? Gegen alle Wahrscheinlichkeit läßt man ihn frei, und er geht ganz einfach. Den geltenden Bestimmungen gemäß hätte er am ehesten unter die Prestataire eingereiht werden müssen, das sind jene Personen die sich beim Amt für ausländische Arbeitskräfte zu melden hätten – davon hört er vorläufig nichts und stellt sich taub.[65] Er kehrt nach Nizza zurück, wo bald seine Schwester mit ihrer Familie eintrifft.

5. DIESER ZUG WIRD NIE KOMMEN

LES MILLES/II

Der Schatten meiner Mutter zog die Lokomotive, die nicht mehr wollte. Der Schatten keuchte bei diesem vergeblichen Bemühen und schien so entsetzt, wie sie damals war, als ich sie daheim zurückgelassen hatte, obwohl sie mit mir kommen wollte (...) Jetzt zog sie trotzdem den Zug, doch konnte sie das nicht bewältigen. Als wir in Bayonne einfuhren, war der Schatten meiner Mutter bereits zusammen gebrochen, die französischen Soldaten hatten ihre Gewehre auf den Haufen geworfen, denn die Deutschen sollten morgen kommen. Das letzte Schiff nach Marokko war schon abgegangen, und darin hatte sich auch, wie ich später erfuhr, meine Schwester befunden. Wir sahen den Dampfer samt Rauch noch in der Ferne.[1]

Anfang 1940 gibt es endlich ein Wiedersehen mit der Schwester. Aus Polen hatten sie und Alexander Gartenberg im Oktober 1939 vor den deutschen Truppen gerade noch nach Rumänien fliehen können. Die polnischen Güter waren natürlich verloren. In Bukarest trifft Alma noch den alten Bekannten Franz Theodor Csokor,[2] dann reisen sie und ihr Mann fürs erste nach Nizza weiter.

Man quartiert sich in einem Gasthof schräg vis-à-vis vom Etablissement der Frau Hagenmüller ein und lebt deutlich unter dem früheren Standard. Das Geld ist knapp geworden, seit die Ölquellen nicht mehr fließen. Alma sucht offensichtlich die Nähe des Bruders; geschwisterliche Harmonie will aber trotzdem keine aufkommen.

Zu viel steht zwischen den beiden, vor allem natürlich Almas Gatte, dessen Existenz Albert prinzipiell verärgert. Dazu kommt, daß Gartenberg sein verbliebenes Geld beim Kartenspiel riskiert und – nach Drach – auch katastrophal verliert. Nur dem Edelmut seines Spielpartners, eines polnischen Barons, ist es, folgt man der Darstellung in der *Blinden Kuh*, zu danken, daß er nach dem Spiel nicht völlig ruiniert ist.[3] Der Baron will den völlig inferioren Gegner dezidiert nicht »berauben«. Die Auslassungen Drachs gegenüber dem ungeliebten Schwager folgen alle einem bestimmten Muster. Sie mögen psychologisch interessant sein, als Informationen sind sie nur mit Vorbehalt ernst zu nehmen.

Im der Konstellation der Geschwister, die Drach in *Aus* sogar astrologisch zu begründen versucht (er beschwört die Nähe der beiden »Dezembergeborenen«, wohl wissend, daß in Extremsituationen gerade die verbindenden Charaktereigenschaften trennen können), spielt der leichtsinnige Herr Gartenberg aber nur eine periphere Rolle. Was zentral zwischen ihnen steht, ist das Gespenst der Mutter.

Lediglich seine privaten Umstände hatten dazu geführt, daß Anselm, ohne sich eine Schuld einzugestehen, doch dort, wo die Seele vermutet wird, Bedrängnis und Bedrückung an deren Platz vorfand, und es ist allerdings wahrscheinlich, wenn auch kaum erweislich, daß er für den mittelbaren Muttermord einen Komplizen oder eine Komplizin suchte, um durch Teilung seine unwägbare und unbestimmbare Last im Wege der Abwälzung zu verringern. Daß die Halbschwester seine Mutter allein gelassen hatte, reichte allerdings kaum aus, das von ihm angestrebte Gleichgewicht herzustellen.[4]

Für gegenseitige Schuldzuweisungen oder auch gemeinsame Trauerarbeit bleibt nicht mehr viel Zeit. Die Schwester und ihr Mann, politisch nun schon weniger naiv, planen die Weiterreise, vorerst wollen sie von Biarritz aus über das Baskenland nach Spanien. Albert soll mit, in Biarritz oder vielleicht schon Bayonne wollen sie ihn treffen. Doch mitten in diese Fluchtpläne platzt Drachs zweite Einberufung nach Les Milles, die Ereignisse überstürzen sich.

Die zweite große Internierungsmaßnahme, die nun auch die Frauen betrifft, setzt ab dem 13. Mai 1940, nach dem Beginn des deutschen Westfeldzuges ein.

Zuvor hatte sich die Lage für die Emigranten noch etwas entspannt, sie werden nach und nach freigelassen, die Lager lichten sich. Frankreich hatte sich mehr oder

Alma Gartenberg mit ihrem Gatten Alexander (links) und einem Freund, um 1940

weniger mit dem »drôle de guerre« arrangiert, einem Zustand des Abwartens, in dem man sich die Illusion machte, daß der wirkliche Krieg vielleicht gar nicht losgehen würde. Belgiens seit 1936 durch Frankreich, Großbritannien und das Deutsche Reich garantierte Neutralität wurde als Unterpfand dafür gesehen, daß es die Deutschen nicht wagen würden, Frankreich auf diesem Weg anzugreifen.[5]

Nicht alle hatten diese Illusion; Albert Drach will sie jedenfalls nicht gehabt haben. Der im Mai 1940 zum jüngsten General Frankreichs beförderte Charles de Gaulle hatte sie bestimmt nicht. Schon 1938 hat er seine militärphilosophische Schrift *Frankreich und seine Armee* veröffentlicht, ein Werk, auf das sich Drach wiederholt beruft (ob er es tatsächlich schon damals studiert hat, bleibe dahingestellt). Sein Anselm Igel setzt sich jedenfalls eingehend mit den Überlegungen des Generals auseinander und kommentiert die offizielle Verteidigungspolitik Frankreichs entsprechend sarkastisch:

Nachdem der Regierungschef Frankreichs zur Zeit, als Hitler nicht gerüstet war und er dies genau von seinem Botschafter wußte, diesem die Sudenten zugeschanzt hatte, um ihn an der Macht zu halten, und nachdem er, ohne die Rüstung voranzutreiben, bei Einfall des Diktators in Polen ihm den Krieg erklärt hatte, mußten nur noch die übrigen Voraussetzungen geschaffen werden, um diesen zu verlieren. Ein junger General namens de Gaulle hatte in einem militärwissenschaftlichen Exposé auseinandergesetzt, daß der künftige Krieg auf motorischer Grundlage geführt werden würde, und welche Maschinen und Geräte für diesen erforderlich seien. Auch hatte er gemeint, man müsse die Marginaux-Linie bis zum Meer verlängern, um bei einem deutschen Einmarsch durch die Niederlande und Belgien geschützt zu sein. Der Marshall Pétain, der mit ihm entfernt verwandt oder verschwägert war, hielt aber die Einsetzung des Fußvolkes weiter für ausschlaggebend und verneinte die Notwendigweit einer Erweiterung des Festungsgürtels, weil der Ardennenwald einen hinreichenden Schutz gegen den feindlichen Einmarsch darstelle. Während die deutschen Sachverständigen die Arbeit des jungen Generals genau studierten, begnügten sich die französischen mit den Trostworten ihres greisen Marshalls.[6]

Die französischen Truppen und britischen Expeditionskorps liegen Ende 1939/Anfang 1940 passiv hinter der Maginotlinie und bereiten in unangebrachter Gemütsruhe die Besetzung von Stützpunkten in Norwegen vor. Am 9.4. besetzt Deutschland Dänemark und anschließend Norwegen. Dann marschieren die deutschen Truppen im Blitzkriegstempo durch das Flachland jenseits der Deutschen Nordwestgrenze, überfallen am 10.5.1940 die Niederlande und anschließend Luxemburg und Belgien. Bereits am 15. Mai werden sie auf französisches Territorium vorstoßen.

Dem Aufruf zur Stellung folgend, fährt Drach (wieder auf eigene Kosten) ins Internierungslager. Auf dem Weg nach Les Milles leistet er sich aber in Marseilles noch eine Unterbrechung. Er will hier bei seinem alten Mödlinger Bekannten, Fritz Buch,[7] vorbeikommen, um Abschied zu nehmen. Buch verfügt über ein unbezahlbares Papier, ein Affidavit eines Angehörigen in den Vereinigten Staaten, und kann demnächst mit seiner Frau dorthin ausreisen.

Auf dem Marseiller Bahnhof macht Anselm/Drach eine denkwürdige Erfahrung. Der Bahnbeamte, der in der Gepäcksaufbewahrung seinen Koffer verstaut, spricht ihn auf seine prekäre Situation an. Er wolle es nicht auf sich nehmen, ihn in sein Unglück rennen zu lassen. Der vor Hitler Geflohene solle sich nicht den Behörden aussetzen, sondern untertauchen. »Die Regierung würde nicht das geringste tun, um die Flüchtlinge zu retten, sondern alle den Deutschen ausliefern, wenn sie kämen. Er selbst aber sei bereit, wenn Anselm in Marseille verbliebe, ihm zu helfen, sich zu verbergen, bis eine Möglichkeit einträte ihn an einen gesicherten Ort zu bringen« So steht es in *Aus*. Auch in der *Blinden Kuh* gedenkt Drach dieses beherzten Eisenbahners.[8] Obgleich er das Angebot zu schätzen weiß, zögert der Angesprochene, wohl weniger aus Mißtrauen als aus der bereits erwähnten Scheu vor persönlicher Abhängigkeit – als er vom Besuch seines Freundes zurückkehrt, ist der freundliche Beamte jedenfalls nicht mehr da, der Flüchtling beschließt, das als Schicksal aufzufassen, und setzt die Fahrt nach Les Milles fort.

Interessant ist, daß auch Drach, der nicht zur Beschönigung menschlich allzumenschlicher Gemeinheiten und kaum zur Idealisierung seines Emigrationslandes neigt, eine solches Erlebnis festhält. Er dürfte nicht der einzige sein, der eine solche Erfahrung gemacht hat; trotz der von einem Teil der Forschung geäußerten Vorbehalte gegenüber einer Idealisierung des Widerstandes.[9] Hans-Albert Walter, der die Internierungs-, Lebens- und Fluchtbedingungen der Emigranten auf Basis einer großen Materialsammlung untersucht hat, kommt zu dem Schluß, daß sich schon in den ersten Tagen des Vichy-Regimes da und dort ein couragierter französischer Widerstand regt, der für manche Flüchtlinge tatsächlich lebensrettend sein wird.[10]

Zum zweiten Mal Les Milles also. Gegenüber dem ersten Mal hat sich die Atmosphäre deutlich verändert. Drach erschrickt über die Masse der Internierten und über die Unüberblickbarkeit der Situation. »Diesmal kam ich nicht auf die Infirmerie, die schon überbelegt war, sondern mußte im Hauptgebäude Unterkunft suchen. Hier schliefen auf Stroh bei hundert in einem Abteil, alles durcheinander, sogenannte politische und rassische Flüchtlinge mit aufrechten, national eingestellten, aber kriegsmüden oder sogar von den Nazis eingeschleusten Drittreichsstaatsbonzen.«[11]

Drach trifft Morini und den abgemagerten Gustav

Hermann wieder. Der hat sich zwar, um weiteren Internierungen zu entgehen, inzwischen zur Fremdenlegion verpflichtet, ist aber dort bald wieder ausgemustert worden. Von neuen Bekanntschaften, die er im Lager macht, beschäftigt ihn vorerst der angebliche Rheinische Separatist Quierke.[12] Bis ins hohe Alter wird er sich fragen, ob dieser Mann nicht in Wahrheit Nationalsozialist war. Diesbezügliche Berührungsängste sind allerdings bei Drach nicht extrem. Sein Strohlager schlägt er jedenfalls vorerst neben einem Herrn Mayerhöfen auf, der schon seit zehn Jahren versucht, in Nizza und Monte Carlo Geschäfte zu machen. Dieser Mann sympathisiert ganz unverhohlen mit den Nazis. Er erscheint Drach aber als ungefährlich bis in gewisser Hinsicht sogar brauchbar und erhält im Emigrationsbericht den sprechenden Namen Mutbrunnen.[13]

Drach gerät in die Gesellschaft des Malers Heinrich-Maria Dawringhausen, der im Spanischen Bürgerkrieg

Lion Feuchtwanger hinter dem Stacheldraht von Les Milles, Mai/Juni 1940

gekämpft hat und anschließend mit seiner Frau nach Cagnes Sur Mer gezogen ist. Da er auch ein Bekannter von Frau Thiele und Bram van Velde ist, finden sie eine Gesprächsgrundlage.[14] Die zentralen Figuren, denen Anselm Igel, Pierre Coucou und Albert Drach selbst 1940 in der Lagerhaft von Les Milles begegnen, sind aber zweifellos Lion Feuchtwanger und Walter Hasenclever. Ersteren kann er nicht leiden, mit letzterem freundet er sich an – jedenfalls gemäß seiner eigenen Darstellung.[15]

Die Beschreibung von Drachs Beziehung zu Hasenclever folgt hier vorerst Spuren in seinem Werk und den zahlreichen mündlichen Aussagen. Es muß aber angemerkt werden, daß die Hasenclever-Forschung, insofern sie Drachs Äußerungen überhaupt zur Kenntnis nimmt, mit äußerster Skepsis darauf reagiert hat. Der »Drach-Mythos« sei seit Jahrzehnten als falsch entlarvt, teilt Hasenclever-Biograph Bert Kasties auf Anfrage mit. Drach habe, schreibt er, wie einige andere auch dazu geneigt, den Namen Hasenclever ein wenig zu mißbrauchen, um von sich reden zu machen.[16]

Eine These, die grundsätzlich nicht von der Hand zu weisen ist, denn der heute trotz Publikation einer historisch-kritischen Werkausgabe und Vergabe eines Hasenclever-Preises nur mehr wenigen bekannte Schriftsteller war Ende der dreißiger Jahre berühmt. Mit seinem expressionistischen Drama *Der Sohn* (1913/14) und seinem Antikriegsstück *Antigone*, für das ihm 1917 der Kleist-Preis zugesprochen worden war, hatte der junge, eben erst einem tyrannischen Vater entkommene Autor seinen Durchbruch erlebt. Neben seinen von der Kritik geschätzten Dramen und Gedichten hatten ihm seine Komödien *Ein besserer Herr* und *Ehen werden im Himmel geschlossen* auch finanziellen Erfolg gebracht. Ende der zwanziger Jahre war er sogar in Hollywood gewesen und hatte den deutschen Dialog für den Garbo-Film *Anna Christie* (gedreht 1930) verfaßt. Nach dem Krieg läßt der Ruhm des verstorbenen Dichters wie der vieler anderer

Fixsterne der zwanziger und dreißiger Jahre allerdings deutlich nach. Während der Abfassungszeit der *Unsentimentalen Reise* (in diversen Anläufen zwischen 1946 und 1966) wäre also ein Sich-wichtig-Machen mit seiner Bekanntschaft nicht mehr ganz so effizient, wenngleich Drach wohl noch die Hasenclever-Fama von ehemals vor Augen hat: Als er 1940 in Les Milles interniert war, gehörte Hasenclever jedenfalls zur Hautevolée der Emigranten.

Man muß aber auch feststellen, daß sich der bis dahin völlig erfolglose Autor Drach von berühmten Kollegen weniger angezogen als gehemmt oder auch provoziert gefühlt hat. Signifikant dafür ist seine Abneigung gegenüber Feuchtwanger, charakteristisch die Art, wie er ihn beschreibt: klein und feist.[17] Auf einem Foto aus dieser Zeit wirkt Feuchtwanger hinter dem Drahtmaschenzaun von Les Milles beinahe so schlank wie sein Darsteller

Walter Hasenclever, geboren 1890, gestorben am 22. Juni 1940 in Les Milles

Rüdiger Vogler in dem Film *Les Milles. Le train de la liberté.*[18]

Es handelt sich also um eine bis zur Karikatur entstellte Wahrnehmung. Seinerseits fühlt sich Drach von Feuchtwanger offenbar nicht wahrgenommen. Das stimmt wahrscheinlich. Drach war sozusagen ein Nobody, und doch gibt es eine Stelle im *Teufel in Frankreich*, die in unserem Zusammenhang frappiert. In einem Notat vom 1. Juni 1940 erinnert sich Feuchtwanger an einen etwas merkwürdigen Lagergenossen, einen Österreicher, der sich, so heißt es, seinen Heimatschein beschafft hat und nun hofft, aufgrund seiner inzwischen nicht mehr existierenden Nationalität entlassen zu werden. Diese Nationalität geht nur mehr aus dem Design des Dokuments hervor. »Auf dem Heimatschein ist als blasser Hintergrund ein Gebäude abgebildet. Der Gefangene stellt den Hauptmann auf dem Weg, zeigt ihm den Heimatschein und sagt ihm: ›Je suis Autrichien‹. Der Hauptmann beschaut sich den Schein mit dem Bild, fragt, was ist das für ein Gebäude? Der Internierte erwidert, das Wiener Rathaus, der Hauptmann beschaut sich den Schein weiter und sagt: ›pas mal‹, und geht weiter.«[19]

»Nicht schlecht«, sagt also der Hauptmann beim Anblick des neugotischen Sitzes des Wiener Bürgermeisters, so als ob man ihm eine Ansichtskarte mit einer Sehenswürdigkeit gezeigt hätte. Unwahrscheinlich, daß er die krause Idee des Internierten überhaupt begreift. Österreich existiert nicht mehr. Österreicher gewesen zu sein, ist definitiv kein Entlassungsgrund. Wohl nicht von ungefähr hat Feuchtwanger diese tragikomische Sequenz als kleinen, dramaturgischen Höhepunkt an den Schluß einer nur mäßig lustigen Rekapitulation von Les-Milles-Witzen gesetzt.

Les-Milles-Witze, die genaugenommen keine Witze sind, sondern sarkastische Tagebuch-Impressionen, die unter anderem das merkwürdige Verhältnis der deutschen Gefangenen zu ihren französischen Bewachern cha-

Jahr 1939 Nr. 5173

HEIMATSCHEIN

womit bestätigt wird, daß

Dr. Albert Drach,

Charakter oder Beschäftigung Schriftsteller,

Alter geb. 17. Dezember 1902 Wien, I.K.G.,

Stand ledig,

das Heimatrecht in WIEN besitzt B.F. IV-6973/01

Eigenhändige Unterschrift der Partei:

Dr. Albert Drach

VOM MAGISTRAT DER STADT WIEN

IM SELBSTÄNDIGEN WIRKUNGSBEREICH

Wien, am 24. Jänner 1939

Für den Bürgermeister:

Albert Drachs von der Mutter nachgesandter Heimatschein mit dem Kürzel »I.K.G.« für »Israelitische Kultusgemeinde«

rakterisieren. Diese Bewacher agieren zu diesem Zeitpunkt noch in einer eigenartigen Doppelfunktion: Einerseits als Gefängniswärter, die zum Teil selbst nicht wissen, wie sie zu dieser undankbaren Rolle kommen, anderseits als potentielle Beschützer der Emigranten vor den deutschen Truppen.

Daß es sich bei jenem von Feuchtwanger erwähnten Österreicher um Drach handelt, ist nicht nachweisbar, aber doch recht wahrscheinlich. Der Heimatschein ist *sein* zentrales Überlebensdokument, wenngleich er auf dieser Station der *Unsentimentalen Reise* noch nicht seine Wirkung entfalten kann.

Die geniale Interpretation des Kürzels I.K.G. könnte hier noch nicht wirken. Drach ist nicht als Jude, sondern als »feindlicher Ausländer« interniert und versucht vorläufig noch, aus seinem fragwürdigen Österreicher-Bonus Kapital zu schlagen.

Wie dem auch sei: Der berühmte Feuchtwanger kennt den unbekannten Kollegen nicht. Der ist ein anonymer komischer Kauz. Die von Feuchtwanger kommentarlos-kühl gestaltete Szene könnte in ihrem immanenten Zynismus übrigens von Drach selbst stammen; sie würde sehr gut in die *Unsentimentale Reise* passen, in der Kucku den berühmten Feuchtwanger haßt, bis zur Verzerrung des Blicks. Wieso ist der Blick auf Hasenclever so anders? Es ist nicht ganz abwegig, anzunehmen, daß Hasenclever einigermaßen freundlich auf Drach reagiert hat, und sei es aus unspezifischer Höflichkeit oder aus Ironie.

Liest man allerdings Drachs auf Hasenclever bezogene Textstellen,[20] so gewinnt man den Eindruck einer für ihn ungewöhnlich spontanen und unwiderruflichen Sympathie, einer Zuneigung, die kaum mit Kalkül, sondern eher mit einer zumindest von seiner Seite empfundenen Affinität zu tun hat. Hasenclever hatte in einer gewissen Distanz zur Pariser und später zur südfranzösischen Emigrantenszene gelebt. Er war zwar kein Einzelgänger, aber jemand, der eine beobachtende Reserve gegenüber seiner

Umgebung wahrte. Vielleicht schloß sich dieser einerseits freundlich-zurückhaltende, anderseits zum scharfen Sarkasmus fähige Mann seinen so prominenten wie engagierten Mithäftlingen, die im Lager mächtig von sich reden machten, nur unter Vorbehalten an. Vielleicht war er tatsächlich eher geneigt, sich einem Außenseiter wie Drach zuzuwenden. Vielleicht teilte er sogar gewisse Vorbehalte gegen Feuchtwanger. Feuchtwangers Eitelkeit hat auch andere enerviert[21] und wird selbst vom ihm gegenüber im Prinzip loyalen Kantorowicz konstatiert.[22]

»Der Dichter Hasenclever«, schreibt Drach jedenfalls in der *Unsentimentalen Reise*, »gab täglich 15 Franken aus, um eine französische Zeitung ins Lager hineinzuschmuggeln. Da er sie aber nicht lesen konnte, bat er mich um eine Übersetzung. So saßen wir Tag für Tag auf den Stufen den Lagertheaters von Les Milles (...) Ich las Walter Hasenclever und einem von ihm beigezogenen Psychoanalytiker die jeweiligen Fortschritte der Hitlertruppen an der Front, die nicht mehr hielt, laut vor. Wir warteten Tag für Tag in der Falle darauf, zu erfahren, daß Hitler schon in unsere Gegend käme.«[23]

Es sind also höchst schlechte Nachrichten, die in der Zeitung stehen, wenngleich die Informationen weniger eindeutig gewesen sein dürften, als sie Drach in Erinnerung hat. Seinen nichtveröffentlichten Texten zufolge will er sie jedenfalls etwas gemildert haben, um Hasenclever nicht weiter zu deprimieren.[24] Für die Hasencleverforschung hat sich unser Autor allerdings mit der oben zitierten Passage als glaubwürdige Quelle disqualifiziert. Hasenclever ist zweisprachig aufgewachsen, konnte – anders als Drach, der laut Morini mit unausrottbarem Akzent gesprochen haben soll – perfekt französisch, er hatte solche Übersetzungsdienste schlicht und einfach nicht nötig.

Handelt es sich bei dieser Vorlesegeschichte also einfach um eine freie Erfindung Drachs? Gewiß ist es angebracht, gerade an diesem Zusammenhang wieder einmal auf die Differenz zwischen der Literaturfigur Kucku und dem Autor Drach hinzuweisen. Eine Differenz, die man, bei allem Authentizitätsanspruch, den dessen »Bericht« stellt, nicht aus den Augen verlieren sollte. Und doch scheint es unbefriedigend, diese Episode als Ergebnis bloßer – im Kontext des Lagerlebens und des letztendlichen Todes Hasenclevers geschmackloser – Fabulierlust abzutun.

Im August 1966 erhält Albert Drach einen Brief Edith Hasenclevers, die ihn in ihrer Eigenschaft als Betreuerin des Walter-Hasenclever-Archivs kontaktiert. In einem Artikel Hans Flesch-Brunningens, der in der *FAZ* erschienen ist,[25] hat sie über Drachs Beziehung zu Hasenclever gelesen. Für erläuternde Mitteilungen über seine Freundschaft mit Hasenclever wäre sie ihm dankbar. Darüber hinaus wüßte sie gerne, ob er Briefe oder anderes Material von und über W. Hasenclever besitze.[26]

In seinem Antwortbrief erzählt Drach nun genau die in der *Unsentimentalen Reise* gedruckte Geschichte. Er sei in Les Milles ein naher Freund ihres Mannes gewesen und habe ihm die französischen Zeitungsnachrichten ins Deutsche übersetzt. Darüber hinaus zeigt er sich verwundert darüber, daß ihn Frau Hasenclever als fremden Menschen anspricht. Sie müsse wohl Hasenclevers Schwester und nicht seine Frau sein, denn den Besuch einer von ihm für Frau Hasenclever gehaltenen Dame habe er gleich nach seiner Flucht aus dem Lager erhalten und ihr alles mitgeteilt, was er über ihren Mann gewußt habe.

Seltsam. Edith Hasenclever reagiert fürs erste deutlich befremdet. Sie stellt die Hasenclevers Französischkenntnisse betreffende Sachlage klar. Sie sei nicht die Schwester, sondern sehr wohl die Gattin Hasenclevers. An einen Besuch bei Drach könne sie sich allerdings nicht erinnern.

Darauf Drach in einem Brief vom 19.9.1966: » Die Sache mit dem Zeitungsvorlesen hat sich so verhalten, wie ich es Ihnen geschildert habe.«

Vielleicht, überlegt er, habe die beginnende Depression Hasenclever daran gehindert, die Zeitungen selbst zu übersetzen. Eine These, der sich Frau Hasenclever in ihrem Antwortbrief vom 1. 10. überraschenderweise anschließt, sie könne sich vorstellen, daß ihr Mann in seinem in der gegebenen Situation überreizten Zustand zu einer klaren Übersetzung unfähig war.

In diese Richtung rationalisiert auch Drach in seiner späten Autobiographie *Aus*.[27] Nach den für ihn neuen Informationen über Hasenclevers Sprachkenntnisse wirkt er jedenfalls ehrlich irritiert. Wäre es möglich, daß ihn der diskrete Hasenclever nicht kränken wollte, also seine Übersetzungen, teils amüsiert, teils lethargisch, über sich ergehen ließ? In seinem die Emigration und die erste Welle der Internierungen bereits thematisierenden Roman *Die Rechtlosen* gibt es Passagen, die eine derartige Haltung gewissen skurrilen Mitmenschen gegenüber nicht ganz ausschließen.[28]

Unklar ist und bleibt der angebliche Besuch Frau Hasenclevers nach Drachs Rückkehr aus dem Lager. Möglicherweise handelt es sich um den Besuch einer Frau, die sowohl Hasenclever als auch dem Maler Dawringhausen nahesteht. In den *Rechtlosen* gibt es gewisse Andeutungen in dieser Richtung. Drach mag jene Dame fälschlich für Frau Hasenclever gehalten haben.[29]

So unsicher wir bezüglich der tatsächlichen (einfach behaupteten? von Drach übertriebenen? durch Projektionen verzerrten?) Beziehung zu Hasenclever sind, so sicher ist, daß dieser zu den wenigen gehört hat, die Drach während seiner Exiljahre wirklich gemocht hat. Ehrlich trauern wird er um diesen Mann, ganz anders als etwa um Joseph Schmidt, dessen Tod er in seinen Aufzeichnungen nur sehr lapidar erwähnt.[30] Diese Trauer klingt selbst in den zynisch abgefederten Passagen der *Unsentimentalen Reise* durch, und sei es durch ungefilterte Aggressionen auf andere. Hasenclever ist in den Augen Drachs kein Wichtigtuer oder Macher wie Feuchtwanger, keiner, der die schwierige Lage der Emigranten und Internierten vor allem zur eigenen Selbstbestätigung nutzt, sondern eben ein Einzelgänger mit einer verkapselten Seele, ein so verzweifelter wie nobler, ironischer, nie lauter, und im Gegensatz zu ihm selbst nicht zu gezielter Selbstverteidigung fähiger Mensch, dem unter den Bedingungen der andauernden Verfolgung der Lebensfaden zu reißen droht.

Drach erinnert sich – gewiß durch sein eigenes Erkenntnisinteresse gesteuert – an Gespräche über Hasenclevers politische Persiflage *Napoleon greift ein* (1939); ein Werk, das man in der historischen Situation von 1940 auch als Anti-Hitler-Stück auffassen könnte.[31] Auch hier Affinität: Natürlich denkt Drach an sein Kasperlspiel. Was Hitler betrifft, so legt Hasenclever in den *Rechtlosen* dem Icherzähler folgende Worte in den Mund:

Der Typus Hitler hat etwas Subalternes. Sie finden ihn in jedem Lande, in jeder Kneipe, an jeder Straßenecke. Er ist so alt, wie Methusalem. Weshalb herrschte Hitler in Deutschland? Nicht, weil er ein großer Mann ist. Sondern, weil Deutschland seinem Typus entspricht.[32]

Weil Deutschland seinem Typus entspricht – tatsächlich eine gewisse Verwandtschaft zwischen dieser Auffassung und jener, der Drach im *Meister Siebentot* Ausdruck zu verleihen versucht. Ob Hasenclever allerdings, wie von Drach behauptet, vor allem wegen seines Napoleon-Stücks so große Angst davor hatte, den Deutschen in die Hände zu fallen, darf bezweifelt werden. Er war ein ausgebürgerter Autor, dessen Bücher verbrannt worden waren, die Nazis hatten ihn im Visier. Da dürfte es auf ein Stück mehr oder weniger nicht mehr angekommen sein.

Schon seit 1935 trägt er für alle Eventualitäten ein Fläschchen Veronal bei sich, das ihm sein Schwager, der Arzt Wolfgang Kühn, besorgt hat.[33]

Wurde der Fall der Auslieferung an die Gestapo damals noch bis zu einem gewissen Grad spielerisch erwogen, so ist er nun längst vom Ernst der politischen Situation eingeholt. »Die Verfinsterung in Europa scheint alles zu überschatten«, schrieb Hasenclever schon 1936 in einem Brief aus England.[34] Er hätte gut daran getan, dort zu bleiben.

Stattdessen hat er versucht, in Italien Fuß zu fassen, in einem faschistischen Staat, der den Emigranten aber vorläufig noch passable Lebensbedingungen garantierte. Im Mai 1938, mit dem Staatsbesuch Hitlers in Rom, änderte sich das schlagartig. Wie alle anderen, die auf einer von Heydrich erstellten Liste angeführt waren, wurde er für die Zeit dieser die Kooperation zwischen Deutschland und Italien besiegelnden Visite interniert. Zwar wurde er am letzten Besuchstag Hitlers wieder aus der Festung Massa entlassen, aber der Traum einer Art inneren Emigration in der Toskana war ausgeträumt. Was blieb, war das Trauma. Im September 1938 war er mit seiner Lebenspartnerin Edith nach Frankreich zurückgekehrt. Nun, im Sommer 1940, muß auch der allzu lang geträumte französische Traum der Realität weichen.

Die Lage der in Frankreich internierten Emigranten wird von Tag zu Tag prekärer. In den Tagen vor dem Waffenstillstand wird die Stimmung auch in Les Milles immer nervöser, obwohl oder auch weil die Nachrichten nur diffus durchdringen. Daladier ist einer der hektischen Regierungsumbildungen zum Opfer gefallen, sein Nachfolger Paul Reynaud, ein Mann besten Willens, der schon gegen die Abtretung des Sudentenlandes gewesen ist, an der Festigung einer französisch-englischen Allianz gearbeitet und vergeblich versucht hat, Präsident Roosevelt zum Kriegseintritt auf seiten der Alliierten zu bewegen, macht nun einen strategischen Fehler. Er holt nicht nur den jungen General de Gaulle, der den Posten eines Unterstaatssekretärs zur nationalen Verteidigung erhält und wie er selbst auf eine gemeinsame Vorgangsweise der Alliierten gegen Hitlerdeutschland setzt, in die Regierung, sondern auch den seit der Schlacht von Verdun enorm populären Marshall Pétain, den er zum Vizepremier ernennt. Schon am 16. Juni, als sich abzeichnet, daß die Defaitisten, allen voran Pétain, die Oberhand gewinnen, wirft Reynaud das Handtuch. Während De Gaulle klugerweise sofort nach England flieht, und von dort einen Appell an das französische Volk richtet, weiterzukämpfen, nimmt Reynaud die Möglichkeit, sich als Botschafter nach Amerika abschieben zu lassen, nicht wahr. Er spekuliert damit, in Port-Vendres die Gegner des Waffenstillstands zu versammeln und in Algier eine Exilregierung zu bilden. Auf Befehl Pétains werden im Laufe der kommenden Monate sowohl Reynaud als auch Daladier und Léon Blum verhaftet. Später werden sie allesamt nach Deutschland ausgeliefert und in den Konzentrationslagern Buchenwald und Dachau interniert. Alle drei überleben und versuchen nach 1945 mit unterschiedlichem Erfolg ein politisches Comeback. Die Infamie ihrer Verfolgung und Auslieferung durch das Vichy-Frankreich sei hier nur erwähnt, um klarzustellen, welche Zukunftsaussichten die Emigranten ab dem 22. Juni, dem Tag der Unterzeichnung des deutsch-französischen Waffenstillstands, haben. Was ist für sie von einem Regime zu erwarten, das im Endeffekt dazu bereit sein wird, die eigenen, politisch unliebsam gewordenen Landsleute, darunter Personen, mit denen man selbst einmal an der Regierung war, an den (nun nur mehr ehemaligen) Kriegsfeind ausliefern?

Die französische Regierung verpflichtet sich, auf Aufforderung all die Deutschen auszuliefern, die von der deutschen Regierung namentlich benannt werden, sei es, daß sei sich in Frankreich oder in den französischen Besitzungen, den Kolonien, Protektoraten oder Mandatsgebieten befinden.[35]

Paragraph 19 des Waffenstillstandabkommens enthält eine der ungeheuerlichsten Forderungen, die in Compiègne vor dem von Pétain autorisierten General Huntzinger zur Unterzeichnung auf dem Tisch liegen. Wie lang wird es dauern, bis deutsche Truppen eintreffen und der große Teil der hitlerfeindlichen Gefangenen an sie ausgeliefert wird? Wechselnde Sprecher, allen voran Lion Feuchtwanger, versuchen dem Lagerkommandanten Goruchon klarzumachen, daß er die fluchtwilligen Internierten rechtzeitig evakuieren müsse.

In den Tagen vor Abschluß des Waffenstillstands wird wiederholt ein Zug angekündigt, der die Inhaftierten, soweit sie es wünschen, »in Sicherheit« bringen soll. Eine sehr ungewisse Sicherheit, niemand weiß genau, wann, wie und wohin. Wie groß ist die Wahrscheinlichkeit, daß der Zug kommen wird, wie groß die Unwahrscheinlichkeit, daß man noch einmal davonkommt? Fritz Wengraf, Psychoanalytiker aus Wien, dessen ständige Anwesenheit in der Nähe Hasenclevers Drach mißfällt,[36] spricht von einem regelrechten »Perzentespiel«.[37]

Folgt man Drachs Darstellung in der *Unsentimentalen Reise*, so hat Kucku nicht an die Ankunft dieses Zuges geglaubt. Auch Anselm Igel in *Aus* hält es für das Vernünftigste, sich nicht auf den Zug zu verlassen, sondern zu fliehen. Er versucht Hasenclever zur gemeinsamen Flucht mit ihm und Morini zu überreden. Offenbar warnt Feuchtwanger jedoch vor Kurzschlußhandlungen und nimmt dem im Streß der Situation durch seine konstitutionelle Depression besonders gefährdet erscheinenden Hasenclever sogar das Versprechen ab, nichts zu überstürzen.

Am Tag nach dem letzten Fluchtgespräch sei Anselm nicht mehr zum Treffpunkt für die Zeitungslektüre erschienen, heißt es in *Aus*.[38] Er sei auch durch »leibliche Mißstände« davon abgehalten worden. Am Inhalt der folgenden Szene hat sich seit der *Unsentimentalen Reise* nichts geändert. Allerdings ist sie dort, dem Konzept der

Voyage unsentimental entsprechend, ein Höhepunkt der naiv-zynischen Darstellungsweise:

Eines Tages aber spürte ich, daß mit meinen Eingeweiden etwas nicht in Ordnung war. Diese Unordnung erwies sich auf der Latrine als Ruhr. Walter Hasenclever war mir dorthin nachgekommen, mit der Zeitung in der Hand, die ich ihm an diesem Tag nicht vorgelesen hatte. Sein nobles Gesicht mit den ergrauenden Haaren, sein unbefleckter Anzug paßten nicht hierher und nicht zu mir in diesem Augenblick. Dieser Kontrast empörte mich, und ich riß ihm die Zeitung aus der Hand und verwendete sie zu Zwecken, die mir dringender schienen als Lektüre. »Kommen Sie Kucku, ich fürchte, wir sind verloren!« »Gewiß, wenn wir nicht fliehen!« »Ich habe Lion Feuchtwanger das Wort gegeben, daß ich bleibe, bis der Zug kommt, der uns nach Bayonne zur Reise nach Marokko führt.« »Dieser Zug wird nie kommen. Fliehen Sie! Feuchtwanger wird sich herauslügen. Er hätte Ihnen gegenüber nie Wort gehalten!« »Ich kann nicht, ich habe mein Wort gegeben«. »Tun Sie, was Sie glauben. Doch denken Sie auch an die Folgen!« »Ich denke daran. Ich werde heute Nacht zwanzig Veronal nehmen.« »Tun Sie das nicht, geben Sie sie lieber Lion Feuchtwanger. Er wird sie allerdings wegschütten.«[39]

Hiermit gibt sich Drach zumindest indirekt (und auf besonders drastische Art) Schuld am Tod Hasenclevers. Er ist aber nicht der einzige, der das tut. Feuchtwanger hat das schon vorweg getan. »Wieviel Prozent Hoffnung geben Sie uns«, soll Hasenclever noch am 21. Juni angstvoll gefragt haben. »Fünf Prozent«, will der erschöpfte und niedergeschlagene Feuchtwanger geantwortet haben.[40]

»Feuchtwanger selbst war pessimistisch – oder genauer gesagt: fatalistisch«, schreibt Alfred Kantorowicz. »Er gab uns allen nur wenig Überlebenschancen. Als er mich meine Aufzeichnungen der Ereignisse und Gerüchte machen sah, sagte er: ›Kantorowicz, sie kommen mir vor, wie ein Polarforscher, der, im Eis eingefroren, seine letzten Stunden beschreibt. Ihre Chance, sich doch noch retten zu können, ist ein wenig größer, dagegen sind die Chancen, daß ihre Aufzeichnungen später in rechte Hände kommen, geringer als die des Polarforschers.‹«[41]

In Exil in Frankreich zitiert Kantorowicz darüber hinaus die letzten diffusen Eintragungen aus seinem eigenen Les-Milles-Tagebuch. Sie geben ein gutes Bild von der im Lager herrschenden Konfusion.

Ab 18. Juni erfolgen nur mehr numerierte Stichworte: »Waffenstillstands-Gerüchte« – Litauen von den Russen besetzt – Baron Wittgenstein im Lager wahnsinnig geworden; – der Preis für einen Blick in eine ins Lager geschmuggelte Tageszeitung auf 5 Frcs angestiegen; – spätestens übermorgen sind sie in Les Milles; – Ausbruchsversuch entweder morgen oder übermorgen in der Mittagspause (günstigste Zeit); Hasenclever lehnt Beteiligung ab, glaubt nicht an Erfolg; – Feuchtwanger noch mal zum Kommandanten gerufen, hört Telephonat mit, daß Transportzug bereitgestellt wird; war das Gespräch fingiert? ...[42]

Am 21. Juni, das ist der letzte Tag vor Unterzeichnung des Waffenstillstands, dann die Sensation. Per öffentlichem Anschlag werden die Lagerinsassen davon informiert, daß am nächsten Tag um 11 Uhr ein Zug aus Les Milles abgehen wird.[43] Nicht unwahrscheinlich: Der Abtransport so vieler Menschen erfordert schließlich auch organisatorische Vorbereitungen, zumindest müssen die Lagerinsassen die ihnen verbliebenen Habseligkeiten zusammenpacken. Hasenclever will, falls er die Botschaft hört oder liest, anscheinend nicht mehr daran glauben – als der Zug am nächsten Vormittag tatsächlich einfährt, geht ihn das nichts mehr an.

Drach schreibt mit unüberbietbarer Drastik in der *Unsentimentalen Reise*:

Am Morgen brachten sie ihn auf der Bahre, der Psychoanalytiker war Zeuge gewesen, wie er die Dinger einnahm und wie sie wirkten. Der Dichter war zwar noch nicht tot, aber die französischen Lagerärzte übten sich noch an ihm, bis er es war. Dann kam der Zug, doch fuhr er ohne ihn. Ein winziges kugelrundes Männchen, nämlich Lion Feuchtwanger, gestikulierte lebhaft, als müßte er der Maschine befehlen. Jedenfalls war meine Vorhersage widerlegt, daß der Zug nicht abgehen würde.[44]

André Fischer hebt in seiner Textanalyse »die provozierende inszenierte Naivität« von Drachs Darstellung hervor: »die Absenz von adäquater ernster Verschriftlichung des factum brutum treibt die fehlende Vernunft des Geschehens hervor und macht sie durch den komischen Zusammenhang erfahrbar. Die zynische Pointe der Sequenz besteht darin, daß Hasenclever sich völlig umsonst das Leben genommen hat, denn der Zug kommt doch.«[45]

Soweit die Literatur. Im Leben soll es nach Ansicht des Hasenclever-Biographen Bert Kasties, der die Todesumstände Hasenclevers gemeinsam mit Edith Hasenclever und der Schwester Marita Hasenclever recherchiert hat, ganz anders gewesen sein. Er schließt sich vor allem der Version Dr. Wengrafs an, den der Dichter am tiefsten mit seinen Selbstmordabsichten vertraut gemacht hatte. Ihm zufolge hat die Angst vor einer Verhaftung durch deutsche Polizeiorgane eine sekundäre Rolle gespielt, vielmehr sei Hasenclever in seinen letzten Lebenstagen bewußt geworden, daß der Suizid für ihn als zwangsläufige Konsequenz am Ende einer langen Entwicklungskette stehe:

Walter war in den letzten Tagen in einem so fürchterlichen Zustand von Überreizung, der sogar allen Schicksalsgefährten aufgefallen war, daß Er kaum an andere denken konnte. Unsere letzte Unterredung dauerte von 6 Uhr bis 9 Uhr. Er sprach fast ausschließlich von seinem Leben, von seinen Enttäuschungen, Irrungen, Versäumnissen. Er erzählte mir kleine, sonst unbedeutende Erlebnisse. Zum Schluß, sagte er, er habe nunmehr seine fürchterliche Angst verloren und wolle wahrscheinlich in der Nacht seinen großen Weg antreten.[46]

Ein Weg, für den er Dr. Wengraf um Begleitung bittet und das Ehrenwort abnimmt, ihn diesen Weg auch zu Ende gehen zu lassen. Hasenclever stirbt noch am Nachmittag des 22. Juni im Spital der Israelitischen Kultusgemeinde in Aix en Provence, wohin man ihn hat bringen lassen.[47] Der Lagerkommandant Goruchon kommt somit nicht mehr in die Verlegenheit, den Dichter (wie den betroffenen Freunden vor ihrer Abfahrt versprochen) tot oder lebendig vor den Deutschen in Sicherheit bringen zu müssen.[48]

Feuchtwanger, Kantorowicz, Schoenberner und Wengraf haben letztlich versucht, diesen Tod zu harmonisieren. »Oder hatte er einfach die ewigen, schmutzigen Strapazen dieses kümmerlichen, erniedrigten Daseins nicht mehr mitmachen wollen?« schreibt Feuchtwanger in Abschwächung seiner zuvor erfolgten Selbstbeschuldigung.[49] Franz Schoenberner heroisiert diesen Tod in seinen Erinnerungen *Innenansichten eines Außenseiters* als ultimative Form der Selbstbestimmung und schreibt »vom unverletzlichem Zufluchtsort in einem Kirchhof von Marseille«, den der Dichter letzten Endes gefunden hat.[50] Alfred Kantorowicz notiert in bezug auf den »röchelnden Hasenclever«: »Vielleicht wäre es sogar frevelhaft gewesen in seinen Entschluß einzugreifen, er hatte entschieden.«[51] Dr. Wengraf, der, wie die Dinge liegen, wohl den größten persönlichen Rechtfertigungsbedarf hat, stellt diesen Tod als letztlich unvermeidlich und insofern richtig dar. »Wenige Tage vor seinem Tod habe ich seinen ›Sohn‹ gelesen. Er klang in dieser Umgebung so anders – aber mir wurde damals klar, daß ein anderer Weg nicht möglich sei.«[52] Ende gut, alles gut? Im Grunde reagieren die Hinterbliebenen Hasenclevers recht ähnlich auf seinen Suizid, wie Hasenclever selbst fünf Jahre früher auf den Tod seines innig geliebten Freundes Tucholsky. Nach dem ersten ihn niederschmetternden Schock schreibt er schließlich an Tucholskys Lebensgefährtin:

Liebe Tydde, daß er sterben mußte, war Schicksal. Wir konnten ihn nicht retten. Sie nicht und ich nicht. Keiner. Er ist mutig vorausgegangen. Er ist glücklicher als wir. Er hat Frieden (...) Was Sie mir von seinem Tod schrieben, hat mich nicht überrascht. Ich habe es mir so vorgestellt. Wir haben oft davon gesprochen. Am 8. August 34 schrieb ich ihm noch nach Nizza und bat ihn, nichts Endgültiges zu tun, bevor wir uns nicht gesehen hätten. Er hat auch das nicht mehr gewollt. Und diesen Willen, mit dem ein Mensch sein irdisches Schicksal zu Ende führt, muß man respektieren.[53]

Vielleicht. Albert Drach, der seit seiner Kindheit einen Todfeind hat, nämlich den Tod, ist dazu von seiner Persönlichkeitsstruktur her nicht imstande. Insofern ihm Hasenclever nicht gleichgültig war, ist ihm dessen Tod ein besonderer und exemplarischer Fall der allgemeinen Unzumutbarkeit. Weder in der naiv-zynischen Ästhetik seines Emigrationsberichts noch persönlich wird er sich je damit aussöhnen.

Die Reise geht trotzdem weiter. Gemeinsam mit 2010 weiteren Personen (unter ihnen Feuchtwanger, Schoenberner, Kantorowicz und nicht zuletzt Dr. Wengraf) steigt Drach in den Zug, der ihn aus dem komplett überfüllten

Lager wegbringt.[54] Zurück bleiben etwa 1000 Menschen, einige von ihnen werden noch ihren persönlichen Fluchtweg einschlagen, unter ihnen Franki Morini.[55] Manche der Zurückgebliebenen werden dezidierte Hitler-Anhänger gewesen sein, der überwiegende Teil nahm wohl einfach an, nichts von den Deutschen zu befürchten zu haben, weil er weder rassisch noch politisch verfolgt wurde. Es ist vor allem die große Gruppe der Apolitischen, die einen Monat später einen anderen Zug mit einer eindeutigen Richtung nehmen wird: 726 Menschen fahren zurück ins Deutsche Reich.[56]

Jene Flüchtlinge aber, die just am Tag der Unterzeichnung des deutsch-französischen Waffenstillstandsabkommens mit einem enervierend langsamen Transport von Les Milles weggebracht werden, können nur raten, wohin es geht: »So ratterten wir also von Les Milles fort und wir zerbrachen und den Kopf, wohin wir fuhren. Brachte man uns in die Pyrenäen? In eins der Lager in den Ostpyrenäen? Oder weiter weg nach dem Westen? Vielleicht nach Gurs, wo unsere Frauen waren? Oder hatte man gar vor, uns übers Meer zu verfrachten, in eine der Kolonien?« So der für gewöhnlich gut informierte Feuchtwanger, man wußte es also offenbar wirklich nicht.[57] Norden und Osten schieden wegen der Präsenz der deutschen Truppen aus, im Süden war das Meer. Blieb noch der Westen, die Atlantikküste, wo man vielleicht ein Schiff ergattern oder die Pyrenäenengrenze, über die man vielleicht schwarz nach Spanien gelangen konnte. Ein mögliches Ziel wäre Bordeaux gewesen, wo sich ein Auswanderungslager befand, noch am 15. Mai waren 15 österreichische Internierte regulär dorthin geschickt worden.[58] Drach, der vom Reiseziel Bayonne schreibt, gibt hier vor, mehr zu wissen, als alle anderen. Vermutlich hat er seinen späteren Wissensstand in den Text der *Unsentimentalen Reise* integriert.

Was die französische Kommandantur betrifft, die diesen Zug letztlich organisiert hat, so sieht sie der Film *La*

Train de la Liberté in einer gewissen Widerstandshaltung – eine Sicht, die sich in Frankreich naheliegenderweise großer Beliebtheit erfreut. Doris Obschernitzki hält die Widerstandsthese allerdings für sehr weit hergeholt. Nach ihren Recherchen kommt sie zu dem Schluß, daß der reale Kommandant Goruchon ein feiger Offizier war, dem es vor allem darum ging, Ruhe und Ordnung im chaotisch überfülltem Lager wiederherzustellen, in dem es zunehmend zu Auseinandersetzungen und Handgreiflichkeiten zwischen Nazis und Antifaschisten kam. Daß der Kommandant den Unterschied zwischen den einen und den anderen überhaupt verstand oder gar zu würdigen wußte, darf ihrer Ansicht nach bezweifelt werden. Goruchon wäre somit meilenweit von der engagierten Lichtgestalt seines filmischen Abbilds entfernt, das, gejagt von Herzinfarkten, Leben und Karriere aufs Spiel setzt, um seine Schützlinge zu retten. In Obschernitzkis Kommentar zu diesem Film heißt es:

Er (der Kommandant) verkörpert vielmehr, was Feuchtwanger zum Titel seiner Erinnerungen inspiriert hat: »Der Teufel in Frankreich«. »Der Teufel«, von dem Feuchtwanger spricht »(...) war die französische Nuance der Bürokratie. Das Teuflische offenbarte sich nicht in Roheit und Gewalttätigkeit, sondern in einer zuweilen sogar höflichen Gleichgültigkeit den Leiden anderer gegenüber.« Und durch Schlamperei, die das Leben der Inhaftierten nicht nur erschwerte, sondern zuletzt auch gefährdete«, wie Alfred Kantorowicz schreibt.[59]

Auf einen Schlag 2000 Insassen los zu werden, mußte eine große Entlastung für die Lagerleitung, das Lagerpersonal und wohl auch die verbleibenden Lagerinsassen bedeuten. Da konnte man eine gewisse Verstimmung der zivilen Behörden, die in dieser Aktion eine Eigenmächtigkeit der Militärs sahen, schon in Kauf nehmen.[60] Der Lagerarzt Charles Passeron schreibt am 23. Juni 1940 mit einem fast hörbaren Stoßseufzer an seine Frau: »Glücklicherweise sind gestern 2000 abgefahren, der Ameisenhaufen ist heute etwas ruhiger. Ich habe erleichtert aufgeatmet, denn es wurde unerträglich, alle zu beruhigen oder vielmehr zu versuchen, sie zu beruhigen. Man hatte immer mehr den Eindruck eines Irrenhauses.«[61]

Was den »Gespenster-« oder auch »Geisterzug«, anlangt, wie ihn Feuchtwanger und Kantorowicz nennen werden, so fährt er drei Tage lang in eine nicht genau vorhersehbare – offenbar selbst nachträglich schwer nachvollziehbare Richtung: Tarbes, Lourdes, Pau, Oloron, schließlich Bayonne. Bei jeder Station steigt nach Drachs Darstellung jemand aus, »es war niemand da, der das verhindert hätte«.[62] Kucku findet sich schließlich gemeinsam mit dem Quierke allein im Abteil. In der *Unsentimentalen Reise* verschränkt Drach überdies die spätere Fahrt mit dem Deportationszug ins Auslieferungslager Rives Altes mit dieser früheren – als ihm der »Transport zu Vergasungszwecken« in ein deutsches Vernichtungslager droht, evoziert er noch einmal jene Fahrt, die ihm die Freiheit hätte bringen sollen, imaginiert er den Schatten seiner Mutter, der ihm hilflos zu Hilfe zu eilen versucht.

Die Perspektive des Buchs, die Perspektive der darin beschriebenen Zeit. Letztere wäre für den Zugpassagier wahrscheinlich entmutigend. Die Gegenwart der letzten Junitage des Jahres 1940 ist jedoch auch nicht dazu angetan, denen, die sie gerade erleben, Mut zu machen. Kurz bevor der Zug in Bayonne einfährt, verbreitet sich die Nachricht, daß die Deutschen schon so gut wie da seien. Grund für dieses Gerücht: eine fast skurrile Mystifikation. Die Bayonner Stadtverwaltung hat vom Zugkommandanten die Mitteilung erhalten, daß anderntags 2000 »Bouches« in der Stadt ankommen werden. Sie interpretiert das vorerst nicht als das Aviso 2000 hungriger Flüchtlinge, sondern als das der Ankunft einer deutschen Division. Unter den Zuginsassen schlägt die rasch durchsickernde Nachricht von der angeblichen Ankunft der

Deutschen wie eine Bombe ein. Die Deutschen sind schon da! Man fürchtet sich also vorerst vor sich selbst. Wer ist der Hase und wer der Igel? Oder ist die bekanntermaßen flotte Wehrmacht wirklich schon eingetroffen? Der Gespensterzug, der seinen Namen nun verdient, fährt jedenfalls wieder zurück und trifft am 25.6. in Lourdes ein. Das ist der Tag, an dem der oben zitierte, die Auslieferung angeforderter deutscher Flüchtlinge festlegende Paragraph 19 des Waffenstillstandsabkommen in Kraft tritt.[63]

»Wir waren vor unserem eigenen Schatten geflohen«, schreibt Lion Feuchtwanger.[64] Vom Waffenstillstandsabkommen lesen er und seine Schicksalsgenossen übrigens erst einen Tag später in Toulouse, wo es endlich gelingt, eine Zeitung aufzutreiben. »Die französischen Faschisten hatten ihr Land unserem Feind ausgeliefert«, notiert er, »(...) das war ein Schlag für uns, aber es bedeutete keineswegs, daß der Krieg verloren sei. (...) Es war nichts anderes als ein Beweis für die Tatsache, die wir von vornherein gewußt hatten: daß nämlich die Faschisten aller Länder, wenn es darauf ankommt, das nationale Interesse ihres Landes ohne Skrupel ihren Sonderinteressen opfern.«[65] Feuchtwanger bleibt, was er war: solidarisch, kämpferisch, optimistisch, in der großen Perspektive fortschrittsgläubig. Es gibt eine sozialistisch-marxistische Internationale, sie wird früher oder später siegen. Man kann ihn auch anders sehen als Albert Drach. »Es entsteht«, schreibt sein Biograf Reinhold Jaretzky auf die Schilderungen im *Teufel in Frankreich* bezugnehmend, »ein Bild von der Persönlichkeit des Autors, wie ihn die Freunde und Zeitgenossen oft beschrieben haben: mutig, sicher, von unerschütterlichem Gleichmut und von einem zähen Überlebenswillen.«[66]

Drachs Überlebenswille ist nicht weniger zäh. Aber er macht sich keine Illusion über einen antifaschistischen Kampf und Sieg. Er will davonkommen, das ist sein Programm, nicht mehr und nicht weniger. Die *Unsentimentale Reise* ist eine adäquate Darstellung dieser extrem unidealistischen Haltung.

Im Zusammenhang der Zugreise beschreibt er einen Fluchtversuch Kuckus mit dem Rheinländer im Schlepptau:

Immerhin hatte ich ihn in Toulouse so weit, daß er mit mir fliehen wollte. Wir kamen aber nur bis zum ersten Restaurant. In dieses wollte er eintreten, dort aber saß auch der Kommandant. Flucht wurde nicht mehr geduldet, geordnete Verhältnisse waren im Anzug. Man hatte vor, uns zu registrieren, zu internieren, zu skrutinieren. Der Kommandant arretierte uns daher höchstselbst. Das war ein besonderer Nachteil, denn wir waren nunmehr seine persönlichen, ihm auch persönlich den Physiognomien nach eingeprägten Gefangenen.[67]

Am Abend des 26. 6. hält der Zug auf einem Nebengleis in Nîmes. Am 27. 6. werden die Insassen in das neue, provisorische Camp »Saint-Nicolas« abkommandiert. An diesem Tag treffen die Deutschen in Bourdeaux ein und marschieren auf Bayonne; groß wäre der Vorsprung der Flüchtlinge vor ihren Verfolgern dort also nicht gewesen.

»Auf dieser Folie betrachtet«, schreibt Hans-Albert Walter, dem die Hervorhebung der Groteske inmitten der Tragödie bei den Schriftstellern Feuchtwanger und Kantorowicz überakzentuiert erscheint, »erweist sich die vermeintlich unnötige Rückfahrt als Glücksfall, zumal in Bayonne überhaupt keine Vorsorge für das weitere Geschick der Häftlinge getroffen worden war.«[68] Ein Schiff, auf dem sich Alberts Schwester Alma befunden hat, mag in diesen Tagen nach Marokko abgefahren sein. Daß es Drach/Kucku tatsächlich noch vom Bahnhof aus gesehen hat, in den der Zug gar nicht mehr eingefahren ist, bleibt allerdings mehr als unwahrscheinlich. Ein Schiff, auf dem man 2000 Menschen unterbringen kann, soll nur als Gerücht, aber nicht in der Realität existiert haben.[69]

Der 18 km lange Fußmarsch, zu dem die Insassen des Geisterzugs am Morgen des 27. Juni 1940 aufbrechen, führt zu einem verlassenen Gehöft, Saint-Nicolas de Campagnac, das in keiner Weise auf die Aufnahme der vielen Flüchtlinge vorbereitet ist. Hier treffen unter anderem Feuchtwanger, Max Ernst und Golo Mann ein. Kantorowicz setzt sich von der Truppe ab und schlägt sich erfolgreich nach Marseille durch, wo eine weitere schwierige Etappe seiner Flucht beginnt.[70] Er ist ohne Papiere, wie übrigens auch Drach; im Trubel des Aufbruchs, wohl auch unter dem Schock des Selbstmords von Walter Hasenclever, hat er vergessen, sie zu reklamieren.[71]

Drach und sein neuer Begleiter, der merkwürdige Quierke, kommen vorerst nicht ins Lager, sondern in ein gut bewachtes Militärspital in einer nahe gelegenen Kaserne. Quierke wird von Fieberanfällen geschüttelt, Drach/Kucku hat nach wie vor die Ruhr. In der Darstellung der *Unsentimentalen Reise* belastet sich Kucku hier noch einmal mit einer aus der Enge des Nebeneinanders resultierenden Schuld: »Ich wollte die Fenster immer offen; Dr. Hundler, der mir gegenüber lag und ein ehemaliger Kollege war, wollte sie geschlossen. Er litt an Lungenentzündung und ich an meinem Gestank. Zuletzt war mein Argument überzeugender. Dr. Hundler verfluchte mich und starb.« Kalte Selbstbezichtigungen wie diese gehören zum Grundmuster der *Unsentimentalen Reise*. Allerdings geht Drach auch in seinen späteren, autobiographischen Texten kaum davon ab.[72] Nur daß dort der im Nebenbett elend Verstorbene bei seinem richtigen Namen genannt wird. Auch die Art, wie danach zur Tagesordnung übergegangen wird, ist charakteristisch. »In sein Bett«, heißt es in der *Unsentimentalen Reise* unmittelbar anschließend, »kam der rheinische Separatist, der einzige, der unbedingt neben mir liegen wollte. Wenn wir uns ungestört glaubten, besprachen wir die Möglichkeit einer Flucht, doch kamen wir zu keinem Ergebnis.«[73]

Drach möchte weg, schafft es samt Quierke vorerst einmal als Rekonvaleszenter auf die Infirmerie. Diesmal stört ihn die Nähe zum Lager nicht – sein Fluchtinstinkt oder zirkulierende Informationen sagen ihm, daß es nur lose bewacht ist. In den Marseiller Archiven sind kaum Unterlagen zum Camp Saint-Nicolas vorhanden. Aber das, was Doris Obschernitzki darüber herausgefunden hat, deckt sich ungefähr mit Drachs Schilderung.

Der Stacheldraht war kein unüberwindliches Hindernis, aber eine ständige Demütigung. Denn offiziell, d.h. aufrecht gehend, durfte niemand das Lager verlassen, aber neben einem Wachposten unter dem Stacheldraht durchkriechen – das war möglich. So konnten die Internierten das Lager verlassen, selbst bis nach Nîmes kommen.[74]

Lion Feuchtwanger soll nach der Darstellung Drachs und Schoenberners von dieser Möglichkeit Gebrauch gemacht und für die Nächte ein Zimmer in Nîmes genommen haben. Am Tag aber sei er ins Lager gekommen, um Beiträge für ein Telegramm an den amerikanischen Präsidenten zu sammeln. »(...) ein langes Telegramm«, heißt es bei Drach, »in dem er um Befreiung aller Lagerinsassen und um die Bewilligung ihrer Einreise in die USA ersuchte (...) Offenbar hatte man aber das Telegramm gekürzt, oder der Präsident hatte nur den ersten Namen gelesen.«[75]

Drachs Sichtweise mag Feuchtwanger kraß unrecht tun. Möglicherweise ging es ihm weniger um Spendenbeiträge, als vielmehr um eine möglichst lange und eindrucksvolle Liste von Namen. Es scheint allerdings zuzutreffen, daß Roosevelts Hilfe vor allem ihm zuteil wurde. Tatsache ist, daß er nach Inkrafttreten des Paragraph 19 unmittelbarer gefährdet ist als seine weniger exponierten Mitgefangen. Er sei in den Reden und Zeitungen der Nazis, heißt es im *Teufel in Frankreich*, aufgrund seines zweifelsfrei antifaschistischen Engagements und seiner Polemik gegen Deutschland – in Flugblättern, die englische Flieger über Deutschland abwarfen, habe man Sätze von ihm zitiert – wiederholt als Feind Nummer eins bezeichnet worden.[76]

»Die Antwort kam bald«, schreibt Drach. »Amerika holte sich den kleinen großen Mann, die anderen aber holte man nicht. Die Verbitterten verleumdeten Lion Feuchtwanger in bezug auf die Vollständigkeit der Namensanführungen in seiner Sendung. Sie ärgerten sich offenbar, weil sie zwar an den Spesen, nicht aber am Erfolg beteiligt waren. Ich hatte ihm nichts gegeben und auch nie geglaubt, daß mich ein Präsident aus dem Lager holen würde.«[77]

Der Promi ist also davongekommen, aber der Underdog triumphiert moralisch. Ganz so einfach, wie Drach das verkürzt darstellt, ist Feuchtwangers Rettung nicht verlaufen. Obwohl es zutrifft, daß ihm Amerika hilft. »Nach fast tödlicher Krankheit«, heißt es bei Jaretzky, »gelingt ihm die Flucht, von seiner Frau und einem amerikanischen Vizekonsul vorbereitet.« Bevor er den Dampfer Excalibur erreicht, muß er im September 1940 noch über die Pyrenäen nach Spanien und Portugal. Am 5. Oktober 1940 landen er und seine Frau in New York. »Schon am nächsten Tag«, weiß Jaretzky, »beginnt er mit den Aufzeichnungen seiner Lagererlebnisse in Frankreich.«[78] Drach hingegen wird – wie einige andere – unter zunehmend schwierigen Bedingungen in Vichy-Frankreich überleben.[79]

Jeder Schritt ist nun wichtig, kann Leben oder Tod bedeuten. Drach sinnt auf Flucht aus dem nicht besonders bedrohlichen erscheinenden Camp Saint-Nicolas und behält recht. Denn der Schein trügt. Dieser Ort, schreibt Doris Obschernitzki, »stellte für die Geschichte des Lagers Les Milles[80] einen wichtigen Einschnitt dar, denn mit ihm endete die noch-rechtsstaatliche Internierung und machte der fremdenfeindlichen Politik eines totalitären Staates Platz.«[81] Bald sollte man hier nicht nur von französischer Seite, sondern auch unter deutscher Assistenz, wie Drach in der *Unsentimentalen Reise* festhält, registriert werden.

Am 4. August wird die aus dem deutschen Reich entsandte Kundt-Kommission in diesem Lager eintreffen, vordergründig um die Lebensbedingungen und die hygienischen Verhältnisse zu prüfen; de facto, um rassisch oder politisch Verfolgte namhaft zu machen. Wer hier nicht rechtzeitig wegkommt, läuft Gefahr, später in Lager überstellt zu werden, aus denen es nur mehr die Deportationszüge in Vernichtungslager gibt. Ab August 1940 werden die Gefangenen von Saint-Nicolas nach und nach in andere Lager transferiert – der von Vichy aus regierte, angebliche freie Staat Frankreich beginnt seine offene Kollaboration mit dem Dritten Reich.

In Saint-Nicolas sind Fluchtversuche unter diesen Bedingungen die natürlichste Reaktion. Sie werden – entgegen Drachs ursprünglicher Annahme – von der Lagerverwaltung anscheinend auch bis zu einem gewissen Grad toleriert; sehr zum Ärger der Kundt-Kommission, die feststellen muß, daß nur wenige Tage vor ihrem Eintreffen 50 Mann sogar legal auf freien Fuß gesetzt wurden. Vermutlich handelt es sich um Leute, die auch nach Einschätzung des Kommandanten Gonnet besonders gefährdet waren.[82]

Auch Albert Drach ist nicht mehr da, als die deutschen Kommissare ihre Inspektion durchführen. Zwar nicht ordnungsgemäß entlassen – mangels Dokumenten einerseits, aufgrund des sympathischen Laisser-faire der dortigen Lagerverwaltung anderseits war er vielleicht nicht einmal richtig registriert.[83] Wahrscheinlich schlüpft er eines Tages ganz einfach unter dem Maschenzaun durch. Aber in seinem Emigrationsbericht verschafft er Kucku einen glänzenderen Abgang:

Ich fragte Quierke, ob er mit mir gehen wolle, und überließ ihm mein Gepäck zur Obsorge, als er die Teilnahme an der Flucht ablehnte. Ich schulterte den Mantel, in den ich Seife, Kamm, Bürste, Zahnbürste und Rasierzeug gesteckt hatte. Dann wandte ich mich zum Lagerausgang. Die Wachen des alten Kommandanten zogen mit diesem gerade ab, die des neuen mit ebendemselben auf. Zwi-

schen dem Ab- und Aufziehen befand sich ein einziger Soldat, auf sein Gewehr gestützt und von meinen Kameraden umringt. Die riefen: »Wohin geht Kucku?« »Zum Kuckuck«, antwortete ich, und alles lachte.[84]

Der Rückweg über Nîmes, Marseille und Toulon gestaltet sich schwierig und abenteuerlich. Bei einer Kontrolle im Zug vor Tarascon hat Drach nichts anderes vorzuweisen als den Brief seines Onkel Lebel.[85] Gut möglich, daß dieser in Wahrheit das einzige Empfehlungsschreiben war, das er je besessen hat. Diesmal tut es seine Wirkung, die Geheimpolizisten salutieren, zumindest vor Kucku, und lassen ihn in Ruhe. Mit oder ohne die Genugtuung durch so überraschend zuvorkommende Behandlung kommt auch Drach gut zurück nach Nizza. »Und in Nice«, schreibt er, »war ich jetzt daheim.« Dort aber sitzt nach wie vor das Fräulein Félice auf der Fremdenpolizei und stellt unangenehme Fragen: »Wo ist Ihr Papier?« und »Wo ist Ihr Entlassungsschein?«[86]

6. DENN JETZT IST EIN ERNSTER FALL

RIVES ALTES[1]

In Wahrheit befand er sich aber immer noch auf dem großen Platz in Triest, hatte allerdings keinen Koffer mehr an seiner Seite und wartete nicht auf den Abgang des Zuges nach Paris, sondern nur darauf, daß er in eine enge Röhre schlüpfen müsse, in der er aller Voraussicht nach steckenbleiben mußte. Wenn aber am anderen Ende, das man nicht sah, einer herauskäme, wäre es ein anderer. Für ihn, Anselm Igel, würde es in jedem Fall aus sein.[2]

Die Vorhänge sind dicht zugezogen. Nach einem Ruck bin ich in Bewegung, ohne mich zu rühren. Sie tragen mich maschinell. Ich bin in voller Fahrt. Wohin es geht, weiß ich nicht. Ich strebe nirgends hin, liege auch. Niemand hat mich um das Fahrziel befragt. Ich erinnere mich nicht, eine Fahrkarte gelöst zu haben.[3]

Der unveröffentlichte Text *Aus* endet mit Anselm Igels Deportation nach Rives Altes, der Emigrationsbericht *Unsentimentale Reise* beginnt mit Kuckus Fahrt in das Auslieferungslager. Nun ist Drach in allerhöchster Lebensgefahr. Wir schreiben allerdings bereits September 1942, ganze zwei Jahre lang hat er sich nach seiner Flucht aus dem Lager Saint-Nicolas noch in Nizza halten können, obwohl er ohne Papiere dort angekommen war. Im Kontext der komprimierten Darstellung der *Unsentimentalen Reise* verfliegt diese Zeit. Die Mühen der Ebene, der Kampf um die Aufenthaltsgenehmigung und um das tägliche Brot werden trotzdem penibel dokumentiert. Auch in den nachgelassenen Texten, in denen sich Drach noch stärker auf Details einläßt, entsteht nicht der Eindruck, daß zwei Jahre durchs Land ziehen – wohin sind sie gekommen?

Immerhin fünf Wohnungswechsel sind ab Ende 1940, nach dem Auszug bei Frau Hagenmüller, dokumentiert. Von Zufällen und Mietverhältnissen abhängige Quartierwechsel, die aber doch den Effekt haben, daß der Mieter dort, wo er gesucht wird, gerade nicht mehr ist. Ab 22. Juli 1940, also nur vier Wochen nach Unterzeichnung des Waffenstillstandsabkommens, beginnt die eigenständige Politik des Vichy-Regimes sowohl gegen die Exilanten als auch gegen seit längerem eingebürgerte Ausländer. Eine Politik, die sich keineswegs nur dem deutschen Diktat beugt, sondern voraus- und hinterhereilend den Nationalsozialisten in die Hände spielt.[4]

Am 3. Oktober 1940 veröffentlicht das Pétain-Regime die beiden »Judenstatute«, durch die französische Juden zu Bürgern zweiter Klasse degradiert und ausländische Juden zur Internierung in gesonderte Lager freigegeben werden. Allein bis zum Frühjahr 1941 werden mehr als 40 000 Juden in den Lagern Gurs, Rives Altes, Noé, Les Milles etc. interniert.[5] Das im März 1941 geschaffene »Commissariat Général aux Questions Juives« treibt zuerst die Arisierung des Vermögens französischer Juden und die Rücknahme ihrer Bürgerrechte voran, ab März 1942 widmet es sich unter seinem Leiter Darquier de Pellepoix gezielt der Judenverfolgung. Insgesamt werden aus ganz Frankreich 75 000 Juden deportiert, von denen gerade 2500 überlebt haben, etwa 5000 Juden sterben darüber hinaus in den französischen Internierungslagern.[6]

In der *Blinden Kuh* schreibt Drach über den Beginn der offenen Verfolgung, wie er sie in Nizza erlebt hat: »Immer mehr Juden (wurden) aus Nice ausgewiesen und in andere Departements verlegt, die von den Deutschen besetzt oder deren Zugriff besser geeignet schienen. Keinen von diesen sah ich je wieder.«[7] Juden sind Freiwild; was Amtshandlungen gegen sie betrifft, herrscht unverhohlene Willkür.

Drach lebt vorläufig neben denen, die verhaftet werden, als hätte er eine Tarnkappe auf. Ein junger Mann, mit dem er schwimmen geht, wird von seiner Seite weg abgeführt. Die Schwimmhose ist dem Polizisten zu kurz erschienen. Drachs Hose ist auch nicht länger, aber man läßt ihn vorläufig ungeschoren.[8] Er hält Augen und Ohren offen, auf der Straße hört er das Gespräch eines preußischen Offiziers und eines der Herkunft nach österreichischen Untergebenen. Der Preuße sieht seine Funktion nicht darin, Juden zusammenzufangen zu lassen, der Österreicher wohl. Drach nimmt *mala fide* an, daß sich sein Landsmann in dieser Sache gegen den Reichsdeutschen durchsetzen wird. Übrigens erinnert sich auch sein Freund Franki Morini daran, daß sich unter den sogenannten Ostmärkern besonders eifrige Judenverfolger befunden haben.[9]

Die Deutsche Wehrmacht wird allerdings erst im September 1943 in Nizza einrücken. Die Verhaftung und Deportation von Juden obliegt vorläufig noch ganz und gar den französischen Behörden. Aber der ›freie Süden‹ ist – wie Doris Obschernitzki schreibt – eine freie Zone für deutsche Kommissionen geworden; Absprachen mit den kollaborierenden Franzosen kann man sich vorstellen.[10]

Nach der bösen Erfahrung mit dem vom Strand weg verhafteten Freund warnt Drach die Freundin eines Vetters, mit der er ebenfalls schwimmen war. Seine Warnung wird leider nicht ernstgenommen. Die junge Frau lacht ihn aus: Man sei doch im freien Teil Frankreichs! Kurz darauf wird sie zu Hause verhaftet, interniert, einige Zeit später deportiert.[11]

Ein nicht nur, aber auch in Südfrankreich auftretendes Phänomen, das die Opferzahl des aggressiven Rassismus der Jahre 1938–45 tragischerweise erhöht: zu viele haben sich zu lang in falscher Sicherheit gewiegt. Und falls sie – wie offenbar Drach – die Gefahr doch richtig einschätzen: was hätten sie tun sollen? Wohin hätte einer wie er aus der Falle, in der er nun einmal saß, gehen oder fliehen können?

»Am zweit- oder drittfolgenden Tag« nach dem belauschten Gespräch zwischen dem in Judenfragen eher desinteressierten Preußen und dem emsigen Österreicher »wurden in aller Frühe im sechsten Bezirk von der französischen Polizei fast alle Juden deportiert, im vierten war es nur etwa ein Drittel. In diesem Bezirk wohnte ich. Wie mir später meine letzte Vermieterin in der Rue Verdi mitgeteilt hat, wurde auch ich gesucht, doch gab sie meine Adressenänderung bekannt. Die Polizisten lehnten es aber mit dem Bemerken ab, sie zu Kenntnis zu nehmen, sie würden sie schon später erfahren. Sie nahmen dafür eine ehrwürdige Familie aus Estland (...)«[12]

»(...) doch gab sie meine Adressenänderung bekannt« – man muß realisieren, was das bedeutet. Madame Chalumeaux, so heißt die Vermieterin des meublé auf Drachs Adressenliste, hat offenbar weder etwas dabei gefunden, ihren gefährdeten Untermieter der Polizei zu verraten noch ihn später davon zu informieren. Die Polizisten sind gar nicht so scharf darauf, ihn zu finden, aber irgendein Ergebnis muß ihre Aktion offenbar haben. Irgend jemanden sollten sie abliefern – also nehmen sie die Familie aus Estland mit.

Das muß Ende 1941, Anfang 1942 gewesen sein. Denn am 23.12. zieht Albert Drach von der Rue Verdi vorübergehend in die Rue Paganini, ins Hotel Frank. Wenn er in bezug auf diese Phase von Deportation spricht, so meint er offenbar noch die Internierungen innerhalb Frankreichs, nicht die Auslieferungen an das Deutsche Reich. Aber von da an geht es Schlag auf Schlag; die Auslieferung von Juden aus Frankreich nach Deutschland und weiter nach Osten ist nur mehr eine Frage von wenigen Wochen und Monaten. Nach der Wannseekonferenz vom 20. Jänner 1942 fährt am 27. März der erste Deportationszug aus der besetzten Zone Frankreichs Richtung Auschwitz ab. Bald darauf einigen sich die deutschen Stellen mit den französischen Vertretern Laval und Bousquet über die Auslieferung der Juden aus der unbesetzten Zone. Im August 1942 fahren die ersten mit Juden beladenen Züge aus den südfranzösischen Deportationslagern nach Drancy und weiter nach Auschwitz.[13]

Knapp vor seiner Verhaftung im September 1942 verfaßt Kucku noch einen Brief an seine Schwester. Judenrazzien werden darin erwähnt, »da Hitler zu Ermordungszwecken nach und nach alle Juden dringend braucht.« Es ist aber auch von Polizisten die Rede, die sich krank gemeldet, nicht gut gesucht oder schon Gefundene wieder frei gelassen hätten.[14] Ob man Briefe dieses Inhalts aus dem Frankreich von 1942 wirklich verschicken konnte, muß dahingestellt bleiben.

Drach/Kucku wird nicht in seiner Unterkunft verhaftet, die er schon wieder gewechselt hat. Ab 22. 2. 1941 lebt er in der Avenue Victoire, der Hauptstraße von Nizza, die heute nach dem Langzeitbürgermeister der Stadt, Jean Médecin, benannt ist, der sein Amt sage und schreibe 37 Jahre innehatte. Drachs Verhaftung erfolgt direkt auf der Fremdenpolizei. Hier hat er sich eingefunden, weil seine jeweils für drei Monate geltende Aufenthaltsgenehmigung wieder einmal abgelaufen ist.

»Ein idiotischer Einfall, zu Fräulein Felice zu gehen, die so gerne Juden abliefert und mich selbst schlecht leiden kann«, schreibt der Autor der *Unsentimentalen Reise*.[15] In der *Blinden Kuh* erwähnt er, daß ihn Genia, die Frau Morinis, davor gewarnt hat. Er geht trotzdem hin, auch gewissen unter den gegebenen Umständen kaum abwegigen Vorahnungen zum Trotz. Er fürchtet aber auch die Schwierigkeiten, die daraus resultieren könnten, daß er kein gültiges Aufenthaltspapier hat.

Fräulein Felice also, der attraktive Todesengel aus Korsika, scheint schon auf ihn und seinesgleichen gewartet zu haben. Ein wohlwollender Gendarm und ein Beamter wollen Kucku noch rechtzeitig zum Präfekten persönlich schleusen, einem Mann, der ihm in den letzten zwei Jahren schon geholfen hat. Aber diesmal läßt sich Kucku nicht helfen. Er flirtet und tändelt mit einer ungarischen Tänzerin, als ginge es um ein erotisches Abenteuer und nicht um seine Existenz.[16] Dann ist der Präfekt fort, und Felice kann endlich ungestört ihres Amtes walten. Ob es so war, ob das wahr ist? – Kucku ist jedenfalls einer, der sein Schicksal herausfordert. Und Drach ist einer, der in seinem Emigrationsbericht den zynischen Zufall regieren läßt. So passen Drach und seine Protagonisten zusammen.

Sowohl Kucku als auch Anselm Igel werden über die Place Massena abgeführt, der ihr und sein Mißgeschick aufschreibende Albert Drach wird das auch.[17] »Man liefert uns den Deutschen aus. Das ist Bruch des Asylrechts. Aber es gibt einen Gott!« ruft Kucku den Bouquinisten am Quai zu, die ihn gut kennen. Schließlich war es seine und wohl auch Drachs täglich zu fällende Entscheidung, ob er sein bißchen Geld in eine Mahlzeit oder ein gutes Buch investierte, und häufig fiel die Entscheidung zugunsten des Buchs aus. »Der Polizist drehte sich nicht um, es flankierten uns vier andere. Die Bouquinisten drohten der Eskorte mit der Faust. Vor dem Ort unserer ersten Ablieferung, der Kaserne Au Var, kehrte sich der Polizist zum ersten Mal um und fragte mich: ›Glauben Sie, daß es ihn wirklich gibt?‹« Es geht um Gott, dessen einzige Rechtfertigung angesichts der Dinge, die sich abzeichnen, tatsächlich am ehesten darin bestünde, daß er nicht existiert. »Auch die Leute in der Kaserne glaubten nicht an ihn, die maßgebenden glaubten an Hitler.«[18]

Trotzdem: Es gibt auch ein nichtfaschistisches Frankreich. Die Bouquinisten, die aber nichts für Kucku tun können, gehören offensichtlich dazu. Auch dieser Polizist gehört wahrscheinlich dazu, der seinen Gefangenen gern laufen lassen würde. Aber da sind in der *Unsentimenta-*

len Reise die anderen Polizisten, die wiederum ihn bewachen.

In der *Blinden Kuh* ist Drach allein mit dem Mann, der gern sein Freund und Helfer wäre. Demonstrativ geht der ein paar Schritte neben oder vor dem Delinquenten. Dieser aber läuft dummerweise nicht weg. Sobald sie in der Kaserne angekommen sind, kann der Beamte nicht mehr viel für Drach tun.

Dies aber doch: Er wird versuchen, die Post des von ihm Abgelieferten weiterzuleiten. Und er wird Drach/Kucku die gewünschte Flasche Rotwein besorgen.[19] Wieder einmal trinken Kucku und sein Autor eine Flasche Wein auf nüchternen Magen, aber diesmal setzt die Wirkung zu spät ein. Kucku erwacht erst im Wagenabteil, in dem er drei Sitze belegt.

Ich fahre mit Komfort. Der Wagen hat Polsterbelag. Ich liege ziemlich bequem auf drei Sitzen ausgestreckt. Die Mitreisenden unterhalten sich lebhaft untereinander. Sie sind nicht gerade guter Laune. Ich richte meinen Kopf nicht auf. Irgendwo werden wir uns ohnehin trennen. Ich habe meine Mitreisenden nicht ausgesucht.[20]

Ein verhältnismäßig oder unverhältnismäßig bequemer Transport also. Immerhin werden Kucku und Drach für krank genug befunden, um nicht im Güterwaggon befördert zu werden. So ein Waggon steht zur Erinnerung an die Deportationszüge, die seit August 1942 unter anderem von Les Milles weggehen, noch heute auf einem toten Geleise des ehemaligen Lagers. Chévaux en long 8, Hommes 40 – 8 Pferde oder 40 Menschen wurden gegebenenfalls hineingepfercht.

Das hat Kucku sich und den Mitereisenden durch exzessiven Alkoholkonsum erspart. Vielleicht ist die Deutung der Transportbedingungen bei dieser Deportation immer noch von einem gewissen Beziehungswahn des Autors getragen, doch scheint es in der Zuggarnitur mindestens einen Personenwagen zu geben. Ob seine Mitreisenden ohne den vorgeblich Kranken nicht in den Genuß dieses seiner Ausstattung nach menschenwürdigen Transportmittels gekommen wären oder ob er durch seine vorerst horizontale Lage nur den Platz der anderen einengt, ist nicht zu klären. Als er im Abteil langsam zu sich kommt und der Tatsache gewahr wird, daß sein Trick diesmal versagt hat, greift er zuerst nach Gürtel und Tasche, um sich der wenigen Habseligkeiten, die er im Lager noch gehabt hat, zu vergewissern.

Die Zigaretten, die ihm sein väterlicher Freund Siegfried Festenberg/Isidor Feilbogen noch in der Kaserne vorbeigebracht hat, sind nicht mehr da. Wie riskant es für den alten Mann, der selbst Jude ist, gewesen sein muß, sie am Eingang zur Kaserne abzugeben! Zu Kucku durchgelassen hat man ihn nicht. Kucku erinnert sich nur, die Zigaretten noch bekommen zu haben. Dann hat der Wein gewirkt, oder man hat ihn einfach niedergeschlagen.

Jedenfalls fehlen, als Kucku aufwacht, die Zigaretten und der Gürtel, aber die Tasche ist noch da. In der Tasche befindet sich das Allerwichtigste: die Dokumente, die ihm seine Halbschwester aus Marokko geschickt hat. Papiere mit ihrem Stammbaum mütterlicherseits, dem Stammbaum der katholischen Familie Pyrker.[21] Ebenso wie den Heimatschein hat er sie auf der Präfektur mitgehabt.

Nun, da er sich vergewissert hat, daß seine Papiere noch da sind, würde Kucku gerne weiterschlafen, aber er muß seine im Prinzip unerwünschten Mitreisenden zur Kenntnis nehmen, die ihn für einen Simulanten halten. Da ist vorerst Dr. Honigmann: »Er spricht seinen Namen so aus, daß man dessen ganze Süßigkeit schmeckt«. Sobald sich Kucku aufgerichtet hat, versucht er, seine Beine auf den somit freigewordenen Sitz auszustrecken, dabei streift er mit seinen Schuhen Kuckus Hose.

Ich putze die betreffende Stelle. Dr. Honigmann ist beleidigt:

»Wieso wollen Sie sie noch aufheben?« »Für die Zeit nachher.« »Wieso?« fragt Doktor Honigmann, »haben Sie nachher noch eine Zeit?« »Vielleicht«, antworte ich ihm. »Sie sind also gar kein Jud?«[22]

Das ist die Karte, auf die Kucku/Drach inzwischen setzt. Die Dokumente seiner Halbschwester: Vielleicht ein Atout. »Kann sein, daß Sie recht haben«, antwortet Kucku also dem Fragesteller. Der junge Soldat mit dem sprechenden Namen Ehrlich will sich auf ihn stürzen – durch so einen wie den da findet er die Solidarität der Todgeweihten verletzt.[23]

Dann ist da noch Stiglitz: Ein Mann mit schwammigem Gesicht, der gerade geheiratet hat und dessen Frau schwanger ist. Pollatschek: Ein Schuster osteuropäischen Typs, der darauf hofft, daß man ihn wegen seines praktischen Berufs nicht verkommen läßt. Fabrikant Krone: »Er ist beleibt und groß und stark und kann nur aus Deutschland stammen. Er ist aber Jude«, schreibt Drach, »und darin liegt sein Mangel. Es hilft auch nichts, daß er in Aussehen, Gesten, Gesinnung und Worten eine lebendige Widerlegung der Rassentheorie ist, ganz im Gegenteil, ein Grund mehr, ihn beiseite zu schaffen«.[24]

Manchmal in Andeutungen, manchmal in sehr direkten Aussagen ist auf den ersten Seiten des Buchs, auf den ersten Kilometern der Zugreise von der wahrscheinlich letalen Bestimmung die Rede, der die Passagiere entgegenfahren. Was weiß Pierre Coucou, was weiß Drach im August 1942 auf dieser Fahrt? Keineswegs, in welches Lager es geht, das wird die Rotkreuzschwester erst knapp vor der Ankunft verraten. Er hat aber gehört, daß Hitler »20 000 Juden geliefert verlangt« hat, vermutlich ein Ergebnis der Verhandlungen deutscher Beauftragter mit Laval und Bousquet.[25] Auch über die im Brief an seine Schwester erwähnten »Ermordungszwecke« scheint er sich keine Illusionen zu machen. Wie genau gemordet wird, weiß er allerdings noch nicht. Er wird es gleich erfahren. Von den Mitreisenden ist zweifellos Fabrikant Krone am informiertesten. »Meine Herren, lassen Sie sich nichts vormachen!« sagt er. »Wir werden natürlich alle vergast.«[26]

Die Krankenpflegerin des Roten Kreuzes, die dem Tod geweihte Menschen betreuen soll, als ob es darauf noch ankäme, versucht das zu relativieren. Allen hat sie ihr süßes Lächeln geschenkt, außer dem Simulanten Kucku. Aber auch Fabrikant Krone, dem sie vorerst zugetan scheint, wird in Ungnade fallen. Der sagt nämlich, was er weiß und was auch sie wissen müßte:

»Ich habe meine sicheren Informationen, sie machen das jetzt noch in den Zügen, hermetisch verschlossen selbstverständlich. Sie bauen aber schon eigene Gebäude dafür, ungemein praktisch. Ja, die Deutschen verstehen das«, bemerkt er bewundernd. »Natürlich Sie, Frau Krankenpflegerin, wissen rein gar nichts. Dabei pfeifen es schon die Spatzen vom Dach. Sie begleiten die Züge bis zur Ablieferung, aber Sie wissen wahrscheinlich nicht, warum. Nach dem Krieg wird es ohnehin so was nicht gegeben haben, meine Herren. Keiner wird dabei gewesen sein.«[27]

Damals, sagt Albert Drach, habe er tatsächlich das erste Mal von der Existenz von Gaskammern gehört. Im Zugabteil kommt angesichts der bösen Botschaft ein im wahrsten Sinn des Wortes irrwitziger Humor auf. Er konzentriert sich bald auf Kucku, der kein ganzer Kuckuck und nicht einmal ein halber Jude sein will. Er ist aber wohl doch mindestens, darauf einigt man sich, ein halber Jude. Man phantasiert über ein Verhältnis zwischen ihm und der buckligen Halbjüdin Ilse, die auch im Zug sein muß, wenngleich nicht im Männerabteil. »Herauskommen würde ein ganzer Arier mit zwei Höckern oder ein ganzer Jude, der sich für einen Arier hält.« Wer findet das lustig? Kucku offenbar nicht, aber »der Fabrikant Krone prustet vor Wiehern: ›Genug Kinder oder ich ersticke!‹

›Etwas früher oder später‹, murmelt Dr. Honigmann. ›Besser beim Lachen als durch Gas.‹«[28]

In solchen Sätzen steckt sowohl Drachs Erzähl- wie Überlebenskunst. André Fischer analysiert:

Das mit Vergasen und Lachen doppelcodierte ›ersticke‹ semantisiert die Stelle ambivalent: als Posse, welche eine verzweifelte Situation aufruft. Der Leser wird dabei in ein Spiel des komischen Zusammenhangs verwickelt, das die Fallhöhe zwischen factum brutum und dessen Darstellung auch als Zynismus erfahrbar werden läßt, als einen komischen Verstoß gegen die ernste Modellierung des Todes und des Heillosen.[29]

In ästhetischen Zynismus sieht Fischer eine Antwort auf die geschichtlichen Verhältnisse. Die Verfremdung des Todes durch Witz und Ironie zeigt die Vernunftlosigkeit des Geschehens. Sie ist eine Möglichkeit der kreatürlichen Selbstbehauptung gegen die als irrational erlebte Bedrohung. Tatsächlich ist der Stil, den der Autor zur Darstellung seiner *Unsentimentalen Reise* gefunden hat, auch innerhalb seines eigenen Werks einzigartig.

Ein kurzer Zeit-Sprung aus dem heillosen Zugabteil vom August 1942 in die Zukunft des Oktobers 1948. Da schickt Albert Drach am 8.10. aus Nizza einen Brief an seine alte Freundin Berta Riemerschmid in Mödling. Er steht knapp vor seiner endgültigen Rückkehr nach Österreich. »Ich schreibe hier meist an meinem Roman ›Unsentimentale Reise‹, teilt er in diesem ersten, erhaltenen Hinweis auf seinen Emigrationsbericht mit, »den ich neu begonnen habe und statt im Protokollstil im ›Vulgärstil‹ halte. Ich weiß, daß er hiedurch viel von seiner Eigenart und seinem Witz verliert, ich muß aber dem Rechnung tragen, daß ich in einer Welt der Trotteln lebe, die nicht in der Lage sind, ein Kunstwerk nach seiner Wahrheit zu beurteilen.« Drachs Motiv: Er will mit dem Schreiben endlich Geld verdienen, um unabhängig zu werden. Und sei es – wenn auch der *Unsentimentale Reise* kein Erfolg beschieden sein sollte – durch einen Kriminalroman.[30]

Drach hat sich hier doppelt verspekuliert. Erstens: Sein im »Vulgärstil« konzipierter Emigrationsbericht wird nicht leichter angenommen werden als seine Protokolle – sein Weg zu den Lesern wird sogar noch ein viel längerer sein. Zweitens: Die *Unsentimentale Reise*, wie sie schließlich, nach zahlreichen Überarbeitungen, auf uns gekommen ist, ist ganz sicher ein Kunstwerk. Ein so sperriges wie verstörendes Kunstwerk, dessen Kunst man auch und vor allem über den Stil begreifen kann.

Hier, auf der fast tödlichen und aus eigenen Erfahrungen gespeisten Überlebensfahrt der *Unsentimentalen Reise*, erzielt die Schreibkunst des Autors extrem verfremdende Effekte, die in seinen Protokollen *gegen*, sobald man das Grundprinzip verstanden hat, eindeutiger akzentuiert sind, und die in den späteren, mimetischen Autobiographien, in denen er noch einmal schreiben will, »wie es wirklich war«, eine weniger signifikante Rolle spielen. »Schreiben durch Umschreiben«, titelt Wendelin Schmidt-Dengler einen anläßlich des Drach-Symposiums 1999 gehaltenen Vortrag, in dem er sich nicht auf Drachs Protokolle, sondern vor allem auf Drachs kühlen Emigrationsbericht konzentriert. Litotes (verstärkte Hervorhebung eines Begriffs durch Verneinung des Gegenteils) und Metonymien (Ersetzung des eigentlichen Wortes durch ein anderes, das zum ihm in realer Beziehung steht)[31] findet Schmidt-Dengler in allen publizierten Texten Drachs. Aber nirgends halten sie den Bedeutungsspielraum des Handlungsverlaufs in derartiger Ambivalenz wie in der *Unsentimentalen Reise*.

Wie beim Protokollstil handelt es sich um eine indirekte Erzähl- bzw. eine uneigentliche Sprechweise. Im Emigrationsbericht artikuliert sie sich allerdings auf für Drach neue (und im Rahmen des Gesamtwerks gesehen, einmalige) Art. Das *Protokoll* ist zwar *vielstimmig*, aber – die

Waggon, in dem 8 Pferde oder 40 Menschen Platz finden mußten. Fotografiert in Les Milles, 1996

erkennbare Intention des Autors, der Gegenpositionen erzeugen will, einmal mitgedacht – in der Textbewegung letztlich *eindeutig*. Es gibt Menschen, denen unabhängig von dem, was sie sich vielleicht zuschulden kommen lassen, Unrecht geschieht, insofern sind sie Opfer des Protokolls, Punktum. Der *autobiographische Bericht* hingegen ist *einstimmig* (es gibt einen Icherzähler namens Kucku), bleibt in der Textbewegung jedoch trotzdem *mehrdeutig*. Selbstverständlich ist auch und besonders Kucku ein Opfer – eines, das sich gegen seine Opferrolle wehrt, aber sein genauer Ort im Text ist nicht leicht zu bestimmen.

Negiert werden die unzumutbaren Verhältnisse, denen das Individuum ausgesetzt ist, hier wie dort. Aber Kucku ist auf eine Weise in das von ihm rekapitulierte Geschehen involviert, die es ihm nicht erlaubt, von einem festen Standort der Negation aus gegen irgend jemanden, und sei es gegen sich selbst, zu protokollieren. Drachs Protokoll funktioniert gegen klar vom Protokollierenden Unterschiedene wie Zwetschkenbaum, die Mädel oder Rimbaud. Gegen sich selbst oder seine Doppelgänger funktioniert es nur bedingt. Gegen jene bei aller Sympathie doch eindeutig *anderen* kann der Autor, wie er es in einem Interview idealtypisch formuliert, »unbefangener Zeuge«[32] sein. Wenngleich die Mühe, sich die Identifikation mit den Opfern seiner Schreibkunst nicht anmerken zu lassen, ab und zu spürbar wird. Schon beim Sohn der *Zwischenzeit* ist der Vorsatz der Protokollmethode, trotz auch unter diesem Aspekt betrachtet glänzender Stellen, nicht durchzuhalten. Der Autor ist seinem Protagonisten wohl doch zu affin, um ihm gegenüber eine durchgehend distanzierte Haltung einzunehmen.

Was Kucku betrifft, ist die Erzählhaltung von vornherein eine andere. Dieser Kucku ist sich selbst gleichzeitig so nah wie fern, ständig seinen egozentrischen Wahrnehmungen und Zynismen ausgeliefert, die ihn psychisch verändern, ihm aber physisch zu überleben helfen. »Wenn am Ende der Röhre, das er nicht sah, einer herauskäme, dann wäre er ein anderer«,[33] heißt es über Anselm Igel, Kuckus literarischen Bruder im Geist der Autobiographie. Der in der *Unsentimentalen Reise* beschriebene Identitätsverlust ist der Preis des Überlebens: Bevor er seine Identität verliert und konstatiert, nicht mehr er selbst zu sein (»Ich bin nicht mehr ich«)[34], spricht Kucku den anderen, seinen Mitreisenden, die Identität ab, betrachtet sie im Gegensatz zu sich selbst bereits als Tote, läßt sie – wie Schmidt-Dengler schreibt – nur noch als Rollenträger überleben:

»Die Identität der Figuren Drachs wird (...) aufgelöst, und zwar in der ätzenden Sprache. Kein Name ist sicher.« »Metynomisch verkleidet« werden wir mit den Gestalten des Berichts konfrontiert.[35] Stiglitz, »der Mann mit dem schwammigen Gesicht«, heißt beispielsweise nur mehr »der schwammige Ehemann«, »der Vater eines vermutlich nachgeborenen Kindes«, der »verhinderte Familienvater« oder, noch krasser, »der schwammige Anwärter auf ein posthumes Kind«. Solche Sätze darf man nicht aus ihrem Kontext reißen, sonst sind sie eine Vorgabe für böswillige Kritiker.[36]

»Was auf den ersten Blick wie eine Verrenkung, ja eine allzugroße Strapaz unseres Stilgefühls, ja eine manieristische Tortur zu sein scheint«, schreibt hingegen der sprachanalytische Germanist, »das erhält seine Berechtigung angesichts der beklemmenden Situation, in der sich der Erzähler und seine Mitreisenden befinden. (...) Das, wovon hier erzählt wird, verträgt keine direkte Darstellung. Was geschrieben werden muß, muß umschrieben werden.«[37] Was erlebt wird, muß abgewehrt werden, sowohl im Moment des Erlebens wie im Moment der Vergegenwärtigung durch Sprache. Exemplarisch dafür ist etwa folgende Szene:

Der Zug fährt in einer größeren Station ein, der elegante Wagenkommandant, selbst ein Flüchtling, der deportiert wird, ermächtigt die ›Reisenden‹ zum Öffnen des Fensters auf seine Verantwortung, die meisten Gendarmen steigen aus. Die Krankenpflegerin verteilt Seife und

Schokolade, die von der israelitischen Kultusgemeinde der Stadt gespendet wurde, aber nicht an Kucku, der ja kein Jude sein will. Der schaut aus dem Fenster, vielleicht, um sich abzulenken. Da trifft sein Blick einen »fetten Spießbürger«, der aus einem einfahrenden Zug eine zynische Beleidigung herüberruft. »Wohin führt man diese koscheren Juden spazieren?« »Dorthin wohin ihr feigen Schweine uns verschachert habt«, repliziert Kucku. »Wir sterben!« schreit er. »Du Stück Dreck stinkst weiter!«[38]

Kucku sieht diesen Mann in aller physiognomischen Deutlichkeit vor sich: »In diesem Moment prägt sich mir, obwohl ich mir sonst weder Gesicht noch Körper leicht merke, Statur und Fresse meines Gegenübers so genau ein, daß ich ihn überall erkennen würde, wo immer und in welcher Kleidung ich ihn wiedersähe, auch nach Jahren. Aber würde ich ihm noch einmal wieder begegnen können? Im Augenblick glaube ich, ja. Ich habe plötzlich den Entschluß gefaßt weiterzuleben, obwohl ich noch keine Ahnung habe, wie er ausführbar wäre.«[39]

Die Wut auf den infamen Spötter wird zum Überlebensimpuls. Kucku kommt eine lebensgefährliche Situation aus friedlichen Vorzeiten in den Sinn. Eine Situation, in der er »im Zorn den Entschluß zu leben faßte und später durchsetzte«.[40] Die alte Wut, die er damit heraufbeschwört, gibt ihm neue Kraft und die Möglichkeit, die gegenwärtige Lage zu relativieren:

Mehr als ein Jahrzehnt früher: Kucku liegt mit einem zu spät diagnostizierten Blinddarmdurchbruch im Spital. Er ist dem Tod näher als dem Leben, befindet sich in bereits schmerzfreier Euphorie. Da jedoch nähert sich eine geistliche Schwester, die penetrant nach Fisch riecht. Das holt Kucku, der, ganz wie der Sohn und auch Drach selbst, auf Fischgeruch mit geradezu hysterischer Abwehr reagiert, prompt aus der bereits halb jenseitigen Euphorie zurück. Die arme Schwester wird mit dem Holz bedroht, das über den Betten hängt, um den Patienten das Aufrichten zu erleichtern. Obwohl er an Schläuchen hängt, löst der Kranke dieses Holz aus den über ihm pendelnden Schnüren. »Sie werden früher sterben als ich, wenn Sie es wagen, (...) an mein Bett zu kommen.«[41] Die ganze Nacht wacht der Patient mit dem als Waffe an sich gerafften Stab in der Hand, am Morgen danach spürt er erstmals wieder Schmerzen – er wird überleben.

Während Kucku sich mit dieser Erinnerung stärkt, fixiert er den Mann im Gegenzug. Er wendet den Blick nicht ab, bis der andere nachgibt, Tür und Fenster schließt. Vielleicht ein gutes Omen. Dr. Honigmann ist der Ansicht, daß man den provokanten Kucku, der aus dem Fenster gebrüllt hat, womöglich erschlagen wird. Man erschlägt ihn aber nicht; die Ereignisse überstürzen sich und lenken von seiner Person ab.[42]

Die Gendarmen schleifen den Waggonkommandanten vorbei, der, trotz seiner Funktion selbst ein Häftling, während des Aufenthalts in der Station anscheinend einen Fluchtversuch unternommen hat. »Ich habe bloß einen Kaffe kaufen wollen«, verteidigt er sich, aber ein Zeitungsverkäufer hat ihn verraten.

Es ist glücklicherweise immer wer da, der wen angibt. In meinen einschlägigen Erinnerungen, die zu überblicken mir nicht genug Zeit bleibt, zischt bereits der Schlag des Brigadiers. Der Kopf des verhinderten Flüchtlings schlägt springend wie ein Ball an die Wagenwand und macht dort Lärm. Das Ergebnis wird zugedeckt weggetragen.[43]

»Drachs Stil mag irritieren«, schreibt Schmidt-Dengler, »vor allem die Liebhaber des Direkten. Er mutet an wie ein Ritual; der zeremonienhafte Gestus indes triumphiert über die Roheit des Direkten und will einer Wahrheit dienen, die jenseits der Kolportage und der Chronik liegt.«[44] Erzählen heißt, einen Sinn stiften. Erzählen wäre angesichts dieser Ereignisse eine Verharmlosung. Drach erzählt trotzdem, aber auf bewußt irritierende Weise:

Die Personen dieser Autobiographie erscheinen als dieselben unter einem anderen Zeichen: Das Bezeichnete ist dasselbe, es wird immer wieder anders bezeichnet – die Bewegung im Text entsteht also durch Metonymie. Denn nur wenn die Bezeichnung wechselt, wird klar, was es mit den Menschen auf sich hat: Daß sie Tote sind, tot zu dem Zeitpunkt, da über sie erzählt wird und daß von ihnen nicht so erzählt werden kann, als ob sie lebten.[45]

Auf der Weiterfahrt mit den Todeskandidaten fragt der Fabrikant Drachs Zwilling Kucku, warum er – immer wieder angefeindet – so viel von den anderen einstecke. »Wenn alle außer Gefahr sind, werde ich allen antworten«, sagt Kucku plötzlich unerwartet weise. Die Weisheit ist die Kehrseite der Wut: die *andere Möglichkeit* Drachs und seiner literarischen Verwandten. »Das ist natürlich nur eine Umschreibung der Wahrheit, aber ich kann nicht sagen, daß ein Streit zwischen Toten keinen Sinn mehr hat.«[46]

Als er Zug schließlich in Rives Altes einfährt, befindet sich Kucku auf der Toilette, auf die er, den Anordnungen des Zugskommando gemäß, nicht hätte gehen dürfen, und nimmt sich jede Zeit der Welt. Seine »wehrlose Sicherheit« hält die Gendarmen in Schach. Als letzter besteigt er den offenen Camion, der die Festgenommenen ins Auffanglager transportiert. Er zählt 19 Männer, 30 Frauen und 7 Kinder. Kucku unterhält sich und die anderen durch jüdische und frivole Witze. »Die Gendarmen betrachten diese Flucht in den Humor entgeistert und voller Entsetzen.« Auch Kucku graut ein wenig vor sich selbst, er bringt sein Schandmaul zum Schweigen, aber sein Hirn arbeitet mit makabrem Sarkasmus weiter. »Hier«, denkt er bei der Ankunft im »Empfangszentrum« des Lagers, »werden bestimmungsgemäß alle Krematoriumsanwärter gesammelt, sondiert und dann exportiert.«[47]

Rives Altes am Fuße der Pyrenäen, nahe der spanischen Grenze, ist jenseits des Lagers ein idyllischer Ort;

berühmtes Anbaugebiet des Muskatweins – die Trauben sind bald reif zur Ernte, aber zur Ernte werden die Eingelieferten nicht mehr da sein. Beim »Empfang« besorgen »zwei große dicke Kerle in Tropenhelmen mit versoffenen Glotzaugen« den Aufruf. »Mit rauhen Bierstimmen brummen sie unsere Namen, doch sprechen sie sie richtig aus. Kein Zweifel, sie sind Deutsche.«[48]

Der vorgesehene Aufenthalt in Rives Altes ist kurz, nach der Sondierung wird ausgeliefert. Schon in wenigen Tagen werden die Züge den Großteil der Internierten nach Drancy und von dort nach Auschwitz bringen. Albert Drach wird nicht dabei sein, ebensowenig wie sein Doppelgänger. Schließlich ist er ja kein Jude, redet er sich ein, oder schlimmstenfalls ein halber.

Aber kann man sich darauf verlassen, daß diejenigen, von denen sein Schicksal nun abhängt, das begreifen? Vielleicht ist es doch klüger, rechtzeitig an Flucht zu denken. Kucku plant sie gemeinsam mit seinem Bekannten Rappaport aus Nizza, den er hier wieder getroffen hat.[49] Da diesbezüglich guter Rat und allfällige Hilfe nun wirklich teuer sind, besinnt er sich der goldenen Uhr, eines Promotionsgeschenks seines Vaters, die er nach wie vor versteckt bei sich trägt. Man könnte einen Wärter bestechen, Rappaport hat einen ausfindig gemacht, der bereit wäre, sie beide aus dem Lager zu bringen. Sogar (wenn er ehrlich ist) aus politischen Gründen, nicht gegen Geld. Trotzdem beschließen sie, vorläufig abzuwarten. Eine gewisse Hoffnung setzt Kucku/Drach in die Briefe, die mit Hilfe des freundlichen Polizisten noch aus der Kaserne Au Var nach Nizza abgegangen sind.[50]

Einer dieser Briefe war an den Polizeichef von Cannes, Ramond, gerichtet, den er über Marassino/Morini kennt. Ein zweiter an den Armenarzt Autin/Beard, der auch für den Antispionagedienst arbeitet. Möglicherweise handelt es sich dabei um den Mann, der Morini, auch von diesem selbst im Gespräch erwähnt, für die Resistance angeworben hat. Ein dritter Brief war an Mutbrunnen adressiert, jenen Bekannten aus Les Milles, der im realen Leben Mayerhöfner heißt und sich, seiner nationalsozialistischen Überzeugung zum Trotz, gegen gute Bezahlung um Drachs/Kuckus alten Freund Festenberg/Feilbogen kümmert.[51]

Sind diese Briefe angekommen? Wird ihm einer der Adressaten helfen können oder wollen? Kucku hat seine Zweifel. Die aussichtslos erscheinende Lage, in der er sich befindet, macht ihn unvorsichtig. Er will diese Lage einfach nicht akzeptieren. Am zweiten Tag der Internierung legt er sich mit einem Wächter an, weil er, zu spät erschienen, zwar noch ein Mittagessen, aber (trotz allem erhält sich in französischen Lagern oder jedenfalls in Weingegenden anscheinend noch ein Rest gastlicher Gepflogenheiten) kein Glas Wein mehr bekommt.

Der Wächter möchte den renitenten Häftling zum Feldwebel schleppen. Kucku flieht zwar nicht *aus* dem Lager, aber, anscheinend in Panik, kreuz und quer *durch* dasselbe. Der Feldwebel, bei dem er schließlich doch noch landet, ist ein Mensch von unerwartet salomonischem Humor. Statt dem Glas Wein, das ihm entgangen ist, bekommt Kucku eine ganze Flasche, die er allerdings ex austrinken muß.[52]

Die Obsession durch diese Vorstellung fällt allmählich auf. Das Austrinken der Flasche auf einen Zug, sei es aus freier Entscheidung, sei es – wie hier – gezwungenermaßen. In der *Blinden Kuh* notiert Drach in der Sache ähnliches, aber es fehlen die filmreifen Szenen. Der Kucku aus der *Unsentimentalen Reise* ist nun jedenfalls ein bekannt-renitenter Mann, zu auffallend, um diskret aus dem Lager geschleust werden zu können.[53] Der politisch korrekte Wächter nimmt sein Angebot Kuckus Person betreffend zurück. Rappaport versichert Kucku, nicht ohne ihn gehen zu wollen. Das hätte er nicht tun sollen. Er erscheint seinem überreizten Freund in der Folge als Schwächling und damit als ungeeigneter Fluchtpartner. Endlich ist der Held so allein, wie es nötig ist, um so rücksichtslos sein zu können, wie er es sich selbst schuldet.[54]

Sich aus falsch verstandener Solidarität zu seinem Judentum zu bekennen, liegt ihm nun jedenfalls ferner denn je. Er setzt seine Hoffnung in die Kraft seiner Papiere und seiner Kaltschnäuzigkeit. Wie alle, die Dokumente haben, hat auch er die seinen dem Kommandanten, einem Elsässer, unterbreitet. Die Abkürzung »I.K.G.« auf dem Heimatschein interpretiert er nun mit »Im katholischen Glauben«. Ist er beschnitten? Aber sicher – er ist zu klug, um sich bei einer Lüge ertappen zu lassen. Er ist Anwalt und hat die Erlässe der Vichy-Regierung bis ins Detail studiert. Er leugnet gar nicht, der jüdischen Religionsgemeinschaft angehört zu haben. Aber – wie aus dem Ausstellungsdatum des Heimatscheins hervorgeht – eben nur bis 1939.

Gerade noch rechtzeitig, so stellt er es dar, ist er also konvertiert, um nach französischem Recht kein Jude mehr zu sein. Daß er nach deutschem Recht Jude wäre, ist ihm schon klar – aber befindet man sich nicht nach wie

Bescheinigung des »Generalkommisariats für jüdische Angelegenheiten« vom Juni 1943, die Drach nach französischen Recht zum Nichtjuden erklärt

COMMISSARIAT GÉNÉRAL AUX QUESTIONS JUIVES

5,029

CERTIFICAT
DE NON-APPARTENANCE A LA RACE JUIVE

Sur le vu des pièces produites par l'intéressé, le Commissaire Général aux Questions Juives constate que M Drach (Albert)
né le 17 décembre 1902 à Vienne
ne doit pas être regardé comme juif aux termes de la loi du 2 Juin 1941.

Vichy [redacted], le 2 [illegible] 1943

vor in Frankreich? Offenbar sind das die richtigen Worte jenem Kommandanten gegenüber. Einem Mann, der ja auch nur seine schreckliche Pflicht tut.

Es genügt aber nicht, der Religion nach nicht mehr der jüdischen Gemeinschaft anzugehören. Das von der Vichy-Regierung am 3. Oktober 1940 erlassene Judenstatut enthält außer der religiösen auch eine rassische Definition. Demgemäß ist jeder ein Jude, der von drei Großeltern jüdischer Rasse abstammt. Gerade hier handelt es sich, nebenbei erwähnt, um ein eigenständiges Gesetz des Pétain-Regimes, das – wie Historiker später nachweisen werden – keineswegs unter deutschem Druck zustande gekommen ist. Drach und Kucku haben aber zum Glück nur zwei nachweisbare jüdische Großeltern. Hierbei handelt sich, folgt man den in Rives Altes vorgelegten Dokumenten, um die Großeltern väterlicherseits. Was die mütterliche Abstammungslinie betrifft, so legt der hier mit Drach identische Kucku die Dokumente seiner Halbschwester vor. Hiermit schreitet er, so stellt er es dar, zur »urkundlichen Ermordung« seiner wahren Mutter.[55]

Wenn ich mein Leben behalten sollte, geschähe es durch einen zweiten Mord an ihr, wenn nämlich meine Fälschung, die Mutter ihres Stiefkindes, welche sie zeitlebens vertrat, sei auch meine Mutter gewesen, standhalten könnte. Was hatte auch eine Fälschung noch auf sich? Als ich dem Dreckstaat meine Steuern zahlte, Pfennig für Pfennig und nicht einmal aus Angst, nur aus dem ungebührlichem Gefühl der Reinlichkeit, hatte ich ihm Lust gemacht, mich bis auf die Haut auszurauben und mit nahezu nichts habe ich das Land verlassen, wo ich im stumpfsinnigen Wahn, meine Pflicht zu tun, einen Beruf ausgefüllt hatte, den ich nicht liebte, bloß weil mein Vater das auch getan hatte und Pflicht vor Recht gehen sollte. Meine einzige Pflicht hätte sein müssen, glücklich zu sein und am Leben zu bleiben. Das Glück ist vorüber und bald ist es auch das Leben.[56]

Glaubt er das wirklich? Hat er tatsächlich mit dem Leben abgeschlossen? Was wird der Kommandant, dem er seine Version über seine Abstammung dargelegt hat, über einen wie ihn beschließen? Am nächsten Abend zerrt ihn die bucklige Ilse zu einem Baum, auf dem ein Anschlag angebracht worden ist. Es ist ein Baum, um den sich viele Menschen drängen, und auf dem nur wenige Namen stehen.

Die Schrift ist trotz der Dunkelheit gut zu lesen. Von allen Seiten wird dort unter Vermittlung von Leuchtbehelfen oder Streichhölzern buchstabiert. Angekündigt ist: Entlassen werden: Agnes Nußbaum (das ist die Blonde mit den waschblauen Augen), Thomas Häubener (der Typus Zuhälter), Wolf Ehrlich (der junge Soldat), dann Salomon Schlitter und Siegfried Laub (das sind offenbar die Greise über 65 Jahre), Ilse Pickel (das ist die Bucklige) und zuletzt Peter Kucku …«[57]

In der *Unsentimentalen Reise* ist Peter Kucku der letzte auf der beklemmend kurzen Liste. In der *Blinden Kuh* findet sich Albert Drach an erster Stelle. Der Effekt ist derselbe.

»Peter Kucku (das bin ich).« Diejenigen, die deportiert werden, das sind die anderen.

Darauf kommt die Nacht, in der ich nicht schlafen kann. Ich weiß sehr wohl, daß ich mein Leben stehle, daß es ebenso verfallen ist wie das der anderen, und ich weiß sehr wohl, daß andere würdiger wären, an meiner Statt zu gehen, die kräftiger und selbstloser sind und durch stärkere Bindungen mit dem Leben verknüpft scheinen als ich.«[58]

Die sechzehnjähriger Münchnerin Lisbeth zum Beispiel, ein Mädchen mit braunen Zöpfen. Lisbeth und Kucku sehen den jungen ostjüdischen Burschen und Mädchen zu, als noch am selben Abend ihre Volkstänze tanzen.

Todgeweihte sie alle, auch das Mädchen an seiner Seite. Sie tanzen oder sehen mit »naturgemäßer Beteilung« dem Tanz zu. Er, als derjenige, der darüber berichten wird, steht gewissermaßen außerhalb ihres Kreises. Als jemand, der nicht mehr als sein wohlwollendes Erstaunen und seine freundliche Solidarität beisteuern kann.

Dazu kommt, daß ich die Zurückbleibenden, bevor ich gehe, mit meinen Blicken auch noch um etwas berauben will. Um die Frische ihres Mutes und die Kraft, jene stumpfe Gewalt, die auf sie eindringt, nicht ernst zu nehmen. Um den Willen zum Tanz angesichts ihres Todes – wie Jephtahs Tochter noch im Kreis ihrer Gefährtinnen tanzte, als ihr Vater angekündigt hatte, er würde sie für sein Gelübde der Gottheit zur Sühne und zum Opfer bringen – kann ich sie beneiden, aber nicht mehr bestehlen. Ich betrachte den Tanz, der nicht mehr zu mir gehört.[59]

Kann Kucku diesen Menschen, die bereits so gut wie tot sind, noch etwas von ihrem Leben nehmen? – Nein: Ihre Identität bleibt unantastbar. Was die seine betrifft, so wird sie ihm zum Problem. Nie zuvor war ihm sein Judentum so nah und gleichzeitig so fern.

Von dieser gewiß zentralen Stelle ausgehend, hat Ernestine Schlant, amerikanische Germanistin deutscher Herkunft, die *Unsentimentale Reise* als Totentanz zu interpretieren versucht. Diese Interpretation hat einiges für sich, wird doch das aus dem Mittelalter stammende Motiv immer wieder mit Massensterben assoziiert. Damals war es ein Reflex auf Massenepidemien, den Tod in religiösen und anderen Kriegen. Bezüglich des im Hintergrund von Drachs Emigrationsbericht und in dieser Szene deutlich anvisierten Horrors stellt sich allerdings die Frage, ob sich das letzten Endes doch poetische und schicksalsergebene Bild auf den mit Hilfe von moderner Industrie und Chemie durchgeführten Massenmord an den europäischen Juden anwenden läßt. »In the iconography of the Dance-of-Death motif, the dual nature of a person as a corpse and as living being is a frequent occurrence and contributes to the macabre aspect of the motif«, schreibt Schlant.[60] Sie sieht auch Kucku selbst in der Rolle des lebenden Toten. Dies scheint doch, man verzeihe die respektlose Wendung, etwas überzogen. Zwar definiert sich Kucku selbst als »von Rechts wegen« tot, seit er »das Drahtgitter von Rives Altes passiert« hat, und gegen Ende der *Unsentimentalen Reise* heißt es: »Ich bin gestorben, sie können nur mehr meinen Leichnam retten«,[61] doch ist ersteres eine Feststellung der Differenz zwischen dem, was de facto und was de iure der Fall ist, letzteres eine Antizipation dessen, was erst später eintreten wird. So lange er in Lebensgefahr schwebt, hält Kucku, einmal abgesehen vom Augenblick der Identifikation mit den Tänzern im Lager, bewußte Distanz zu denen, die er selbst immer wieder als Todgeweihte bezeichnet. Die fixe Idee psychischen oder geistigen Todes, den er als sein Gespenstertum darstellt, setzt bezeichnenderweise erst ein, als der Nazispuk vorbei ist: ein Vorgang, den er in dem ursprünglich mit der *Unsentimentalen Reise* verquickten, letzten Endes von ihr abgespaltenen Text *Das Beileid* beschreiben wird. Auf diesen sehr bald nach der Verfolgungszeit (1946 oder 47) begonnenen, aber erst lang nach der *Unsentimentalen Reise* (1993) vollendeten Text werde ich noch zurückkommen.

Die Identifikation am letzten Abend in Rives Altes ist vielleicht auch so etwas wie eine Versuchung, den Überlebenswillen aufzugeben, das scheinbare Schicksal zu akzeptieren. So zynisch es klingt: Kucku/Drach widersteht dieser Versuchung, weicht denen aus, zu denen er nicht gehören will. Nur mit Lisbeth, der jungen Münchnerin, versucht er noch auf intensivste Weise zu kommunizieren: ein Liebesabenteuer im Vorhof zur Hölle – aber im letzten Moment läßt er die »Leichenschändung«, als die ihm ein flotter Liebesakt unter diesen Umständen erscheint, lieber bleiben.[62]

Am nächsten Morgen werden die auf dem Anschlag verzeichneten Personen entlassen. »Das halbe Lager drängt sich an den Stacheldraht, als er sich für uns sieben öffnet.«[63] Es ist der 9. September 1942, auf Drachs mit diesem Datum versehenen Entlassungsschein steht, daß er kein Jude im Sinne des Gesetzes ist. Von den anderen Entlassenen wird er sich möglichst schnell trennen.

7. ICH BIN NICHT MEHR ICH

CAMINFLEUR/VALDEBLORE

Lied
Ich hab den Weg vergessen,
doch sprießt mir noch ein Licht.
Ein Hauch von Knospen flicht
Sich in dein Haar indessen –

Von unerblühter Süße
Von unbelauschtem Traum
Den deine Augen kaum
Verflüchtigen in Grüße.

Und liegt auf deinen Lippen
Das ungewordne Wort,
Duft nicht am Dunst verdorrt
Licht, dran nie Falter nippen

Und schmiegt sich um dein Leben
Kein Schein, der sich verschiebt.
Nur wer ersehnt, der liebt
Und ihm wird nicht gegeben
Valedeblore 1943[1]

September 1943, ein Jahr ist seit der Freilassung aus Rives Altes vergangen. Albert Drach sitzt im Bus und fährt von Nizza in die französischen Meeralpen. Auch Peter Kucku hat diesen Bus aus Nice genommen, es wird die letzte Station seiner *Unsentimentalen Reise* sein.

Caminflour heißt sein Ziel – schon auf den steilen und engen Serpentinen hinauf verliebt er sich in die Landschaft, erträumt sich in Zeiten des Krieges eine Idylle, die Rettung suggeriert.

Schon der Name des Ortes, in dem ich mich niederlassen will, bietet Anlaß, mir diese Rettung vollständig in bunten Farben auszumalen. Was konnte Caminflour anders sein, als eine völlig unwirklich Stätte, ein lebendiges Paradies aus der Zeit mit seinem Namen auf das Heute gekommen, in der Nice noch von seinen Grafen beherrscht war, die aus Gründen der Macht das leichtere Joch des savoyischen Prinzen dem der Beherrscher der Provence, welchen sie nach Sprache und Abstammung ihres Volkes hätten dienen sollen, vorzogen. (…)[2]

Der wirkliche Ort, der Rettung bringen soll, heißt, nicht ganz so poetisch, Valdeblore. Wird auch er Rettung bringen? In Nizza ist der Boden jedenfalls zu heiß geworden. Nach dem Waffenstillstandsabkommen, das die Italiener mit den Alliierten am 3. September 1943 geschlossen haben, sind die Deutschen doch noch in Nizza einmarschiert, haben die Italiener, die zuerst als verbündete Faschisten, nach dem Sturz Mussolinis aber als ›Verräter‹ den Platz hielten, vertrieben. Die Italiener, die auch unter Mussolinis Herrschaft die Juden der Stadt geschützt haben.

»Das Fräulein Felice von der Polizei fährt fort, Juden arretieren zu lassen, um sie den Deutschen auszuliefern. Aber die Italiener geben diese Juden wieder frei«,[3] so Drach im Emigrationsbericht. Selbst ihm und Kucku haben sie zu helfen versucht, obwohl beide keine Juden sein wollten.[4] Jetzt ist es damit vorbei, Kucku hat die Stiefel der Gestapomänner an seinem Kellerfenster vorbeistampfen gesehen und den Abtransport Bekannter auf offener Straße miterlebt.[5]

Den Tip, sich in die Meeralpen zurückzuziehen, hat

ihm eine heruntergekommene adelige Dame gegeben, die er zufällig beim Essen in einem billigen Bistro kennengelernt hat.[6] In der *Unsentimentalen Reise* nennt er sie die närrische Baronin, in der *Blinden Kuh* heiß sie die Gräfin Magny. Valdeblore, versichert sie, ist ein Ort, in dem noch keine Deutschen sind. Eine Botschaft, die einer in seiner Situation hört wie ein Märchen. Aber es ist wahr, sagt die adelige Dame, sie habe dort Bekannte, mit denen sie in Verbindung stehe. Sogar Empfehlungsschreiben will sie ihm mitgeben. Drach/Kucku hat keine Wahl, er verläßt sich auf die Informationen und die Intuition der vielleicht nicht ganz zurechnungsfähigen, zweifellos abgewirtschafteten Adeligen. Die Zeit der rationalen Entscheidungen ist für ihn endgültig vorbei.

Das im Zuge der weiteren Entwicklung wichtigste dieser Empfehlungsschreiben richtet sich an die englische Familie Mattison. Für Drachs Doppelgänger Kucku wird diese Familie Withorse heißen. In der Nacht vor seiner Abreise, in der Drach verdächtige Stimmen vor seinem Kellerzimmer in der Avenue de la Victoire 7 hört, hat zumindest Kucku einen prophetisch-poetischen Traum. »Eine junge Engländerin mit einem Gesicht, wie man es auf Gemmen sieht, sagt zu mir: ›Du bist bei mir, Pierre, jetzt kann dir keiner was anhaben.‹«[7]

Zur frühen Morgenstunde hat er aus Angst vor Denunziation fluchtartig sein Domizil verlassen, das ist jetzt etwa 13 Stunden her. Während der ersten drei Stunden der Fahrt, die noch durch die Ebene und über sanfte Steigungen führt, wird von den Bus-Insassen nicht viel gesprochen. Doch als der Wagen schließlich abbiegt und »wie in einem Karussell die engsten Serpentinen ersteigt«,[8] kommt Leben und Kommunikationsbedürfnis in die Reisenden. Es gibt nun zu wenig Sitzplätze, ein junges Bauernmädchen bietet Kucku an, auf ihrem Schoß Platz nehmen, der Bauer auf dem Nebensitz erklärt ihm unaufgefordert die Gegend:

Jetzt kommen die Olivenhaine von fünfhundert bis achthundert Meter. Daran schließen sich die Waldungen der echten Kastanien – und der Eichenforst an. Die rote Erde und die Eichen bleiben bis fast dreizehnhundert Meter, die Kastanien bis etwa elfhundert. Sie werden durch Föhren, Fichten, Tannenwald ersetzt, und zwar bis zur Baumgrenze. Schließlich erscheint Krummholz, aber auch Almrausch und Edelweiß, und man beginnt, den Karst zu verlassen.[9]

Soweit die Natur. Aber was ist mit dem Ort, in dem der Flüchtling überleben möchte? Das Mädchen, auf dessen Schoß er sitzt, zerstört, ohne es zu ahnen, seine Illusionen. Sie erzählt, daß bis vor kurzem noch die Italiener da waren. Aber nun, seit Italien auf der anderen Seite ist, sind die Deutschen angekommen.

Denn die Grenze bis Italien ist ein bis drei Kilometer von der Gemeinde entfernt, der ich zustrebe. Diese verteilt sich auf drei Ortschaften, deren erste auf etwa elfhundert Meter, die zweite auf dreizehnhundert, die letzte auf fünfzehnhundert Meter, liegt. Die Gemeindeverwaltung ist im niedrigsten, die deutsche Besatzung im höchstgelegenen Teil. Das eine nennen sie Caminflour La Commune, das andere Caminflour Audelà. Ich strebe nach dem mittleren, das abseits der Straße in den Felsen hineingehauen ist, wenigstens in seinem Kern, und das Caminflour Maisonpierre heißt.[10]

In Wirklichkeit heißt der unterste Ortsteil La Bolline (in 1000 Meter Höhe), der mittlere Ortsteil La Roche auf (1100 m) und der dritte St. Dalmas (auf 1300). Auch Mollierères (1600 m) und La Colmiane (1500 m) sind heute eingemeindet. Valdeblore hat 670 Einwohner und erstreckt sich über eine Fläche von 9400 Hektar. Die leichte Verschiebung zwischen Faktum und Fiktion, die literarische Verwandlung der Namen, hat der Autor der

Unsentimentalen Reise, wie er in einem Brief an André Fischer schreibt, deshalb vorgenommen, weil er in seinem dem dortigen Aufenthalt gewidmeten Passagen auch auf Inzest und Mord zu sprechen kommt, Vergehen und Verbrechen, die er zwar berichten, aber nicht beweisen kann. Als versierter Anwalt, der er nun einmal ist, will er nicht geklagt werden.[11]

Caminflour oder Valdeblore – die Deutschen sind in jenen kritischen Kriegstagen tatsächlich auch hier in den Bergen. Und sei es in ihrer Funktion als Zollwachebeamte – für einen Flüchtling wie Kucku oder Drach genügt das als Gefährdungspotential. Und auch den Franzosen ist bedauerlicherweise nicht zu trauen. Als der Bus im untersten Ortsteil einfährt, ist der Fremde dem jungen, im Emigrationsbericht nicht ganz ohne Ironie als schön bezeichneten Ortsgendarmen gleich so verdächtig wie dieser ihm.

Dieser Gendarm ist de facto ein Kollaborateur, der nach 1945 das Weite suchen wird, meine Informanten aus dem heutigen Valdeblore bestätigen Drachs Verdacht.[12] Aber wer ist in den Augen dieses Kollaborateurs der im September 1943 ungebeten Zugereiste? Was sucht und was will er hier, vor allem, was berechtigt ihn überhaupt, hierher zu kommen? Er behauptet, von einer englischen Familie im Ort erwartet zu werden, aber auf genauere Befragung fällt ihm nicht einmal der Name seiner potentiellen Gastgeber ein, »es handelt sich um eine Dame, die eine Tochter und, wie ich glaube, ein oder zwei Söhne hat«, das klingt nicht besonders überzeugend. »Sie scheinen diese Dame besonders gut zu kennen«,[13] konstatiert der Gendarm. Er fährt fort mit lästigen Fragen und forscht nach diversen Papieren. Man könne doch nicht erwarten, daß er hier an Ort und Stelle seinen Koffer auspackt, kontert Kucku, zumal er eine Station weiterfahren wolle. Er zückt das einzige Papier, das er ein der Tasche und nicht im Koffer hat: es ist das hochoffizielle Certifikat der Vichy-Regierung, ausgestellt vom Commissariat Général aux Questions Juives am 2. April 1943, das ihm bescheinigt, kein Jude zu sein.[14]

Der Gendarm ist alles andere als überzeugt. Einer, der mit einer Bescheinigung fuchtelt, kein Jude zu sein, ist vielleicht erst recht einer. Aber das Dokument trägt den Stempel des Kommissariats für jüdische Angelegenheiten. Der Gendarm will nicht voreilig amtshandeln, er läßt Kucku fürs erste weiterfahren, doch er verabschiedet sich mit dem Worten: »Wir sehen einander nächstens.«[15]

Wieso ist Kucku/Drach trotz der Bescheinigung, keiner verfolgten ›Rasse‹ anzugehören, noch immer auf der Flucht? Wie hat er dieses Dokument, das ihn endgültig von denen trennt, die auf Grund ihres Judentums verfolgt und ermordet werden, überhaupt erhalten? Gewissermaßen ›verdankt‹ er beides, die Ausstellung des Dokuments ebenso wie dessen relative Wertlosigkeit, ja Kontraproduktivität, Madame Felice auf der Präfektur in Nice. Sie hat seinen Entlassungsschein aus Rives Altes nicht akzeptiert und eine Bestätigung des Kommissariats für Judenfragen verlangt.

Was ist übriggeblieben, als die Dokumente für teures Geld mit kleinen Ergänzungen wie »rel.cath.« übersetzen und beglaubigen zu lassen?[16] Als der permanent Gefährdete das ersehnte Papier dann endlich in den Händen hält und es triumphierend auf den Tisch der bürokratischen Sadistin legt, hat die eine neue, perfide Idee. Wenn er kein von den Deutschen verfolgter Jude ist, so ist er, nach Sprache und Herkunft, doch zweifellos selbst Deutscher – warum bitteschön, kämpft er dann nicht auf der Seite seiner Landsleute? Sie verschafft ihm, wenn schon nicht die Einberufung an die Front, so immerhin die des neugegründeten deutschen Rekrutierungsbüros zum Arbeitsdienst.[17]

Nimmt man die Bürokratie ernst, so ist Drach von da an zwar nicht mehr als Jude, aber als mutmaßlicher Deserteur unterwegs. Und was Deserteuren droht, ist nur allzu bekannt. Doch hat er es in dieser Rolle nun immerhin vom Keller in Nizza bis auf eine Höhe von 1000 Meter Seehöhe geschafft. Und will, in der Hoffnung, weiter zu überleben, noch höher hinaus: Erst in La Roche bzw. Maisonpierre, 1100 Meter über dem Meeresspiegel, steigt er aus und sucht das Haus seiner ahnungslosen Gastgeber.

In der *Unsentimentalen Reise* sieht er Fräulein Withorse gleich beim Aussteigen aus dem Bus, noch auf der Straße. »Es hat das Gehaben eines wilden Knaben, doch erscheint es ebenso natürlich wie mondän.«[18] Myrhinne Mattison »war nicht nur hübsch, sondern derart anziehend, daß man von Anfang an in ihren Bann geriet«, schreibt er in der *Blinden Kuh*, »dabei war sie völlig natürlich, nicht geziert, doch, wie sich weiter zeigte, von unbeugsamen Charakter. Als ich mich gleich bei ihr ein-

Myrhinne Mattison, die Sybille Withorse aus der »Unsentimentalen Reise«

richten wollte, wenn ich auch mit dem Fußboden der Küche Vorlieb nehmen wollte, stieß ich auf harten Widerstand.«[19]

Kein Wunder. Offenbar ist die Mutter des Mädchens nicht daheim. Nur sein kleiner Bruder, »ein dunkelhaariger Knirps«, spielt vor dem Haus »mit Revolvern und allerhand Schleudern.« Von einem Brief der Baronin an seine Mutter ist dem Mädchen nichts bekannt. Auch scheint die Berufung auf die Absenderin den Ankömmling nicht gerade zu empfehlen; immerhin wird ihm Abendbrot angeboten.

Es ist nicht schwer zu erkennen, daß sie weder Talent noch Übung im Kochen hat. Übrigens bereitet sie nur eine Art Brühe. Es macht den Eindruck, als wäre sie bloß auf eine Sprung hier bei sich, um gleich in den Wald zu entlaufen. Ich sehe bald ein, daß ich durchaus unerwünscht bin, doch habe ich mich nun einmal entschlossen zu bleiben, und dann wüßte ich nicht, wohin ich sonst gehen sollte.[20]

Die weiteren Empfehlungsschreiben der Baronin, bemerkt Drach in einem Nebensatz, sind im Koffer. Hat er den Koffer an der Busstation hinterlassen oder will er ihn schon wieder/noch immer nicht öffnen? Vielleicht hat er auch das Zutrauen in die Empfehlungen der Baronin verloren. Wenn es nach ihm geht, so scheint es, will er jedenfalls in der Nähe der jungen Dame bleiben.

Ihr Bruder nennt sie »Darling«. Das ist wohl nicht ihr Taufname, doch drückt er mit Recht aus, daß sie liebenswert ist. Ich bin vielleicht schon in Darling Withorse verliebt, und das ist der dritte Grund, warum ich bleiben möchte. Nun beginne ich mich wie ein kleiner Junge aufzuspielen, erzähle zwar von meinen Verfolgungen, verschweige aber alles, was sich auf die Judenfrage bezieht. Mein Gefühl sagt mir, daß Darling Withorse, wenn sie

Juden schon nicht haßt, diese auch nicht liebt. Sie hat mich schweigend angehört und zeigt nicht, was sie darüber denkt. Sie hat aber gewiß ein Urteil. Sie ist sichtlich nicht dumm, und fast scheint es mir, daß ich vor ihrem Gericht nicht bestehen kann.[21]

Zwei Mädchen, anscheinend Schwestern, offenbar Freundinnen Myrhinnes, tauchen auf. Sie scheinen nichts dagegen zu haben, daß der Ankömmling die Nacht über bleibt, wollen aber Darling nicht mit dem fremden Mann allein lassen. Der ist gerade dabei, auch dieser Konstellation etwas abzugewinnen. Aber letzten Endes holt Darling noch zwei angebliche Verwandte, die seine Anwesenheit in Abwesenheit der Frau des Hauses, Darling Mutter, nicht für verantwortbar erklären und ihm die Übernachtung im Hotel nahe legen.

Was nützt es, daß Kucku/Drach in den beiden nicht Onkel und Tante, sondern, im Emigrationsbericht gewissermaßen Kollegen, jüdische »U-Boote«, zu erkennen glaubt, die sich offenbar nicht mit einem weitern ›Rassegenossen‹ im Haus belasten wollen? Seinem eigenen Überlebenspragmatismus gemäß wäre diese Verhaltensweise ja legitim. In der *Unsentimentalen Reise* wird Kucku von der zunehmend abweisenden Darling und den Schlächters, so heißen die beiden dort, aus dem Haus eskortiert, das er gesucht und gefunden hat,[22] in der *Blinden Kuh* wird der Ich-Erzähler etwas weniger aufwendig bloß vom Onkel, der dort Fleischer heißt, weggebracht. Für die Nacht wird er hier wie dort im Gasthof in La Comunne/La Bolline deponiert.[23]

Unter den gegebenen Umständen kein anheimelnder Ort: Daß dort im September deutsche Uniformierte aus und ein gingen, wird mir im Zuge meiner Recherchen in Valdeblore sowohl vom Ex-Bürgermeister (dem Sohn des damaligen Bürgermeisters) als auch vom Nachbarn Drachs bestätigt.[24]

»Ein deutscher Feldwebel hat soeben Zigaretten geholt, der Wirt mir die Meldezettel vorgelegt, der Gendarm ist mißtrauisch.« Nach der Suppe bei Darling Withorse braucht Kucku an diesem Abend der Ernährung wegen nicht mehr im Lokal aufzutauchen, »aber vielleicht holen sie mich schon aus meinem Zimmer.«[25]

Kuckus Zorn richtet sich gegen Onkel und Tante des Mädchens, das ihn enttäuscht hat. Mit der Erscheinung der rettenden Animafigur im Traum ist Darling bei aller äußeren Ähnlichkeit nun nicht mehr zur Deckung zu bringen.

Dieser Onkel und diese Tante sind »verkappte polnische Juden« – dieses Urteil reproduziert die im Ungeist der damaligen Zeit abfälligste Klassifizierung, streng genommen ein antisemitisches Stereotyp. »Ich denke nicht mehr daran«, heißt es allerdings im nächsten Satz, und es ist angemessen, in der Kombination dieser beiden Sätze sowohl den selbstkritischen als auch den zeitkritischen Aspekt des Textes zu würdigen, die Weigerung, zu beschönigen, die bewußte Nichtaufhebung des Widerspruchs, »ich denke nicht mehr daran, wie stark ich mich mit jenen polnischen Juden verbunden fühlte, die im Lager angesichts der bevorstehenden Vernichtung die Horah tanzten.«[26]

Just an diesem ersten Abend, in dieser ersten Nacht in dem Ort, an dem er die wahrscheinlich lebensrettende Zuflucht für die nächsten zwei Jahre findet, wird sich Kucku seiner absoluten Isolation bewußt. Von denjenigen, die in den Tod gehen, hat er sich distanziert, mit denjenigen, die – gleich ihm, schlecht und recht getarnt – einer von pathologischem Rassismus bestimmten, im Endeffekt mörderischen Politik vorläufig entschlüpft sind, will er ebensowenig etwas zu tun haben wie sie mit ihm. Er beginnt zu weinen, das widerfährt ihm nun zum zweiten Mal, seit er erwachsen ist. Die erste »einschlägige Entgleisung« ist ihm nach dem Tod seines Vaters unterlaufen.

Damals war es die Angst vor dem Verlust der als überlang empfundenen Geborgenheit im Schatten des Vaters, vor dem plötzlich empfundenen Anspruch der Verantwortung für sich selbst, für die Mutter, die Schwester, das Haus, die diese Reaktion ausgelöst hat. Eine Angst, die sich Drach, in der Rolle des Sohns und Kuckus, erst nach und nach eingesteht.

Wenn ich jetzt weine, wird es vielleicht noch schwieriger sein, mir über die Gründe klarzuwerden. Es kann sein, daß es wegen Darling Withorse geschieht. Es kann aber auch sein, daß es nur deshalb ist, weil ich zufolge Erschöpfung in der Nacht bin und mich fürchte wie ein Kind, obwohl ich nichts anderes mehr verlieren kann, als mein lächerliches Leben, das mir zu nichts nütz ist und anderen ebensowenig.[27]

Vom September 1943 bis Februar 1945 lebte Albert Drach im ersten Stock dieses Hauses in Valdeblore

Aber Sentimentalität – diese Selbstbeschwörungsformel taucht in geringfügigen Variationen im Text mehrere Male auf – ist nicht erlaubt auf einer unsentimentalen Reise. Die Nacht bleibt für den Protagonisten schlaflos, morgens um fünf ist er bereits wieder auf den Beinen. »Mir bleibt alles fremd, ich finde mich nirgends zurecht.«[28] Ein Mädchen, das ihm einen guten Morgen wünscht, erkennt er erst nachträglich als jenes, auf dessen Schoß er auf der Fahrt hierher gesessen ist.

Mutterschoß, Schwesterschoß – gewisse Sehnsüchte mögen in dieser Situation regressiv sein. In seinen Formulierungen deutet der Autor selbst die Richtung an, in der sie sich bewegen. »Als ich schon längst vorüber bin, fällt mir ein, daß es jenes Mädchen war (...) Ich gehe den Weg zurück, finde es aber nicht mehr.«[29]

Vorwärts in die Gegenwart, aus der es keine Flucht gibt. Kucku steht in La Commune auf dem alten Platz. Er bewundert ein Haus, das aussieht wie eine alte Ritterburg. Zur Bewunderung solcher Sehenswürdigkeiten bleibt aber nicht viel Zeit; schon hört er den Schritt von Nagelschuhen, ein deutscher Soldat und sein bis zur Karikatur kenntlich gemachter ostmärkischer Kamerad tauchen auf. Der Ost- oder, genauer definiert, Steiermärker, den Kucku, ein Kenner des österreichischen Menschenschlags, sofort zu erkennen glaubt, hat bei unserem Autor, dessen Melancholie endlich wieder in Aggression umschlägt, keine Chance auf Sympathie. »Daheim im Steirischen, wohin diese eklige Fresse offenbar gehört, würde sie nicht sonderlich auffallen. Hier aber erscheint sie fehl am Ort, nicht unähnlich einer schwarzen Schnecke, die auf Rosenblättern sitzt.«[30] Gern würde Kucku die Landschaft, in der er sich wiederfinden will, vor dem deplazierten Landsmann in Schutz nehmen.

In der Darstellung der *Blinden Kuh* fehlt die Verzweiflung der Nacht, und auch der neue Tag läßt sich besser an:

Als ich am Morgen erwachte, beschloß ich zu bleiben, wie immer die Voraussetzungen sein würden. (...) Die Landschaft bezauberte mich in einem Maße, daß allein diese mein Bleiben bestimmte, wie immer es für mich ausginge (...) Klimatisch war mitten im Ort die Scheide zwischen Mittelmeergegend und Hochalpenland. Ich spreche hier von La Bolline und seinen beginnenden hinauflaufenden Baumgruppen, auch von der seltsamen Fauna, den dicken großen Schildkröten (...) Ich betrachte das riesige Wiesen- und Ackerland, das vom dichten Forst im Halbkreis umschlossen ist, in dem alles außer der Ordnung gedeiht und so viele Arten von Pilzen enthält, von denen ich gar keinen, meine künftigen Freunde nur sehr wenige kannten (...) Diese Landschaft konnte vielleicht überall sein, auch bei uns, aber nirgends in dem Licht und in der Lage wie hier. Ich war im Moment nicht mehr in meiner Vergangenheit, aber unterwegs in eine Zukunft, die ich nicht kannte, die vielleicht grausam, aber gewiß schön sein mußte.[31]

Nach dieser signifikanten Abweichung der autobiographischen Darstellung vom fiktiven Bericht wandeln Kucku und Drach in Caminflour und Valdeblore wieder weitgehend auf gleichen Wegen. Auch Kucku findet fast nebenbei immer wieder unerwarteten Frieden in der Landschaft, die ihn die Gefahr vergessen läßt und zu unsinnigen Entscheidungen verführt, die seinen Tod bedeuten könnten, aber sein Leben gegen jede Wahrscheinlichkeit retten werden. Zu unsinnigen Entscheidungen verführt nicht zuletzt der unvernünftige und aussichtlose Affekt Myrhinne Mattison gegenüber (der Name Sibylle – Darling – Withorse, den sie in der *Unsentimentalen Reise* trägt, hat etwas mythisch Märchenhaftes: auch wenn ihn Drach selbst, solche Assoziationen abwehrend, mit Witzpferd übersetzt – eher liest man Whitehorse, denkt an ein jungfräuliches Einhorn).[32] Gerade sechzehn Jahre jung stellt er sie dar – er hat immer dazu geneigt, ihm attraktiv erscheinende Frauen signifikant zu verjüngen, aber zwei Jahrzehnte jünger als er (zum Zeitpunkt seiner Ankunft in Valdeblore ein Mann im einundvierzigsten Jahr) ist sie zweifellos.

Grundsätzlich hat der Autor der *Unsentimentalen Reise* die realen Ereignisse noch stärker als Zufälle, die keiner nachvollziehbaren Logik folgen, akzentuiert, als der Mann, der im hohen Alter in der *Blinden Kuh* noch einmal seine wahre Autobiographie schreiben will. Was passiert, ist grotesk, widersinnig, possenhaft, wenig von dem, was man erwarten würde, tritt ein, und was eintritt, war nicht zu erwarten. Vielleicht ist das realistisch, wenngleich in einem nicht simpel realistischen Sinn. Die Zufälligkeit wird in der literarischen Verarbeitung des Emigrationsberichts ganz besonders sinnfällig.

Da ist zum Beispiel die Haltung des Dichters Lebleu (sein wirklicher Name ist Germon, aber wir folgen bis auf weiteres der Darstellung und Namensgebung der *Unsentimentalen Reise*), für den die närrische Baronin Kucku ebenso ein Empfehlungsschreiben mitgegeben hat wie für die Withorse-family. Als der Schutz- und Herbergssuchende in dessen Haus in Maisonpierre, also im mittleren Teil von Caminflour, anklopft, erlebt er ein kleines Wunder, das in der Autobiographie nur nebenbei erwähnt, im Bericht aber effektvoll herausgearbeitet wird. Zwar begegnet ihm die Mutter Lebleus, die dem von seiner Frau geschiedenen Sohn den Haushalt besorgt, mit unverhohlenem Mißtrauen, und auch die beiden Töchter, die Kucku schon als Freundinnen von Darling Withorse kennt, bleiben reserviert. Lebleu selbst aber empfängt den ihm unbekannten Besucher als Bruder im Geist:

Sie lieben Valéry? Für mich sind Keats, Valéry, Novalis, Claudel und Maurras das Schönste, was es an der Dichtung gibt. Sie sind Österreicher? Früher habe ich auch Deutsch gesprochen. Landsmann von Hitler? Ich wünsche wie Sie, daß er siegt.[33]

Das wünscht Kucku ganz und gar nicht, trotzdem fühlt er sich widersinnig angeheimelt.

Die Töchter des Dichters sind politisch übrigens durchaus anderer Meinung als ihr Vater, das beruhigt Kucku vor allem in bezug auf die mutmaßlich ähnliche Einstellung ihrer Freundin Sibylle. Lebleu ist ein physisch angeschlagener, schwer tuberkulöser Mann, der, diesen Eindruck gewinnt der Besucher rasch, oft nicht weiß, was er tut. Trotzdem, und trotz Lebleus gleich zum Empfang manifestierten Sympathien für Hitler, faßt Kucku zu diesem impulsiv und auf seine Weise geradlinig wirkenden Menschen ein eigenartiges Vertrauen. Vielleicht tritt in dieser ausgesetzten Situation auch die Anlehnungstendenz an eine – und sei es noch so dubiose – Vaterfigur zutage.

Er überläßt sich fürs erste der Führung Lebleus. Mit seiner Hilfe findet er doch noch ein Quartier bei reichen Bauern in La Commune/La Bolline. Es ist nicht billig,

Monsieur Bareli (rechts), Drachs ehemaliger Nachbar in Valdeblore

doch kommt man dem Gast insofern entgegen, als daß er nicht wie üblich für die ganze Saison im voraus zahlen muß, sondern die Miete monatlich begleichen darf. Auch als Nähr-Vater bewährt sich Lebleu: er bietet Kucku eine erschwingliche Pension und erwartet ihn von da an zu den Mahlzeiten bei sich zu Tisch.[34]

Das ergibt ein ständiges Hin und Her zwischen dem Quartier im unteren und der Familientafel im mittleren Ortsteil. Da trotz der kargen Ingredienzien unter Mitwirkung aller im Haus Anwesenden lang und aufwendig gekocht und – wohl auch den regionalen Gewohnheiten entsprechend – spät zu Abend gegessen wird, ist Kucku täglich noch zur Zeit nach der von den Deutschen verhängten Ausgangssperre um 22 Uhr unterwegs. Bei Tag wie bei Nacht nimmt er für diesen Weg nicht die breite Straße, sondern eine kleine, versteckte Abkürzung durch den Wald. »Wir sehen einander nächstens«, hat der schöne Gendarm angekündigt, sich nur vorläufig von dem ihm Verdächtigen abwendend – dieser Gendarm ist nicht die einzige Gefahr.

Hier ist im wesentlichen vom Kucku der *Unsentimentalen Reise* die Rede, die Schritte seines realen Schattens, die in der *Blinden Kuh* zur Sprache kommen, werden gegebenenfalls angemerkt. Gewiß bleibt seine Anwesenheit den Bewohnern des Ortes nicht verborgen, aber allzu sehr sollte sie zumindest gewissen Leuten nicht auffallen. Um als U-Boot zu leben, dazu ist er zu ruhelos. In irgendeinem Versteck still zu halten, das hält er nicht aus. Im Grenzgebiet läuft Kucku auf diese Weise gleich zu Beginn seines Aufenthalts deutschen Zollwachebeamten in die Hände. Er stellt sich auf französisch als Pilzsammler vor, erweckt aber, wahrscheinlich durch einen im Buch verschwiegenen Akzent und jedenfalls durch sein Dokument, zu dessen Vorweisung er aufgefordert wird, Verdacht. Wieso redet ein Ex-Autrichien nicht deutsch mit den Deutschen? Und vor allem: Wieso erfüllt er nicht seine Pflicht fürs deutsche Vaterland?

Die Zöllner lassen ihn vorläufig laufen, aber für wie lange?

Als ich den Weg (...) schon fortgesetzt habe, höre ich noch, wie die zwei Soldaten miteinander sprechen (...) »Was hat ein deutscher Sommerfrischler hier verloren, zum Teufel! Da an der Grenze in Zivil! Der steckt doch in Uniform oder hat Parteikarte«.[35]

Kucku weiß, daß es ihm nun bald an den Kragen gehen wird. Am nächsten Tag besucht ihn der Oberst Dissentin, seines Zeichens Chef der französischen Zollwache, um ihn zu warnen. Die Deutschen haben Kucku gesucht, aber an seiner Stelle einen Nachbarn Lebleus, den unglücklichen Herrn Nocquer, erwischt. Nocquer, der definitiv nicht Kucku sein wollte, hat sich geweigert, anders als gebrochen deutsch zu sprechen, wofür er vorerst eine Tracht Prügel bezogen hat; erst durch Preisgabe aller ihm bekannten Details über Kucku hat er seine eigene Identität beweisen und seine Freilassung bewirken können.[36]

Rasch entschlossen fährt Kucku nach Nizza: Er braucht ohnehin Geld – vielleicht erledigen sich die Probleme hier oben während seiner Abwesenheit von selbst. Im Bus hat er Zeit, an Darling Withorse zu denken, die seinem Zufluchtsbedürfnis nicht zureichend entgegengekommen ist, ganz zu schweigen von anderen Sehnsüchten. »It's not a good name after all«, räsoniert er, interessanterweise in englischer (also in ihrer) Sprache über ihren Namen: »Der meine ist nicht besser. ›Witzpferd‹, vielleicht eine Attitüde oder ein ironisches Attribut von Pegasus, dem Liebling und Geisterroß der Dichter.«[37]

Die schon erwähnte Übersetzung dieses Namens durch Drach nimmt das Wort Witz hier in seiner im Gegenwartsdeutsch landläufigen Bedeutung. Dem würde allerdings eher die Vokabel joke entsprechen; »Wit« meint eher Witz im Sinn von Geist. Bezeichnend, daß Drach diese Bedeutung im Zusammenhang der vorläufigen Frustration nicht wahrhaben will.[38]

Darüber hinaus ergeht er sich im Kontext dieser Fahrt in dunklen Andeutungen. Schon Darlings Mutter, heißt es da, »hat eine Geschichte, die Paul Lebleu zu erzählen verspricht und doch immer wieder aufschiebt.« Von Mord ist darin die Rede, allerdings ist Kucku der genauere Zusammenhang entgangen. »Aber die Mutter ist nicht wichtig. Selbst wenn sie eine Mörderin wäre. Es ist sogar unwichtig, ob Darling Withorse eine Mörderin ist oder wird.«[39]

In Nizza ist der Platz Massena gesperrt, mit knapper Not entgeht Kucku einer Razzia. Er übernachtet bei seiner vormaligen Zimmerwirtin, der Savoyardin in der Avenue de la Victoire 7, die Schockierendes zu berichten hat. Eine jüdische Schauspielerin, die ebenfalls in ihrer Pension gewohnt hat, ist denunziert, verhaftet und von der Gestapo ermordet worden. Es war also, schließt Kucku, höchste Zeit, von hier zu verschwinden, und es wird gut sein, das bald wieder zu tun.[40]

Kucku möchte zu Festenberg gehen, um sich dort ein wenig Geld zu leihen, kennt aber das täglich wechselnde Klopfzeichen nicht, auf das der alte Mann öffnet. Also schaut bei der alten Holländerin Frau Quanten vorbei, die den Rest seiner Markensammlung an den Mann bringen und ihm den Erlös zukommen lassen soll. Er ist hungrig, hofft auf ein Stück Brot, muß schreien, um sich bei der schwerhörigen Dame bemerkbar zu machen. Im Haus lebt auch ein russischer Sportlehrer und mutmaßlicher Denunziant. Als es an der Tür läutet, hält sich Kucku für verloren. Aber der Mann reicht ihm Brot und zieht von dannen.[41]

Dann sitzt er wieder im Bus nach Caminflour, aber diesmal gibt es Stichproben der Gestapo. Einige Burschen schreien, »hier ist ein Jude«, aber der Preuße, der den Kopf bei der Tür hereinsteckt, hält das für einen Scherz (vielleicht ist es ja auch einer: die Zeit hat einen eigenartigen Humor), und der Chauffeur fährt ab. »Ich muß mich schon gewaltig zusammennehmen, um nicht anzufangen zu zittern«, heißt es in der *Unsentimentalen Reise*. »Mir (…) erscheint es in diesem Augenblick so, als ob die vorhandene und überstandene Gefahr auf die noch lauernde zukünftige verweise, und daß ein Entrinnen unmöglich sein würde, wie es vor dem Tod kein Entrinnen gibt.«[42]

Er fährt gleich bis Maisonpierre, um sich wieder bei Paul Lebleu einzustellen, und schon die Erwartung des Wiedersehens spendet so irrationalen wie wirksamen Trost: »Sein Enthusiasmus, seine lächerliche Übertreibung wirklichen Geschehens in absurde aber genußreiche Phantasiegebilde scheint mir die einzige Brücke über das Nichts, vor dessen Abgrund ich mich finde.« Tatsächlich empfängt ihn der Dichter »mit Überschwang und mit ausgebreiteten Armen, in die zu stürzen ich mich beinahe geneigt zeige«.[43]

Drach begründet diese Neigung mit dem lapidaren Satz: »So klein und reduziert fühle ich mich nun.«[44]

Zufällig ist gerade Susan Withorse, Sibylles Mutter, bei Lebleu zu Besuch. Sie erklärt das Verhalten ihrer Tochter mit Angst vor dem fremden Mann, das Verhalten des von ihr zur Hilfe geholten Ehepaars Schlächter mit dem Verdacht, der Neuankömmling könnte in zu enger Beziehung zu den ja auch erst seit kurzem im Ort eingerückten Deutschen stehen. Kucku glaubt ihr nicht recht, auch wenn sie ihm damit eine Rationalisierung für die Kränkung anbietet, die er durch Darling erlitten zu haben glaubt. Sie gefällt ihm – sehr zum Unterschied von ihrer Tochter – nicht wirklich, seine Sympathie für sie hält sich in Grenzen, allerdings eröffnet das höfliche Gespräch mit ihr die Chance auf einen Besuch in ihrem Haus und auf ein Wiedersehen mit seiner Nymphe.

Nach Weggang der Dame Withorse läßt es sich Lebleu nicht nehmen, die bereits früher angekündigte Schauergeschichte zu erzählen, die Drach selbst nicht ohne Hinweis auf ihre etwas verquere Märchenhaftigkeit wiedergibt.

Als junge Aristokratin aus allerdings verarmter Familie habe Susan im Garten des reichen Engländers Rosen gestohlen. In »La Belle e la Bête« ist es bekanntlich der Vater der Schönen, der die Rose für seine Tochter bricht – auf seine Mitwirkung wird in dieser Version verzichtet. Aber geheiratet muß der Guts- oder Schloßherr, der vielleicht ein Ungeheuer ist, auf jeden Fall werden. Er ist kein Ungeheuer, aber, wie es Drach nennt, ein Wüstling. Mr. Withorse macht seiner blumenliebenden Frau ein Zwillingspärchen (Sibylle, stellt sich hiermit heraus, hat einen ihr zum Verwechseln ähnelnden Bruder, ein Motiv, mit dem unser Autor merkwürdigerweise nicht viel anfängt), sieht aber darüber hinaus keinen Grund, sich anderen Frauen gegenüber zurückzuhalten. So tröstet sich Susan schließlich, wildromantisch, mit einem schwarzen Zigeuner. Frucht dieser Leidenschaft ist Darlings kleinen Bruder, jener dunkelhaarige Knirps, den Kucku gleich nach seiner Ankunft in Valdeblore auf der Straße vor dem Haus der Familie Withorse spielen gesehen hat.

Herr Withorse, großzügig wie er ist, erkennt das Kind zwar stillschweigend als seines an, läßt aber – irgendwo muß die Großzügigkeit enden – den Liebhaber seiner Frau ermorden. Sehr lang kann er sich dieser Problemlösung leider nicht erfreuen, denn von seiner nächsten Ausfahrt mit dem Auto kehrt er nicht mehr zurück. Vielleicht ein Unfall – Lebleu will allerdings wissen, daß der Motor zuvor explodiert ist. Aber der Mordanschlag ist nicht nachweisbar.

Der von Lebleu erwartete Effekt der Erzählung tritt bei Kucku nicht ein. Er findet sie mäßig schaurig (über ihre Glaubwürdigkeit äußert er sich nicht). Er findet sie sogar ärgerlich »banal, wenn nicht vulgär«.[45] Sie gibt dem Autor allerdings Anlaß zur Reflexion über den Zustand der Welt.

Die Zeit, in der wir leben, ist ein Mosaik aus Grauen und Entsetzen. Jede Sekunde läßt den Mord an tausenden Menschen voraussehen, die in keinerlei Schuld verstrickt sind. Ein einzelnes ziviles Unrecht, das noch dazu menschlich verständlich wäre, hat aufgehört zu zählen, selbst wenn es für zwei Personen tödlich ausgefallen. Alles, was ich mir dabei denke, ist nur das: Hoffentlich hat Mister Withorse nicht mehr Zeit gehabt, seine Tochter Sibylle zu schänden. Hoffentlich wird sie auch kein anderer bekommen (mich allein ausgenommen.)[46]

Signifikant der abrupte Übergang von sozusagen existenzphilosophischen Überlegungen doch allgemeinerer Natur zu höchst besonderen, egozentrischen Assoziationen. Drachs aggressiver Narzißmus wird zwar von ihm selbst oder seinem literarischen Stellvertreter Pierre Kucku reflektiert, aber dadurch keineswegs entschärft. Die hoffentlich noch intakte Jungfrau wiederzusehen ist immerhin eine Perspektive. Kucku verläßt Lebleus Haus an diesem Abend etwas optimistischer.

Wegweiser auf dem Waldweg in Valdeblore, der von La Bolline nach La Roche führt

Der Gedanke, Darling wieder zu treffen, läßt ihn, schreibt Drach, die Gefahr, in der lebt, gleich etwas weniger empfinden. Dieser Empfindung folgend scheint die Gefahr fürs erste tatsächlich geringer zu werden. Es stellt sich heraus, daß die gesamte deutsche Besatzung nach Kuckus Abfahrt Richtung Nizza ausgetauscht worden ist. Die Jäger, die seine Witterung aufgenommen haben, sind nicht mehr in Valdeblore, sondern irgendwo an der Front.[47]

Dann aber der Besuch im Hause Withorse. Er verläuft von vornherein enttäuschend, die Tochter »befindet sich« zwar »in Shorts«, wird aber bald von den Töchtern Lebleu zu einer Tanzveranstaltung der Dorfjugend abgeholt.[48]

Kucku neigt erneut dazu, das alles für inszeniert zu halten. Jedenfalls sieht er nach dieser neuerlichen Enttäuschung wenig Grund zu einem weiteren Besuch im Hause Withorse.

Er verbringt seine Tage damit, die Gegend zu erwandern und sich mit den Pilzen der Region vertraut zu machen. Er hat eine Nase für Pilze; im Hause Lebleu wird die Ausbeute seiner Wanderungen bald zum täglichen Hauptgericht. Schmack-, aber nicht nahrhaft, auf die Dauer kaum ausreichend, auch wenn der Fund eines Steinpilzes von einem vollen Kilogramm Gewicht im Buch voll Stolz notiert wird. Die Kartoffeln von Lebleus Acker steuern immerhin ein paar Kohlehydrate bei.

Kucku könnte sich an den schlichten Rhythmus dieses Lebens gewöhnen, hat keinen Kalender, genießt seinen Aufenthalt, will gar nicht wissen, wie lange er schon hier lebt. Das erschiene ihm als »Verrat an der Stunde, die eher eine Minute der Ewigkeit ist«.[49]

Doch dann fällt mitten in die trügerische Idylle ein einschneidendes Ereignis, das gestern und heute voneinander trennt. Eines Mittags, nachdem Kucku durch den hochgelegenen Forst zur Villa seines Dichterfreundes hinabstiegen und bei gutem Wind an drei freundlich grüßenden deutschen Wachsoldaten vorbeigekommen ist, trifft er den Hausherrn nicht an. Statt dessen stürzt ihm, laut schreiend, dessen greise Mutter entgegen. »Ihretwegen erleben wir schöne Dinge.«[50]

Dreiundneunzig Jahre sei sie alt geworden, aber so etwas habe sie noch nie erleben müssen. Niemals habe es jemand gewagt, ihr christliches Haus so zu brandmarken. – Was ist geschehen? Ihre geschirrwaschenden Enkelinnen äußern sich weniger hysterisch, aber konkreter. Im Unterschied zu Großmutter und Vater hätten sie nichts gegen Juden, Kucku hätte sie aber wenigstens davon informieren sollen, daß er einer ist.

Man führt ihn zur unteren Eingangstür, durch die er sonst immer zu kommen pflegt. Darüber ist ein Zettel mit der Aufschrift »maison juive« angebracht. – Judenhaus.[51] Diesen Zettel, fürchten Babette und Armande, haben sicher die Deutschen hingeklebt. Lebleu ist im Ort, um sich beim schönen Gendarmen darüber zu beschweren.

Ob das, hätten die Deutschen den Zettel wirklich selbst angebracht, etwas nützen würde, scheint mehr als zweifelhaft. Sie hätten sich, meint Kucku, nicht mit der Beschriftung des Hauses begnügt, sie hätten ihn verhaftet. *Wenn* er Jude wäre, fügt er hinzu. Zum Beweis, daß dem nicht so ist, zückt er das Zertifikat, das ihm seine Nichtzugehörigkeit zum Judentum bescheinigt, und das er offenbar immer bei sich trägt.

Schon eigenartig, daß ein Nichtjude so ein Zertifikat braucht. Diesbezüglich denken die Mädchen ganz ähnlich wie der schöne Gendarm. Sie haben bislang jedenfalls kein derartiges Dokument benötigt. Im übrigen kennen sie Kuckus Papier ohnehin, kurz nach seiner Ankunft im Haus ihres Vaters hat er es scheinbar absichtslos fallen lassen, seither wissen sie jedenfalls auch über sein Geburtsdatum Bescheid – zweifellos ist er zu alt für sie.

Pierre Coucou kapituliert, bietet an, das Haus zu verlassen, schließlich will er niemanden gefährden. Aber das möchte man in Abwesenheit des Hausherren auch nicht auf sich nehmen. Die Großmutter spricht ein Machtwort:

»Das fehlte noch, daß sie jetzt gehen, bevor er zurückkommt! Er würde uns vorwerfen, daß wir Sie vertrieben haben!«[52]

Als Lebleu eintrifft, gibt er Entwarnung. Er hat die Erlaubnis des schönen Gendarms, den Zettel wieder zu entfernen. Es handelt sich um kein amtliches Papier, sondern um einen Streich von nicht näher genannten Jugendlichen. Später erfährt Kucku vom Gemeindesekretär, daß Darling Withorse persönlich diesen Zettel angebracht hat.

Was für eine Wendung! Wollte sie Kucku ans Messer liefern? Vorerst muß man das glauben. Auch einige Kritiker der *Unsentimentalen Reise* haben diese Stelle in diesem Sinn rezipiert: Darling, die böse Kindfrau, die dem rettungslos in sie verliebten Kucku den Todesstoß versetzen will. Aber so scheint es nicht gemeint zu sein. Auf Seite 293 des Buches, im chronologischen Ablauf des Berichts bereits nach Kriegsende, wird eine Wiederbegegnung zwischen ihm und ihr in Nizza geschildert.

Der Streich mit dem Zettel sei nicht gegen ihn, sondern gegen Lebleu gerichtet gewesen. »Lebleu hat immer mit den Deutschen sympathisiert, Sie wissen es selbst. Da ich auch wußte, daß ich ihn dadurch in Verlegenheit brachte, habe ich den Zettel an seinem Haus angebracht.«[53] Was der Jungfrau darüber hinaus bekannt gewesen sein dürfte, mutmaßt Kucku, wäre die »intime Beschaffenheit« Lebleus, der, wie er seinem Kostgänger gestanden hat, aus angeblich gesundheitlichen Gründen beschnitten ist – eine alles in allem ziemlich umwegiger und recht eigenartiger Erklärungsversuch, der, nebenbei erwähnt, Spekulationen über die tatsächliche Herkunft des möglicherweise nur präventiv antisemitischen Lebleu nicht ausschließt.

Nur ein »Denkzettel« für Lebleu? Diese Lösung des Rätsels scheint doch reichlich unbefriedigend. Sibylle, die der Autor vielleicht nicht von ungefähr so genannt hat, wird in ihrer menschlichen und politischen Haltung nicht wirklich durchschaubar. »Sie war so intelligent«, pflegte noch der alte Drach fast ein halbes Jahrhundert später zu schwärmen und seine irrationale Leidenschaft für die reale Myrhinne zu rationalisieren. Wäre es – unter Berücksichtigung aller Umstände – wirklich ein Zeichen von Intelligenz gewesen, einen derartigen Zettel an der Tür des Hauses anzubringen, in dem ein wahrscheinlich jüdischer Flüchtling seine tägliche Mahlzeit einnahm? Müßte man, wollte man daraus auf den Charakter der realen Myrhinne schließen, nicht zumindest erschreckende Gedankenlosigkeit konstatieren? Hätte sie Drachs Verhaftung (mit oder ohne vorstellbare Repressalien gegen Lebleu) in Kauf genommen? Nicht auszuschließen ist übrigens, daß sie sich durch die mit einer gewissen Sensibilität wahrscheinlich spürbare Begehrlichkeit des komischen Fremden provoziert fühlte. Vielleicht wäre es ihr nicht ganz unrecht gewesen, ihn durch behördliche Maßnahmen, die ihn zumindest aus ihrer Nähe entfernt hätten, loszuwerden.

Kuckus und wohl auch Drachs partielle Verblendung dem Objekt der Begierde gegenüber scheint von Blackouts auf der einen und fast skurriler Verblendung auf der anderen Seite begleitet gewesen zu sein. Franki Morini, der Fräulein Mattison nie persönlich gesehen hat, erinnert sich, daß Drach, schon bald nachdem er sie kennengelernt hatte, von Myrhinne als von seiner Verlobten sprach. Als der Krieg und die Gefahr endlich vorbei sind und Drach seine Zukunft noch in Frankreich sieht, macht er Myrhinne sogar einen regelrechten Heiratsantrag. Sie weist ihn mit Hinweis auf den zu großen Altersunterschied – nach Drachs Einschätzung ist sie damals gerade siebzehneinhalb – höflich, aber bestimmt zurück; wahrscheinlich war dieser Korb, den sie ihm gegeben hat, einer der ausschlaggebenden Gründe für seine letztendliche Rückkehr nach Österreich.

Hat die junge Frau damals, als sie den denunziatorischen Zettel am Haus Germons (Lebleus) angebracht hat, wirklich nicht begriffen, daß Drach oder Kucku Jude war? Unwahrscheinlich. Schließlich war sie mit den Töchtern des Hauses befreundet, die sich (siehe oben) informiert gaben. »Alle im Ort haben es mehr oder weniger gewußt«, meint der Exbürgermeister von Valdeblore, Monsieur Lambert, »abgesehen von der englischen Familie Mattison und den deutschen Besatzern, waren die paar Ausländer bei uns heroben alle jüdische Flüchtlinge«.[54] Man darf annehmen, daß das auch den Personen in Drachs/Kuckus näherer Umgebung klar war, ausgenommen vielleicht Germon/Lebleu, falls er diesen Tatbestand wirklich verdrängte.

Dem Oberst Dissentin beispielsweise, jenem Leiter der französischen Zollwache, der Kucku immer wieder vor gefährlichen Entwicklungen im Dorf warnen wird: Mit ihm verstrickt sich Kucku im Hause Lebleu in einen theologischen Disput, auch der Anwalt Serabouche ist zugegen. Oberst und Anwalt behaupten zwar, auf Seite der Alliierten zu sein, verstehen aber trotzdem sehr gut, was die Deutschen gegen Juden haben.[55] Dissentin ist überzeugter Katholik, der die Juden nicht schätzt, aber – wie er versichert – auch niemals ausliefern würde. Seiner Ansicht nach fehle es der jüdischen Religion allerdings an Selbstlosigkeit. Das kann Kucku nicht unwidersprochen lassen. Jetzt, wo er besser den Mund halten sollte, muß er diesem angeblichen Christen zeigen, daß er mehr von der jüdischen Lehre verstanden hat, als der von seinem Christentum: Liebe deinen Nächsten wie dich selbst sei ein jüdisches Gebot seit eh und je gewesen.

Darüber hinaus sei es nicht wahr, daß die jüdischen Alten den Haß gegen ihre Feinde propagiert hätten. Du sollst deinen Nächsten lieben und deinen Feind nicht hassen, heiße es ursprünglich, das »nicht« sei durch einen Schreibfehler abhanden gekommen. Daß die alten Lehrer den Haß gegen die Feinde propagiert hätten, sei eine Unterstellung, die durch Lektüre der entsprechenden Schriften jederzeit widerlegt werden könne. Der in die Bergpredigt geratene Schreibfehler sei aber durch zwei

Jahrtausende weitergeschleppt und zum Anlaß für Vorurteile und Massenmorde geworden.[56]

Auf diese Probleme wird Drach später auch in seinem Essay *Zur Lösung der Antisemitenfrage*[57] zu sprechen kommen. Nächstenliebe ja, Haß gegen die Feinde nein. Das völlig unrealistische christliche Gebot der Feindesliebe habe jedoch wegen seiner Unerfüllbarkeit und den daraus resultierenden Aggressionen erst recht Unheil und Verfolgung in die Welt gebracht. Drach kann der auf ein vernünftiges menschliches Maß hin konzipierten jüdischen Religion im Unterschied zur christlichen, der die Kreuzüge, die Hexen- und die Judenverfolgung anzulasten sind, sehr wohl etwas abgewinnen.

In der gefährdeten Situation, in der sich Drach/Kucku in Valdeblore befindet, wäre es allerdings vielleicht besser, mit Sympathieerklärungen für das Judentum etwas zurückhaltender zu sein. Der treuherzige Lebleu eilt ihm sofort flankierend zu Hilfe, beteuert, daß er selbstverständlich auch den Juden Kucku schützen würde, betont aber, daß sein Freund sich nach seiner Überzeugung nicht wegen seiner Abstammung, sondern aus »austropatriotischen Gründen« verborgen halten müsse. »Ich halte zwar den Blick aus, der nun auf mich gerichtet ist«, schreibt Drach, »werde auch nicht rot, habe aber den Eindruck, daß mich jetzt jeder für einen Juden hält, auch die dies früher nicht getan haben sollten. Da ich aber weiß, woran ich bin, werde ich ein Thema nicht mehr berühren dürfen, hinsichtlich dessen von Judengegnern nie mit guten Gründen, sondern nur mit Thesen, halbverdautem Quark, verdrehten Zitaten oder erfundenen Fakten operiert wird«.[58]

So beschreibt Drach Lebleu. Nicht gerade taktisch klug, aber loyal. Von Anfang an steht er zu seinem Pierre Coucou. Als ihm der nach dem Anschlag auf sein Haus die Trennung anbietet, bleibt er bei seinem Standpunkt: »Selbst wenn Sie ein Jude wären, was ich ganz und gar nicht glaube, würde ich Sie nicht mehr von mir lassen, Sie sind mein lieber Freund, und wir bleiben zusammen.«[59]

Merkwürdig gut gelaunt, »erleichtert und befreit« verläßt Kucku das Haus:

Ich weiß zwar nicht, was die nächste Stunde bringt und jeder freie Atemzug ist ein unberechtigter. Umso mehr Vergnügen macht es mir, daß ich ihn allein genießen kann, mit keinem anderen Zeugen als dem märchenhaften Wald (…) Aber zusätzlich zu diesem Glück zu leben, das ich plötzlich und fast unvermittelt zu entdecken glaube, gerade inmitten der völligen Sinnlosigkeit des Lebens und insbesondere des eigenen, das vom Standpunkt der Zweckmäßigkeit und Nützlichkeit nicht anderes als ein Vegetieren auf Widerruf genannt werden darf, entdecke ich eine Reihe von nahe und fern liegenden Dingen und gebe ihnen bereits einen neuen Zusammenhang.

Ich bewundere Lebleu, von dem ich noch immer nicht weiß, wovon er lebt, und es auch nicht wissen will: er ist wie die Lilien auf dem Felde. Ich finde ihn plötzlich – er mag auf welcher Seite auch immer stehen – mit seiner unverbrüchlichen und doch völlig grundlosen und tapferen Freundschaft für mich geradezu erschütternd fromm und gut. Er sieht nur den Kampf auf der einen und den, für welchen er aufgenommen wird, auf der anderen Seite. Auf diesen überträgt er alle Liebe, deren er fähig ist, und fragt nicht nach der wirklichen Beschaffenheit des Wesens, für das er den höchsten Einsatz leisten will. Selbst seine Prinzipien gehen dabei zu Fetzen. Denn er schließt die Möglichkeit nicht aus, daß sie dem aufgenommenen Kampf entgegenstehen, ja ihn gar nicht zulassen würden, so daß er einen Ausnahmefall annehmen muß, wiewohl er den Fall ganz und gar nicht kennt. Denn seine Tapferkeit ist auf die Grundlosigkeit seines Einstehens gegründet. Und der Feind, gegen den zu kämpfen er sich entschlossen hat, ist überall, besonders in ihm.[60]

Diese Stelle fällt deutlich aus dem zynischen Kontext des Emigrationsberichts. Selten läßt sich der Autor in dieser direkten, durch keinen Protokollstil gebrochenen Form auf die psychologische Interpretation menschlichen Verhaltens ein. Selten versucht er jemanden ohne Wenn und Aber zu begreifen. Aber seine tiefe Sympathie zum antisemitischen Freund muß er sich wohl selbst erklären. Lebleu ist, nach Hasenclever, der den Zusammenhang, in den er hiermit gebracht wird, wohl nicht schätzen würde, und dem alten, nach Möglichkeit hilfreichen Festenberg, die dritte mit emotionaler Zuneigung gezeichnete Person auf dieser *Unsentimentalen Reise.*

Tatsächlich wird es nicht zuletzt Lebleu/Germon zu verdanken sein, daß Kucku/Drach auch im letzten Kriegsjahr, in dem sich die Ereignisse bar jeder Logik überstürzen, in Caminfleur/Valdeblore bleiben kann. Ein mehr als unsicherer Ort, aber doch einer, in dem der Gefährdete einen wahren Freund und eine im Prinzip hilfreiche Gemeindeverwaltung hat: auf dieser Basis läßt sich improvisieren. Improvisierend läßt sich überleben.[61]

Wenngleich die Gefährdung immer gegeben ist, über lange Strecken latent, dann plötzlich wieder manifest, wie etwa beim zweiten, kurzen Besuch Dissentins. Die Deutschen, so seine ebenso knappe wie präzise Information, hätten Wind davon bekommen, daß hier oben Flüchtlinge lebten, es müsse noch heute mit Recherchen gerechnet werden.[62]

Kucku verliert keine Zeit und läuft Richtung Wald. Allerdings läuft er direkt in die Hände zweier deutscher Zollsoldaten. Diesmal wird er französisch angesprochen und antwortet, in der Verwirrung der Situation, deutsch. Daß das eine scharfe Befragung nach sich zieht, ist kein Wunder. Merkwürdigerweise kommt man nicht auf die Idee, daß er vor Hitler geflohen sein könnte. Aber er muß plausibel machen, wieso er hier und nicht im Feld ist. Er fabuliert etwas von besonderer Verwendung, für die man ihn vorgesehen hat – in Hinblick auf das für ihn und seinesgleichen von den Nazis vorgesehene Programm klingt das wie eine extrem zynische Umschreibung der Wahrheit. Kucku selbst jedoch denkt diese Doppelbödigkeit der spontan gegebenen Antwort kaum mit, möchte sie nur, kaum hat er sie ausgesprochen, zurücknehmen, denn es ist recht wahrscheinlich, daß die Soldaten, die ihn daraufhin zwar neuerlich laufen lassen, der Sache nachgehen werden.[63]

Noch nicht lang außer Sichtweite der Patrouille begegnet er den Schlächters, die just die Richtung einschlagen, aus der er gekommen ist. Fast widerwillig warnt er sie – aber so wenig er sie leiden kann, so wenig mag er sie stracks in ihr Unglück rennen lassen. Nun hängen sie sich an ihn, ein Effekt, auf den er gewiß nicht erpicht war. Schließlich läßt er sie stehen und entspringt ins Dickicht.

Unversehens findet er sich in einen Teil des Waldes, den er noch nicht kennt. Die Szene wird fast märchenhaft. Er gerät an ein verfallenes Haus. Vielleicht könnte er sich hier verstecken? Vielleicht könnte er dieses Haus sogar winterfest machen? Er beschließt, auf der Stelle mit Reparaturarbeiten zu beginnen, obwohl er keine Ahnung hat, woher er Werkzeug und Materialien nehmen soll.

Auf der Suche nach Zugängen folgt er einem Pfad, der an einer Felswand endet. Er klettert ein Stück hinauf und erliegt wieder einmal der Faszination der Landschaft: »Tal, Gebirge, Schluchten wie auf einer Landkarte, bis ans Meer und von dort ins Unendliche hinausgetragen.«[64] Er vergißt sein praktisches Vorhaben und versteigt sich in die Felstürme.

Beim Versuch, die Türme seitlich zu umgehen, gerät er an eine enge Stelle. Dort, wo sich die Enge verbreitert – man beachte die Traumsymbolik – sieht er jemanden liegen. Es handelt sich um eine Person, deren besondere Schlankheit Drach hervorhebt, eine Person, die hier mitten im Wald ein Buch liest. Jemand von der Gestapo, überlegt Kucku, würde dergleichen an dieser Stelle nicht tun, er nähert sich also vorsichtig und versucht, »diesen Menschen näher zu betrachten.«[65]

Drach macht es spannend: »Das schlanke, hier gelagerte Wesen trägt Hosen, scheint daher männlich zu sein (...) Allerdings stelle ich jetzt fest, daß der Kopf der Gestalt lange Haare trägt.[66] Kucku versucht, näher zu kommen, und bringt einen Stein ins Rollen. Dadurch beim Lesen gestört, erhebt sich der schlanke Mensch und erweist sich als Darling Withorse.

Sie lacht, das sieht ihr ähnlich. Kucku weiß nicht, wie er zu ihr hinaufkommen soll. Sie weist ihm den Weg, der auf den ersten Blick unbegehbar erscheint. »Nicht hier, Herr Coucou, sehen Sie nicht (...), sondern da.«[67] Kucku folgt ihren Anweisungen, sie reicht ihm die Hand und hilft ihm über den letzten Felsvorsprung.

Dann sitzen sie an der Felskante nebeneinander. Eine Szene, wie aus dem Buch eines Romantikers, man kann sie sich auch von Caspar David Friedrich gemalt vorstellen. Beide von hinten gesehen, in die Landschaft blickend. Einander »so nahe, wie es die Enge der Felsvorsprünge vorschreibt, so ferne als es möglich ist, ohne in den Abgrund hinunter zu fallen.«[68]

Um sich festzuhalten, greift Kucku nach dem Buch, in dem Darling gelesen hat. Es handelt sich (in solchen Urteilen ist er schnell) um eine schlechte Übersetzung von *Also sprach Zarathustra*. Immerhin eine Gesprächsbasis. »Er ist auch ein Österreicher«, meint Darling in bezug auf den Autor. »Offenbar«, fügt Drach hinzu, »um sich für ihre Lektüre zu entschuldigen, denn sie mag die Deutschen nicht.«[69]

Mag sie die Österreicher? »Sie meint, daß die Österreicher nicht so seien wie die Deutschen, und daß man die beiden nicht miteinander verwechseln dürfe.« Kennt sie viele Österreicher? Sie habe welche gekannt und viel von ihnen gehört. Soll Pierre Coucou das als Kompliment verstehen? Er ist nicht sicher, worauf sie hinaus will. Und ob sie überhaupt auf etwas hinaus will. Er beginnt die Gegend zu bewundern.

Sie bewundert diese Gegend auch, »stellt aber fest, daß

sich die Freude an der Anschauung um so mehr erhöhe, je weniger man dazu sage.« Auf diesem Fels ist Drach unversehens auf einem in der *Unsentimentalen Reise* unerwarteten Höhepunkt feinster Ironie. »Damit«, schreibt er, »hat sie recht und das könnte auch für die Liebe gelten. Ich überlege mir, ob ich sie nicht küssen sollte, noch bin ich mit meiner Überlegung noch nicht fertig, als sie bereits den Felsen hinunter zu steigen beginnt.«[70]

Der richtige Augenblick für eine erfolgreiche Annäherung ist verpaßt. Kucku kann die Begehrte nur zurückbegleiten und von ihr Abschied nehmen. Sie bemerkt noch, daß ihre Familie in drei Tagen von hier fort müsse. Der schöne Gendarm habe ihre Ausweisung erreicht. Ausländer, auch Engländer, hätten hier nichts mehr verloren.

Was aber wird mit Kucku? Auch er ist Ausländer, und zwar ein höchst dubioser. Offenbar hat er unter Darlings Eindruck vergessen, daß er sich gerade noch im Wald verstecken wollte. Er geht zu Lebleu, um seine tägliche Mahlzeit einzunehmen. Noch vor dem Essen bringt aber auch der den verschärften Umgang mit Fremden zur Sprache.

Sie müssen aus dem Grenzgebiet weg, es sei denn, sie haben einen Acker, ein Feld oder einen Wald in der Gegend. Besitz allein, wie im Fall der Familie Withorse, gilt nicht, das Stück Grund muß bewirtschaftet werden. Lebleu macht Kucku den Vorschlag, ihm einen Teil seines Kartoffelackers zu verpachten. Die Realität des Pachtverhältnisses zwischen Germon und Drach ist durch einen Pachtvertrag dokumentiert.

Man bringt den Pachtvertrag zum Gemeindesekretär, der ihn weiterleiten wird.

Ein Aufschub? Drachs Status in den folgenden Wochen scheint unsicherer als zuvor. Im Bericht wird die Schilderung der Ereignisse um Kucku in dieser Phase etwas diffus. Eines Tages machen ihn die Schlächters jedenfalls darauf aufmerksam, daß sich, wie durch einen Herold in der Ortschaft verkündet, alle Deutschen im Ort in der

Mairie zu melden haben. Eine seltsame Meldung, da sich ja eigentlich gar keine zivilen Deutschen im Ort befinden dürfen. Die Schlächters scheinen darauf anzuspielen, daß Kucku, der ja kein Jude sein will, diesem Aufruf an die Deutschen nun wohl folgen sollte. Kucku gibt sich nicht betroffen, entzieht sich aber gleichzeitig den Fraternisierungsversuchen der beiden. Gegebenenfalls ziehe er es vor, schreibt Drach, als Fahnenflüchtling erschossen statt wegen Judentums vergast zu werden.[71]

Kurz darauf heißt es, daß sich nicht nur alle Deutschen, sondern generell alle Personen zu melden haben, die seit Kriegsbeginn in die Gebirgsregion von Valdeblore/Caminflour gezogen sind. Eine Meldung, durch die sich der schöne Gendarm bestätigt fühlt. »Es gibt nur eines für Sie«, stellt er klar, als ihm Kucku über den Weg läuft: »Verschwinden!«[72] Kucku befolgt den Befehl nur halb, fährt wieder einmal nach Nizza, um Geld zu holen, kehrt aber danach nach Caminflour zurück.

Auf der Mairie ist inzwischen ein Einberufungsbefehl für alle Deutschen eingetroffen. Kucku steht auf der Namensliste, die an die Präfektur in Nizza geschickt wird, aber diese Liste kommt dort niemals an. Die Widerstandsbewegung sprengt den Waggon in die Luft, das rettet den Flüchtling kurzfristig. Es ändert aber nichts Grundlegendes an seiner immer verzweifelter werdenden Situation.

Die einzige Hoffnung ist ein baldiges Ende des Krieges. Begegnungen mit deutschen Zollsoldaten, unter denen die sogenannten Ostmärker nach wie vor als die unangenehmsten und dem Flüchtling gefährlichsten beschrieben werden, mehren sich. Kucku ist seiner Situation überdrüssig, wird immer unvorsichtiger, fordert das Schicksal heraus. Eines Tages kehrt er mit Bekannten aus dem Dorf in einem Wirtshaus in Audelà ein, jenem höchsten Ortsteil von Caminflour, in dem die deutsche Zollwache stationiert ist.

Als ein Platz in der Runde frei wird, gesellt sich ein deutscher Feldwebel zur bis auf Kucku durchwegs französischen Gesellschaft. Er versucht sich auf französisch in die Unterhaltung einzumengen, findet aber nicht die richtigen Worte. Kucku ist voll des guten Weins, den er nicht bezahlen kann, und beginnt »halb unbewußt, halb aber mit Absicht«[73] zu übersetzen. Nach einer Weile setzt sich der Feldwebel an den Platz ihm gegenüber und legt die Karten auf den Tisch.

»Sie können gut Französisch, Herr Kucku! Sie können auch gut Deutsch. Ich weiß es, wir wissen es alle genau, wer Sie sind. Ich sage es auf Deutsch. Die anderen verstehen uns nicht. Wir wollen Freunde sein. Ich bin ein rheinischer Maler und Sie sind ein österreichischer Dichter (...)«.[74]

Sehr unwahrscheinlich, daß der reale Feldwebel Albert Drach als Schriftsteller identifiziert, der ist damals noch nicht einmal ein Geheimtip. In der Parallelstelle in der *Blinden Kuh* ist auch nicht davon die Rede.[75] Aber die wesentliche Botschaft bleibt identisch: »Wir sind deutsche Zollsoldaten und nehmen nur wen hopp, wenn man ihn anzeigt.«[76]

Ein offenherziger deutscher Soldat. Er warnt auch ausdrücklich vor dem denunziatorischen Potential der Österreicher – eine hübsche junge Jüdin in einem Nachbarort, bei der er und seine Kameraden täglich gerne eingekehrt seien, hätte er verhaften müssen, weil sie ein Landsmann Kuckus angezeigt habe. Der Wein fließt in Strömen bei diesem Gespräch, der Feldwebel exponiert sich.

Den Krieg hat er satt. Nur von den Kommunisten mag er nicht besiegt werden (auch De Gaulle hält er nebenbei für einen Kommunisten), aber die Amerikaner können, was ihn betrifft, kommen.

Kucku erklärt klipp und klar, daß er den Krieg, den die Deutschen führen, für längst verloren hält. Eine Prognose, für die in den letzten Kriegsjahren bekanntlich manche mit dem Tod bezahlen mußten. »Du bist ein mutiger Mann«, urteilt der Feldwebel, »sagst, was du denkst, in deiner Lage!«[77] Vor lauter Respekt und Sympathie lädt er Kucku ein, ihn auf der Stelle auf ein Fest zu begleiten, das offenbar bei den im Ort stationierten Deutschen stattfindet.

Den Realitätsgehalt der in der *Sentimentalen Reise* folgenden Passagen muß man wohl nicht allzu hoch veranschlagen. Trotzdem ist der Fatalismus, in den sich der Protagonist fallenläßt, interessant. Es hat keinen Sinn mehr, sich zu verstecken, Chuzpe erscheint als letztmögliche, in gewissem Sinn auch heroische Haltung. Vielleicht sind die Überraschungsausfälle, die er aus dieser Position unternimmt, sogar die auf skurrile Art die wirksamste Verteidigung.

Auf dem Fest trifft Kucku nicht nur deutsche Soldaten, sondern auch das Häuflein ortsansässiger Franzosen, das mit ihnen kollaboriert. Darunter den schönen Gendarm mit seiner häßlichen Frau. Vielleicht kollaboriert ja auch Kucku mit den Deutschen, wieso wäre er sonst hier? Gendarm und Gattin betrachten ihn wie das Exemplar einer Tiergattung, die sie nicht unter die ihnen bekannten Arten einordnen können.

Zur Steigerung der Provokation fordert Kucku die häßliche Frau zum Tanz auf. Nicht nur das: er tanzt derart lasziv mit ihr, daß sich der schöne Gendarm vor allen Anwesenden blamiert und provoziert fühlen muß.[78] Nach dem Fest begibt sich Kucku noch einmal auf Pilzsuche in den Wald, drei Schwindlinge, die er untertags dort gesehen hat, will er dort nicht stehen lassen. »Bringst du die drei Schwindlinge nach Hause aus dem Wald, sagt das Märchen, dann kann dir niemand mehr etwas anhaben.«[79]

Tatsächlich findet er die Pilze; auf dem Rückweg begegnet ihm der Gendarm und seine Frau, die anscheinend länger auf dem Fest geblieben sind. Um die Provokation von zuvor fortzusetzen und auf die Spitze zu treiben, küßt Kucku die Dame. Der Gendarm tut nichts. Er läßt es geschehen und reicht Kucku sogar die Hand zur guten

Nacht. Vielleicht wirkt der Zauber der Schwindlinge, vielleicht aber hält ihn der Mann nun ganz einfach für eine einflußreiche Persönlichkeit.

Der Zauber, den Kucku sich eingeredet hat, scheint zu wirken. Am nächsten Tag werden alle Männer des Dorfes aufgerufen, sich für den Arbeitsdienst bereit zu halten. Kucku trägt sich in eine aufliegende Liste ein, aber der Wagen, der sie nach Nizza bringen soll, fängt, bevor er dort anlangt, Feuer. Einen Soldaten, der ihn im Wald stellt, vertreibt der Unverwundbare kurzerhand mit seinem Regenschirm.[80]

Dann kommt endlich die Nachricht von der Landung der Amerikaner in der Bretagne. Doch je näher die Rettung scheint, desto erloschener fühlt sich Kucku: »Die Begebenheit kommt zu spät, zuviel Zeit ist inzwischen vergangen; ich bin gestorben, sie können jetzt nur mehr meinen Leichnam retten.«[81]

Trotzdem verhält er sich wie einer, der überleben will. An den Ereignissen, die über das Dorf hereinbrechen, nimmt er regen Anteil. Zuerst stürzt in der Nähe des Orts ein englischer Flieger ab. Dann stoßen die Amerikaner auf der ganzen Linie durch; daraufhin deklariert sich auch der Pfarrer, der es zuerst mit Pétain gehalten hat, als Gaullist. Die Deutschen ziehen ab, Oberst Dissentin erklärt sich zum Führer der Resistance. Die Amerikaner bombardieren den Kinderspielplatz neben der Schule, weil der Lehrer seine Schüler darauf exerzieren läßt, was offenbar zu einer Verwechslung mit erwachsenen Truppen Anlaß gibt.[82] Dann kehren die Deutschen zurück, der freundliche Feldwebel scheint nicht mehr dabei zu sein. Sie veranstalten einen Raubzug durch den Ort, verhaften die Widerständler und zwingen sie, das Raubgut für sie zu schleppen, bevor sie Mann für Mann im Wald erschießen. Der Oberst Dissentin kann sich allerdings rechtzeitig absetzen. Das Gerücht geht, er sei unter die Soutane des Pfarrers von Sainte Catharine geschlüpft. Kucku wird inzwischen von einer Bäuerin versteckt.

Seine abgrundtiefe Erschöpfung kann er aber schließlich zu Hause ausschlafen.[83]

Am 28. August 1944 räumen die Deutschen Nizza, aber ihre versprengten Truppen sind nun in den Wäldern. Als ein solcher Trupp in Caminflour eintrifft, wird Kucku vorübergehend zum Helden des Orts. Blitzschnell instruiert er die wegen der Abfahrt eines Busses auf dem Dorfplatz versammelten Bauern. Er wird den Deutschen weismachen, amerikanische Truppenverbände seien vor kurzem vorbeigekommen. Daß er deutsch spricht und, wie er zugibt, Österreicher ist, erregt zwar Mißtrauen. Durch die Informationen, die er ihnen gibt, wird diese Frage allerdings zur Nebensache. Die Amerikaner hätten angekündigt, demnächst wiederzukommen, sie könnten jeden Augenblick da sein. Die auf französisch oder italienisch hinzugefügten Aussagen der Bauern decken sich im wesentlichen mit seinen, weichen aber im Detail ein wenig voneinander ab, was die Glaubwürdigkeit der Information für die nervösen Soldaten anscheinend erhöht.[84]

Nach Abzug des Haufens wird Kucku gefeiert und bewirtet, am darauffolgenden Tag beraten die Honoratioren in der Gemeinde sogar darüber, ob sie ihn für das Amt des Bürgermeisters vorschlagen sollen. Davon hat Monsieur Lambert, der Sohn des Exbürgermeisters, mit dem ich ein halbes Jahrhundert später spreche, nichts gehört. Vielleicht versteht er mein Französisch auch gerade in diesem Zusammenhang besonders schlecht. Der Gedanke, daß der diskrete Monsieur Drach damals beinahe Maire geworden wäre, dürfte doch nicht besonders nahe liegen. Aber es handelt sich schließlich um Pierre Coucou. Daß dieser, wie er selbst einwendet, kein Franzose ist, scheint in der chaotischen Situation des Augusts 1944 weniger wichtig. Kucku schämt sich. Er ist überzeugt, daß der amtierende Bürgermeister Ramier der bessere Mann ist. In einem Erschöpfungsschlaf nach all der Aufregung träumt er, wie er zusammen mit Dr. Honigmann in die Gaskammer eingewiesen wird.[85]

Bald wendet sich das Blatt wieder zu seinen Ungunsten. Hat sich dieser Monsieur Kucku nicht verdächtig gut mit den Deutschen verstanden? Hat man ihn nicht sogar auf einem Fest der Deutschen gesehen, steckt er nicht vielleicht doch mit ihnen unter einer Decke? Der Gemeindesekretär, der nicht dieser Meinung ist, schreibt eine Bestätigung, die Kuckus couragiertes Eintreten für den Ort hervorhebt.[86]

Ein entsprechendes Dokument, ausgestellt für Monsieur Albert Drach, geboren am 17.12.1902 in Wien (Österreich), existiert tatsächlich. Es ist vom »abgeordneten Mitglied des provisorischen Verwaltungskomitees der Gemeinde Valdeblore« ausgestellt und mit dem 20. Sept. 1944 datiert. Hervorgehoben wird, daß Drach dem Komitee seit dem 15. August als Dolmetscher für Deutsch und Englisch zur Verfügung gestanden ist. Bei Eintreffen von Nazi-Abteilungen in Valdeblore, die mit Repressalien gegen die Bevölkerung vorgehen wollten, habe er in dieser Funktion viel Fingerspitzengefühl bewiesen.

Grundsätzlich fällt auf, daß der Autor Drach das durch einige Dokumente belegbare Engagement der Gemeinde Valdeblore für seine Person jedenfalls im fiktiven Caminflour stark herunterspielt. Das gutwillige Bemühen von schlichten Gemeindebediensteten paßt ihm anscheinend nicht so ganz in die naiv-zynische Inszenierung. Was das Empfehlungsschreiben der Mairie betrifft, erscheint es im ersten Moment übrigens wirkungslos. Kucku (wie auch Drach) bekommt kurze Zeit später eine Ausweisung nach Grasse, einen Ort, an den Drach trotz seines angeblich gesunden Klimas nicht will.

Will er überhaupt noch in Frankreich bleiben? Ende Oktober, Anfang November 1944 neigt er dazu, das zu verneinen. Zwar wird der Krieg noch ein paar Monate dauern, aber die deutschen Fronten brechen sowohl im Westen wie im Osten zusammen »Ich habe eben so gut von zu Hause geträumt und werde bald zurückfahren.«[87]

Keine Rede mehr davon, daß man ihn beinah zum Bürgermeister gemacht hätte. Sogar ein Erlaubnisschein für eine Fahrt nach Nizza wird auf dem Gemeindeamt »nur mühsam erwirkt«. Man läßt ihn warten. Er versäumt den Bus, den er nehmen wollte. Er geht auf gut Glück in den Wald und gerät in einen Abschnitt, in dem er noch nie gewesen ist.

»So was gibt es auch«, schreibt Drach. Kucku gerät wieder ein Stück aus der Realität. »Und richtig stehen hier die Bäume so seltsam (...) So österreichisch stehen hier die Bäume und sehen auch so aus wie daheim.«[88] Da wundert es ihn nicht besonders, daß er hier einen österreichischen Schulfreund trifft. Zwar wird dessen Anwesenheit dann doch noch realistisch motiviert, aber die Spur, auf die der Blick des Autors eher nebenbei fällt, wirkt seltsam verweht.

»Ich lasse diesen Mann zurück«, heißt es lapidar, »am Tag darauf fahre ich nach Nice. Abschied habe ich von niemand genommen.«[89]

In Nizza findet Drach wie früher Quartier bei der Savoyardin. Er erfährt, daß Morini wieder in der Stadt ist, und geht gleich zu ihm. Er und Genia sind inzwischen verheiratet, sie haben ein Töchterchen miteinander. »Nun ist Marassino«, heißt es in der *Unsentimentalen Reise*, »angeblich Oberst der Freischärler.«[90]

Angeblich – dieses Wort kommt im Zusammenhang mit der Resistance bei Drach öfter vor. Sein Verhältnis zu den Widerstandskämpfern, die jetzt allenthalben auftauchen, ist durchaus skeptisch. In der Avenue de la Victoire haben die Deutschen vor ihrem Abzug zwei »angebliche Widerstandskämpfer gehängt und einige Stunden ausgestellt«,[91] heißt es einige Seiten weiter. In diesem Zusammenhang könnte das Wort angeblich allerdings auch anders verstanden werden.

»Ich frage nach vielen Leuten, die ich kannte. Sie sind verschleppt worden und nicht mehr zurückgekehrt.«[92]

Nur die bucklige Ilse, die er aus Rives Altes kennt, trifft Kucku wieder. Sie hat es so wie er irgendwie geschafft zu überleben und ist gar nicht einverstanden mit seinem Vorhaben, nun etwas gegen Fräulein Felice von der Fremdenpolizei zu unternehmen.

»Lassen Sie es sich nicht einfallen, etwas gegen Felice zu tun! Sie hat zwar hundert Juden geliefert und fünfzig Widerstandskämpfer angezeigt. Man hat sie dreimal verhaftet und dreimal wieder freigelassen.«[93] Sie habe aber nicht nur gute Beziehungen zum Intelligence Service, sondern sei auch eine Doppelagentin gewesen.

Erstaunlich gut informiert ist diese Ilse. Für jeden Juden, den Fräulein Felice geliefert habe, habe sie dreimal so viel Nazis den Garaus gemacht. »Da kann man ihr nicht an den Kragen. Die ist tabu. (...) Wir müssen froh sein, wenn man uns in Ruhe läßt. Es ist unverschämt, wenn wir uns rühren. Wir sind ja schließlich Deutsche.«[94]

Drach findet wenig Bodenhaftung in Nizza. »Dort hat bereits jedes Mädchen einen Amerikaner.« Auch Myrhinne Mattison? Ihre Familie lebt seit der Ausweisung aus Valdeblore hier. In der *Unsentimentalen Reise* besucht Kucku die Familie und überredet sie, wieder mit ihm in die Berge zu fahren.

Noch einmal Caminfleur also. Kucku nähert sich dem Ende der *Unsentimentalen Reise*. »Man braucht zwar Grenzpapiere, aber Frau Withorse schert sich nicht darum.«[95] Das Verbot scheint sie im Gegenteil geradezu zu reizen. Mit Kucku im Bus nach Sainte Anne sitzen Suzy Withorse mit dem Kleinen auf dem Schoß, Darlings Zwillingsbruder mit einem Freund und natürlich Darling selbst, ihr Kopf lehnt an Kuckus Schulter.

Es ist eine unwirkliche Fahrt, das heißt eine Wegstrecke meiner Reise, die hineingezaubert ist. Ich bin zu alt für Darling, wenn ich mich auch jung fühle. Sie lehnt an meiner Schulter und schläft. Ihre Mutter weckt sie und sagt ihr, daß sich das nicht schickt. Nun schläft sie an der Schulter ihrer Mutter weiter. Ich bin die tausend Jahre alt, die das deutsche Reich gedauert hat. Die ganze Gegend steht in rosigem Herbst, die Blätter sind rötlich, sie leben ihr zweites Leben, aber dieses Leben gilt nichts mehr.

Sobald wir ins Gebirge kommen, ist es kalt. Es ist bereits Oktober. Die letzten neunhundertfünfzig Meter Höhenunterschied legen wir zu Fuß zurück bis nach Maisonpierre.[96]

Bald ist der Zauber vorbei. Es war keine gute Idee, Sybille nach Caminflour zurückzuholen, sehr rasch ist sie Darling der Amerikaner. Lebenstüchtig wie sie ist, versucht sie Kucku einen Job als Dolmetscher zu verschaffen, doch der findet wenig Freude daran. Nach wie vor sind Deutsche im Wald, immer noch kommt es zu Gefechten. Eines Tages nach einer größeren Schießerei hat er eine unheimliche Begegnung:

Jetzt treffe ich Darling Withorse, die aus der Richtung der Schlacht auftaucht. Sie hält etwas in den Händen. Es ist etwas weißes, glänzendes, doch zeigt sie es nicht genau. »Ich habe sie im Bach gewaschen, fädle sie auf und trage sie um den Hals«. »Was ist es eigentlich?« »Ein Toter ist doch nichts anderes mehr als eine Puppe.« Der Leutnant, der auch in der Nähe ist, versucht ihre Hände auseinanderzureißen, aber sie läuft davon. Er hat genug gesehen, seine Haare sträuben sich. Er geht ihr nicht nach, sondern in sein Hotel. Es waren die Zähne deutscher Leichen.[97]

»Für Darling ist der tote Körper nichts als Abfall bzw. ein Spielzeug, das man auseinandernehmen kann«, schreibt die Germanistin Anne Fuchs in ihrer Analyse der *Unsentimentalen Reise*. »Sie agiert damit auf brutalste Weise eine Barbarei und Entwertung des Lebens aus, für die der Name Auschwitz steht.«[98]

Stimmt das – wäre ein Mädchen wie Sybille, hätte sie der Zufall der Nationalität auf die andere Seite gestellt, potentielle Gefängniswärterin in Auschwitz? – Eher scheint es doch so zu sein, daß hier im Zuge des chaotischen Zusammenbruchs ein Rückfall in barbarische Verhaltensweisen vorliegt. Ein Atavismus, wenn man es so nennen will. Die Zivilisation, die sich glaubhaft auf Humanität berufen konnte, ist, wenn nicht tatsächlich außer Kraft gesetzt, so zumindest extrem geschädigt. Der Autor der *Unsentimentalen Reise* enthält sich in bezug auf Darlings Verhaltensweise jeden Kommentars. Sein Kucku hat dazu auch nichts zu sagen.

Mit Lebleu feiert er das neue Jahr, immerhin hat der findige Freund zweierlei Fleisch und Truthahn aufgetrieben. »Wir sind einfach zwei ältere Junggesellen, die beide einmal Gedichte gemacht haben, aber dies nicht wieder oder doch nur gelegentlich tun. Er war immerhin einmal verheiratet und hatte bis zuletzt Liebschaften (...) Ich habe, seit sie mich bewußtlos weggebracht haben« – offenbar meint er damit den Beginn der Deportation nach Rives Altes –, »mit keiner Frau mehr etwas zu tun gehabt.«[99]

In diesem Jahr 1945 wird vermutlich der Krieg zu Ende gehen. Von Rechts wegen hätte ich in die Stadt zurückkehren sollen, um eine Position zu beziehen. Die Überlebenden werden jetzt langsam aus ihren Verstecken kriechen und ihre Rechte geltend machen. Wer zuerst kommt, kann auf den Vorrang pochen und hat die besten Aussichten. Ich bin nicht sicher, daß ich wirklich ein Überlebender bin.[100]

Seit längerem hat Kucku einen Begleiter, der aus dem Totenreich kommt. Doktor Honigmann läßt sich nicht aus seinen Träumen verscheuchen. »Wir Juden werden nur in Unterkleidung begraben, wenn Sie das vielleicht vergessen haben. Uns aber begraben sie überhaupt nackt. Sie brauchen auch unsere Unterkleider (...)«[101]

Im Grunde ist es egal, wo Kucku sich als lebender Toter aufhält, aber schließlich spricht sein Freund Marassino, den er wieder in Nizza besucht, ein Machtwort: »Was hast Du schließlich in Caminflour verloren?«[102] Mit Kuckus Dokumenten und Empfehlungen macht er sich auf, um ihm ein Aufenthaltspapier für Nizza zu besorgen. Es zeigt sich, daß Kuckus Aufenthalt in Caminflour dem Amt, das die Aufenthaltsbewilligungen ausstellt, völlig verborgen geblieben ist.

Kucku ist somit nach wie vor, aber jetzt erst recht, zum offiziellen Dasein in Nizza ermächtigt, wo sich schließlich auch die Familie Withorse wieder einfindet. Der Sohn Colt hat einen Prozeß zu gewärtigen, weil er die Schlächters ihres Vermögens beraubt hat. Kucku denkt, daß die Schlächters wahrscheinlich im Recht sind, aber er erweist sich als wahrer Freund der Familie und leistet eine falsche Zeugenaussage. Darling ist nicht undankbar, sie besucht mit ihm einen Maskenball. Dazu kommt es allerdings nur, weil ihr bevorzugter Galan ausfällt. Kucku tanzt ungefähr so mit ihr, wie er das mit der häßlichen Gattin des Gendarms getan hat. Nur daß er hier seine Schöne in den Armen hält, mit der er wirklich ins Bett will. Allerdings hat sie leider eine schwarze Gouvernante mit, die man irgendwie los werden müßte. »Wollen Sie dann zu mir kommen, Darling?« »Ich will, aber später.«[103] In Kuckus schäbigem Hotelzimmer wartet der Karfiol, den er als Liebesmahl für sie und sich vorbereitet hat. Aber Darling erscheint nicht, wie er gehofft hat, allein, sondern in Begleitung der Gouvernante, die den größten Teil des Essens verdrückt, und zieht wieder mit ihr ab.

»Zynismus«, wir erinnern uns, »ist ein Anwendungsfall von Ironie.«

Kucku ist wieder allein – er wird nie mit Darling zusammenkommen.

In meinem Zimmer, das eng ist wie ein Sarg, liege ich und möchte weinen. Aber Tote weinen nicht, und Tränen sind überhaupt nicht erlaubt auf einer unsentimentalen Reise.« Ich weiß nicht, ob ich die Gashähne geschlossen habe, als wir nach dem halbrohen Abendessen noch Tee bereiteten, aber ich erhebe mich nicht, um nachzusehen. Das Zimmer scheint nach Gas zu riechen. Sagt Dr. Honigmann. »Wo wir jetzt nackt sind als die letzten, und man hat schon begonnen, das Gas einzulassen, Sie haben nichts erreicht und die andern auch nicht. Draußen liegen der Schuster, Agnes, Stiglitz, Ehrlich. Wohin haben Sie gewollt mit Ihrem Traum?« »Hinaus«, sage ich.[104]

DRITTER TEIL
1945–1995

Der Autor

1. ZÖGERNDE RÜCKKEHR

DAS BEILEID

Auch

Eingelullt vom Dunkeln
Lahmer Abende
Geschieht dir, daß du
Dein Gesicht verlierst.
Auch hast du den andern
Weggestoßen und
Bleibst allein
Mit deinem
Tod[1]

Albert Drach erwacht in dem Zimmer, in dem Kucku eingeschlafen ist. Der Text, in dem er erwacht, heißt *Das Beileid*; es handelt sich um dezidiert autobiographische Aufzeichnungen. Die Zimmerwirtin hat das Gas gerochen, den Gasherd abgedreht, Tür und Fenster geöffnet. Von nun an fühlt er sich tot, weilt nur mehr als »Gespenst« unter den Menschen.

Er leidet an dem mit Schuldgefühlen verbundenen Überlebenssyndrom, das auch viele andere dem Nazi-Terror Entronnene beschrieben haben.[2] Die Gefahr, die ihm Lebensimpulse gab, ist überstanden, nichts mehr hält ihn aufrecht. »Das Beileid ist fällig, sobald der Leichnam für die Bestattung freigegeben wird oder die Sicherheit eintritt, daß eine solche unterbleibt.«[3] Aber es gibt keinen Leichnam, niemand spricht das Beileid aus.

Das nunmehrige Gespenst rekapituliert die vergangene Nacht, die letzte, beste und ein für alle Mal versäumte

Gelegenheit, »in den Genuß der von mir seit mehr als drei Jahren begehrten jungen Dame Sybille« zu kommen.[4] Dieser Mißerfolg gibt seiner angeschlagenen Seele den Rest. »Mögen die Gründe dafür auch banal sein, das Scheitern einer angestrebten sentimentalen Beziehung ist mehr als bloß thematisches Scharnier zwischen zwei Texten«, schreibt Primus Heinz Kucher in seinem Nachwort zum erst 1993 publizierten *Beileid*, »es steht für die irritierende Wahrheit, überflüssig geworden zu sein, keinen Platz im aufziehenden Morgenrot erkennen zu können.«[5]

In der *Unsentimentalen Reise* hat Kucku mit dem Mädchen und der ungebetenen Gouvernante noch den halbrohen Karfiol verzehrt. Im *Beileid* steht das Gemüse noch immer ungegessen auf dem kleinen Gasherd.

Ich bin mithin mit dem rohen Karfiol, sprich Blumenkohl, den ich als Liebesmahl für uns beide vor dem Ballbesuch mit dem Restgeld angeschafft hatte, allein zurückgeblieben. Dabei war die Speise in einem mit Wasser gefülltem Gefäß wohl auf dem einflammigen Rechaud aufgestellt und die Gaszufuhr geöffnet, aber die Zündung unterlassen worden. So mußte, was als Versehen begonnen, als Absichtshandlung schließlich in Kauf genommen, zu einem Erstickungstode führen, den mir die Nazis zugedacht, dem ich aber durch geglückte List seinerzeit entronnen war.[6]

Seinerzeit – zu Beginn des *Beileids* befinden wir uns offenbar schon im Jahr 1946. Drei Jahre will der Ich-Erzähler die ihn betörende Sybille, die er, wie einige anderer seiner Bekannten, auch in diesem Text unter ihrem fiktiven Namen führt, schon kennen. In der *Unsentimentalen Reise* hat der Autor den absichtsvoll-absichtslosen Selbstmordversuch früher und unmittelbarer nach seiner Rettung vor den Nationalsozialisten angesetzt. Wie dem auch sei: sein Wohnort ist immer noch Nizza. Gelegentliche Abstecher nach Valdeblore, das er bei seinem richtigen Namen nennt, sind in die Erzählung integriert.

Einmal ist er mit Jeanne Moreau dort, die von der Dorfbevölkerung reserviert gemustert wird, ein anderes Mal mit einem befreundeten Apotheker, dem er Flora und Fauna der Gegend zeigen will.[7] Aber gerade dort, wohin er seine Rettungsphantasien projiziert und wo er tatsächlich überlebt hat, fühlt er sich nicht mehr willkommen. Ausgerechnet der Oberst, der ihn mehr als einmal vor Bedrohungen und Gefahren gewarnt hat, stößt ihn vor den Kopf. En passant läßt er den Emigranten wissen, warum man ihn nicht ausgeliefert habe: Als er in Valdeblore eingetroffen sei, hätten die Nazis kein nennenswertes Kopfgeld mehr für einen wie ihn bezahlt; und was hätte es außer ein paar lausigen Büchern schon bei ihm zu holen gegeben?[8]

Hat sich Drach verhört, ist das ein böser Witz, hat der Oberst vielleicht nur laut spekuliert, wieso ihn nachweisliche Kollaborateure wie der schöne Gendarm nicht angezeigt haben? Reimt sich das paranoid gewordene Gespenst da etwas zusammen, oder sagt ihm da einer kaltschnäuzig die Wahrheit? Verbittert hat Drach sich für letzteres entschieden. »Ich kam nie mehr nach Valdeblore«, schreibt er desillusioniert in der *Blinden Kuh*.[9]

Also bleibt er in Nizza – aber das ist ein Aufenthalt wie in einem Wartezimmer. Wirklich entschlossen ist er weder zum Bleiben noch zur Rückkehr in die Heimat. Wovon könnte er in Frankreich leben? Nach wie vor hat er keine längerfristige Arbeitsgenehmigung. Erst im Oktober 1947 wird er das erste Mal nach Wien und Mödling zurückfahren.

Er ist in diesen Jahren extrem abgemagert, chronisch unterernährt und gastritisch. In der *Blinden Kuh* erwähnt er den teuren Smoking, in dem er mit Myrhinne auf dem Ball war und in dem er nach der Rettung durch die Zimmerwirtin erwacht. Der Smoking war das Geschenk eines Onkels zu seinem vierzehnten Geburtstag. Jetzt, als Mann von über vierzig, paßt er wieder hinein.[10]

Eine merkwürdige Zeit, die er, bei der Verfassung, in

der er sich befindet, in seinem Bewußtsein kaum strukturieren kann. Um sich etwas Halt zu geben, verfaßt er die Tagebuchnotate, die er später in den *Beileid*-Text einbaut. Er trifft seine Schwester wieder, die noch 1945 mit ihrer Familie aus Marokko in Nizza ankommt. So wie er ist nun auch sie in schweren finanziellen Nöten. Er macht einen Fotografiekurs, der ihm vom jüdischen Hilfskomitee nahegelegt wird. Die Gewährung gewisser Unterstützungen, die bedürftigen Exilanten zufließen, ist davon abhängig, ob die Empfänger »etwas Vernünftiges lernen«. Hat er nicht schon etwas Vernünftiges gelernt? Oder ist, was er gelernt hat, in Zeiten wie diesen nicht mehr vernünftig? Es kommt ihm merkwürdig vor, in seinem Alter wieder die Schulbank zu drücken; als einen der Schlechtesten bewertet man ihn gerade noch positiv.[11]

Nachdem er eine befristete Arbeitsgenehmigung erhalten hat, verdingt er sich im Auftrag des amerikanischen Headquarters als Übersetzer im Hotel Helvetique, das vom Management des berühmten Hotels Negresco geleitet wird. Gleichzeitig ist er hier der direkte Vertreter des Kontrollbüros der United States Riviera Recreational Area – das klingt beachtlich, ist aber eine äußerst undankbare Aufgabe. Entsprechend der hochtrabend als Memorandum betitelten Hausmitteilung des Managements muß er überwachen, daß alle Vorschriften des Hotels von allen befolgt werden, hat den Direktoren und Gästen jederzeit als Dolmetscher zur Verfügung zu stehen und haftet für jeden Schaden, den Soldaten unter seiner Kontrolle anrichten könnten. Kein schönes Leben nach dem Tod, keine nennenswerte Perspektive.

Nach alter, in den noch schönen Jahren in Nizza angenommener Gewohnheit geht er im Meer schwimmen. Er kommt nach wie vor mit Franki Morini und Jeanne (Genia) zusammen, bei denen er häufig verköstigt wird. Bei Isidor Feilbogen borgt er sich Geld, auch seine Schwester tut das. Die Pons bemühen sich weiterhin vergeblich um seine Manuskripte. Er geht ins Casino, gewinnt, verspielt; das ist normal. Aber er verleiht den Gewinn- und Verlustspielen eine von ihm selbst als abergläubisch eingestufte Bedeutung:

Als ich noch lebendig war, machte ich daselbst siebzehn Mal erhebliche Beute, denn so lautete meine Zahl, und beim achtzehnten Male machte ich Pleite, denn an einem Achtzehnten war mein Vater dahingegangen. Seit ich als Mensch gestorben und als Gespenst weiterlebte, hatte ich zunächst meinen Aberglauben aufgegeben oder wenigstens beiseitegesetzt, mit ein Grund, nicht zu gewinnen und nicht zu verlieren, immerhin noch immer ein Verlust, da das Eintritts- und Fahrgeld nicht hereingebracht war.[12]

Irgendwo hat er noch ein paar Marken, die er verkaufen kann. Ab und zu besuchen ihn Bekannte aus Valdeblore. Manchmal trifft er die Comtesse Myrhinne, auch nach der fatalen Ballnacht, sie läßt sich allerdings immer häufiger verleugnen. Er schreibt Briefe und verschickt Pakete in die Heimat, u.a. an einen Herrn Ticho, den Mieter, der jetzt in der Wohnung seiner Eltern wohnt und der auch die Hälfte seiner Wohnung für eine alte Frau beansprucht.[13]

Wieso beschenkt er diesen Menschen? Aus der Ferne des Exils ist es schwer, Freund und Feind zu unterscheiden. Vielleicht versucht er es im Guten, möchte einen Vertrauten in seinem enteigneten Haus haben. Er hat noch keine Rechtsmittel und eine große Scheu davor, ins Ungewisse zurückzukehren. Erst nach seiner definitiven Remigration wird er diesen und andere Hausbewohner, die von seiner Enteignung profitiert haben, aus dem Mödlinger Haus hinausprozessieren.

Aber die Mühlen der Gerechtigkeit mahlen langsam, vor allem im Österreich nach 1945. Drach scheint klar zu sein, daß er in seiner ehemaligen Heimat nicht willkommen ist; gänzlich unklar scheint, wo er eine Zukunft haben könnte, wahrscheinlich sieht er im Augenblick überhaupt keine. Für alle Fälle betreibt er auf dem Amtsweg seine Einbürgerung in Frankreich. Vor allem seine Schwester wünscht, daß er mit ihr an der Côte d'Azur bleibt; vielleicht sollte er auf sie hören.

Für allfällige amtliche Nachfragen stellt er die Liste seiner Domizile in Frankreich und Österreich zusammen. Auf der Österreich betreffenden Liste vermerkt er die Namen seiner Verfolger. »Ich wurde persönlich von dem Chef der Nazis, Konrad Havel und Hartmann gesucht.« Bei ersterem handelt es sich um den schon erwähnten Herrn Meineid, bei letzterem um den nationalsozialistischen Bürgermeister von Mödling.

Am 26. 8. 1947 richtet der Doktor der Rechte und dramatische Autor Albert Drach ein dringendes Ersuchen um Einbürgerung in Frankreich an den Minister de la Santé Publique et la Population. Am 1. März 1948 erhält er ein offizielles Dokument, das ihm bescheinigt, ein »Refractaire« gewesen zu sein. Auch im Frankreich nach 1945 gilt er dem Staat gegenüber also nicht als verfolgter Jude, sondern als Befehlsverweigerer. Die Auspizien für eine Einbürgerung stehen ganz gut, aber als er das Dokument erhält, hat er schon beschlossen, doch nach Österreich zu remigrieren.

Im Nachlaß erhalten sind handschriftliche Tagebuchaufzeichnungen, die er am 15. 5. 1946 begonnen hat und die mit Unterbrechungen bis in den April 1948 reichen. Diese Tagebucheintragungen auf einem beidseitig beschrifteten Schreibblock werden zur Grundlage für das Buch, an dem er die nächsten Jahrzehnte laborieren wird. *Das Beileid. Ein Wurmfortsatz zu einem Bericht nach einem fragmentarischen handschriftlichen Tagebuch und einigen hinterbliebenen Maschinschreibseiten*, heißt es in der Typoskriptfassung aus dem Jahr 1973.

Ein Wurmfortsatz also, ein Stück Lebensgeschichte, das ihm nach Abfassung seines unsentimentalen Emigrationsberichts zunächst einmal übriggeblieben ist. Übriggeblieben wie er selbst. Diese in den Untertitel gepreßten Angaben zum Text sind nicht ganz richtig. Beim *Beileid* handelt es sich nicht um den Rest, sondern um den ersten

Anlauf zur *Unsentimentalen Reise*, die spätestens seit 1948 diesen Titel trägt, aber noch wenig mit dem publizierten Endprodukt zu tun hat.[14] Drach hat in den Gesprächen konstatiert, daß *Beileid* und *Unsentimentale Reise* ursprünglich ein Buch waren, daß der letzte Teil im wesentlichen der erste war.

Das erklärt die souveräne Distanz, die der Icherzähler Kucku aus dem Emigrationsbericht sich selbst gegenüber einnimmt. Eine Distanz, die dem »Gespenst« aus dem literarisierten Tagebuch fast völlig abgeht. Trotzdem, »diese Aufzeichnungen fügen sich«, wie Kucher schreibt, »stellenweise zu einem eigenwilligen Kompositum aus Rechenschaft und Selbstbeobachtung, gnadenloser Preisgabe eines Ich und bitterer Vermessung des Alltags, in das immer wieder Erinnerungsstücke eindringen: eine ungewöhnliche Bilanz von Lebens- und Schreiberfahrungen.«[15]

Lebenserfahrungen, die den Schreiber halb tot zurückgelassen haben. Schreiberfahrungen, die der Erschöpfte rekapituliert. Was hat er in der Emigration literarisch geschaffen? Worauf könnte er, sollte er, auch geistig, aus ihr zurückkehren, als Schriftsteller aufbauen?

Da wäre *Das Goggelbuch*, das er nach seinen eigenen Angaben 1942, entweder knapp vor seiner Einlieferung nach Rives Altes oder auch knapp nach seiner Entlassung aus dem Auslieferungslager geschrieben hat.[16] Plausibel wäre beides, denn in der barock verkleideten Literatursatire geht es nicht zuletzt um die Ermittlung eines Ahnennachweises, den der öffentliche Notar Klaus Xaver Johann Gucklhupf »emsig und ehrlich zusammenzustellen im Begriffe stand und der ihn zunächst auf eine lange Reihe gleich und ähnlich benamster, zumeist dem Notarsstande angehöriger Blutsvorgänger führte.«[17] Im Zuge seiner Nachforschungen stößt Johann Gucklhupf schließlich auf den letzterweislichen Urzeuger, der in der Riege der notariellen Vorfahren bedenklich aus dem Rahmen fällt. Er findet den Bericht des Xaver Johann Gottgetreu Goggel, »dessen Ursprünglichkeit auch noch durch die Bearbeitung dreier Notare und eines Erdkundlers seine nackte Haut zeigte, wie auch noch immer, wenn auch in Folianten gepreßt, die reine Seele eines deutschen Dieners mit seinem Gotte, über den er trotz seinem Stande und seiner Zeit nicht allzulange nach Erfindung des Schießpulvers gehörig nachgedacht hat, sich urtümlich bekundet«. Eine Bekundung, mit der Drach dem deutschen Wesen auf den Grund zu gehen versucht, an dem die Welt nicht genesen ist. Denn der »Knecht mit Leib und Seele« ist ein echter Untertan, der von seiner inferioren Position aus etwa so von der Machtposition seines Herren zu profitieren versucht wie der deutsche Schäferhund.[18]

Auch in Valdeblore hat der Autor geschrieben: im wesentlichen *Das Aneinandervorbeispiel für eine Verstorbene.* Es handelt sich um ein Stück, das die Verfolgung und Ermordung der Maurisken bzw. Mauren im Spanien des 16. Jahrhunderts behandelt, einen frühen Versuch also, die Vernichtung der Juden anhand einer anderen Volksgruppe, in einer anderen Zeit zu thematisieren.[19] Wieder ein Drama, das keine Bühnen-Aufführung erleben wird – Drachs der französischen Einbürgerungsbehörde angegebene Selbstdefinition als dramatischer Autor läßt sich nicht leicht aufrechterhalten. Immerhin gibt von diesem Stück eine Hörspielfassung, mit Musik von Friedrich Wildgans, der die Chöre der Maurisken und Spanier vertont hat.[20]

Zur literarischen Produktion der Emigration gehört auch eine Unzahl von Gedichten. Die Zeit der ketzerischen Entblößungen ist vorbei. Drach schreibt die häufig gereimten und elegischen *Erbarmungen* und danach (Überschneidungen nicht ausgeschlossen) die kurzen, reimlosen *Ermordungen.* Einige dieser Gedichte werden, vielleicht unter dem Datum ihrer tatsächlichen Entstehung, als Tagebuchaufzeichnungen in *Das Beileid* aufgenommen.[21]

Auch Hymnen und Lieder hat der gefährdete Exilant verfaßt, die schon im Heft mit der Urfassung des *Goggelbuchs* enthalten sind. Im Nachlaß einsehbare, bis heute gänzlich unbekannte Drach-Werke: *Breite Straße zu Gott, je 17 Verswüchse in 17 Beeten. In gemeinsamen Garten gesetzt* – leider keine Datierung. *Gesänge des Abel an Kain oder Gesänge der Drangsal* – leider keine Datierung. Aus den Tagebuchnotizen geht hervor, daß er noch 1946/47 daran gearbeitet hat. Es ist merkwürdig, wie wenig der in Psalmen und Hymnen klagende Dichter mit dem sarkastischen Autor des *Goggelbuchs* oder dem zynisch-forschen Kucku der *Unsentimentalen Reise* zu tun haben scheint.

Drachs Schreiben ist immer auch ein Versuch, das aus Leidensdruck entstandene Pathos nicht überhandnehmen zu lassen. So gesehen erhalten Hymnen und *Goggelbuch* in ihrer diametral verschiedenen Erscheinungsweise die gerade in diesen Jahren sehr labilen Gleichgewichts wichtige, seelische Balance. Was schließlich die literarische Figur des Peter Kucku betrifft, der die Eischale jenes poetischen Ichs sprengen wird, wie der Vogel, nach dem er sich nennt, so heißt sie in den frühen Fragmenten der *Unsentimentalen*

Se référant aux prescriptions,
Lois et Décisions Ministérielles en vigueur
la Commission de Contrôle de la
Section de Nice
en séance le 1er mars 1948
reconnait que Monsieur
Nom Drach
Prénom Albert
Adresse 7 Avenue de la Victoire Nice
Né le 17 décembre 1902
à Vienne (Autriche)
s'est justifié devant elle de sa position de

"RÉFRACTAIRE"

qu'il a pris volontairement le 1945
En foi de quoi elle lui délivre le présent certificat enregistré sous le N° 589
pour lui servir à toutes fins utiles.

Signature du Titulaire : Albert Drach

Empreintes digitales

Le Président :

Dokument vom 1. März 1948, in dem Drach bescheinigt wird, ein Befehlsverweigerer zu sein

Reise tatsächlich noch Peter Kuckuck. Die Symbolik des in einem fremden Nest auskriechenden, immer hungrigen Kükens, das im Zuge seiner überlebenstüchtigen Ausbreitung letzten Endes die Stiefgeschwister über den Nestrand in den Tod drängt, ist grausam, zynisch, aber gerade dadurch nicht unpassend: eine literarische Gestalt jedenfalls, die sich bis zum Kucku, dem das letzte »ck« fehlt, erst vom wirklichen Albert Drach lösen muß.

Drachs Tagebuch beginnt am 15. 5. 1946; das Datum ist erhalten, nicht allerdings die erste Seite, die sich offenbar vom Schreibblock gelöst hat oder abgerissen wurde. Es besteht teils aus Kürzeln, teils aus vollständigen Sätzen, die im *Beileid* ergänzt, variiert und retrospektiv erklärt werden. Die fehlende Seite gibt dem Autor Gelegenheit, die Bedingungen des Tagebuchschreibens zu reflektieren: »Die Frage, ob Gespenster ihre Tagebuchaufzeichnungen datieren und keine Seite herausreißen sollten oder nicht, ist eine moralische und daher wahrscheinlich für transzendentale Vorfälle nicht mehr anwendbar. Jedenfalls sind vom 15. Mai angefangen alle Notizen datiert, wenn auch die Rückrechnungen nicht immer genau sind.«[22]

Das Gespenst wird also von der Pflicht zur genauen Chronik dispensiert, der Autor holt sich seine literarische Freiheit zurück. Die erste erhaltene Seite des originalen Tagebuchs ist noch episch, Drach rekapituliert im Gespräch mit Genia die Misere mit Myrhinne, blendet zurück zu jener Tag in Valdeblore, an dem auf Germons Tür der Zettel »Judenhaus« befestigt war. Dann jedoch verkürzen sich die Eintragungen, sie dürften in der Phase ihrer Abfassung tatsächlich nur für den Tagebuchschreiber selbst bestimmt gewesen sein, während später *Das Beileid* natürlich auch seine Leser sucht und zusätzlich mit frühen Fragmenten der *Unsentimentalen Reise* aufgefüllt wird. Zum Exempel eine kurze Gegenüberstellung des orginalen Tagebuchs und seiner Bearbeitung in dem vom Verlag auf dem Buchumschlag recht kühn als Roman bezeichneten Text:

29.8.(1946) Tagebuch: Projekt »Das Erlebnis des funkelnden Sturms«	Beileid: Ich will das Erlebnis des funkelnden Sturms vom Tod meines Vaters bis an diesen Tag schreiben. Ich schreibe später Z.Z. oder die Zwischenzeit, aber nicht bis an diesen Tag. Die Nacht konnte ich wieder keinen Schlaf finden, doch waren das Rauchen und die Wanzen daran schuld. (B., S. 48)
13.9. Tagebuch: Wiedersehen mit Alma	Beileid: Den 13. Sept. fand ich in einen reinlichen bürgerlichen Bau die beiden Räume samt Kochgelegenheit, die meine Schwester für sich und ihre Familie samt den beiden Hunden benötigt. Das Limit wird nur um ein Geringes überschritten, trotzdem zögere ich abzuschließen. Man verlangt aber sofortige Entscheidung. Da sage ich nein, obwohl ich ja sagen will. Am Abend kommt meine Schwester mit Mann, Schwiegermutter, Tochter und allem Getier an. Sie läßt mich in meinem Mietauto herumfahren und findet nirgends Räume auch nur annähernd um das vorgestellte Limit. Man verlangt über-

all einen wahnsinnigen Preis, auch der Chauffeur verlangt übermäßig viel. Sie wird das alles nicht bezahlen können. Es war ein kaltes Wiedersehen. Dabei ist sie der einzige Mensch, den ich mag, obwohl ich sonst tot bin und sie das nicht bemerkt hat und noch immer viel auf mich hält. Ich habe bei Marassino Geld geliehen, war auch bei dem alten Isidor und bei Trebitsch, von denen ich nichts erhielt. Die Comtesse war unauffindbar. (B., S. 51)

17. 12. (1946) Tagebuch: Geburtstag. Erste sieben Seiten Zwetschkenbaum getippt.

Beileid: Mein Geburtstag. Beziehe Seife und Margarine, kaufe 500 Blatt für neue Kopie des Zwetschkenbaum. (Die alte nicht mehr gefunden). Komme nur auf sieben Seiten. Kaufe zwei Pakete Zigaretten.

15. 5. (1947) Tagebuch: nach einjähriger Führung des Tagebuchs erkenne ich einerseits, daß nichts Wesentliches geschehen und wenig richtig verzeichnet wurde.

Beileid: Nach einjähriger Führung des Tagebuchs stelle ich fest, daß ich weder die Misere bezwungen, noch meine Schulden abgestattet habe. Die Niederschrift von Siebentot ist unvollendet (wahrschein-

lich ist die Maschine noch immer kaputt), die Verse nicht abgeschlossen. Der erste Teil Zwetschkenbaum (Das große Protokoll) und der Vermerk einer Hurenwerdung (20 Jahre alt), liegen vor, auch das Aneinandervorbeispiel für eine Verstorbene. Aber die Korrekturen sind nicht durchgeführt. Um Arbeit habe ich mich nirgends umgesehen. Die Comtesse kommt nicht mehr. Ich bin deshalb nicht lebendig geworden. Auch Manja bleibt aus. Ich habe ihr in einem Tonfall geschrieben, der ihr nicht paßt. Dänin und Elsässerin habe ich abgestoßen. Die Indianerin hat mich nur bestehlen wollen. Statt Frauen zu haben, onaniere ich. Mein Haus in Mödling wollen die Russen behalten (...) Ich bin müde und habe niemand. Meine Schwester ergeht sich in sodomitischer Kötervergötterung. Sie hat selber kaum zu essen, aber dem toten Hund ein Grab auf den Hügeln gekauft. (...)
(B., S. 67f.)

18. 5. Tagebuch: Vaters 12. Todestag	Beileid: Heute ist mein Vater 12 Jahre tot. Am Strand treffe ich ein Mädchen, das mit mir ginge, gehe aber mit meiner Nichte nach St. Madeleine Bellet (…) (B., S. 68)
1. 6. Tagebuch: Lese Mignet. Besuch Lorb.	Beileid: Lese Mignet. Lorber, dem die Italiener Weib und Kinder genommen haben. Die Polizistenfrau will seinen Rat. Er war ein österreichischer Arzt und Anwalt gewesen. Er bleibt sehr lange bei ihr. Ich bin sehr müde. (B., S. 69)
4. 6. Tagebuch: Baudelaire.	Beileid: Schwimme. Erhalte keine Post, aber 2500 Franken für Kursbesuch. Sehe Hure mit schöner Brust. Onaniere. (B., S. 71)
5. 6. Tagebuch: Mit Lorle Kino. Mark Twain.	Beileid: gewinne 1000 Franken in Monte Carlo, zahle Zins, gehe mit Nichte ins Kino. (B., S. 71)
12. 6. Tagebuch: Briefe an Verleger vorbereitet.	Beileid: Finde mein Manuskript von Zwetschkenbaum nicht mehr. Habe es bei M. vergessen. Hole es wieder. Meine Schreibmaschine bricht. Alma ist wieder ohne Geld. (B., S. 71)

14.6. Tagebuch (...) Schreiben an Verleger (Sade, Zwetschkenbaum). Für kommende Woche 1) Frau 2) Gedichte 3) Uhr 4) Schuhe 5) Werk beginnen 6) Wäsche 7) Kette 8) Reise vorbereiten 9) Alliierter Kommission schreiben 10) Fel.B., Grosz u. Marx 11) Regelmäßigkeit, 12) Alma Klavier 13) Vergrößerungen 14) Sonja Bild u. Mark 15) Eigene Marken 16) Arzt 17) Verträglichkeit.	Beileid: Bestelle Wäscherin für Montag. Finde Schuhe nicht, lasse Maschine reparieren. Meine Uhr ist hin, kann nichts machen. Schreibe an Verleger wegen Sade und Zwetschkenbaum. Sollte zum Arzt gehen.
16.6. Tagebuch: Rätselhaftes Verschwinden der grauen Füllfeder. Polizei.	Beileid: kein Eintrag
20.6. Tagebuch: Erhalte Absage Sade. Sade zurück.	Beileid: kein Eintrag

Drach versucht auch *Das Martyrium eines Unheiligen* zu rekonstruieren und konzipiert es als ersten Teil eines *Protokolls betreffend mich selbst*. Er schreibt an Essays, die er in den Notaten nur als Art. 2,3 und 4 anführt. Dem *Beileid* kann man entnehmen, daß es sich bei Artikel 2 vermutlich um den Essay *Karl Kraus und die Folgen*, bei Artikel 3 den *Aufbau aus den Archiven* und bei Artikel 4 um den Essay *Zur Lösung der Antisemitenfrage* handelt. Art. 1 könnte auf einem fehlenden Blatt erwähnt sein. »Nun erscheint mein Artikel (welcher, ist nicht gesagt, und ich habe vergessen, um was es ging)«,[23] heißt es im *Beileid* – vielleicht handelt es sich um den nicht mehr rekonstruierbaren ersten Versuch.

Irgendwann in den Jahre 1946–1947 muß der Autor auch mit den ersten Anläufen zur *Unsentimentalen Reise* begonnen haben, die er in seinem Brief vom 8. Okt. 1948 an Berta Riemerschmid erstmals unter diesem Titel erwähnt.[24] Gut möglich, daß es Notizen gibt, auf die er zurückgreift. Gab es außer den erhaltenen auch frühere Tagebuchaufzeichnungen? In seiner selbstverfaßten Bibliographie für den *Bogen* des Hanser-Verlags 1988 schreibt er zur Entstehung der *Unsentimentalen Reise*: »Verfaßt in den Jahren 1945–1947 nach Aufzeichnungen aus dem Jahre 1942 in Nice«.[25]

Kann sein, daß ihm nach der Befreiung aus dem Deportationslager Rives Altes nach Schreiben zumute war. Diese Aufzeichnungen gibt es allerdings nicht mehr. Die letzten Endes publizierte *Unsentimentale Reise* führt, wie wir wissen, weit über das Jahr 1942 bis über das Kriegsende hinaus. Was vom mutmaßlichen Urtext des Emigrationsberichts übriggeblieben ist, sind lieblos verwahrte, fragmentarische Papierfetzen. Man kann nur ahnen, wie das Ganze ausgesehen hat. Abgesehen von ein paar Maschinschreibblättern, auf denen eine frühere Darstellung des Horah-Tanzes im Lager erhalten ist, sind alle verwerteten Fragmente in *Das Beileid* und nicht in die *Unsentimentale Reise* eingeflossen. Peter Kuckuck – so gut wie tot – war in seinem früheren Leben allerdings nicht Anwalt oder Schriftsteller, sondern Baumeister, dem ein anderer Baumeister namens Mechtel sein Haus in der Heimat weggenommen hat. Kernstück des *Beileids* und der frühen *Unsentimentalen Reise* (das in dem unter diesem Titel publizierten Bericht nicht mehr aufscheinen wird), ist die erste Rückfahrt nach Wien.

In den Tagebuchaufzeichnungen kann man auf Drachs Vorhaben vor allem indirekt schließen. Zahlreiche Briefe gehen in die Heimat, einer an den Hausverwalter »meines mir weggenommenen Hauses in Möding«.[26]

Am 23.8. notiert er: »Paßerlangung und Intervention wg. Tour-retour Visum.«

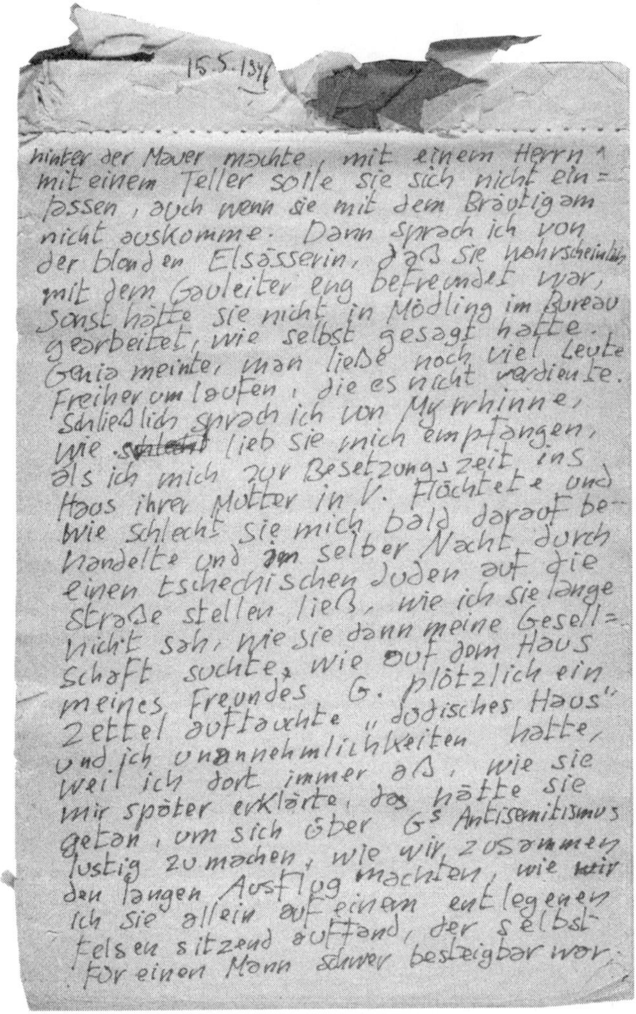

15.5.1946

hinter der Mauer machte, mit einem Herrn 1
mit einem Teller solle sie sich nicht ein=
lassen, auch wenn sie mit dem Bräutigam
nicht auskomme. Dann sprach ich von
der blonden Elsässerin, daß sie wahrscheinlich
mit dem Gauleiter eng befreundet war,
sonst hätte sie nicht in Mödling im Bureau
gearbeitet, wie selbst gesagt hatte.
Genia meinte, man ließe noch viel Leute
Freiher umlaufen, die es nicht verdiente.
Schließlich sprach ich von Myrrhinne,
wie ~~[illegible]~~ lieb sie mich empfangen,
als ich mich zur Besetzungszeit ins
Haus ihrer Mutter in V. flüchtete und
wie schlecht sie mich bald darauf be-
handelte und in selber Nacht durch
einen tschechischen Juden auf die
Straße stellen ließ, wie ich sie lange
nicht sah, wie sie dann meine Gesell=
schaft suchte, wie auf dem Haus
meines Freundes G. plötzlich ein
Zettel auftauchte „Jüdisches Haus"
und ich Unannehmlichkeiten hatte,
weil ich dort immer aß, wie sie
mir später erklärte, das hätte sie
getan, um sich über G's Antisemitismus
lustig zu machen, wie wir zusammen
den langen Ausflug machten, wie ~~wir~~
ich sie allein auf einem entlegenen
Felsen sitzend auffand, der selbst
für einen Mann schwer besteigbar war.

Erstes Blatt des Schreibblocks mit Drachs Tagebuchaufzeichnungen 1946 bis 1948

Am 26. 8.: »Kein Visum.« Am 27. 8.: »Zahle für Visum ein und soll es erhalten, angeblicher Chef vereitelt Herausgabe.« Am 6. 10.: »Fundamt und Kommissariat d. Polizei wegen Identitätskarte. Vorspr. Präfektur Visum gegenstandslos.«

Offenbar ist es in der unmittelbaren Nachkriegsjahren für einen Exilanten nicht leicht, selbst eine bloß sondierende Rückreise nach Österreich anzutreten und sich die Rückkehrmöglichkeit nach Frankreich offenzuhalten.

Aber am 10. 10. 1947 ist es soweit. Albert Drach, Kuckuck und das Gespenst, drei Erscheinungsweisen eines schreibenden und im Schreiben reflektierenden Subjekts sitzen im selben Zug. Die frühen Textstufen der *Unsentimentalen Reise* erzählen von dieser Erfahrung, die Tagebuchnotate sind hier unterbrochen, werden aber im *Beileid* fingiert.

10.10. Fahre nach Wien. (...) Ich teile das Abteil dritter Klasse mit sechs Franzosen, einem Herrn aus Vichy, der so gesinnt blieb wie der Marshall, als er dort regiert hat, ferner einem pensioniertem Gendarmeriebeamten, bei dem sich dieselbe Gesinnung kraft Ruhegenusses verstärkte, einem Marktweib mit Tuch, das gegen die zugereisten Fremden (sprich metèques) auftritt, einem Mädchen, das die Ansätze seiner Strümpfe zeigt, einem andern Mädchen, das schläft, einem jungen Mann, der zuhört, was die älteren Personen sprechen, aber dabei auch achtgibt, ob sich das Kleid des wachen Mädchens nicht gelegentlich über den Strumpfansatz hinauf verschiebt. Das geschieht bei Nacht, sowie der Zug Marseille erreicht. Von da ab geht es über Lyon zur Schweizer Grenze.[27]

Geschärfte Wahrnehmung eines Untoten. Vorerst noch keine besonderen Vorkommnisse, nur »ganz normale« Ausländerfeindlichkeit, die einem Gespenst, das sie auf sich bezieht, nicht wirklich etwas anhaben kann. Gemessen an dem, was ihm schon passiert ist, was ihm um

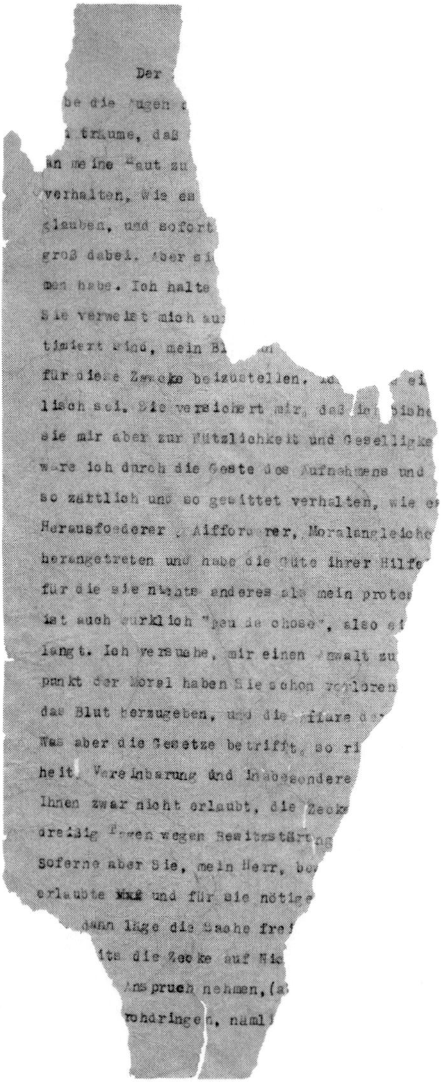
Der
be die Augen
träume, daß
an meine Haut zu
verhalten, wie es
glauben, und sofort
groß dabei. Aber si
den habe. Ich halte
Sie verweist mich au
timiert wird, mein Bl
für diese Zwecke beizustellen.
lisch sei. Sie versichert mir, daß ich bishe
sie mir aber zur Nützlichkeit und Geselligke
wäre ich durch die Geste des Aufnehmens und
so zärtlich und so gesittet verhalten, wie es
Herausfoederer, Aufforderer, Moralangleiche
herangetreten und habe die Güte ihrer Hilfe
für die sie nichts anderes als mein prote
ist auch wirklich "peu de chose", also e
langt. Ich versuche, mir einen Anwalt zu
punkt der Moral haben Sie schon verloren
das Blut herzugeben, und die Tiere d
Was aber die Gesetze betrifft, so ri
heit, Vereinbarung und insbesondere
Ihnen zwar nicht erlaubt, die Zecke
dreißig Tiere wegen Besitzstörung
Soferne aber Sie, mein Herr, be
erlaubte und für sie nötige
dann läge die Sache frei
its die Zecke auf Nic
Anspruch nehmen, (a
vordringen, nämli

Rest eines Blattes aus dem Fragment der »Unsentimentalen Reise« (1947/48)

ein Haar das Leben gekostet hätte, tatsächlich ein Witz. Nun kann ihm nichts mehr das Leben kosten, er ist ja schon tot.

Nun hätte das Gespensterdasein vielleicht den Vorteil der Unberührbarkeit durch irdische Dinge. Dieses angebliche Gespenst hat aber immer noch seine Dünnhäutigkeit. Offenbar ist es noch nicht durch totale Jenseitigkeit gepanzert. Jedenfalls ist es imstande, sich bis zum Erbrechen über die Menschen, die es umgeben, zu ärgern.

Abgeschmackte Witzblattgeschichten über Makkaronis (Italiener) werden im Abteil erzählt. Der Herr aus Vichy »stellt fest, daß nur die Ausländer in Frankreich anschaffen und die Franzosen sich abschaffen ließen. Da hätten noch die Deutschen mehr Rücksicht genommen. Alle nicht schlafenden Anwesenden stimmen durch Kopfnicken zu, auch der junge Mann, dieser allerdings mit einer wackligen Schädelbewegung, weil er es nicht aufgeben kann noch will, gleichzeitig den beiden Mädchen unter den Rockansatz zu schauen.«[28]

Wenigstens das schlafende Mädchen kann nichts dafür. Wie üblich findet oder erfindet der Autor Drach mindestens eine Frau, die aus der allgemeinen Gemeinheit ausgenommen wird. Wenngleich sie oft mit dem Falschen (also nicht mit ihm) liebäugelt, oder (wie in diesem Fall) einfach den Schlaf der Gerechten schläft, der eine Kontaktaufnahme verhindert.

In den frühen Entwürfen zur *Unsentimentalen Reise* gehen die Erfahrungen des Reisenden im wahrsten Sinn noch mehr unter die Haut. Eine Zecke hat sich an ihm festgebissen, um ihm ein paar Blutstropfen abzutrotzen, er hat ihr keinen Widerstand entgegengesetzt. Jetzt wird das Tier immer mächtiger, bald größer als er selbst. Er erwägt, sich einen Anwalt gegen den Blutsauger nehmen, aber gibt es Anwälte für Gespenster? Dann wachträumt Kuckuck, was ihn zu Hause erwarten wird: »Ich sehe also den Baumeister Mechtel in meine Baukanzlei einziehen, meine Wohnung nehmen, die Bäume in meinem Garten fällen und überall schalten, wie es ihm gefällt. Und wie ich ihn ansehe, sagt er, das alles habe ich für Sie behalten, um es Ihnen zurückzugeben. Und ich will es auch noch weiter für Sie behalten. Denn wissen Sie überhaupt, was kommen wird?«[29]

Ein perfider Satz, der die bösen Erfahrungen vieler jüdischer Heimkehrer und Heimkehrwilliger auf den Punkt bringt. Verschärft durch den wohlmeinenden Hinweis, daß der ehemalige Besitzer noch froh sein kann über die österreichische Lösung seiner Besitzprobleme. Wissen Sie überhaupt, was kommen wird? – das klingt wie eine wohlmeinende Warnung vor überstürzter Restitution. Besser die ehemaligen Mitbürger bleiben, wo sie sind: »Ich bin dafür«, hat ein österreichischer Nachkriegspolitiker bezüglich ihrer Rückkehr- und Rückgabeforderungen bekanntlich gesagt, »die Sache in die Länge zu ziehen.«[30]

Aber wie weit der Traum auch geht, er geht nicht in die Vergangenheit zurück, wie tief er auch will, er reicht nicht bis zur Wurzel. Irgendwo bleibt er stecken und dieses Irgendwo ist noch immer da, auch wenn man wacht. Von diesem Irgendwo kommt man nicht los, auch wenn man sich in den Schlaf verkriecht, es liegt als Alp bleiern auf einem, wie ein Lot ist es tief ins Blut gesenkt, so tief als ein Lot kommen kann. Ich möchte so gerne ein Märchen glauben von »Es war einmal«. Aber wird mir dieses Märchen erzählt, so betrifft es nicht mich, oder es ist nicht besser als jetzt. Das ist das allerschlimmste, auch die gute alter Zeit, wenn sie jetzt hier wäre, würde nichts mehr gut sein, sondern boshaft und lauern wie jene andere, die uns umgibt wie ein Sarg und der Sarg wird immer länger, je weiter ich die Beine ausstrecke, aber es bleibt ein Sarg, ich bin endgültig tot und begraben, auch wenn ich zu leben glaube, oder richtiger noch spuke.[31]

Eine Passage, die sowohl im *Beileid* wie in der publizierten *Unsentimentalen Reise* fehlt. Eine unmittelbare Zustandsbeschreibung, die in den literarischen Bearbeitungen auf der Strecke geblieben ist. Man hat dem Gespenst nicht nur seine Gegenwart und Zukunft, sondern auch seine Vergangenheit genommen. Von Erlösung kann keine Rede sein.

Ich will mir meinen Vater vorstellen. Sein gutes altes Gesicht und wie er sagte, in diesem Haus wollen wir alle leben, Kinder und Kindeskinder. Und wie er die grünen Jalousien bewunderte, die grünen Fensterläden, die aus dem Gelb des Mörtels abstachen, als das Haus neu hergerichtet wurde. Es war das letzte, das er gewollt und was ich gemacht hatte und er sah von seinem Sterbebett hinaus und fand, daß es schön war. Auch Gott, als er am siebenten Tag die Schöpfung sah und ruhte, fand, daß sie schön war. Vielleicht starb er auch schon damals, aber das amtliche Communique durfte es noch nicht verlautbaren. Ich will mir vorstellen, wie Gott starb, und er starb sehr schmerzlich, denn seine Schöpfung hatte ihm gefallen. Was wird aus einer Schöpfung, wenn der Schöpfer nicht mehr da ist? Es wird eine herrenlose Schöpfung, die man in Stücke bricht. Und jeder trägt seinen Brocken heim. Die Hitlers erzeugen Leim und Seife aus menschlichen Gliedern und bestialische Häßlichkeit aus Griechischer Har-[32]

Die folgende Seite fehlt.

Der Zug, wir folgen jetzt wieder dem *Beileid*, überquert die Schweizer Grenze, Drach wird vom Paßbeamten schikaniert, dann darf er weiter nach Zürich fahren. Dort bleibt er einen Tag, besucht den Verleger Oprecht, der sein *Satansspiel* heraus- und zur Aufführung bringen will, allerdings erst nach Zuckmayers »Des Teufels General«. Der Mann ist schon alt und wird über dem Vorhaben

Drach 1947 in Nizza

sterben. Das weiß Drach noch nicht, als er am nächsten Tag seine Reise nach Wien fortsetzt.[33]

Die neuen Mitreisenden sind auch nicht besser als die alten. Der Schaffner ist ein Quälgeist, der Kuckucks/Drachs Fahrkarte nicht akzeptieren will und eine Aufzahlung verlangt, die er nicht bekommt. In Feldkirch an der Grenze wird Drach bis auf die Haut gefilzt, unter der man die Knochen sieht. Die besser genährten Mitreisenden, u. a. »der österreichischer Direktor eines alliierten Betriebes« und ein Universitätsprofessor, erregen weniger Verdacht.[34] Schließlich nähert sich der aus dem Westen kommende Zug der Zonengrenze an der Enns und hält an. Alle Reisenden im Waggon, ausgenommen Drach (»Mir macht das nichts, Tote sind sicher«),[35] halten den Atem an. Die Unsicherheit den russischen Besatzern gegenüber ist am größten, das schlechte Gewissen auch. Wer weiß, was denen einfällt. Wird man sie zurückschicken oder gar verhaften, weil irgendein Stempel fehlt?

Der russische Feldwebel erweist sich, gemessen an diesen Erwartungen, als moderat. Er tut seine Kontrollpflicht und läßt den Zug weiter Richtung Wien fahren. Die Gegend draußen sollte immer vertrauter werden und ist doch fremd. Die Eindrücke bis zur Ankunft am Südbahnhof (der zerstörte Westbahnhof, auf dem man aus Frankreich und der Schweiz heutzutage ankäme, wurde erst bis 1951 neu aufgebaut) sind wieder nur im unveröffentlichten Fragment dokumentiert:

Man neigt sich zurück, wartet die Steigerung [sic!] und den Fall zwischen St.Pölten und Rekawinkel bis Wien und schon entsteht die Stadt Nestroys oder auch entstehen die gesammelten Nester Nestroys aus der morgendlichen Dämmerung. Die beklemmende Enge der Vorstadt greift einem ans Herz und die Trümmer stürzen darauf. Man ist begraben. Da man ohnehin tot ist, macht es nichts, singt man seine eigene Misere.[36]

Am zertrümmerten, aber provisorisch benutzbaren Südbahnhof »lauert ein sogenannter Finanzer wie ein Wegelagerer«. Er kümmert sich bevorzugt um den Rückkehrer aus Frankreich. »Vielleicht hält er den Stelliggemachten ja für einen verkappten Alliierten, wir sind ein besetztes Land«, schreibt der Autor sarkastisch. »So bin ich wieder im Volke der Naderer und Konfiszierer angelangt, von welchem Volke ich auch selbst bin, wenn auch nur ein bißchen, der Rest ist schon abgebüßt.«[37]

Im *Beileid* führt sein erster Weg zurück zu seinen Anfängen. Er geht zum Haus in der Traungasse 1, wo er seine ersten beiden Lebensjahre verbracht hat. Gegenüber dem elterlichen Haus lebt noch immer ein alter Freund der Familie, der Komponist Joseph Marx. Drach aber steht »mit den Augen der Umkehr« vor der Wohnungstür, auf der einmal das Namensschild W. Drach angebracht war. Er läutet nicht. Er will nicht wissen, wer jetzt hier wohnt. Während er nach seinen Erinnerungen sucht, wird er jedoch vom alten Hausmeister erspäht. Man tauscht Zigaretten (drei ordinäre französische Gauloises gegen zwei feine amerikanische). »Dann geht das Gerede über die Vergangenheit los und wer aller gefallen und vergast ist.«[38]

Anschließend sucht Drach die Konzertpianistin Marianne Brünner heim, die ehemals seiner Schwester beim Gesangsunterricht korrepetiert hat. Alma hat seine Ankunft brieflich avisiert und die Dame gebeten, dem Bruder für ein paar Tage Quartier zu geben. Allerdings hat sie auch ein Versorgungspaket versprochen, das in der Schweiz bestellt worden, aber offenbar noch nicht eingetroffen ist. So wird Drach von Frau Brünner und ihrer Schwester, zwei ältlichen Fräuleins, etwas enttäuscht aufgenommen.[39]

Unmittelbarer (auch in ihrer interessanterweise der Wiener Umgangssprache angenäherten Sprache) wirkt die Schilderung der ersten Rückkehrschritte in Wien im Fragment:

Setze ich mich also auf die Stadtbahn und fahre. Aber ich fahre verkehrt, den Gürtel hinauf, statt hinunter. Der Wagen scheppert. Die eingebombten Fenster tragen Holztafeln, das Elektrische ist wie Karbid so dumper. Auf den Brücken glaubt man, daß man umschmeißt. In den Tunnels freut man sich, daß es sowieso dunkel ist und daß man auch durchs Glas nichts sehen würde. Wie ich aussteige, bin ich am Stadtpark. Da hat der vergessene, aber trotzdem große Ohmann die Einfassung gebaut. Ich sehe den gelähmten Alten noch, wie er sein Bild für meinen Vater zeichnet. Die blauen Krüge ober der Wien sind ausgebombt, im übrigen steht der Abschluß und die Durchfahrt und die steinernen Lusthäuser, die zu nichts gut sind außer daß ich als Bub mit einer Bande Buben draus die Liebespaare vertrieb, zeugen von der Ausweglosigkeit Künstlerischen Schaffens.[40]

Kuckuck sucht seine potentielle Quartiergeberin auf, die hier Marthe Pliss heißt. Sie ist von seiner Ankunft etwas überrumpelt, aber hilfsbereit. In seinen Aufzeichnungen findet er gute Worte über sie, die – wie meistens bei Drach – mit bösen über andere einhergehen: »Marthe Pliss ist eine echte Wienerin. Auf hundert Wiener Frauen gibt es mindestens drei gute, auf zehntausend Männer kaum einen halben.«[41]

So einen bestenfalls halb guten Wiener (seiner ursprünglichen Herkunft nach handelt es sich allerdings um einen Steirer) besucht der Frühaufsteher Drach am nächsten Morgen. Er klingelt bei Joseph Marx, aber dessen Wiedersehensfreude hält sich in Grenzen. (Wir folgen nun wieder dem *Beileid* – im Fragment ist die betreffende Passage nicht erhalten). Der stattliche Mann, der früher im Salon der Schwester ein- und ausgegangen ist, fühlt sich aus dem Schlaf gerissen und wirft den Störenfried ohne Umschweife hinaus: So früh empfange er nicht einmal jemanden, der aus entferntester Fremde vorübergehend zurückkomme.[42]

Nach Auskunft der zwei Schwestern, bei denen Drach wohnt, ist dieser falsche Marx mit dem tausendjährigen Reich recht gut zurechtgekommen. Nun präsidiert er allerdings der österreichisch-sowjetischen Gesellschaft. Von ihm ergibt sich die Assoziation zu einer alten Freundin, der Sängerin Helene Viertaler: »Erfreute sie sich seinerzeit der besonderen Gunst des Führers, zumal sie außer Joseph Marx auch noch mit einem der deutschesten Deutschen, nämlich Pfitzner, musizierend herumreiste, so sitzt sie nunmehr im Rollwagen hinter Türen, auf denen der besondere Schutz der sowjetischen Besatzungsmacht deutlich bekanntgeben wird.«[43] Frau Viertaler wohnt im von den Alliierten gemeinsam verwalteten ersten Bezirk, die Aufschrift auf ihrer Tür gibt es auch auf englisch und französisch, der besondere Schutz, von dem Drach schreibt, ist also nicht nur ein sowjetischer.[44]

Der Besuch bei ihr, zu der Drach ein früheres Verhältnis andeutet, ist desillusionierend. Von den Wertsachen, um deren Verwahrung Drach sie vor seinem Aufbruch in die Emigration gebeten hat, ist nichts mehr da. Drei teure Ringe, darunter die Eheringe der Eltern, hat man angeblich bei ihrem Versuch, sie für ihn über die Grenze zu bringen, beschlagnahmt. Zu allem Überfluß sieht der Besucher noch ein Bild aus dem Besitz seines Vaters bei ihr hängen, einen echten Pettenkofen – immerhin den, denkt er, hat sie gerettet, aber sie rückt das Bild nicht heraus, ignoriert einfach, daß Drach es wieder erkennt. Irgendwann wird es ihr Chauffeur erben.[45]

Auch die überlebenden Verwandten sind eine einzige Enttäuschung. Anton Sommer, mit dem er in Paris zusammen war, zeigt Albert den spärlichen Rest, der von der Bibliothek seines Vaters übriggeblieben ist. Die wertvollen Bücher sind ehemals Antons Vater, dem Generalmajor, zur Verwahrung übergeben worden. Der ist zwar trotz seiner Internierung in Theresienstadt, wo er aufgrund seiner guten Verbindungen eine privilegierte, sogar führende Position innegehabt haben soll, nach fünfundvierzig in Wien eines friedlichen Todes gestorben, aber die Bücher, die er verwahren sollte, sind ebenso wie einige Stilmöbel aus dem Besitz der Familie Drach angeblich einem Brand zum Opfer gefallen.

Drach bezweifelt diese Sachverhaltsdarstellung. Die nur an den Rändern angesengten Bücher, die ihm gezeigt werden, sind eindeutig die wertlosesten.

Von den Möbeln und dem Hausrat, der den Sommers anscheinend ebenfalls anvertraut wurde, ist nichts mehr übrig. »Einiges war verkauft, das Geld einem Anwalt anvertraut, knapp bevor dieser den Weg zur Vergasung angetreten.«[46]

Damit verglichen ist der Besuch bei Otto Peznek vorerst ein Lichtblick. Drach erinnert sich daran, wie ihm der Anwaltskollege vor fast einem Jahrzehnt den schweren Koffer zum Bahnhof getragen hat. »Wie ich in seiner Kanzlei einlange, freut er sich, daß ich da bin und merkt nicht, was mit mir vorgegangen ist. Obwohl er wortkarg erscheint, berichtet er doch gelassen von überstandener Unannehmlichkeit und derzeitiger Besserung.«[47] Schließlich übergibt Peznek Drach ein Dokument, das beim Sturm auf das »braune Haus«, also das Gestapoquartier in Mödling, gefunden wurde. Es belegt die Anzeige des Hausbesorgers, der den Anwalt Drach im Jahr 38 als Juden und Kommunisten denunziert hat[48] – des Hausbesorgers, der sich im Elternhaus ausgebreitet hat und nach wie vor dort residiert. Drach wird dieses Dokument noch mit Zähigkeit einsetzen, um zu seinem Recht zu kommen.

Ein zweiter Besuch bei Peznek verläuft allerdings problematischer. Peznek läßt durchblicken, daß er, bei aller Reserve gegen Hitler, an dessen Erfolg er allerdings nie geglaubt habe, auch nicht alles falsch gefunden habe, was 1938 geschehen sei. Es sei doch wahr, daß es in Mariahilf und in der Innenstadt einfach zu viele jüdische Geschäftsleute gegeben habe. »Ich nehme Otto seine Äußerung nicht übel«, heißt es trotzdem, »sie ist wenigstens aufrichtig.«[49]

Ist Drachs Darstellung seiner ersten Wiener Nachkriegserfahrungen polemisch zugespitzt? Ist nicht manches, wenn schon nicht bewußt übertrieben, so durch eine in seiner Situation nicht unverständliche Paranoia bestimmt? Für manchen Passagen des *Beileids* mag das wohl zutreffen. Gegen eine umfassende Paranoia spricht jedoch, daß vereinzelte Lichtgestalten auftauchen.

Die überzeugendste ist der kommunistische Stadtrat Viktor Matejka. »Er ist ein verständiger Mensch, mit dem man gut sprechen kann.«[50] Er versucht sich nicht nur für Drachs *Zwetschkenbaum* einzusetzen, sondern weiht den angeschlagenen Mann auch in die Geheimnisse der »Schwerarbeiterkarte« ein. Mit dieser Karte erhält man größere Lebensmittelsrationen, man braucht dazu allerdings einen vorzeigbaren Beruf. Zwar will auch der Stadtrat eine Gegenleistung für seine guten Tips: Drach möge ihm Bilder des Malers Rapaport aus Nizza bringen.

Drach 1947 in Nizza

Aber das hat nichts mit persönlicher Raffgier zu tun. Der Mann möchte jüdische Künstler und ihre Werke ins Land zurückholen.[51] Was den herzeigbaren Beruf betrifft, so kommt der eines Schriftstellers überraschenderweise in Frage. Doch muß man sich, um als solcher akzeptiert zu werden, beim demokratischen Schriftstellerverband einschreiben lassen. Das Palais, in dem der Schriftstellerverband untergebracht ist, befindet sich praktischerweise in der Nähe des Rathauses. Drach geht also gleich anschließend an seinen Besuch bei Matejka dorthin. Er könnte eine größere Lebensmittelration brauchen.

Doch wieder einmal beißt er bei einer amtswaltenden Dame auf Granit. Sie ist nicht so ohne weiteres von seiner Qualifikation als Autor und von seiner politischen Integrität überzeugt. Zuerst verlangt sie zwei publizierte Bücher, Drach kann aber nur eines, nämlich sein Jugendwerk *Kinder der Träume* vorweisen. Dann verlangt sie allen Ernstes das Zeugnis des Hausbesorgers, daß der Antragsteller kein Nazi war.

»Ich versichere ihr, daß ich als Jude dazu kaum Gelegenheit hatte, sie will aber auf sicher gehen, es hat ihrer Ansicht nach auch ›solche‹ Fälle gegeben. Ich zeige ihr das Schriftstück, das Otto im braunen Haus gefunden, wonach mein Hausbesorger mich dort als Kommunisten und Nazi denunziert und ich nur durch Flucht nach Frankreich und nicht einmal dort der Konzentrierung und Vergasung entging.«

Das genügt der im übrigen als attraktiv beschriebenen jungen Dame jedoch keineswegs.

»Sie besteht nunmehr auf dem Zeugnis französischer Hausbesorger.«[52]

Drach weist darauf hin, daß solche Bestätigungen nicht leicht zu erbringen sein werden. Erstens wären es, wegen der wechselnden Wohnsitze, die er in Frankreich gehabt habe, viele, und zweitens seien sie in seiner gegenwärtigen Situation schwer zu organisieren. Auf ihre Frage, warum er überhaupt dem Schriftstellerverband beitreten will, antwortet er der Wahrheit gemäß, daß es ihm vor allem um die Schwerarbeiterkarte geht. Daraufhin entscheidet sie, daß man »solche Leute« beim Schriftstellerverband nicht brauche.[53]

Eher der Not als dem eigenen Trieb gehorchend, besucht er gleich anschließend das schräg gegenüberliegende Gebäude, den Justizpalast, in dem damals auch die Rechtsanwaltskammer untergebracht ist. Dort akzeptiert man ihn umgehend als den, der er seiner Ausbildung nach am ehesten ist, auch wenn er es nicht mehr sein wollte. Albert Drach, Rechtsanwalt. Dafür wird keine weitere Bestätigung verlangt. In der Folge erhält er prompt seine Schwerarbeiterkarte, aber auch Armenvertretungen von absolut zahlungsunfähigen Prozeßparteien.[54]

Das alles ist zuviel oder auch zuwenig, selbst für das Leben eines Gespensts. Drach wohnt ein paar Wochen bei Valerie Stehlik, einer außerehelichen Tochter seines Vaters, in der Wiedner Hauptstraße, die gerade um ihre vor kurzem verstorbene Mutter weint.[55] Er hält ihre frömmelnde, sentimentale Art nicht aus – daß sie die Tochter jener imponierend Frau sein soll, wegen der sich sein Vater dereinst angeblich mit dem Prinzen von Thurn und Taxis geschlagen hat, kann er sich kaum vorstellen. Seines Bleibens bei ihr und in Wien wird nicht mehr lang sein: Sobald er die nötigen Schritte zur Rückgewinnung seines Mödlinger Hauses eingeleitet hat, wird er zunächst wieder nach Nizza fahren.

Dieses Mödlinger Haus, den später, viele Jahre nach seiner Wiedergewinnung, aus trotzigem Selbstbewußtsein so benannten Drach-Hof, muß er allerdings noch besuchen. Aus einer gewissen Scheu hat er diesen Besuch von einem Tag auf den anderen aufgeschoben. Nach dem Tod seiner Mutter ist es als sogenanntes deutsches Eigentum dem Nazistaat verfallen, nun wird es bis auf weiteres von der sowjetischen Besatzungsmach verwaltet. Es steht, davon überzeugt er sich endlich, »noch immer an derselben Stelle«, nur ist es nicht mehr seines.

Vom Keller bis zum Giebel hausten Mietparteien darin, in einem Teil meiner Wohnung hatte sich die russische Kommandantur eingenistet, im andern nistete der kommunistische Polizeichef von Mödling, der früher ein wachthabender Polizist gewesen war. Überall wurde ich von feindlichen Augen belauert, der Garten war teilweise abgeholzt, sowohl von denen, die bis zur Besatzung darinnen waren, als auch von solchen, die deren Nachfolge angetreten hatten (...) Der Hausbesorger war immer noch derselbe, der mich bei der Nazistelle angezeigt haben sollte und von dem das schöne Fräulein im demokratischen Schriftstellerverband die Einbringung einer Bestätigung begehrt, daß ich selber kein Nazi gewesen sei. Allerdings wohnte dieser Herr längst nicht mehr in der Hausbesorgerwohnung, sondern in den straßenseitig gelegenen schöneren Parterrewohnung, in denen einmal Gräfin Fürstenberg gehaust, die dann von einer NS-Stickerin abgelöst worden war.«[56]

Am 10. Dezember 1947, zwei Monate nach seiner Ankunft in Österreich, ist er wieder in Nizza. Die Heimreise, so nennt er seine Rückfahrt nach Frankreich bezeichnenderweise im *Beileid*, ist in den darin gesammelten Tagebuchaufzeichnungen nicht dokumentiert. Nur zwei makabre Visionen, die ihm seine Phantasie in diesem Zusammenhang vorgaukelt, werden in einem Nebensatz erwähnt. Im Warteraum ist ihm, als ob ihn »eine Anzahl Vergaster für sich reklamiert« hätte, und während der Fahrt, »als ob ihn ein in den Schaffner verkleideter SS-Mann vom Zuge gestoßen hätte«.[57]

Eine Parallelstelle gibt es im frühen Fragment der *Unsentimentalen Reise.*

Das letzte Blatt ist erhalten, vom vorletzten fehlt ein Stück, die Sätze sind mitten entzweigerissen. Peter Kuckuck, soviel geht daraus hervor, fühlt sich von mit ihm reisenden Todeskandidaten und dem Wachpersonal bedroht, er nimmt nicht wahr, daß es sich um normale Mitreisende und einen harmlosen Schaffner handelt. Er fährt mit einem Zug, der ins Nichts führt, doch obwohl er sich als Gespenst fühlt, will er in diesem Nichts nicht ankommen:

Ich habe eine Idee. Der Zug fährt von Zeit zu Zeit etwas langsamer. Der Soldat sitzt von Zeit zu Zeit etwas weiter vorne. Ich habe eine Idee. Ich will den Soldaten hinunterschmeißen und dann abspringen von meiner unsentimentalen Fahrt. Es ist mir ganz gleich ob ich unten an einem Stein zerschelle oder vergast werde. Ich habe mir auch mein Leben lang die Leute nicht aussuchen dürfen, mit denen ich gelebt habe. Man hat sie mir nur nach der Reihe in mein Leben hineingeschoben, bis sie mich erdrückt haben und ich dann tot war. Aber ich bin gar nicht mehr tot. Jetzt, da ich sterben soll, merke ich, daß ich nicht tot bin, Ich entscheide mich für das Weiterleben. Ich will aus dem Wagens springen und fliehn. Ich will, daß diese unsentimentale Fahrt ein Ende nimmt und ich meiner Wege gehe, wohin ich will und mit wem ich will. Und auch sterbe mit wem ich will.

Jetzt ist der Zug in voller Fahrt und wird nicht wieder stehen bleiben bis zum Ziel. Ich will nicht vergast werden. Seit ich sterben soll, weiß ich, daß ich lebe, und ich will leben. Seitdem ich mit diesem Soldaten fahre, kann ich niemand mehr verzeihen, am allerwenigstem diesem Soldaten, und ich muß ihn umbringen, damit ich selber leben kann.

Und es öffnet sich plötzlich der große Spalt, er öffnet sich von selbst oder ich öffne ihn und greife den Soldaten, und er wehrt sich schwach. Er muß hinunter mit seinem Tournister. Und jetzt ist die Reihe an mir. »Halte mich nicht Dr. Honigmann, nicht du Schuster, wenn ihr sterben wollt, gutwillig vergast, ich will es nicht, ich will leben, und ich wage was für das Leben.«[58]

Immer noch Honigmann und die anderen Opfer. Die *Unsentimentale Reise*, zu deren Darstellung der Autor noch einige Schreibanläufe nehmen wird, ist hier sehr deutlich noch nicht vorbei. Ebenso makaber wie psychologisch interessant, daß Kuckuck an diesem Ende im wahrsten Sinne des Wortes den Kopf verliert. Die letztendliche Abtrennung des Kopfes ist eine Todesart, die vom Märchen bis zum Gruselfilm am Ende die Teufelsbündner kennzeichnet.

Kuckuck, Drachs in diesem Text stellvertretendes Ich, hat, genau wie Kucku, Anselm Igel und das namenlose Ich aus der späten Autobiographie, einen Überlebenspakt geschlossen, vielleicht war der Teufel dazu gar nicht vonnöten. Aber der Pakt, das war von Anfang an zu befürchten, ist befristet, nun läuft er ab: »Der Passagier Peter Kuckuck, früherer Baumeister, wurde auf der Fahrt von Basel nach Paris von plötzlichem Wahnsinn befallen. Trotzdem die Passagiere ihn zu hindern suchten, warf er zuerst den Schaffner aus dem Zug, dann sprang er selbst nach. Der Schaffner ist lebensgefährlich verletzt. Kuckuck bekam la tête tranché.«[59]

2. FREMD BIN ICH AUSGEZOGEN, FREMD ZIEH ICH WIEDER EIN

MEINE HEIMAT IST DER DRACH-HOF UND DIE DEUTSCHE SPRACHE

Resumée 1983
Ich glaube, ich glaube nicht,
Was sie sagen, was sie nicht sagen,
Was ich sage, was ich nicht sage.
Die Welt geht unter, die Welt geht nicht unter[1]

Blinde Kuh bleibt blind, bis sie von einer anderen abgelöst ist.

Außerhalb der Bewegung der Kinder bleibt die Blindheit als Erb- oder Erwerbgut erhalten, aber solange der Augapfel auch in den Höhlen schläft, kann ihn ein Wunder erwecken. Wunder sind selten, und noch seltener auf ärztlichem Wege herzustellen, geschweige denn herbeizurufen. Es gab auch blinde Dichter, den ersten bekannten ein Jahrtausend vor unserer Zeitrechnung in Griechenland, so lange, daß man sich schon darüber streitet, ob es ihn überhaupt gegeben hat. Über den, der in England statt vor dreitausend Jahren, nur vor etwa dreihundert gelebt hat, streitet man noch nicht. Sobald man mich allgemein anerkannt haben wird, bin ich der Dritte, nur daß ich nicht blind geboren noch durch Unfall blind geworden war. Ein Schock, ausgelöst durch ein im ehemaligen braunen Hause untergebrachtes und mit dessen Traditionen vertrautes Finanzamt hat das Seinige dazu getan.[2]

Ein großer Zeitsprung in das Jahr 1983. Albert Drach ist 81 Jahre alt und lebt seit einem Vierteljahrhundert wieder in Mödling. Er hat eine unzumutbare und seines Erachtens unberechtigte Vorschreibung des Finanzamts bekommen. In der Nacht, nachdem er seinen dritten und letztmöglichen Einspruch verfaßt hat, liest er noch Alfred Jarrys *König Ubu*, um sich abzulenken.

Am nächsten Morgen ist nichts mehr wie zuvor, er kann dieser Welt nicht mehr wie früher ins Auge schauen. Alles erscheint ihm zweigeteilt, er muß den Kopf schief halten, um ein zusammenhängendes Bild zustande zu bringen. Seine Frau will ihm zuerst nicht recht glauben, vielleicht steigert sich ihr Mann da in etwas hinein. Aber der Arzt, eine Kapazität, bestätigt das schwere Augenleiden, das wochenlang mit Spritzen unter die Netzhaut behandelt wird.

Handelt es sich um eine Erblindung? Gewiß nicht, wenn man unter Blindheit komplette Sehunfähigkeit versteht. Für seinen eigenen Begriff aber ist Drach so gut wie blind. Er kann nur mehr mit einem extremen Vergrößerungsapparat lesen und ohne Begleitung nur mehr Wege gehen, die er, wie man so sagt, mit geschlossenen Augen gehen könnte. Eine neue Baustelle auf dem Weg zur Post zum Beispiel ist eine gefährliche Falle; es ist Glückssache, ob sie in seinem Gesichtsfeld auftaucht oder nicht.

Vielleicht hätte dieses Leiden in seinem Alter einfach von innen her, ohne äußeren Anlaß auftreten können. Drach aber ist überzeugt davon, daß es etwas mit seiner vorangegangenen Panik und Empörung zu tun hat. Eine Vorschreibung des Finanzamts als Grund einer schweren Sehstörung – das klingt, bei allem Verständnis für den Ärger, den Probleme mit dem Fiskus auslösen können, skurril. Man muß jedoch wissen, daß Drach so gut wie alles, was ihm nach seiner Rückkehr 1948 bis zu seinem Tod 1995 widerfährt, auch im Kontext der überstandenen Verfolgung erlebt.

Gewiß mag man das für (wenn auch durch seine

Lebenserfahrungen begründete) Paranoia halten. Besser wäre es, zu akzeptieren, daß einer wie er jedes Recht auf seine Angst hat. Und jedes Recht darauf, davon überzeugt zu werden, daß die Gründe für diese Angst nicht mehr real sind. Aber dafür fehlt in seiner neuen/alten Umgebung nach seiner Rückkehr von Anfang an jedes Bewußtsein.

Der Heimkehrer ist den wiederaufbautüchtigen und geschichtslosen Nachkriegsösterreichern (einige wenige Personen ausgenommen) ein leibhaftiger Vorwurf. Viele der wenigen Remigranten haben das ähnlich erlebt, manche haben die Konsequenz daraus gezogen und endgültig von ihrer alten Heimat Abschied genommen. Ein schönes Land, das wohl; aber die Menschen darin waren den Zurückgekommenen gerade mit ihrer Tendenz, die Vergangenheit, in der sie die Entrechtung, Enteignung, Ermordung ihrer jüdischen Nachbarn in Kauf genommen hatten, zu ihrer eigenen Beruhigung ruhen zu lassen, unerträglich. Drach aber kommt wieder und bleibt; er hat beschlossen, um jeden Preis sein Haus zurückzuerobern und wieder in einem Land zu leben, in dem man die Sprache seiner bislang unpublizierten Bücher spricht.

Er kommt wieder und bleibt, aber er kann seinen mit der hier herrschenden gesellschaftlichen Realität nicht ganz inkompatiblen Beziehungswahn nicht loswerden. Anfechtungen durchaus unterschiedlicher Qualität, wie die endlose Schwierigkeit, seine Bücher zu veröffentlichen, Strafverfügungen wegen falschen Parkens, verlorene Prozesse, Schikanen diverser Behörden, nichterhaltene Preise – all das verbindet sich in seinem Bewußtsein zu einem größeren Ganzen und hat für ihn damit zu tun, daß er in diesem Lande weder vor 1938 noch nach 1945 erwünscht war. Und daß man ihm die Zeit dazwischen genommen hat, geraubt, unter schwerer Bedrohung seines Lebens. Und nun die unaufbringbare finanzielle Forderung des staatlichen Räubers, die ihm in seinem 81. Lebensjahr an die Existenz zu gehen droht, die seinen relativen Sieg über die Vergangenheit noch im vorletzten Moment gefährdet.

Das Finanzamt in Mödling ist zynischerweise im selben Haus untergebracht, in dem ehemals die Gestapo ihres Amtes waltete. Im sogenannten »braunen« Haus also, da kann man schon ins Assoziieren kommen. Wenn Drach nicht zahlungsfähig ist, könnte ihm, so fürchtet er, das womöglich noch den Drach-Hof kosten; den ehemaligen Marienhof, für den sich seine Mutter (oder für den er seine Mutter) geopfert hat.

Nur mit großer Mühe ist es Drach nach 1947 gelungen, sein Haus nach und nach zurückzubekommen. Bis 1955 hat es gedauert, bis er endlich wieder vollständig darüber verfügen konnte.[3] Seit Mitte der sechziger Jahre heißt es Drach-Hof. Unmittelbar nach seinem literarischen Durchbruch hat er es nach sich und seiner Familie benennen lassen: ein Denkmal seines Ausharrens und seines Erfolges, seiner Präsenz und seiner Unverwüstlichkeit. Tatsächlich ist der Drach-Hof nach einem Bescheid vom 15. November 1976 denkmalgeschützt. »Die kulturelle Bedeutung erscheint insofern gegeben, als das Objekt die Heim- und Wirkungsstätte des Schriftstellers Dr. Albert Drach darstellt, der als Träger zahlreicher Literatur-Preise im deutschen Sprachraum sehr bekannt ist«, steht auf dem mit der Zahl 5015/76 versehenen Dokument.[4] Wird er diesen Drach-Hof, der endlich zu seiner Heimat, zu seinem Lebensraum geworden ist, womöglich wieder verlieren?

Vermutlich eine übertriebene Befürchtung, aber er hat sie. Jedenfalls weiß er beim besten Willen nicht, womit er seine Steuerschuld begleichen soll. Als er endlich sein Recht erhält – der dritten Berufung gegen den existenzbedrohenden Steuerbescheid wird schließlich stattgegeben –, kann die ursprüngliche Sehkraft des alten Mannes nicht mehr hergestellt werden. So erklärt er sich für blind und behält sich vor, von nun an nur mehr zu sehen, was er trotz allem sehen möchte. Sollen sie, seine Angreifer, doch sehen, was sie angerichtet haben. Sie sehen natürlich nichts – ihr Auge ist ein einziger blinder Fleck.

Die Autobiographie *Blinde Kuh, Versuch einer Zusammenfassung* ist ein unmittelbarer Reflex auf diese einschneidende Erfahrung des Einundachtzigjährigen. Von 1983 bis 1986 schreibt er in übergroßen Schriftzügen mehr als zehn A4 Hefte voll, eine Sekretärin wird das Manuskript abtippen. Nicht immer kann sie die von Drach blind oder unter dem Sehapparat zustandegebrachte Handschrift entziffern; gewisse Mißverständnisse sind unter diesen Umständen kein Wunder. Veröffentlichen will der Autor das die Zeit von seiner Kindheit bis 1985/86 umfassende Werk schließlich nicht, er kann es, das ist ihm schmerzlich bewußt, nicht mehr wirklich überblicken.

Zum Ausgangspunkt seiner Erinnerungen wird das alte Kinderspiel, in dem ein Kind mit Augenbinde die Blinde Kuh verkörpert. Es wird von dieser Blindheit befreit, wenn es gelingt, ein mitspielendes Kind zu berühren. Aber wo sind die erlösenden Mitspieler für Drach? Wer könnte ihm, dem alten Mann, seine Blindheit abnehmen?

Sein Sehverlust ist kein Spiel. Er zieht die Konsequenzen und schließt die Anwaltskanzlei am 31.3.1984 das zweite Mal in seinem Leben. Zum Aktenstudium ist der Rest seiner Sehkraft zu schwach und zu wertvoll.

Die Zeit, in der er den Anwalt spielen hat müssen, ist vorbei. Endlich. Wie gerne hätte er sich schon früher auf die Position als Autor zurückgezogen. Jetzt wurde ihm die Entscheidung abgenommen.

Für die Ewigkeit versucht er sich nun wenigstens würdig zu positionieren. Der blinde Dichter. Immerhin ist man als solcher in guter Gesellschaft. Da war Homer, den der humanistisch gebildete Drach in seiner Schulzeit sogar auf griechisch gelesen hat; da war der erblindete John

Milton, dessen Hauptwerk *Paradise lost* er sich angeblich erst jetzt, mit Hilfe des Sehapparats, Wort für Wort aneignet. Er will der Dritte im Bunde dieser großen Blinden sein.

Zynisch und mit Unschuld beginnt seine resümierende Rückschau. Eine alte Dame hat ihren Besuch angesagt, sie kommt von weit her aus Südamerika. Sie läßt ihn wissen, daß sie ihn nur sehen will, weil er sie nicht mehr sehen kann. Schließlich hat sie sich in all den Jahren verändert, ist nicht mehr die junge Facharztgattin, die vor Jahrzehnten seine Geliebte war. Mit ihrem Exmann, dem aus dem Exil zurückgekehrtem Dr. Thieberger, ausgerechnet Augenarzt, war die Familie Drach noch jahrelang befreundet, bevor er eines Tages auf rätselhafte Weise spurlos verschwunden ist. Frau Sternberger, so heißt sie nun nach ihrem zweiten Mann, ist die Nichte des Gerichtsvorstehers Withofner, der – das war am 26. April 1938 – wohlwollend zugesehen haben soll, als Drach das Geschäftsschild eines jüdischen Mitbürgers beschmieren mußte.[5]

Ihr Onkel habe ihn doch damals nur beschützen wollen, stellt die alte Dame richtig, wollte den Vorgang amtlich überwachen, um größeres Unglück zu verhindern. Diese Geschichtsklitterung bringt Drachs Erinnerung in Schwung. Allerdings weniger die Erinnerung an den Vorfall aus dem Jahr 1938, den er in seinem literarischen Werk mittlerweile schon hinlänglich gewürdigt hat.[6] Um eine andere Szene zu evozieren, muß er mit seinem inneren Auge nicht ganz so weit zurückblicken:

Und so sah ich zurück, aber zunächst nicht so lang, sondern fast um ein Jahrzehnt zu kurz. Damals saß in meinem großen Zimmer, das ich erst den Russen abringen mußte, weil das Haus von den Deutschen beschlagnahmt gewesen und so ein zweites Mal ohne Entgelt den Eigentümer wechseln mußte, sah ich sohin auf einem großen Sessel, der mir, wenn auch arg beschädigt, doch noch sitzbar geblieben war, die etwas gebückte Gestalt ihres Onkels, des Gerichtsvorstehers in unvergeßlicher Zeit.[7]

Was will der Mann, der es sich auf dem einzig brauchbaren Möbel von Drachs erst teilweise wiedererlangter Wohnung bequem macht? »Er wollte eine Bestätigung von mir, daß er es nicht gewesen sei, der Greuel angerichtet oder zugelassen hätte. Es waren keine großen Greuel, bei denen er mitgewirkt hatte, denn die Sache war erst am Anfang.«[8] Er wird nicht der einzige sein, der von der Rückkehr des jüdischen Mitbürgers Drach profitiert.

An niemand habe er Rache genommen, betont der Autor bei unserem ersten Gespräch am 14.4.1988. An den einen nicht, weil er sie für Unmenschen hielt, an denen er als Mensch keine ebenbürtige Rache nehmen konnte, an den anderen, weil er sie trotz allem nicht für Unmenschen halten wollte. Allen voran das ehemalige BDM-Mädchen Erika Schloßbauer, das vermutlich wirklich keiner Fliege etwas zuleide getan hatte. Sie sei wegen ihrer Ehrlichkeit besonders schwer zu denazifizieren gewesen, erinnert sich Drach, »bei den wirklichen Schweinehunden war es viel leichter«.

Auch seinen alten Freund Werner Riemerschmid, der wegen seiner Mitgliedschaft in der NSDAP vorläufig von seiner Arbeit im Rundfunk dispensiert ist, läßt er nicht hängen. Ihn betrifft einer der ersten Briefe, die Drach schreibt, nachdem er im Juni 1948 wieder in Mödling Quartier genommen hat. Der Wortlaut des »Entlastungsschreibens« verrät nicht nur viel über Drachs den Verhältnissen angeschmiegte Argumentationsweise, sondern auch über die geistige Verfassung Österreichs in der Nachkriegszeit. Drach ist in ein Land zurückgekehrt, in dem Opportunismus als Entschuldigung gilt:

Lieber Werner!
Wien-Mödling 1948

Gerne bestätige ich Dir folgendes, das ich jederzeit durch ein Zeugnis vor jeder Behörde erhärten kann.

Wir kennen uns seit 1920, wo wir uns das erste Male bei unser beider gemeinsamen Freunde Wildgans trafen. Du hast mir im Jahr 1933 erzählt, daß Du einen Mitgliedsbeitrag für die NSDAP gezahlt hast. Nie warst Du mit dem Herzen dabei. Du fürchtetest nur, wegen Deiner bekannt antinazistischen Gesinnung im Falle einer sofortigen Machtübernahme den Posten zu verlieren und dann mit Weib und Kind brotlos zu sein. Du warst eben nur Schriftsteller und Sprecher und konntest nicht daran denken, in einem anderen Metier unterzukommen.[9]

1933 war der Mann also schon Mitglied der NSDAP geworden, wahrlich kein Zeichen für seine antinazistische Gesinnung. Glaubt Drach, was er da schreibt? Jedenfalls weiß er, was es zur Entnazifizierung braucht. Er hebt die Gesinnung des Freundes hervor, die weder vor noch nach der Machtergreifung wirklich nationalsozialistisch gewesen sei und betont, daß dieser die Beziehungen zu jüdischen Freunden wie ihm aufrechterhalten habe. Herr Karl, der zutiefst österreichische Charakter, den Helmut Qualtinger geschaffen hat, hätte Herrn Riemerschmid gut verstanden.

Man muß übrigens auch Drachs Haltung nicht als allzu uneigennützig idealisieren. Wen hat er denn schon in Mödling, außer Freunde wie diesen? Vielleicht war es ja auch eine gewisse Genugtuung, von dem einen oder anderen wenigstens jetzt gebraucht zu werden. Er will sich wieder hier einrichten, da muß er wenigstens die sozialen Mindestvoraussetzungen schaffen.

Am 30.10.1948 erscheint auf der Seite 1 der Mödlinger Nachrichten folgende Anzeige: »Rechtsanwalt Dr. Albert Drach ist aus Frankreich zurückgekommen und hält seine Sprechstunden wieder täglich außer Mittwoch von 15–18 Uhr in Mödling, Hauptstraße 44.« Er ist also wieder da. Und er will, daß man das weiß. Die schon Monate zuvor geäußerten Bedenken seiner Schwester Alma hat er in den Wind geschlagen.

»Abgesehen von allem anderen«, hat sie ihm am 31.5.1948 geschrieben, »würde ich nicht einen Tag mit dem Hausmeister, der Dich bei der Gestapo angezeigt hat – unter einem Dach wohnen. Diese Leute sind zu allem fähig. Einmal hat Gott seine Hand über Dich gehalten, man darf das Schicksal nicht herausfordern.« In der Hoffnung, daß Albert zurückkommt, zahlt sie bis auf weiteres die Miete für sein Zimmer in Nizza.

Wie schätzt er die Situation selbst ein? Zum Exempel ein Brief an Dr. Lorber in Nizza, datiert mit 1. Juli 1948:

Seit anfang Juni habe ich Quartier in meinem Haus bezogen. Möbel habe ich fast keine, und was ich habe, ist hauptsächlich von Freunden geliehen. Das Leben hier ist ruhig. Sie brauchen sich nicht durch Zeitungsberichte irre führen zu lassen. Ich bin den Leuten noch sehr in Erinnerung.

Etwas weiter unten im selben Brief heißt es allerdings:

Die Bevölkerung ist falsch und verlogen, wie sie immer war. Die nichteingesperrten hohen Nazis sind häufig süßlich bis zum Extrem und biedern sich auf jede Weise an. Die niederen Nazis verharren häufig in ihrem Trotz, denn es sind meist gerade die, die ihre Stellungen eingebüßt haben. Der Mann, der mir in der Nazizeit fast beide Augen ausschlug, hat mich bereits auf der Gasse höchst freundlich begrüßt. Der frühere Nazigerichtschef [Offenbar Herr Withofner, E.S.] sowie ein aus den Zeitungen bekannter ns. Industrieller (einer der größten Österreichs) machten mir ihre Aufwartung.

So ist die Lage. Im besten Fall beurteilt er sie ambivalent. Er weiß, woran er mit seinen Landsleuten ist. Er macht sich keine Illusionen. Und trotzdem, gerade deshalb: Er wird den Kampf aufnehmen. Obwohl er auf Wunsch seiner Schwester noch einmal nach Nizza fahren wird (Dr. Lorber soll ihn in dieser Zeit als Anwalt vertreten), hat er sich zur definitiven Rückkehr nach Österreich entschieden.

Und er hat ein Programm, von dem er nicht abweicht: Er wird den Hausbesorger und andere Mieter, die – so sieht er es – widerrechtlich in sein Haus eingedrungen sind, aus diesem Haus hinausprozessieren, wenngleich das länger dauern wird, als er es sich in seinen bösesten Träumen vorstellt. Er wird seinen Durchbruch als Schriftsteller erleben, wenngleich das noch länger dauern wird. »Es wird alles auf einmal gelingen«, hat ihm seine Schwester geschrieben.

Er wird wieder Anwalt sein, solange das zum Existenzerhalt notwendig ist. Er wird der Schwester vorschlagen, zu ihm nach Mödling zu ziehen, aber ohne ihren Mann, der ständig Geld braucht, das er nicht verdient. Er wird eine Familie gründen, wenn seine Schwester (was vorauszusehen ist) nicht auf sein Angebot eingeht. Er wird eine bürgerliche Existenz aufbauen, die er hoffentlich einmal durch seine künstlerische Tätigkeit finanzieren kann.

Er wird vom Gespenst endlich wieder zum Menschen werden, auch wenn er noch nicht weiß, wann und wie.

Grundsätzlich ist es fatal, daß niemand etwas von seiner Gespensterexistenz wahrzunehmen scheint, kaum jemand realisiert, was ihm widerfahren ist. Drach war nicht im Vernichtungslager, er hat den letzten Abgrund nicht gesehen. Er gehört nicht zu denen, die Primo Levi »die Untergegangenen« nennt; jene Menschen, welche die einzig wirklichen Zeugen wären, die aber nichts mehr bezeugen können, weil sie nicht mehr sind.[10] Er gehört auch nicht zu jenen, die bis zum Schluß mit den Untergegangenen beisammen waren, Baracke an Baracke, Körper an Körper in Auschwitz und anderswo: mit diesen Erfahrungen sind die seinen nicht vergleichbar.

Aber die Verfolgung, die Drach an Leib und Seele erlebt hat, reicht aus, um ihn innerlich von denen zu isolieren, die diese Erfahrung nicht gemacht haben, selbst wenn es sich um gutwillige, freundliche Menschen handelt, die sich ehrlich über seine Rückkehr freuen: Die Witwe seines ehemaligen Volkschullehrers, Frau Else Handmann etwa, eine der ersten, die ihm unmittelbar nach seinem Einzug in sein Haus am 15. Juni 1948 schreibt :

Sehr geehrter Herr Doktor!
Mit freudiger Genugtuung habe ich gelesen, daß Sie wieder in Ihrem Vaterhaus in Mödling sind, und sich wieder das Wort bewahrheitet, daß das Recht doch siegt. (...) Sie haben ja so Furchtbares durchleben müssen, alle haben wir furchtbares durchleben müssen, wenn auch jeder in anderer Beziehung und »Menschen ohne Maske« kennengelernt. Aber vielleicht haben wir das zu unserer inneren Reife gebraucht und Sie werden das den Menschen durch neue Werke beweisen. Ich glaube, daß auch Sie den Glauben an den göttlichen Funken in das Gute im Menschen nicht verloren haben, wie es auch bei mir der Fall ist und sich doppelt in ihrem Beruf einsetzen.

Herzlich begrüßt Sie und heißt Sie in der Heimat willkommen ...

Alle haben irgendwie Furchtbares erlebt, das Leben geht irgendwie weiter – so werden damals viele gedacht haben. Es gibt kein Sensorium dafür, daß das, was einer wie er erleben mußte, von anderer Qualität ist. Von anderer Qualität nicht nur, weil sein Leben permanent bedroht war – das gilt tatsächlich auch für in den Krieg geschickte Soldaten. Sondern weil man ihn auf Grund seiner angeblichen »Rasse« zu einem minderwertigem Menschen erklärt hat, zu einem Schädling, dessen Verfolgung und Vertilgung man sich über die Grenzen eines hybriden Reichs hinaus angelegen sein ließ, einem Ungeziefer, das, wäre es nach den Ideologen dieses Reichs gegangen, nirgends auf der Welt eine Existenzberechtigung gehabt hätte: damit muß ein Mensch, bevor er zu seinem ganz normalen, ganz alltäglichen Menschsein zurückfinden kann, erst fertig werden.

Hätte das Drach der guten alten Frau Handmann erklären können? Wahrscheinlich hätte er es ihr gar nicht erklären wollen. Was er erlebt hat, läßt sich jedenfalls im Moment nicht mitteilen. Eine diesbezügliche emotionale Sperre scheint auch jenen gegenüber zu bestehen, die seine Erfahrungen bis zu einem gewissen Grad geteilt oder zumindest aus nächster Nähe miterlebt haben, wie Franki Morini und Genia, die ihn öfter in Mödling besuchen wird.

Herta Gross, mit der ich nach Drachs Tod im Jahr 1996 spreche, erinnert sich noch gut an seine tiefe, unabänderlich scheinende Verbitterung. Frau Gross ist die Tochter Arnold Paters, des ältesten Bruders von Drachs Mutter, also Drachs Cousine. Sie lebt in den Vereinigten Staaten, wohin dieser Zweig der Paters rechtzeitig ausgewandert ist. Als Germanistin und gebildete Frau ist sie damals eine der wenigen Kontaktpersonen, die Albert intellektuell ebenbürtig sind.

Noch vor ihrem Wiedersehen anläßlich eines Besuchs in der alten Heimat antwortet sie, mit Datum vom 6. Juli 1948, sehr einfühlsam auf einen Brief ihres Cousins. Darin hat er sie vorerst von seiner Rückkehr nach Mödling und seiner juristischen Beschäftigung mit den komplizierten Erbschaftsangelegenheiten um das Haus in der Meidlinger Hauptstraße informiert. Auf den privaten Teil seiner Mitteilungen eingehend, spricht sie ihm Mut hinsichtlich seiner bislang erfolglosen Schriftstellerei zu. Sie äußert Interesse an allem, was er schreibt, und versucht ihn lebensklug über seinen immer noch nicht verwundenen Liebeschmerz bezüglich Myrhinne hinwegzutrösten:

Und nun zum letzten Absatz Deines Briefes, der an Wichtigkeit der erste ist.

Ich lehne Deinen Pessimismus über die emotionelle Seite Deines Lebens entschieden ab. Es tut mir sehr leid, zu erfahren, daß eine schöne gefühlsmäßige Bindung wider Willen zu Ende gegangen ist. Ich bin banal, wenn ich Dich daran erinnere, daß das Leben leider zum größeren Teil aus Enttäuschungen und nicht aus der Verwirklichung von Illusionen besteht.

Normalerweise sind wir hierfür entsprechend ausgerüstet, vor allem dadurch, daß wir die erhebenden Momente in Erinnerung behalten und reproduzieren, und sie so tiefer empfinden. Vielleicht haben uns die abnormalen Lebensumstände mehr mitgenommen, als unsere Widerstandskraft verträgt; vielleicht bist Du noch zu sehr »on the rebound« und daher verletzt und tief getroffen. Vor allem aber bist Du ein Dichter, und daher weiß ich, daß Dein Herz mit jeder Enttäuschung stirbt. Vive la cœur, votre cœur! Ich hoffe und wünsche mir für Dich, daß es lange leben soll. Du darfst nicht bitter sein. denn Du hast von Gott eine Ausdrucksmöglichkeit mitbekommen, die nichts verloren gehen lassen darf, ohne daraus zu schöpfen und zu schaffen.

Dann klärt sie ihn über die Mentalität siebzehnjähriger Mädchen auf, die ihrem Reifegrad gemäß zur Bindung nicht geeignet seien, und wünscht ihm ein schönes Junggesellenleben mit vielen interessanten Beziehungen. Wahre und beherzte Worte, aber auch hier nur eine kleine Andeutung bezüglich der »abnormalen Lebensumstände«, die einem wie ihm die seelische Robustheit gekostet haben könnten. Es ist eine Reaktion auf seinen Appell. Offenbar fällt es ihm leichter, sich über seinen Liebesschmerz zu äußern, als über seine Verfolgung zu sprechen und die Stimmen der Toten, die er noch immer hört. Über diesen alles überschattenden Aspekt seines Lebens kann er zu jener Zeit nur schreiben.

Auch Gerty, seine zukünftige Frau, die er Ende 1951 kennenlernt, wird sich an seine beredte Schweigsamkeit erinnern. Albert habe sich kaum über die Zeit in Frankreich geäußert. Ihr habe er nur von einem Konzentrationslager erzählt, aus dem er mit einer Zahnbürste bewaffnet weggegangen sei. Auf den Zuruf, wohin er gehe, habe er geantwortet »nach Hause«.[11]

Zu Hause, wo ist das? – Der Alltag nimmt ihn in Anspruch, das lenkt ab.

Er muß sein Haus vollständig zurückgewinnen, Prozesse für und gegen Verwandte führen. Er belehnt sein Haus, um der Schwester den Wert ihrer Haushälfte auszahlen zu können. Zwar hätte er das ganze Haus bekommen sollen, doch das Testament lautet vorsichtshalber auf sie.

Vor dem Krieg hat die Mutter ihre Stieftochter als Alleinerbin eingesetzt, in der vergeblichen Hoffnung, daß der Besitz dann nicht von den Nationalsozialisten konfisziert werden könnte. Dem Bruder gegenüber wollte die Schwester damals freiwillig auf ihren Anteil verzichten, schließlich war sie reich verheiratet. Aber nun ist sie verarmt; Drach weiß, daß er mit ihr teilen muß. Das Geld möchte er ihr zum bestmöglichen Kurs zukommen lassen, aber sie kann nicht warten.

Telegramme mit dringenden Geldforderungen und Hilferufen gehen bei ihm ein. Der Ton zwischen den Geschwistern wird deutlich härter. Was hat diese Alma nur für einen unfähigen Mann! Ihr Bruder rackert Tag und Nacht, um auch ihre Familie zu ernähren, aber es wird nie reichen.

Drach führt den Prozeß gegen die Familie Anton und Anna Sommer. Einerseits prozessiert er wegen seiner verschwundenen Fahrnisse, anderseits wegen einer Villa in der Spechtgasse, die zum Nachteil anderer Verwandter von den hinterbliebenen Sommers allein beansprucht wird. Im übrigen wird er beide Prozesse verlieren. Mit seiner Argumentation, die Sommers hätten andere Verwandte vorzeitig für tot erklären lassen, um die Erbfolge zu ändern, kommt er nicht durch.[12]

Auch die Erbschaft der großen Villa in Baden muß geregelt werden. Sie hat Drachs Tante Regine Benies gehört, die in Theresienstadt umgekommen ist. In dem Aberglauben, daß die Abfassung eines Testaments ihren sofortigen Tod zur Folge haben könnte, hat sie keines hinterlassen. Nun gibt es acht anteilige Hausbesitzer, sieben davon wollen verkaufen, nur Albert Drach nicht. Schließlich kapituliert er und schenkt seinen Anteil der Nichte Lorle Gartenberg.[13]

In der Kanzlei stellen sich nach und nach Klienten ein, aber sie haben wenig Geld. Um welche Fälle es sich handelt, kann man auf der Gerichtsseite der Mödlinger Nachrichten nachlesen. Es geht um Nachkriegsdelikte wie »Unrechtmäßige Obstaneignung« (25.12.1948), oder, brisanter: »Arisierung oder rechtmäßige Hauserwerbung« (16.7.1949). Hier wird allerdings nicht um die Rückgewinnung eines arisierten Hauses prozessiert, vielmehr handelt es sich um einen Ehrenbeleidigungsprozeß. Die von Drach vertretene Klägerin, Frau Bertha Mann, frühere Geflügelhändlerin in Mödling, und ihr Sohn Rudolf sind auf der Straße mit den Enteignern ihres Hauses, dem Ehepaar Butzolich, aneinandergeraten. Dem Buchstaben des Gesetzes nach darf man nicht von Enteignung sprechen. Genaugenommen handelt es sich um einen Notverkauf, wiewohl die schamlose Ausnutzung der Not- oder Zwangslange von 1938 durch die Käufer auf der Hand liegt; Notverkäufe dieser Art sind dem Vernehmen nach sehr häufig vorgekommen.[14]

Der Fall, um den es juristisch geht, ist aber der Zwischenfall auf der Straße.

»Sie konnten sich ja nur mit unserem Geld in die Emigration retten und dort voll fressen, sie sehen ja so ausgefressen aus«, sollen die Butzolichs auf die Zumutung, das Haus gemäß Rückstellungsvertrag zurückzugeben, geantwortet haben. Replik von Frau Mann: »Sie sehen ja so schlecht aus, drückt sie das schlechte Gewissen?« Der Zeitungsbericht verrät nichts über den Ausgang der Verhandlung, sie wurde vertagt.

Auch wenn man sich fallweise mit den Klägern identifiziert – von solchen Fällen kann man nicht satt werden. Drach versucht zusätzlich Geld beim Rundfunk zu verdienen. Bei Radio Wien hatte man 1937 seine *Entblößungen* gesendet. Bei der RAVAG (Österreichische Radioverkehrs A.G.), der Nachfolgerin des früheren Rundfunkunternehmens, versucht er es vorerst mit sachkundigen Vorträgen.

Schon am 30. VI. 1948 spricht er zum Thema »Wohlschmeckende und giftige Pilze«. Für seine Leistung als Verfasser und Sprecher des Manuskripts bekommt er 75 Schilling. In einem Schreiben vom 7. März 1949 wird ihm zugesichert, daß man seinen Vortrag über die französische Widerstandbewegung demnächst ins Programm aufzunehmen gedenkt. Aber Honorare der oben erwähnten Größenordnung verbessern die karge materielle Lage nur unerheblich (auch wenn man für 75 Schilling zweifellos mehr von dem wenigen bekam, das an Lebensmitteln oder Heizmaterial vorhanden war, als das heute der Fall wäre).

Wo aber bleibt die Literatur – ließe sich damit nicht doch endlich Geld verdienen? Von den (leider vergeblichen) Bemühungen Viktor Matejkas, den Ullstein-Verlag für den *Zwetschenbaum* zu interessieren, war schon die Rede.

Nun wird auch Drach selbst diesbezüglich aktiv: Er schreibt an den Luckmann-Verlag in Wien, in dem vor dem Krieg auch Werke Doderers erschienen sind. Die Verlegerin, Frau Ilse Luckmann, gibt sich nach Erhalt des Manuskripts interessiert, aber in einem Brief vom 18. November 1947 kommt ihr abschlägiger Bescheid:

Verzeihen Sie vielmals, daß meine Stellungnahme zum Ihrem Manuskript ›Zwetschkenbaum‹ doch länger gedauert hat, als ich vermutete. Ich habe die Arbeit sehr eingehend gelesen und sie hat mich zweifellos menschlich berührt. Sie stellen hier einen Typus, mit den um diesen waltenden Mächten dar, wie die Wirklichkeit beides wirklich geschrieben hat. Trotzdem kann ich mich zu einer Publikation im jetzigen Zeitpunkt nicht entschließen und die Beweggründe im einzelnen aufzuführen würde ein mündliches Gespräch erfordern.

Bezeichnenderweise versucht die Verlegerin dann doch eine schriftliche Erklärung, die gewundener nicht sein könnte:

Ich darf nur kurz sagen: die Zeit ist den in Ihrer Arbeit angeschnittenen Problemen gegenüber nicht nur empfindlich, sondern sieht diese durch eine ganze Reihe verschieden gefärbter Brillen, die sich aus den Ereignissen der letzten Jahre ergeben. Auch eine gehobene Leserschicht würde das Buch kaum rein literarisch und menschlich werten, sondern in irgendeiner Weise daraus ein Programm ableiten. Um einer solchen Einstellung zu begegnen, müßte das Werk jedoch vielseitiger sein in dem Sinn, daß es mehr und verschiedene Typen herausstellen müßte.

Bei einem schließlich doch noch folgenden mündlichen Gespräch soll sich Frau Luckmann laut Drach prägnanter ausgedrückt haben. Offenbar hat es eine Weile gebraucht, bis ihr die Funktion des Protokollstils klar wurde. Zuerst habe sie das Buch für ein Zwetschkenbaum-kritisches gehalten, am Schluß aber bekomme der Jude recht. Die Zeit sei noch nicht reif für ein Buch, in dem der Jude gut wegkomme. Sie empfiehlt Drach mit dem Manuskript zum (von der sowjetischen Besatzungsmacht finanzierten) Globus-Verlag zu gehen. »Ich könnte mir vorstellen«, schreibt sie schon im Brief, »daß der Globus Verlag das Buch jetzt und zwar gerade als Programm bringen würde; eine Einstellung, die ich jedoch vermeiden möchte.« Was immer das heißen mag. Sie selbst sieht sich zum gegenwärtigen Zeitpunkt noch nicht in der Lage ... falls Drach über das Werk derzeit nicht verfüge, könne man vielleicht später auf den Plan einer Veröffentlichung zurückkommen.

Anfang 1949 versucht Drach sein Glück beim Bermann-Fischer Verlag, der seinen Sitz damals in Wien hat. In einem Schreiben vom 12.2.1949 wird die Ablehnung des Manuskripts damit begründet, daß es sich um eine vorwiegend in Österreich verständliche Geschichte mit entsprechender protokollarischer Aufnahme handle. Der Verlag sehe sich aber auch auf das Verständnis des Publikums im Ausland angewiesen, dem der Begriff des alten Österreich zu wenig geläufig sei. Insgesamt 16 Ablehnungsschreiben will Albert Drach bekommen haben, bevor er, mehr als ein Jahrzehnt nach seiner Rückkehr, den *Zwetschkenbaum* beim 17. Versuch endlich unterbringt.

Das wird im Jahr 1962 sein. 1947, noch sehr am Anfang der Versuchsreihe, lernt er vorerst Frau Grohe (später Neidl) kennen, die das Manuskript einige Male für ihn abtippt. Obwohl sie zur Zeit verheiratet ist, hat sie ein Auge auf den zurückgekehrten Anwalt geworfen. Daß er sich bei den Frauen der Umgebung einer gewissen Beliebtheit erfreut, ist vielleicht die einzige wirklich positive Erfahrung nach seiner Rückkehr. Er hat sich für ein Gespenst gehalten, aber von den Damen wird er noch fleischlich wahrgenommen. Was das betrifft, macht sich vor allem Erika Schloßbauer (inzwischen geschiedene Knopp) um ihn verdient. Sie versucht den rekonvaleszent wirkenden Mann mit ihrer Kochkunst aufzupäppeln. Darüber hinaus hilft sie ihm in der Rechtsanwaltskanzlei. Aber schließlich (und endlich) tritt Gerty in sein Leben.[15]

Gerty Rauch, sie will, daß außer ihrem späteren Namen Drach nur ihr Mädchenname genannt wird, kommt aus

Gerty Drach, 1951

schwierigen Verhältnissen. Der Vater ist im Krieg, sie muß sich um die acht Jahre jüngere Schwester Elfi und den elf Jahre jüngeren Bruder Günter kümmern. Sie führt den Haushalt und kocht, während die Mutter als Krankenschwester arbeitet. Gerne hätte Gerty etwas gelernt, aber die Verhältnisse waren widrig. 1946 kommt der Vater aus der französischen Kriegsgefangenschaft zurück, die Eltern sind einander fremd geworden und lassen sich scheiden. Ein Stiefvater zieht 1947 ein; er wirft die Fünfzehnjährige aus dem Haus und, sobald sie etwas älter sind, auch die jüngeren Geschwister. Gerty wird »in den Dienst« geschickt, muß sich als Hausmädchen durchbringen. Ihre Sehnsucht, etwas Vernünftiges zu lernen, bleibt unerfüllt.

Aber sie hat, wie sie im Interview mit mir sagt, »einen Willen«. Am Abend besucht sie Kurse, lernt Stenographie und Maschinschreiben; vielleicht kann sie es wenigstens bis zur Sekretärin bringen. Ihr Vater hat bald eine neue Freundin, auch in seinem Haus ist sie nicht willkommen. Die Kriegserfahrungen und die Gefangenschaft haben ihm zugesetzt. Er hat eine makabre Passion: Immer, wenn jemand verstorben ist, geht er »Gräberschauen«. Es sind die noch offenen Gräber, in die er hinunterstarrt. Einmal wird er in so ein Grab stürzen und sich schwer verletzen. Von diesen Verletzungen wird er sich nie wirklich erholen, er stirbt Mitte der siebziger Jahre, aber da wird ihn seine Tochter nicht mehr brauchen.

Ende der vierziger Jahre hätte sie noch einen Vater gebraucht. Ihre einzige Zuflucht: die Großmutter mütterlicherseits, einer Köchin beim Baron Guttmann, von der sie aufgezogen wurde. Aber in Zeiten wie jenen braucht ein Mädchen auch männlichen Schutz. Mit sechzehn heiratet sie einen weit älteren Mann, es ist keine Liebesheirat, aber der Mann ist in Ordnung: Er schlägt sie nicht. Drei Jahre später sieht sie den Heimkehrer Albert Drach im Bus. Vielmehr sieht er sie: Er findet sie bildhübsch. Man wechselt vielsagende Blicke. Sie ist zu diesem Zeitpunkt gerade neunzehn Jahre jung. Drach ist auch deutlich älter als sie, aber er ist etwas anderes.

Bald darauf benötigt sie einen Anwalt. Es geht um eine Haushälfte, die sie geerbt hat, die ihr aber unterschlagen werden soll. Albert Drach erinnert sich an die junge Frau, die die Stufen des Mödlinger Bezirksgerichts hinaufsteigt. Einer ihrer Strümpfe hat eine Laufmasche – das rührt das Gespenst, das sich nach Erlösung sehnt.

Am 26. Dez. 1951 lädt sie ihn in ihre Wohnung ein; an Tag und Datum erinnert sie sich noch heute. Damals lebt sie schon in einer Art einvernehmlicher Trennung von ihrem Gatten, mit dem sie de iure noch immer verheiratet ist. Albert Drach sucht definitiv eine Frau, keine gelegentliche Geliebte. Er sucht eine Ehefrau, mit der er eine Familie gründen kann.

Gerty mit Sohn Wilhelm, 1952

Aus Prinzip sucht er eine junge Frau, möglichst noch jünger als Myrhinne, der er es zeigen will. Wenngleich sie von seinem Triumph nie etwas erfahren wird. Er sucht eine Nährmutter für sich und seine zukünftigen Kinder. Obendrein muß seine Auserwählte imstande sein, alle seine Launen auszuhalten.

Vielleicht ist Gerty diese Frau. Das Leben hat sie hart hergenommen. Aber anders als bei ihm, scheint ihre Hoffnung und ihr, wenn auch unspezifischer, Tatendrang noch ungebrochen. Obwohl sie sehr schüchtern ist mit ihren neunzehn Jahren; keine Spur noch von der später sehr resoluten Frau Drach, die sich an der Seite ihres Mannes, aber auch ohne ihn, von niemandem etwas gefallen läßt.

Ein nicht zu unterschätzendes Durchsetzungsvermögen hat sie jedoch schon damals. Ihre Konkurrentinnen um Albert schlägt sie aus dem Feld. Mit der im Grunde ungefährlichen Erika arrangiert und verträgt sie sich. Der nicht zu unterschätzenden Frau Grohe hingegen verpaßt sie eine Ohrfeige, damit sie gleich weiß, wer hier die Herrin im Haus wird.

So etwas findet selbst das Gespenst amüsant. Später werden auch die beiden Frauen darüber lachen, aber vorläufig ist Gerty noch nicht zum Lachen zumute. Sie kämpft um diesen verbiesterten Mann. Sie weiß nicht, aber sie spürt, was ihm passiert ist. Sie will, daß er sie eines Tages liebt.

Die Schöne und das Biest. Zwar ist sie den Umständen gemäß nicht gebildet, aber sie ist eine fanatische Leserin. Bücher sind ihr Trost. Der Mann, den sie liebt, schreibt Bücher. Sie respektiert ihn und hält ihn für einen großen Schriftsteller. Sie bekocht ihn, und er schmeckt, daß das Essen gut ist. Jung und schön wie sie ist, wird sie dem Griesgram vielleicht nicht ewig treu sein. Aber er glaubt, das verschmerzen zu können, jedenfalls ist sie ehrlich. Gleiches Recht für alle. Fürs erste hat er ja auch nicht vor, sich total einschränken zu lassen.

Er stellt seine Bedingungen. Zwei Kinder muß sie ihm gebären. Eines davon muß ein Sohn sein, auf daß der Name seiner Väter nicht ausstirbt. Manchmal erweist sich Drach als ein Mann des 19. Jahrhunderts. Aber sie geht darauf ein. Es wird schon klappen.

Das erste Kind ist wirklich bald unterwegs. Am 5.11.1952 wird ein Sohn geboren und soll Wilhelm heißen, wie Drachs Vater. Im wirklichen Leben nennt er den Kleinen aber Tizi. Drach und Gerty sind, wohlgemerkt, noch nicht verheiratet. Die Kindesmutter kommt immer öfter zu ihm. Aber sie wohnt noch immer bei dem Mann, mit dem sie in Scheidung lebt. Erst ab Mitte 1954 leben Vater, Mutter, Kind im Hause Drachs zusammen. Wilhelm wird in frühkindlicher Erinnerung später erzählen, daß er gestohlen wurde.

Die Tochter Jenny, 1954

1954 ist Gerty wieder schwanger. Zwei Kinder, wie ausgemacht. Sie erinnert Albert an sein Versprechen. Am 7. Juli wird geheiratet, Drachs Gespensterdasein hat ein Ende. Am 23.9.1954 kommt die bereits eheliche geborene Tochter zur Welt, die nach Drachs Mutter Jenny genannt wird.

Ende gut, alles gut? Ein neuer Anfang? Die junge Mutter braucht löwinnenhafte Kräfte. Sie muß die Kinder großziehen, den Haushalt führen, in der Kanzlei arbeiten und in Kauf nehmen, daß sie die meisten Freunde ihres Mannes nicht gerade schätzen. Ein Schicksal, das sie mit Christiane Vulpius teilt, um nur eine Vorläuferin zu nennen. Beispielsweise gilt es die Arroganz eines Werner Riemerschmid zu ertragen. Aber es gibt, erzählt sie, Gott sei Dank Ausnahmen. Csokor ist herzlich und läßt sich gerne bekochen, Franki Morini, mit dem Drach damals noch Kontakt hat, ist sie sympathisch, seiner Frau Genia weniger. Herta Gross akzeptiert sie vom ersten Tag an. Besonders wichtig für Gerty: Sie versteht sich gut mit Drachs Schwester Alma.

Drach ist ein guter und überbesorgter Vater, der aber wenig mit kleinen Kindern anfangen kann. Wilhelm erinnert sich, daß er anfangs vor allem »Spundus« vor diesem unberechenbaren, jähzornigen und bei jeder sich bietenden Gelegenheit belehrenden Vater gehabt hat. Doch dann, er ist vielleicht sieben, besucht ihn ein Schulfreund in den Ferien. »Dein Papa ist doch lustig«, sagt der Freund mit Neid und Bewunderung – da sieht der Sohn den Vater plötzlich mit anderen Augen.

Mit Beginn der Pubertät gerät der Heranwachsende jedoch in eine schwierige und renitente Phase. Beide Eltern sind hilflos, die Mutter ist als Prellbock zwischen Vater und Sohn überfordert, man schickt ihn in ein Internat. Wilhelm kann bis zum letzten Moment nicht glauben, daß sie das wirklich tun werden, aber dann ist er dort. Er verweigert sich, lernt nichts, ißt wenig, die Pädagogen prophezeien bezüglich seiner weiteren Entwicklung nichts Gutes. Der Vater macht sich Vorwürfe, sperrt sich im Zimmer ein, rennt mit dem Kopf gegen Wände. Manchmal steigt er auch ins Auto, um sich abzureagieren. Er hat inzwischen (damals noch keineswegs selbstverständlich) seinen Führerschein und fährt einen blauen VW-Käfer. Es soll 1964 gewesen sein, als er nach Steyr fährt und zwei durchnäßte Autostopperinnen, die er am Straßenrand sieht, nicht mitnimmt.

Als er die beiden etwas später völlig derangiert wiedersieht, macht er sich, an sich mit Selbstvorwürfen bezüglich seiner Unfähigkeit als Vater beschäftigt, eine etwas andere Art von Vorwürfen. Die Mädchen sind womöglich Opfer einer Vergewaltigung geworden, weil ihm sein trockenes Auto wichtiger war als ihre Bewahrung vor allfälligem Übel. Dieses Erlebnis ist eine frühe Inspiration für das Kriminalprotokoll *Untersuchung an Mädeln*. In einem Hotelzimmer in Steyr wird er 1964 mit der ersten Niederschrift beginnen.[16]

Zurück zu Wilhelm. Der muß zwei Jahre im Internat bleiben. Dann sehen die Eltern ein, daß es keinen Sinn

Gerty Drach mit Franz Theodor Csokor, 1965

hat. Wieder zu Hause, holt er den versäumten Lehrstoff in Windeseile nach. Er wird ein kluger und konzilianter Sohn, der als angehender Maler Mühe haben wird, die Protektion seines Vaters, der nach Erscheinen des *Zwetschkenbaum*-Romans plötzlich als Schriftsteller gefeiert wird, höflich abzuschütteln.

Noch etwas schwerer hat es vermutlich die Tochter. Während ihr Bruder nach seiner Renitenzphase dem spät milde gewordenen Großvater nachgerät, ist sie ganz der Vater. »Ich erbrülle«, schreit die Kleine, als sie, mit drei oder vier, irgend etwas nicht bekommt. Der Vater erzählt das nicht ohne Stolz und Amüsement. Als Mädchen erscheint sie dem Patriarchen besonders schutzbedürftig, obwohl sie eine starke Persönlichkeit ist. Am Lernen hat sie trotz ihrer Intelligenz noch weniger Freude als ihr Bruder. Der Vater, der mit seinen Kindern hoch hinaus will, ist deprimiert; er hat sich das ganz anders vorgestellt. Als sie in die Pubertät kommt, wacht er mit Argusaugen über sie – die Welt ist voller Gefahren, und er kennt die Männer. Gerty muß sie in die Diskotheken begleiten, um sie wieder wohlbehalten nach Hause zu bringen. Schwer zu sagen, wem das peinlicher ist, der Tochter oder der Mutter. Mit 18 geht Jenny als Au-pair-Mädchen nach Frankreich und ist stolz darauf, daß sie es ohne ihre Eltern schafft. Als sie zurückkommt, hat sie ihren Bräutigam Alain Nickels dabei.

Der Vater mag den jungen Mann, aber zwei Dinge behält er sich noch vor, um seinen väterlichen Segen zu geben: Die beiden müssen auf demselben Standesamt in der Neustiftgasse in Wien heiraten, auf dem er und Gerty geheiratet haben. Und seine Tochter muß ihren väterlichen Namen weiterführen. Nach der Hochzeit heißt sie folglich Jenny Nickels-Drach.

3. LATENZZEIT, ENTDECKUNG, VERGESSEN

ES WIRD SICH JA VIELLEICHT NOCH EINMAL HERAUSSTELLEN, WAS MEIN WERK WERT IST[1]

Und in diesem Augenblick, in dem der Kommissarius Linckerhandt in seinem Innern erwog, inwieweit er, einer vorgefaßten Meinung Rechung tragend, einen noch nicht überprüften Fall erledigen könne, inwieweit ihn dabei Kräfte stören würden, die außerhalb des amtlichen Instanzenzuges unbekannt im Dunklen lagen, nahm sein Gesicht zwischen Recht und Unrecht jene Verzweiflung an, die auch jene überkommen sollte, die den Abgrund täglich von gesatztem und angewendeten Recht überspringen, nur daß sein Mienenspiel das Problem von der negativen Seite aus fühlte, ohne seines verneinenden Inhalts gewahr zu werden. Aber da er sich voll bewußt war, diesen Fragenkreis nie theoretisch lösen zu können, suchte er diese Lösung zu dem einen für ihn gerade vorhandenen Fall, nämlich für den jenes Fremden, der ihm unsympathisch war und offenbar behaupten würde, ihm seien durch strafbares Verschulden Einheimischer zwei Koffer abhanden gekommen. Und nach entsprechender Reibung in dem Knoten, auf dem sein Käppi saß und der nicht nur die Zentrale seines Körpers und seiner Persönlichkeit, sondern darüber hinaus die Leitung eines ganzen Amtes enthielt, zuckte ein Blitz, der vielleicht zackig begann, dann aber durch Vernunft geradlinig gestreckt wurde, weder weitschweifig noch grell schien, sondern knapp und bündig war, dazu auch, wie es der Entladung physikalisch ziemte, seinen eigenen Donner gleich mitentlud, wobei dessen Lautstärke dem Umstand Rechnung trug, daß der Vorfall nicht im Freien, sondern in einem Amte zur Auslösung kam und daß besagter Donner sohin auch artikuliert sein mußte, ja zumal er immerhin einem Hirn entsprang, auch etwas zu bedeuten hatte, zuletzt sogar viel mehr bedeutete als überhaupt beabsichtigt war, nämlich jene entscheidende Frage: »Kennen Sie wen?«[2]

Die Welt gehörte nun den Herren, die Frauen waren nur so dabei, mußten ihnen gefallen, mußten sich einordnen, mußten wissen, wie sie sich verhalten sollten, damit sie den richtigen Eindruck erzielten, mußten sich mit ihrem ganzen Körper einsetzen, daß sie auf die Hoden wirkten, die doch alle Herren hätten und die gereizt werden konnten, ob sie nun tauglich seien oder nicht.[3]

Das Jahrzehnt vom Ende der vierziger bis zum Ende der fünfziger Jahre ist ein für den Schriftsteller Drach ungewöhnlich unproduktives. Der berufliche und familiäre Alltag erfordert seine gesamte Präsenz und Aufmerksamkeit. Die Kanzlei muß in Schuß gebracht und provisorisch instand gesetzt werden, die Rückstellungsprozesse fressen viel Energie, Frau und Kinder brauchen den Gatten und Vater. Trotzdem ist es nicht nur der Ehefrau klar, daß sie einen Schriftsteller geheiratet hat, auch die Kinder wissen von klein auf, daß der Vater außerhalb der Amtstunden seinem wirklichen und eigentlichen Beruf nachgeht. Nach dem Abendessen, das früh eingenommen wird, geht Drach mit ihnen noch eine Runde spazieren. Wilhelm erinnert sich, daß sie damals viel miteinander fabuliert haben, eine Fantasiegestalt namens Knusparek entsteht, deren Abenteuer immer neue Fortsetzungen finden. Nach der Heimkehr um etwa zwanzig Uhr werden die Kinder jedoch rasch zu Bett geschickt. Dann ist der Vater nicht mehr ansprechbar und zieht sich in sein Zimmer zurück.

Er arbeitet mit verbissener Disziplin, aber das Schreiben geht ihm in dieser Phase alles andere als flott von der Hand. Die Frustration durch die wiederholte Ablehnung des *Zwetschkenbaum* scheint sich auf die Dauer doch lähmend auszuwirken. Aus diesen Jahren ist jedenfalls wenig geblieben. Vielleicht wirft Drach in der heraufdämmernden Resignation manches, was er damals schreibt, in den Papierkorb.

1946–1948, das ist die Zeit, die er zwischen Nizza, Wien und Mödling gependelt ist, hat er noch die bis dahin verfaßten *Kleinen Protokolle* rekonstruiert oder überarbeitet. Er hat an der *Unsentimentalen Reise* geschrieben, und zwar überwiegend an jenen Passagen, die später im *Wurmfortsatz* des *Beileids* landen. Dabei bleibt er auch nach Wiedereröffnung der Kanzlei und Beginn des Familienlebens. Was aber den breiteren Fluß der Kreativität betrifft, so könnte man, folgt man Drachs von

Gerty und Albert auf dem Platz des Wiener Eislaufvereins, um 1956

ihm selbst erstellter, letzter Werkliste, in den Jahren 1949 bis Mitte 1959 sein Austrocknen befürchten.

Dann allerdings folgt ein entscheidendes Datum: 3. Oktober 1959 lautet die Eintragung neben dem ersten handschriftlichen Anlauf zum in doppelter Hinsicht größten der kleinen Protokolle, *Amtshandlung gegen einen Unsterblichen.* Zwar unterscheidet sich der Text, von dem die ersten Seiten verloren gegangen sind, in seiner konventionelleren und indikativischen Erzählweise noch deutlich vom schließlich publizierten, doch ist damit ein Signal gesetzt: die Quelle beginnt wieder zu sprudeln.[4]

Es wird noch eine Weile dauern, bis sich der Bach sein neues Bett gräbt. Er versucht es hier und er versucht es dort, aber es wird letztlich gelingen. Drach versucht nicht nur in der Prosa wieder in Schwung zu kommen, sondern auch in der Dramatik. 1961, im Urlaub am Presseggersee in Hermagor, schreibt er *Das Skurrilspiel Sowas, eine Verkleidung in drei Begebenheiten an gleichem Schauplatz zu verschiedenen Zeiten.*[5]

Die Inspiration dazu ist makaber: Es handelt sich um den in den Zeitungen sehr ausführlich dargestellte Mord an Ilona Faber. Die Leiche dieses hübschen jungen Mädchens wurde hinter dem sowjetischen Siegesmal am Schwarzenbergplatz gefunden. Das bei den Wienern unbeliebte »Russendenkmal« wurde routinemäßig von einem Polizisten bewacht. Daß der Mord buchstäblich hinter seinem Rücken geschehen und vor allem daß er nicht aufgeklärt werden konnte, gab Anlaß zu wilden Spekulationen.

Zwar faßt man einen Verdächtigen, doch nach einem aufsehenerregendem Indizienprozeß muß er freigesprochen werden. Das hält die Gerüchte jahrelang am Kochen. War der Mörder ein Diplomat oder ein sogenannter Exterritorialer, der sich der österreichischen Gerichtsbarkeit entziehen konnte? In Gesprächen hat Drach wiederholt Andeutungen gemacht, die in diese Richtung weisen.

Sein Stück konzentriert sich allerdings nicht auf die

Aufklärung des Falls oder den Prozeß, sondern, in skurril skelettierter Form, auf die Inszenierung des Mords. Auch wenn sich Drach, wie wir wissen, gegen die Unterstellung allfälliger Einflüsse verwehrt hat – hier ist der Einfluß des absurden Theaters unverkennbar. Drei »Begebenheiten« werden gezeigt, Mädchen 1 und 2 (von derselben Darstellerin zu spielen) werden in den ersten beiden, trotz Bewachung, umgebracht. In der dritten »Begebenheit« philosophieren die beiden Polizisten X und Y vorerst darüber, ob es sich im vorher gezeigten um ein und denselben oder zwei Morde »unter sehr verwandten Umständen« gehandelt hat, bevor sie, für eine Art Lokalaugenschein, Mädchen Nummer 3 (natürlich von der nämlichen Darstellerin zu spielen) ersuchen, sich auf die ominöse Bank zu setzen, auf der Nummer 1 und 2 gesessen sind. Zwei Kameraleute nehmen den nachgestellten Mord auf, eine Puppe, die das Mädchen vor sich hinhält, wird im *flash* des Blitzlichts von einer Kugel durchlöchert, die Polizisten sind tot, aber fallen nicht um, auf einem Band, das sie vor sich hin halten, steht eine böse Parole von Fremdenverkehr mit der Einladung, zum Morden nach einem Ort zu kommen, dessen Namen das Mädchen nicht lesen kann, Schlußwort des Mädchens: »Sowas«.[6]

Der Einfluß des absurden Theaters, sagten wir, ist unverkennbar, und doch hat Drachs Stück Komponenten, die jenes nicht hat. Ganz abgesehen vom doch ansatzweisen Lokalkolorit, der Neigung, nicht ganz und gar vom aktuellen Anlaß zu abstrahieren, gibt es eine in dieser Form jedenfalls bei Beckett nicht vorhandene moralische Komponente. Bei Ionesco noch eher: man denke an die im Vergleich viel »realistischeren« *Nashörner*. Aber gerade Ionesco konnte Drach, zum Unterschied von Beckett, den er schätzte, nicht leiden.

Reinhard Schulte sieht in Drachs »grandiosem Skurrilspiel« die Verwirklichung von Karl Kraus' berühmten Essay *Sittlichkeit und Kriminalität* (1902) auf der Bühne; bekanntlich ein Essay, in dem die Doppelmoral von

Justiz, Presse und Gesellschaft brillant zur Sprache gebracht wird. »Dem sakrosankten Wiener Fremdenverkehr ist die Fragestellung entnommen, welche Pflichten der einheimischen Polizei erwüchsen, falls ein ausländischer Potentat das ortsübliche ›Rendezvous in einem Park auf einer Bank‹ bis zum Lustmord an einer Minderjährigen auszudehnen geneigt wäre, nicht weil dieser erlaubt, sondern weil jener exterritorial ist. Dreimal wird das Publikum sowohl eines Mordes ansichtig als auch des Sachverhalts, daß fortschreitende Aufklärung in Mythologie zurückschlägt.«[7]

Ebenfalls 1961 entsteht in Mödling Drachs erste Vogelgeschichte *Vom Stift zum Gimpel und nicht wieder zurück*.[8] Bei der Zuneigung zu Vögeln, zu der sich der Autor eher bekannt hat als zu jeder anderen, scheint die Hervorhebung dieses knapp sechsundzwanzig Seiten umfassenden Textes nicht unangebracht. Es handelt sich um eine aus dem Familienleben gegriffene Erzählung, in der Vater Pfnitz den kleinen Sohn Roger zu einer nicht ungefährlichen Wanderung auf den Hochschwab mitnimmt. Als der Vater begreift, daß der Ausflug zu riskant zu werden droht, ist es schon zu spät, das Kind balanciert ebenso unfolgsam wie behend über Abgründe und Schluchten, der Vater verliert bei einem dadurch provozierten Sturz sein wertvollstes Utensil, einen Parkerschreiber, im Wert von sage und schreibe 95 Schilling.[9]

Um diesen Stift zu suchen, dessen Verlust Pfnitz, anscheinend ein Schriftsteller, nicht verschmerzen kann, nimmt man den beschwerlichen Weg nachmittags noch einmal auf sich und wird fündig. Man entdeckt ein kleines schwärzliches Objekt, das sich allerdings, anders als das Kugelschreiber zu tun pflegen, hüpfend abwärts bewegt. »Vater, du zerdrückst das Tier«, ruft das Kind, als der Erwachsene nach dem kleinen Wesen greift. »Aber Pfniz hatte alsbald selbst herausbekommen, daß er, im Falle des Erfolges, einen anorganischen Gegenstand durch einen organischen zu ersetzen im Begriff stand.«

Ein junger, verletzter Vogel wird geborgen, nach ersten Mutmaßungen ein Fink, der sich später als Gimpel erweist. Ein Glücksfund – Vater und Sohn finden sich in der Aufgabe, den kleinen Vogel aufzupäppeln. Sie fühlen sich auch der Pflicht enthoben, nach Eintreffen einer Todesnachricht (die Großmutter der Ehefrau und Mutter ist gestorben) den Urlaub abzubrechen. Laßt die Toten ihre Toten begraben, hier kann noch Leben gerettet werden.

Auch die Frau, Leontine genannt, bringt Verständnis dafür auf, als Vater und Sohn samt ihrem Pieps endlich nach Hause zurückkehren. Der Vogel wird gehegt und gepflegt und führt ein relativ schönes Vogelleben, auch wenn ihn die kleine Tochter Emma einmal versehentlich verletzt. Zum dritten Jahrestag seiner Auffindung jedoch unternimmt die Familie einen neuerlichen Ausflug in die Hochschwabgegend. Als man an der Stelle vorbeikommt, an der der Parkerstift verloren gegangen ist, wird er gegen alle Wahrscheinlichkeit von Emma wieder gefunden – der Vogel aber wird bei der Heimkehr der Familie im Spalt der Badezimmertür versehentlich erdrückt.

Große Tragödie im kleinsten Bereich. Bei der unerwarteten Wiederauffindung des Schreibgeräts durch die im Boden grabende kleine Tochter muß Pfnitz unwillkürlich an den Ring des Polykrates denken. Die Hinterbliebenen trösten sich über den Verlust hinweg, ja, als Pfnitz im darauffolgenden Frühling einen ihn umkreisenden, leisen Luftzug spürt, redet man sich sogar ein, daß der Vogel seinen Tod irgendwie überlebt habe. »Die Meinung dessen, um den es ging, blieb allerdings uneingeholt«.[10]

Laut Angabe in einer von Drachs zahlreichen Werklisten hat er in der Zeit um 1962 an einer Reihe von Essays zu schreiben begonnen. Wobei sich ihre volle Entstehungszeit, ähnlich wie im Fall der erzählerischen Werke, oft über Jahre, wenn nicht Jahrzehnte hinzieht. Bereits in den Tagebuchnotizen aus den Jahren 1946 bis 1948 werden allerdings drei«Artikel« erwähnt, die der Autor dann im auf diesen Aufzeichnungen basierenden *Beileid* mit folgenden Essyas identifiziert. Es handelt sich um *Karl Kraus und die Folgen*, *Zur Lösung der Antisemitenfrage* und *Der Aufbau aus den Archiven.*[11]

Wahrscheinlich hat er nun auf diese früheren Entwürfe zurückgegriffen und ihre Gedankengänge in Korrespondenz mit den neueren Essays weiter entfaltet. Was ihm (womöglich als Band XVII seines dereinstigen Gesamtwerks) als Ziel vorschwebte, war ein Buch mit 17 Essays, seiner Sympathie für die Zahl 17 entsprechend. Bernhard Fetz, der einen davon *Der Aufbau aus den Archiven* als Exempel hervorhebt,[12] ortet sechs Themen, um die ihre Gedankengänge kreisen: Sprache und Mißverstehen, Moral versus Libertinage, Emanzipation der Frau, Antisemitismus und Behörde, Amt bzw. Archiv. Gott und die Welt, sollte man wohl als siebenten, alles umfassenden Themenkreis hinzufügen. Nicht im übertragenen, sondern im buchstäblichen Sinn dieser Wendung. »Als sie Gott erfunden haben, war er auf einmal da, und die ihn wahrnahmen, für die blieb er wirklich.«[13]

Der Essay, der so eröffnet wird, heißt *Die Abschaffung Gottes und sein Ersatz durch die Behörde.* »Es gehörte zu ihm«, heißt es etwas weiter im Text, »daß er alles duldete, was die Menschen ausführten oder nicht verhindern konnten oder wollten (...) Das aber spricht nicht dagegen, daß es ihn geben könnte.«[14] Gott sei in allem – mit dieser Feststellung beruft sich Drach just auf De Sade. Gott sei »in der Fut der Hure (...) wie im Dolch des Mörders.«[15] Nur in Hitler und den Seinen sei Gott nicht gewesen: Gott sei nur in Personen, nicht in Personifikationen. Ebenso kühn wie überraschend der letzte Satz des ersten Absatzes: Gottes Gegensatz sei nicht der Teufel, sondern die Behörde.

Für die Behörde sei es wesentlich, daß sie weder fühle noch denke. »Die Behörde übt aus, das ist ihr gutes Recht, denn die Behörde übt das Recht aus. Das Recht aber ändert sich nach denen, die es handhaben. Und die es handhaben, haben es, und die gehandhabt werden, haben es nicht.«[16]

Dem Unrecht der Wirklichkeit auf der Spur, die sich in der Sprache widerspiegelt, scheint Drach hier Karl Kraus nahe, den er in anderen Zusammenhängen heftig kritisiert hat. Manche dieser Passagen nehmen auch etwas von den Haltungen von Kollegen oder Kolleginnen vorweg, die, durch die Schule der sprachkritischen Literatur der sechziger und siebziger Jahre gegangen, dennoch oder erst recht die »außersprachliche Wirklichkeit«[17] nicht aus den Augen verlieren wollten – man denke an Michael Scharang und Elfriede Jelinek. »Wenn die Menschen sehr unzufrieden sind, tritt ein Wechsel in der Person der Handhabenden ein. An der Behörde aber ändert sich nichts. Wenn die Behörde ein menschliches Gesicht hat, dann ist sie keine Behörde.«[18]

Albert Drach Ende Mai 1957 am Ziegelteich bei Biedermannsdorf

»Die Essays«, konstatiert Bernhard Fetz, »zeigen den Autor als rigorosen Moralisten.« Er verweist in diesem Zusammenhang auf den Essay *Die Entwertung aller Werte oder Die Wandlung des Etwas in Nichts.* »Und schließlich«, heißt es darin, » bringt die Wirklichkeit die Wahrheit um, weil sie diese gar nicht wahrnimmt oder als solche nicht erkennt.«[19] »Aufgabe der Literatur ist es«, so könnte man, formuliert Fetz durch solche Sätze angeregt, »folgern, den verderblichen Einfluß der Wirklichkeit auf die Wahrheit bloßzustellen.«[20]

Fetz versäumt es nicht, darauf hinzuweisen, daß der sprachliche Gestus in Drachs Essays ein anderer ist als in seiner Erzählprosa.

Werden in letzteren Aussagen und Werturteile ständig modifiziert, sind sie in den Essays oft als bare Münze zu nehmen; anderseits liefern die Essays Argumente für eine auch realistische Lesart der literarischen Texte. (...) In seinem literarischen Werk geht Drach auf die großen Begriffe los, auf Wahrheit und Wirklichkeit, Moral und Wert. Die Erzählerfiguren tun so, als ob unumstößlich wahr wäre, was sie behaupten, sei es als historisches Argument noch so anzweifelbar und sei die Quelle noch so suspekt; sie statuieren dauernd irgend etwas, während gleichzeitig der Furor der Texte darauf hinausläuft, die immer bedrohliche, immer gewalttätige Autorität der Sprache, von Bürokratie, von politischen Ordnungen zu unterlaufen, gesellschaftliche und sprachliche Unterdrückungsmechanismen gerade zu subvertieren.[21]

In der *Amtshandlung gegen einen Unsterblichen* gibt es zwar keine Erzählerfigur, trotz seiner Bezeichnung als »kleines Protokoll« läßt sich der Text an wie eine klassische Novelle, die Erzählhaltung ist auktorial. Aber daß der Text darauf hinausläuft, die Autorität von Sprache, Bürokratie, politischer Ordnung erstens darzustellen und zweitens kraft dieser Darstellung zu unterlaufen, trifft zweifellos zu. Kommissar Linckerhand ist ein durchaus konventionell erzählter Protagonist. Erst der Antagonist, der, flankiert von einem Kutscher namens Greifzeug und einem Zeugen namens Fascheit, eintritt, ist derjenige, von dem eventuell Subversion zu erwarten wäre.

Wie ist Drach auf diesen »Unsterblichen« verfallen?

In einem der Gespräche mit der Verfasserin dieser Biographie hat Drach eine hübsche Geschichte erzählt.[22] Seine Tochter Jenny habe auf dem Dachboden des Drach-Hofs ein Buch über Rimbaud aufgestöbert. Darin sei nebst vielen anderen bekannteren Fakten auch dessen mißglückter Wien-Besuch samt seiner Abschiebung als unerwünschter Ausländer erwähnt worden.

Eine hübsche Geschichte, wie gesagt, bei der es der Autor, seinem Selbstverständnis entsprechend, aber nicht bewenden lassen konnte. Den Einfall zu seinem Rimbaud-Protokoll habe er natürlich schon früher gehabt. Ein Dichter wie er brauchte keine Fakten; sie waren nur dazu da, seine Phantasie zu bestätigen. Wenn die zuvor etwas unvorsichtig in die Welt gesetzte Version mit der 1954 geborenen Jenny allerdings einen wahren Kern hat, und wenn man nicht annimmt, daß der sonst strenge Vater sie schon als Fünfjährige auf dem Dachboden stöbern ließ, so ist die Vermutung, daß der Rimbaud-Text in seiner endgültigen Fassung erst etwas später entstanden ist, als Drach glauben machen wollte, nicht ganz abwegig.[23]

Vor allem wirkt es nicht wie das Werk einer Frustrationsphase. Drach begegnet uns hier auf der Höhe seiner Formulierungslust, die Schreibfreude ist ihm buchstäblich anzumerken. Bei aller Neigung der Sätze zur exzessiven, manchmal bösartigen Schrulligkeit (die bei einer Darstellung der Verhältnisse in einem Wiener Polizeikommissariat des Jahres 1876 nicht unangebracht erscheint), behandelt er den Stoff mit einer geradezu souveränen Ökonomie. *Die Amtshandlung gegen einen Unsterblichen* ist ein Text, der auf 40 überzeugenden Seiten in sich stimmt.

Rimbaud, der als Frühvollendeter die Poesie schon aufgegeben hat, ist auf dem Wiener Westbahnhof eingetroffen. Auf der Fahrt in der Kutsche, die er mietet, kommen ihm seine zwei Koffer abhanden. Ein knabenhafter Herr »mit übertriebenem Adamsapfel, schlotternden, wenn auch nicht unguten Kleidern«, so beschreibt ihn Drach. Ein Herr, »der hier und da mit Wörtern einer fremden Sprache hin und her warf, die sich bei näherer Überprüfung als französisch herausstellten.«[24]

Ein Mensch mit einer so landesunüblichen Sprache bleibt vorerst natürlich ungehört. Unwillkürlich erinnert man sich an Karl Kraus' *Letzte Tage der Menschheit.* »Was hab i g'hört? Franzosen und Italiener verkehren bei Ihnen?« fragt ein Gast einen Kellner im Café Westminster. »Der eine sagt Adieu und der andere gar Adio? (...) da is manches verdächtig –«[25]

Drachs Rimbaud-Szene, etwa vierzig Jahre später geschrieben, spielt siebenunddreißig Jahre früher. Aber die Mentalität für die bei Kraus geschilderten Gemeinheiten scheint schon vorbereitet zu sein. Der Ausländer ist verdächtig, der Kutscher, der ihn um seine Habe gebracht hat, hat einen Zeugen, mit dem er diese Habe teilt. Der Kommissar Linckerhandt vergewissert sich im Zuge der Einvernahme, daß der nur gebrochen deutsch sprechende junge Mann in Wien keine Protektion hat: »Kennen Sie wen?«

Der Fremde, an den diese Anfrage gelangte, antwortete nicht sogleich. Zwar kannte er anscheinend niemand, doch verstand er nicht genau, was man von ihm wissen wollte. Es konnte sein, daß es der Behörde nötig schien, zu erfahren, ob er in Wien oder Österreich von irgend jemand erwartet werde, ob er sonstige Beziehungen angeknüpft, für die der Weg vom Bahnhof bis hierher mit der Kutsche vielleicht nicht ausreichte, ob er sich auf eine

Referenz berufen könne, die von der Heimat über ihn Nachricht habe, ob er einem Komplott angehöre, das die Polizei zusätzlich interessiere. Als ein Mann mit unbestimmtem Reiseziel, kofferlos geworden und mit wenig Geld, konnten seine Zusammenhänge mit anderen das Amt beruhigen oder befremden.[26]

Zu letzterem besteht kein ersichtlicher Grund. Sobald er sich vergewissert hat, daß der Fremde »kein Fremder von Distinktion« ist, sondern wirklich niemand kennt, der für ihn ein Wort einlegen könnte, »auf das es unter Umständen ankommen hätte müssen«,[27] fühlt sich der Kommissar erleichtert.

Der Befragte gab zu, Arthur Rimbaud zu heißen. Römisch katholisch, ledig, 23 Jahre alt und ohne Beruf, darüber hinaus französischer Nationalität zu sein (...) Auf der Liste der international gesuchten Verbrecher kam er offenbar nicht vor (...) Auch ansonsten sagte dieser Name dem Kommissarius nichts.[28]

Der Fremde ist also, urteilt der Kommissar letzten Endes, »ein Zugereister«:

Die Zugereisten unterscheiden sich von anderen Fremden durch ihre Unerwünschtheit. Zu dieser gelangen sie, wenn sie kein Geld haben oder sich sonst in einer Weise bemerkbar machen, die mit den heimischen Sitten und Gebräuchen in Widerspruch steht oder auch nur nicht mit ihnen in Einklang zu bringen ist.[29]

Der dubiose Herr Rimbaud, der an die Rückgewinnung seiner Koffer längst keinen Gedanken mehr verschwendet, muß froh sein, nur der Stadt verwiesen und nicht selbst eingesperrt zu werden. Ein Text, zeitlich angesiedelt im Jahre 1877,[30] aber von erstaunlicher Aktualität. So schlüssig, so sinnfällig, so zeitlos, so exemplarisch.

Kaum zu glauben, daß Drach das in der Latenzperiode vor seiner ersten Entdeckung geschrieben hat.

Unter den Manuskripten, die seine Frau im Jahr 1962 nach München mitnimmt, soll die *Amtshandlung* allerdings – in welcher Version immer – schon gewesen sein. Es handelt sich um eine private Reise, Gerty will eine Freundin besuchen, aber warum soll sie bei dieser Gelegenheit nicht etwas für das Werk ihres Mannes tun? War das Alberts Idee, war das ihre? Am Vorabend ihrer Abreise stellt er jedenfalls eine Auswahl von Texten zusammen.

Den *Zwetschkenbaum* kann er nicht finden, also sind die *Kleinen Protokolle* das Herzstück dieser Auswahl.

Zuerst habe sie zum Drei Masken Verlag geschaut, erzählt Frau Drach, weil ihr Albert diesen Namen genannt habe. Drei Masken, im Zuge der Kriegs- oder Nachkriegsentwicklung von Berlin nach München übersiedelt, ist der Verlag, der sich ehemals für sein Sade-Stück interessiert hat. Eben. Wie sich herausstellt, interessiert man sich dort tatsächlich nur für Theatertexte. Aber man gibt Gerty den Tip, es bei Langen Müller zu versuchen, wo der Verlagsleiter Joachim Schondorff ein Faible für österreichische Literatur habe.

1957 ist dort Herzmanovsky-Orlandos *Gaulschreck im Rosennetz* in der Überarbeitung von Friedrich Torberg erschienen. Österreichischer (in dem Sinn, den man damals dafür hat) geht es nicht. Allerdings sind bei Langen Müller alle Entscheidungsträger gerade auf Urlaub oder auf der Buchmesse, als Frau Drach auftaucht. Vielleicht wird sie auch von der Vorzimmerdame nicht vorgelassen.

Ganz und gar abweisen läßt sie sich aber nicht. Sie besteht darauf, die Manuskripte ihres Mannes zu deponieren. Na schön. Letzten Endes erliegt man ihrem Charme oder ihrer Beharrlichkeit. Man nimmt das Konvolut entgegen und verspricht, es weiterzuleiten.

Keine totale Erfolgsmeldung also bei der Rückkehr nach Mödling. Aber vielleicht lassen die Verlagsleute ja von sich hören. Gerty sprüht Optimismus, Albert ist skeptisch. Er ist es gewohnt, daß von Verlagen monatelang keine Antwort kommt.

Und tatsächlich: So scheint es auch diesmal zu sein. Besser der negativen Entscheidung zuvorkommen und die Manuskripte zurückfordern. Nach einigen Wochen schreibt er den üblichen Brief. Sehr geehrte Herren, da Sie auf meine Manuskripte bisher nicht reagiert haben, fordere ich Sie auf, mir diese umgehend zurückzusenden.

Und dann die Überraschung: Eine Antwort, wie er sie bis dahin nie bekommen hat. Man sei froh, heißt es darin, endlich von ihm zu hören, daß man bisher nicht reagiert habe, hänge keineswegs mit Desinteresse zusammen. Von seinen Arbeiten sei man sehr angetan und wolle sie publizieren. Das bisherige Schweigen liege einzig und allein daran, daß seine Frau die Adresse zu hinterlassen vergessen habe.

Eine Behauptung, die Gerty Drach vehement dementiert. Aber ihr Mann habe nun einmal dazu geneigt, zu dichten. Vielleicht war es ja auch der Verlag, der sich auf sie ausreden wollte. Vielleicht hat man die Manuskripte dort erst nach dem Erhalt von Drachs Brief gelesen.

Jedenfalls steht Drach von da an in lebhaftem Briefkontakt mit Joachim Schondorff und dem Lektor Werner Gebühr. Tatsächlich scheinen die Herren bei näherer Beschäftigung mit den *Kleinen Protokollen* enthusiasmiert. Hat der Autor, den sie da entdeckt haben, noch weitere Werke anzubieten? In ihrer Begeisterung (und wohl auch unter dem Einfluß von Drachs, durch ihre positive Reaktion entfesselter Überzeugung von sich selbst) planen sie eine Gesamtausgabe.

Sobald sie Drachs nun doch aufgefundenes *Zwetschkenbaum*-Manuskript gelesen haben, steht es als erster Band dieser Ausgabe fest. Als es 1964, mehr als ein Vierteljahrhundert nach seiner Abfassung, gedruckt erscheint, ist es eine literarische Sensation. Die Zeiten haben sich geändert, niemand mehr scheint die Sorgen der Frau Luckmann über das zu gute Wegkommen des jüdischen Protagonisten zu teilen. Anderseits wird die Brisanz des Romans nicht entsprechend wahrgenommen.

»Im Grunde schreibt der Autor an einem einzigen Buch«, wird Anton Thuswaldner mehr als zwei Jahrzehnte später konstatieren, als Drach durch die Neuausgabe der *Unsentimentalen Reise* bei Hanser und im Vorfeld des Büchner-Preises gerade ein zweites Mal entdeckt wird, »alle Werke sind die Variation des einen großen Themas: Subordination, Unterdrückung und der grausame Umgang mit Außenseitern«.[31] Dafür ist der *Zwetschkenbaum*-Roman ein erstes überzeugendes Beispiel. Aber das wird anno 1964 nur ansatzweise erkannt.

Vielleicht liegt das an der noch immer biederen Zeit, die nach wie vor von den restaurativen fünfziger Jahren angeweht wird. Gewiß liegt es aber auch an der Verlagspolitik: Der von Torberg zurechtgestutzte Herzmanovsky-Orlando hat sich gut verkauft, mit Albert Drach hofft man auf dieser Welle weiterzureiten.[32] Es wird eine kleine Weile dauern, bis Drach das Problem dieser Nähe realisiert. Vorerst freut er sich über den nicht mehr erwarteten Erfolg.

Große, nicht selten doppelseitige Personality-Geschichten über die späte Entdeckung, oft spannend zu lesen, widmen sich naturgemäß mehr den Legenden, die Drach um sich und sein Werk gesponnen hat, als der von ihm geschriebenen Literatur.

Auch wenn in den Titeln viel davon die Rede ist:

Debut mit acht Bänden. Albert Drachs Lebenswerk wurde von einem deutschen Verlag entdeckt. (*Die Presse*: 27./28.6.1964).

Lebenswerk in acht Bänden. Durch Zufall entdeckt. Besuch beim Autor in Wien (*Rheinischer Merkur*: 18.8.1964).

Drach wird als großes Relikt der altösterreichischen Tradition gefeiert und als skurriler Kanzleischreiber etikettiert. Das findet man auch in vielen Rezensionen. *Jiddische Odyssee im k. und k. Kanzleistil*, titelt Humbert Fink am 20.9.1964 im *Deutschen Allgemeinen Sonntagsblatt*. Sogar Rino Sanders in der *Zeit* (4. 12. 1964) ist dieser Meinung: *Schmul in den Fängen der Kanzleisprache*.

Große, gut plazierte Artikel – das reicht für das Weihnachtsgeschäft und freut den Verlag. Den Autor mag der grundsätzlich positive Tenor über die Vereinnahmung als k.u.k.-Fossil hinwegtrösten. Der *Zwetschkenbaum* erscheint auf den heimischen Bestsellerlisten. Das Buch wird auch im Jahr 1965 noch gut verkauft.

In der *Süddeutschen Zeitung* vom 9./10. 1. artikuliert Karl Heinz Kramberg begeistertes Befremden. Aber auch er sucht und findet in »jener monströsen Ausgeburt grammatikalischer Schizophrenie« den unter Kennern und Laien verhaßten österreichischen Kanzleistil. »Wohlgemerkt, der Autor des Protokolls parodiert diese Sprachregelung nicht, sondern er schreibt sie. Ganz selten nur

Albert Drach mit Bruno Kreisky, Mitte der siebziger Jahre auf dem PEN-Club-Kongreß in Wien

glaubt man im farblosen Plunder und grauen Staub der Syntax ein halberSticktes Schluchzen zu hören, das vielleicht von einem Engel herrührt, der sich aus der märchenbunten Schwebewelt eines Marc Chagall in dieses grause Sprachgefängnis verirrte.«

K.H. Kramberg ist ein Urgestein von einem Kritiker – auch seine Sprache hat frühere Zeiten inkorporiert, da trifft er sich mit Drach. Kanzleisprache hin oder her, Kramberg erahnt etwas von der Dimension des Werks. »Weder der skurril gewebte Teppich der Fabel (vergleichbar den Meistererzählungen jiddischer Literatur, aber auch der Welt des Franz Kafka), noch der dialektische Objektivismus des protokollführenden Schreibers (…) begründet die Faszination, der man bei der Lektüre erliegt; der man widerstrebend erliegt (…) Ich kenne dieses Buch nun, ich finde es großartig, aber seinem Autor kann ich nicht trauen, da ich nicht wissen kann, in welcher Sprache er schriebe, wenn nicht das große Protokoll über Zwetschkenbaum anzulegen wäre. Oder sollte dieser Protokollstil allen Ernstes sein eigener, sein legitimer sein? Möglich ist auch das. Und es ist sogar möglich, daß das Pneuma der Faszination aus dieser ungeheuerlichen Sprache wirkt«.

Wer hat, dem wird gegeben, das stimmt auch und gerade für den Literaturbetrieb. Hansres Jakobi schreibt eine doppelseitige Rezension in der Zürcher Zeitung vom 6.3.1965. Herzmanovsky-Orlando fällt auch ihm ein; auf der anderen Seite des Spektrums, in dessen Farben ihm Drachs Werk leuchtet, sieht er immerhin Joseph Roth. Vom Kanzleistil des Protokolls, »aus welchem sich ein Menschenschicksal von ergreifender Gegenwärtigkeit herauskristallisiert«, schreibt auch er. Mit diesem Etikett muß Drach vorläufig leben.

Näher an die Besonderheiten von Drachs Werk tastet sich der österreichische Kollege Herbert Eisenreich heran. Er besucht den Anwalt und nunmehr anerkannten Autor in seinem Mödlinger Domizil. Seine daraus resultierende

Besprechung im Deutschlandfunk ist – wenn auch, dem Stil der Zeit entsprechend, etwas betulich – eine didaktische Meisterleistung. Der Hörer wird nicht nur profund mit dem *Zwetschkenbaum*-Roman und der Funktion des Protokollstils vertraut gemacht, sondern auch mit der Geschichte des europäischen Judentums. Zwar verwendet Eisenreich die Wörter »Jude« und »Arier« unhinterfragt. Aber er weiß, wie dem hier und da bereits aufkeimenden (und später vor allem im Zusammenhang mit dem Z.Z.- Roman wachsenden) Vorwurf zu begegnen ist, hier hätte ein jüdischer Autor ein antisemitisches Werk verfaßt. Drach, betont Eisenreich, hätte die Juden eben nicht neuerlich in ein Ghetto gesperrt. Er sehe sie als Menschen unter Menschen: »Der Antisemitismus wird nicht durch Philosemitismus überwunden, sondern nur durch einen allgemeinen Realismus, der das Besondere achtet, weil es fürs Allgemeine zeugt. So schießen Methode und Meinung wieder in eins zusammen; oder anders gesagt, die moralische Qualität des Buchs wird deutlich durch seine artistische.«[33] – Ein Vorschein auf die Rezeption der achtziger Jahre, in der Drachs ästhetische Verfahren endlich gewürdigt werden.

Ein sein halbes Leben lang sozusagen embryonaler Schriftsteller erblickt also plötzlich das grelle Licht der Literaturwelt. Die acht Bände, von denen die Zeitungen schreiben, sind im Verlagsvertrag tatsächlich vereinbart. Hat Drach diese Werke in der Schublade, müssen sie nur mehr publiziert werden? Nicht auszuschließen, daß er das seine Ansprechpartner beim Verlag glauben macht, aber es ist nicht der Fall. Viele Stücke, Gedichte und vor allem die *Kleinen Protokolle* liegen zwar vor. Doch müssen sie überarbeitet und ergänzt werden, davon zeugt die Korrespondenz mit dem Verleger.[34] Die *Unsentimentale Reise* ist nach Vertragsabschluß offenbar noch nicht fertig. Am 21. 6. 1963 verspricht Drach demnächst den dritten Teil und irgendwann auch den davon abgelösten vierten (*Das Beileid*).

Die Romane *Z.Z. das ist die Zwischenzeit* und *Untersuchung an Mädeln* sind überhaupt noch nicht geschrieben. Der Autor ist nach wie vor Anwalt, er muß Zeit gewinnen, um die angekündigten Bücher zu verfassen. In einem Antwortbrief an Stadtrat Matejka, der zum Erfolg des *Zwetschkenbaum* gratuliert hat, weist er auf seinen Streß hin. Er würde Matejka gern wiedersehen, muß ihn aber ersuchen, sich nach Mödling zu bemühen, »weil ich selbst mit meiner dreifachen Tätigkeit als Autor, Anwalt und Mykologe ganz besonders überlastet bin und über fast keine Freizeit mehr verfüge.«[35]

Der Hinweis auf die Mykologie ist besonders hübsch. Vom Pilzesammeln läßt sich Drach offenbar auch in dieser Periode nicht abhalten. Mit den gesammelten Pilzen ist leichter umzugehen als mit den gesammelten Werken. Sie werden im Hause noch einmal sorgfältig auf ihre Eßbarkeit geprüft und dann der Gattin zur Zubereitung übergeben: Was Drach davon auswählt, kommt auf den Tisch.

Mit der für den Verlag zusammengestellten Text-Auswahl klappt das nicht ganz so. Einen vom Autor dringend gewünschten Gedichtband, der sich binnen kurzer Zeit zusammenstellen ließe, schiebt der Verlag auf die lange Bank. Man weiß, wie schwer sich gerade Lyrik verkauft. Die *Entblößungen*, *Ermordungen*, *Erbarmungen* werden als Band VII geplant.

Mit Dramenbänden kann man sich noch eher befreunden. Obwohl man sich auch über die Verkaufschancen von Dramatik (geschrieben von einem auf dem Theater bisher nicht aufgeführten Autor) keine Illusionen machen dürfte. Vielleicht werden die Stücke wenigstens von den Dramaturgen wahrgenommen. 1965 erscheint somit als Band II der Gesamtausgabe *Das Kasperlspiel vom Meister Siebentot und weitere Verkleidungen.*

Ein Buch, das von der Kritik weit weniger und vor allem weniger begeistert registriert wird als der vorangegangene Roman. Hitler gehört nicht ins Panoptikum, findet Elisabeth Stengel in *Die Welt* (27.5.1965). Die erste Enttäuschung, titelt Edwin Hartl in den *Salzburger Nachrichten* (17.7.1965). Nur K.H. Kramberg schreibt für die *Süddeutsche* eine profunde Auseinandersetzung mit Drachs Dramen: *Die Verkleidungen des Albert Drach* (17./8.1965)

Auch das Interesse der Dramaturgen hält sich in Grenzen. Zwar wird *Das Skurrilspiel Sowas* noch 1965 in Augsburg uraufgeführt und *Das Abstraktspiel Andere Sorgen* (das allerdings erst im zweiten Dramenband enthalten sein wird) 1966 im Nachtstudio des Theaters an der Wien. Das Landestheater Darmstadt entschließt sich 1967 zur Uraufführung des *Kasperlspiels*, es wird ein Achtungserfolg. Auf der Strecke bleiben das schon im ersten Band enthaltene *Satansspiel* und *Das I*, ein Panoptikalspiel in fünf Akten, das Drach 1963 begonnen und 1964 vollendet hat.[36]

Panoptikum, das ist, wie man weiß, ein Kuriositätenkabinett mit merkwürdigen und monströsen Wachsfiguren. Aber was in aller Welt ist ein Panoptikalspiel? Volker Klotz hat bei seinem Vortrag *Etwas über Bühnenstücke von Albert Drach* anläßlich des Drach-Symposiums 1997 auf die Bedeutung des Worts Spiel im dramatischen Œuvre Drachs hingewiesen. Es ist das »vorindividuelle und vorpsychologische Theater«, das der Dramatiker Drach – sein Satansspiel sei hier ausgenommen – in Tradition des mittelalterlichen Spielbegriffs *ludus* entwickelt:

Jenem Spektakel unter freiem Himmel: seis frommes Mysterienspiel, das von Laien, seis akrobatisches Kunststück, das von berufsmäßigen Schaustellern vorgeführt wird. Ob jene Spiele nun mehr der religiösen Veranschaulichung dienten oder dem zirzensischen Radau, im Gefolge antiker Arena-Sensationen: sie waren eher kraß als wohltemperiert, eher fratzenhaft als subtil. Drastische Umrisse, Bewegungen und Konfrontationen prägten sich dem massenhaften Publikum ein. Also das schiere Gegenbild zu den inneren Zerrissenheiten eigenartiger Charaktere, sofern sie sich damals schon regten, die weder zur

Kenntnis noch gar ins Blickfeld der mittelalterlichen ludi gerieten.[37]

Klotz sieht Drach im Konnex mit den maßgeblichen Stückschreibern und Regisseuren der Theateravantgarde aus dem ersten Drittel des zwanzigsten Jahrhunderts. Er zitiert Jarry, Meyerhold, Majakowski, Brecht, O'Casey und Pirandello, die ihrerseits Impulse vom Grand Guignol, vom Kabuki, von Mysterienspiel, Bänkelsang, No-Theater, angelsächsischem Jahrmarkts-Melodram und Marionettenbühne verarbeitet haben.

Grundsätzlich stimmt Drach, wiewohl eine Generation jünger, mit jenen Verfechtern einer strikt anti-illusionistischen Bühnenpoetik überein. Zumal in zwei epochalen Erfahrungen, die sich der Konstruktion seiner Stücke deutlich eingeprägt haben. Erstens: die herkömmliche Trennung von tragisch-erschütternden und komisch-lachhaften Szenen – womöglich gar noch von hoher und niederer Stillage – läßt sich nicht länger aufrecht erhalten. Zweitens: die bürgerliche Einzelpersönlichkeit mit ihrem ebenso geräumigen wie tückenreichen Innenleben ist dramatisch belanglos geworden. Gleich jenen avantgardistischen Vorgängern, aber auch gleich manchen zeitgenössischen Stückeschreibern wie Ghelderode und auch Ionesco will Drach davon nichts wissen. Schroff kehrt er den Lebens- und Sterbensquerelen der Charaktere bei Ibsen und Tschechow, bei Strindberg und Schnitzler den Rücken.[38]

Das *Panoptikalspiel I*, das Drach bis zur Veröffentlichung seines ersten Dramenbandes vollendet, ist mit System und Bedacht ein abgrundtief plakatives Werk. Eine Runde von Glücksspielern und Ganoven sitzt samt weiblichem Anhang beim Karten- und Würfelspiel beisammen. Die Namen sprechen exemplarisch für sich: Puckel, Gangstl, Mulli, Hunzgfrast. Man spielt Weltveränderung, Akt für

Akt wird die Machtergreifung der Nazis, die Judenvernichtung, erspielt.

Drach geht, wie Volker Klotz ausführt, wesentlich weiter als Brecht in seinem Stück vom aufhaltsamen Aufstieg des Arturo Ui (1941), in dem »die Nazibewegung ebenfalls als umtriebiges Gangstersyndikat daherkommt.«[39] Er geht weiter, weil er 1963 mehr weiß als Brecht 1941. »Wie sich damals herausgestellt hat, daß ich das maßgebliche As habe«, spricht Gangstl, die Hitler-Figur, »war es sicher, daß ich das Spiel gewinnen werde. Aber wie wir das I gefunden haben, (...) war es gewiß, daß aus dem Spiel Ernst wird.«[40]

Das I, das hier für das J steht, das den Juden in den Paß gestempelt wurde. Das I, das in Drachs brachialem Sprachspiel eine wichtige Funktion hat. Die ArIschphantasten haben es erfunden, denen Drach beim Kartenspiel aufs Maul schaut. Die Täter, die gegebenenfalls »jemanden in die Finger kriegen, in der Hand haben, jemanden am Kragen packen, jemanden die Kehle zudrücken«. Wohl müssen sie ihre vorläufige Niederlage hinnehmen. »Im Augenblick steht das Spiel mit dem I nicht günstig für uns«, konstatiert Mulli – die Teufelsfigur. »Wenn wir nicht mit der Spielkasse durchgehen, werden wir bezahlen müssen. Ich ziehe Dir (dem Gangstl) das I aus dem Steiß, denn es war nur ein Spiel.«[41]

Aus den ArIschphantasten sind somit die vom Autor zur Kenntlichkeit karikierten Arschphantasten geworden. In ihnen potenzieren sich Dummheit und Bosheit zu einer latent mörderischen Mischung. Und wenn sie nicht gestorben sind, dann leben sie noch heute. »(...) und morgen komme ich wieder, droht im Kasperlspiel der Popanz Siebentot, bevor der eiserne Vorhang fällt.«

Die *Kleinen Protokolle* und das *Goggelbuch* folgen im Herbst 1965 als Band III der Gesamtausgabe. Doch der literarische Markt ist des neuentdeckten Autors bereits müde. Gerade eine Handvoll Rezensionen erscheint. *Den*

Mund zu voll genommen, schreibt Werner Wilk im *Berliner Tagesspiegel* (16. 1. 1965), *Unter anderem ein kleines Meisterwerk*, findet hingegen Piero Rismondo in der *Presse* (12./13. 2. 1966). Er meint die *Amtshandlung* und hat damit zweifellos recht. Dieser Text hat auch Paul Kruntorad ausnehmend gut gefallen: *Meister des Protokolls*, hat er in der *Furche* vom 9. 1. getitelt. Aber das nützt ihm nichts mehr – mit Drach hat er es sich ein für allemal verscherzt, nachdem er dessen Lesung aus der *Amtshandlung* im Palais Palffy kommentiert und den inzwischen offenbar als ehrenrührig empfundenen Vergleich mit Herzmanovsky-Orlando gewagt hat.[42]

Im Frühjahr 1966 erscheint als Band IV (und zweiter Dramenband) *Das Aneinandervorbeispiel und die inneren Verkleidungen*. Nur mehr in wenigen Rezensionen wird davon Kenntnis genommen. K.H. Kramberg setzt sich allerdings in einem größeren Aufsatz vehement für Drachs Stücke ein: *Der Teufel des Aneinandervorbei, Einfalt und Ironie im Werk Albert Drachs*.[43]

Daß ihm ausgerechnet angesichts des noch im Herbst desselben Jahres publizierten nächsten Bandes, der nun endlich fertiggestellten *Unsentimentale Reise*, die ohnehin von Anfang an etwas ambivalente Freude an Drachs Werk vergeht, muß, wie schon angedeutet, vor dem Verständnishorizont der Zeit gesehen und akzeptiert werden. Darüber hinaus eigenartig berührt nur das Argument ad personam. Ähnlich haben Politiker fünfzehn bis zwanzig Jahre später gegen Thomas Bernhard argumentiert.[44] In der *Süddeutschen Zeitung* vom 8. 12. 1966 rechnet Kramberg unter dem Titel *Forcierte Reise* in anderthalb Spalten mit dem Text ab:

Der horrible Stoff wurde mit der dem Protokollführer Drach eigenen, grammatikalische Distanzen setzenden Pedanterie gleichsam wert- und tendenzfrei »zu Papier gebracht«. Unkorrekt, ja geschmacklos verfahren Sprache und Einbildungskraft des Berichterstatters nur im Um-

gang mit jener Person, die in diesem Text »ich« schreibt. Der Autor mißbilligt sie halb, halb schmeichelt er ihr, karikiert sie als geiles Stehaufmännchen, plustert sie auf zum impotenten Möchtegerncasanova. Die Motive dieses Manövers entziehen sich der literarischen Diskussion, denn das Resultat, das Kunst-Ich dieser Niederschrift, bliebt chimärisch. Selbst wenn es subjektiv wahr ist, wirkt es objektiv formlos. Kritik findet keinen Ansatzpunkt an dieser Gestalt. Aufschlußreich hingegen könnte es sein, den Psychoanalytiker zu Rate zu ziehen. Der würde uns nach Lektüre dieses hochnotpeinlichen Memorials vielleicht erklären, warum ein Individuum, das sich so leben sieht, in die Literatur ausweichen mußte.

So folgt auf den kurzen Aufstieg des Autors der Fall. Für dieses Buch – es gibt das Parallelbeispiel des ebenfalls zynisch mit Verfolgungserfahrungen literarisch operierenden Edgar Hilsenrath – war die Zeit wohl wirklich noch nicht reif.[45] Wie reagiert Drach auf den rapid abnehmenden Absatz und die mangelnde Resonanz auf seine Bücher? – Er will ihn nicht wahrhaben. Er beschuldigt den Verleger, nicht genug für seine Werke zu tun und die Verkaufszahlen zu fälschen.

Trotzdem, als endlich entdeckter Autor zehrt er so lange wie möglich vom Erfolg des *Zwetschkenbaum* und der Aussicht auf die Fortführung der Gesamtausgabe. Ab 1964 erfährt er zweifellos einen Produktionsschub, der nicht mehr so schnell einzubremsen ist. Dieser Produktionsschub ist aber gebrochener, als er es sich selbst durch die erwähnten Werklisten glauben machen will. Grundsätzlich tendiert er wohl dazu, am jeweiligen Anfang seiner Arbeit schon die Vollendung zu avisieren.

Der Werkliste letzter Hand zufolge müßten die Romane *Z.Z. das ist die Zwischenzeit* und *Untersuchung an Mädeln* fast parallel zueinander entstanden sein. Ersteren hat er mit 1964–1965, letzteren mit 1965 datiert.[46] Allerdings erwähnt er die *Mädel* betreffend auch einen nicht näher erklärten Plan aus dem Jahr 1962 und ein Erlebnis aus dem Jahr 1964. Mit 1. Juli 1964 datiert er in einem seiner orangen DIN-A5-Hefte dann den ersten Anlauf zu seinem Kriminalprotokoll, der offenbar unmittelbar nach dem Eindruck der beiden durchnäßten Autostopperinnen auf der Westautobahn niedergeschrieben wurde: *Das große Protokoll gegen Mädel. 3 Teile. Teil I Untersuchung an Mädeln.* Am Ende der 12 Seiten notiert er, »Steyr 1964«. Gerade zwölf Seiten Prosa sind auf dem Papier und doch hat der Autor bereits ein Gesamtopus vor Augen – das ist Drach. Er wird es noch schreiben, tatsächlich – in diesem Fall ist das kein bloßes Hirngespinst. Die zweite, leider nicht datierte Fassung ist in gleich vier DIN-A5-Heften erhalten und geht weit über den schließlich publizierten Teil hinaus.

Wann hat er das geschrieben? Die erste Erwähnung dem Verleger gegenüber findet sich in einem Brief vom 29.9.1964. Joachim Schondorff zeigt wieder verstärktes Interesse. Am 9.12.1964 versucht er, die mit seinem Autor gesprächsweise diskutierten Projekte zu ordnen und in der Gesamtausgabe zu positionieren. Vorläufiger Titel des achten (und letzten) Bandes: *Mädel, das große Polizeiprotokoll.* Er wird für 1968 ins Auge gefaßt, aber bis zu seinem tatsächlichen Erscheinen wird es wesentlich länger dauern. Folgt man der Korrespondenz mit Verleger und Lektor, so hat Drach *Die Untersuchung an Mädeln* entweder nach dem ersten Anlauf, spätestens aber nach der zweiten ausführlichen Niederschrift vorläufig zur Seite gelegt. Seine Kräfte werden von *Z.Z.* gebunden, das als Band VI der Gesamtausgabe erscheinen soll. In einem nicht datierten Schreiben, mit dem Drach auf einen Brief Schondorffs vom 7.2.1966 reagiert, kündigt er die vollendete *Zwischenzeit* bis Ende des Jahres an: »An den ersten 178 Handschriftoktavseiten ist bereits die letzte Feile angelegt, sie werden textlich nicht mehr verändert werden«. Er rechnet mit der Publikation des Bandes im nächsten Jahr, das Mädel-Buch aber hat er damals offenbar noch keineswegs vollendet. Im Herbst 1968 erscheint *Z.Z. das ist die Zwischenzeit* und zwar nicht mehr bei Langen Müller, sondern bei Claassen. Das Verhältnis zu Joachim Schondorff war durch wechselseitige Enttäuschung zerrüttet, der ehemals so agile Verleger ist nicht nur Drachs müde geworden. Nun ist er in Pension gegangen und hat den Verlag seinem Nachfolger Herbert Fleissner überlassen.

Fleissner und Drach wechseln einige Briefe, auch ein Anstandsbesuch in Mödling wird vom neuen Verlagschef samt Ehefrau absolviert. Aber der Roman der *Zwischenzeit* geht dem Geschäftsmann nicht wirklich unter die Nase. Er wittert keinen Verkaufserfolg, möchte noch abwarten und keinen Vorschuß zahlen. Drachs Roman be-

Skizze zum Kriminalprotokoll »Untersuchung an Mädeln«. Vielleicht Darstellung des Lokalaugenscheins, bei dem der Einsatz des Wagenhebers als angebliche Mordwaffe geklärt werden soll

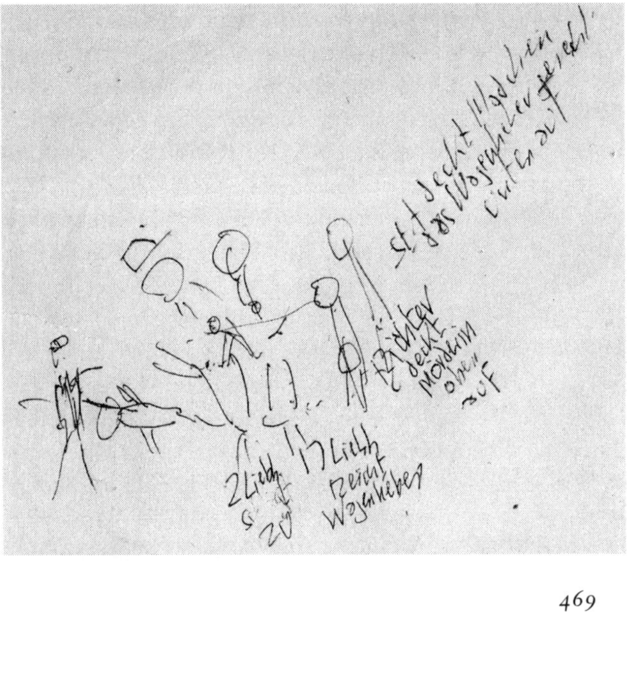

wertet angeblich das Lektorat als »unfertig und entsetzlich antisemitisch«. Das Diktum dürfte entweder vom neuen Lektorat oder vom Chef persönlich stammen. Pikant, wenn man bedenkt, daß er sich bald durch die Publikation von Büchern wie den Memoiren des SS-Mannes Schönhuber hervortun wird. Der langjährige Lektor Drachs, Werner Gebühr, ist rechtzeitig zum Goverts-Verlag gewechselt; er hätte seinen Autor samt dem Roman der *Zwischenzeit* ohne weiteres mitgenommen. Drach aber hat mit der Last seiner Gesamtausgabe im Haus von Erwin Barth von Wehrenalp Aufnahme gefunden.

Das ist sogar dem *Spiegel* eine Seite (samt Foto von Drach mit hübscher Gattin) wert. Unter dem Titel *Mit Rabatt* berichtet er am 9. 9. 1968 über den kuriosen Fall, daß ein Autor zum besten Kunden seines bisherigen Verlags geworden ist. Von den bisher erschienen fünf Titeln hat Drach 7950 Bände zurückgekauft. Sogar das Gewicht der Bände wird angegeben: 68 Zentner. Alle Klischees, die bezüglich Drach bisher geprägt wurden, werden in diesem Artikel wiederholt. *Das Große Protokoll gegen Zwetschkenbaum* sei, wiewohl ein paar Jahre zuvor ein Überraschungserfolg, eine »altösterreichlich (!) kauzige Geschichte.« Sein neuer Verleger, Wehrenalp, habe mit dem Dichter einen »wunderlichen Kanzleistilisten« eingekauft. Allerdings wird auch Drach zitiert: »Meine Zeit war noch nicht da.« Dieses Zitat sieht ihm ähnlich.

Fleissners dem Lektorat unterschobene Beurteilung von *Z.Z.*: »unfertig und entsetzlich antisemitisch«,[47] wird ebenfalls wiedergegeben. Drach kann auf die Darstellung des Verlegers nur per Leserbrief kontern. Auch Fleissner schreibt einen solchen, beide Briefe erscheinen am 7. 10. 1968. In Zusammenhang mit »Drachs Detektivspiel«, die Verlagsabrechnungen betreffend, weist er darauf hin, daß Drachs Büchern etwas widerfahren ist, was normalerweise bei Kaninchen festzustellen sei: »statt weniger werden es mehr«. Die Rede ist von den unverkauften Remittenden, die aus den Buchhandlungen zurückkommen. »(...) daß am Jahresende ein größerer Lagerbestand vorhanden ist als am Ende des Vorjahres, (...) diese Tatsache ist einem sicher sehr originellen Autor, als den wir Herrn Drach stets geschätzt haben, schwer erklärbar.« Fleissner deutet an, daß Drach dieses »ungewöhnliche Phänomen« nicht entsprechend zur Kenntnis genommen habe. Im Gegenteil habe er »in seinem Schreiben vom 1. April dieses Jahres noch darauf bestanden, daß wir mit der Übernahme seines neuen Romans ›ZZ‹, zwar ohne Korrekturen, uns gleichzeitig zur Herausgabe seines Lyrik-Bandes ›Ermordung in Versen‹ zu verpflichten hätten.«

Z.Z. erscheint also bei Claassen und wird ein Mißerfolg. Dazu trägt sonderbarerweise auch Joachim Schondorff bei. Er verreißt *Z.Z.* in der *Welt*, als ob er keine gemeinsame Geschichte mit dem Autor hätte (10.10. 1968). Es nützt nicht mehr viel, daß K.H. Kramberg nun

Albert und Gerty Drach, um 1968

doch wieder für Drach eintritt. *Ein Kannibale unter Vegetariern*,[48] so sieht er den Autor im Verhältnis zu seinen Zeitgenossen. Ein Titel, den Drach später immer wieder gern zitieren wird. Aber die Rezension ist klein, einspaltig und kann dem Buch auch nicht mehr zum Erfolg verhelfen.

Drei Jahre ziehen ins Land. Claassen hat die Langen Müller-Ausgabe einfach übernommen. Man hat die alten Buchkerne in neue Umschläge gesteckt und bleibt darauf sitzen. Der schwache Verkauf von *Z.Z.* hat die Nachfrage nach den Vorgängerbänden kaum gesteigert. Dann endlich – im Herbst 1971 erscheint die *Untersuchung an Mädeln.*

Vielleicht wäre alles anders gekommen, wäre dieses Buch, dem immerhin ein relativer Erfolg beschieden ist, früher erschienen. Aber bei dem Image, das Drach inzwischen hat, ist auch das nicht sehr wahrscheinlich. Einmal wunderlicher Kanzleistilist, bis auf weiteres wunderlicher Kanzleistilist. Ingrid Cella faßt in ihrem Nachwort zum ersten Band der aktuellen Drach-Neuausgabe die ambivalenten Reaktionen zusammen:

Natürlich wird die Kritik am Justizapparat, an der Rechtsprechung vermerkt und begrüßt, und manche Rezensenten heben auch die subtile Genauigkeit der Soziogramme und Psychogramme der beiden Protagonistinnen hervor. Aber vielfach bedauert man die Darstellung ›in indirekter, gedrechselter Juristen- und Bürokratensprache‹, die letztlich ermüdend wirke. Die einen verärgert der ›knurrig-umständliche‹ Stil und die ›Sorte Sex‹, die der Autor liefert, die andern versagen der ›genialischen Verkauztheit‹ nicht ihre Bewunderung. Und so geht es weiter (...).[49]

»Liderlichkeiten im Kanzleistil«, titelt Gregor-Dellin am 15.10.1971 in der *Zeit*, bewertet Drachs Buch aber trotz der dem Sterotyp entsprechenden Einschätzung als »großes Kriminalprotokoll«. Schulze-Reimpell schreibt im *Darmstädter Echo* (6.4.1972) sogar von Drachs bestem Roman. Viele Interpreten der Neuausgabe von 1991 werden sich dieser Einschätzung anschließen, Drach selbst hat wiederholt betont, daß er die *Mädel* jedenfalls dem Roman der *Zwischenzeit* vorziehe. Mit Sicherheit, schreibt Ingrid Cella, »gehört dieses Kriminalprotokoll zu den komplexesten Texten des Autors, und nicht ohne Grund haben sich die kontroversiellen Diskussionen über das Œuvre Drachs 1992 eben darauf fokussiert«.[50]

Es soll Wind gegeben haben, und diese Versicherung erscheint glaubhaft, wenn festgehalten wird, daß die Röcke, nämlich die unteren äußeren Kleidungsstücke der Weibspersonen, in Bewegung gerieten und die Anschauung der noch dürftiger bedeckten Oberschenkel zuließen, so daß sich Männer veranlaßt fühlten, ihre Kraftwagen anzuhalten und auf das Angebot der Mädchen einzugehen, indem diesen zur Mitfahrt die Wagentüren geöffnet wurden.[51]

Was für eine Exposition! Den durchnäßten Autostopperinnen konnte diese Wetterlage – das wird in der indirekten Perfidie des Protokolls unterstellt – offenbar nur recht sein. Ohne diesen Wind wären ihre Reize weniger ans trübe Tageslicht getreten. »Es muß außerdem geregnet haben, wenn als richtig angenommen wird, daß auch die Blusen der zwei in Frage kommenden Frauenzimmer geradezu am Leibe klebten, was im übrigen dem Umstand zugeschrieben werden kann, daß sie nur unzureichende, d. i. kaum nennenswerte, Wäschestücke darunter getragen haben dürften.«[52]

Wer spricht hier, wer maßt sich an, aus der Kleidung der Mädchen auf ein Lock-»Angebot« zu schließen, das sie männlichen Kraftwagenlenkern machen wollten? Ihr gemeinsamer Liebhaber, den sie sich schwesterlich geteilt haben, ein gewisser Harald Puppinger, hat sie versetzt, soviel haben die Nachforschungen ergeben. Hatten sie wegen dieser Enttäuschung wirklich nichts anderes im Sinn, als bei strömendem Regen am Straßenrand auf den nächstschlechtesten, unappetitlichen Mann zu warten, der sich nicht nur veranlaßt fühlt, ihnen die Wagentüre zu öffnen, sondern sie zu vergewaltigen? Und wenn sie wirklich auf so einen gewartet haben sollten, warum bringen sie ihn dann um? Wegen der paar Geldscheine, die es aus seiner Geldbörse zu stehlen gibt? Ein Raubmord also, vor dem zuerst die Ablenkungswaffe Sex eingesetzt wurde? Den Beschuldigern ist offenbar keine Annahme zu klischeehaft, zu frauenfeindlich und zu dumm. Mit in ihrem System logischer Konsequenz werden die beiden Frauen des Mordes angeklagt.

Was die Vergewaltigung betrifft, so hat sich der Stechviehhändler Thugut im Fond seines Wagens zuerst über Esmaralda hergemacht. Deren Widerstand, wie das Protokoll vermerkt, endend wollend oder auch nie wirklich ernst zu nehmen war. Zweimal hat Thugut an Esmaralda den »außerehelichen Beischlaf« vollzogen. Bevor es zu einem dritten kommen kann, kehrt Stella, die er zuvor aus dem Wagen hinausexpediert hat, zu diesem zurück, »angeblich aus einem Kältegefühl, wahrscheinlich aber um sich ihrerseits zu gleichem Zweck bereitzuhalten (...)«[53]

Der sehr kräftige, in mittleren Jahren befindliche Autofahrer zog nun Stella, die sich angeblich nicht so schnell versah, in den Wagen, sodaß deren Kopf auf Esmaraldens Schoß zu liegen kam. Sodann drückte er deren nach ihrer Erklärung aufgestellte Beine nieder und warf sich in seinem von seiner Tätigkeit an Esmaralden noch anhaltendem Zustand auf Stella, die ihm, wie sie behauptet, die Sache nicht erleichtern wollte, wozu noch kam, daß das unter ihr befindliche Mädel die doppelte Belastung nicht auf sich nehmen mochte.

Immerhin verschaffte er sich schließlich insofern Gehör, als es ihm gelang, mit seinem hiezu geeignetem Organ in Stellas Schoß einzudringen, wenn auch nicht, darin die für die Abreaktion nötige Zeit zu verbleiben, denn das Mädel machte sich offenbar die verworrene Körpersituation im Wagen zunutze, um sich des von ihm auf natürlichem Wege hergestellten Zusammenhangs von Person zu Person zu entledigen, und zwar so, daß er wahrscheinlich außerhalb ihrer Intimsphäre seine Befriedigung finden mußte, worauf der Zustand ihrer Wäsche schließen ließ. Jedenfalls ließ er es zunächst mit der schon erreichten Ausbeute seines Abenteuers bewenden …[54]

Der nicht ganz erfolgreiche Mann wendet sich wieder seinem Auto zu, das tief im regennassen Dreck steckt. Zudem ist ein Reifen geplatzt, muß also, soll der Wagen wieder in Schwung kommen, gewechselt werden. Ehe Thugut jedoch den Wagenheber an sich nehmen kann, den er bei der kooperativen Esmaralda vermutet, schlägt ihn die widerspenstige Stella mit dem Eisengerät mehrmals auf den Kopf. Worauf er »leblos« zusammensinkt, was immer das heißen mag – seine Leiche wird nie gefunden.

Wen kümmert es, daß der verschuldete Thugut die Gunst der ihm sonst nicht allzu günstigen Stunde genutzt haben könnte, um sich abzusetzen und irgendwo eine neue Existenz aufzubauen? Wer braucht noch ein Opfer, wenn man die Täterinnen schon hat? Hauptsache, man hat die Mörderinnen, die es des Mordes zu überführen gilt. »Und es kommt gar nicht darauf an, ob der Mord wirklich geschehen ist«, schreibt Drach, hier sehr deutlich Schriftsteller und Anwalt. »Es genügt, daß er angenommen wird. Und das Gericht hat nicht zu untersuchen, ob irgendwo ein Zweifel vorhanden ist. Es hat den Zweifel aus der Welt zu schaffen, indem es urteilt.«[55]

Da wird die quasi proletarische Herkunft der Esmaralda Nepalek genauso zum Indiz wie die verschlampt bürgerliche Herkunft der Stella Blumentrost. Unter besonderer Berücksichtigung der Tatsache ihres »liderlichen Vorlebens«, insbesondere des Umstandes, daß sich das ungleiche Freundinnenpaar einen Liebhaber geteilt hat. Wann immer das herrschende Ordnungssystem in Gestalt der Richter, der Geschworenen, manchmal sogar der Anwälte zu Wort kommt, wird die Gewalt geiler Männer verharmlost. Umgekehrt wird bereits die bloße erotische Ausstrahlung von Frauen kriminalisiert.

Körper und Verhalten der Mädel werden einer totalitären Untersuchung unterworfen und zwar auf eine eine Art und Weise, die an Foucaults Standardwerk *Überwachen und Strafen* denken läßt.[56] Nach Auffassung Foucaults sind Aufzeichnungen über Menschen früherer Epochen ein Signum ihrer Macht und ihrer Privilegien. Erst durch den Ausbau der modernen Disziplinarmechanismen seit dem 18. Jahrhundert werden die unterprivilegierten Individuen zum Gegenstand der abschätzenden Beschreibung. Sie werden zum Fall nicht aufgezeichneter Macht, sondern aufgezeichneter Ohnmacht.

Einer Ohnmacht wohlgemerkt, die so konträre Figuren wie den frommen Juden Zwetschkenbaum aus den letzten Tagen der Monarchie und die profanen Mädel aus den frühen sechziger Jahren verbindet. Sowohl jener wie diese sind dem denunziatorischen Protokoll ausgesetzt, werden einer »Archäologie der Infamie«[57] unterworfen. Für ihn seien die *Mädel* das notwendige Gegenstück zu seinem *Zwetschkenbaum* gewesen, sagt Albert Drach in einem Gespräch vom 23.3.1989. Sein Buch über den Chassiden Schmul hätte unter anderem zu dem Mißverständnis geführt, daß sich da ein jüdischer Autor sein jüdisches Thema gesucht habe. »Zwetschkenbaum«, betont er, »ist keine Identifikationsfigur für mich, wie auch in der *Untersuchung an Mädeln* keine einzige Identifikationsfigur vorkommt. Es sei denn, daß ich mich natürlich beim Schreiben mit meinen Hauptleidenden identifiziere.« Arbeitshypothetische Identifikation also: Die sei in der *Untersuchungen an Mädeln* auch gegeben. »Obwohl ich natürlich kein Mädel bin und diese Erlebnisse nicht habe.« Im übrigen sei er nicht der Ansicht, daß die Behandlung der Juden mit der Behandlung der Frauen in irgendeinem Zusammenhang stehe. Letzten Endes behauptet Drach allerdings doch einen strukturellen Zusammenhang: »Eines ist sicher: ebensowenig, wie die Hasser der Juden keine andere Meinung zulassen, als ihre eigene, sind auch diejenigen, die Frauen erniedrigen wollen, absolut unbelehrbar. Sie sind nie davon abzubringen, daß die Frau ein Wesen ist, das nicht einmal menschliche Qualitäten hat.«

Eindeutige Aussagen des Autors sowohl seine eigene Haltung wie die intendierte Wirkung seines Werks betreffend. Gegenpositionen im Leser wolle er erzeugen, versichert er immer wieder. Trotzdem ist *Untersuchung an Mädeln* ein in vieler Hinsicht mehrdeutiges Buch. Ein Buch, das auf Grund der »artifiziellen Raffinesse des Diskurses«,[58] die noch von keinem Interpreten des Protokollstils präzise erfaßt werden konnte, verschiedene Lesarten zuläßt.

Ingrid Cella versucht der Raffinesse dieses Diskurses auf den Grund zu gehen. In ihrer Analyse des *Mädel*-Textes arbeitet sie einen bislang unbeachtet geblieben Aspekt heraus:

Verbindliche Vorschriften für die Textsorte »Protokoll«, wie sie tatsächlich vor Gericht Verwendung findet, gibt es nicht und hat es nie gegeben. Die vielberufene »Objektivität« dieser Texte ist zwiespältig. Derartige Schriftstücke halten einfach alles fest, was während der Verhandlung vorgebracht wird: Banales, Interessantes; Ephemeres, Zentrales; Fakten, Lügen. Dies in teils juristischer Fachsprache (Richter, Gutachter, Anwälte), teils in laienhafter Diktion (Parteien, Angeklagte, Zeugen). Solche Texte bestehen oft aus verwirrenden Satzschlangengeflechten, deren Lektüre höchst irritierend ist: Der eine sagt das, der andere behauptet das Gegenteil ... Die Wahrheit verflüchtigt sich, eine verrückte Wirklichkeit bleibt über. Die Literatursprache Drachs ist unter anderem auch durch Stilisierung dieses verstörenden Elements der nicht-fiktionalen Textsorte Protokoll gekennzeichnet. Seine Schreibweise, so der Autor, »geht davon aus, daß, was das Leben mit uns tut, vom Amt, das auch Schicksal ist, sorgfältig protokolliert wird. Auf Wahrheit kommt es nicht an. Die Wirklichkeit ergibt sich aus Zeugenaussagen und sonstigen Beweisstücken.«

Latent ist in realen Gerichtsprotokollen eine eigentümliche Art von unfreiwilliger Ironie vorhanden, die Drach bewußt verstärkt, oft zynisch-sarkastisch akzentuiert und im Sinne seiner poetologischen Intention instrumentalisiert.[59]

Mit dieser Sichtweise wäre der Autor wahrscheinlich einverstanden. Immer wieder hat er versucht, die signifikante Differenz zwischen dem amtlichen Kanzleistil und seiner Literatursprache herauszuarbeiten: » Der Kanzleistil beschränkt sich auf gewissen Dinge, die eben Gegenstand des Prozesses sind, der Protokollstil geht auf Lebensinhalte, nicht auf Lebensäußerungen.« (Gespräch, 15.5.1990) Von Anfang an werde der Betreffende mit Haut und Haar von der Sprache eingefangen, nicht aber zerschnitten und analysiert wie mit den Methoden der Psychoanalyse, die Gedanken und Gefühle sezieren wolle: einen lebendigen Menschen könne man nicht sezieren, nur einen Toten.

Der Protokollstil sei auch keineswegs auf die Außenperspektive zu reduzieren. Dies eine späte und hochinteressante Feststellung des Autors, die belegt, daß die Rezeption, in der die durchgehende Außenperspektive des Protokollstils einerseits behauptet, anderseits immer wieder in Abrede gestellt wurde, für sein Verständnis des eigenen Werks nicht ohne Wirkung bleibt. Sein Sinneswandel (und bis zu einem gewissen Grad handelt es sich um einen solchen) ist nicht zuletzt auf eine Arbeit von Matthias Settele zurückzuführen. Die Publikation mit dem programmatischen Titel *Der Protokollstil des Albert Drach*[60] ist ausführlich und profund genug, um ihm nachhaltig zu denken zu geben. »In meinen Schriften wird der ganze Mensch wie von einem Walfisch verschluckt (...)«, sagt er nun. »Und zwar in dieser Gestik, in der er von der Sprache eingefangen wird. Die meisten, die meine Protokolle nicht verstehen, meinen, daß ich lediglich ein Betrachter von außen bin. Und auf etwas schließe. Ich schließe überhaupt nicht, ich stelle fest. Und feststellen kann man nur etwas Gegebenes. Und dadurch, daß die Gerichte in ihren Feststellungen sehr armselig sind, indem sie das Protokoll nur aus äußeren Äußerlichkeiten erarbeiten (...) bleibt ihr Geschäft ein armseliges.« Dem Dichter, so er einer ist, ginge es nämlich um Erkenntnis. Den Gerichten hingegen ginge es nur um eine Entscheidung. (17. 1. 1992)

»Das Gesetz ist hungrig«, schreibt der Autor im Namen Stellas, die, in der Nacht vor der Urteilsverkündung, das Urteil des Gerichts vorwegnimmt:

Die Jugend taugt nichts, trägt enganliegende Hosen und Röcke, die hoch über den Knien enden, stiehlt, notzüchtigt, mordet und findet nichts dabei. Aber so ein Stechviehhändler kriegt einen Heiligenschein wenn er umkommt, auch wenn er vorher in Schweinerei gelebt hat. Um ihn geht es heute. Um seine Sicherheit ist der Gesellschaft bange, und der öffentliche Ankläger vertritt das Gesetz zum Schutze von Stechviehändlern und zu deren würdigem Begräbnis, und wenn man keine Leiche gefunden habe, so könne man zwei tote Mädel in sein Grab legen.[61]

Stella bleibt auch das lapidar wuchtige Schlußwort der Verhandlung und des Romans. Esmaralda wiegt sich lediglich in den Hüften, lächelt ihrem Anwalt zu und bringt nichts heraus. »Dann kam das Wort an Stella Blumentrost.

»Sie erhob sich, sagte ›Ich‹ – und setzte sich wieder.«[62] In der Erstfassung lautet der Schluß noch anders: »Sie erhob ich, sagte nur ›ich‹, und das war zu wenig.«[63]

In dieser Erstfassung von 1971 war *Untersuchung an Mädeln* noch ein relativer Erfolg. Kein Vergleich zwar mit dem *Zwetschkenbaum*, aber ein immerhin beachtetes Buch, zum Unterschied von den danach noch erscheinenden Bänden der Gesamtausgabe.

1972 erscheint ein merkwürdiger Zwitter-Band: *Gottes Tod ein Unfall*, Dramen und Gedichte.[64] Im Prinzip dramatischer und poetischer Zündstoff, de facto aber eine unverkäufliche Mischung.

Gottes Tod ein Unfall. Ein Kernsprengungsspiel in vier Einstellungen zu je vier Begebenheiten auf je vier Plattformen.[65] Das Stück hat Drach 1967, während eines Urlaubs in Jerusalem, begonnen. Man denke sich ein Mietshaus nach dem Modell von Nestroys *Zu ebener Erde und Erster Stock*. Man denke sich, daß böse Worte, grimmige Wünsche und ordinäre Flüche der Hausbewohner unmittelbare Wirkungen hätten. Viele der Mieter wären bald Mörder oder Ermordete, Täter oder Opfer. Mörder mit Namen wie Morderl, Mordall, Mortsgerl oder Murks sind aber auch oder erst recht der Erlösung bedürftig. Sie warten also auf eine Art von liebem Gott. Als der kommt, um unter ihnen zu wohnen, ist und bleibt er ihnen so fremd wie sie sich selbst, folglich wird er in den Fahrstuhl gesperrt und ermordet: »Es war ein Unfall, weiter nichts.«

Ein Stück, das sich großartig inszenieren ließe. Ein Stück, das noch nie auf einer Bühne zu sehen war. Provisorische Uraufführung ist und bleibt bis auf weiteres eine szenische Lesung anläßlich des Drach-Symposiums 1992 in der Alten Schmiede. Eine Hommage an Albert Drach mit Elfriede Jelinek, Peter Turrini, Marie Therésè Kerschbaumer, Ernst Molden u. a.

Der Band enthält außerdem das Hörspiel *A und K oder Ein Brudermord wieder gut gemacht* sowie *Stimmen nach*

Natur und zu Protokoll, einen fürs Radio geschriebenen Text, der an den *Zwetschkenbaum*-Roman anknüpft. Weiters das variierte dritte Szenenbild zum bereits im vierten Band der gesammelten Werke erschienenen *Abstraktspiel Andere Sorgen*. Schließlich noch die um 1965 entstandene Politposse *Der Vortritt*, die in der Handschrift noch den schönen Untertitel *oder die wahrhafte Ballade vom König Löwenherz* hatte. Wie man an diese nicht recht motiviert scheinende Kombination von Stücken, Stückfragment und Hörspielen auch noch Drachs frühe Gedichte, die *Entblößungen* (Ironische und parironische Verse) anhängen konnte, bleibt ein verlegerisches Rätsel.

Oder auch nicht. Offenbar will man sich noch immer oder schon wieder um den Gedichtband herumdrücken. Nach *Gottes Tod ein Unfall* wird das Projekt der Werkausgabe abgebrochen. Der De Sade-Essay, der 1974 außerhalb der Ausgabe erscheint, ist ein totaler Flop.[66] Der Literaturbetrieb vergißt Drach für mehr als zwei Jahrzehnte. Aber noch ist nicht aller Tage Abend.

EPILOG

SEINE FEINDE ÜBERLEBEN – DER BÜCHNER-PREIS KOMMT MIR ZU

1987 erhält Albert Drach Besuch. Der Germanist André Fischer und seine Frau Ursula, eine angehende Deutschlehrerin, machen dem Fünfundachtzigjährigen ihre Aufwartung im Drach-Hof. Fischer arbeitet an einer Dissertation: *Inszenierte Naivität. Zur ästhetischen Simulation von Geschichte bei Günter Grass, Albert Drach und Walter Kempowski.* Sein Doktorvater ist der Konstanzer Literatur-Professors Wolfgang Preisendanz, der sich im Zuge seiner Humorstudien mit Albert Drach befaßt hat.[1]

Der Doktorand hat an Albert Drach geschrieben, war sich jedoch gar nicht sicher, ob der in Vergessenheit geratene Schriftsteller überhaupt noch lebt. Aber die Antwort kommt prompt. Drach ist trotz seines Alters ein disziplinierter Mann. Jeden Donnerstag erledigt er in seinem früheren Anwaltsbüro mit einer für ein paar Stunden engagierten Kanzlistin die noch anfallende Korrespondenz. Glückwunschschreiben zu Geburtstagen, Kondolenzbriefe zu Todesfällen, Privatpost – mit der Schriftstellerei haben die Briefe seit Jahren kaum mehr zu tun.

Nun aber interessiert sich plötzlich wieder jemand für sein Werk. Drach reagiert rasch, aber mit bitterer Selbstironie. »Auch in Hawaii besteht größeres Interesse für mich als in Österreich«, läßt er André Fischer in seinem Antwortbrief wissen. Erst kürzlich sei dort eine Arbeit über sein literarisches Œuvre erschienen.[2]

Die Interessenlage in Deutschland ist nicht besser. Oder doch? Immerhin ist da ein junger Mann, der über ihn arbeitet. Jetzt sitzt er ihm gegenüber. Fischer und seine Frau sind gute Zuhörer. Aber der alte Mann ist nicht wirklich in Form; zu lange hat er sich nicht präsentieren können.

Zu viele Ablehnungsschreiben von Verlagen, denen er immer neue Teile seines noch unveröffentlichten Werks anbieten wollte, hat er erhalten. Seine in den siebziger und achtziger Jahren entstandenen Erzählungen zum Beispiel, die er in gewohnter Tradition *Die mittleren Protokolle* nennt, obwohl sie keineswegs im Protokollstil geschrieben sind. Darunter die Vogelgeschichten *Lullo und Lulla* (1972) und *Wegfall winziger Liebe, eine kernbeißerische Elegie* (1975) – wieder einmal Trauerarbeit nach dem Verlust eines geliebten Tiers. Die wunderbare autobiographische Erzählung *Lunz* (1981), die böse-zynischen storys *IA Und Nein*, schließlich die hinterbliebene Übersicht *Aus* (1982). Alle diese unterschiedlichen Texte hätte er gerne als Band IX seiner Werkausgabe gesehen.

Nach wie vor harrt *Das Beileid* der Veröffentlichung, das wäre also Band X. *Das 17. Buch der 17 Essays* wäre Band XI. Der Lust- und Schauderroman *O Catilina* (1979–1983), in dem es um nicht mehr und nicht weniger als die Vernichtung der Welt geht, käme dann als Band XII. Nicht zu vergessen *Die restlichen Verkleidungen* wie die Räuberoperette *Rinaldo Rinaldini unter den Schildbürgern*, schon in den frühen dreißiger Jahren entstanden, aber 1964–1982 ergänzt und überarbeitet, und das Stück *Das Fleisch des andern* (1972–1989), in dem er Shakespeares *Kaufmann von Venedig* tendenziell verändert und den immanenten Antisemitismus umkehrt, schließlich *Das Märchen von Goldmarie und Pechelse* (1982), »ein altes Märchen«, wie Drach sagt, »aber ohne Moral und daher nichts für Kinder.«[3] Endlich die eigenständigen Gedichte: *Entblößungen, Erbarmungen, Ermordungen*, das wäre Band XIV. Mit handschriftlichen Nachbesserungen wird er es (seine Glücks- und Schicksalszahl will und muß er erreichen) auf 17 Bände bringen.

André Fischer ist zwar vor allem wegen der *Unsentimentalen Reise* gekommen, auf die er sich in seiner Dissertation konzentriert, aber bei aller Sperrigkeit des Vortrags, den der halbblinde Mann da unversehens hält, wird ihm der Blick auf einen Kosmos geöffnet. Er spürt die Wut, die mit jedem Wort deutlicher in Drachs Stimme vibriert, und sie überträgt sich auf ihn. Wut über etwas, das Heimito von Doderer Apperzeptionsverweigerung genannt hätte. Apperzeptionsverweigerung seitens des Literaturbetriebs, der einen Schriftsteller dieser Produktivität und Qualität nicht entsprechend wahrnimmt.

Er glaubt auch das Motiv für die »sistierende Rezeption«[4] Drachs zu erkennen. Es ist die illusionslose Haltung gegenüber der Vernunftlosigkeit der Welt, seine Weigerung, Verfolgung und Mord persönlich oder literarisch für erklär- und verarbeitbar zu halten. Er ist die »unversöhnbare Inszenierung und Konfrontation von unschuldigem Ich und zynischer Welt« in Drachs Œuvre.

Albert Drach in seinem Anwaltsbüro, um 1980

Eine Weltsicht, die denen, die sich mit dieser Welt arrangiert haben (Literaturkritiker nicht ausgenommen), gegen den Strich geht.

Fischer sieht Drach bei ihrer ersten Begegnung als todmüden, seiner Vitalität beraubten Mann. Wie eine betagte Fliege sei er herumgehangen. Dabei will der Doktorand es nicht bewenden lassen; er will etwas unternehmen. Etwas, das wirksamer sein könnte als die bloße Fertigstellung der Dissertation, wirksamer als die Abfassung nur in Fachkreisen wahrgenommener wissenschaftlicher Abhandlungen.

So müde, wie Fischer glaubt, ist Drach allerdings nicht. Als der im Zuge dieser Biographie schon öfter zitierte Artikel *Die Eintracht des Vergessens. Der Fall Albert Drach* am 11.8.1987 in der Süddeutschen Zeitung erscheint, urlaubt der pensionierte Anwalt und bei aller Widrigkeit der Umstände nie ganz in Pension gegangene Schriftsteller gerade am Ostufer des Kärntner Weißensees. Drach fühlt sich nach wie vor fit – jeden Morgen, wenn die anderen Pensionsgäste noch schlafen, schwimmt er in den kühlen See hinaus (zum Unterschied von Mao, der im gleichen Alter angeblich noch den Yangtse durchschwommen hat, muß er keine Millionen Gläubigen, sondern – vielleicht – nur sich selbst etwas beweisen.) Die Kraft der Arme ist in Ordnung, nur die Sehkraft ist schwach – einmal verfängt sich ein Angelhaken in Drachs Badehose, da muß der frühe Schwimmer von einem frühen Fischer aus seiner peinlichen Lage befreit werden.

In diesem Ambiente, mit dieser Verfassung nimmt er seine zweite, hoffentlich endgültige Wiederentdeckung zur Kenntnis. Der »Student aus Deutschland« hat also tatsächlich einen aufsehenerregenden Artikel geschrieben. Ehrlich gestanden hat das Drach dem so bescheiden wie sympathisch wirkenden Zuhörer kaum zugetraut, nach seiner durch lange Erfahrung belegten Einschätzung haben redliche Menschen selten das nötige Durchsetzungsvermögen. Aber in der renommierten Feuilletonbeilage steht der Artikel schwarz auf weiß und angemessen groß: Drach trägt es mit Fassung und Würde.

Der kurz darauf einsetzende Effekt der Publikation ist allerdings dazu angetan, den Autor beinah aus seiner skeptischen Reserve zu locken. Renommierte Verlage, u. a. Rowohlt, werben plötzlich um ihn. Drach erinnert sich früherer Ablehnungsschreiben, aber es sind vielleicht andere Leute, die jetzt das Sagen haben.[5] So ist das also. Tempora mutantur.

Der Münchner Hanser-Verlag hat von allen Interessenten die beste Position. André Fischer hat dort als Volontär gearbeitet, man befaßt sich auf seine Anregung schon seit längerem mit Drachs Werk. Jetzt ist es soweit: Michael Krüger, ein Verleger von Ruf, bemüht sich zum Vertragsabschluß nach Mödling. 1988 erscheint die *Unsentimentale Reise* in einer Neuausgabe.

Verleihung des Ehrendoktorats der Universität Wien durch Promotor Wendelin Schmidt-Dengler (links) und Rektor Alfred Ebenbauer (Mitte), Universität Wien, 8. März 1993

Dasselbe Werk wie 1966 bei Langen Müller oder ein gänzlich anderes? Der Text ist derselbe, die Rezeption könnte nicht konträrer sein. Haben die Rezensenten von 1966 dasselbe Buch gelesen wie die von Drachs Darstellungskunst beeindruckten Kritiker anno 1988? K.H. Kramberg gewiß. Er steht nicht an, sein Urteil zu korrigieren, verleugnet jedoch auch nicht seine ursprüngliche Haltung:

Aber Tote weinen nicht. Albert Drachs »Unsentimentale Reise« – wiedergelesen nach 22 Jahren. Kein Zufall vermutlich, daß etwa die Hälfte des Dreispalters Drachs Werdegang und den von Kramberg bevorzugten Werken des Autors gewidmet ist. Der Kritiker rekapituliert seine mit Zweifeln gemischte Faszination nach Lektüre des *Zwetschkenbaum* und hebt den *Meister Siebentot* hervor, der ihn schließlich von der ingeniösen Verkleidungskunst des Autors überzeugt hat. Dann kommt er endlich zur Sache, er signalisiert nicht nur die Modifikation seiner persönlichen Meinung, sondern auch einen Paradigmenwechsel:

Bücher bleiben sich gleich. Nicht so das Spektrum, von dem ein Leser Gebrauch machen muß, um sich zu gedruckten Texten kritisch zu äußern.

Vor 22 Jahren, die Erstausgabe dieser »Unsentimentalen Reise« vor Augen, war ich von deren biographischen Stoff, dem Stoff an Wirklichkeit, den Drachs Bericht festhält, zwar genauso ergriffen, entsetzt und beschämt wie jetzt bei der Wiederlektüre, doch mischte sich dem ein Dégout ein, der die Darbietung des Stoffes durch die Figur des Erzählers und deren Verkleidung betraf. Die Maske des Kucku, die der Autor benötigt, um Selbsterlebtes objektivieren zu können, schwebte mir als ein Ungesicht vor, als ein narratorisches Schemen, das dem Schreibenden gewissermaßen unter der Feder zerrann. Diese Mutmaßung, scheint mir nun nach der Wiederlektüre, war nicht völlig falsch. Sie verkennt jedoch die

Essenz eben jenes Humors, auf den das Schlüsselwort dieses Buchs, dies: »Aber Tote weinen nicht« zielt und aus dem er erwächst.[6]

Wie schön wäre es, wenn sich Literaturkritik nicht erst mit zwanzigjähriger Verspätung, sondern in weiser Prophylaxe selbst relativierte. Immerhin, es ist erfreulich, wenn sie es spät, aber doch tut. Die allgemeine Rezeption kann nicht mehr hinter André Fischers profunde Textanalyse zurück.

»Drach macht der Welt, ihrer Sprache, ihren Wirklichkeitskonstituenten, historischen, autobiographischen Synthesen und seiner eigenen Person einen procès verbal.«[7]

1988 erhält Albert Drach den Georg-Büchner-Preis zugesprochen und wundert sich nicht mehr. »Der Büchner-Preis kommt mir zu«, erklärt er in einem Interview mit André Müller. Dem Namenspatron des Preises gegenüber

Drachs Wohnzimmer mit Mittagsruhebett

gibt er sich bescheiden: »Gemessen an Büchner bin ich ein Niemand.« In Relation zu den lebenden Schriftstellern jedoch gibt er sich einen anderen Stellenwert: »Wenn einer der bedeutendste Dramatiker ist, dann bin ich es.«[8]

Mit Gerty übt Drach tagelang seine Dankes-Rede, die er auf Grund seiner Sehschwäche nicht vom Blatt lesen kann. Als der große Moment allerdings gekommen ist, manövriert er seine Frau, die ihm die Hand reichen will, sanft in die Sitzreihe zurück und hängt sich – blind wie er ist – in eine junge Maid ein, die ihn zum Podium führt. Dort schwingt er seine freie Rede, die vor allem ihre Länge betreffend, erheblich vom schriftlich konzipierten und veröffentlichten Text abzuweichen scheint. Helmut Schmitz rekapituliert in der *Frankfurter Rundschau* die Stimmung im Auditorium:

Allmählich kamen doch Bedenken auf: Sollte der alte Mann etwa der Meinung sein, in seiner Dankesrede eine Art Werk-Biographie des Namenspatrons seines Preises abliefern zu müssen? Hatten sich Albert Drachs Vorgänger meist bemüht, eine ihnen charakteristisch scheinende Einzelheit überlebensgroß und mit gebührendem Selbstbezug herauszupräparieren, so trat der 86-jährige als Generalist auf. Mit bewundernswertem Gedächtnis – Augenlicht und Gehör stehen ihm nur unzureichend zu Gebote – trug er stehend freihändig eine Fülle von Daten und Namen vor, arbeitete sich die vier Büchnerschen Hauptwerke voran bis – ja, wohin? Eine gewisse Beklommenheit angesichts dieses enzyklopädischen Ausflugs ins Büchnersche Überall legte sich wie Mehltau über die Festgesellschaft im Großen Haus des Darmstädter Staatstheaters, als der kleine Albert Drach da oben auf der Bühne seine starke und angenehm landsmannschaftlich eingefärbte Stimme endlich zu einem großen rhetorischen Einlauf auf die Zielgerade schickte – aha, darauf lief's hinaus. So ein Schlitzohr![9]

Der Georg-Büchner-Preisträger Albert Drach
vor seiner Haustür, 1988

Der Redner zielt auf Büchners fünftes, verschollenes Werk, den *Pietro Aretino.*

Mit Aretino sei es darin um den Stammvater jener Kritikerkaste gegangen, die zeitlos-gültige Literatur mit ihrem kurzangebunden Urteil nicht erfassen wollte oder konnte. Wer »habe Interesse daran gehabt, daß Georg Büchners op. 5 (...) verschollen sei«, dieses Stück über den ersten Mafia-Boß des Literaturbetriebs, »der zu seiner Zeit Schlechtes gut und Gutes schlecht geheißen habe (...)?«[10] Marcel Reich Ranicki, der sich durch Drachs Rede betroffen fühlen könnte, ist wohlweislich nicht unter den Ehrengästen.

»Und da stand er«, schreibt Schmitz über den Redner Drach, »erhobenen Haupts, erhobener Stimme, durchgedrückten Kreuzes; einer, der sich für den ›höchsten deutschen Literaturpreis‹ selbstbewußt bedankte und keinen Zweifel daran ließ, daß er ihm zustände. So wie er schreibt, so genoß Drach seine Rache kalt an denen, die ihn zeitlebens verkannten, mißachteten und bis zuletzt diese eben noch zeitig kommende Auszeichnung nicht gönnen wollten.« Wie schon erwähnt, hat Drach immer dementiert, an seinen nationalsozialistischen oder opportunistischen Verfolgern Rache genommen zu haben. In bezug auf seine Mißachter aus dem Literaturbetrieb aber mag Schmitz recht haben: Diesen Augenblick der Rache hat »der kleine Albert Drach« wahrscheinlich genossen.

»Von Albert Drach« setzt Schmitz fort, »ist schmählicherweise gegenwärtig ein einziges Buch im Handel erhältlich, mit dem der Hanser-Verlag seine Neuausgabe des Werks immerhin soeben begonnen hat.«[11] Diese Ausgabe ist inzwischen auch schon wieder Schnee von gestern. Es ist keine durchgehend überzeugende Edition, manches wirkt nach wie vor willkürlich zusammengestellt, aber doch eine redliche. Die Neuerscheinungen aus den Jahren 1988 bis 1995[12] werden zwar unterschiedlich heftig, aber kontinuierlich wahrgenommen.

Summa summarum sind Drachs letzte Jahre die glücklichsten seines Lebens, trotz mit seinem Alter und privaten Vorfällen zusammenhängender Irritationen. Im Bewußtsein, ein endlich durchgesetzter Autor zu sein, kann er die Anfechtungen des täglichen Lebens besser ertragen. Die Sehschwierigkeiten, die zunehmende Schwerhörigkeit, einen Prozeß in eigener Sache, den er, wie so viele, verliert, sogar den Tod seines geliebten Vogels Beo, den er im Garten bestattet. Ihm widmet er, so kurios es klingt, seine letzte Auseinandersetzung mit De Sade: *Sade, ein Spiel aus heutiger Sicht. Oder auch Sade ein sprechendes Bilderbuch. Dem Andenken meines Vogels Beo gewidmet. Ende 20.7.'89.*

Drach füttert den nach dem Tod des Beo vereinsamten Papagei Goggel und wird von dem undankbaren Tier gebissen. »Das ist ein böser Vogel«, sagt er, als er verarztet wird, wirklich gekränkt ist er aber nicht. Er freut sich

Albert Drachs Ehrengrab auf dem Mödlinger Friedhof

über einen neuen Beo, den ihm die Familie zum 90. Geburtstag schenkt. Daß der kurz aus dem Käfig entwischte Vogel stracks auf Michael Krüger zufliegt, der gerade wieder in Mödling auf Besuch ist, und sogar auf dessen Schulter Platz nimmt, hält der Dichter für ein gutes Omen.

Nach wie vor feilt er an seinen Schriften und entwirft die widersprüchlichsten Editionspläne. Mit seiner Frau fährt er regelmäßig nach Retz im nördlichen Niederösterreich und kauft dort exzellenten Wein ein. Er trinkt seinen Schluck sowohl zum Mittag- als auch zum Abendessen. Als ihm eine Flasche Brunello geschenkt wird, urteilt er allerdings, daß der noch besser schmeckt als sein Leibwein. Er sucht und findet ab und zu einen Pilz. Er ist ruhiger, milder und harmonischer geworden, manchmal scheint er seinem im Alter gutmütig gewordenen Vater nachzugeraten. Er lockert sich langsam. Ab und zu findet er zur bodenständigen Sprache seiner Mutter zurück. Manchmal schimpft er im breitesten Wiener Dialekt.

Sein Urteil über politische und menschliche Unzumutbarkeiten bleibt scharf und treffend. Er registriert die revisionistischen Rülpser von der bloßen Erfindung der Gaskammern und von übertriebenen Opferzahlen. Er fragt laut und zornig, wo die angeblich nicht ermordeten Juden denn nach Auffassung jener rülpsenden Herrschaften hingekommen seien. Wenn die Wut in ihm hochkocht, bricht er spontan zu einsamen Spaziergängen auf; im Drach-Hof bangt man dann, ob er auch gut zurückfindet.

Als er nach seinem ersten Oberschenkelhalsbruch vom Krankenhaus heimkommt, tauchen widerliche Geister bei ihm auf. Sie sitzen auf den Schränken und lauern hinter Türen, sie bedrohen ihn, sein Werk und seine Familie. Sie kommen ihm bekannt vor und haben Nazi-Fratzen. Als ihm die Gespenster zu nahe rücken, nimmt ihn Gerty in ihr Zimmer, da fühlt er sich geborgen.

Eines Tages muß Frau Drach, erschöpft und überfordert von der Tag- und Nachtpflege ihres Gatten, selbst ins Spital. Die Vögel verhungern entgegen ihren Befürchtungen nicht; sie werden von Sohn und Tochter gefüttert. Auch der Vater wird von seinen erwachsenen Kindern gut versorgt, nur bei Nacht ist er allein: eingesperrt in einem gesicherten Bett, damit er sich nicht verletzen kann. Zur Vertreibung der Angst rezitiert er Gedichte. Der Enkel Mathieu schleicht sich manchmal in sein Zimmer und ist fasziniert.

Nicht jeder, den Drach in diesen letzten Tagen fürchtet, ist wirklich sein Feind.

Nicht nur aufgrund seiner Sehschwäche kommt es zu Verwechslungen. Den guten Doktor Stummvoll, seit Jahrzehnten Hausarzt der Familie, fragt er unvermittelt: »Sind Sie das Hundsgfrast?« »Nein, ganz bestimmt nicht«, antwortet der geistesgegenwärtige Arzt.

Eine Ärztin, die Stummvoll während seines Urlaubs vertritt, wird zur Auslöserin erfreulicherer Phantasien.

Der Drach-Hof mit Gedenktafel

Eine Frau ist eine Frau ist eine Frau. Seine eigene Frau gewinnt der Patient trotzdem immer lieber. Zur Biographin sagt er: »Meine Frau hat immer alles für mich getan.«

Manchmal lösen schöne Visionen die erschreckenden ab. Er erzählt von einem alten, sprechenden Tisch, der hat etwas mit seiner Mutter zu tun. Er erzählt, daß die in Frankreich verschollene Fortsetzung seines *Zwetschkenbaum* endlich wieder aufgetaucht ist. Wie die Geschichte denn weitergehe, weiß er nicht mehr so recht, doch möchte er gerne wissen, was sein Verleger zu dem glücklichen Fund sagt.

Frau Drach läßt nur mehr ausgewählte Besucher zu ihrem Mann. Ab und zu kommen Professor Schmidt-Dengler oder Peter Huemer vorbei. Drach mag es, wenn ihm die Gäste etwas vorlesen. Doch manchmal ist er erschöpft und schläft einfach ein.

Zwei Wochen vor seinem Tod macht Albert Drach seiner Frau die erste Liebeserklärung seines Lebens. Einen Tag vor seinem Tod sagt er: »Ich bin glücklich«. Nicht zuletzt durch sie fühlt er sich bis zum Schluß ans Leben gebunden. Er stirbt am 27.3.1995, als sie für einen Moment das Zimmer verläßt.

ANHANG

ANMERKUNGEN

Vorbemerkung

Alle unveröffentlichten Texte, Lebensdokumente, Korrespondenz und die juristischen Akten Albert Drachs befinden sich seit 1995 im Nachlaß des Autors im Österreichischen Literaturarchiv der Österreichischen Nationalbibliothek (ÖLA./31/95). Auswertung und Abdruck erfolgen mit freundlicher Genehmigung des Österreichischen Literaturarchivs und der Familie Drach. Alle nicht anders ausgewiesenen Fotos stammen aus dem Privatbesitz der Familie, die die freundliche Genehmigung zum Abdruck gegeben hat. Alle nicht anders belegten mündlichen Zitate stammen aus den Gesprächen, die die Biographin von 1988 bis 1995 mit Albert Drach geführt hat. Ausführliche Auszüge aus Interviews sind datiert.

Prolog

1 Ich bin ein wütender Weiser. Eva Schobel im Gespräch mit Albert Drach. In: In Sachen Albert Drach. Hrsg. v. Bernhard Fetz. Wien: Wiener Universitätsverlag 1995, S. 14–16, S. 16.

2 Da es in diesem Brief vor allem um juristische Fragen geht – Drach hat Morini in Entschädigungsfragen vertreten –, befindet er sich in Drachs Akten (siehe Vorbemerkung).

3 Drach: Laßt uns Wege gehen. Zyklus *Erbarmungen*, entstanden in der Exilzeit. Das Gedicht findet sich als Typoskript in der vom Autor in den sechziger Jahren zusammengestellten Sammlung: *Entblößungen, Erbarmungen, Ermordungen*. Datierung und Entstehungsort hat er in den handschriftlichen Vorarbeiten zum geplanten Gedichtband notiert. Drach hatte die Angewohnheit, in seinen Heften die unterschiedlichsten Texte niederzuschreiben. Die drei handschriftlichen Gedichtzyklen sind im Heft: Schöne im Waldschlaf/I.

4 Drach: Blinde Kuh/I, S. 69.

5 André Fischer: Die Eintracht des Vergessens. Der Fall Albert Drach oder die Schnellebigkeit des Literaturmarkts. In: Süddeutsche Zeitung v.11.8.1987.

6 Marcel Reich-Ranicki: Lauter Unglücke. Zu den Preisen der Darmstädter Akademie. In: Frankfurter Allgemeine Zeitung v. 11.5.1988.

7 Zur »resistierenden Rezeption« siehe André Fischer: Cynisch und mit Unschuld: Albert Drachs protokollarischer Bericht seiner Unsentimentalen Reise. In: A. F.: Inszenierte Naivität, S. 214–217.

ERSTER TEIL (1902–1938)

1. Herkunft

1 Ralph Peter Märtin: Dracula. Das Leben des Fürsten Vlad Tepes. Berlin: Wagenbach 2001, S. 166. Im übrigen behauptet Daniel Farson in seiner Biographie, daß Bram Stoker niemals einen Fuß nach Transsilvanien gesetzt hat. D.F.: The man who wrote Dracula. A biography of Bram Stoker. London: Michael Joseph 1975.

2 Siehe u.a. B.K./I, S. 90 u. S. 92, Zusammenfassung/Heft I.

3 Siehe Beatrice Leroy: Die Sephardim. Geschichte des iberischen Judentums. Aus dem Französischem von Frederica Pauli. Frankfurt/M – Berlin: Ullstein 1991. (= Ullstein Sachbuch. 34768.), S. 104. Drach erzählt die Geschichte seiner sephardischen Vorfahren außer in zahlreichen Gesprächen v.a. in der *Blinden Kuh*, S. 163 ff.

4 Ebd, S. 105.

5 Den lateinischen Satz zitiert Drach in B.K./I, S. 54. Das alte Schreibheft erwähnt er auf Seite 30 eines längeren handschriftlichen Textes, von dem bis jetzt nur zwei Seiten gefunden werden konnten. Sie befinden sich unter seinen zahlreichen selbsterstellten Lebensläufen und Zeittafeln im ÖLA.

6 Über Drachs Urgroßvater Alba Drach konnten leider keine Dokumente gefunden werden. Dokumente des »K.u.K. Reichskriegsministeriums«, die die Herkunft von zwei Nachfahren Alba Drachs belegen, liegen im Kriegsarchiv des Österreichischen Staatsarchivs. Zu Dr. Adolf Drach, dem ersten Kind aus der zweiten Ehe Alba Drachs, der am 4. Februar 1953 allerdings noch in Brody (Galizien), der Heimatstadt der Mutter geboren wurde, siehe Kartei 492. Sowie zu Generalmajor Emil Sommer, einem Enkel aus der ersten Ehe Albas, der am 19. November 1869 in Dorna Watra auf die Welt kam, siehe Kartei 31.

7 Siehe Zusammenfassung/Heft I.

8 Die Ausführungen zur Haltung seiner Vorfahren dem Judentum gegenüber basieren vor allem auf Gesprächen mit dem Autor, u.a. am 8.4.1993. Auch in seinen autobiographischen Texten *Blinde Kuh* (S. 163ff.) und *Zusammenfassung* hat Drach das ambivalente Verhältnis seiner Familie zum Judentum thematisiert.

2. Das Kind und der Tod

1 Drach: Abschied vom Mond. In: A.D.: Gottes Tod ein Unfall. Dramen und Gedichte. Hamburg und Düsseldorf: Claassen 1972, S. 300. Der Druckfehler in der dritten Strophe (»genannt« statt »genant«) wurde korrigiert.

2 Drach: Zusammenfassung/Heft I; B.K./I, S. 57.

3 Drach: Martyrium eines Unheiligen. In: Die Kleinen Protokolle und das Goggelbuch. München – Wien: Langen Müller 1965. S. 133–185, S. 134; Zusammenfassung/Heft I; B.K./I, S. 59; Aus S. 97.

4 Drach: Lunz. In: Ironie vom Glück. München – Wien: Hanser Verlag 1994. S. 7–34, S. 11; Martyrium, S. 139; B.K./I, S. 49ff. Zusammenfassung/Heft I.

5 Lunz, S. 11f.; Martyrium S. 139f.

6 Lunz, S. 14; Martyrium. S. 136 ff. Hier heißen die Protagonisten Anastasius und Eugenia; Zusammenfassung/ Heft I.

7 Martyrium, S. 141.

8 Ebd. S. 138; Lunz, S. 14 f.; B.K./I, S. 68.

9 Martyrium, S. 161; B.K./I, S. 68.

10 Lunz, S. 13.; siehe auch Martyrium, S. 134; Zusammenfassung/Heft I; B.K./I, S. 177f.

11 Zusammenfassung/Heft I

12 Ebd.

13 Ebd.

14 Im Nachlaß finden sich Fragmente sehr früher Textstufen, die noch *Abardo* heißen. Drachs eigene Datierungen seiner Werke sind meistens widersprüch-

lich und variieren um einige Jahre. Zur letzten erhaltenen Fassung des Stückes (um 1990) in zwei großen A4-Heften notiert er: »Der Untergang der Insel Atlantis. Endfassung des 1917 geschriebenen Stückes ›Abardo‹«. In anderen Notizen und auf diversen Werklisten datiert er sein Frühwerk zwischen 1919 und 1921.

15 Martyrium, S. 144 F.; Zusammenfassung/Heft I; B.K./I, S. 65f.

16 Paul Kruntorad: Kleines Protokoll gegen Drach. In: Kurier v. 14.12.1964. Siehe auch: Im Namen der Republik. (Urteilsverkündung) In: Kurier v.17.9.1965.

17 Siehe Biographie, Teil III/3: Latenzzeit.

18 B.K./I, S. 70.

19 Ebd. S. 72.

3. Nur an den Rändern berühren sich die Menschen

1 Martyrium, S. 162 ff.; Zusammenfassung/Heft I.

2 Martyrium, S. 160 und S. 185.

3 Ebd. S. 138.

4 Robert Blochbauer wird später in die U.S. A. emigrieren und dort den Namen Benthey annehmen. Nach Drachs Rückkehr aus dem Exil nehmen sie brieflichen Kontakt miteinander auf.

5 Martyrium, S. 157.

6 Ebd.

7 E.W. (= Erwin Weill): Die Dichtungen eines Fünfzehnjährigen, 15. Mai 1918. Vom fünfzehnten Lebensjahr kann man dann sprechen, wenn man einkalkuliert, daß Drach erst Ende des Jahres 1902 geboren ist. Die Gedichte erscheinen im Neuen Wiener Journal ab 14. April 1918 jeweils am Sonntag in loser Reihenfolge in der Rubrik Moderne Poesie. Am 14. April 1918: Morgen ..., am 28. April: Ich stand an der Rosenhecke, am 2. Juni: Abendrot, am 29. Juni: Lichtfalter und Schatten. Am 6. Oktober: Eine Glocke klingt. Dann reißen die Veröffentlichungen ab. Im *Martyrium* datiert Drach die Veröffentlichungen mit seinem 14. Lebensjahr. (S. 159.)

8 Martyrium, S. 159ff. Hier heißt Hedda Zinner Hilde; In *Lunz* (S. 23ff.) und in der *Blinden Kuh* nennt sie Drach bei ihrem richtigen Namen: S. 148f., 176ff., S. 190, S. 192.

9 Lunz, S. 24; im *Martyrium* gestaltet der Autor die Orthographie der jungen Freundin noch etwas abenteuerlicher: »Lieber Anasta-sius! Mein guter Papi ist nicht mer ...jetzt könen wir unsere Reise Machen ... es erwartet dich deine Hilde« S. 165.

10 Gespräch mit Hedda Zinner, Berlin/Ost 21.5.1991.

11 Den Einfluß des Passionsspiels auf Brechts *Mahagonny* und das nicht zustande gekommene Treffen mit B.B. erwähnt Drach auch in *B.K./I*, (S. 150f. und 199f.) sowie im *Martyrium*, S. 184. Brecht kam am Beginn seiner Exilodyssee kurz nach dem Reichstagsbrand (27. Februar 1933) im März 1933 auf ein paar Tage nach Wien, um bald nach Zürich weiterzureisen. (Siehe Kurt Palm: Vom Boykott zur Anerkennung. Brecht und Österreich. Wien/München: Löcker 1984, S. 17.)

12 Am 7. Mai wird die Aufführung der *Dreigroschenoper* in Graz (Uraufführung am 31. August 1928 in Berlin), mehrfach durch lärmende Demonstranten unterbrochen. Erst das Eingreifen der Polizei ermöglicht die Fortsetzung des Stücks. Die Aufführung der *Dreigroschenoper* am Wiener Raimundtheater fand bereits im März 1929 statt.

13 B.K./I, S. 84ff.

14 Ebd., S. 73; B.K./II, S. XII.

15 B.K./I, S. 77ff., Martyrium 148f., Zusammenfassung/Heft I.

16 B.K./I, S. 96ff.

17 Ebd., S. 100f.

18 Die »Gesangspädagogin und seinerzeitige Wagnerinterpretin Marianne Brandt« findet im *Beileid* Erwähnung. Sie soll der Schwester mit dem Linial auf die Hand geschlagen haben, wenn sie falsch gesungen hat. Es ist kaum

anzunehmen, daß Drach diese Dame angeschwärmt hat. Was das Stück *Amoretta* betrifft, findet es unter diesem Titel in Drachs autobiographischen Schriften und Werklisten keine Erwähnung, dem alten Autor kam es in Zusammenhang mit Frau Braun aber wieder in den Sinn. Siehe auch Anm. 19.

19 B.K./I, S. 179.

20 Amoretta. Ein Traumspiel (Spiel der Gedanken und Gefühle). Undatiertes Typoskript, 44 Seiten, S. 4.

21 Es handelt sich um *Das Heimweh* (1827 publiziert als op.79 Nr.1) und *Die Allmacht* (1827, op. 79, Nr.2.) Johann Ladislaw Pyrker (1772–1847) wurde zu seinem hundertfünfzigsten Todestag, im August 1997, in Bad Hof-Gastein ein Denkmal errichtet.

22 Auf der Magistratsabteilung 61 (Personenstand) ist der zivile Eheschluß am 17.8.1895, die Geburt der Tochter Amalie Clementine am 6.12.1895 und der Tod der Ehegattin und Mutter am 24.12.1895 dokumentiert. Drach hat immer wieder von der ersten Frau seines Vaters erzählt, besonders ausführlich im Gespräch vom 8.4.1993.

23 Gespräch mit Eleonore Gartenberg am 21.4.2001.

24 Zusammenfassung/Heft I.

25 B.K./I, S. 123.

26 B.K./I S. 119.

4. Herr; ich glaub dir nicht, daß Leid erlöst

1 B.K./I, S. 165f.

2 Drachs Einschätzung Salomons deckt sich in etwa mit der Stephan Heyms (Der König David Bericht. Roman. München: Kindler 1972).

3 B.K./I, S. 165.

4 Zusammenfassung/Heft I :« Ich fand sein Machwerk elend und kindisch und wurde vom Lehrer dahin belehrt, daß es von unserem größten Dichter Friedrich von Schiller herrührt. (...) als nach beginnendem allgemeinen Lachen, der Mitschüler Rübelt zu singen begann, entglitt mir außerdem hinterrücks gestaute Luft und einer ließ den Spottvers hören :›Der Rübelt singt, der Dichter stinkt.‹ Damit war ich aus einem Autor zu einer lächerlichen Figur geworden.«

5 Ein weiterer Grund für die Ohrfeige ist, daß ihm der Lehrer Hausner die Auszeichnung im Matura-Zeugnis verdorben haben soll, B.K./I, S. 168f.

6 B.K./I, S. 163.

7 Ebd. S. 40.

8 Ebd. S. 150f.

9 Zusammenfassung/Heft I.

10 Ebd.

11 Ebd.

12 Siehe Mödlinger Nachrichten vom 14.9.1929, S. 4 und Amtskalender der Wiener Zeitung für das Jahr 1930, S. 388.

13 Diese These vertritt auch Rudolf Augstein in seinem Buch Jesus Menschensohn, München – Wien: Gütersloh 1972. Erweiterte Neuausgabe, Hamburg: Hoffmann und Campe 1999.

14 Drach: Das Spiel vom Menschensohn. Typoskript mit einigen handschriftlichen Korrekturen, S. 1–27, S. 4. Auf seiner letzten selbsterstellten Werkliste (W) notiert Drach: »Entstanden 1976 nach einem Christusstück aus dem Jahr 24, das verloren gegangen ist.« Siehe auch Z.Z., S. 139.

15 Siehe auch Reinhard Schulte: Albert Drach und sein Theater. Tübingen 1993, S. 38f. Es handelt sich um ein im Selbstverlag publiziertes Buch des Autors (Buchhandlung in der Gartenstraße).

16 Drach: Das Passionsspiel von der Lüge und Lächerlichkeit. In A.D.: Das Aneinandervorbeispiel und die inneren Verkleidungen. München/Wien: Langen-Müller , S. 169–250, S. 208.

17 Siehe auch Schulte: Theater, S. 37f.

18 B.K./I, S. 133.

19 Drach: Traum der Erlösung. In: Gottes Tod ein Unfall. Dramen und Gedichte. Hamburg/Düsseldorf: Claassen 1972, S. 249– 250, S. 250.
20 B.K./I, S. 129f.
21 Ebd., S. 127.
22 Ebd., S. 128.
23 Ebd., S. 130.
24 Ebd., S. 130ff.
25 Ebd., S. 113.
26 Der Brief befindet sich in der Handschriftensammlung der Österreichischen Nationalbibliothek. Autograph.1169/19, Nr. 1.
27 Gespräch mir Peter Huemer, Ö1, 9.1.1992.
28 Anton Wildgans: Kirbisch oder der Gendarm, die Schande und das Glück. Graz–Wien–Köln: Styria, S. 120. Diesem Neudruck liegt der 5. Band der historisch-kritischen Ausgabe Anton Wildgans zugrunde. Sämtliche Werke, hrsg. von Lilly Wildgans. Wien/Salzburg 1949. Die Erstausgabe erschien 1927 in Leipzig.
29 Der Anton-Wildgans-Preis wird von der Österreichischen Industriellenvereinigung vergeben.
30 B.K./I, S. 162.
31 Ebd. S. 198.
32 Ebd. S. 113.

5. Außer Konkurrenz

1 Drach: Das Satansspiel vom Göttlichen Marquis. Eine Verkleidung in vier Akten. In: Das Spiel vom Meister Siebentot und weitere Verkleidungen. München/Wien: Langen-Müller 1965. S. 113–184, S. 147.
2 In einem Brief an den Sade-Herausgeber Hans-Ulrich Seifert schreibt Drach am 13.10.1978: »Ich wollte mit 24 ein Stück über einen schreiben, der das Böse um seiner selbst willen bejahte und verfiel so auf Sade. Was noch nicht erforscht war, glaube ich mit den Augen der Intuition erschaut zu haben.«
3 Michael Farin und Hans-Ulrich Seifert: Sade in Deutschland. In: Marquis de Sade: Justine oder Die Leiden der Tugend gefolgt von Juliette oder die Wonnen des Lasters. Roman aus dem Jahre 1797. Aus dem Französischen von Raoul Haller. Hrsg. und mit einem Dossier versehen von M.F. u. H.-U. Seifert. S. I–IX, S. VIf.
4 Ebd. S. VII; Die Fackel, Nr. 203, Mai 1906.
5 Iwan Bloch (Pseudonym: Eugen Dühren): Der Marquis de Sade und seine Zeit. Ein Beitrag zur Kultur- und Sittengeschichte des 18. Jahrhunderts. Berlin: Barsdorf Verlag 1900.
6 Drach: Satansspiel, S. 181.
7 Ebd. S. 183.
8 Drach: In Sachen De Sade. Nach dessen urschriftlichen Texten und denen seiner Kontaktpersonen. Düsseldorf: Claassen 1974.
9 Jean-Jacques Pauvert: Der göttliche Marquis. Leben und Werk des Donatien-Aldonze-François de Sade. Aus dem Französischen von Friedrich Griese. 2 Bd. München/Leipzig : List Verlag 1991, S: 998ff.
10 Drach: Moral, das ist, wenn man moralisch ist, oder Die große Hure Babylon. In: A.D.: Ironie vom Glück. Kleine Protokolle und Erzählungen. München/Wien: Hanser 1994, S. 231–237. Es handelt sich bislang um den einzigen Essay Drachs, der in einer der Werkausgaben veröffentlicht wurde. In der neuen Drach-Werkausgabe, die ab Herbst 2002 bei Zsolnay erscheint, ist ein eigener Essay-Band geplant.
11 B.K./I S. 197. Drach erzählte mit Vorliebe folgende Geschichte: Er habe nach der Herausforderung zum Duell Anton Wildgans ersucht, sein Sekundant zu sein. Der aber habe abgelehnt. Erstens stünde dem Herausforderer die Wahl der Waffen zu. Bei einem Duellgang mit Pistolen und ungezogenem Lauf könne versehentlich der Sekundant getroffen werden. Zweitens zitierte Drach den bedenkenswerten Satz: »Wegen ein bißchen Vögeln schlägt man sich nicht.«

12 Siehe Faksimile S. 99.
13 Der Kleist-Preis 1912–1932. Eine Dokumentation. Hrsg. von Helmut Sembdner. Berlin: Erich Schmidt Verlag 1968, S. 9f.
14 Der Brief befindet sich in der Handschriftenabteilung des Nachlasses von Hans Henny Jahnn in der Staats- und Universitätsbibliothek Carl von Ossietzky (NL H.H. Jahnn: Kleist-Preis 1928: Korr. A. Drach). Ich danke dem Archiv und Jahnn-Herausgeber Ulrich Bitz für die Hilfe bei der Recherche.
15 Drach hat die Geschichte vom zuerkannten, aber nicht ausbezahlten Kleist-Preis immer wieder erzählt. U.a. in dem Gespräch *Ich bin ein wütender Weiser* mit E.S. In: In Sachen Albert Drach. Hrsg. von Bernhard Fetz, S. 14. Hier erklärt er gestärkt mit dem Georg-Büchner-Preis dezidiert, daß sein Satansspiel den Kleist-Preis »bekommen« habe. Den Satz aus dem verschollenen Antwortbrief Hans Henny Jahnns, in dem der das Sade-Stück bereits »außer Konkurrenz« gesehen haben soll, zitiert er u.a. in dem Brief an Hans-Ulrich Seifert vom 13.10.1978. Am zurückhaltendsten äußert er sich in einem Brief an Hans Heinz Hahnl vom 17.4.1972. Hier ist nur davon die Rede, daß Jahnn ihn für den Kleist-Preis in Aussicht nahm.
16 Ulrich Bitz meinte, das Thema De Sade habe bei Jahnn einen Schalthebel umgelegt. Gespräch am 13.6.1990.
17 Thomas Freeman: Hans Henny Jahnn. Eine Biographie. Hamburg: Hoffmann und Campe 1986, S. 166.
18 Ebd. S. 167.
19 Hans Henny Jahnn: Pastor Ephraim Magnus. Berlin: S. Fischer 1919, S. 134.
20 Ebd. S. 133.
21 Ebd. S. 138.
22 Die *Literatur* schreibt im Juni 1928, daß alle Bewerbungen um den Kleist-Preis an den »Vertrauensmann für das Jahr 1928, Hans Henny Jahnn (Hamburg 37, Rothenbaumchaussee 187)« zu richten seien. (Semdner: Der Kleist-Preis, S. 103). Drachs Brief datiert aber bereits vom 7.4.1928. Die postwendende Antwort Jahnns wäre also schon vor der offiziellen Ausschreibung erfolgt.
23 Freeman: Hans Henny Jahnn, S. 164 ff.
24 Semdner: Der Kleist-Preis, S. 10 u. S. 102–105 u. S. 107–S. 108.
25 Siehe u.a. Gerald Schmickl im Interview mit Albert Drach: Reich-Ranicki ist das einzige Unglück in Deutschland. In: Gegenwart, Heft 6, 1990, S. 10.
26 Semdner: Der Kleist-Preis, S. 24–28. In dem Kapitel »Die Kleist-Stiftung« wird der Briefwechsel zwischen dem Gründer und Vorsitzenden der Kleist-Stiftung Fritz Engel und dem Schriftführer und späteren Kassenwart Hanns Martin Elster im Jahr 1933 dokumentiert. Fast 20 Jahre später fragt Lutz Weltmann, letztes überlebendes Vorstandsmitglied in der *Neuen Literarischen Welt* vom 25. Oktober 1952: »Was wurde aus dem Kleist-Preis?« Seine Intention ist es, den Kleist-Preis wieder ins Leben zu rufen. Er schreibt: »Fritz Engels Aufzeichnungen über das Jahr 1933 übergebe ich der ›Deutschen Akademie für Sprache und Dichtung‹ zu treuen Händen. In jenem Jahre sollte die Kleist-Stiftung gleichgeschaltet werden, und die Betriebsamkeit und Taktlosigkeit, womit der Kassenwart das damals wohl Unvermeidliche ins Werk setzte, hat dem verdienstvollen Gründer die letzten Lebensjahre verbittert. Aber – man hat seitdem von der Kleist-Stiftungnichts mehr gehört. Hoffentlich hat der Kassenwart, der vielleicht ein Knopfloch-Nazi war, das Vereinsvermögen sichergestellt. Jedenfalls hat er es von dem Bankhaus J.H. Wasser abgehoben.« (Semdner, S. 27.) Auf Anfrage des Herausgebers Helmut Semdner behauptet Hanns Martin Elster, daß das Vermögen nach der Emigration von J.H. Wasser vom Kulturbeauftragen im Preußischen Kultusministerium Hans Hinkel an die Schiller-Stiftung in Weimar überwiesen worden wäre. (S. 27f.)
27 Freeman: H.H. Jahnn, S. 174.
28 Semdner, Der Kleist-Preis, S. 105.
29 Ebd. S. 103–105 u. 107–108.
30 Freeman: H.H. Jahnn, S. 167.
31 Brief im Jahnn-Nachlaß, siehe Anm. 14.

32 Verlags-Auskunft von Fritz Majer, 7.7.1990. Im Archivbuch findet er lediglich den Eintrag: » Marquis de Sade, ein Satansspiel in fünf Akten. Referat.«

6. Das große Hurenlied

1 Albert Drach: Eigenhändige literarische Einführung. Nebst einer Widmung für Werner Riemerschmid. Typoskript S. I–III, S. II.
2 Ebd., S. II.
3 New German Writing. Legal Fictions. In: The Times Literary Supplement, 12.9.1968.
4 B.K./I, S. 204.
5 Drach: UND. Protokoll einen Richter betreffend. In: A.D: IA UND NEIN. Drei Fälle. München/Wien: Hanser 1992. S. 39–61, S. 53.
6 Günter Kaindlstorfer: Ratzeputz. Der Kanzleischreiber Gottes. Zum 90. Geburtstag des Schriftstellers Albert Drach. In: Die Presse (Spectrum) v.12.12. 1992.
7 Drach: Untersuchung an Mädeln. Kriminalprotokoll. Hrsg. und mit einem Nachwort von Ingrid Cella. Wien: Zsolnay 2002, S. 388. (= Werke in zehn Bänden. Hrsg. von Ingrid Cella, Bernhard Fetz, Wendelin Schmidt–Dengler und Eva Schobel. Bd. I))
8 Drach: Vermerk einer Hurenwerdung. In: Ironie vom Glück. München/Wien: Hanser 1994, S. 69– 89, S. 89.
9 Ebd. S. 69.
10 Der Schwindler spricht. Robert Rotifer im Gespräch mit Leonard Cohen. In: Falter. Stadtzeitung Wien. Nr. 34/01, 22.8.2001, S. 46.
11 B.K./1, S. 188.
12 Ebd., S. 203f.
13 Drach: Apotheose der Langeweile. In: A.D.: Die kleinen Protokolle und das Goggelbuch. München/Wien 1965, S. 77–96, S. 79F.
14 Ebd. S. 78f.
15 Ebd. S. 88.
16 Ebd. S. 84.
17 Ebd. S. 94f.
18 Gustave Flaubert: Madame Bovary. Aus dem Französischem von Cornelia Hastings. Zürich: Haffmans 2001, S. 509. (Brief von Gustave Flaubert an Mademoiselle Leroyer De Chantepie, Paris 18.März 1857.)
19 Im Sinne Manfred Durzaks etwa, der keine Kausalitäten, wohl aber Plausibilitäten, Beziehungen und Entsprechungen zwischen dem Erfahrungshintergrund eines Autors und seinem Werk annimmt. Er ist der Meinung, daß die Absichten und Motivationen, die ein Werk begleiten, in die Interpretation hinein genommen werden müssen. Manfred Durzak: Die Intention des Autors. Ihr methodischer Nutzen. In: Durzak: Gespräche über den Roman. Mit Josef Breitenbach (u.a.). Formbestimmungen und Analysen. Frankfurt a.M. 1976 (= st.318), S. 42–46 und S. 52.
20 Gustave Flaubert: Die Briefe an Louise Colet. Aus dem Französischen und mit Anmerkungen von Cornelia Hasting. Zürich: Haffmans 1995, S. 873f.
21 In die neue Drach-Werkausgabe (siehe Anm. 7) sollen auch diese Texte aufgenommen werden.
22 Franz Kafka: Briefe 1902–1924. Brief an Oskar Pollak vom 27. Januar 1904. Gesammelte Werke in acht Bänden. Hrsg. von Max Brod. Frankfurt/ a.M. : S. Fischer 1989, S. 27f. (= Fischer Taschenbuchverlag.)

7. Die Zwischenzeit 1

1 Drach: »Z.Z.« das ist die Zwischenzeit. München/Wien: Hanser 1990, S. 7.
2 Z.Z., S. 17
3 B.K./I, S. 284.
4 Z.Z., S. 21
5 Ebd., S. 23ff.

6 Ebd., S. 19.
7 Ebd.
8 Ebd., S. 10f.
9 Nachlaß von Anton Wildgans. Handschriftensammlung der Österreichischen Nationalbibliothek. Autograph 1169/19, Beilage zu Nr. 6 (= Brief von Albert Drach an Lilly Wildgans vom 22.12.1967.)
10 Drach: Vater. Zyklus Erbarmungen. Datierung in der handschriftlichen Fassung, Nachlaß Albert Drach. In: Schöne im Waldschlaf/I.
11 Z.Z., S. 33.
12 Bernhard Fetz: Erste Sätze – Zur Poetik Albert Drachs. In B.F. (Hrsg.): In Sachen Albert Drach, S. 118–138, S. 121.
13 Die Zeittafel befindet sich im Nachlaß Albert Drachs (Werklisten und Lebensläufe). Das letzte angeführte Werk ist In Sachen De Sade (1974).
14 Z.Z., S. 20. Siehe Auch A.D.: Meine gesammelten Mißerfolge. S. 63.
15 Reich-Ranicki ist das einzige Unglück in Deutschland. Gerald Schmickl im Gespräch mit Albert Drach. In: Gegenwart, 6/90.
16 Z.Z., S. 42.
17 Zeittafel, S. 3.
18 Ebd.
19 Siehe Anm. 14.
20 B.K./I, S. S. 32, Mißerfolge, S. 81f.
21 Z.Z., S. 118–124.
22 Ebd., S. 124. Zum Fall der schönen Mörderin Martha Marek, die 1938 hingerichtet wurde, siehe auch Beppo Beyerl: Tüftler, Schlächter und Engel. In: Wiener Zeitung, 2.4.1994. Beyerl zitiert in seinem Artikel übrigens den Landesgerichtsrat Baldur Mausgrub aus Drachs Kriminalprotokoll *Untersuchung an Mädeln*, der den Frauen die feigen Tötungen (mit Gift, im Schlaf), den Männern hingegen die mutigen Morde zuschreibt.
23 Z.Z., S. 262; B.K./I, S. 5; B.K./II, S. XII.
24 Z.Z., S. 101f.; Aus, S. 31f.;B.K./II, S. XXIV; Mißerfolge, S. 70 u. S. 74.
25 B.K./I, S. 32; B.K./II, S,IV.
26 Mißerfolge, S. 82.
27 Ebd., S. 81f.
28 Ebd., S. 74.
29 U.R., S. 24 f.; B.K./II, S. XXIV.
30 Z.Z., S. 99.
31 Z.Z., S. 128; Mißerfolge, S. 72f.
32 Z.Z., S. 128.
33 Ebd., S. 129; S. 146.
34 Ebd., S. 207.
35 B.K./I, S. 6f.
36 André Fischer: Die Eintracht des Vergessens.
37 Z.Z., S. 147.
38 B.K./II, S. Vf.
39 Drach: Das Kasperlspiel vom Meister Siebentot. In: A.D.: Das Kasperlspiel vom Meister Siebentot und weitere Verkleidungen. München/Wien: Langen-Müller, S. 7–70, S. 12f.
40 B.K./II, S. XXVII.
41 Diese These wurde als erstes von Reinhard Schulte in: Drach und sein Theater, vertreten.
42 Siehe auch Ruth Gross: Kaspar/Kasperl: Repetition and Difference in Handke and Drach. In: The German Quaterly 54 (1981), H.2, S. 154–165.
43 Drach-Symposium, veranstaltet von Kurt Neumann und dem Kunstverein Wien. Literaturhaus Wien, 4. bis 6.12.1992.
44 B.K./I, S. 215.
45 Mißerfolge, S. 61.
46 Peter Huemer im Gespräch mit Albert Drach. Ö1, 9.1.1992.
47 B.K./I, S. 216f.
48 Mißerfolge, S. 62.
49 Z.Z., S. 552f., B.K./II, XIII.

50 Drach: Gott an seinen Propheten I und II. In: A.D: Gottes Tod ein Unfall, S. 245f. und 248.
51 Z.Z., S. 253.
52 Mißerfolge, S. 61.
53 Z.Z., S. 137f.
54 Ebd., S. 138.
55 Ebd., S. 139.
56 Richard Reichensperger: Don Pedro von La Mancha. In: Der Standard, 19.1.2002. (Album, S. 7.)
57 Z.Z., S. 141.
58 Gershom Scholem: Die jüdische Mystik in ihren Hauptströmungen. Frankfurt/M.: Suhrkamp 1980. S. 357ff. (= st. wissenschaft 330.) Die erste Ausgabe erschien 1957 im Rhein-Verlag, Zürich.
59 Ebd., S. 158.
60 Ebd., S: 112.
61 Z.Z.,S. 205.
62 Ausgelöscht. Vom Leben der Juden in Mödling. Hrsg. von Roman Burger und Franz H. Rinner. Mödling/Wien: Edition Umbruch 1988, S. 113.

Zwischenzeit II. 2. Feb. 1938–25. Oktober 1938

1 Z.Z., S. 207f.
2 Ebd. S. 209f.
3 Ebd. S. 212.
4 Ebd. S. 213.
5 Karl Kraus: Die letzten Tage der Menschheit. Fünfter Band der Werke. Hrsg. von Heinrich Fischer. München: Kösel-Verlag, S. 131.
6 Z.Z., S. 224f.; B.K./I, S. 74; B.K./II, S. I; Mißerfolge, S. 78. Drach irrt sich übrigens im Datum. Er datiert den Besuch bei seinen Vetter und den Vorabend des Einmarsches Hitlers im unveröffentlichten Werk nicht mit dem 11., sondern mit dem 10. März. In Z.Z. schreibt er nur von den Iden des März (S. 221).
7 Z.Z., S. 224.
8 Z.Z., S. 224: »Während nun die Gastgeber nach ihren ursprünglichen Planungen und weitgehenden Zukunftsprojekten alle Aspekte ihres voraussichtlichen Niederganges vortrugen, versuchte der Sohn seinerseits Trost vorzutäuschen, ihren Widerstandwillen zu blähen und ihnen überhaupt den Gedanken auszureden, daß nunmehr alles zu Ende sei. Er hatte sehr bald das sichere Gefühl , daß ihm ebensowenig geglaubt wurde, wie er selbst das glaubte, was er sagte. Immerhin beschloß er, zu diesem Vetter nicht mehr wiederzukehren.«
9 Mißerfolge. S. 78.
10 Z.Z., S. 224f.
11 Z.Z., S, 227; B.K./II, S. 79; Mißerfolge, S. 79.
12 Z.Z., S. 228.
13 Z.Z., S. 228; B.K./II, S. I; Mißerfolge, S. 79.
14 Z.Z., S. 228f.
15 Ebd., S. 229.
16 Siehe Evan Burr Bukey: Hitlers Österreich. »Eine Bewegung und ein Volk«. Hamburg/Wien: Europaverlag 2000, S. 46–66.
17 Z.Z., S. 236.
18 Z.Z., S. 236. Siehe auch Hugo Gold: Geschichte der Juden in Österreich. Ein Gedenkbuch. Tel Aviv 1971, S. 337.
19 Z.Z., S. 236.
20 Ebd., S. 225 u. S. 231f.
21 Ebd., S. 250. Siehe auch Burger/Rinner: Ausgelöscht, S. 128. Allerdings wird Drachs Darstellung in Z.Z. hier als historische Quelle benutzt.
22 Z.Z., S. 251.
23 Ebd. S. 235.
24 Ebd.

25 Riemerschmid war ein frühes Mitglied des Bundes der deutschen Schriftsteller Österreichs (BdSÖ), siehe Gerhard Renner: Österreichische Schriftsteller und der Nationalsozialismus (1933–1940). Der »Bund der deutschen Schriftsteller Österreichs« und der Aufbau der Reichsschrifttumskammer in der »Ostmark«. Frankfurt/a.M.: Buchhändler-Vereinigung GmbH 1986, S. 227 und 277. Siehe auch Drachs Denazifizierungsbrief an W.R. vom 17. August 1948. Biographie, Teil III/2: Fremd bin ich ausgezogen.

26 Zu den falschen Ländern gehören Frankreich, wohin Drach emigrieren wird, oder auch die Niederlande.

27 Z.Z., S. 237.

28 Ebd., S. 247.

29 Ebd., S. 248f.

30 Z.Z., S. 249, Mißerfolge, S. 88.

31 Burger/Rinner: Ausgelöscht, S. 113.

32 Ebd., S. 120.

33 Ebd., S. 120f.

34 Ebd., S. 159.

35 B.K./II, S. XIII ff.; Mißerfolge, S. 89.

36 B.K./II, S. XIV.

37 Z.Z. S. 254ff; B.K.I/S. 3f.; B.K./II, S. V; Mißerfolge, S. 90ff.

38 Siehe Joachim Schondorff: Die Zwischenzeit des Albert Drach. Das jüngste Werk des österreichischen Autors bereitet Enttäuschung. In: Die Welt v. 10.10.1968. Elisabeth Pable: Das große Unbehagen. In: Wochenpresse v. 9.4.1969.

39 Wolfgang Preisendanz: Komik als Komplement der Erfassung von Kontingenzen. In: Kontingenz. München: Wilhelm Fink Verlag 1998, S. 383–401, S. 395–398. (= Poetik und Hermeneutik XVII. Hrsg. v. Gerhart v. Graevenitz und Odo Marquard in Zusammenarbeit mit Matthias Christen); André Fischer: Inszenierte Naivität.

40 Z.Z., S. 256 f.

41 Ebd., S. 257.

42 Ebd.

43 Diese mutmaßlich richtigen Namen können im Rahmen dieser Biographie auf Grund der Rechtslage nur in zweifelsfrei dokumentierbaren Fällen genannt werden.

44 Z.Z., S. 258.

45 Ebd. S. 258f.

46 Z.Z., S. 261. Siehe auch *Aus*, eine Übersicht. Unveröffentlichtes Typoskript um 1982, 163 Seiten, S. 24.

47 Der Versuch, andere Zeitzeugen als Drach selbst zu befragen, kam bei Aufnahme meiner Arbeit 1988 leider bereits sehr spät. Zwar gibt es Menschen, die sich an die Judenverfolgung in Mödling erinnern können, doch konnte ich niemand namhaft machen, der Drachs Erfahrung belegen könnte.

48 Jürgen Manthey: Rabiater Verführer. Albert Drachs autobiographisches Protokoll. In: Die Zeit, 19.10.1990.

49 Z.Z., S. 262.

50 Z.Z., S. 266f. Aus, S. 2f. ; B.K./I , 8ff; B.K./II, S: XIV und S: XVII; Mißerfolge, S. 96.

51 B.K./II, XIVf.

52 Ebd.

53 B.K./II, XVIIf.

54 Ebd., S. XVIII.

55 Auskunft der Gemeinde Mödling vom 29.11.2001. Dokumente aus der Zeit von 1938 bis 1945 sind verbrannt. So kann beispielsweise anhand des Melderegisters nicht belegt werden, wer von 1938–1945 im arisierten Haus der Familie Drach (und in anderen arisierten Häusern und Wohnungen) gelebt hat. Dem Vernehmen nach ist der Brand kurz vor Kriegsende ausgebrochen. Die Feuerwehr soll keine besondere Eile gehabt haben, ihn zu löschen. Die Brandursache ist unklar. Diese Informationen verdanke ich Franz Rinner. (Siehe auch Roland Burger und Franz Rinner: Ausgelöscht. Vom Leben der Juden in Mödling.) Rinner betont, daß die Recherchen für

das Buch sehr schwierig waren. Die Gemeinde St. Othmar, die über ein Melderegister der Kirchengemeinde verfügt, gewährt aus »Datenschutzgründen« für die Jahre 1938 bis 1945 keinen Einblick.

56 B.K./II, S. XVIII.

57 Emil Sommer schreibt am 28. März an den Reichswirtschaftsminister in Berlin: »Ich bitte um Belassung von folgenden Gegenständen in meinem Besitz: 1 goldene Uhr, die ich im Jahre 1889 anlässlich meiner Ausmusterung zum Leutnant als Jahrgangserster zur Erinnerung erhalten habe. Diese Uhr, ist die einzige, die ich besitze.« Auch weitere Gegenstände werden mit freundlichem Hinweis auf geleistete Verdienste und/oder den Erinnerungswert der Gegenstände reklamiert. Beilage zum Verzeichnis über das Vermögen der Juden nach dem Stand von 27. April 1938. (11933). Österreichisches Staatsarchiv.

58 Siehe Michael Burleigh: Die Zeit des Nationalsozialismus. Eine Gesamtdarstellung. Frankfurt/a.M.: S. Fischer 2000, S. 369 und S. 371f.

59 B.K./II, S. XVIIf.

60 François Poncet: Botschafter in Berlin. Mainz: 1949.

61 B.K./II, S. 19 (Paginierungsfehler = S. XIX.)

62 Z.Z., S. 322.

63 Burleigh: Die Zeit des Nationalsozialismus, S. 374.

64 Raul Hilberg: Die Vernichtung der europäischen Juden. Frankfurt a. M. 1993, S. 413. (= Geschichte Fischer: 10612)

65 Auskunft der Israelitischen Kultusgemeinde.

66 Ilse Aichinger: Die Vögel beginnen zu singen, wenn es noch finster ist. In: Ilse Aichinger, Leben und Werk. Hrsg. von Samuel Moser. Frankfurt/a.M.: Fischer 1995, S. 29–30.

TEIL II 1938–1946

1. Beginn der Emigration

1 Albert Drach: Unsentimentale Reise. Ein Bericht. München/Hanser 1988, S. 74.

2 Z.Z., S. 323.

3 Drach: Aus. Eine Übersicht. Typoskript, um 1982, S. 1.163, S. 6.

4 Siehe auch B.K./II, S. XX.

5 Drachs Unsentimentale Reise hat in den einschlägigen Werken zur Exilliteratur bisher kaum Beachtung gefunden. Am Rande taucht Drachs Name nur bei Hans-Albert Walter auf: Deutsche Exilliteratur 1933–1950. Band 3: Internierung, Flucht und Lebensbedingungen im Zweiten Weltkrieg. Stuttgart: Metzlersche Verlagsbuchhandlung 1988, S. 177, S. 275,S 283, S. 369. Kurze Erwähnung in H.-A.Walter Bd.2: Europäisches Appeasement und überseeische Asylpraxis, Stuttgart 1884, S. 89.

6 Die gelungene ästhetische Verarbeitung von Verfolgungserfahrungen wird mittlerweile auch anderen Autoren attestiert, deren Werke v.a. in den neunziger Jahren erschienen sind oder beachtet wurden. Zum Exempel Imre Kertesz: Roman eines Schicksallosen. Hamburg: Rowohlt 1996. (Die deutsche Erstveröffentlichung unter dem Titel Mensch ohne Schicksal hatte noch wenig Aufmerksamkeit gefunden. In Ungarn ist Kertesz Roman Sorstalanság bereits 1975 erschienen.) Roman Frister: Die Mütze oder Der Preis des Überlebens. Ein Lebensbericht. Aus dem Hebräischen von Eva und Georges Basnizki. Berlin: Siedler 1997. Jorge Semprun: Die große Reise. Frankfurt/a.M: Suhrkamp 1994. (Die Originalausgabe Le grand voyage war bereits 1963 bei Gallimard erschienen. 1994 erhielt Semprun den Friedenspreis des deutschen Buchhandels.) Melvin Jules Bukiet: Danach. Roman aus dem Amerikanischen von Benjamin Schwarz. München: Luchterhand 1997.

7 Viktor Frankls Buch: ... Trotzdem Ja zum Leben sagen, das aus dem 1945 geschriebenen Bericht Ein Psychologe erlebt das Konzentrationslager und der 1946 verfaßten dramatischen Skizze Synchronisation in Birkenwald hervorgegangen ist, wurde ein Bestseller. Der Deutsche Taschenbuch-Verlag legt es

seit 1982 immer wieder auf. Das Buch wurde in 22 Sprachen übersetzt, von der amerikanischen Ausgabe wurden an die fünf Millionen Exemplare verkauft. Wie Albert Drach lebte Viktor Frankl in Mödling. Er hat dort am Knaben-Gymnasium unterrichtet. (Burger/Rinner: Ausgelöscht, S. 156.)

8 Es handelt sich um einen aus Rumänien stammenden Volkstanz, bei dem im Kreis getanzt wird. Siehe U.R., S. 57ff. und S. 83.

9 U.R., S. 82f.

10 Daß das Trauma für viele Überlebende des Naziterrors nicht aufhört, ist mittlerweile durch viele autobiographische Berichte und psychologische Studien belegt. Aucun de nous ne reviendra/Keiner von uns kommt zurück, ist der Titel von Charlotte Delbos 1946 geschriebenen, aber erst fast zwanzig Jahre später veröffentlichten Buch (Genf 1965.) Zum von Psychoanalytikern als Überlebenssyndrom definierten Leiden gehören Alpträume und Panikattacken, Schuldgefühle, aber auch die von einigen *survivern* beschriebene Befindlichkeit, sich im Grunde tot zu fühlen. Siehe u.a. A.D.: Das Beileid, Louis Begley: Lügen in Zeiten des Krieges, Frankfurt 1994. Jorge Semprun: Die große Reise, Frankfurt 1994. Empfohlen sei eine hervorragende sozialwissenschaftliche Studie zum Überlebenskontext: Michael Pollak: Die Grenzen des Sagbaren. Lebensberichte von KZ-Überlebenden als Augenzeugenberichte und als Identitätsarbeit. Aus dem Französischen von Hella Beister. Frankfurt/New York: Campus 1988. Hrsg. v. Gerhard Botz, Gerald Spörennagel und Albert Müller. (=Ludwig-Boltzmann-Institut für historische Sozialwissenschaft: Studien zur Historischen Sozialwissenschaft Bd.12.)

11 Z.Z., S. 323; B.K./II, S, XX f.

12 Raul Hilberg: Die Vernichtung der europäischen Juden, Bd.II, S. 414f. Siehe auch Michael Burleigh: Die Zeit des Nationalsozialismus, S. 372. Er hält, im Gegensatz zu Hilberg, nicht Bürckel, sondern Eichmann für den Initiator der »Zentralstelle für die jüdische Auswanderung.«

13 So Dr. Albert Drach, vertreten durch seine Mutter Jenny, kein Datum. Beilage zum Verzeichnis über das Vermögen der Juden (16181). Österreichisches Staatsarchiv.

14 Z.Z., S. 324f.; B.K./II, S. XXI.

15 Z.Z. S. 337ff.

16 Ebd., S. 341f.

17 Ebd., S. 346.

2. Triest–Paris

1 Drach: Meine gesammelten Mißerfolge. S. 103.

2 Aus, S. 5; B.K./II, S. XXIIf.

3 Der Text beginnt mit der Ankunft des Protagonisten Anselm Igel in Triest und endet mit seiner Verhaftung und der Deportation in ein Auslieferungslager.

4 Siehe auch Mißerfolge, S. 108.

5 Aus, S. 5.

6 Ebd. S. 1.

7 Ebd.

8 Ebd., S. 10.

9 Auch viel später werden Drach und Goldmann nur sehr wenig Kontakt haben. Goldmann besucht Drach allerdings einmal auf seinem Weg nach Alpbach, wo er 1960 und 1961 an den Alpbacher Hochschulwochen teilnahm. Mit Goldmanns Genetischem Strukturalismus wird sich der Autor Drach nie auseinandersetzen.

10 U.R., S, 77; Mißerfolge S. 111.

11 U.R., S. 77; Aus, S. 35.

12 Mißerfolge, S. 111.

13 U.R., S. 77f.; Mißerfolge, S. 111f.

14 U.R., S. 79.

15 Siehe Biographie S. 134 f.

16 Siehe H.-A. Walter: Exilliteratur, Bd.II, S. 87ff. ; Barbara Vormeier: Die Lage der deutschen Flüchtlinge in Frankreich, September 1939–Juli 1942. In: Zone der Ungewißheit. Exil und Internierung in Südfrankreich 1933–1944. Hrsg. v. Jacques Grandjonc u. Theresia Grundtner. Aus dem Französischen von Th. Grundtner. Reinbek bei Hamburg: 1993, S. 210–234.
17 U.R., S. 80.
18 Aus, S. 36 f.
19 U.R., S. 80.

3. Verfolgung Light

1 Aus, S. 37f.
2 Mißerfolge, S. 117.
3 U.R., S. 150f.
4 Drach: Das große Protokoll gegen Zwetschkenbaum. München/Wien: Hanser 1989, S. 48ff.; B.K./II S. XXVI.
5 Jürgen Manthey: Rabiater Verführer. Albert Drachs autobiographisches Protokoll. In: Die Zeit v. 19.10.1990; Jürgen Egyptien: Im Schatten des Zwetschkenbaums. Judentum in Albert Drachs literarischem und essayistischem Werk. In: Das jüdische Echo. Vol. 48. Oktober 1999. S. 54–61, S. 54. Günter Kaindlstorfer: Jonathan Swift aus Mödling. In: Arbeiterzeitung, 21.4.1990.
6 U.R., S. 240.
7 Vgl. Anne Fuchs: ›Da Hitler zu Ermordungszwecken nach und nach alle Juden dringend braucht‹: Labyrinth und Abjektion in Albert Drachs Unsentimentale Reise. In: German Life and Letters. Volume XLIX, No.1, January 1996. S. 243–155. Anne Fuchs wendet hier den von Julia Kristeva geschaffenen Begriff »Abjektion« (in: The Power of Horror) auf Drachs Emigrationstext an. Sie hält Kuckus gelegentlich erlebte Menschlichkeit für punktuell und abiträr und die »›Abjektion‹ des Selbst (zu übersetzen mit Ver-, Aus- und Abstoßung)«, für ein zentrales Thema der Unsentimentalen Reise. Die »Abjektion« werde sowohl als individuelles wie kollektives Trauma thematisiert (S. 245). Zum Begriff der Abjektion S. 246ff.
8 U.R., S. 113f., Mißerfolge, S. 123.
9 U.R., S. 114.
10 U.R., S. 106.
11 Ebd. S. 105.
12 In den *Mißerfolgen* heißt Manja auch Marousa (S. 118f.).
13 U.R., S. 149.
14 Ebd.
15 Dem Vernehmen nach hat Henri Landrú allerdings die meisten Frauen auf seinem Landsitz ermordet.
16 B.K./II, S. XXVI.
17 Die Umarbeitung des hier erwähnten Stücks aus dem Jahre 1939 ist in dieser Fassung nicht erhalten. Sie ist aber offenbar in den 1965 publizierten Text eingearbeitet worden.
18 Pauvert: Der göttliche Marquis, Bd. 1, S. 282ff.
19 Mit dem Thema des Liebestods in Drachs Stücken hat sich Reinhard Schulte befaßt: Drach und sein Theater.
20 Bloch: Der Marquis de Sade, S. 327 ; Pauvert, Bd. II, S. 847, Drach: Satansspiel. In: Drach: Das Spiel vom Meister Siebentot, S. 160.
21 Pauvert, Bd.II, S. 848.
22 Aus, S. 42.
23 Ebd. S. 44 und B.K./II, S. XXVII.
24 Siehe Noma Faingold: Concert honors singer extinguished by the Holocaust. In: Jewish Bulletin of Northern California. Online. 12. Feb. 1999. Thomas Staedeli: Porträt Joseph Schmidt – Sänger und Schauspieler. Online, keine Datierung.
25 B.K.II, S. XXVII.
26 Gespräch mit Franki Morini, Wien, 17.1.2001.

27 Drach merkt diesen französischen Titel auf dem im ÖLA erhaltenen Kasperlspiel/2 an.
28 B.K./II, S. 87. Zur Schweizer Flüchtlingspolitik und dem Tod von Joseph Schmidt siehe Simon Reeve: Heartless Haven. Switzerland's World War II record is further tarnished as Jews tell of ill treatment after fleeing from Germany. time. com/ time magazine, January 26, 1998, Vol. 151, No.4.
29 Ebd., siehe auch Anm. 24.
30 B.K./II, S. 87.
31 Drach erwähnt diesen Titel in der *Zusammenfassung*/Heft 3, aber auch in zahlreichen Gesprächen und Briefen.
32 Siehe auch Faksimile Teil I/6: Das große Hurenlied.
33 Drach, S. 7.
34 Ebd., S. 8.
35 Ebd. S. 8f.
36 Ebd. S. 11.ff.
37 Drach-Symposium, Literaturhaus Wien. 4.12.– 6.12.1993.
38 Vgl. Sander L. Gilman: Zwetschkenbaum's Competence: Madness and the discourse of the Jews. In: Modern Austrian Literature 26, 1993, Nr. 2, S. 1–34.
39 Z., S. 8
40 B.K./II, S. XXVIIIf.
41 Martin Buber: Die Erzählungen der Chassidim. Zürich: Manesse (= Bibliothek der Weltliteratur.) Copyright 1949 by Manesse. Vorwort, S. 13ff.
42 Vgl. Alan Unterman: Dictionary of Jewish Lore and Legend. London: Thames and Hudson 1991, S. 48.
43 Z., S. 21.
44 Ebd.
45 Ebd., S. 8.
46 Ebd., S. 9.
47 Ebd., S. 62.
48 Jürgen Egyptien: Im Schatten des Zwetschkenbaums, S. 57.
49 Z., S. 266.
50 Ebd., S. 270.
51 Gespräch mit Albert Drach aus Anlaß der Neuausgabe des Zwetschkenbaum-Romans, 23.3.1989.
52 Vgl. auch Konrad Paul Liessmann: Puppingers Orgien – Notizen zu einer geheimen Hauptfigur in Albert Drachs »Untersuchung an Mädeln«. In: Bernhard Fetz (Hg.): In Sachen Albert Drach, S. 36–49; Hermann Schlösser »Einschlägige Erregungen« – Sieben Untersuchungen zu Albert Drachs Roman »Untersuchung an Mädeln«.
53 Vgl. Hermann Wallmann: Die Wiederkehr des Drach. In: Schreibheft (1988), H. 32, S. 23–25. André Fischer moniert, daß Karl Heinz Bohrer »in einer grundsätzlichen Kritik an der deutschen Nachkriegsliteratur, die das ›Böse‹ zugunsten eines ‚moralischen Engagements« nicht zur Darstellung bringt, das Oeuvre Albert Drachs bewußt ausgegrenzt oder übersehen habe. (Fischer: Inszenierte Naivität, S. 267; K.H. Bohrer: Nach der Natur. über Politik und Ästhetik. München/Wien 1988 (= Edition Akzente), daraus S. 110–132: Das Böse – eine ästhetische Kategorie (zuerst 1985).
54 Egyptien: Im Schatten des Zwetschkenbaums. S. 54.
55 Günther Höfler: »Wenn einer ein Jud ist, ist das Schuld genug«. Aspekte des Jüdischen im Werk Drachs. In: Albert Drach. Hrsg. v. Gerhard Fuchs und Günter Höfler. Graz/Wien: Droschl 1995, S. 179–202, S. 193. (=Dossier 8.)
56 Hier ist Liessmann, der Drachs Texte auf dem Drach-Symposium 1992 mit Lukács' Kategorien von Erzählen und Beschreiben zu analysieren versucht hat, Recht zu geben.
57 Das Typoskript umfaßt drei Seiten. Die hier zitierte Stelle und einige Ausführungen zur Genese von Drachs Protokollstil finden sich in: Eva Schobel: Albert Drach oder das Protokoll als Wille und Vorstellung. In: In Sachen Albert Drach, S. 8–13, S. 11f.
58 Träume Zwetschkenbaums und der Mädel sowie die Tagebuchaufzeichnungen Stellas sind eindeutig Wiedergabe der Innenperspektive.

59 Drach hat diese Blätter zum Beleg, daß es eine Fortsetzung des Zwetschkenbaum-Romans gegeben hat, immer wieder erwähnt, sie konnte aber erst nach seinem Tod gefunden werden und befinden sich jetzt im ÖLA.
60 Siehe Biographie Teil III/2.
61 Z., S. 268.
62 Ebd., S. 270.
63 Ebd., S. 268f.
64 André Fischer: Die Eintracht des Vergessens.
65 Drach hat wenige Essays, darunter Zur Lösung der Antisemitenfrage, in der Emigration begonnen, den Großteil aber in den Jahren von 1960 bis 1980 verfaßt. Eine allerdings plakativere politische Argumentation verwendet er außer am Ende des Zwetschkenbaum-Romans noch in dem Stück Das I. Ein Panoptikalspiel in fünf Akten. In: Drach : Das Spiel vom Meister Siebentot und weitere Verkleidungen. München/Wien: Langen-Müller 1965, S. 185–264.
66 Viktor Matekja in Briefen an Albert Drach nach Nizza vom 30.3. und 10.4.1948.
67 Deutlich hervorgehoben wurde Drachs Tabubruch vor allem von Reinhard Schulte in: Drach und sein Theater. Siehe auch die in diesem Kapitel zitierten Aufsätze von Jürgen Egyptien und Günther Höfler.
68 Imre Kertesz: Roman eines Schicksalslosen. Reinbek bei Hamburg: Rowohlt 1996; vor allem wurde in der Rezeption von Aleksandar Tišmas Roman: Kapo (München/Wien: Hanser 1997) begrüßt, daß hier die Täterschaft eines Opfers thematisiert wird. Sosehr das grundsätzlich zu begrüßen ist, erscheint es mir doch problematisch, aus der Täterschaft Überlebender, auf die Täterschaft aller überlebenden Opfer zu schließen. (Vgl. Robert Schindel: Der Gott des Überlebens. Aleksandar Tišmas »Kapo«, der Höllenmonolog eines jüdischen Kapo, den die Furie seiner Schuld verfolgt, stellt den Mythos von der Unschuld der Opfer in Frage. Jeder, der überleben wollte, mußte schuldig werden.) Ruth Klüger, die das KZ als Kind überlebt hat, hatte allerdings keine Gelegenheit, die Seite zu wechseln. (Ruth Klüger: Weiterleben. Eine Jugend. Göttingen: Wallstein 1992.) Sehr differenziert wird die Frage von Primo Levi behandelt. P.L. : Die Untergegangenen und die Geretteten. München/Wien: Hanser 1990. In der italienischen Originalfassung I sommersi e i salvati, 1986, ist das Buch ein Jahr vor Levis Freitod im April 1987 erschienen. In dem Kapitel Die Grauzone geht er auf die Frage der Schuld überlebender Opfer ein. Auch er konstatiert, daß unter den wenigen privilegierten Gefangenen überdurchschnittlich viel Überlebende waren. Grundsätzlich sieht er aber auch sie als Opfer des abgefeimten nationalsozialistischen Systems, von dem sie einverleibt wurden.
69 Albert Drach: A. und K. Oder » Ein Brudermord wieder gutgemacht.« In: A.D. Gottes Tod ein Unfall. Hamburg/Düsseldorf: Claassen 1972, S. 7–106.

4. Verfolgung pur

1 Drach: Beginn der Emigration. In: Erlebte Zeit. Hrsg. v. Manfred Franke. Stuttgart 1968, S. 55–78, S. 55f.
2 U. R., S. 73.
3 Ebd., S. 155.
4 Am 25 Okt. 1938 hat Drach Wien verlassen.
5 Siehe Anm. 1.
6 Aus, S. 97.
7 Es handelt sich um den von Albert Drach namhaft gemachten Konrad Havel. Ihm hat der Anwalt Drach eine Gaunerei nachgewiesen und damit möglicherweise seine Karriere als Gauleiter von Niederdonau verhindert. Siehe Z.Z. S. 252 u. S. 338; U.R., S. 78; B.K./II, S. IIf.
8 Aus, S. 69f.
9 Folgt man Hans-Albert Walter, so sind derartige Namenslisten bislang nicht aufgetaucht. (Exilliteratur, Bd. III, S. 179f.)
10 Aus, S. 69; U.R., S. 151; B.K./II, S. XXVI.

11 Aus, S. 91f.; Mißerfolge, S. 118 u. 120.
12 U.R., S. 155.
13 U.R., S. 155, siehe auch Aus, S. 91f.
14 Z.Z., S. 347.
15 Hier ist Albert Drach einer Meinung mit Karl Kraus und Wladimir Nabokov.
16 Gespräch. 23.3.1989.
17 Hans-Albert Walter: Exilliteratur, Bd. III, S. 7, S. 20 und S. 37.
18 Siehe Doris Obschernitzki: Letzte Hoffnung – Ausreise. Die Ziegelei von Les Milles. Aix-en-Provence 1939–1942. Vom Lager für unerwünschte Ausländer zum Deportationszentrum. Berlin: Hentrich & Hentrich 1996, S. 77; Barbara Vormaier: Die Lage der deutschen Flüchtlinge in Frankreich, S. 223.
19 Vormeier: Die Lage der deutschen Flüchtlinge in Frankreich, S. 223.
20 Obschernitzki: Letzte Hoffnung – Ausreise, S. 77.
21 Walter: Exilliteratur/ Bd.II, S. 36.
22 Ebd., S. 35 u. S. 39.
23 Den Schock über den deutsch-sowjetischen Nichtangriffspakt artikuliert u.a. Alfred Kantorowicz, der im Spanischen Bürgerkrieg gekämpft hatte. A.K.: Exil in Frankreich. Merkwürdigkeiten und Denkwürdigkeiten. Frankfurt a. M.: S. Fischer 1986, S. 24ff.
24 B.K./II, S. XXXIII.
25 Walter: Exilliteratur, Bd. III, S. 38f.
26 Ebd. S. 39; Kantorowitz: Exil in Frankreich, S. 30f.
27 Walter: Deutsche Exilliteratur; S. 38; Franz Schoenberner: Innenansichten eines Außenseiters. Erinnerungen 2. Icking/München: Kreißelmeier Verlag 1965, S. 104.
28 U.R., S. 153; Mißerfolge, S. 120.
29 Aus, S. 62; B.K./II, S. XXXIII.
30 U.R., 152.
31 U.R., S. 152f. Es fällt auf, daß der Versuch, sich beim französischen Heer zu melden, lediglich in der Unsentimentalen Reise Erwähnung findet. Vielleicht ist diese Episode doch vor allem der Literatur und nicht den Tatsachen geschuldet.
32 Aus, S. 63.
33 Haben Sie je gestohlen? Umfrage der Presse/Spectrum, 3./4. April 1993. Siehe auch: U.R., S. 153; Aus, S. 65f.; B.K./II, S. XXXIV; Mißerfolge, S. 120.
34 Zur Kategorie der Lager siehe Walter: Deutsche Exilliteratur, Bd. III, S. 55f.; Obschernitzki: Letzte Hoffnung – Ausreise, S. 415f.
35 Franz Schoenberner: Innenansichten eines Außenseiters, S. 108f.; siehe auch Walter: Deutsche Exilliteratur Bd. III, S. 49.
36 Aus, .64f.
37 Naturbeschreibungen finden sich vor allem in den autobiographischen Schriften Albert Drachs.
38 Aus, S. 66f.; etwas variierende Darstellung in B.K./II, S. XXXIVf.
39 Ich danke Gerhard Kraiker für die Auskunft vom 27.4.2002: »Auf den Namen Frietjof Kühn oder einen ähnlichen sind wir bei unseren Ossietzky-Recherchen nicht gestoßen. CvO hatte auch zu keiner Zeit einen Sekretär, einen solchen hätte Rosalinde von Ossietzky-Palm, die Tochter, in unseren zahlreichen Gesprächen bestimmt irgendwann erwähnt.«
40 Dieses Dekret erwähnt Walter Hasenclever in einem Brief an Jean Giraudoux, Cagnes s. M. 12.9.1939. Hasenclever wird wegen seines chronischen Magenleidens entlassen und hebt die positive Rolle des Lagerarztes hervor. Siehe Bert Kasties: Walter Hasenclever. Eine Biographie der deutschen Moderne. Tübingen: Niemeyer Verlag 1994, S. 380.
41 B.K./II, S. XXXV.
42 U.R., S. 153, Aus, S. 68.
43 B.K./II, S. XXXV; Aus, S. 68.

44 Siehe Kasties: Walter Hasenclever, S. 380f.; Walter Hasenclever: Die Rechtlosen. In : W.H. Sämtliche Werke. In Zusammenarbeit mit der Akademie d. Wissenschaften u. d. Literatur, Mainz, hrsg. v. Dieter Breuer u. Bernd Witte. Bd. IV: Romane. Bearb. v. D. Breuer. Mainz: Hase & Koehler 1994. S. 345–501, S. 428ff; Aus, S. 68; B.K./II, S. XXXV.

45 Aus, S. 77f.

46 Drachs umfassende Bibliothek ist auf seinen Wunsch im Mödlinger Drach-Hof geblieben. Die Bücher sind über drei Zimmer verteilt in Kästen und Schränken verwahrt und in drei Reihen geordnet. Drach hat zwar einen eigenhändigen Katalog erstellt, aber manche Werke sind schwer auffindbar. Wahrscheinlich hat er in den sehbehinderten Jahren das eine oder andere Buch falsch eingeordnet. Einige Bücher haben Brandspuren oder enthalten den Stempel: »Gestohlen in der Bibliothek Dr. Albert Drachs«. Es handelt sich um jene Bücher, die er nach seiner Remigration zurückerhalten hat. Da Drach Bezüge zu anderen Schriftstellern kategorisch ablehnte, hat er sich immer wieder zu der Bemerkung verstiegen, er hätte die Bücher zwar alle gesammelt, aber nicht gelesen.

47 Siehe auch Ingeborg Bachmann, die in ihren frühen Erzählungen die faschistoide Männersprache thematisiert.

48 Beim Drachsymposium im Literaturhaus/ Wien 4.–6.12.1993 hat Ferdinand Schmatz wiederholt einen Zusammenhang zwischen Drach und der sprachkritischen Avantgarde hergestellt. Interessant seine Untersuchung Zum Zeitbegriff bei Albert Drach. In: In Sachen Albert Drach, S. 50–70. Weiters: Mädeln (Albert Drach). In: F. Sch.: Sprache Macht Gewalt. Stichwörter zu einem Fragment des Gemeinen. Wien: Sonderzahl 1994, S: 61f.

49 Aus, S. 78ff.; B.K./II, S. 45.

50 B.K/II, S. 46.

51 B.K./II, S. 47f.

52 Ebd.

53 Kasties: Walter Hasenclever, S: 380.

54 B.K./II, S. XXXVIIf.; Doris Obschernitzki hält Drachs Darstellung nicht für sehr plausibel, da man einen schwer Erkrankten in das nächstgelegene Spital und nicht nach Aix en Provence gebracht hätte: »Zu Drach und Krankheit und Lager: wie wäre das – er erfährt, daß auch Kranke nicht mehr verschont werden, versucht es trotzdem, ruft einen Arzt, der spielt nicht mit, er muß in Lager, nun wirklich Les Milles, wird von da ins Hospital d'Aix gebracht und kommt nach einige Zeit ins Lager zurück. Erscheint mir logischer, ist aber nur eine Spekulation.« (Mail vom 27. Mai 2002).

55 Aus, S. 85f.

56 Zitiert nach Obschernitzki: Letzte Hoffnung – Ausreise. S. 95; Heinz Lunaus Biographie S. 84.

57 Lion Feuchtwanger: Der Teufel in Frankreich. Tagebuch 1940. Briefe. Berlin/Weimar: Aufbau 1992. (Feuchtwangers Bericht erschien erstmals 1942 unter dem Titel Unholdes Frankreich.) S. 7f.

58 Mail von Doris Obschernitzki, 14.Mai 2002. Drach zur Situation auf der Infirmerie: Aus, S. 85f.; B.K./II XXXIXf.

59 Aus, S. 88; B.K./II, S. XL.

60 Doris Obschernitzi: Letzte Hoffnung – Ausreise, S. 99f.

61 Ebd. S. 120

62 Alfred Kantorowicz: Exil in Frankreich, S. 39 u.S. 44.

63 Ebd., S. 46.

64 Zur Situation von Walter Hasenclever, der 1939 zwar nicht in Les Milles, aber ein zweites Mal in Fort Carré interniert wurde, siehe Kasties: Walter Hasenclever, S. 381: »Es erweist sich jetzt als ein gravierender Fehler, daß der Autor bei seinem ersten Lageraufenthalt nicht entschieden auf seinen Status des von Deutschland Ausgebürgerten hingewiesen hat, der ihn nach der damaligen Rechtslage noch von der Internierung befreit hätte.«

65 Zu den Kriterien der Freilassung Obschernitzki: Letzte Hoffnung – Ausreise, S. 99–105.

5. Dieser Zug wird nie kommen

1 U.R., S. 34f.
2 Aus, S. 97. B.K./II, S. XLI.
3 B.K./II, S. 48.
4 Aus, S. 101.
5 Siehe Obschernitzki: Letzte Hoffnung – Ausreise, S. 111.
6 Aus, S. 107.
7 B.K./II, S. 48f.
8 Aus, S. 111; B.K./II, S. 49.
9 Doris Obschernitzki möchte jedenfalls den organisierten Widerstand nicht zu früh ansetzen. Vor allem verwahrt sie sich aber gegen eine Idealisierung des Lagerkommandanten von Les Milles Charles Goruchon, siehe Obschernitzki, S. 130.
10 Walter: Deutsche Exilliteratur, Bd. III, S. 117.
11 B.K./II, S. 50; siehe auch Aus, S. 112.
12 U.R./S. 34; B.K./II, S. 50f.
13 Aus, S. 113f. Vgl. U.R., S. 55.
14 Aus, S. 119, B.K./II, S. 51.
15 U.R., S. 33f.; Aus, S. 114f.; B.K./II, S. 51.
16 Bert Kasties, Mail vom 10.5.2002.
17 U.R., S. 34: »Ein winziges kugelrundes Männchen, nämlich Lion Feuchtwanger, gestikulierte lebhaft, als müßte er der Maschine befehlen«; U.R., S. 37: »Der kleine, feiste Feuchtwanger«.
18 Le train de la liberté von Sébastian Grall, 1994 ; dt. Les Milles. Gefangen im Lager.
19 Lion Feuchtwanger: Tagebuch 1940. In: L.F.: Der Teufel in Frankreich, S. 278.
20 U.R., S. 33f.; Aus, S. 114; S. 121, S. 123ff.; B.K./II, S. 51ff.
21 Siehe Schoenberner: Innenansichten eines Außenseiters, S. 142ff.
22 Kantorowicz: Exil in Frankreich,S. 106.
23 U.R., S. 33.
24 Aus, S. 122; B.K./II, S. 52; Siehe auch Kantorowicz: Exil in Frankreich, S. 106.
25 Hans Flesh-Brunningen: Grenzen der Witzlosigkeit. In: Frankfurter Allgemeine Zeitung, 21.6.1966.
26 Edith Hasenclever, Walter Hasenclever-Archiv, Cagnes s. Mer, 6.8.1966.
27 Aus, S. 122f.
28 Walter Hasenclever: Die Rechtlosen. Vgl. beispielsweise Hasenclevers Beschreibung der Österreicher im Lager Fort Carré, S. 385.
29 Vgl. Ebd., S. 432ff.
30 B.K./II, S. 87.
31 Aus, S. 115, B.K./II, S. 52, Mißerfolge, S. 134.
32 Hasenclever: Die Rechtlosen, S. 488.
33 Kasties: Walter Hasenclever, S. 325.
34 Ebd.
35 Zitiert nach Obschernitzki: Letzte Hoffnung – Ausreise, S. 116; siehe auch Walter: Deutsche Exilliteratur, Bd.III, S. 175 ff.; Siegfried Loewe: Ein Marshall von Frankreich bittet nicht um Gnade. Vor 50 Jahren starb Philippe Petain. In: Jüdisches Echo, Europäisches Forum für Kultur und Politik, Heft 50, 2001, S. 202–206.
36 Aus, S. 122f.
37 Fritz Wengraf an Walter Jüngt. New York 11.1.1960. In: Kasties: Walter Hasenclever, S. 393.
38 Aus, S. 124.
39 U.R., S. 33f.
40 Feuchtwanger: Der Teufel in Frankreich, s.131f.
41 Kantorowicz: Exil in Frankreich, S. 116.
42 Ebd. S. 116f.
43 Feuchtwanger: Der Teufel in Frankreich, S. 134.
44 U.R., S. 34.

45 André Fischer: Inszenierte Naivität, S. 236.
46 Fritz Wengraf an Kurt Pinthus, Cannes 1.11.1940. Zitiert nach Kasties: Walter Hasenclever, S. 394.
47 Kasties: Walter Hasenclever, S. 395.
48 Feuchtwanger: Teufel in Frankreich, S. 139f., Schoenberner: Innenansichten eines Außenseiters, S. 154–156.
49 Feuchtwanger: Der Teufel in Frankreich, S. 138.
50 Schoenberner: Innenansichten eines Außenseiters, S. 152, s.154f.
51 Kantorowicz: Exil in Frankreich, S. 117.
52 Fritz Wengraf an Kurt Pinthus. Zitiert nach Bert Kasties, S. 394.
53 Walter Hasenclever an Gertrude Meyer, London 27.12.1935. Zitiert nach Kasties, S. 324.
54 Zu den Umständen der Abfahrt siehe Obschernitzki: Letzte Hoffnung – Ausreise, S. 127.
55 Unter denen, die es vorziehen, sich persönlich durchzuschlagen, ist Franki Morini. Gespräch, 17.1.2001. Bis auf weiteres trennen sich hier die Wege von Drach und Morini.
56 Obschernitzki: Letzte Hoffnung – Ausreise, S. 130f.
57 Feuchtwanger: Der Teufel in Frankreich, S. 146f.
58 Obschernitzki: Letzte Hoffnung – Ausreise, S. 107 u. S. 127.
59 Obschernitzki: »Le Train de la Liberté« – Der Zug in die Freiheit. Zum Film von Sébastian Grall. Unveröffentlichtes Typoskript.
60 Obschernitzki: Letzte Hoffnung – Ausreise, S. 130.
61 Ebd. S. 128.
62 U.R., S. 34.
63 Obschernitzki: Letzte Hoffnung – Ausreise, S. 169.
64 Feuchtwanger: Der Teufel in Frankreich, S. 168.
65 Ebd., S. 169.
66 Reinhold Jaretzky: Lion Feuchtwanger. Reinbek bei Hamburg: Rowohlt Taschenbuch 1984, S. 86. (= rororo Monographien 334.)
67 U.R., S. 36.
68 Walter: Deutsche Exilliteratur, Bd.III, S. 176.
69 Ebd., S. 176f.
70 Ebd., S. 177.
71 U.R., S. 34.
72 U.R., S. 36; Aus, S. 129; B.K./II, S. 55.
73 U.R., S. 36.
74 Obschernitzi: Letzte Hoffnung – Ausreise, S. 133.
75 U.R., S. 38.
76 Feuchtwanger: Der Teufel in Frankreich, S. 44 u. S. 180. Siehe auch Walter: Deutsche Exilliteratur,Bd. III, S. 179f. Obschernitzki: Letzte Hoffnung – Ausreise, S. 134.
77 U.R., S. 38.
78 Jaretzky: Lion Feuchtwanger, S. 84.
79 Vgl. Walter: Deutsche Exilliteratur, Bd.III, Asylpolitik und -praxis des Vichy-Regimes in den Jahren 1940/42, S. 178–202.
80 Das Lager Saint-Nicolas war als Nebenlager von Les Milles installiert worden, unterstand also derselben Verwaltungseinheit. Siehe Obschernitzki: Letzte Hoffnung – Ausreise, S. 135 und S. 141.
81 Ebd.
82 Ebd., S. 140f.
83 Sehr zum Ärger der deutschen Kundt-Kommision hatte es die Lagerleitung den Internierten gestattet, die Personallisten selbst zu erstellen, Manipulationen war somit Tür und Tor geöffnet. Siehe Obschernitzki, S. 140f.
84 U.R., S. 39. siehe auch B.K./II, S. 56; Aus, S. 133. Seiner Frau Gerty wird Drach Jahrzehnte später erzählen, er habe auf die Frage, wohin er gehe, geantwortet: »nach Hause«.
85 U.R., S. 41; Aus, S. 136; B.K./II, S. 56 u.58.
86 U.R., S. 43; Aus, S. 142; B.K./II, S. 59.

6. Dann ist es ein ernster Fall. Rives Altes

1 Drach schreibt »Rives Altes«. Gebräuchlicher wäre »Rivesaltes«. Da Drachs Schreibweise zwar unüblich, aber nicht falsch ist, wird sie der Einheitlichkeit wegen von mir übernommen.
2 Aus, S. 162f.
3 U.R., S. 7.
4 Siegfried Loewe: Ein Marschall bittet nicht um Gnade. Vor 50 Jahren starb Philippe Pétain. In: Das jüdische Echo. Europäisches Forum für Kultur und Politik, Heft 50, 2001, S. 202–206.
5 Doris Obschernitzki: Das Lager Les Milles im Mai–Juni 1940. Ein Beitrag zu Walter Hasenclevers zweiter Internierung und seinem Tod im Lager Les Milles. In: Jahrbuch der Hasenclevergesellschaft. Hrsg. von Bert Kasties. Aachen: Shaker Verlag 2000/2001., S. 9–49, S. 43.
6 Loewe: Ein Marschall bittet nicht um Gnade.
7 B.K./II, S. 61.
8 Ebd.
9 Gespräch mit Franki Morini vom 17.1.2001.
10 Oberschernitzki: Letzte Hoffnung – Ausreise, S. 117.
11 B.K./II, S. 62.
12 Ebd.
13 Oberschernitzki: Das Lager Les Milles. (Siehe Anm. 5)
14 U.R., S. 23.
15 Ebd.,S. 24.
16 U.R., S. 25; B.K./II, S. 68f.
17 U.R., S. 26; Aus, S. 161, B.K./II, S. 69.
18 U.R., S. 26.
19 U.R., S. 26; Aus, S. 161, B.K./II, S. 68ff.
20 U.R., S. 7.
21 U.R., S. 28; B.K./II S. 60.
22 U.R., S. 11.
23 Ebd., 11f.
24 Vorstellung von Kuckus Mitreisenden: ebd., S. 18–14.
25 Ebd. S. 9.
26 Ebd. S. 14.
27 Ebd. S. 15. Ab Dezember 1041 wurden Menschen in Zügen vergast, schon im Mai 1942 wurde das erste Vernichtungslager in Belzec errichtet. Siehe Hermann Graml: Reichskristallnacht. – Antisemitismus und Judenverfolgung im Dritten Reich. München: Deutscher Taschenbuchverlag 1988 (=Bd.4519), S. 226f.
28 U.R., S. 31.
29 André Fischer: Inszenierte Naivität, S. 229f.
30 Das Projekt Kriminalroman muß allerdings warten. Erst 1971 erscheint Drachs Kriminalprotokoll Untersuchung an Mädeln.
31 Ich danke Wendelin Schmidt-Dengler für die Zur-Verfügung-Stellung des Typoskripts. Der Vortrag wird Ende 2002 in den Prozessen, dem Mitteilungsblatt der Albert-Drach-Gesellschaft, erscheinen. Begriffsdefinitionen siehe Gero von Wilpert: Sachwörterbuch der Literatur. 8., verb. u. erw. Aufl. 2001. Stuttgart: Kröner, 1989.
32 Ich bin ein wütender Weiser. Eva Schobel im Gespräch mit Albert Drach. In: In Sachen Albert Drach. Hrsg. von Bernhard Fetz. Wien: Wiener Universitätsverlag 1995, S. 14–16, S. 16.
33 Aus, S. 163.
34 U.R., S. 240.
35 Wendelin Schmidt-Dengler: Schreiben durch Umschreiben, S. 4.
36 U.R., S. 13ff.
37 Schmidt-Dengler: Schreiben durch Umschreiben, S. 5. u. S. 6.
38 U.R., S. 17; siehe auch B.K./II, S. 72.
39 U.R., S. 17.
40 Ebd.
41 U.R., S. 18.

42 Ebd.
43 Ebd., S. 19.
44 Schmidt-Dengler: Schreiben durch Umschreiben, S. 11.
45 Ebd. S. 8
46 U.R., S. 31f.
47 Ebd. S. 48 – S. 50.
48 Ebd. S. 50.
49 Ebd. S. 53
50 Ebd. S. 54.
51 Ebd. S. 55f.
52 Ebd. S. 67f.
53 Siehe auch B.K./II, S. 77.
54 Als Kucku schon entlassen ist, dreht er sich noch einmal um, sieht Rappaport hinter dem Gitter und will zu ihm zurück. Vielleicht könnte er ihm Geld oder die goldene Uhr geben, damit er sich auch retten kann. Aber da sieht er den Polizisten, der ihn durchs Lager verfolgt hat, steigt in den Wagen und fährt davon.
55 Aus, S. 149.
56 U.R., S. 73f.
57 U.R., S. 82.
58 Ebd. S. 82f.
59 Ebd. S. 83.
60 Ernestine Schlant: Albert Drach's »Unsentimentale Reise«: Literature of the Holocaust and the Dance of Death. In: Modern Austrian Literature, Vol. 26/2, 1993, S. 35–62, S. 47.
61 U.R., S. 226 u. S. 271.
62 Ebd. S. 85.
63 Ebd. S. 87.

7. Ich bin nicht mehr ich

1 Drach: Lied. Zyklus *Erbarmungen*. Datierung 1943 in der handschriftlichen Fassung. Heft Schöne im Waldschlaf/I
2 U.R., S. 158.
3 U.R., S. 116.
4 Die Beschreibung der grundsätzlich judenfreundlichen Haltung der Italiener und Kucku/ Drachs ungeschickt-leichtfertiger Umgang damit, nehmen sowohl in der Unsentimentalen Reise als auch in den unveröffentlichten autobiographischen Schriften einen breiten Raum ein.
5 U.R., S. 134 und 136.
6 U.R., S. 135.
7 Ebd., S. 143.
8 Ebd., S. 157.
9 Ebd.
10 U.R., S. 157. Siehe auch B.K./II, S. 89.
11 Siehe André Fischer: Inszenierte Naivität, S. 220, Anm. 6.
12 Auf der Recherchereise 1996 nach Valdeblore erzählen meine Gesprächspartner, daß der genannte Gendarm wegen seiner Kollaboration mit Nazi-Deutschland nach 1945 auf Nimmerwiedersehen verschwand.
13 U.R., S. 160.
14 Ebd., S. 159f.
15 Ebd., S. 160.
16 Ebd., S. 118.
17 Ebd., S. 120.
18 Ebd., S. 161.
19 B.K./II S. 91.
20 U.R., S. 165.
21 Ebd. S. 165f.
22 Ebd., S. 167f.
23 B.K./II, S. 91.

24 Recherchereise 1996.
25 U.R., S. 168.
26 Ebd.
27 Ebd., S. 169.
28 Ebd., S. 170.
29 Ebd.
30 Ebd.
31 B.K./II, S. 91f.
32 Das Einhorn gilt in der Mythologie als jungfräuliches Symbol.
33 U.R., S. 171.
34 Ebd., S. 172.
35 Ebd., S. 184.
36 Ebd., S. 191.
37 Ebd., S. 195.
38 Siehe zur Namensgebung auch Schlant: Albert Drach's Unsentimentale Reise, S. 53f.
39 U.R., S. 195.
40 Ebd. S. 197 u. S. 200f., S: 203f.
41 Ebd. S. 198ff.
42 Ebd. S. 207.
43 Ebd., S. 208f.
44 Ebd., S. 209.
45 Ebd., S. 211.
46 U.R., S. 211f.
47 Ebd. S. 212.
48 Ebd., S. 214f.
49 Ebd., S. 224.
50 Ebd., S. 220.
51 Ebd.; B.K./II, S. 111f.
52 U.R., S. 221.
53 Ebd., S. 293.
54 Gespräch Valdeblore, 1996.
55 U.R., S. 216.
56 Ebd., S, 217. Kucku spricht die Aufzeichnungen der Lehren von Rabbi Hillel nicht an, sie könnten aber eine Quelle sein.
57 1948 begonnener und Anfang der siebziger Jahre fertig gestellter Essay. Siehe dazu Jürgen Egyptien: Im Schatten des Zwetschkenbaums. Judentum in Albert Drachs literarischem und essayistischem Werk. In: Das jüdische Echo, Vol. 48/ Oktober 1999, S. 34–61, S. 59ff.
58 U.R., S. 217f.
59 Ebd., S. 222.
60 Ebd., S. 222f.
61 Im Nachlaß Albert Drachs befinden sich einige Dokumente, die das Bemühen der Gemeindeverwaltung belegen.
62 U.R., S. 243f.
63 Ebd.
64 Ebd., S. 244.
65 Ebd., S. 245.
66 Ebd.
67 Ebd.
68 Ebd., S. 246.
69 Ebd.
70 U.R., S. 246f.
71 Ebd., S. 254.
72 Ebd., S. 259.
73 Ebd., S. 263.
74 Ebd., S. 264.
75 B.K./II, S. 115f.
76 U.R., S. 264.
77 Ebd., S. 266.
78 Ebd.

79 Ebd., S. 267.
80 Ebd., S. 270.
81 Ebd., S. 271.
82 Ebd., S. 274f.
83 Ebd., S. 276–278.
84 Ebd., S. 283ff.
85 Ebd., S. 289.
86 Ebd., S. 299.
87 Ebd.
88 Ebd., S. 300.
89 Ebd.
90 Ebd., S. 301.
91 Ebd., S. 304.
92 Ebd.
93 Ebd., S. 304f.
94 Ebd., S. 305.
95 Ebd., S. 293f.
96 U.R., S. 294.
97 Ebd. S. 319.
98 Anne Fuchs: ›Da Hitler zu Ermordungszwecken nach und nach alle Juden dringend braucht‹, in: German Life and Letters,Vol. XLIX, No.1, January 1996, S. 254.
99 U.R., S. 322.
100 Ebd., S. 322f.
101 Ebd., S. 337.
102 Ebd.
103 Ebd., S. 365.
104 Ebd., S. 368.

TEIL III

1. Zögernde Rückkehr: Das Beileid

1 Drach: *Auch*. Zyklus *Ermordungen*. In: Akzente, Heft 2/April 2001, S. 105.
2 Siehe Biographie, Teil II/1: Beginn der Emigration.
3 Drach: Das Beileid. Nach Teilen eines Tagebuchs. Mit einem Nachwort von Primus Heinz Kucher. Graz: Droschl 1993, S. 5.
4 B. S. 5
5 Kucher: Nachwort. In: B., S. 205–211, S. 207.
6 B.,S. 6; siehe auch: B.K./II, S. 139f.
7 B.K./II, S. 132.
8 B., S. 41.
9 B.K./II, S:132f.
10 Ebd., S. 139.
11 B., S. 40 u. 48; hs. Tagebuchaufzeichnungen, Eintrag v. 29.8.1946.
12 B., S. 33.
13 Das ist bereits 1947. B., S. 119. Eintrag auch in den hs. Tagebuchnotizen 14.Dez. 1947.
14 Siehe Brief an Berta Riemerschmid, Nice, 8. Oktober 1948. Biographie II/6.
15 Kucher: Nachwort, S. 208.
16 B.K./II, S. 77f.
17 Albert Drach: Das Goggelbuch. In: Die kleinen Protokolle und das Goggelbuch. München–Wien: 1965, S. 245–303, S. 245.
18 Unter einem anderen Aspekt hat sich Alexandra Millner mit dem Goggelbuch befaßt. A.M.: Spiegeltexte in der deutschsprachigen Gegenwartsliteratur. Dargestellt an den Texten von Elfriede Jelinek, Adolf Muschg, Thomas Bernhard und Albert Drach. Wien: Diss 1999.
19 Vgl. Franz Werfels und Edgar Hilsenraths Auseinandersetzung mit der Verfolgung des armenischen Volkes. Werfel: Die vierzig Tage des Musa Dagh.

Wien, 1933, 2 Bd., Stockholm/Amsterdam 1939, 2 Bd. Hilsenrath: Das Märchen vom letzten Gedanken. München: Piper 1969.

20 Ö1. 17.7.1977.
21 Siehe Reinhard Schulte: Ermordungen. Gedichte 1983. In: Akzente, Heft 2/April 2001, S. 102. Weiters R. Sch.: Gedichte Albert Drachs. In: Albert Drach, Dossier 8. Hrsg. v. Gerhard Fuchs und Günther A. Höfler. Graz: Droschl 1995. S. 235–234.
22 B., S. 21.
23 Ebd., S. 121 und S. 123.
24 Siehe Anm. 14.
25 Der Bogen ist eine jährliche Publikation des Hanser-Verlags, die sich jeweils einem Autor und seinem Werk widmet. Das Heft hat das Format eines Druck-Bogens.
26 B., S. 76.
27 Ebd., S. 78.
28 Ebd., S. 79.
29 Unveröffentlichtes Typoskript. Erste erhaltene Seiten der Unsentimentalen Reise, bzw. des Beileids. (U.R./I, S. 267.)
30 Graham Knight: »Ich bin dafür die Sache in die Länge zu ziehen«: die Wortprotokolle der österreichischen Bundesregierung von 1945 bis 1952 über die Entschädigung der Juden. Frankfurt/a.M.: Athenäum 1988.
31 U.R./I (Typoskript) , S. 267.
32 Ebd.
33 B., S:83f.
34 Ebd., S. 85.
35 Ebd., S. 89.
36 U.R./I, S. 273.
37 Ebd.
38 B., S. S. 90f.
39 Ebd., S. 91.f. Die Erlebnisse nach seiner ersten Rückkunft hat Drach auch in B.K.II, S. 151 ff. festgehalten.
40 U.R./1, S. 173f.
41 U.R., S. 274.
42 B., S. 93.
43 Ebd., S. 92ff.
44 Ebd., S. 115.
45 Ebd., S. 115 ff.
46 Ebd., S. 117f.
47 Ebd., S. 98.
48 Ebd., S. 99. Siehe Faksimile, Teil I/8: Zwischenzeit 2.
49 B., S. 114.
50 Ebd., S. 103.
51 Ebd.
52 Ebd., S. 103f.
53 Ebd.
54 Ebd., S. 104f.
55 Ebd., S. 94f.
56 Ebd., S. 108f.
57 Ebd., S. 119.
58 U.R./I, S. 296
59 Ebd. S. 297.

2. Fremd bin ich ausgezogen, fremd zieh ich wieder ein

1 Drach: Resümée 1983 in: Akzente, Heft2/April 2001, S. 111.
2 B.K/I, S. 1
3 Die Rückstellungsakten befinden sich in Drachs Nachlaß im ÖLA. Das Eigentumsrecht für sein Haus wurde D. mit Bescheid von 19.6.1948 zuerkannt. (Bezirksgericht Mödling, Tagebuchzahl 955.) Es wird aber bis 1955 (!) dauern, bis er endlich die fehlenden Räumlichkeiten seiner ursprünglichen Wohnung zurückerhält. (Brief an Franki Morini, 18.7.1955.)
4 Das Dokument wurde mir von Frau Drach zur Verfügung gestellt.
5 B.K./II, S. V.
6 Z.Z., S. 254ff., B.K./I, S. 2f.,B.K./II, S. XII.
7 B.K./I, S. 2.
8 Ebd.
9 Drachs Bemühungen für Riemerschmid beschränken sich nicht auf diesen Brief. Er spricht (erfolglos) beim Rundfunk für ihn vor und und erwägt sogar, ihn in seiner Kanzlei anzustellen. (B.K./II, S. 171f.)
10 Primo Levi: Die Untergegangenen und die Geretteten. Aus dem Italienischen von Moshe Kahn. München/Wien: Hanser 1986.
11 In der Unsentimentalen Reise variiert er diesen Satz: »›Wohin geht Kucku?‹ ›Zum Kuckuck‹ antwortete ich und alles lachte.« (S. 39.)
12 Sämtliche Akten zu Erbschaftsprozessen und Rückstellung befinden sich im ÖLA. Die Auswertung durch Juristen und Historiker wäre wünschenswert.
13 Gespräch mit Lorle Gartenberg, 21.4.2001.
14 Siehe zu den offen und versteckten Methoden der Arisierung: Gerhard Botz: Wohnungspolitik und Judendeportation in Wien 1938 bis 1945. Zur Funktion des Antisemitismus als Ersatz nationalsozialistischer Sozialpolitik. Wien/Salzburg: Geyer-Edition 1975. (= Veröffentlichungen des Historischen Instituts der Universität Salzburg.) Ders.: Stufen der Ausgliederung der Juden aus der Gesellschaft. Die österreichischen Juden vom »Anschluß« zum »Holocaust«. In: Zeitgeschichte, 14. Jahrgang, Heft 9/10, Juni/Juli 1987. Irene Etzersdorfer: Arisiert. Eine Spurensuche im gesellschaftlichen Untergrund der Republik. Mit einem Vorwort von Peter Huemer. Wien: Kremayr & Scheriau 1995. Zur speziellen Situation in Mödling: Peter Malina: » Auch Mödling mag die Juden nicht ...« Alltäglicher Faschismus in einer österreichischen Kleinstadt 1938. In: Jüdisches Echo, Nr. 1, 1987, S. 67–74. Ausgelöscht – Vom Leben der Juden in Mödling. Hrsg. v. Roland Burger und Franz Rinner. Mödling/Wien: Edition Umbruch 1988. Zu den Problemen der Remigration: Helga Embacher: Neubeginn ohne Illusion. Juden in Österreich nach 1945. Wien: Picus 1995.
15 Die Informationen stammen aus dem Gesprächen, die ich im Zuge meiner Besuche in Mödling mit Frau Drach geführt habe.
16 Der datierte erste Anlauf zur Untersuchung an Mädeln findet sich im Heft M/1. Zur Entstehung des Textes siehe Ingrid Cella: Nachwort (S. 391–423) und Textgenese (424–438) in : Untersuchung an Mädeln. Wien: Zsolnay 2002.

3. Latenzzeit; Entdeckung, Vergessen. Es wird sich ja vielleicht einmal herausstellen, was mein Werk wert ist

1 Albert Drach in der Sendung *Tonspuren*: Seine Feinde überleben. Von Eva Schobel. Ö1, 17.12.1989 und 1.10.1995.
2 Drach: Amtshandlung gegen einen Unsterblichen. In: A.D.: Ironie vom Glück. Kleine Protokolle und Erzählungen. S. 90–130. S. 94f.
3 Drach: Untersuchung an Mädeln. Kriminalprotokoll. Hrsg. u. mit einem Nachwort von Ingrid Cella. München/Wien: Zsolnay 2002, S. 386.
4 Auch in der Textgenese der *Untersuchung an Mädeln* zeigt sich der signifikante Sprung vom Indikativ der ersten zum Konjunktiv der zweiten Fassung. Siehe Cella: Textgenese. In: Mädel, S. 424–432. Bernhard Fetz: Der erste

Satz: Albert Drach (1902–1995): Untersuchung an Mädeln. In: Der literarische Einfall. Über das Entstehen von Texten. Hrsg. von Bernhard Fetz und Klaus Kastberger. Wien 1998, S.9–14 (= Profile, Bd. I).

5 Drach: Das Skurrilspiel Sowas. Eine Verkleidung in drei Begebenheiten an gleichem Schauplatz zu verschiedenen Zeiten. In: Das Spiel vom Meister Siebentot und weitere Verkleidungen. München/Wien: Langen-Müller 1965, S. 71–112.

6 Ebd., S.112.

7 Schulte: Drach und sein Theater, S.36f.

8 Drach: Vom Stift zum Gimpel und nicht wieder zurück. In: Ironie vom Glück. S. 155–181.

9 Ebd., S. 163.

10 Ebd., S.160f.

11 Drach: Das Beileid, S. 121.

12 Fetz: »Der Aufbau aus den Archiven«. Ein unpublizierter Essay von Albert Drach. Einleitung: Im Zeichen des Archivs. In: Sichtungen. Internationales Jahrbuch. Archiv, Bibliothek. Wissenschaft, 2001. Drach: Der Aufbau aus den Archiven. Essay VIII. Ebd. Beide Essays: in Druck. ES wird aus den Typoskripten zitiert.

13 Drach: Die Abschaffung Gottes und sein Ersatz durch die Behörde. Essay III. Unveröffentlichtes Typoskript, 11 Seiten, S.1.

14 Ebd.

15 Ebd.

16 Ebd.

17 Im Gegensatz zu Michael Scharang oder Elfriede Jelinek, hat Handke damals betont, daß ihn die »außersprachliche« Wirklichkeit beim Schreiben störe. Zitiert nach Peter Henisch: Literatur der Zukunft/ Zukunft der Literatur - oder was« in: Literatur und Kritik, Nr. 63, April 1972, S. 141–144. Vgl. Disput zwischen Kolleritsch und Handke einerseits, Jelinek und Scharang anderseits in den *Marginalien* der *Manuskripte*, den Alfred Kolleritsch eröffnet. (Heft 25, 1969).

18 Drach: Die Abschaffung Gottes, S.1.

19 Fetz: Im Zeichen des Archivs, S.2.; Drach: Die Entwertung aller Werte oder die Wandlung von Etwas in Nichts. Essay XVI. Unveröffentlichtes Typoskript, S. 3.

20 Fetz: Im Zeichen des Archivs, S.2.

21 Ebd. S.1

22 Gespräch vom 23.3.1989.

23 Hier gibt es Parallelen zur Entstehung des Textes »Untersuchung an Mädeln«. Siehe Anm. 4.

24 Drach: Amtshandlung, S.91.

25 Karl Kraus: Die letzte Tage der Menschheit. Tragödie in fünf Akten. Mit Vorspiel und Epilog. 5. Band der Werke von Karl Kraus. Hrsg. von Heinrich Fischer. München: Kösel-Verlag 1959. 1. Akt, 8. Szene, S. 99.

26 Drach: Amtshandlung, S.95.

27 Ebd., S.100.

28 Ebd., S. 101.

29 Ebd., S. 103f.

30 Der kurze Besuch Rimbauds in Wien fand allerdings 1876 statt.

31 Anton Thuswaldner: Das Herz der Massen ist leer. Albert Drach, die unbekannte Größe. In: Die Presse (Spectrum), 12./13.12.1987.

32 Erst in der Ausgabe sämtlicher Werke in zehn Bänden von Herzmanovsky-Orlando, die ab 1983 im Residenz Verlag erscheinen, wird auf den ursprünglichen Text zurückgegangen. Herausgegeben im Auftrag des Forschungsinstitutes »Brenner Archiv« unter der Leitung von Walter Methlagl und Wendelin Schmidt-Dengler.

33 Herbert Eisenreich: Ein Buch im Gespräch. Deutschlandfunk, Köln 1964 Siehe auch H.E.: Albert Drach: Das Große Protokoll gegen Zwetschkenbaum. In: Neue Deutsche Hefte (1965), H.164, S.122–126.

34 Brief an Joachim Schondorff v. 21.11.1963.

35 Brief an Joachim Schondorff v. 22.8.1964.

36 Die Uraufführungen der Stücke betreffend, siehe »Drach – Bibliographie«.
37 Volker Klotz: Etwas über Bühnenstücke von Albert Drach. Namentlich über »Das I« und »Meister Siebentot«. In: »Prozesse«. Mitteilungen der Albert-Drach-Gesellschaft, Nr. 1, 1998. Referate des 1. Symposiums der Internationalen Albert Drach-Gesellschaft (12. Dezember 1997), S.4–13, S. 5.
38 Ebd., S. 5f.
39 Ebd., S.7.
40 Drach: Das Kasperlspiel, S.221.
41 Ebd., S. 246 u. 247. Ich folge hier der Interpretation von Volker Klotz.
42 Vgl. Paul Kruntorad: Kleines Protokoll gegen Drach. In: Kurier v. 14.12.1964; Drachs Replik (Leserbrief) Kurier v. 18.1.1965; und »Im Namen der Republik« (Urteilsveröffentlichung) Kurier v. 17.9.1965.
43 K.H. Kramberg: Wort in der Zeit, H.5, 1966, S. 32–37.
44 Man denke an den österreichischen Unterrichtsminister Herbert Moritz, der Thomas Bernhard den Rat gab, zum Psychiater zu gehen.
45 Die erste Auflage von Hilsenraths Roman *Nacht* erschien 1964 in ganz kleiner Auflage bei Kindler und wurde vom Verlag, der das Buch für potentiell antisemitisch hielt, kaum betreut. Erst nach dem Erfolg der Romans *Der Nazi und der Friseur*, der 1977 erstmals im Kölner Verlag Braun herauskam, wurde auch dieses Buch neu bewertet.
46 Siehe Ingrid Cella: Textgenese. In: Untersuchung an Mädeln. Kriminalprotokoll. Hrsg. und mit einem Nachwort von Ingrid Cella. Wien: Zsolnay 2002, S. 424–432. (= Werke in zehn Bänden. Hrsg. v. Ingrid Cella, Bernhard Fetz, Wendelin Schmidt-Dengler und Eva Schobel. Bd. I).
47 Herbert Fleissner: Leserbrief. In : Der Spiegel, 7.10.1968.
48 K.H. Kramberg: »Z.Z.«. In: Süddeutsche Zeitung v. 26.10.1968.
49 Siehe Cella: Nachwort. In: Untersuchung an Mädeln. Wien: Zsolnay 2002, S. 391–420, S. 395.
50 Ebd., S. 400. Die kontroversiellen Diskussionen, von denen die Rede ist, haben beim Drach-Symposium in Wien (4.–6.12.1992) im Literaturhaus stattgefunden.
51 Drach: Untersuchung an Mädeln, S. 5.
52 Ebd.
53 M., S. 10.
54 Ebd., S. 10f.
55 Ebd., S. 382.
56 Michel Foucault: Überwachen und Strafen. Die Geburt des Gefängnisses. Frankfurt/a.M.: Suhrkamp 1977 (= stw. 184.).
57 Cella: Nachwort, S. 405.
58 Ebd., S. 398.
59 Ebd. S. 398f. Eine Zusammenfassung des Diskurses, inwiefern Drachs Buch als justizkritisches, feministisches oder auch pornographisches zu lesen sei und welche intertexteullen Bezüge sich ergeben: ebd. S. 398–418.
60 Matthias Settele: Der Protokollstil des Albert Drach. Recht, Gerechtigkeit, Sprache, Literatur. Frankfurt/M.: Peter Lang 1992. (= Europäische Hochschulschriften. Reihe 1. Deutsche Sprache und Literatur. 1343.)
61 Drach: M. S. 381.
62 Ebd., S. 388.
63 Drach: Untersuchung an Mädeln. Kriminalprotokoll. Hamburg/Düsseldorf: Claassen 1971. S. 307. Interessanterweise ist die Modifikation des Schlußsatzes durch ein Mißverständnis zustande gekommen. Drach hat erzählt, daß die Journalistin Anna Zaschke, mit der er in Briefkontakt stand, den Halbsatz »und das war zu wenig« als Kommentar verstanden hat, der im Protokollstil nichts zu suchen habe. Anna Zaschke erinnert sich aber an ihren Einwand aus feministischer Sicht: innerhalb einer patriarchalischen Gesellschaft könne sich kein weibliches Ich konstituieren. (Telephongespräch, Oktober 1991.)
64 Drach: Gottes Tod ein Unfall. Dramen und Gedichte. Hamburg/Düsseldorf: Claassen 1972.
65 Ebd., S. 7–106.

66) Drach: In Sachen de Sade. Nach dessen urschriftlichen Texten und denen seiner Kontaktpersonen. Düsseldorf: Claassen 1974. Siehe Hans Daiber: Das tut mir schlecht. Albert Drachs planloses Plädoyer für den teuflischen Marquis. In: Die Zeit v. 25.7.1975.

Epilog
Seine Feinde überleben – Der Büchner-Preis kommt mir zu

1 Wolfgang Preisendanz: Zum Vorrang des Komischen bei der Darstellung von Geschichtserfahrung in deutschen Romanen unserer Zeit. In: Das Komische. Hrsg. v. W.P. und Rainer Warning. München: Fink 1976, S. 153–156 (= Poetik und Hermeneutik 7.) W.P.: Die grausame Zukunftskomödie der Welt. Laudatio auf Albert Drach. In: Jahrbuch der Deutschen Akademie für Sprache und Dichtung 1988, S. 114–119.W.P.: Komik als Komplement der Erfassung von Kontingenzen. In: Kontingenz. Hrsg. v. Gerhart v. Graevenitz und Odo Marquard. München: Fink 1998. S. 383–401, S. 395–398. (= Poetik und Hermeneutik 12.)

2 Fischer: Inszenierte Naivität, S.214.

3 Drach: Das Märchen von Goldmarie und Pechelse. Märchen für erwachsene Kinder. Hörspiel, Ö1, 14.12.1982.

4 Fischer: Inszenierte Naivität, S.214.

5 Die erhaltenen Schreiben Drachs an diverse Verlage und deren Antworten befinden sich im Nachlaß des Autors im ÖLA.

6 K. H. Kramberg: Aber Tote weinen nicht. Albert Drachs »Unsentimentale Reise« – wiedergelesen nach 22 Jahren. In: Süddeutsche Zeitung v. 16./17.7.1988.

7 Fischer: Inszenierte Naivität, S.217.

8 Andreas Müller: »Der Büchnerpreis kommt mir zu«. In: Darmstädter Echo v. 3.9.1988.

9 Helmut Schmitz: In ehrenwerter Gesellschaft. Niemand war auf der Büchner-Preis-Feier um (Eigen-)Lob verlegen. In: Frankfurter Rundschau v. 17.10.1988.

10 Ebd.

11 Ebd.

12 Die größte Resonanz erfährt auch in Folge des Büchner-Preises die *Unsentimentale Reise*. Auch der im Jahr darauf publizierte *Zwetschkenbaum*-Roman wird ausführlich gewürdigt. *Z.Z. - Das ist die Zwischenzeit* (1990) erfährt eine etwas reserviertere Rezeption, während die *Untersuchung an Mädeln* (1991) an den Erfolg der früheren Bücher anschließt. Die Erzählbände *JA UND NEIN* (1992) und *Ironie vom Glück* (1994) werden gut, aber nur partiell rezensiert. Mehr Beachtung findet *Das Beileid* (1993), sehr wenig der Lust- und Schauerroman *O Catilina* (1995).

BIBLIOGRAPHIE

SIGLENVERZEICHNIS

Besonders häufig zitierte Werke werden durch ihre Initialien angegeben, alle anderen durch einen Kurztitel (z.B. »Amtshandlung« für »Amtshandlung gegen einen Unsterblichen«.)

B.	Das Beileid
B.K.	Blinde Kuh (unveröffentlicht)
M.	Untersuchung an Mädeln
U.R.	Unsentimentale Reise
Z.	Das große Protokoll gegen Zwetschkenbaum
Z.Z.	Z.Z. - Das ist die Zwischenzeit.
ÖLA:	Das Österreichische Literaturarchiv der Österreichischen Nationalbibliothek

HÄUFIG ZITIERTE UNVERÖFFENTLICHTE SCHRIFTEN

Aus. Eine Übersicht. Typoskript (um 1982), 163 Seiten. Umfaßt den Zeitraum von 1938 bis 1942.

Blinde Kuh/I. Versuch einer Zusammenfassung. Typoskript (um 1986). 1.Teil, 286 Seiten. Umfaßt im Rückblick die Zeit von 1947/48 bis 1935. Zitiert als B.K./I.

Blinde Kuh/II. Typoskript (keine Datierung). 371 Seiten. Umfaßt den Zeitraum von 10.März 1938 bis Ende 1985. Zitiert als B.K./II.

Meine gesammelten Mißerfolge. Als Versager unter Schweinehunden. Eine epische Darstellung mehr stimmig geführt. Typoskript (um 1987), 219 Seiten.

Unsentimentale Reise und *Das Beileid*. Frühe Fragmente, ursprünglich ein Text. Typoskript (um 1947/48). Zitiert als U.R./1.

Zusammenfassung. Erlebnischronik von Geburt bis zum Tode. Handschrift, drei A5-Hefte (1976 bis 1980). Umfaßt den Zeitraum von 1902 bis 1935.

PRIMÄRLITERATUR

Buchveröffentlichungen

Kinder der Träume. Gedichte. Zürich/Leipzig/Wien: Amalthea 1919.
Marquis de Sade. Stück. Berlin: Drei Masken Verlag 1929.*
Das Protokoll gegen Zwetschkenbaum. Roman. München/Wien: Langen-Müller 1964. (=Gesammelte Werke. 1.)
Auch: München: Deutscher Taschenbuch Verlag 1967. (=dtv. 412.)
Hamburg/Düsseldorf: Claassen 1968.
Lizenzausgabe: Darmstadt: Moderner Buchclub 1970.
München/Wien: Hanser 1989.
Übersetzungen:
Velký protokol proti Zwetschkenbaumovi. Übers. v. Rudolf Toman. Praha: Odeon 1970.
Il Verbale. Übers. v. Luigi Forte. Vorwort v. Claudio Magris. Torino Società editrice internationale 1972.
Das Spiel vom Meister Siebentot und weitere Verkleidungen. München/Wien: Langen-Müller 1965. (= Gesammelte Werke. 2.)
Enthält das Kasperlspiel vom Meister Siebentot/ Das Skurrilspiel Sowas/Das Satansspiel vom Göttlichen Marquis/Das I.
Die kleinen Protokolle und das Goggelbuch. Erzählungen. München/Wien: Langen-Müller 1965. (= Gesammelte Werke. 3.)**
Enthält: Das Goggelbuch / Die ungemütlichen Protokolle: Amtshandlung gegen einen Unsterblichen; Vermerk einer Hurenwerdung; Apotheose der Langeweile / Die nichtbeteiligten Protokolle: Ironie vom Glück; Martyrium eines Unheiligen / Die wohlwollenden Protokolle: Ein Herr mit Hut und ohne; Vom Stift zum Gimpel, aber nicht wieder zurück.
Kleine Protokolle und das Goggelbuch. Mit einem Nachwort von Friedrich Döppe. Lizenzausgabe: Berlin: Rütten & Loening 1967.
Enthält: Amtshandlung gegen einen Unsterblichen / Ein Mann mit Hut und ohne / Vom Stift zum Gimpel, aber nicht wieder zurück / Das Goggelbuch.
Das Aneinandervorbeispiel und die inneren Verkleidungen. München/Wien: Langen-Müller 1966. (=Gesammelte Werke.4.)
Enthält: Das Aneinandervorbeispiel vom Leben für eine Verstorbene / Das Abstraktspiel Andere Sorgen / Das Absurdspiel Aha! / Das Satyrspiel vom Zwerge Christian / Das Passionsspiel von der Lüge und der Lächerlichkeit / Das Paradies außer Sicht.
Unsentimentale Reise. Ein Bericht. München/Wien: Langen-Müller 1966. (=Gesammelte Werke.5.)
Auch: München/Wien: Hanser 1988.
München: Deutscher Taschenbuch Verlag 1990. (=dtv. 11226.)
Übersetzungen:
Voyage non sentimental. Übers. v. Colette Kowalski. Paris: Plon 1988.
Unsentimental Journey. A report. Übers. v. Harvey I. Dunkle. Nachwort v. Ernestine Schlant. Riverside: Ariadne Press 1992. (=Studies in Austrian literature, culture and thought.)
»Z.Z.« das ist die Zwischenzeit. Hamburg/Düsseldorf: Claassen 1968. (=Gesammelte Werke.6.)
Auch: München/Wien: Hanser 1988.
Untersuchung an Mädeln. Kriminalprotokoll. Hamburg/Düsseldorf: Claassen 1971 (=Gesammelte Werke.8.)

* Nicht verifizierbar.
** Alle ursprünglich bei Langen-Müller erschienenen Werke wurden nach Drachs Wechsel zu Claassen unter Beibehaltung des Kerns mit Schutzumschlägen von Claassen versehen. Nur das Große Protokoll gegen Zwetschkenbaum wurde in einer neuen Ausgabe gedruckt.

Auch: München/Wien: Hanser 1991.
München: Deutscher Taschenbuchverlag 1995. (=dtv. 12043.)
München/Wien: Zsolnay 2002. Hrsg. und mit einem Nachwort von Ingrid Cella. Werke in zehn Bänden. Bd. I. (Hrsg. v. Ingrid Cella, Bernhard Fetz, Wendelin Schmidt-Dengler und Eva Schobel.)
Übersetzung:
Enquête sur deux jeunes filles. Übers. v. Christian Richard. Saint-Armand-Montrand: Albin Michel 1994.
Gottes Tod ein Unfall: Dramen und Gedichte. Hamburg/Düsseldorf: Claassen 1972. (=Gesammelte Werke.7.)
Enthält die Stücke: Gottes Tod ein Unfall/Der Vortritt/A und K/Stimmen nach Natur zu Protokoll/Andere Sorgen.
Enthält die Gedichte: Entblößungen, ironische und parironische Verse: I: Entblößung beim Entgöttern; II: Entblößung durch Zähneblecken.
In Sachen de Sade: Nach dessen urschriftlichen Texten und denen seiner Kontaktpersonen. Düsseldorf: Claassen 1974.
JA UND NEIN. Drei Fälle. München/Wien: Hanser 1992.
Das Goggelbuch. Wien: Verlag Der Apfel 1993.
Das Beileid: Nach Teilen eines Tagebuchs. Mit einem Nachwort von Primus Heinz Kucher. Lizenzausgabe: Graz/Wien: Droschl 1993.
Ironie vom Glück. Kleine Protokolle und Erzählungen. München/Wien: Hanser 1994.
Enthält: Lunz. Eine Erzählung/Kleine Protokolle: Ironie vom Glück; Vermerk einer Hurenwerdung; Amtshandlung gegen einen Unsterblichen; Ein Herr mit Hut und ohne / Gimpel und Kernbeißer: Vom Stift zum Gimpel, aber nicht wieder zurück; Lullo und Lulla. Eine kernbeißerische Idylle; Wegfall winziger Liebe. Eine kernbeißerische Elegie/Epilog: Moral, das ist, wenn man moralisch ist oder Die große Hure Babylon.
O Catilina. Ein Lust- und Schaudertraum. München/Wien: Hanser: 1995.

Publikationen in Zeitschriften, Zeitungen und Sammelbänden

(Aus dem Zyklus Die Rast: Breite Straße zu Gott:) Felder von Guntramsdorf. Dämmerung in den Mallnitzer Bergen. In: Österreich im Gedicht. Hrsg. v. Werner Riemerschmid. Wien: Hollinek 1948. (=Österreichische Heimat. 13.) S. 31 u. 42.
Der verhaftete Zwetschkenbaum. In: Forum (1964), H. 126–127, S. 322–325.
Kleines Protokoll gegen Drach. (Leserbrief). In: Kurier v. 18.1.1965.
Warum Protokoll? Aus »Das siebzehnte Buch«. In: Wort in der Zeit (1965), H. 1–2, S. 48f.
Amtshandlung gegen einen Unsterblichen. In: Forum (1965), H. 140/141, S. 375–379.
Hasenclever. Albert Drach über den Tod des Dichters im Exil. (Aus: Unsentimentale Reise). In: Weser Kurier v. 11./12.2.1967.
Grantige Liebeserklärung. (Vorwort) In: Wien. Lebendiges Herz Alteuropas. Hrsg. v. Theodor Müller-Alfred. Berlin/Darmstadt/Wien: Deutsche Buchgemeinschaft 1967, S. 3–11.
Beginn der Emigration. (Nicht in die Buchveröffentlichung aufgenommener Teil der Unsentimentalen Reise(. In: Erlebte Zeit. Hrsg. v. Manfred Franke. Stuttgart: Goverts 1968, S. 55–78.
Vermerk einer Hurenwerdung. In: 34 Mal verbotene Liebe. Hrsg. v. Karl Heinz Kramberg. Frankfurt: Bärmeier und Nikel 1969, S. 184–204.
Gesetz. Sonett vom edlen Don Quichotte. Sonett vom gefallenen Engel. Ich bin nicht. (Gedichte.) In: Dichtung aus Österreich. Bd. 1. Lyrik. Hrsg. v. Niederösterreichischen Bildungs- und Heimatwerk. Wien: Österreichische Verlagsanstalt 1969, S. 28f.
Stilleben. In: Podium (1972), H. 4., S. 28.
Von Sade zu Sade. In: Podium (1973), H. 10, S. 16f.
Lullo singt. In: Die Presse (Spectrum) v. 9.3.1974.

Das Beileid. (Ausschnitt). Bericht nach Teilen eines Tagebuchs. In: Österreichischer Rechtsanwaltskammertag 26.–28. Mai 1975, Bd. 1, S. 237–140.
Auch: Literatur und Kritik (1980), H. 143, S. 137–140.
Podium (1982) H. 44/45, S. 24–29.
(o.T.) In: Gegenwartsliteratur: Mittel und Bedingungen ihrer Produktion. Eine Dokumentation über die literarisch-technischen und verlegerisch-ökonomischen Voraussetzungen schriftstellerischer Arbeit. Hrsg. v. Peter André Bloch. Tübingen: Francke 1975, S. 311f.
Moral, das ist, wenn man moralisch ist, oder die große Hure Babylon und der kleine Däumling/Anfangsstück. Essay. In: morgen (1977), H. 2, S. 152–156. Darin Albert Drach über Albert Drach / Die einzige Möglichkeit der Verständigung, S. 152.
Wegfall winziger Liebe. In: Podium (1978), H. 28, S. 10–18.
Materialien zu »In Sachen de Sade« und den »17 Essays des 17. Buchs«.
In: Weisheit und Heiterkeit. Für Ernst Schönwiese. Hrsg. von Roman Roček, Franz Richter und Joseph Strelka. Wien/Hamburg: Zsolnay 1978, S. 59–69.
Zeitabtausch. In: Die Presse v. 14./15.10.1978.
Klage Ruf. In: Die Presse v. 10./11.2.1979.
Der Knabe Elis. In: Literatur und Kritik (1979), H. 135, S. 278–281.
Pechmarie. In: Podium (1981), H. 39/40, S. 55.
Lessing. In: Lessing heute. Hrsg. v. Edward Dvoretzky. Stuttgart: Akademischer Verlag 1981, S 52–60.
Lunz. Erzählung. In: Ort der Handlung: Niederösterreich. Hrsg. v. Senta Ziegler. St. Pölten/Wien: Niederösterreichisches Pressehaus 1981, S. 35–58.
Die Entwertung aller Werte oder die Wandlung des Etwas in Nichts. In: morgen (1982), H. 26, S. 371f.
Und – Protokoll, einen Richter betreffend. In: Fiat justitia. Juristengeschichten aus 15 Ländern. Hrsg. v. Karl Edlinger. Wien: Neff 1983, S. 152–169.
Bänkel von der Rasse des Mondes. In: Südost-Tagespost v. 10.8.1983.
Bleiben Dauern Bestehen. Die Mondreklame. Direkte Bedienung. Abschied vom Mond. (Gedichte). In: Almanach der Vergessenen. »Jetzt ist mein Leben Spuk wie mein Gedicht.« Hrsg. v. Klaus Schöffling u. Hans J. Schütz. München: C. H. Beck 1985, S. 116–119.
Wein her! Ein Prosastück, zuoberst aus der Schublade. In: Die Presse (Spectrum) v. 15./16.10.1988.
Grundstoffe: Über das Sammeln von Feinden. Die Entwertung aller Werte oder die Wandlung des Etwas in Nichts. Essays / IA. Erzählung. In: Schreibheft (1988), H. 32, S. 3–22.
Kurzbiographie Albert Drach von ihm selbst verfaßt. In: Bogen 23 (Albert Drach) (1988), o.S.
Die »ehrenwerte Gesellschaft« und die Literatur. Dankrede. In: Jahrbuch der Deutschen Akademie für Sprache und Dichtung (1988), S. 120–122. Auch in: Büchner-Preis-Reden. 1984–1994. Vorwort von Herbert Heckmann. Hrsg. v. der Deutschen Akademie für Sprache und Dichtung. Stuttgart: Reclam 1994. (=Universal-Bibliothek. 9313.) S. 113–115.
»Der liebe Gott ist kein Hofrat«. Zum Verkehrsunwesen in Österreich. Essay. In: Profil v. 10.10.1988.
»Z.Z.« das ist die Zwischenzeit. [Ausschnitt]. In: Lächelnd über seine Bestatter: Österreich. Österreichisches Lesebuch. Von 1900 bis heute. Hrsg. v. Ulrich Weinzierl. München/Zürich: Piper 1989. (=Serie Piper.1040.) S. 301–309.
Das große Protokoll gegen Zwetschkenbaum. [Ausschnitt]. In: Köpfe, Herzen und andere Landschaften. Ein Podium der Gegenwartsliteratur. Hrsg. v. Renate Lerperger und Manfred A. Schmid. Mit einem Vorwort von Wendelin Schmidt-Dengler und einem Nachwort von Alois Vogel. Wien: Verlag der Österreichischen Staatsdruckerei 1990. (=Edition S.) S. 30–40.
Erster Akt. Aus dem Satansspiel vom göttlichen Marquis. In: Die Presse (Spectrum) v 28./29.4.1990.
Albert Drach über Albert Drach. In: Programmheft Das Satansspiel vom göttlichen Marquis. Mödling: Selbstverlag Mödlinger Bühne (Juli) 1991.
Unsentimental Journey. [Ausschnitt]. Übers. von Harvey I. Dunkle. In: Relationships. An anthology of contemporary Austrian prose. Hrsg. v.

Donald G. Daviau. Ausgew. u. eingel. von Adolf Opel. Riverside/CA: Ariadne Press 1991. (=Studies in Austrian literature, culture and thought. Translation series.) S. 114–120.
(Vielfältige Betroffenheit: Acht österreichische Schriftsteller zum Krieg am Golf:) Es haben sich einige schon als Erlöser gefühlt. In: Der Standard v. 26./27.1.1991.
Untersuchung an Mädeln. Beginn eines österreichischen Kriminalprotokolls. [Vorabdruck]. In: Die Presse (Spectrum) v. 20./21.7.1991.
Bänkel von der Rasse des Mondes / Ballad of the Moon's Background. Übers. von Herbert Kuhner. In: Wären die Wände zwischen uns aus Glas / If the walls between us were made of Glass. Jüdische Lyrik aus Österreich. Hrsg. v. Peter Daniel, Johannes Diethart und Herbert Kuhner. Wien: Verlag Der Apfel 1992, S. 32 u. 33.
Begründung einer Ankunft. In: Oberösterreichische Nachrichten v. 8.11.1991.
Die Entwertung aller Werte oder Die Wandlung des Etwas in Nichts. In: Literatur und Kritik (1992), H. 269/270, S. 32–34.
Im Exil. In: Die Zeit gibt die Bilder. Schriftsteller, die Österreich zur Heimat hatten. Hrsg. v. Ursula Seeber. Fotografiert von Alisa Douer. Wien: Dokumentationsstelle für Neuere Österreichische Literatur 1992. (=Zirkular. Sondernummer. 30.) S. 42.
[o.T.] [zu Georg Trakl]. In: Antworten auf Georg Trakl. Hrsg. v. Adrien Finck und Hans Weichselbaum. Salzburg: Otto Müller 1992. (=Trakl-Studien. 18.) S. 64.
Die Abschaffung Gottes und dessen Ersatz durch die Behörde. Essay. In: Neues Deutschland v. 19./20.12.1992.
(Haben Sie schon gestohlen? Eine Umfrage des »Spectrums«unter österreichischen Autoren:) Nein, niemals! A ja, doch! In: Die Presse v. 3./4.4.1993.
Gaszufuhr geöffnet, Zündung unterlassen. [Vorabdruck aus Das Beileid]. In: Die Presse (Spectrum) v. 7.8.1993.
Was ich lese. In: Die Presse (Spectrum) v. 30.10.1993.
Das Trittabschlagen. Ein Spiel mit Vorsätzen. In: Wespennest (1993), H. 91, S. 9–19.
Ein Herr mit Hut und ohne. In: Österreichische Erzähler des 20. Jahrhunderts. Bd. 1. Hrsg. v. Günther Fetzer. München: Heyne 1993. (=Heyne Jubiläumsbände. 50/82.) S. 257–285.
Über den Umgang mit Dichtern. Essay. In: In Sachen Albert Drach. Hrsg. v. Bernhard Fetz. Wien: Wiener Universitätsverlag 1995, S. 149–162.
Ermordungen. Gedichte 1983. Mit einer Einleitung von Reinhard Schulte. In: Akzente, Heft 2, April 2001, S. 102–111.

Theaterstücke

Alle: Verlag der Autoren, Frankfurt/M. 1992.
Das Fleisch des Andern. Eine mehrmalige Verkleidung in sechs Bildern.
Das Kasperlspiel vom Meister Siebentot. Eine Verkleidung in acht Bildern, das Vorspiel und das Nachspiel inbegriffen.
Variante zum »Kasperlspiel vom Meister Siebentot« bezüglich der Bilder 6 bis 8.
Das Märchen von Goldmarie und Pechelse erzählt für erwachsene Kinder.
Rinaldo Rinaldini unter den Schildbürgern. Verkleidung bei vier Gelegenheiten.
Sade. Ein Spiel aus heutiger Sicht. Ein sprechendes Bilderbuch. Dem Andenken meines Vogels Beo gewidmet.
Schöne im Waldschlaf oder Das Dornröschen. Verwirrspiel mit versöhnlicher Lösung.
Das Spiel mit dem Menschensohn. Ein Streitgespräch.
Das Trittabschlagen. Ein Spiel mit Vorsätzen.

Theateraufführungen

Das Skurrilspiel Sowas. Eine Verkleidung in drei Begebenheiten an gleichem Schauplatz zu verschiedenen Zeiten.
Uraufführung: Städtische Bühnen (Komödienhaus) Augsburg. Nov. 1965. Regie: Wolfgang von Stas.
Weiters: Württembergische Landesbühne Esslingen. Premiere 30.11.1989.
Regie: Ingoh Bruxs. / Tiroler Landestheater. Premiere 21. Jänner 1995.
Regie: Torsten Schillling.
Das Kasperlspiel vom Meister Siebentot. Eine Verkleidung in acht Bildern, das Vorspiel und das Nachspiel inbegriffen.
Uraufführung: Landestheater Darmstadt. September 1967. Regie: Werner Kreindl.
Weiters: Hof des Grazer Stadtmuseums im Rahmen der Veranstaltungsreihe »Kunst in der Altstadt«, 13.8.1985. Regie: Norbert Hainschek (einmalige Aufführung) / Experiment – Kleine Bühne am Liechtenwerd Wien, März 1992. Regie: Markus Ganser / Wiener Volkstheater, Juni 1994. Regie: Stephan Bruckmeier.
Das Abstraktspiel Andere Sorgen. (3. Bild)
Theater an der Wien (Nachtstudio). 9.6.1966. Regie: Emil Breisach.
Das Abstraktspiel Andere Sorgen. Drei Szenen bei wechselnden Zeiten und mit veränderten Personen.
Stadttheater Klagenfurt (Probebühne). 29.12.1966. Regie: Susanne Posterer.
Das Satansspiel vom Göttlichen Marquis.
Uraufführung: Mödlinger Bühne. Juli 1991. Regie: Stephan Bruckmeier.
A und K Oder »Ein Brudermord wird gutgemacht«.
Uraufführung: Landestheater Tübingen. 23.9.1995. Regie: Gert Hof.

Leseaufführungen

Hommage á Albert Drach: Gottes Tod ein Unfall – Ein Kernsprengungsspiel. Gelesen von Gustav Ernst, Elfriede Gerstl, Elfriede Jelinek, Marie-Thérèse Kerschbaumer, Ernst Molden, Peter Rosei, Peter Turrini, Heinz R. Unger, Elisabeth Wäger. Literarisches Quartier-Alte Schmiede, Wien. 7.12.1992. [Im Rahmen des Drach-Symposiums]
Das Skurrilspiel Sowas. Aufführung des 1. Wiener Lesetheaters. Mit Christa Nebenführ, Franz Schuh [u.a.]. Palmenhaus, Burggarten. 3.6. 1995.
(Zahlreiche Leseaufführungen in Tübingen, Buchhandlung in der Gartenstraße. Siehe Schulte, Albert Drach und sein Theater.)

Hörspiele

Das Paradies außer Sicht. Ein Kommentar als Hörspielfolge in drei Stücken. ORF. 17.11.1970. [Nach Angaben des Autors unautorisiert]
Das Aneinandervorbeispiel vom Leben für eine Verstorbene. Mit Chören von Friedrich Wildgans. ORF. 17.12.1977.
Das Satansspiel vom göttlichen Marquis. ORF. 24.11.1979.
Das Märchen von Goldmarie und Pechelse. Erzählt für erwachsene Kinder. ORF. 14.12.1982.
A.und K. Oder »Ein Brudermord wieder gutgemacht«. Ein Spiel zum Hören in drei Mitteilungen. ORF. 10.7.1990.

Film

Untersuchung an Mädeln.A 1999. R, B: Peter Payer. B: Wolfgang Beyer. K: Andreas Berger. S: Britta Nahler. M: Werner Pirchner. P: Dor Film. D: Anna Thalbach, Elke Winkens, Max Tidof, Otto Sander, Martin Brambach u.a., 90 Min.

Interviews

Albert Drach: Vielleicht beginnt jetzt meine Zeit. Interview mit sich selbst. In: Die Welt v. 16.9.1965.
Misar, Grete: Wir sprachen mit Dr. Albert Drach. In: Kleine Zeitung v. 17.12.1966.
Zaschke, Anna: Hoffnung und Skepsis. Aus einem Interview für den Saarländischen Rundfunk v. 5.4.1975. In: Bogen 23 (Albert Drach) (1988), o.S.
Schobel, Eva: Die wollen immer noch verdunkeln. Mit dem 86jährigen Schriftsteller-Enfant terrible Albert Drach sprach Eva Schobel über Hetzkampagnen und Kritikerpäpste, über Bundespräsidenten, Hausmeister und Stücke fürs Burgtheater. In: Wochenpresse v. 2.12.1988, S. 60f.
Schmickl, Gerald: »Reich-Ranicki ist das einzige Unglück in Deutschland«. In: Gegenwart (1990), H. 6, S. 9–14.
Cerha, Michael: Der »Sadist« von Mödling schrieb sein letztes Stück. In: Der Standard v. 3./4.2.1990.
Drachenblut: Aussprüche von Albert Drach. In: Theater heute (1990), H. 4, S. 52–54.
Sträter, Lothar: Marquis de Sade im Wienerwald. Georg Büchner-Preis 1988. Besuch bei dem 85jährigen österreichischen Schriftsteller Albert Drach. In: Rheinischer Merkur v. 21.10.1988.
Kaindlstorfer, Günter: Thomas Bernhard war nur viertrangig. In: Arbeiter Zeitung v. 18.8.1990.
Riepl, Heidi und Isabelle Stürzl: Protokolle gegen sich selbst? Interview mit Albert Drach. In: Salz (1991), H. 64, S. 36–39.
Settele, Matthias: Marquis de Sade im Wienerwald. – Eine Montage. [Zusammenstellung von Drach-Zitaten]. In: Programmheft Das Satansspiel vom göttlichen Marquis. Mödling: Selbstverlag Mödlinger Bühne (Juli) 1991.
Höbel, Wolfgang: Der Teufel ist ein Humanist. Uraufführung eines de Sade-Stücks und ein Besuch beim Dichter Albert Drach. In: Süddeutsche Zeitung v. 31.7.1991.
Pisa, Peter und Ricardo Peyerl: »Nur ein paar leuchtende Minuten«. Albert Drach, Schriftsteller und Anwalt, wird 89: Gespräch über verlorene Prozesse, verlorene Zeit. In: Kurier v. 20.10.1991.
Auckenthaler, Karlheinz F.: »...weil ich eine neue Form geschaffen habe«. Albert Drach im Gespräch. In: Literatur und Kritik (1992), H. 269/270, S. 23–31.
Molden, Ernst: »Ich liebe die Vögel am meisten.« In: Bühne (1992), H. 11, S. 114–119.
Cerha, Michael: Das Protokoll ist der Roman. Albert Drach steht im Mittelpunkt eines Symposiums in Wien. In: Der Standard v. 5./6.12.1992.
Jakobs, Karl-Heinz: »Kein Preis für einen Sadisten«. Gespräch mit Albert Drach. In: Neues Deutschland v. 19./20.12.1992.
Pollak, Anita: Ein Leben als Gespenst. Der österreichische Schriftsteller Albert Drach über sein neues Buch [Das Beileid]. In: Kurier v. 28.8.1993.
Fragebogen. Albert Drach, Schriftsteller. [Mit einem Kurzporträt von c.s.]. In: Frankfurter Allgemeine Zeitung (Magazin) v. 11.3.1994.
Schobel, Eva: Ich bin ein wütender Weiser. In: In Sachen Albert Drach. Hrsg. v. Bernhard Fetz. Wien: Wiener Universitätszeitung 1995, S. 14–16.
Schmidt-Dengler, Wendelin: Wider die verzuckerten Helden. Ein Gespräch mit Albert Drach. – In: Albert Drach. Hrsg. v. Gerhard Fuchs u. Günther A. Höfler. S. 9–27.

SEKUNDÄRLITERATUR

Buchveröffentlichungen

Fischer, André: Inszenierte Naivität. Zur ästhetischen Simulation von Geschichte bei Günter Grass, Albert Drach und Walter Kempowski. München: Wilhelm Fink Verlag 1992. (=Theorie und Geschichte der Literatur und schöner

Künste. Reihe C. Ästhetik. Kunst und Literatur in der Geschichte der Neuzeit. 9.)
Settele, Matthias: Der Protokollstil des Albert Drach. Recht, Gerechtigkeit, Sprache, Literatur. [Mit Bibliographie]. Frankfurt/M.: Peter Lang 1992. (=Europäische Hochschulschriften. Reihe 1. Deutsche Sprache und Literatur. 1343.)
Schulte, Reinhard: Albert Drach und sein Theater. Tübingen: Selbstverlag 1993.
In Sachen Albert Drach. Hrsg. v. Bernhard Fetz. Wien: Universitätsverlag 1995. Die Beiträge dieses Bandes werden in der Bibliographie einzeln verzeichnet.
Albert Drach. Hrsg. v. Gerhard Fuchs u. Günther A. Höfler. Graz, Wien: Droschl 1995. (Dossier. Bd. 8.) Die Beiträge dieses Bandes werden in der Bibliographie einzeln verzeichnet.
Reiter, Andrea: »Auf dass sie entsteigen der Dunkelheit«. Die literarische Bewältigung von KZ-Erfahrung. Wien: Löcker 1995. Hier S. 84–97: Der Reisebericht als Erklärungsmuster: Albert Drach: »Unsentimentale Reise«.
Müller-Dietz, Heinz: Recht und Kriminalität im literarischen Widerschein. Gesammelte Aufsätze. Baden-Baden: Nomos-Verl.-Ges. 1999. (Juridische Zeitgeschichte: Abt. 6, Recht in der Kunst. Bd. 1.) Hier S. 190–218: Vom Kriminalprotokoll zum literarischen Protokoll. Anmerkungen zu Werk und Persönlichkeit Albert Drachs.

Diplomarbeiten und Dissertationen

Vikas, Sonja: Der Typus des Außenseiters am Beispiel Albert Drach. Wien: Dipl. Arbeit 1991.
Kowalski, Robert: Albert Drach: Ironie und Zynismus am Beispiel der »Unsentimentalen Reise« und »Untersuchung an Mädeln«. Danzig: Dipl. Arbeit 1995.
Reichl, Johannes: Albert Drachs »Unsentimentale Reise« als Exilautobiographie. Wien: Dipl. Arbeit 1997.
Dorner, Andrea: Bocksprünge. Die Rolle des Opfers in Albert Drachs Romanen: »Das große Protokoll gegen Zwetschkenbaum« und »Untersuchung an Mädeln«. Wien: Dipl.Arbeit 1998.
Millner, Alexandra: Spiegeltexte in der deutschsprachigen Gegenwartsliteratur. Dargestellt an Texten von Elfriede Jelinek, Adolf Musch, Thomas Bernhard und Albert Drach. Wien: Diss. 1999.
Gutvill, Sára: Schicksalslosigkeit. Der »Roman eines Schicksalslosen« von Imre Kertesz und die »Unsentimentale Reise« von Albert Drach im Vergleich. Wien: Dipl.Arbeit 2000.
Kaiserseder, Sophia: Zwischen die Schenkel gegriffen. Albert Drachs Kriminalprotokoll »Untersuchung an Mädeln« in der Verfilmung von Peter Payer. Graz: Dipl.Arbeit 2002.

Artikel und Aufsätze zu Person und Werk des Autors*

Böhm, Gotthard: Debüt mit acht Bänden. Albert Drachs Lebenswerk wurde von einem deutschen Verlag entdeckt. In: Die Presse v. 27./28.6.1964.
Bronner, Oscar: Mit 61 Jahren entdeckt. In: Kurier v. 1.8.1964.
Leitenberger, Ilse: Verkleidung, Protokolle, Entblößungen. In: Wort und Wahrheit (1964), H. 8/9, S. 557f.

* Grundlage außer den im Hause Drach gesammelten Zeitungsausschnitten bilden die Sammlungen der Dokumentationsstelle für Neuere Österreichische Literatur, des Innsbrucker Zeitungsarchivs, des Franz-Nabl-Instituts Graz, des Literaturarchivs Marbach und der Bibliotheken der Stadt Dortmund. Der Dank gilt den genannten Institutionen.
Nicht berücksichtigt werden Lexikonartikel sowie Kurzmeldungen mit geringem Informationswert (zu Preisverleihungen, Geburtstagen etc.)

Fabian, Rainer: Das große Protokoll gegen Zwetschkenbaum. Albert Drach. Lebenswerk in acht Bänden. Durch Zufall entdeckt. Besuch beim Autor in Wien. In: Rheinischer Merkur v. 18.9.1964.
Kruntorad, Paul: Meister des Protokolls. In: Die Furche v. 9.1.1965.
Wickenburg, Erik: Entdeckt mit 62 Jahren. In: Welt am Sonntag v. 31.1.1965.
Wallmann, Jürgen P.: Große und kleine Protokolle. Neue Bände von Albert Drach. In: Echo der Zeit v. 10.10.1965.
Kramberg, K.[arl] H.: Der Teufel des Aneinandervorbei. Einfalt und Ironie im Werk Albert Drachs. In: Wort in der Zeit (1966), H. 5, S. 32–37.
Stengel, Elisabeth: Amateurprotokolle und Literatur? In: Literatur und Kritik (1966), H. 5, S. 53–56.
N.N.: Mit Rabatt. In: Der Spiegel v. 9.9.1968.
Klaus, Rudolf U.: Skurrile Spiele. Das Theater des A.D. In: Programmheft zu Kasperlspiel vom Meister Siebentot. Landestheater Darmstadt, September 1967; Programmheft zu Das Skurrilspiel Sowas. Landestheater Innsbruck, Jänner 1995, S. 8.
New German Writing. Legal Fictions. In: The Times Literary Supplement v. 12.9.1968.
Hahnl, Hans Heinz: Entlarvung auf Umwegen. Rechtsanwalt und Romancier. Der Wiener Albert Drach wird 70. In: Kölner Stadt-Anzeiger v. 16.12.1972.
Hartl, Edwin: Kleines Protokoll für Drach. In: Salzburger Nachrichten v. 16.12.1972.
Sebestyén, György: Sichtschneisen in der Kanzleisprache. Zum 70. Geburtstag von Albert Drach. In: Die Welt v. 16.12.1972.
Schondorff, Joachim: Das Werk eines Übersehenen. In: Rheinische Post v. 6.1.1973.
Heller, Elisabeth: Ein Besuch im Drachhof in Mödling. In: Mödlinger Zeitung v. 4.10.1973.
Brasloff, Friedrich Lothar: Albert Drach: Ein Dichter in ständigem Kriegszustand. In: Emuna. Horizonte zur Diskussion über Israel und das Judentum 8 (1973), H. 2, S. 131–134.
Preisendanz, Wolfgang: Zum Vorrang des Komischen bei der Darstellung von Geschichtserfahrung in deutschen Romanen unserer Zeit. In: Das Komische. Hrsg. v. W.P. und Rainer Warning. München: Fink 1976. (=Poetik und Hermeneutik. 7.) S. 153–156.
Zaschke, Anna: Große Zukunft? Unentdeckt: der fünfundsiebzigjährige Albert Drach. In: Frankfurter Rundschau v. 17.12.1977.
Schondorff, Joachim: Die unsentimentale Lebensreise des Albert Drach. Zum 75. Geburtstag. In: morgen (1977), H. 2, S. 156–159.
Twaroch, Johannes: Zum 75. Geburtstag von Albert Drach. In: Kulturberichte Niederösterreich (Feb. 1978), S. 4f.
Schlant, Ernestine: An Introduction to the Prose Narratives of Albert Drach. In: Modern Austrian Literature (1980), H. 13, S. 69–85.
Sebestyén, György: Listenreich ohne Kompromiß. In: G.S. : Studien zur Literatur. Eisenstadt: Edition Roetzer 1980, S. 257–259.
Schondorff, Joachim: Von Mödling nach Mödling. Albert Drach oder Die Selbstzerstörung eines Autors. In: J.S. : Ein Bündel Modelfälle. Streifzüge durch die Literatur und Geschichte. Wien: Europaverlag 1981, S. 241–247.
Gross, Ruth V.: Kaspar / Kasperl: Repetition and Difference in Handke and Drach. In: The German Quarterly 54 (1981), H.2, S. 154–165.
Bauschinger, Sigrid: Protokolle seines Lebens und seiner Zeit. Albert Drach wird achtzig. In: Frankfurter Allgemeine Zeitung v. 17.12.1982.
Hartl, Edwin: In der Rolle des anklagenden Protokollführers. Der ungewöhnliche Schriftsteller Albert Drach wird heute, Freitag, achtzig Jahre alt. In: Salzburger Nachrichten v. 17.12.1982.
N.N.: Albert Drach 80. In: Die Presse v. 17.12.1982.
Schulze-Reimpell, Werner: In allen Gattungen zu Hause. Albert Drach zum 80. Geburtstag. In: Stuttgarter Zeitung v. 17.12.1982.
Richter, Franz: Der Meister aus Mödling. Zum 80. Geburtstag von Albert Drach. In: morgen (1982), H. 26, S. 369–371.

Seel, Martin: Über einige Beziehungen der Vernunft zum Humor. In: Akzente (1986), H. 33, S. 420–432.
Fischer, André: Die Eintracht des Vergessens. Der Fall Albert Drach oder die Schnellebigkeit des Literaturmarkts. In: Süddeutsche Zeitung v. 11.8.1987.
Thuswaldner, Anton: Das Herz der Massen ist leer. Albert Drach, die unbekannte Größe. In: Die Presse (Spectrum) v. 12./13.12.1987.
Hartl, Edwin: Kleines Protokoll zu Albert Drach. In: Salzburger Nachrichten v. 17.12.1987.
Wimmer, Paul: Kein Aneinandervorbeispiel. In: Kulturberichte Niederösterreich (Dez. 1987), S. 6f.
Fischer, André: Aus der Geschichte ist noch keiner glimpflich herausgekommen. Der Fall Albert Drach. In: Bogen 23 (Albert Drach) (1988), o.S.
Wolfgang Preisendanz: Komik als Komplement der Erfassung von Kontingenzen. In: Kontingenz. Hrsg. v. Gerhart Graevenitz und Odo Marquard. München: Fink 1998. (= Poetik und Hermeneutik 12.) S. 383–401, S.395–398.
Rudle, Ditta: Protokolle. In: Wochenpresse v. 15.1.1988.
Hahnl, Hans Heinz: (Österreichische Autoren:) Albert Drachs dritter Anlauf. In: Arbeiter Zeitung 7.4.1988.
Löffler, Sigrid: Eingestürztes Weltvertrauen. Zwei Juden legen Zeugnis ab, wie sie den Holocaust überlebten – Primo Levi und Albert Drach. In: Profil v. 11.4.1988.
Schobel, Eva: Albert Drach oder die Kunst des Überlebens. Ein Porträt des kürzlich mit dem Büchnerpreis ausgezeichneten österreichischen Schriftstellers. In: Falter v. 17.6.1988, Nr. 24.
Schobel, Eva: Die Bestätigung des Hausmeisters ist zu erbringen. Verrückte Geschichten aus einem widerspenstigen Leben: Besuch beim diesjährigen Büchner-Preisträger Albert Drach. In: Frankfurter Rundschau v. 18.6.1988.
Melzer, Gerhard: (Lesestunden spezial:) Vogelfrei unterwegs. In: Kleine Zeitung v. 29.7.1988.
Haider, Hans: Zwischen Zuwenig und Zuviel. Büchner-Preis-Gewinner Albert Drach: Eine Personifizierung des Österreichischen Schicksals? In: Die Presse (Spectrum) v. 24./25.9.1988.
Wallmann, Hermann: Die Wiederkehr des Drach. In: Schreibheft (1988), H. 32, S. 23–25.
Papenberg-Weber Anette: Ich hab immer gewußt, daß mein Werk etwas wert ist. In: Börsenblatt für den deutschen Buchhandel (1989), H. 1, S. 22f.
Grieser, Dietmar: »Ich habe niemals prolongiert...« Dietmar Grieser zu Besuch bei Albert Drach in Mödling. In: Bücherschau (Wien) (1989), H. 9, S. 3–5.
Schlant, Ernestine: Albert Drach. In: Austrian Fiction Writers After 1914. Hrsg. v. Donald G. Daviau und James Hardin. Detroit/New York/London: Bruccoli Clark Layman 1989. (=Dictionary of Literary Biography. 85.) S. 138–147.
Cerha, Michael: Der »Sadist« von Mödling schrieb sein letztes Stück. In: Der Standard v. 3./4.2.1990.
Schobel, Eva: Wider die Haderlumpen. Über die Verkleidung des »Sadisten« Drach. In: Die Presse (Spectrum) v. 28./29.4.1990. [Zu Kasperlspiel und Satansspiel]
Rudolf, Dieter P: Albert Drach. In: Mitteilungen der Gesellschaft der Arno-Schmidt-Leser (1990), H. 2, S. 11–15.
Mand, Andreas: Der Regenschirm des Albert Drach. In: Stadtblatt Osnabrück (1990), H. 7, S. 78.
Schmickl, Gerald: Großes Protokoll gegen die Welt. Zu Besuch bei Albert Drach. Ein Bericht. In: Lesezirkel (Mai 1990), Nr. 45, S. 25f.; [unter anderem Titel:] Die Weltwoche v. 19.7.1990.
Kucher, Primus Heinz: Protokolle der Ausgrenzung und des Überlebens. Zu Albert Drachs »Z.Z.« das ist die Zwischenzeit und Unsentimentale Reise anläßlich ihrer Neuauflagen. In: Mit der Ziehharmonika (1991), H. 2, S. 10f.
Wimmer, Paul: Skurrile und andere Verkleidungen. Zum 90. Geburtstag von Albert Drach. In: Niederösterreichische Kulturberichte (Dez. 1992), S. 10f.

Kaindlstorfer, Günter: Ratzeputz. Der Kanzleischreiber Gottes: Zum 90. Geburtstag des Schriftstellers Albert Drach. In: Die Presse (Spectrum) v. 12.12.1992.
Rieger, Manfred: Gelächter über das Böse. Albert Drach, berühmt durch sein Protokoll gegen Zwetschkenbaum, wird 90 Jahre alt. In: Kölner Stadtanzeiger v. 15.12.1992.
Fischer, André: Die vielen Facetten des Bösen. Ein Autor, der radikal gegen das Unrecht schreibt: Albert Drach wird 90. In: Nürnberger Zeitung v. 16.12.1992.
Fetz, Bernhard: Albert Drach. In: Neue Wiener Bücherhefte (1992), H. 3, S. 33.
Götz, Thomas: Das Böse und seine Facetten. Zum 90. Geburtstag von Albert Drach. In: Neue Zürcher Zeitung v. 17.12.1992.
Götz, Thomas: Gnadenloser Protokollist. Albert Drach feiert heute seinen 90. Geburtstag. Notizen über einen Unbeugsamen, der sein Rechtsempfinden auf die Literatur übertrug. In: Kleine Zeitung v. 17.12.1992.
Gruber, Klaus: Späte Anerkennung für einen distanzierten Stil. Zum 90. Geburtstag des österreichischen Schriftstellers. In: Wiesbadner Kurier v. 17.12.1992.
Gruber, Klaus: Erst im Alter die Früchte der Arbeit geerntet. In: Fränkischer Tag v. 17.12.1992.
Hell, Cornelius: Prozeß gegen die Gleichgültigkeit der Welt. Der erst 1988 wiederentdeckte Autor Albert Drach feiert am 17. Dezember seinen 90. Geburtstag. In: Die Furche v. 17.12.1992.
Jakobs, Karl-Heinz: Kleines Protokoll über Albert Drach. In: Neues Deutschland v. 17.12.1992.
Mohr, Peter: Neunzig und kein bißchen leise. In: Schwäbische Zeitung v. 17.12.1992.
Molden, Ernst: Der Anwalt als Kläger. Dem Schriftsteller Albert Drach zum 90. Geburtstag. In: Die Welt v. 17.12.1992.
Scheller, Wolf: Zwischenzeit im Wienerwald. Zum 90. Geburtstag des österreichischen Schriftstellers Albert Drach. In: Weser Kurier v. 17.12.1992; Bremer Tageszeitung v. 17.12.1992; Der Tagesspiegel v. 17.12.1992.
Scheller, Wolf: Aus der Zwischenzeit. Wechselspiel von Ernst und Zynismus. In: Nürnberger Nachrichten v. 17.12.1992.
Schirrmacher, Wolfgang: Gerechtigkeit im schwarzen Labyrinth. Zum 90. Geburtstag des Wiener Schriftstellers Albert Drach. In: Rheinische Post v. 17.12.1992.
Klier, Walter: Über Albert Drachs Prosaprotokolle und ihre gnadenlose Skurrilität. In: Lesezirkel (Dez. 1992), Nr. 60, S. 18f.
Schmickl, Gerhard: Im Banne der Wasserleiche. Vermischte Bemerkungen zu Albert Drach und der Rezeption seiner Werke. In: Lesezirkel (Dez. 1992), Nr. 60, S. 14f.
Schobel, Eva: Wütend, weise, widerspenstig. Notizen zu Leben, Werk und Selbstverständnis von Albert Drach. In: Lesezirkel (Dez. 1992), Nr. 60, S. 16f.
Schobel, Eva: Ein wütender Weiser. Zum 90. Geburtstag von Albert Drach. In: Süddeutsche Zeitung v. 17.12.1992.
Thuswaldner, Anton: Schreiben gegen die Macht und ihren Reiz. Albert Drach, der Umständliche und Einzelgänger als Schriftsteller, feiert den 90. Geburtstag. In: Salzburger Nachrichten v. 17.12.1992.
Wallmann, Hermann: Misanthropisches Bollwerk um die Kürze des Glücks. Albert Drach zum 90. Geburtstag. In: Basler Zeitung v. 17.12.1992.
Wallmann, Hermann: Satansspiel. Albert Drach zum 90. In: Frankfurter Rundschau v. 17.12.1992.
Weinzierl, Ulrich: Geschickte Untersuchung an Mädeln. Boshafter Meister der Amtssprache: Albert Drach zum neunzigsten Geburtstag. In: Frankfurter Allgemeine Zeitung v. 17.12.1992.
Fetz, Bernhard: Das Auge des Gesetzes. Albert Drach, Rechtsanwalt und Schriftsteller aus Mödling, feiert am 17. Dezember seinen 90. Geburtstag. Ein Porträt des Jubilars. In: Falter v. 18.12.1992, Nr. 51/52.

Strigl, Daniela: Ich war immer nur ein kleiner Anwalt. Zum 90. Geburtstag von Albert Drach. In: Mit der Ziehharmonika (1992), H. 4, S. 10f.
Fleischhacker, Michael: Die Wahrheit hat mit der Wirklichkeit wenig zu tun. In: Kleine Zeitung v. 10.3.1993.
Auckenthaler, Karlheinz F.: »Es blieb mir nichts übrig, als ein Dichter zu werden.« Der jüdische Schriftsteller Albert Drach. In: Die Zeit und die Schrift. Österreichische Literatur nach 1945. Hrsg. v. K.A. Szeged: Jate 1993 (=Acta Germanica.4.) S. 124–139.
Klier, Walter: Einmal Orkus und retour. Über Hans Lebert, Albert Drach, Veza Canetti, Alfred Bittner. In: Merkur (1993), H. 2, S. 155–160.
Schobel, Eva: Vom unsterblichen Albert Drach und einem ihm gewidmeten Symposium. In: Podium (1993), H. 87, S. 2f.
Fetz, Bernhard: Die Gesichter des Teufels. Über zwei Neuerscheinungen des Grillparzerpreisträgers Albert Drach, der im Dezember seinen 91. Geburtstag feiert. In: Falter v. 8.10.1993, Nr. 40.
Gilman, Sander L.: Zwetschkenbaum's Competence: Madness and the Discourse of the Jew. In: Modern Austrian Literature (1993), H. 2, S. 1–34.
Kucher, Primus Heinz: Anwendungsfälle des Zynismus. Albert Drachs Lebens- und Überlebensprotokolle. Von »Z.Z.« zur Unsentimentalen Reise. In: Österreich in Geschichte und Literatur 37 (1993), H. 1, S. 19–31.
Roček, Roman: Protokoll über das Protokollieren. In: morgen (1993), H. 87, S. 18.
Schlant, Ernestine: Albert Drach's Unsentimentale Reise: Literature of the Holocaust and the Dance of Death. In: Modern Austrian Literature (1993), H. 2, S. 35–62.
Auckenthaler, Karl Heinz: »Ich habe mich erst als Jude zu fühlen gehabt, als mich der Hitler zu einem solchen erklärt hat.« Albert Drachs Beziehung zum Judentum. In: Modern Austrian Literature (1994), H. 27, S. 51–69.
Fliedl, Konstanze: Wer hat Angst vor Albert Drach? Drei neue Bücher. In: Literatur und Kritik (1994), H. 289/290, S. 89–92.
Settele, Matthias: Legenden und Wahrheiten. Aus dem Leben des Albert Drach. In: Programmheft Das Skurrilspiel Sowas. Tiroler Landestheater (Jänner 1995), S. 4–8.
N.N. [Gertrude Drach]: Persönlichkeiten in unserem Bezirk. Dr. Albert Drach. Rechtsanwalt und Schriftsteller. 1902–1995. In: Heimatkundliche Beilage zum Amtsblatt der Gemeinde Mödling 31, H. 3, v. 6.6.1995.
Haas, Franz: Aus dem Rechtsgebiet der Niedertracht. Albert Drachs wütende Protokollierkunst. In: Neue Zürcher Zeitung v. 10./11.6.1995.
Bernhard Fetz: Erste Sätze – Zur Poetik Albert Drachs. In: Sachen Albert Drach. Hrsg. v. B.F. Wien: Wiener Universitätsverlag 1995, S. 118–138.
Marie-Thérèse Kerschbaumer: Albert Drach/Bruder Sade. In: Fetz (Hrsg.), In Sachen Albert Drach, S. 85–117.
Ferdinand Schmatz: Zum Zeit-Begriff bei Albert Drach. In: Fetz (Hrsg.), In Sachen Albert Drach, S. 50–70.
Eva Schobel: Albert Drach oder das Protokoll als Wille und Vorstellung. In: Fetz (Hrsg.), In Sachen Albert Drach, S. 8–13.
Fischer, André: »Der Zynismus ist ein Anwendungsfall der Ironie«. Zum Humor bei Albert Drach. In: Albert Drach. Hg. v. Gerhard Fuchs u. Günther A. Höfler, S. 31–50.
Fetz, Bernhard: Das Opfer im Zerrspiegel. Zu Albert Drachs autobiographischen Texten. In: Albert Drach. Hrsg. v. Gerhard Fuchs u. Günther A. Höfler, S. 51–77.
Schulte, Bernhard: Albert Drachs Stücke. In: Albert Drach. Hrsg. v. Gerhard Fuchs u. Günther A. Höfler, S. 123–162.
Schulte, Bernhard: Gedichte Albert Drachs. In: Albert Drach. Hrsg. v. Gerhard Fuchs u. Günther A. Höfler, S. 203–234.
Höfler, Günther A.: »Wenn einer ein Jud ist, ist das Schuld genug«. Aspekte des Jüdischen im Werk Drachs. In: Albert Drach. Hrsg. v. Gerhard Fuchs u. Günther A. Höfler, S. 179–202.
Vikas, Sonja: Der Außenseiter Albert Drach. In: Albert Drach. Hrsg. v. Gerhard Fuchs u. Günther A. Höfler, s. 235–252.

Schobel, Eva: Albert Drach – ein lebenslanger Versuch zu überleben. In: Albert Drach. Hrsg. v. Gerhard Fuchs und Günther A. Höfler, S. 329 – 372.
Karlheinz F. Auckenthaler: »Vielleicht wenn ich genügend lange tot bin, werde ich unter den dramatischen Autoren meinen ersten Rang bekommen.« – Albert Drach und das österreichische Volksstück. In: Auckenthaler (Hg.): Lauter Einzelfälle. Bekanntes und Unbekanntes zur neueren österreichischen Literatur. Bern [usw.]: Lang 1994.(= New Yorker Beiträge zur österreichischen Literaturgeschichte, Bd. 5) S. 447–465.
Jürgen Egyptien: Im Schatten des Zwetschkenbaums. Judentum in Albert Drachs literarischem und essayistischem Werk. In: Das jüdische Echo. Europäisches Forum für Kultur und Politik. Vol. 48, Oktober 1999, S. 54–61.
Kucher, Primus-Heinz: »Ein Mosaik des Grauens und Entsetzens«. Albert Drachs Tagebuch-Protokolle und Exilaufarbeitung nach 1945 in Das Beileid und Das I. In: Exile and Aftermath. The work of exiled Austrian writers after 1945. Hrsg. v. Jörg Thunecke. Amsterdam: Rodopi 2004. (= Amsterdamer Beiträge zur Neueren Germanistik). In Druck.

Lesungen

Kruntorad Paul: Kleines Protokoll gegen Drach. In: Kurier v. 14.12.1964. [Betrifft Lesung Albert Drachs aus: Amtshandlung gegen einen Unsterblichen. Hat Drachs Klage zur Folge. Siehe auch: Im Namen der Republik. (Urteilsverkündung) In: Kurier v. 17.9.1965.]
Hensel, Georg: Zuhören beim Schreibprozeß. In: Darmstädter Echo v. 29.9.1966.
Hahnl, Hans Heinz: Geballte Ladungen Entsetzen. Albert Drach las aus einem neuen Buch. In: Arbeiter Zeitung v. 24.3.1983.
Katz, Anne Rose: Dichter aus Zorn. Stadtschreiber-Matinee: Albert Drach. In: Süddeutsche Zeitung v. 4.4.1989.
Brautlach, Eva: Unsentimental, bissig. Albert Drach in München. In: Süddeutsche Zeitung v. 21.9.1989.
Schäffer, Eva: Autor Albert Drach liest im Grazer Forum. In: Neue Zeit v. 9.1.1992.
Bartens, Gisela: Der Grande der Ironie. Die späte Huldigung kann er nur noch hören, nicht sehen. Albert Drach kam zum ersten Mal ins Forum Stadtpark. In: Kleine Zeitung v. 18.1.1992.
Schandor, Werner: Albert Drachs Protokolle. In: Neue Zeit v. 18.1.1992.
Steininger, Jutta: Unsentimentale Gedanken-Reisen. Zeitanalytiker Albert Drach zu Gast im Grazer Forum Stadtpark. In: Kronenzeitung (Graz) v. 20.1.1992.
Thuswaldner, Anton: Unerbitterlich gegen sich wie auch gegen andere. Leselampe: Salut für Albert Drach als Rhetor und Literat. In: Salzburger Nachrichten v. 7.5.1992.
Haider-Pregler, Hilde: Plädoyer für einen Dichter. Akademietheater: Lesung zum 90. Geburtstag von Albert Drach. In: Wiener Zeitung v. 18.12.1992.

Preisverleihungen

Preisendanz, Wolfgang: Die grausame Zufallskomödie der Welt. Laudatio auf Albert Drach. In: Jahrbuch der Deutschen Akademie für Sprache und Dichtung 1988, S. 114–119.
Auch in: Büchner-Preis-Reden. 1984–1994. Vorwort von Herbert Heckmann. Hrsg. v. der Deutschen Akademie für Sprache und Dichtung. Stuttgart: Reclam 1994. (=Universal-Bibliothek. 9313) S. 103–112.
Reich-Ranicki, Marcel: Lauter Unglücke. Zu den Preisen der Darmstädter Akademie. In: Frankfurter Allgemeine Zeitung v. 11.5.1988.
Ders.: Darmstädter Vertrottelung: In: Der Spiegel v. 16.5.1988.
Hüfner, Agnes: Protokolle einer Reise, unsentimental. In: Deutsches Allgemeines Sonntagsblatt v. 22.5.1988.

Krüger, Michael: Nicht manipuliert. In: Frankfurter Allgemeine Zeitung v. 31.5.1988. [Leserbrief]
Darmstädter Gemauschel. In: Sortiment v. 2.6.1988.
Müller, Andreas: Albert Drach: Der Büchnerpreis kommt mir zu. In: Darmstädter Echo v. 3.9.1988.
Löffler, Sigrid: Protokollant des Hundsgemeinen. Ein Unerbitterlicher, ein fast Vergessener wird mit dem Büchner-Preis ausgezeichnet – der 86jährige Mödlinger Rechtsanwalt Albert Drach. In: Profil v. 10.10.1988.
Ziermann, Horst: Advokat ohne Kanzleideutsch. In: Nürnberger Zeitung v. 14.10.1988.
Jansen, Hans: Ein kauziger Einzelgänger. In: WAZ v. 15.10.1988.
Rieger, Manfred: Flucht ins Gelächter. In: Saarbrückner Zeitung v. 15.10.1988.
Rieger, Manfred: Scherz treiben mit dem Entsetzen. In: Badische Zeitung v. 15./16.10.1988.
Grieser, Dietmar: »Nur Lumpen sind bescheiden«. In: Die Welt v. 15.10.1988.
Schirrmacher, Wolfgang: Das Leben als unsentimentale Reise. In: Kieler Nachrichten v. 15.10.1988.
Thuswaldner, Anton: Die Entdeckung eines Unbekannten. In: Salzburger Nachrichten v. 15.10.1988.
Auffermann, Verena: Die Welt, eine grausame Zufallskomödie. In Darmstadt wurde der Büchner-Preis vergeben. In: Süddeutsche Zeitung v. 17.10.1988.
Franke, Eckhard: Witz, der um die Nähe des Todes weiß. In: Kölner Stadtanzeiger v. 17.10.1988.
Krämer-Badoni, Rudolf: Der Geschichtenerzähler ist der wahre Philosoph. In: Die Welt v. 17.10.1988.
Schmitz, Helmut: In ehrenwerter Gesellschaft. Niemand war auf der Büchnerpreis-Feier um (Eigen-)Lob verlegen. In: Frankfurter Rundschau v. 17.10.1988.
Skasa-Weiß, Ruprecht: Die Stunde der alten Knaben. Albert Drach: ein Romancier, geehrt in Büchners Namen. In: Stuttgarter Zeitung v. 17.10.1988.
N.N.: Das literarische Protokoll. Büchner-Preis für Albert Drach. In: Arbeiter Zeitung v. 18.10.1988.
Weinzierl, Ulrich: Ende einer Posse. Albert Drach enthält den Grillparzer-Preis. In: Frankfurter Allgemeine Zeitung v. 24.3.1993.
Albert Drach erhält den Grillparzerpreis. In: Die Presse v. 25.3.1993.
N.N.: Grillparzerpreis an Albert Drach. Wiens Universität gelang ein Versöhnungsakt. [Mit einem Kommentar von Hans Haider]. In: Die Presse v. 30.3.1993.
elce: Albert Drach erhielt im Wiener Juridicum den Grillparzer-Preis. In: Der Standard v. 30.3.1993.
N.N.: Geehrt im Namen Grillparzers. Albert Drach erhielt in Wien eine hohe Auszeichnung. In: Salzburger Nachrichten v. 30.3.1993.

Nachrufe

Cerha, Michael: Der Tod hat das Protokoll geschlossen. Österreichs Gegenwartsliteratur verlor mit Albert Drach ihren störrischen Doyen. In: Der Standard v. 29.3.1995.
Gauß, Karl Markus: Ja und Nein. Zum Tode von Albert Drach. In: Neue Zürcher Zeitung v. 29.3.1995.
jl: Ein Unsentimentaler. In: Tageszeitung v. 29.3.1995.
Gruber, Klaus: Hart und zäh in einem Leben voller Kämpfe. In: Dresdner Neueste Nachrichten und Leipziger Volkszeitung v. 29.3.1995.
Gruber, Klaus: Schriftsteller Albert Drach gestorben. In: Wiesbadner Kurier v. 29.3.1995.
Krause, Werner: »Tränen sind unerlaubt.« Er galt als »Protokollant des Hundsgemeinen« und unbeugsamer Wahrheitssüchtiger. Albert Drach starb im Alter von 93 Jahren in Wien. In: Kleine Zeitung v. 29.3.1995.
Kruntorad, Paul: Spröde Sprache. In: Nürnberger Nachrichten v. 29.3.1995.

Platzek, Wolfgang: Die Reise nach Utopia. In: Westdeutsche Allgemeine Zeitung v. 29.3.1995.
Rieger, Manfred: Ein Vergessener. In: Kölner Stadt-Anzeiger v. 29.3.1995.
Schäffer, Eva: Schwarzer Humor, grausamer Witz. In: Neue Zeit v. 29.3.1995.
Schobel, Eva: Abschied vom Mond. Zum Tod des Nestors der österreichischen Literatur: Albert Drach. In: Süddeutsche Zeitung v. 29.3.1995.
Schulze-Reimpell, Werner: Sympathie für Außenseiter und geniale Rebellen. In: Stuttgarter Zeitung v. 29.3.1995.
Schulze-Reimpell, Werner: Das Böse entlarvt. in: Hessische Allgemeine v. 29.3.1995.
WoS [Wolfram Schütte]: Protokollant der Kälte. Zum Tode des österreichischen Schriftstellers Albert Drach. In: Frankfurter Rundschau v. 29.3.1995.
Steiner, Bettina: Unsentimental und unversöhnlich. In: Die Presse v. 29.3.1995.
Thuswaldner, Anton: Gewalt, Komplizin des Todes. Der Zyniker als Literat. Der Schriftsteller Albert Drach ist im Alter von 92 Jahren in Mödling gestorben. In: Salzburger Nachrichten v. 29.3.1995.
Tschapke, Reinhard: Das Glück am Zipfel packen. Spät entdeckt, spät geehrt. Zum Tode des Schriftstellers Albert Drach. In: Die Welt v. 28.3.1995.
Weinzierl, Ulrich: Ein Wiener Lied aus unserer Zeit. Der Grimmige unter den Gnadenlosen. In: Frankfurter Allgemeine Zeitung v. 29.3.1995.
N.N.: Unsentimentale Reise. In: Augsburger Allgemeine v. 29.3.1995.
Schmitter, Elke: Der Protokoll-Künstler. Zum Tod des großen österreichischen Schriftstellers Albert Drach. In: Die Zeit v. 31.3.1995.
Dies.: Protokollprobleme: In: Die Zeit v. 7.4.1995. [Korrekturen zu s.o.]
Schobel, Eva: Abschied vom Mond. Zum Tod des großen österreichischen Schriftstellers Albert Drach (1902–1995), der Montag letzter Woche in Mödling verstorben ist. In: Falter v. 7.4.1995, Nr. 14.
MaGo: Verseschmied und Zyniker. In memoriam Albert Drach. In: Niederösterreichische Kulturberichte (April 1995), S. 9f.

Zu Einzelwerken

Zu *Das große Protokoll gegen Zwetschkenbaum*

Gehmacher, Ernst: Eine Mischung aus Schwejk und Ahasver. In: Arbeiter Zeitung v. 26.7.1964.
I.L. [=Ilse Leitenberger]: Durch das Inferno von der Gegenwart getrennt. In: Die Presse v. 5./6.9.1964.
Fink Humbert: Jiddische Odyssee im k.u.k. Kanzleistil. In: Deutsches Allgemeines Sonntagsblatt v. 20.9.1964.
Sanders, Rino: Schmul in den Fängen der Kanzleisprache. Die Geschichte eines malträtierten Talmudschülers. In: Die Zeit v. 4.12.1964.
Rieder, Heinz: Hiob oder Chassid? In: Wort in der Zeit (1965), H. 10, S. 47–49.
Kramberg, K.[arl] H.: Protokoll gegen Zwetschkenbaum. In: Süddeutsche Zeitung v. 9./10.1.1965.
haj. [=Hansres Jakobi]: Das große Protokoll gegen Zwetschkenbaum. Zu einem Roman von Albert Drach. In: Neue Zürcher Zeitung v. 6.3.1965.
Eisenreich, Herbert: Albert Drach: Das große Protokoll gegen Zwetschkenbaum. In: Neue Deutsche Hefte (1965), H. 164, S. 122–126.
Schwarz, Egon: Notizen aus dem Narrenhaus. In: Frankfurter Allgemeine Zeitung v. 25.2.1989.
Thuswaldner, Anton: Auslöschung der Persönlichkeit durch sprachliches Defizit. Ein Roman Albert Drachs entlarvt den Schein der Sachlichkeit des Gerichtsprotokolls. In: Salzburger Nachrichten v. 4.3.1989.
Kahl, Kurt: Statt des Pegasus den Amtsschimmel gesattelt. In: Kurier v. 10.3.1989.
Manthey, Jürgen: Ein Schriftopfer. Drachs Großes Protokoll gegen Zwetschkenbaum. In: Frankfurter Rundschau v. 18.3.1989.
Hartl, Edwin: Reich-Ranicki und die Ruhestörer. Albert Drach nicht zu vergessen. In: die Presse v. 25./26.3.1989.

Kaindlstorfer, Günter: Ein grandioses Buch von Albert Drach. In: Arbeiter Zeitung v. 7.4.1989.
Hartl, Edwin: Zwetschkenbaum. In: Die Furche v. 14.4.1989.
Huonker, Gustav: Unheilschwangere Groteske. In: Tages-Anzeiger (Zürich) v. 24.4.1989.
Jokostra, Peter: Das Lächeln in den Mundwinkeln. In: Rheinische Post v. 29.4.1989.
Fischer, André: Das Polizeiprotokoll als Literatur. In: Nürnberger Zeitung v. 6.5.1989.
Wallmann, Jürgen P.: In Sachen Schmul Leib. Von den Mühlen der Polizei und der Justiz. In: Deutsches Allgemeines Sonntagsblatt v. 12.5.1989.
Beer, Otto F.: Leckerbissen für Feinschmecker. Wiederbegegnung mit dem Georg-Büchner-Preisträger Albert Drach. In: Der Tagesspiegel v. 14.5.1989.
Haferkorn, Hans: Mit Mut zum Wagnis. In: Wiesbadner Kurier v. 3.6.1989.
Magenau, Jörg: Schuldig, ohne geradezu schuldig zu sein. In: Deutsche Volkszeitung v. 16.6.1989.
Platzek, Wolfgang: Vom Regen in die Traufe. In: Westdeutsche Allgemeine Zeitung v. 22.6.1989.
Stiftel, Ralf: Prophetisches »großes Protokoll«. In: Westfälischer Anzeiger v. 27.7.1989.
Hartmann, Rainer: Leben am Abgrund. In: Kölner Stadt-Anzeiger v. 18.8.1989.
Willems, Sophia: Großkopferte und Kriminelle. In: Westdeutsche Zeitung v. 19.8.1989.
Zeillinger, Gerhard: Drach, der Klassiker. In: morgen (1989), H. 65, S. 146f.

Zu *Das Spiel vom Meister Siebentot und weitere Verkleidungen*

Stengel, Elisabeth: Hitler gehört nicht ins Panoptikum. Die ungeeigneten Mittel des Dramatikers Albert Drach. In: Die Welt v. 27.5.1965.
Beer, Otto F.: Zwetschkenbaum und das Theater. In: Neues Österreich v. 29.5.1965.
Rismondo, Piero: Auseinandesetzung mit dem Bösen. In: Die Presse v. 29./30.5.1965.
Beer, Otto F.: Geschichte als Kasperliade. Ein Dramenband des Zwetschkenbaum-Autors. In: Die Zeit v. 4.6.1965.
Hartl, Edwin: Die erste Enttäuschung. In: Salzburger Nachrichten v. 17.7.1965.
Hartl, Edwin: Das Spiel vom Meister Siebentot und andere Verkleidungen. In: Wort in der Zeit (1965), H. 11, S. 58.
Kramberg, K.[arl] H.: Die Verkleidung des Albert Drach. In: Süddeutsche Zeitung v. 17./18.7.1965.

Zu *Die kleinen Protokolle und das Goggelbuch*

Kramberg, K.[arl] H.: Martyrium eines Unheiligen. In: Süddeutsche Zeitung v. 13./14.11.1965.
Hubalek, Lotte: Der Drachschen Protokolle dritter Teil. In: Neues Österreich v. 4.12.1965.
Wilk, Werner: Den Mund zu voll genommen. In: Der Tagesspiegel v. 16.1.1966.
Rismondo, Piero: Unter anderem ein kleines Meisterwerk. In: Die Presse v. 12.713.2.1966.

Zu *Das Aneinandervorbeispiel*

Conrad, Heidi: Zum dritten Male: Albert Drach. In: Kieler Morgenzeitung v. 3.9.1966.
I.R.: Albert Drachs neue Experimente. In: Stuttgarter Nachrichten v. 30.9.1966.
Rismondo, Piero: Das Aneinandervorbeispiel und die inneren Verkleidungen. In: Die Presse v. 22./23.10.1966.

Zu *Unsentimentale Reise*

Bauschinger, Sigrid: Unsentimentale Reise. Neues von Albert Drach. In: Frankfurter Allgemeine Zeitung v. 25.10.1966.

Nolte, Jost: Mörderische Beiläufigkeiten. In: Die Welt v. 24.11.1966.

Kramberg, K.[arl] H.: Forcierte Reise. In: Süddeutsche Zeitung v. 8.12.1966.

Fabian, Rainer: Protokoll gegen sich selbst. Der autobiographische Bericht v. A. Drach. In: Rheinischer Merkur v. 17.2.1967.

Hartl, Edwin: Der unsentimental sensible Albert Drach. In: Die Presse v. 19./20.3.1988.

Freitag, Wolfgang: Erlebnisse auf der Flucht. Albert Drachs Unsentimentale Reise. In: Die Presse v. 28.3.1988.

Weinzierl, Ulrich: Unsentimentale Reise. Albert Drachs Flucht vor der Gestapo. In: Frankfurter Allgemeine Zeitung v. 29.3.1988.

Thibaut, Matthias: Zynismus und Empfindsamkeit. Albert Drachs Unsentimentale Reise. In: Frankfurter Rundschau v. 21.5.1988.

Manthey, Jürgen: Schwejk kommt ins KZ. Zur Neuausgabe der Unsentimentalen Reise des Büchnerpreisträgers Albert Drach. In: Die Zeit v. 27.5.1988.

Schachtsiek-Freitag, Norbert: Ein Eulenspiegel auf der Flucht. In: Badische Zeitung v. 28./29.5.1988.

Kahl, Kurt: Humor ist wenn man trotzdem nicht weint. In: Kurier v. 2.6.1988.

Schulze-Reimpell, Werner: Odysseus im besetzen Frankreich. Neu aufgelegt: Albert Drachs Unsentimentale Reise. In: Stuttgarter Zeitung v. 2.7.1988, Nr. 150.

Kramberg, K.[arl] H.: Aber Tote weinen nicht. Albert Drachs Unsentimentale Reise – wiedergelesen nach 22 Jahren. In: Süddeutsche Zeitung v. 16./17.7.1988.

Heinrich-Jost, Ingrid: Leidensdruck. Albert Drachs Unsentimentale Reise. In: Der Tagesspiegel v. 31.7.1988.

Melzer, Gerhard: Existenz auf Widerruf. Albert Drachs autobiographischer Bericht Unsentimentale Reise. In: Zürcher Zeitung v. 5.8.1988.

Hüfner, Agnes: In der Nähe von Nizza. In: Deutsches Allgemeines Sonntagsblatt v. 14.8.1988, Nr. 33.

Rudolph, Dieter Paul: Reise eines Toten. In: Saarbrückner Zeitung v. 28.7.1988.

mg: Gewinn mit hohen Folgekosten. In: Gießner Anzeiger v. 17.9.1988.

Zeillinger, Gerhard: Drachs Meisterwerk. In: morgen (1988), H. 61, S. 292f.

Kolhof, Sigrid: Höchstpreise fürs Überleben. In: Der Literat (1989), H. 4, S. 121f.

Gross, Ruth V.: Unsentimentale Reise. Ein Bericht. In: Modern Austrian Literature (1990), H. 1., S. 150f.

Fuchs, Anne: »Da Hitler zu Ermordungszwecken nach und nach alle Juden dringend braucht«: Labyrinth und Abjektion in Albert Drachs »Unsentimentale Reise«. In: German Life & Letters. Vol. XLIX; No. 1, January 1996, S. 243–255.

Zu *»Z.Z.« das ist die Zwischenzeit*

Schondorff, Joachim: Die Zwischenzeit des Albert Drach. Das jüngste Werk des österreichischen Autors bereitet Enttäuschung. In: Die Welt v. 10.10.1968.

Kramberg, K.[arl] H.:«Z.Z.« In: Süddeutsche Zeitung v. 2610.1968.

Pable, Elisabeth: Das große Unbehagen. In: Wochenpresse v. 9.4.1969.

Gehmacher, Ernst: Albert Drach: »Z.Z.« das ist die Zwischenzeit. In: Literatur und Kritik (1969), H. 39, S. 559.

Schaffernicht, Christian: Das Leben, eine Falschaussage. Zur Edition von Albert Drachs Protokollen. In: Stuttgarter Zeitung v. 12.4.1990.

Kaindlstorfer, Günter: Jonathan Swift aus Mödling. In: Arbeiter Zeitung v. 21.4.1990; Oberösterreichisches Tagblatt v. 21.4.1990.

E.H. [=Edwin Hartl]: Ein Protokoll gegen Albert Drach, Mödling... In: Die Presse (Spectrum) v. 12./13.5.1990.

E.H. [=Edwin Hartl]: Unbestechlich. In: Die Furche v. 7.6.1990, Nr. 23.

Thuswaldner, Anton: Ein Einzelgänger protokolliert die Banalität des Bösen. Albert Drach und seine verkappte Autobiographie aus den Jahren des Austrofaschismus. In: Salzburger Nachrichten v. 9.6.1990.
Löffler, Sigrid: Gott als Hausierer. Der Büchner-Preisträger Albert Drach schrieb ein Protokoll gegen sich selbst. In: Profil v. 11.6.1990.
Hartmann, Frank: »Der Zeuge«. In: Der Standard (Album) v. 22.6.1990.
N.N.: Albert Drach: »Z.Z.« das ist die Zwischenzeit. In: Neue Zürcher Zeitung v. 13.6.1990.
Rohrwasser, Michael: Medium der Mißverständlichkeit. Albert Drachs vertrackte Prosa »Z.Z.«. In: Franfurter Rundschau v. 24.7.1990.
Zeillinger, Gerhard: Albert Drach: Z.Z. das ist die Zwischenzeit. Ein Protokoll. In: Inn (1990), H. 7; in: morgen (1990), H. 73, S. 269–271.
Bogner, Eva Maria: Vom Alltag in der Geschichte. Albert Drachs Protokoll der »Zwischenzeit«. In: Süddeutsche Zeitung v. 5.9.1990.
Jansen, Hans: Buch der Woche: Vertreibung aus Kakanien. In: Westdeutsche Allgemeine Zeitung v. 8.9.1990.
Demetz, Peter: Die niederösterreichischen Damen. Fluch und Segen der unermüdlichen Protokollierkunst des Albert Drach. In: Frankfurter Allgemeine Zeitung (Beilage) v. 2.10.1990.
Gruber, Klaus: Die Protokollsprache des Einzelgängers. In: Ruhr-Nachrichten v. 3.10.1990.
Manthey, Jürgen: Rabiater Verführer. Albert Drachs autobiographisches Protokoll. In: Die Zeit v. 19.10.1990.

Zu *Untersuchung an Mädeln*

Schondorff, Joachim: Untersuchung an Mädeln. In: Die Bücherkommentare (1971), H. 5, S. 11.
Rotzoll, Christa: Von Menschen und Mädeln. Ein »Kriminalprotokoll« von Albert Drach. In: Frankfurter Allgemeine Zeitung v. 25.9.1971.
Gregor-Dellin, Martin: Liederlichkeiten im Kanzleistil. Albert Drachs großes Kriminalprotokoll. In: Die Zeit v. 15.10.1971.
Beer, Otto F.: Mord im Protokollstil. In: Die Presse v. 4.12.1971.
Schondorff, Joachim: »Im k.u.k.-Amtstil«. In: Rheinische Post v. 4.12.1971.
Kramberg, K.[arl] H.: Protokoll gegen eine Blinde. Albert Drachs Untersuchung an Mädeln. In: Süddeutsche Zeitung v. 18./19.12.1971.
Beer, Otto F.: Protokoll über einen Mordfall. In: Der Tagesspiegel v. 9.1.1972.
Mayer, Gerhard: Mord ohne Leiche. Albert Drach: Untersuchung an Mädeln. In: Wochenpresse v. 9.2.1972.
Wallmann, Jürgen P.: Justizskandal. In: Die Tat v. 4.3.1972.
Schulze-Reimpell, Werner: Untersuchung an Mädeln. Albert Drachs neuer und bester Roman. In: Darmstädter Echo v. 6.4.1972.
Schulze-Reimpell, Werner: Der Autor als fiktiver Dokumentarist. In: General-Anzeiger v. 2.6.1972.
McAnear, Michael; Albert Drach's »Untersuchung an Mädel«. Ein Kriminalprotokoll.A. Preliminary Investigation. – Los Angeles 1990. [Unveröff. Manuskript; im Besitz des Verf.]
Szenessy, Mario: Schauerkomik und Justitia. In: Stuttgarter Zeitung v. 22.7.1972.
Becher, Martin R.: Mord am Stechviehhändler Thuguth. In: Basler Zeitung v. 9.10.1991, Nr. 235.
Klier, Walter: Zum Dichterischen eskalieren. Albert Drachs »neuer« Roman Untersuchung an Mädeln. In: Tageszeitung (Beilage) v. 9.10.1991.
Heller, Elisabeth: Von der Abenteuerlichkeit der Wahrheit. In: Mödlinger Nachrichten v. 4.11.1991.
N.N.: Protokoll eines Mahlganges. In: Oberösterreichische Nachrichten v. 8.11.1991.
Schmied, Wieland: Schamlose Protokolle vom Schauplatz des Lebens. Lug, Trug, Totschlag, Mord: Albert Drach und sein Roman Untersuchung an Mädeln. In: Die Welt v. 9.11.1991.

Weinzierl, Ulrich: Justitias Höllen-Brueghel. Albert Drachs gelungene Untersuchung an Mädeln. In: Frankfurter Allgemeine Zeitung v. 11.11.1991.
Spessart, Tina: Albert Drach Untersuchung an Mädeln. In: Marabo (1991), H. 11, S. 89.
Thuswaldner, Anton: Vom feuerspeienden, bösen Albert Drach. In: Salzburger Nachrichten v. 21.12.1991.
Fian, Antonio: Albert Drach: Untersuchung an Mädeln. In: Wespennest (1991), H. 81, S. 83f.
Fetz, Bernhard: Nach den Gesetzen geschlachtet. In: Falter (1991), Nr. 41.
Schmickl, Gerald: Behördliche Entkleidung. Zu Albert Drachs Untersuchung an Mädeln. In: Lesezirkel (1991) H. 11, S. 15.
Hurton, Andrea: Weibspersonen zur Abfuhr nach Gebrauch. Albert Drachs Untersuchung an Mädeln. In: Literatur und Kritik (1991), H. 259/260, S. 93.
Fian, Antonio: Drach, der Irrwitz und die Hochnotpeinlichkeit. Voller grotesker Komik und Zynismen ist Albert Drachs Kriminalprotokoll Untersuchung an Mädeln. Motto: Recht, wem kein Recht widerfuhr. In: Kleine Zeitung v. 11.1.1992.
N.N.: Die männliche Sprache der Macht. In: Tiroler Tageszeitung v. 25./26.1.1992.
Götze, Karl Heinz: Das Fleisch wurde Wort. Albert Drachs Roman Untersuchung an Mädeln. In: Freitag v. 10.4.1992, Nr. 16.
Schobel, Eva: Ein Fall von aufgezeichneter Ohnmacht. Untersuchung an Mädeln, protokolliert von Albert Drach. In: Süddeutsche Zeitung v. 29.4.1992.
Wallmann, Hermann: Das Gesetz ist hungrig. Gericht über Gerichtssprache: Albert Drachs Untersuchung an Mädeln. In: Frankfurter Rundschau v. 16.5.1992.
Schmatz, Ferdinand: Mädeln (Albert Drach). – In: Schmatz: Sprache Macht Gewalt. Stich-Wörter zu einem Fragment des Gemeinen. – Wien: Sonderzahl 1994. S. 61f.
Schmatz, Ferdinand: Zum Zeit-Begriff bei Albert Drach. – In: In Sachen Albert Drach. Hrsg. v. Bernhard Fetz, S. 50 – 70.
Liessmann, Konrad Paul: Puppingers Orgien: Notizen zu einer geheimen Hauptfigur in Albert Drachs »Untersuchung an Mädeln«. – In: In Sachen Albert Drach. Hrsg. v. Bernhard Fetz, S. 36–50.
Noll, Alfred J.: Die böse Justiz. Enttäuschungsreflexion bei Albert Drach. Eine Notiz. – In: In Sachen Drach. Hrsg. v. Bernhard Fetz, S. 71–84.
Schlösser, Hermann: Einschlägige Erregungen. Sieben Untersuchungen zu Albert Drachs »Untersuchung an Mädeln«. – In: In Sachen Albert Drach. Hrsg. v. Bernhard Fetz, S. 17–35.
Fetz, Bernhard: Erste Sätze. Zur Poetik Albert Drachs. – In: In Sachen Albert Drach. Hrsg. Bernhard Fetz, S. 118–138.
Fetz, Bernhard: Der erste Satz: Albert Drach (1902–1995): Untersuchung an Mädeln. – In: Der literarische Einfall. Über das Entstehen von Texten. Hrsg. v. Bernhard Fetz und Klaus Kastberger. – Wien: Zsolnay 1998. (Profile. Bd. 1.) S. 9–14.
Fischer, André: »Der Zynismus ist ein Anwendungsfall der Ironie.« Zum Humor bei Albert Drach.– In: Albert Drach. Hrsg. v. Gerhard Fuchs und Günther A. Höfler, S. 31–50.
Fuchs, Gerhard: Männer, Mütter, Mädel. Die Funktionalisierung des Weiblichen bei Albert Drach. – In: Albert Drach. Hrsg. v. Gerhard Fuchs und Günther A. Höfler, S. 79–121.
Settele, Matthias: Nach den Gesetzen geschlachtet. Recht und Gerechtigkeit bei Albert Drach. – In: Albert Drach. Hg. v. Gerhard Fuchs und Günther A. Höfler, S. 163–177.
Schlösser, Hermann: Intimitäten, distanziert beschrieben. Beobachtungen zu Albert Drachs literarischem Umgang mit Frauen. In: Prozesse. Mitteilungsblatt der Internationalen Albert Drach-Gesellschaft Nr. 0. 1997. [unpaginiert, 9 S.]

Ruthner, Clemens: Gegen-Pornographie? Albert Drachs intertextuelle Antwort auf ›Josefine Mutzenbacher‹. – In: Österreich in Geschichte und Literatur 44. 2000. H. 3. S. 159–172.

Zu *Gottes Tod ein Unfall*

Beer, Otto F.: Böse Kasperln. Drachs Figuren: Zeugen der Entseeltheit unserer Zeit. In: Rheinischer Merkur v. 29.9.1972.
Gregor-Dellin, Martin: Gottes Tod ein Unfall. In: Die Zeit v. 10.9.1972.
Hahnl, Hans Heinz: Eine neue Dimension der Satire. In: Arbeiter Zeitung v. 17.12.1972.
Rismondo, Piero: Er spuckt Galle wie schon früher. In: Die Presse v. 20.1.1973.
Vogte, Elmar: Neue Literaturkonturen. In: Vorarlberger Nachrichten v. 3.2.1973.
Schondorff, Joachim: [o.T.]. In: Literatur und Kritik (1973), H. 78, S. 497f.

Zu *In Sachen de Sade*

Wallmann, Jürgen P.: Albert Drach: »In Sachen de Sade«. In: Die Tat v. 14.12.1974.
N.N.: Drach: »In Sachen de Sade«. In: Arbeiter Zeitung v. 14.12.1974.
H.K.: Albert Drach. »In Sachen de Sade«. In: Wiener Zeitung v. 11.1.1975.
Daiber, Hans: Das tut mir so schlecht. Albert Drachs planloses Plädoyer für den teuflischen Marquis. In: Die Zeit v. 25.7.1975.
Schondorff, Joachim: De Sade in Zitaten. Neue Züge im Bild des Literaten. In: Rheinischer Merkur v. 24.1.1975.
Marckwald, E.: Über das gewaltige Monstrum de Sade. Für Leser mit starken Nerven. In: Der neue Tag (Weiden) v. 12.9.1975.
Schondorff, Joachim: Albert Drach: »In Sachen de Sade«. In: Literatur und Kritik (1976), H. 103, S. 182f.

Zu *JA und NEIN*

Duderstadt, Jochen: Bitterböse und zum Lachen. Mein Favorit ist IA UND NEIN. In: Brigitte (Messebeilage) v. 30.9.1992.
Klier, Walter: Grausam und grotesk. Zu drei kurzen Erzählungen von Albert Drach. In: Wiener Zeitung v. 2.10.1992.
Krumbholz, Eckart: Die Gänsehaut wächst. Albert Drachs heilsame Hiobsbotschaften. In: Frankfurter Allgemeine Zeitung v. 10.10.1992.
Zeillinger, Gerhard: Huntziger & Co. In: morgen (1992), Nr. 85, S. 55f.
Jandl, Paul: Der Mensch ist sein eigenes Corpus delicti. In: Der Standard (Album) v. 27.11.1992.
Kramberg, K.[arl] H.: Aus gegebenem Anlaß. Aktennotiz zum Fall Albert Drach. In: Süddeutsche Zeitung v. 28./29.11.1992.
Kruntorad, Paul: Greise überleben in einem Kreißsaal. Die satirischen Protokolle des Albert Drach. In: Nürnberger Nachrichten v. 5.12.1992.
Schobel, Eva: Wer ist der Böseste im ganzen Land. IA UND NEIN: Der Drach speit Feuer. In: Die Presse (Spectrum) v. 12.12.1992.
Kahl, Kurt: Drei Menschenschicksale zu Protokoll gegeben. Zum neunzigsten Geburtstag von Albert Drach erschien ein Band mit drei seiner Erzählungen. In: Kurier v. 25.12.1992.
Melzer, Gerhard: Endzeit ohne Ende. In: Neue Zürcher Zeitung v. 2.2.1993.
Hartl, Edwin: Das einzig Nachprüfbare sind letzlich die Protokolle. IA UND NEIN/Drei Fälle von Albert Drach. In: Salzburger Nachrichten v. 23.1.1993.

Zu *Das Beileid*

A.P. [=Anita Pollak]: A. Drach: »Das Beileid«. In: Kurier v. 29.8.1993.
Tauber, Reinhold: Gespenstisches Leben. In: Oberösterreichische Nachrichten v. 4.9.1993.
Pittler, Andreas: Der Autor schreibt trotzig weiter. In: Der Standard (Album) v. 10.9.1993.
Bartens, Gisela: Über die Hundsgemeinheit. Die langsame Heimkehr des Albert Drach oder dreimal Exil und wieder retour: Sein Schlußprotokoll Das Beileid erschien eben bei Droschl. In: Kleine Zeitung (Graz) v. 11.9.1993; Kleine Zeitung (Klagenfurt) v. 18.9.1993.
Ohrlinger, Herbert: Das Beileid muß warten. Leben und Dichtung fügen sich bei Albert Drach zu einer nicht aufzulösenden Einheit. Sein neues Buch treibt Schabernack mit dem Schrecken: der Roman Das Beileid, Wirklichkeit in grotesker Form. In: Die Presse (Spectrum) v. 2.10.1993.
Weinzierl, Ulrich: Vom Gespenst zum Ehemann. Cholerische Sprachgewalt: Albert Drachs Autobiographie. In: Frankfurter Allgemeine Zeitung (Beilage) v. 2.10.1993.
Fetz, Bernhard: Die Gesichter des Teufels. Über zwei Neuerscheinungen des Grillparzerpreisträgers Albert Drach, der im Dezember seinen 91. Geburtstag feiert. In: Falter v. 3.10.1993, Nr. 40.
Schmidt-Dengler, Wendelin: »Ich furze, also bin ich.« Porträt des Künstlers als Gespenst. In: Profil v. 4.10.1993 (Beilage zur Buchmesse).
Klier, Walter: Gespenst im Glück. Albert Drachs Roman Das Beileid. In: Die Zeit v. 8.10.1993.
best: (Buchtip:) Albert Drach. In: Die Presse v. 11.10.1993.
N.N.: Die harten Jahre eines Querdenkers. In: News v. 14.10.1993.
Schobel, Eva: Die Niederschrift eines Gespenstes. Albert Drachs erster Nach-Exil-Roman Das Beileid liegt endlich gedruckt vor. In: Süddeutsche Zeitung v. 3.11.1993.
Holzer, Stefanie: Kaufe Brot, onaniere... Über Albert Drachs autobiographischen Roman Das Beileid. In: Lesezirkel (Dez. 1993), Nr. 65, S. 21.
N.N.: Albert Drach: Das Beileid. In: Der Bund (Bern) v. 24.12.1993.
Stirgl, Daniela: Spukgestalten zwischen Nizza und der österreichischen Provinz. In: Wiener Journal (März 1994), Nr. 162, S. 34f.
N.N.: Albert Drach: Das Beileid. In: Volksstimme v. 10.3.1994.
Wallmann, Hermann: Schwimme. Keine Post. Albert Drachs später (Lebens-)Roman Das Beileid. In: Frankfurter Rundschau v. 15.6.1994.
Schulze-Reimpell, Werner: Allmähliche Rückkehr. Albert Drachs Roman Das Beileid erzählt vom Emigrantendasein in Nizza. In: Nürnberger Zeitung v. 25.6.1994.
Kopplin, Wolfgang: Vergeistigter Sadismus. In: Bayernkurier v. 22.10.1994.
wsr: Als Gespenst. Albert Drachs Roman. In: Stuttgarter Zeitung v. 2.12.1994.

Zu *Das Goggelbuch*

Red: Abenteuer im Spiegel. In: Der Standard (Album) v. 22.7.1994.
Kerschbaumer, Marie-Thérèse: (Was ich lese:) »Das Goggelbuch« von Albert Drach. In: Die Presse (Spectrum) v. 31.12.1993.
Schlösser, Hermann: Verschärfte Ahnenforschung. Albert Drachs Goggelbuch. In: Wiener Zeitung v. 11.3.1994.

Zu *Ironie vom Glück*

Schmitter, Elke: Rechtsgefühl der Fingernägel. In: Die Zeit v. 7.10.1994.
Campe, Joachim: Mystiker des leeren Blatts. Albert Drachs Kleine Protokolle und Erzählungen. In: Frankfurter Rundschau v. 24.11.1994.
Melzer, Gerhard: Die Hohlform der Liebe. Zwei neue Bücher von Albert Drach. In: Neue Zürcher Zeitung v. 25.11.1994. [auch zu: Das Beileid]

Weinzierl, Ulrich: Lehrstücke eines Misanthropen. Grimmig: Albert Drach protokolliert die Ironie vom Glück. In: Frankfurter Allgemeine Zeitung v. 5.12.1994.
Schobel, Eva: Unerbitterlich, zynisch, zärtlich. Albert Drachs eigene Auswahl seiner Kleinen Protokolle und Erzählungen. In: Süddeutsche Zeitung (Beilage) v. 17./18.12.1994.
best: (Buchtip:) Albert Drach. In: Die Presse v. 9.1.1995.

Zu O *Catilina*

Bernhard Fetz: O Catilina. Der rote Strich des Lasters. In: Die Presse (Spectrum), 21.8.1995.
Gerhard Fuchs: Watend im Drachenblut. In: Die Steirische Wochenpost v. 28.9.1995.
Reinhard Schulte: Albert Drach, »O Catilina«. Ein Lust- und Schaudertraum. In: Mittelweg 36, H.5, 1996.

Zu den Theateraufführungen

Zu *Sowas* (Augsburg 1965, Esslingen 1989, Innsbruck 1995)

Die Polizei – kein Freund und Helfer. Das Skurrilspiel Sowas von Albert Drach uraufgeführt. In: Augsburger Allgemeine v. 25.11.1965.
Dannenberg, Peter: Drei Morde – ein Gleichnis. Albert Drachs Skurrilspiel Sowas in Augsburg uraufgeführt. In: Die Welt v. 27.11.1965.
Kramberg, K[arl].H.: Hinrichtung eines Skurrilspiels. Zur Augsburger Uraufführung des Stücks Sowas von Albert Drach. In: Süddeutsche Zeitung v. 27./28.11.1965.
Jacobi, Johannes: Drach startete in Augsburg. Uraufführung der Komödie Sowas fand nicht in Wien statt. In: Neues Österreich v. 30.11.1965.
Menck, Clara: Amtsschimmel auf Wiener Art. Albert Drachs Sowas in Augsburg uraufgeführt. In: Frankfurter Allgemeine Zeitung v. 3.12.1965.
Brüggeler, Moni: Versteckter Boulevard ohne Seele. Premiere von Das Skurrilspiel Sowas in den Kammerspielen. In: Kronenzeitung (Innsbruck) v. 23.1.1995.
Heisz, Irene: Das Amtskappel, das Österreich beschirmt. Österreichische Erstaufführung im Tiroler Landestheater. In: Tiroler Tageszeitung v. 23.1.1995.
Linde, Winfried W.: Skurril, dafür langweilig. In: Kurier (Innsbruck) v. 23.1.1995.
Prilmüller, Maria: Sowas skurril Gespieltes. Komik, die nicht lachen macht. Das Skurrilspiel Sowas von Albert Drach in Innsbruck erstmals in Österreich. In: Salzburger Nachrichten v. 23.1.1995.
Vogt, Elke: Der tagtägliche Krimi. In: Vorarlberger Nachrichten v. 24.1.1995.
Philadelphy, Ursula: Die Komik des Skandalösen. Drach-Erstaufführung an den Innsbrucker Kammerspielen. In: Der Standard v. 25.1.1995.
Humer, Johannes: Nichts Genaues weiß man nicht... Eine (Wieder-)Entdeckung: Das Skurrilspiel Sowas von Albert Drach erlebte in Innsbruck seine österreichische Erstaufführung. In: Präsent v. 26.1.1995.

Zu *Andere Sorgen* (Wien 1966)

György Sebestyén: Andere Sorgen, jawohl! Drei Szenen von Albert Drach. Uraufführung der Wiener Festwochen im Theater an der Wien. In: Salzburger Nachrichten v. 11.6.1966.
Rismondo, Piero: Splitter aus einem Werk. Drachs Andere Sorge im Nachtstudio des Theaters an der Wien uraufgeführt. In: Die Presse v. 11./12.6.1966.
Schreyvogel, Friedrich: Ein literarisches Experiment. Drei Szenen von Albert

Drach im Nachtstudio im Theater an der Wien. In: Wiener Zeitung v. 11.6.1966.
Flesch-Brunningen, Hans: Grenzen der Witzlosigkeit. Ein Abstraktspiel von Drach und eine Komödie von Uhl/Lingen. In: Frankfurter Allgemeine Zeitung v. 21.6.1966.
ewg: Frei von Sinnlichkeit. Albert Drachs Abstraktspiel. In: Die Welt v. 25.6.1966.

Zu *Das Kasperlspiel vom Meister Siebentot*
(Darmstadt 1967, Graz 1985, Wien 1992 und Wien 1994)

Jungheinrich, Hans-Klaus: Wurstls böses Welttheater. Albert Drachs Kasperlespiel in Darmstadt uraufgeführt. In: Darmstädter Tagblatt v. 11.9.1967.
Daiber, Hans: Ein Schauspiel ohne Kern. Albert Drachs Kasperlespiel vom Meister Siebentot in Darmstadt. In: Handelsblatt v. 12.9.1967.
Hemel, Georg: Ein moderner Hanswurst. Uraufführung in Darmstadt: Albert Drachs Kasperlespiel. In: Die Welt v. 12.9.1967.
Klinge, Hermann: Kasperlespiel als Diktatorenspiegel. Albert Drachs Meister Siebentot in Darmstadt uraufgeführt. In: Frankfurter Rundschau v. 12.9.1967.
g.r.: [o.T.]. [Szenenfoto und Kritik]. In: Frankfurter Allgemeine Zeitung v. 13.9.1967.
Schnabel, D.: Entdeckung eines Unbekannten. Uraufführung eines Stücks von Albert Drach in Darmstadt. In: Stuttgarter Nachrichten v. 13.9.1967.
Schultz, Uwe: Dramatischer Fleckerlteppich. In: Süddeutsche Zeitung v. 13.9.1967.
Colberg, Klaus: Versteckte Hitler-Parabel. Albert Drachs Kasperlspiel vom Meister Siebentot uraufgeführt. In: Die Presse v. 14.9.1967.
Schmidt, Dietmar N:: Kasperl wir folgen dir. Drachs Meister Siebentot in Darmstadt uraufgeführt. In: Rheinischer Merkur v. 15.9.1967.
Hensel, Georg: Ubus Vetter. In: Theater heute (1967), H. 10, S. 42f.
Karsch, Walter: Spielplan mit Spürsinn. Albert Drach und Gottfried Benn – Darmstädter Uraufführungen. In: Der Tagesspiegel v. 18.11.1967.
Schäffer, Eva: Ein lehrreiches Vergnügen. In: Neue Zeit v. 15.8.1985.
Chernel, Lona: Des Teufels Marionette. Kasperliade im Experiment. In: Wiener Zeitung v. 14.3.1992.
Fritsch, Sibylle: Der Bauer als Philosoph. Der Schauspieler Michael Rastl, der am Volkstheater den Kasperl Siebentot spielt. In: Profil v. 14.6.1994.
Martin, Gunther: Der Wurstel wird zum Monster. Das Volkstheater zeigt eine Parabel von Albert Drach. In: Wiener Zeitung v. 18.6.1994.
Kahl, Kurt: Vom harmlosen Wurstel zum gefährlichen Führer. Albert Drachs Kasperlspiel vom Meister Siebentot im Volkstheater. In: Kurier v. 18.6.1994.
Koberg, Roland: Das tapfere Diktatorlein. Premiere von Drachs Kasperlspiel im Volkstheater Wien. In: Oberösterreichische Nachrichten v. 18.6.1994.
Konrad, Franz: Aufstieg einer Kasperlpuppe. Drachs Siebentot in Wien. In: Neue Zeit v. 18.6.1994.
Michels, Nikolaus: Kasperl will Krieg. In: Täglich alles v. 18.6.1994.
Pfoser, Martin: Die Macht der Demagogie. Der Kasperl wird Diktator. Im Wiener Volkstheater: Das Kasperlspiel vom Meister Siebentot von Albert Drach. In: Salzburger Nachrichten v. 18.6.1994.
Reiterer, Reinhold: Totes Kasperl. In: Neue Vorarlberger Tageszeitung v. 18.6.1994.
Sichrovsky, Heinz: Hitler, wie Drach ihn sah. In: Neue Kronenzeitung v. 18.6.1994.
Steiner, Bettina: Hanswurst im Diktatorenglück. In: Die Presse v. 18.6.1994.
Wagner, Renate: Der Kasperl als Verbrecher. In: Neues Volksblatt (Linz) v. 18.6.1994.
N.N.: Albert Drachs »Meister Siebentot«. In: Vorarlberger Nachrichten v. 18./19.6.1994.

Cerha, Michael: Die Geburt der Diktatur aus dem Volksmund. Stephan Bruckmeier inszeniert am Volkstheater allzu respektvoll Albert Drachs Siebentot. In: Der Standard v. 18./19.6.1994.
Reiterer, Reinhold: Den Kasperl erschlagen. Albert Drachs Das Kasperlspiel vom Meister Siebentot am Wiener Volkstheater. Ein klarer Fall von political correctness. In: Kleine Zeitung v. 22.6.1994.
Hölzl, Bernarda: Späte Entdeckung von aktuellem Bezug. Albert Drachs Das Kasperlspiel vom Meister Siebentot, bereits 1935 entstanden, überrascht durch politische Brisanz. In: Die Furche v. 23.6.1994.
whl: Über das »Kasperlspiel« und »Das Goggelbuch«. In: Wirtschaftswoche v. 23.6.1994.
mkn: »Morgen komme ich wieder!« Stephan Bruckmeier inszeniert im Volkstheater. Albert Drachs Parabel über den Aufstieg eines großen Diktators: Das Kasperlspiel vom Meister Siebentot. In: Die Presse (Schaufenster) v. 10.6.1994.
Koberg, Roland: Das Kasperlspiel vom Meister Siebentot. In: Falter v. 24.6.1994, Nr. 25.

Zu *Das Satansspiel vom göttlichen Marquis* (Mödling 1989)

Loibl, Elisabeth: (Premiere:) Die böse Welt des Marquis de Sade. In: Arbeiter Zeitung v. 13.7.1991.
Kramar, T. [recte: Konrad]: Schwarz und Weiß im leeren Raum. Mödling: Uraufführung von Drachs Satansspiel vom göttlichen Marquis. In: Kurier v. 16.7.1991.
bp: (Kulturtips:) Albert Drachs »Sade«. In: Die Presse v. 16.7.1991.
Kramar, Konrad: Ein perverser Theaterspaß. In: Neue Kronenzeitung v. 16.7.1991.
Wimmer, Alexandra: Satansspiele des Marquis. Stephan Bruckmeier inszeniert in Mödling Albert Drach. In: Arbeiter Zeitung v. 16.7.1991; Oberösterreichisches Tagblatt v. 16.7.1991.
Lohs, Lothar: »Blut im Leid und Lust im Blut« In: Falter v. 19.7.1991, Nr. 29.
Pohl, Roland: Satans Bad in der anonymen Masse. Albert Drachs Satansspiel vom Göttlichen Marquis wurde mit 60jähriger Verspätung uraufgeführt. In: Der Standard v. 16.7.1991.
Rudle, Ditta: Satan im Sommer. Szenen aus dem Leben des Marquis de Sade als späte Uraufführung. In: Wochenpresse v. 18.7.1991.
Lohs, Lothar: Der Missionar der Lust. Nach 64 Jahren wird das Satansspiel vom Göttlichen Marquis von Albert Drach uraufgeführt. In: Der Standard v. 12.7.1991.
Jorda, Thomas: Teufelskrönung: DAS Ereignis dieses Sommers gibt's in Mödling. In: Der Niederösterreicher v. 19.7.1991, Nr. 29.
S. L. [=Sigrid Löffler]: Jurisprudenz plus Sadismus. Albert Drachs Satansspiel vom göttlichen Marquis wird in Mödling uraufgeführt. In: Profil v. 22.7.1991.
Kruntorad, Paul: Beinahe kleistpreisgekrönt. Albert Drachs Satansspiel nach 66 Jahren uraufgeführt. In: Frankfurter Rundschau v. 6.8.1991.

REGISTER DER PERSONEN

Abulafia, Abraham *150*
Adler, Viktor *182*
Aichinger, Ilse *184*
Aigner, Professor *65*
Allen, Woody *195*
Améry, Jean *18*
Anders, Günther *139*
Aslan, Raoul *52*

Bab, Julius *98, 102*
Bareli, Georges *13, 351*
Barlach, Ernst *96*
Baudelaire *396*
Bayazid II, Sultan *30 f.*
Beauvoir, Simone de *268*
Beckett, Samuel *447*
Benies, Regine *431*
Bernhard, Thomas *12, 466*
Bettauer, Hugo *136*
Bitz, Ulrich *98*
Bloch, Iwan *91, 93, 220*
Blochbauer, Robert (später Benthey) *48*
Blum, Léon *204, 294*
Bohrer, K.H. *241*
Bonsels, Waldemar *139*
Bourdin, Paul *218*
Brandt, Marianne *57*
Braun, Felix *56*
Brecht, Bertolt *51 f., 96, 144, 172, 464 f.*
Breton, André *90*
Brünner, Marianne *407*
Buber, Martin *150, 235*
Buch, Fritz *281*
Büchner, Georg *94, 490, 492*
Bukiet, Melvine Jules

Camus, Albert *113*
Canetti, Elias *30, 142*
Caruso, Enrico *223*
Caspali, Mose *31*
Cella, Ingrid *472 f., 477*
Chagall, Marc *460*
Chamberlain, Houston Stewart *140*
Chaplin, Charly *144, 147*
Claudel, Paul *350*
Claudius, Matthias *199*
Cohen, Leonard *112*
Colet, Louise *118*
Csokor, Franz Theodor *277, 440 f.*

Daladier, Edouard *182, 204, 256 f., 293 f.*
Dawringhausen, Heinrich-Maria *227, 283, 291*
Decartes, René *80*
Denk, Berthe Maria *91*
Doderer, Heimito von *31, 432, 485*
Dollfuß, Engelbert *127, 137, 216*
Dostojewskij, Fjodor *74, 217*
Drach, Alba *31 f., 70*
Drach, Albertus *30*
Drach, Amalie, geborene Pyrker *59 f.*
Drach, Gerty *20, 430, 434–442, 445, 456 f., 471, 490, 494*
Drach, Jenny (Mutter) *23, 34 f., 38, 40–43, 47 ff., 53–62, 78 f., 85, 123 f., 126, 128, 130, 137, 146, 154, 158, 163, 167, 173, 178, 182 ff., 188, 191, 193 f., 202 f., 208, 250–255, 278, 287, 347, 413, 420, 428, 440, 496*
Drach-Nickels, Jenny (Tochter) *439, 440, 442, 453*
Drach-Nickels, Mathieu (Enkel) *495*

Drach, Wilhelm (Vater) 21, 23, 28, 31–34, 40, 42 f., 46–49, 52–63, 68, 70 f., 77–81, 83, 96, 121, 123–127, 129, 133 f., 145, 154, 201, 250, 409, 439
Drach, Wilhelm (Sohn) 437, 439 ff., 444
Dreyfuß, Alfred 60
Dühren, Eugen (Pseudonym von Bloch, Iwan) 91
Dumas, Alexandre 208

Egyptien, Jürgen 239
Eisenreich, Herbert 460 f.
Elisabeth, Kaiserin 59
Elster, Hanns Martin 101
Eluard, Paul 90
Ernst, Max 306
Erpenbeck, Fritz 51

Faber, Ilona 446
Fall, Leo 227
Fall, Richard 227
Feilbogen, Isidor 318, 330, 386
Fetz, Bernhard 128, 450, 452
Feuchtwanger, Lion 226, 272–275, 283–286, 288–291, 293, 295–308
Fischer, André 19, 140, 168, 189, 246, 298, 321, 341, 483–489
Fischer, Ursula 21
Flaubert, Gustave 114, 117 ff.
Fleißer, Marie Luise 102
Fleissner, Herbert 469 ff.
Flesch-Brunningen, Hans 290
Fontane, Theodor 114
François-Poncet, André 173 f., 180, 182
Franke, Manfred 250
Frankl, Viktor 190
Freeman, Thomas 102
Freiligrath, Ferdinand 48
Freud, Sigmund 34
Friedell, Egon 160
Fuchs, Anne 377

Garbo, Greta 284
Gartenberg, Alexander 62, 182, 277 ff.
Gartenberg, Alma (Drachs Schwester) 43, 57 ff., 61 ff., 69, 71, 113, 124, 161 f., 178, 182, 190 ff., 194, 255, 276–279, 305, 393, 396 f., 407, 425 f., 440
Gartenberg, Eleonore 60, 63, 68, 71, 122, 431
Gaufridy, Gaspard 218
Gaulle, Charles de 280, 293 f., 370
Gebühr, Werner 457, 470
Geibel, Emanuel 48
Genia (siehe Moreau, Jeanne)
Germon, Jean 14, 350, 361 f., 365, 368, 392
Gide, André 268
Giono, Jean 268
Giraudoux, Jean 275
Glaeser, Ernst 102
Gobineau, Joseph Arthus 140
Goebbels, Paul Joseph 202, 223
Goethe, Johann Wolfgang von 57, 84, 86
Goldmann, Lucien 201
Gonnet (Lagerkommandant) 309
Goruchon, Charles (Lagerkommandant) 295, 299, 302
Grabbe, Christian Dietrich 48, 50
Grabner, Lenz 144, 146
Grass, Günter 483
Grillparzer, Franz 59
Grimm, Gebrüder 140
Grohe, Frau (später Neidl) 434, 438
Grünspan, Herschel 202
Guttmann, Baron 436

Habsburg, Otto von 160, 203
Hagenmüller, Frau 210 f., 230, 269, 277, 312
Hahnl, Hans Heinz 20
Hammerstein Ecquort 132, 174
Handke, Peter 143 f., 149, 216
Handmann, Else 427 f.
Hartl, Edwin 20, 463
Hašek, Jaroslav 172, 240
Hasenclever, Edith 298
Hasenclever, Marita 298
Hasenclever, Walter 96, 226, 284 f., 288–300, 306, 365
Havel, Konrad 388
Hebel, Johann Peter 48, 106
Heine, Heinrich 51, 226, 269
Heinrich, Hans 20

Hermann, Gustav *210, 226, 260, 262, 264, 273, 283*
Herwegh, Georg *48*
Herzmanovsky-Orlando, Fritz von *45, 456, 458, 460, 466*
Hess, Rudolf *139*
Heydrich, Reinhard *160, 293*
Heyse, Paul *48*
Hilsenrath, Edgar *28, 467*
Himmler, Heinrich *160*
Hirschfeld, Hans Magnus *215*
Hitler, Adolf *13 f., 22, 34, 53, 69, 98, 123, 127, 129, 134, 136, 138 ff., 144–147, 154, 156, 160–163, 167, 172, 174, 180, 183, 192, 202, 208, 216, 220 f., 224, 249, 255–258, 268 f., 280 f., 289, 292 f., 301, 315 f., 319, 350 f., 365, 404, 410, 450, 462, 465*
Hoffmann, E.T.A. *198 f.*
Hofmannsthal, Hugo *56 ff.*
Homer *421*
Huemer, Peter *21, 84, 145, 496*
Hulot, Baron *180, 182*
Hume, David *80*
Iavorska, Maria (von Drach Manja genannt) *211 ff., 216, 230, 251 f., 270*

Ibsen, Henrik *48, 464*
Ionesco, Eugène *447, 464*

Jahnn, Hans Henny *96–103*
Jahoda, Ernst *66*
Jaretzky, Reinhold *304, 308*
Jarry, Alfred *143 f., 418, 464*
Jelinek, Elfriede *451, 480*
Johst, Hanns *101*
Joyce, James *149*
Juch, Jenny *40, 66*
Jung, C.G. *150*

Kafka, Franz *120, 147, 268 ff., 460*
Kaindlstorfer, Günter *108*
Kant, Emmanuel *69, 80*
Kantorowicz, Alfred *258, 275, 289, 296 f., 299 f., 302 f., 305 f.*
Kasties, Bert *284, 298*
Keats, John *350*
Kempowski, Walter *483*
Kerschbaumer, Marie Therésè *480*
Kertesz, Imre *248*
Kesten, Hermann *102*
Klotz, Volker *463 ff.*
Kochba, Bar *72*
Konstantinowski, Simon *234*
Kraiker, Gerhard *262*
Kramberg, K[arl].H. *212, 459 f., 463, 466, 471, 488*
Kraus, Karl *91, 155, 269, 447, 451, 454*
Krüger, Michael *21, 487, 494*
Kruntorad, Paul *45, 466*
Kucher, Primus Heinz *384, 387*
Kühn, Frithjof *226, 262–267, 273*
Kühn, Wolfgang *292*
Kundrath, Herr von *134*

Lambert, Monsieur *362, 373*
Lampel, Peter Martin *102*
Landrú, Henri *218*
Launay, Anne Prospère Montreuil de *220*
Laval, Pierre *315, 319*
Lebel, Rodolphe *201, 310*
Lehmann, Wilhelm *96*
Lernet-Holenia, Alexander *96*
Levi, Primo *28, 426*
Liebenfels, Lanz von *140*
Liessmann, Konrad Paul *144, 233*
Loerke, Oskar *100 ff.*
Löhner-Beda, Fritz *41*
Lorber, Dr. *425 f.*
Luckmann, Ilse *432 f., 458*
Lunau, Heinz *271, 273*

Maeterlinck, Maurice *57*
Magny, Gräfin *339*
Majakowski, Wladimirowitsch *464*
Mann, Golo *306*
Mann, Heinrich *258*
Mann, Rudolf *431*
Manthey, Jürgen *127, 172*
Marek, Martha *134*
Marx, Joseph *407 ff.*
Marx, Karl *68*
Matejka, Viktor *247, 411 f., 432, 462*
Mattison, Myrhinne *343, 345, 349, 361, 376, 385, 387, 392, 428, 438*
Maupassant, Guy de *208*
Maurras, Charles *350*

Mautner-Markhof, Familie *41*
Médecin, Jean *315*
Meyerhold, Wsewolod *464*
Michaelis, Tatjana *21*
Milton, John *421 f.*
Molden, Ernst *480*
Montherlant, Henry de *268*
Moreau, Jeanne *216 f., 315, 375, 385 f., 392, 428, 440*
Morini, Franki *11 f., 216, 221 f., 224, 226, 260, 263, 269, 273, 282, 289, 295, 301, 313, 315, 329, 361, 375, 386, 428, 440*
Musil, Robert *96, 170 f.*
Mussolini, Benito *182, 338*

Nestroy, Johann Nepomuk *48, 52, 406, 480*
Neumann, Alfred *96*
Neumann, Kurt *144*
Nickels, Alain *442*
Nietzsche, Friedrich *58, 112, 208*
Novalis *350*

Obschernitzki, Doris *256, 273, 302, 307 f., 313*
Ossietzky, Carl von *97, 226, 262*

Pater, Arnold *428*
Paulsen, Harald *52*
Pauvert, Jean Jacques *93*
Pétain, Marschall *10, 280, 294 f., 312, 332, 372*
Peznek, Otto *135, 139, 141, 177, 191, 410*
Pirandello, Luigi *464*
Platen, August, Graf von *48*
Pliss, Marthe *408*
Poe, Edgar Allen *69*
Pons, Familie *267 ff., 386*
Preisendanz, Wolfgang *168, 483*
Pyrker, Amalie (siehe Drach, Amelie)
Pyrker, Johann Ladislaw *59*

Qualtinger, Helmut *424*

Rath, Ernst von *202*
Rauch, Gerty (siehe Drach, Gerty)
Reich-Ranicki, Marcel *20, 492*
Reichensperger, Richard *149*
Reynaud, Paul *293 f.*
Riemerschmid, Berta *159, 163, 321, 398*
Riemerschmid, Werner *106, 146, 159, 163, 423 f., 440*
Rilke, Rainer Maria *56*
Rimbaud, Arthur *45 f., 119, 324, 453 f.*
Rismondo, Piero *466*
Robespierre, Maximilien de *93*
Roth, Joseph *32, 460*
Rothstock, Otto *136 f.*
Rumboldt *178*

Sade, Henry de *100*
Sade, Marquis de *89–98, 102–105, 218–221, 236, 397, 450, 493*
Sanders, Rino *459*
Saurer, Edith *233*
Scharang, Michael *451*
Schiller, Friedrich *66, 112*
Schlant, Ernestine *20, 334 f.*
Schloßbauer, Erika (geschiedene Knopp) *134, 423, 434*
Schmickl, Gerald *130*
Schmidt-Dengler, Wendelin *21, 322, 325, 327, 496*
Schmidt, Joseph *209, 222 ff., 227 f., 291*
Schmitz, Helmut *490, 492*
Schnitzler, Arthur *464*
Schoenberner, Franz *259, 299 f., 307*
Scholem, Gershom *150*
Schondorff, Joachim *235, 456 f., 468–471*
Schönerer, Ritter von *34, 140, 184*
Schopper, Hanns *145*
Schubert, Franz *59*
Schulte, Reinhard *20, 447*
Schuschnigg, Kurt *130, 134, 154, 203*
Schweiger, Albert *150 f., 166, 234*
Seghers, Anna *100, 102 f.*
Serwischer, Paul *80, 268*
Settele, Matthias *21, 479*
Seume, Johann Gottfried *48*
Shakespeare, William *48, 484*
Sommer, Anton *201, 409, 430*

Sorbas, Alexis *214*
Sperling, Lea *32*
Stalin, Josef *53, 217, 258*
Stehlik, Valerie *413*
Stendhal, Henri *68, 208*
Sternberger, Frau *422*
Stoker, Bram *27*
Strindberg, August *464*
Stummvoll, Doktor *495*
Svevo, Italo (Schmitz, Ettore) *199*

Tauber, Harry *166*
Thieberger, Dr. *145, 422*
Thiele, Frau *226, 252, 284*
Ticho, Herr *387*
Tolstoj, Alexej *217*
Torberg, Friedrich *456, 458*
Tschechow, Anton *464*
Tucholsky, Kurt *262, 300*
Turrini, Peter *480*
Twain, Mark *396*

Valéry, Paul *265, 350*
Velde, Bram van *143, 209, 224, 227, 248*
Viertaler, Helene *409*
Vlad Teples, Fürst *28*
Vormeier, Barbara *255*

Vulpius, Christiane *440*

Wagner, Otto *50*
Walter, Hans-Albert *257, 282, 305*
Wehrenalp, Erwin Barth von *470*
Wengraf, Fritz *295, 298 ff.*
Werfel, Franz *226*
Weyrauch, Wolfgang *102*
Wildgans, Anton *56, 81–87, 91, 97 f., 100, 104, 106, 124, 252, 424*
Wildgans, Friedrich *210, 390*
Wildgans, Ilse *107*
Wildgans, Lilly, Antons Witwe *83, 252*
Withofner, Gerichtsvorsteher *422, 425*
Wittgenstein, Paul (Baron) *12, 297*

Zaschke, Anna *20*
Zernatto, Guido *203 f., 226*
Zinner, Hedda *51 ff.*
Zola, Emile *60 f.*
Zuckmayer, Carl *96, 404*
Zweig, Arnold *96 f., 268*
Zweig, Stefan *56, 226*

BILDNACHWEIS

Privat: S. 11, 43, 53, 63, 85, 131, 141, 155, 211, 213, 217, 221, 279, 343, 391, 405, 435, 437, 439, 441, 445, 451
Dieter Brasch: S. 49 (2), 77, 81, 83, 129, 489, 493, 495
Eva Schobel: S. 267, 323, 347, 351, 357
University of Southern California, Regional History Center: S. 283
Doris Obschernitzki: Letzte Hoffnung – Ausreise. Verlag Hentrich & Hentrich, 1999, S. 124: S. 285
Foto Zentrum: S. 459
Adolf Waschel: S. 471
Martin Kainz: S. 485
Foto Vouk: S. 487
Isolde Ohlbaum: S. 491

DANK

Ich danke Gerty Drach sowie Jenny und Wilhelm Drach herzlich für die uneingeschränkte Unterstützung dieses Buchs und die Gastfreundschaft in ihrem Haus. Mein Dank für kompetente Hilfe und Korrektur bei der Abfassung der Biographie gilt zuallererst Ingrid Cella, die meine Drach-Projekte durch viele Jahre kollegial begleitet hat. Weiters danke ich allen Institutionen und Personen, die meine Recherchen ermöglicht haben. Im besonderen Wendelin Schmidt-Dengler und Volker Kaukoreit, die Verständnis dafür aufbrachten, daß meine Arbeit am Drach-Nachlaß im Österreichischen Literaturarchiv der Österreichischen Nationalbibliothek nicht nur der Archivierung, sondern auch der Forschung für die Biographie gewidmet war. Ich danke meinen Mitarbeitern und Freunden, die mir manchen Weg in Bibliotheken, Archive, Übersetzungsbüros oder auch durch das Internet abgenommen haben. Vor allem Ulrike Stenzel, Agnes Pils und Herbert Zgubic. Mein besonderer Dank gilt jenen Personen, die meine Arbeit durch ihr Fachwissen unterstützt haben. Ich danke Bert Kasties für seine Informationen betreffend Walter Hasenclever. Besonders hilfreich waren die Auskünfte Doris Obschernitzkis, die mir geholfen haben, Drachs Emigrationszeit und seine Internierungen dem neuesten Forschungsstand gemäß zu interpretieren. Leider kann ich an dieser Stelle nicht alle Personen, denen ich wertvolle Hinweise verdanke, anführen. Meine Drach-Forschung wurde jahrelang durch den Jubiläumsfonds der Oesterreichischen Nationalbank gefördert.